Maurizio Gottin - Enrico Degani

MOVE

MOVIMENTO SPORT ATTIVITÀ SALUTE

SOCIETÀ EDITRICE INTERNAZIONALE
TORINO

Coordinamento editoriale: Anna Maria Battaglini
Progetto editoriale: Cristina Godino
Redazione: Fregi & Majuscole
Coordinamento tecnico: Francesco Stacchino
Progetto grafico: Gianni Roasio
Impaginazione: Essegi s.n.c. - Torino
Coordinamento tecnico iconografia: Mario Macchiorlatti
Disegni: A. Astuto - M. Levrini - Essegi
Ideazione della copertina: Piergiuseppe Anselmo
In copertina: foto Zefa

Referenze fotografiche:
Marka: 93a, 97, 100, 304, 456a. Neri G.: 75, 209, 315. Olympia: 237, 299b, 322. Richiardi: 345. Zefa: 371. Le illustrazioni non citate provengono dall'Archivio SEI.

www.seieditrice.com

Prima edizione: febbraio 2004

Ristampe
6 7 8 9 10
2007 2008

Vincenzo Bona - Torino

1 La scienza del movimento

2 Palestra, pista e altro

3 Le attività sportive

1
La scienza del movimento

La struttura del corpo

obiettivo didattico

imparare a riconoscere le principali strutture anatomiche del corpo umano, con particolare attenzione per quelle coinvolte nelle attività motorie

Gli organismi sono formati da unità elementari microscopiche, le **cellule**, dotate di tutte le caratteristiche vitali. Gli esseri più semplici del mondo animale o vegetale sono costituiti da una sola cellula e sono pertanto definiti unicellulari. Man mano che aumenta la complessità dell'organismo, le cellule aumentano di numero e si differenziano in base a forma e funzione, dando origine a gruppi di cellule specializzate e simili tra loro: i **tessuti**. I tessuti non sono di solito riconoscibili come entità separate, ma piuttosto sono presenti e intrecciati tra loro in diverse parti anatomiche. Strutture tridimensionali ben identificabili, gli **organi**, costituiti da tessuti diversi, sono unità di lavoro destinate a svolgere specifici compiti. Possono essere necessari più organi per compiere diverse fasi di un processo più complesso: gli organi collegati funzionalmente tra loro danno origine a un **apparato** o un **sistema**. L'individuo è dunque formato da un'associazione di sistemi e apparati, combinazioni di organi costituiti da tessuti, i quali a loro volta sono formati da gruppi di cellule.

Alcuni esempi di organizzazione delle cellule in tessuti; sono indicati l'organo e l'apparato di appartenenza.

Cellule	Tessuti	Organi	Apparati/Sistemi
neuroni	tessuto nervoso	encefalo	sistema nervoso
osteociti	tessuto osseo	osso	apparato locomotore
fibre muscolari	tessuto muscolare	muscolo scheletrico	apparato locomotore
fibre miocardiche	miocardio	cuore	apparato circolatorio
pneumociti	epitelio alveolare	polmone	apparato respiratorio

La forma del corpo

Il corpo umano si descrive nella *posizione anatomica*, mostrata in figura: dall'alto al basso si riconoscono: la **testa**, il **collo** e il **tronco** (costituito dal **torace** e dall'**addome**), da cui originano due paia di **arti**, **superiori** e **inferiori**. Negli arti si distinguono diversi segmenti, che in quello superiore sono il *braccio*, l'*avambraccio* e la *mano*, mentre in quello inferiore sono la *coscia*, la *gamba* e il *piede*. Anche i movimenti relativi dei segmenti corporei sono denominati con un'apposita terminologia, spiegata nella tabella.

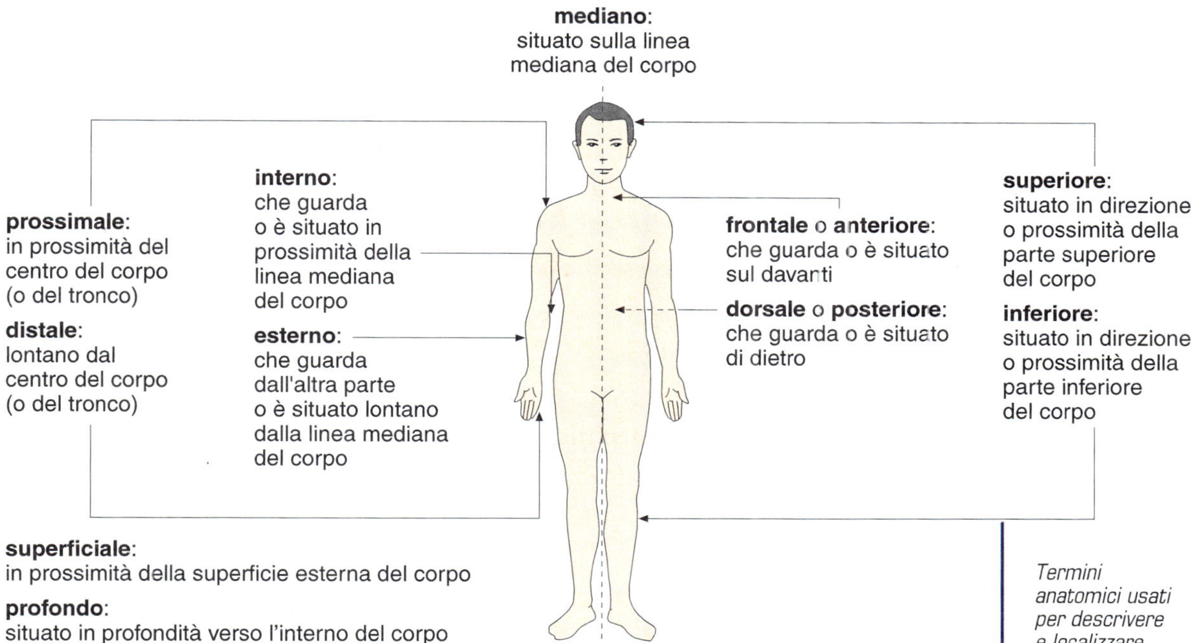

Termini anatomici usati per descrivere e localizzare parti del corpo.

I movimenti ginnici	
circondurre	Movimento compiuto da un segmento del corpo descrivendo un cerchio con l'estremità: è una combinazione di alcuni dei movimenti più semplici, descritti di seguito.
oscillare	Movimento a pendolo di un arto o di tutto il corpo, partendo da una posizione di sospensione.
abbassare	Movimento riferito alle spalle o agli arti sollevati, in cui da una posizione più alta si va verso il basso.
addurre	Movimento in cui si avvicina un arto all'asse logitudinale mediano del corpo. Può essere usato anche con il significato di abbassare l'arto precedentemente sollevato.
abdurre	Movimento opposto al precedente, in cui si allontana un arto dall'asse longitudinale mediano del corpo; in stazione eretta, può indicare il gesto di alzare l'arto.
divaricare	Movimento eseguito lentamente da una posizione unita a una aperta; in stazione eretta è sinonimo di abduzione.
estendere	Movimento in cui un segmento del corpo passa da un atteggiamento breve a uno lungo.
flettere	Movimento opposto al precedente, in cui si passa da un atteggiamento lungo a uno breve.
inclinare	Movimento normalmente riferito al busto, che descrive un suo abbassamento a sinistra o a destra, in avanti o indietro (questi ultimi sono definiti *flessione* o *estensione*).
rotare (rotazione)	Movimento attorno all'asse longitudinale del corpo o di un suo segmento; se vi è una parte rotante e una fissa si ha una rotazione, mentre se vi sono due parti che ruotano in direzioni opposte si ha una *torsione*.
slanciare	Normalmente riferito agli arti, è un movimento rapido che porta il segmento da un atteggiamento basso a uno alto: in pratica è un'abduzione veloce.
sollevare	Movimento del busto o degli arti, solitamente lento, che consiste nello staccare per un breve tratto il segmento dal suo punto d'appoggio; il suo significato è quello di variare il carico sull'arto o su tutto il corpo.
piegare	Movimento in cui gli arti passano da un atteggiamento lungo a uno breve rimanendo in appoggio sul sostegno; la velocità di esecuzione può essere varia.
spingere	Movimento rapido che fa passare gli arti da un atteggimento flesso (breve) a un atteggiamento teso (lungo), applicando una forza su un corpo mobile.

Per descrivere questi movimenti nello spazio occorre definire dei riferimenti immaginari, gli **assi** e i **piani**. Un asse è una retta immaginaria, mentre un piano è la superficie delimitata da due assi. Convenzionalmente si immagina che il corpo umano sia attraversato da **tre assi**:

- l'**asse longitudinale** percorre il corpo dall'alto in basso, attraverso il vertice del capo e tra i due talloni;
- l'**asse trasversale** percorre il torace da una spalla all'altra;
- l'**asse sagittale** attraversa il torace in senso antero-posteriore, intersecando l'asse trasversale.

Assi di riferimento

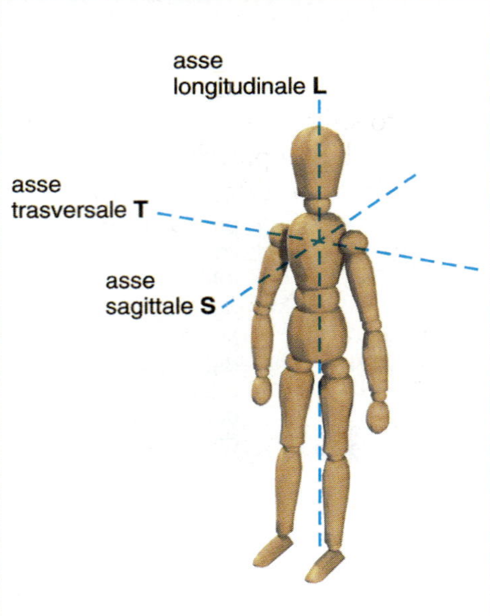

Grazie a questi assi si possono immaginare **tre piani**:

- il **piano frontale**, delimitato dagli assi longitudinale e trasversale, divide il corpo in una *parte anteriore* e in una *parte posteriore*;
- il **piano sagittale**, definito dagli assi sagittale e longitudinale, divide simmetricamente il corpo in una *metà destra* e in una *metà sinistra*;
- il **piano trasversale**, definito dagli assi trasversale e sagittale, divide la *parte superiore* del corpo dalla *parte inferiore*.

Con questi riferimenti possiamo descrivere i **movimenti delle varie parti del corpo** e i suoi spostamenti utilizzando i termini tecnici della ginnastica. Il **movimento ginnico** è quell'azione che si svolge in modo prestabilito, portando un segmento o tutto il corpo da una ben definita posizione a un'altra; viene descritto solo il movimento di andata, in quanto quello di ritorno ha una diversa definizione. I movimenti reali sono più complessi, poiché risultano dalla varia e armonica combinazione di più movimenti semplici (flettere e piegare, estendere e sollevare, addurre e ruotare ecc.). In linea di massima si chiama *flessio-*

Piani di riferimento

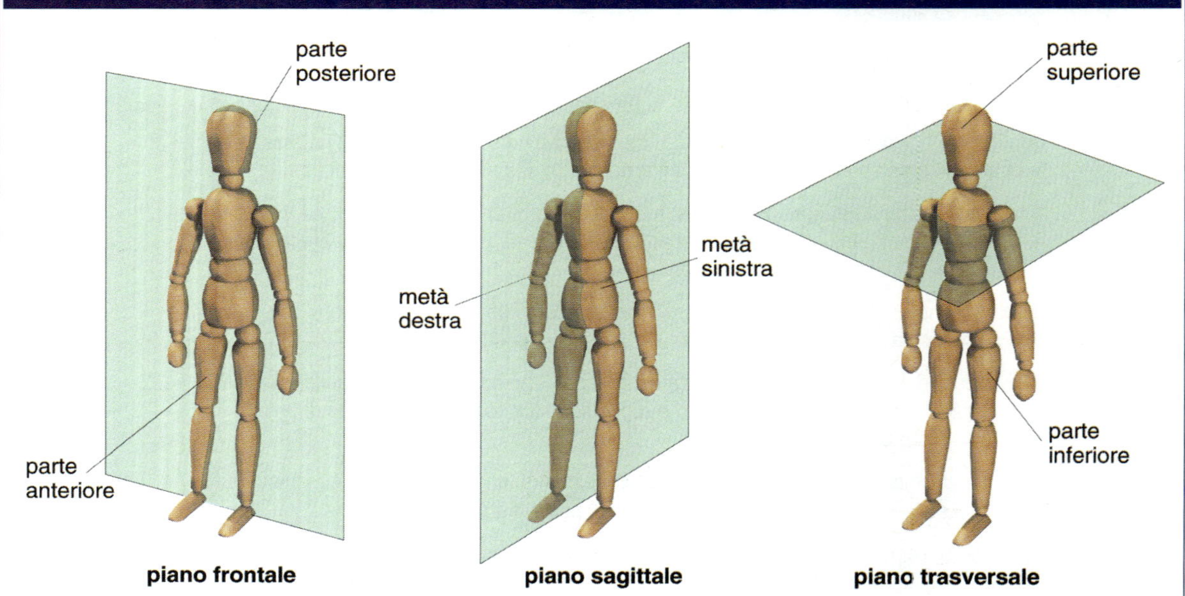

ne il movimento di un segmento che lo fa avvicinare alla parte principale del corpo ed *estensione* il movimento opposto; in certi casi si può anche definire il movimento come *flessione plantare* (in basso) o *dorsale* (in alto). *Adduzione* è l'avvicinamento del corpo di un arto sul piano frontale, mentre il suo allontanamento sullo stesso piano si chiama *abduzione*. La *rotazione* è un movimento circolare di una parte del corpo attorno al suo asse principale: può essere *oraria* o *antioraria*, *interna* o *esterna* a seconda della direzione rotatoria. Nel caso delle mani e dei piedi si parla di *pronazione*, quando il movimento rotatorio porta verso l'interno la parte palmare, e di *supinazione* nel caso opposto. Se si sposta un intero arto verso l'alto si può parlare di *elevazione*, mentre il movimento rotatorio del capo o di un arto che sembra disegnare un cerchio nello spazio è detto *circonduzione*.

Movimenti delle parti del corpo

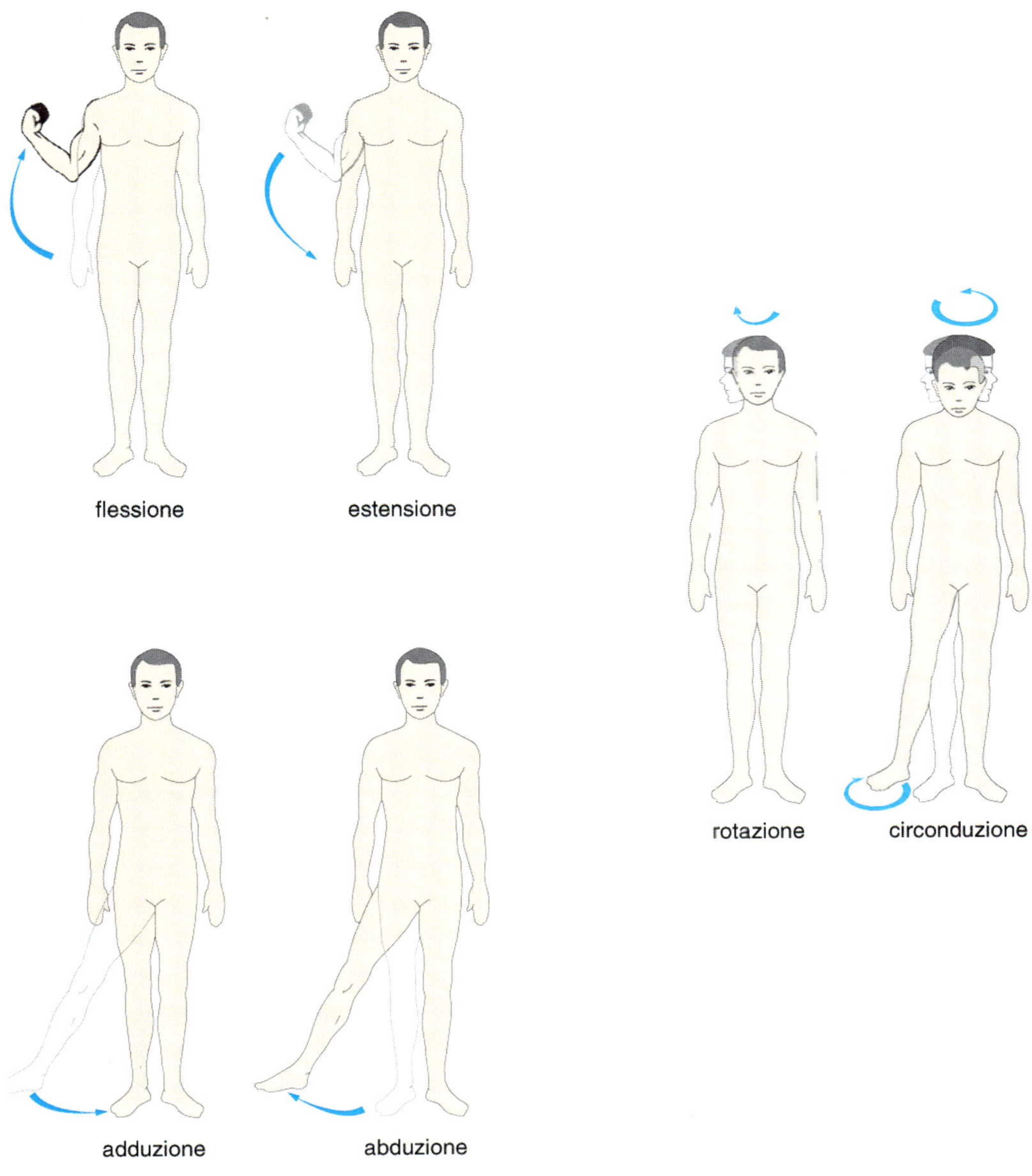

La forma esterna del corpo presenta alcune zone facilmente identificabili, che risultano di particolare interesse per l'*antropometria*; questa scienza misura vari dati corporei, come peso, statura, circonferenze, spessori, angoli di movimento che possono poi essere utilizzati in altri campi (biomeccanica, ergonomia, fisiologia). Altri punti esterni ben riconoscibili servono per eseguire semplici manovre di tipo medico, come misurare la pressione o tastare le pulsazioni cardiache.

Zone del corpo usate per misurazioni

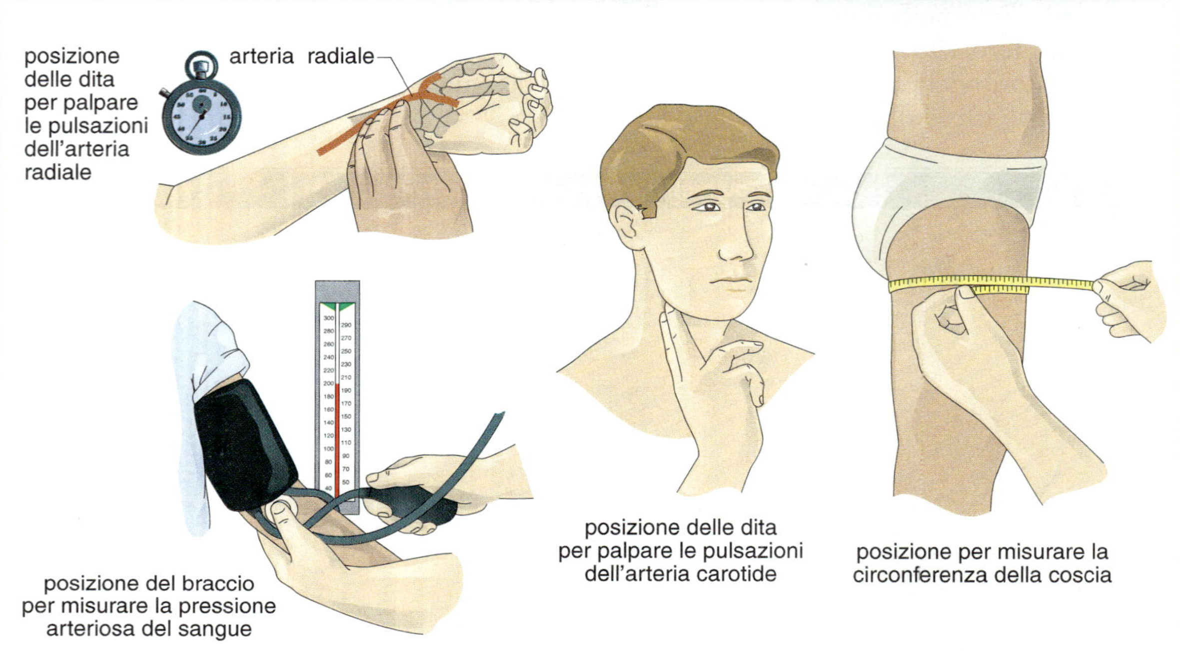

Lo scheletro

La struttura rigida che sostiene il corpo e ne consente i movimenti è lo **scheletro**, formato dalle **ossa** collegate tra loro dalle articolazioni. L'insieme di ossa e muscoli costituisce l'apparato muscolo-scheletrico, detto anche **apparato locomotore**, poiché tra le sue specifiche funzioni vi è quella di permettere all'organismo di muoversi nell'ambiente circostante. Un altro compito dello scheletro è quello di fornire protezione a organi vitali, racchiusi dentro cavità delimitate dalle ossa: il *cranio*, la *gabbia toracica*, il *canale vertebrale*.

Le ossa

Delle 208 ossa del corpo umano, 22 sono poste nel capo, 24 nella colonna vertebrale, 25 nel torace, 2 nel bacino, 64 negli arti superiori e 62 in quelli inferiori; a queste vanno aggiunte lo *ioide*, piccolo osso della gola, e le 8 piccole ossa dell'organo dell'udito. Il numero totale delle ossa può differire in base ai criteri con cui vengono contate e alla fase

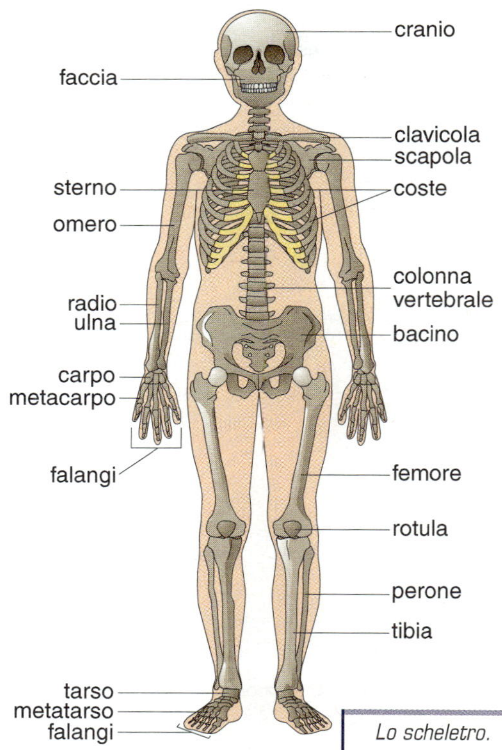

Lo scheletro.

di sviluppo considerata: nel nostro caso è stata descritta la situazione dell'adulto, in cui per esempio le vertebre sacrali e coccigee sono fuse in due sola ossa, *sacro* e *coccige*, e le sei ossa che danno origine al bacino si sono già unite costituendo le due *ossa dell'anca*.
In base alla loro **forma**, le ossa si distinguono in:

- **corte** dalla forma tozza e con le tre dimensioni (altezza, larghezza e lunghezza) circa equivalenti;
- **piatte** dalla forma schiacciata e con due dimensioni prevalenti;
- **lunghe** dall'aspetto allungato e con una dimensione nettamente prevalente.

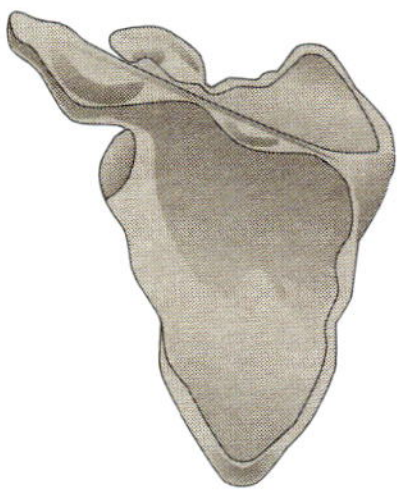
OSSO PIATTO

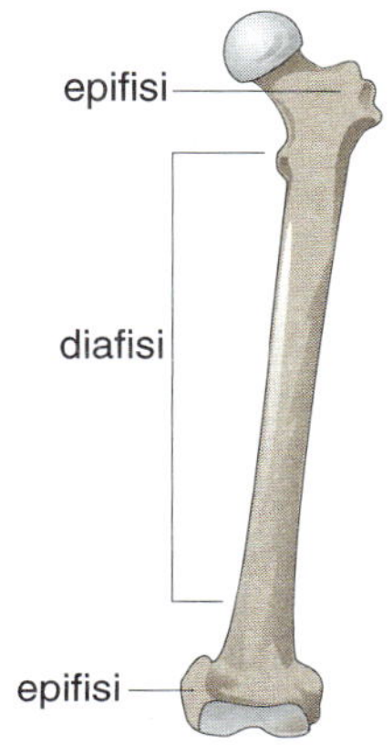

OSSO LUNGO

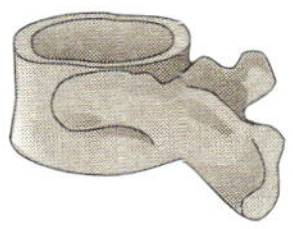
OSSO CORTO

Metabolismo insieme di reazioni chimiche che avvengono in un tessuto vivente per produrre, trasformare, utilizzare ed eliminare le sostanze necessarie per la vita.

Nelle ossa lunghe si riconoscono due estremità, solitamente più voluminose, dette *epifisi*; la parte centrale, più allungata e sottile, è detta *diafisi*. Il tessuto che costituisce le ossa è in gran parte formato da una matrice connettiva adatta a trattenere depositi minerali. È più denso nella parte esterna, **osso compatto**, e più diradato all'interno, **osso spugnoso**, così detto per l'alternanza di aree piene e di cavità proprio come in una spugna. L'osso compatto, che costituisce circa l'80% della massa ossea totale, è molto resistente a sforzi di flessione e torsione. L'osso spugnoso è, invece, più adatto a sopportare forze di compressione e prevale nelle ossa corte. Nelle ossa lunghe la parte spugnosa prevale alle estremità e all'interno della diafisi, mentre il cilindro esterno della parte allungata è costituito da osso compatto.

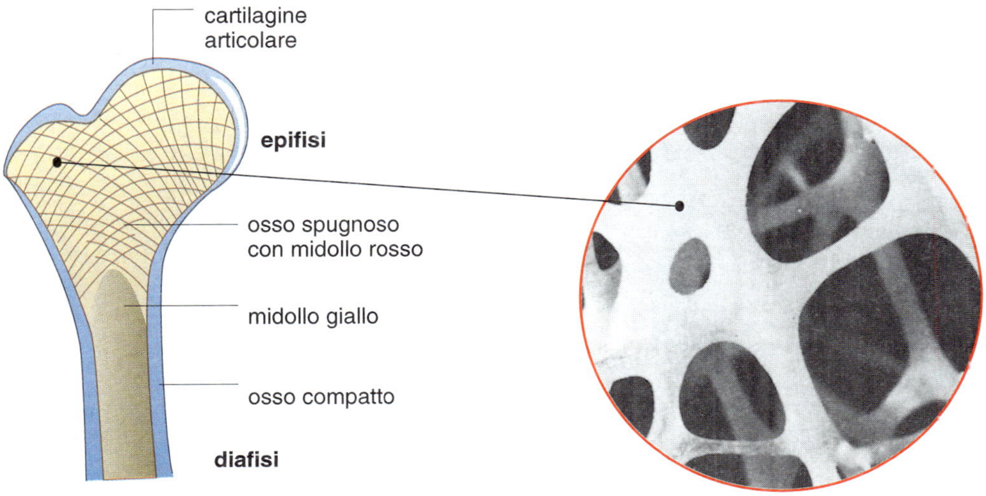

Struttura di un osso lungo e immagine al microscopio elettronico a scansione di tessuto osseo spugnoso.

L'unità costitutiva dell'osso compatto è una formazione cilindrica, l'**osteone**, fatto da strati concentrici di lamelle ossee disposte attorno a una cavità centrale in cui passano vasi e nervi. Nell'osteone sono inglobate le cellule ossee, gli **osteociti**, mentre lo spazio tra gli osteoni è colmato da lamelle ossee allineate, non disposte a cilindro. Nell'osso trabecolare o spugnoso non si riconoscono osteoni, bensì lamelle (trabecole) alternate a cavità: questa parte di osso è otto volte più attiva di quella compatta dal punto di vista metabolico.

focus

L'osso in attività

Contrariamente a quanto può apparire, l'osso non è affatto una struttura inerte, pur essendo rigido, resistente e costituendo circa il 16% della massa del corpo. La massa ossea viene, infatti, continuamente riassorbita e ricostituita, in risposta a stimoli genetici, ormonali, metabolici e meccanici. In pratica l'osso funziona come una banca di *deposito di sali minerali*, indispensabili per la vita, da cui l'organismo attinge in base alle necessità. Quando prevale lo stimolo alla deposizione, la massa ossea aumenta (accrescimento, carico fisiologico); se predomina l'attivazione del riassorbimento (malnutrizione, alcolismo, malattie croniche, invecchiamento, mancanza di carico), la massa ossea si riduce. Per una corretta crescita dello scheletro del bambino sono necessarie una nutrizione equilibrata, una corretta attività fisica e una buona esposizione alla luce solare, per consentire l'attivazione della *vitamina D*. Con l'avanzare dell'età si perde gradualmente tessuto osseo: il fenomeno è molto evidente nelle ossa lunghe, in cui si allarga la cavità interna a scapito del manicotto esterno di tessuto compatto, che diventa più poroso. Quando la perdita di tessuto osseo supera un certo limite si parla di **osteoporosi**: questa malattia è comune tra gli anziani e nelle donne dopo la menopausa e comporta un rischio di fratture molto più elevato, particolarmente a livello del femore e delle vertebre. Il danno può essere ritardato, anche se non completamente evitato, con un corretto stile di vita: alimentazione ricca di calcio e vitamina D, astensione dal fumo e dall'eccesso di alcol, prevenzione del soprappeso, pratica continuativa di un'adeguata attività fisica.

In quanto deposito di minerali, l'osso ha una funzione importantissima nel regolare la **concentrazione nel sangue di calcio e fosforo**, essenziali per processi come la contrazione muscolare, la permeabilità delle membrane cellulari, la coagulazione, molte reazioni enzimatiche.

Nel canale diafisario delle ossa lunghe e tra le trabecole dell'osso spugnoso è presente un tessuto connettivo molle, molto vascolarizzato, il **midollo osseo**: *giallo* nel primo caso e *rosso* nel secondo. Il midollo rosso è responsabile della produzione dei **globuli rossi**, gli elementi del sangue che trasportano l'ossigeno: questa funzione, indispensabile per la vita, può essere compromessa in gravi malattie, come le anemie primitive e le leucemie.

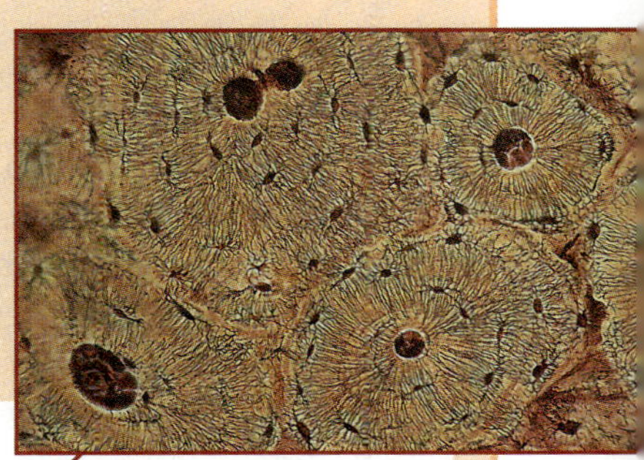

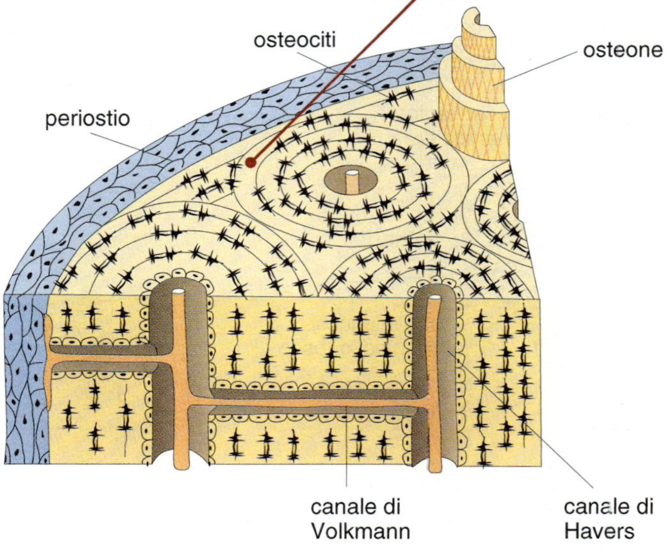

Struttura del tessuto osseo compatto e immagine al microscopio ottico.

Durante l'accrescimento, tra la diafisi e le estremità delle ossa lunghe si riconosce una linea di confine, la **cartilagine di coniugazione**, che è la zona in cui l'osso si allunga. La **cartilagine** è un tessuto connettivo solido ed elastico che forma gran parte dello scheletro nei bambini e che durante l'accrescimento viene trasformato in osso; le cellule cartilaginee si chiamano **condrociti**. La cartilagine è meno rigida e più flessibile dell'osso ed è molto resistente alla compressione. L'osso è rivestito da una sottile membrana detta *periostio*, tranne che nelle superfici di contatto con altre ossa, ricoperte dalla **cartilagine articolare**, liscia e lucida, che favorisce lo scorrimento reciproco delle estremità ossee. Altri tipi di cartilagine si trovano nella zona d'inserzione di tendini e legamenti all'osso, in alcune parti anatomiche come naso, orecchie e trachea, nonché nei menischi di alcune articolazioni e nei dischi intervertebrali.

Le articolazioni

Le articolazioni sono giunzioni tra due o più ossa, che permettono movimenti di varia ampiezza. Nell'articolazione si riconoscono le terminazioni delle ossa, dette **capi ossei**, un involucro connettivale che le racchiude, la **capsula articolare**, e uno spazio interno, la **cavità articolare**. La superficie interna della capsula produce un liquido lubrificante, il **liquido sinoviale**, che si stende come un sottile velo all'interno dello spazio articolare.
In alcune articolazioni, come nel ginocchio, ci sono strutture fibrocartilaginee che migliorano il contatto tra le superfici dei capi articolari: i **menischi**. Esternamente la capsula può essere rinforzata in alcuni punti da fibre connettivali più spesse, che collegano le ossa rendendo più solida l'articolazione: i **legamenti**. Le articolazioni si distinguono in *fibrose*, *cartilaginee* e *sinoviali*, in base al tessuto interposto tra i capi ossei: le più tipiche e le più mobili sono le ultime, mentre i primi due tipi sono giunzioni immobili o con scarsa mobilità. Il *movimento* può essere consentito su uno, due o più piani, cioè può essere *uniassiale*, *biassiale* o *multiassiale*. Gli spostamenti possono essere solo virtuali, come per esempio tra le ossa della volta cranica, o estremamente ampi, come nella spalla, l'articolazione più mobile del corpo. In base al tipo di movimento consentito, le articolazioni mobili si classificano in:

- **artrodie:** permettono limitati movimenti di scivolamento tra superfici piane (articolazioni tra le piccole ossa del carpo e del tarso);
- **ginglimi:** si realizzano tra segmenti ossei a forma di cilindri, consentendo movimenti rotatori su un piano (articolazione tra radio e ulna nel gomito);
- **articolazioni a troclea:** tipo particolare di ginglimi, in cui l'asse principale del cilindro è perpendicolare a quello dell'osso e la superficie del cilindro può essere imperfetta, conoide (articolazione omero-ulnare, articolazioni interfalangee, articolazione tibio-femorale);
- **condilartrosi:** snodi tra superfici ellissoidali, una concava e una convessa, che permettono movimenti di rotazione su due piani perpendicolari (articolazioni metacarpofalangee);
- **articolazioni a sella:** ricordano la sella di un cavallo per l'incastro di capi ossei concavi su un piano e convessi sul piano perpendicolare, che possono muoversi su due piani (articolazione tra trapezio e metacarpo alla base del pollice);

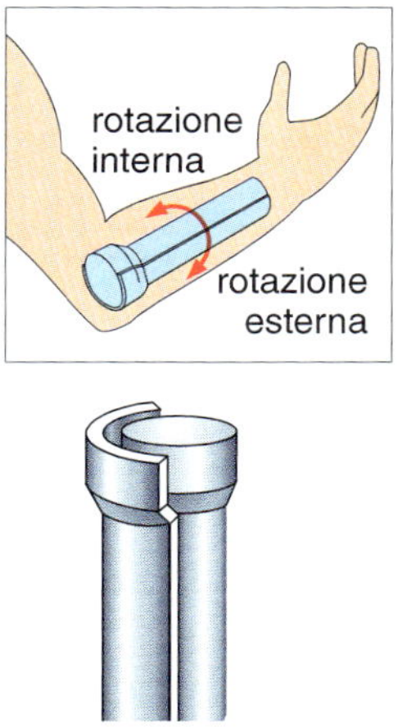

Ginglimo.

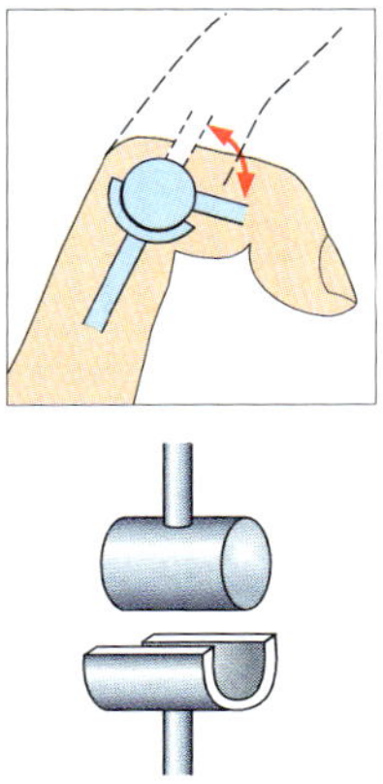
Troclea.

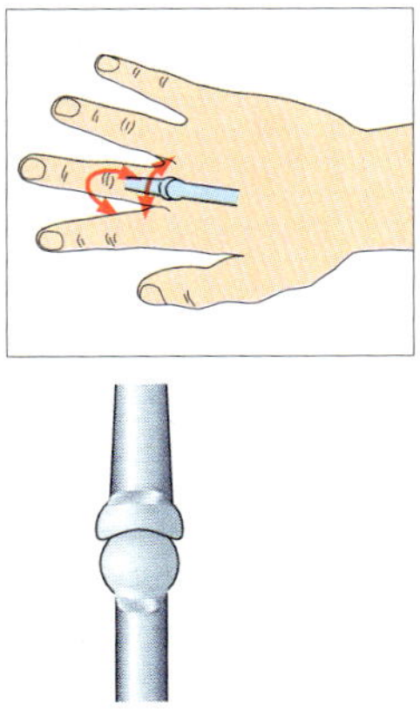
Condilartrosi.

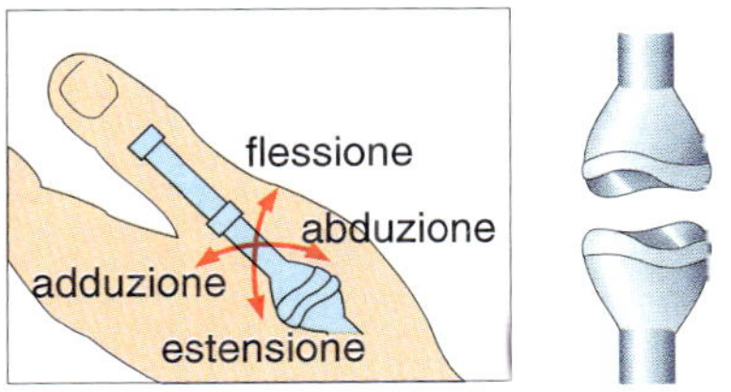

Articolazione a sella.

- **enartrosi:** sono snodi tra un segmento di sfera pieno e uno cavo, che lo accoglie consentendo le più ampie possibilità di movimento sui tre piani dello spazio (l'anca e la spalla).

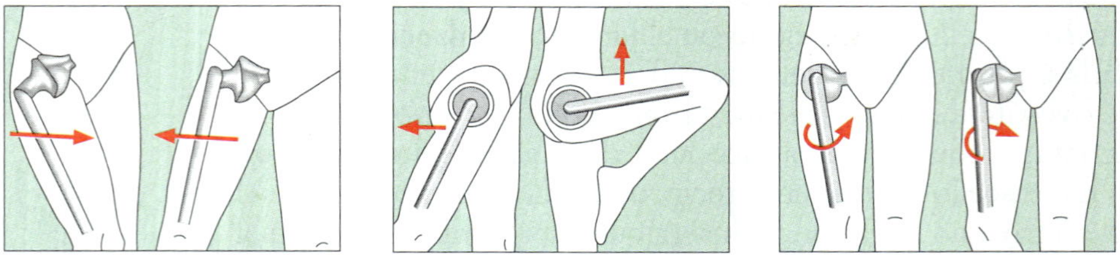

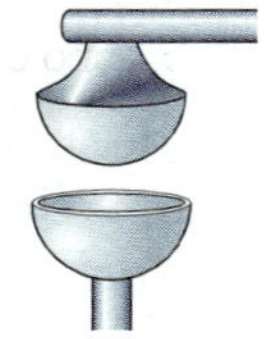

Enartrosi.

Nella capsula articolare e nelle strutture adiacenti sono presenti molte terminazioni nervose: sono importanti per dare la sensazione della posizione spaziale dell'articolazione (▶ pag. 49).

I muscoli

Nel corpo umano si contano circa 400 **muscoli scheletrici**, così detti perché si inseriscono con le loro estremità su due o più ossa, separate da una o più articolazioni. Altri muscoli simili si trovano subito al di sotto della pelle e si dicono **pellicciai**. Questi muscoli e quelli scheletrici sono i **muscoli striati**. I muscoli dei visceri hanno, invece, una struttura diversa e sono denominati **muscoli lisci**. La forma e le dimensioni dei muscoli scheletrici sono molto varie, da pochi millimetri fino a più di 70 cm di lunghezza. Il loro peso costituisce circa il 40% del peso totale del corpo. Sono costituiti da lunghe cellule dotate di molti nuclei, le **fibre muscolari**; le loro terminazioni continuano con i **tendini**, nastri fibrosi che collegano il muscolo all'osso. Le fibre muscolari sono raggruppate parallelamente in numerosi fasci, delimitati da membrane connettivali, mentre l'intero muscolo è contenuto in una guaina, detta **epimisio**. Ogni cellula muscolare è letteralmente stipata di **miofibrille**, le strutture capaci di contrarsi caratteristiche del muscolo. Ogni miofibrilla è costituita da una serie di elementi incolonnati, i **sarcomeri**, che quando sono in azione si accorciano determinando,

I principali muscoli

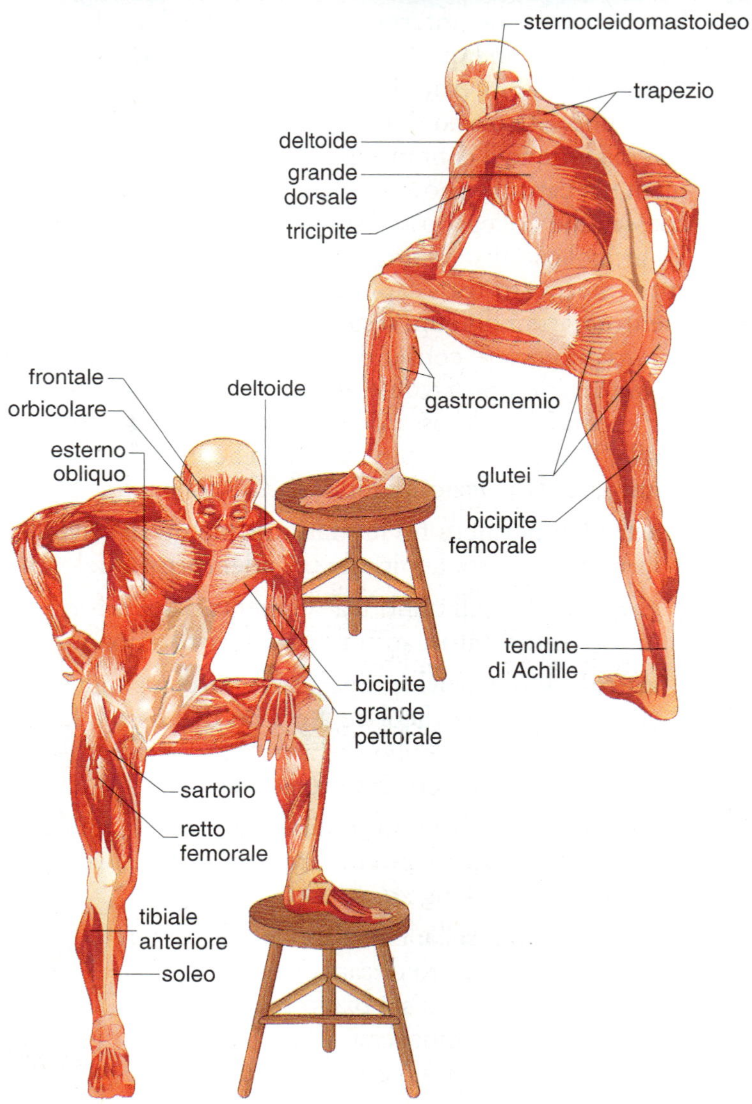

Struttura del muscolo

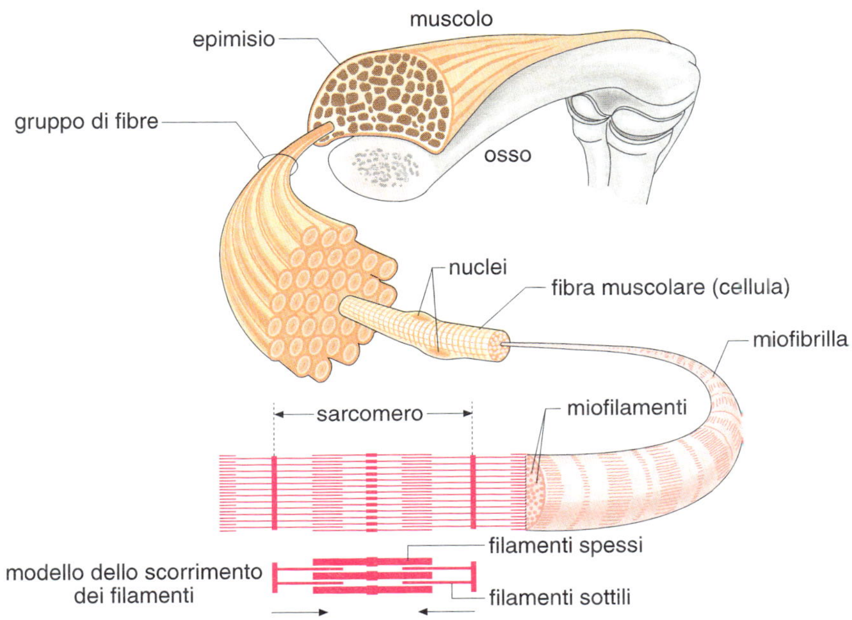

L'organizzazione interna del muscolo vede la presenza di fibre e fibrille muscolari composte da unità elementari dette sarcomeri.

per la somma di tanti piccoli accorciamenti, una riduzione della lunghezza complessiva del muscolo.

In base alla sua forma, al numero e alla disposizione dei tendini, ogni muscolo scheletrico si può classificare come:

1. **nastriforme**, se ha la consueta forma allungata e due terminazioni tendinee alle estremità;
2. **bicipite, tricipite** o **quadricipite**, se a una estremità presenta due, tre o quattro tendini distinti;
3. **monopennato** o **bipennato**, se i fasci muscolari si inseriscono obliquamente da uno o da entrambi i lati su un lungo tendine, simulando l'aspetto di una penna d'uccello;
4. **segmentato**, se uno o più tendini interni dividono trasversalmente il muscolo in più segmenti disposti in serie;
5. **dentato**, se a una delle estremità del muscolo i fasci muscolari si dividono in molte terminazioni tendinee dall'aspetto scalato.

Le diverse forme dei muscoli rispondono a esigenze sia anatomiche (lo spazio in cui sono accolti), sia funzionali (la direzione principale della forza di contrazione).

Forme dei muscoli

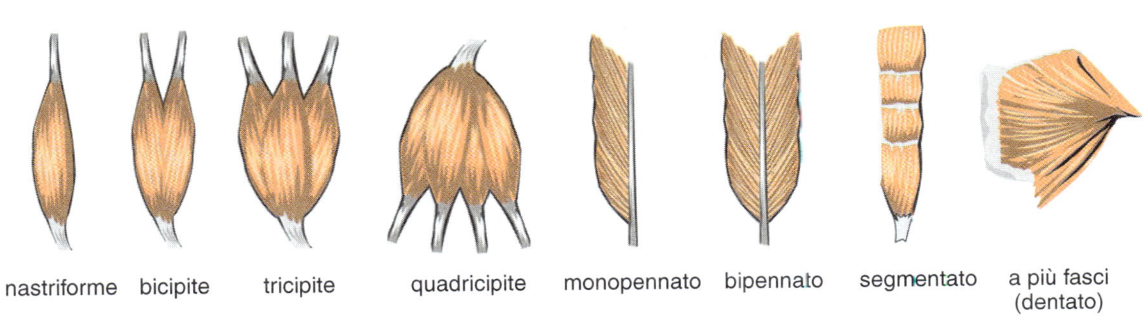

Secondo la teoria più accreditata, il muscolo si può accorciare grazie allo *scorrimento dei filamenti* che costituiscono il sarcomero, formati da due proteine, l'**actina** e la **miosina**. Queste proteine sono disposte in modo alternato e sono allineate secondo la lunghezza del muscolo, dandogli il caratteristico aspetto microscopico di striatura trasversale da cui deriva il nome di muscolo striato. Durante la contrazione, i filamenti scorrono gli uni all'interno degli altri, grazie a piccoli "ganci mobili" che trascinano le molecole di actina verso il centro del sarcomero, accorciandolo. Questo processo avviene con dispendio di energia.

L'apparato locomotore in azione

L'esecuzione dei movimenti, nelle attività quotidiane così come nello sport, sollecita alcune regioni del corpo in modo particolarmente intenso, esponendole a rischio di traumi o di sovraccarichi.

La spalla

L'articolazione principale della spalla è quella tra la parte superiore dell'**omero** (*testa*) e l'angolo laterale della **scapola**, che presenta una concavità (*cavità glenoidea*): è una *enartrosi*, articolazione che permette i più ampi movimenti. Al di sopra di essa si trova la giunzione tra la parte esterna della **clavicola** e una sporgenza della scapola a forma di uncino, l'*acromion*. L'estremità interna della clavicola si articola con lo sterno, l'osso al centro del torace su cui sono inserite le coste: questa articolazione, detta *sterno-clavicolare*, è l'unico punto di unione tra le ossa dell'arto superiore e lo scheletro assiale. Le due scapole e le due clavicole, viste dall'alto, formano una sorta di cintura attorno all'estremità superiore del torace: il **cingolo scapolare**. La spalla è racchiusa in una capsula non

La spalla e il braccio

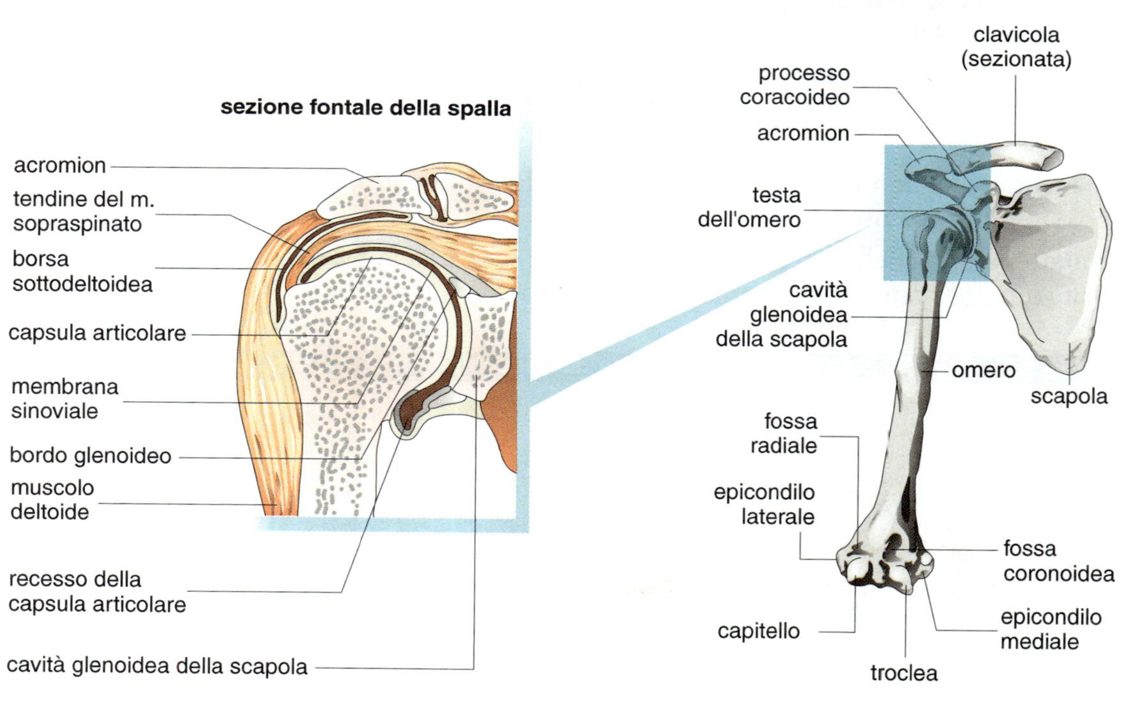

molto robusta, che non ne limita i movimenti: è infatti la più mobile tra le grandi articolazioni del corpo. I principali muscoli che agiscono sulla spalla sono:

- muscoli della scapola che si inseriscono sull'omero (muscoli della cuffia dei rotatori, deltoide);
- muscoli che dal tronco si inseriscono sulla scapola (trapezio, elevatore della scapola, romboidi);
- muscoli che dal tronco si inseriscono sull'omero (grande pettorale, grande dorsale).

Alcuni di questi muscoli possono far scorrere e inclinare la scapola sulla cassa toracica, spostando nello spazio il punto di origine dell'arto superiore; altri agiscono direttamente sull'omero, trainandolo in alto, in basso, in avanti, indietro.

Il gomito

L'articolazione intermedia dell'arto superiore collega il braccio con l'avambraccio: è formata dalla giunzione tra la parte distale dell'**omero** e le estremità prossimali di **radio** e **ulna**. L'articolazione tra omero e ulna consente i movimenti di flessione ed estensione, mentre quella tra omero e radio, unitamente al contatto tra radio e ulna, consente movimenti rotatori tra le due ossa dell'avambraccio. Nel gomito sono pertanto presenti tre estremità ossee e tre articolazioni. I muscoli che agiscono sul gomito sono:

- muscoli della parte anteriore del braccio, flessori (*bicipite brachiale* e altri);
- muscolo della parte posteriore del braccio, estensore (*tricipite brachiale*).

I primi fanno piegare il gomito e avvicinano il braccio e l'avambraccio fino a farli toccare, il secondo riporta il gomito nella posizione di massima estensione (circa 180°).

Il gomito

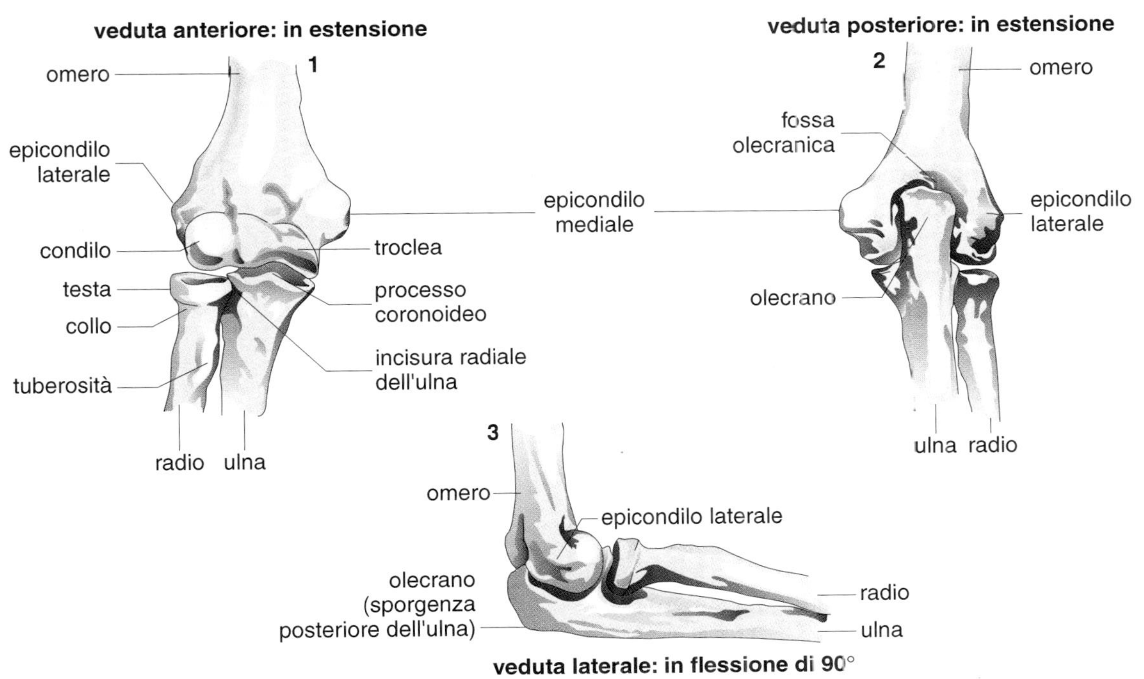

Il polso

Il polso è la giunzione dell'avambraccio con la **mano**, il cui scheletro è costituito da 8 ossa brevi nella parte prossimale (carpo), 5 ossa lunghe nella porzione intermedia (metacarpi) e 14 ossa lunghe nelle dita (falangi). I più vigorosi muscoli che agiscono sul polso sono posti nell'avambraccio e si inseriscono su una o più ossa della mano. Numerosi altri muscoli collegano le ossa della mano e delle dita, permettendo moltissimi movimenti di grande precisione, detti movimenti fini. Nel polso si possono distinguere:

- muscoli della faccia anteriore dell'avambraccio, che flettono il polso e ruotano internamente la mano (*flessori-pronatori*);
- muscoli della faccia posteriore dell'avambraccio, che estendono il polso e ruotano esternamente la mano (*estensori-supinatori*).

Il polso e la mano destra

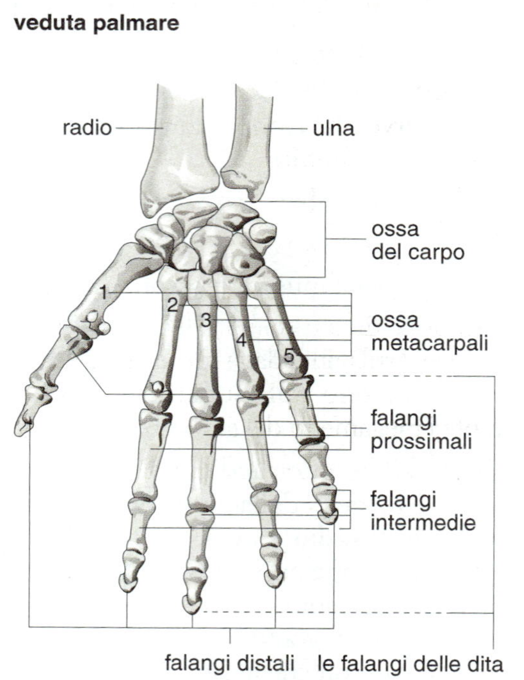

L'anca

L'anca è il collegamento tra il tronco e l'arto inferiore, che sostiene il peso dell'intero corpo. La parte inferiore del tronco è formata da un anello osseo, il **bacino** o pelvi, delimitato posteriormente dall'**osso sacro** e lateralmente e anteriormente dalle 2 **ossa dell'anca**. Nell'osso dell'anca si distinguono una parte superiore, una posteriore e una anteriore (*ileo, ischio* e *pube*) che corrispondono ai suoi 3 diversi centri di accrescimento durante la fase di sviluppo. La superficie esterna dell'anca presenta una cavità emisferica, l'*acetabolo* (dal latino: vaso per aceto), che accoglie la testa del **femore** dalla forma a 2/3 di sfera: si realizza così un'enartrosi, articolazione mobile in tutti i piani dello spazio. A differenza della spalla, l'ampiezza dei movimenti dell'anca è limitata da potenti muscoli e legamenti, che ne garantiscono la necessaria stabilità, e dalla stessa conformazione dei capi ossei ben inseriti l'uno dentro l'altro. I principali muscoli che agiscono sull'anca sono:

- muscoli posteriori del bacino che si inseriscono sul femore (*glutei*);
- muscoli che dal pube si inseriscono sulla faccia interna del femore (*adduttori*);
- un muscolo che dal tratto lombare della colonna e dall'ileo si inserisce sulla faccia anteriore del femore (*ileopsoas*), la cui azione flette la coscia sul bacino.

Il bacino, l'anca e la coscia

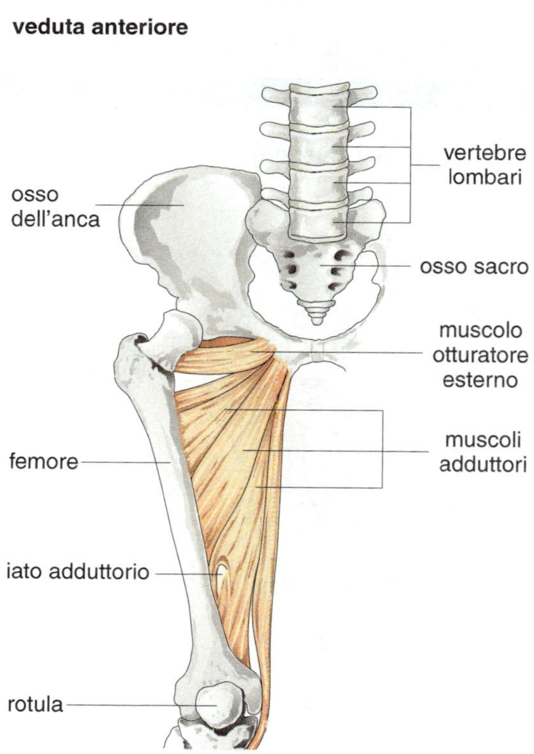

Il ginocchio

Il ginocchio è l'articolazione intermedia dell'arto inferiore: si realizza tra la parte distale del **femore**, che presenta due superfici ricurve (*condili femorali*), e la parte prossimale della **tibia**, di forma appiattita (*piatto tibiale*). Anteriormente all'articolazione del ginocchio è posta la **rotula**, un osso a forma discoidale, compreso nel tendine del muscolo quadricipite. Lo spazio tra femore e tibia è colmato da due **menischi** fibrocartilaginei dalla forma a semiluna, che scorrono sulla superficie tibiale durante i piegamenti del ginocchio. All'interno del ginocchio sono posti inoltre due importanti legami, i **legamenti crociati** (*anteriore* e *posteriore*), che lo stabilizzano in senso antero-posteriore. Altri due legamenti, i **collaterali** (*interno* ed *esterno*), collegano femore e tibia sul lato interno e femore e **perone** (l'altro osso della gamba) su quello esterno, limitando i movimenti di inclinazione laterale del ginocchio. I più forti muscoli del ginocchio sono:

- il *quadricipite*, muscolo estensore che occupa la parte anteriore della coscia e termina con un robusto tendine (*tendine rotuleo*) sulla parte anteriore superiore della tibia;
- i muscoli flessori, posti nella parte posteriore della coscia (*bicipite femorale, semitendinoso, semimembranoso*) che agiscono su due articolazioni, estendendo l'anca e flettendo il ginocchio.

Il ginocchio in flessione

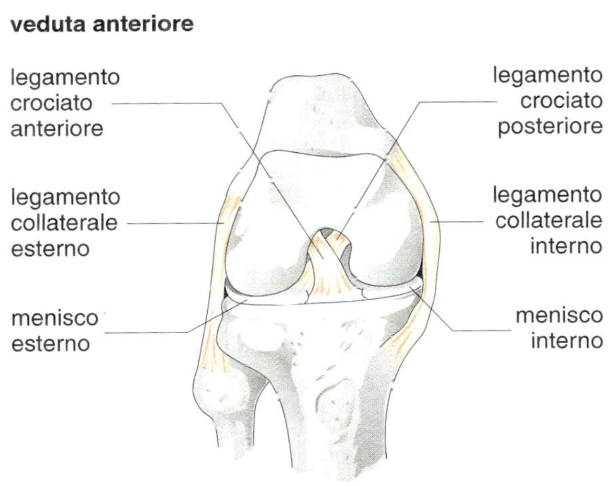

Il ginocchio in estensione

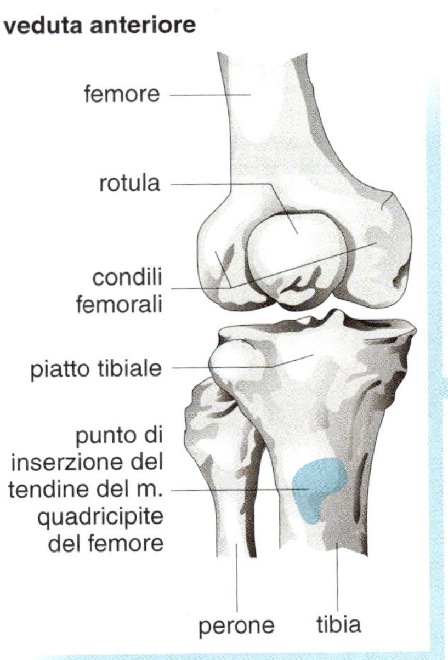

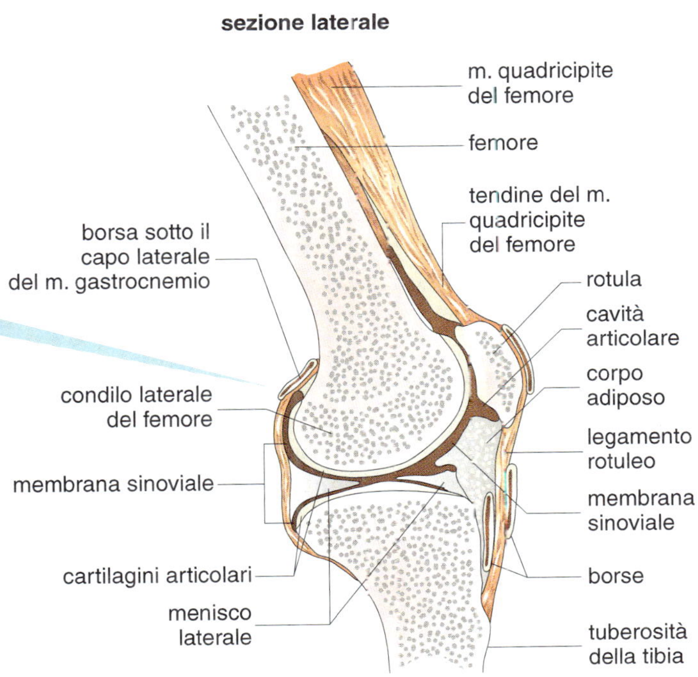

La caviglia e il piede

La caviglia collega la gamba al piede, con un angolo di circa 90°. Le parti distali di **tibia** e **perone** sono riconoscibili grazie alle loro sporgenze ossee terminali, i **malleoli** (interno o *tibiale* ed esterno o *peroneale*), che consentono di localizzare facilmente la regione della caviglia. Le estremità inferiori delle due ossa della gamba formano un'unica concavità cilindrica curva in senso antero-posteriore, la *pinza tibioperoneale*, che accoglie l'osso superiore del piede, l'**astragalo**. Questa articolazione si chiama *tibio-peroneo-astragalica*, ma nel linguaggio comune viene identificata come *articolazione della caviglia*. Al di sotto di essa c'è un complesso sistema di articolazioni tra le varie ossa del piede: l'astragalo e il **calcagno** che formano il *retropiede*, le 5 ossa che formano il *medio piede* (insieme al retropiede è anche chiamato *tarso*) e l'*avampiede*, costituito dai 5 *metatarsi* e dalle 14 piccole ossa che costituiscono lo scheletro delle dita (le *falangi*). La caviglia è stabilizzata sul lato interno da un fascio fibroso che collega la tibia alle ossa del piede, il **legamento deltoideo**, e su quello esterno da un gruppo di **legamenti laterali**, tesi tra il perone, l'astragalo e il calcagno. Questi ultimi sono i più frequentemente interessati nei traumi distorsivi della caviglia. I principali muscoli che agiscono sulla caviglia sono:

- un potente muscolo posteriore, il *tricipite surale* (formato profondamente dal *soleo* e superficialmente dai *gemelli*), che flette la caviglia agendo tramite il tendine d'Achille;
- 2 muscoli posti esternamente nella gamba, i *peronei*, che sollevano il bordo esterno del piede (pronazione);
- un gruppo di muscoli posti anteriormente nella gamba, il *tibiale anteriore* e gli *estensori*, che estendono la caviglia e sollevano la punta delle dita;
- 3 muscoli profondi i cui tendini decorrono sulla faccia interna della caviglia, il *tibiale posteriore* e i *flessori*, che sollevano il bordo interno del piede (supinazione), sostengono la volta plantare e flettono la punta delle dita.

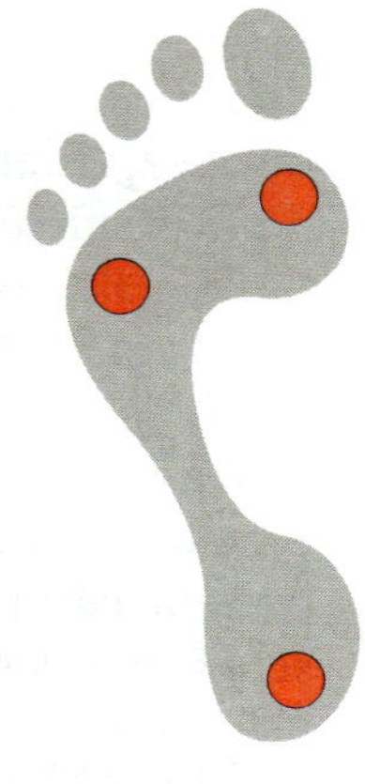

L'impronta del piede e i principali punti di appoggio.

L'**appoggio al suolo** di un piede scalzo può essere visualizzato dalla sua impronta che evidenzia come il contatto avvenga nelle zone anteriore, posteriore e lungo tutto il bordo esterno. I corrispondenti punti d'appoggio ossei sono tre: le teste del **I** e del **V metatarso** e la parte posteriore del **calcagno**. Tra questi punti, la faccia inferiore del piede si solleva formando tre **archi** (linee curve tese tra due punti) che descrivono una **volta plantare**. Tre punti d'appoggio sono necessari per mantenere l'equilibrio anche su superfici non perfettamente lisce. La volta plantare, per azione di molti muscoli del piede e tramite piccole articolazioni, ha la capacità di aumentare o ridurre la propria curvatura, svolgendo la funzione di "ammortizzatore" naturale durante il cammino o la corsa.

La caviglia e il piede

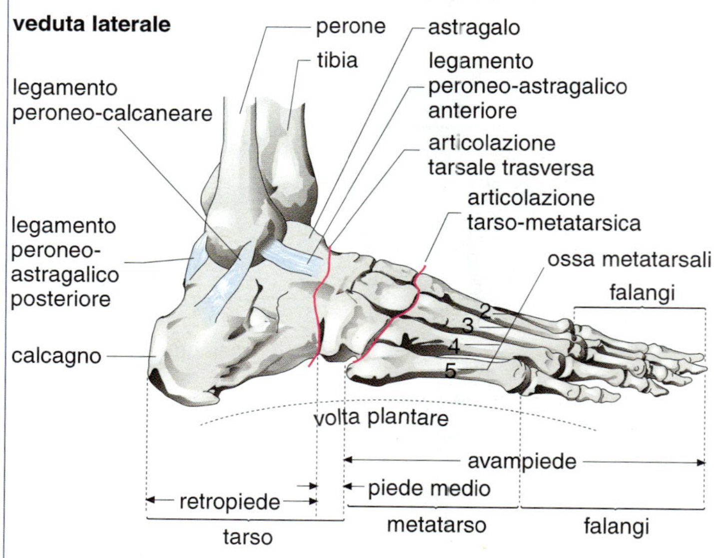

inserto salute

Il mal di schiena

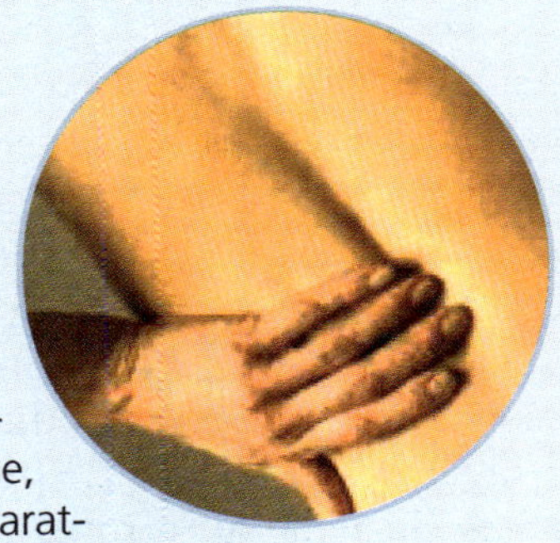

Il "mal di schiena", o meglio la **lombalgia** o la **dorsalgia**, se si vuole precisare con termini anatomici più corretti la sede del dolore, è una delle patologie più diffuse: si calcola che nei Paesi industrializzati circa il 75 % della popolazione ne soffra almeno una volta nella vita. Ogni anno circa il 20% delle persone hanno almeno un episodio di lombalgia e circa il 4% soffrono di mal di schiena cronico. Solo raramente se ne identifica la vera origine, in quanto le cause possono essere numerosissime e di varia natura; la sua caratteristica principale è il *dolore localizzato alla parte posteriore del tronco*. Può colpire entrambi i sessi in quasi tutte le età della vita, a partire dall'acquisizione della posizione eretta, anche se c'è una maggior prevalenza nell'adulto. Nella maggior parte dei casi il mal di schiena è dovuto a patologie relativamente benigne della colonna vertebrale e dei muscoli annessi e tende a regredire con il riposo nel giro di circa 20-30 giorni.

La colonna vertebrale

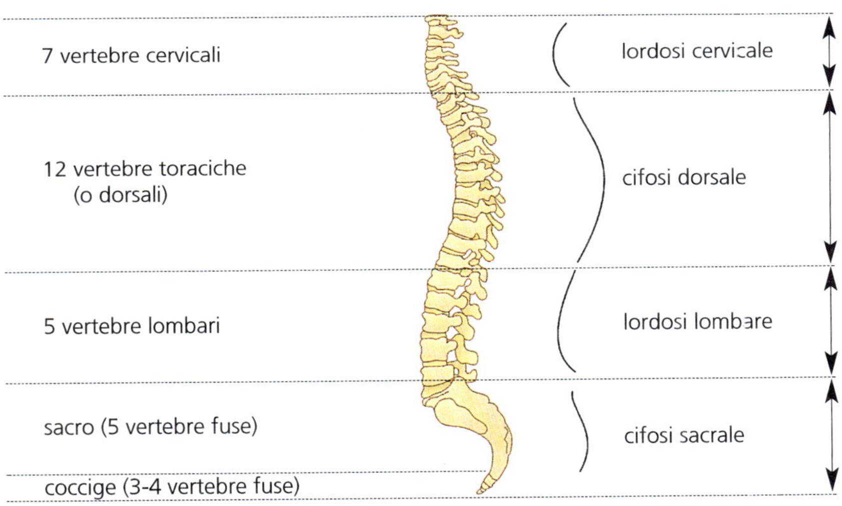

Bambini e ragazzi

Durante l'accrescimento un dolore alla schiena può essere la spia di **malformazioni congenite**, come le anomalie di alcune vertebre lombari, che alterano la dinamica dei movimenti della colonna. Negli adolescenti può essere presente un'**osteocondrosi**, distrofia delle vertebre del tratto dorso-lombare che si deformano a cuneo e comportano un anomalo incurvamento verso l'avanti della colonna. Una particolare patologia, più frequente nei praticanti sport quali la ginnastica artistica e il sollevamento pesi, è la separazione del corpo vertebrale dalla sua parte posteriore per sovraccarichi eccessivi durante l'età dello sviluppo: la **spondilolisi**. Una deformazione spontanea delle vertebre, che può comparire in qualsiasi periodo dell'accrescimento con frequenza tre volte maggiore nelle femmine, è la **scoliosi**. Si tratta di una progressiva deformazione e torsione di alcune vertebre, per causa sconosciuta anche se si sospetta una componente ereditaria, che comporta la comparsa di una o più curve patologiche della co-

Diagnosi della scoliosi

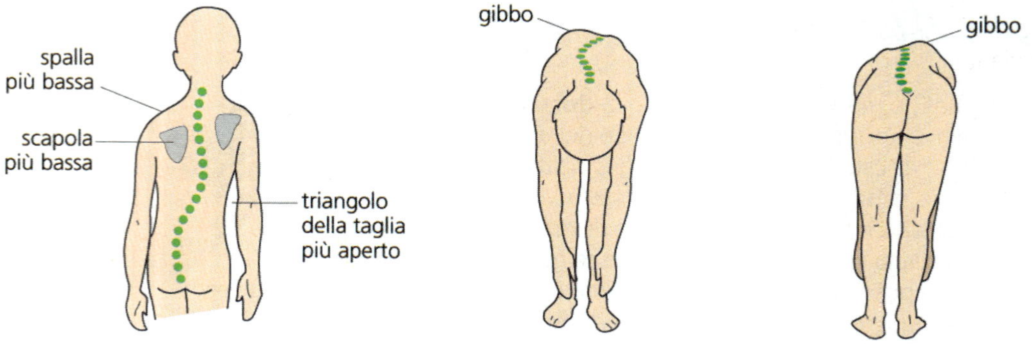

lonna vertebrale sul piano frontale. L'anomalia è ben visibile osservando da dietro il dorso scoperto del soggetto, in quanto si rilevano asimmetrie dei fianchi, delle scapole, della linea stessa della colonna. Quando è coinvolto anche il tratto toracico, la rotazione delle vertebre costringe le coste a seguire un decorso anomalo, provocando una gibbosità asimmetrica del dorso, più evidente nella flessione anteriore. La scoliosi richiede una diagnosi precoce e un trattamento specialistico, che si basa su busti correttivi indossati durante l'accrescimento, su stimolazioni muscolari o su interventi di chirurgia ortopedica. Molto più frequenti della scoliosi vera e propria sono gli *atteggiamenti scoliotici*, sostanzialmente posizioni scorrette acquisite per errate abitudini, debolezza muscolare o per compensare altri difetti. Insieme all'*ipercifosi e all'iperlordosi*, accentuazioni delle fisiologiche curve della colonna sul piano sagittale, e alle *scapole alate*, atteggiamento di anteposizione di spalle e scapole, fanno parte del gruppo dei **paramorfismi**: difetti ortopedici di minore entità, correggibili con un adeguato sviluppo muscolare o con l'aiuto di esercizi ginnici correttivi. In tutte queste patologie dell'infanzia e dell'adolescenza la visita medica indirizza verso la diagnosi; talora può essere opportuna l'esecuzione di una radiografia parziale o intera della colonna.

Paramorfismi

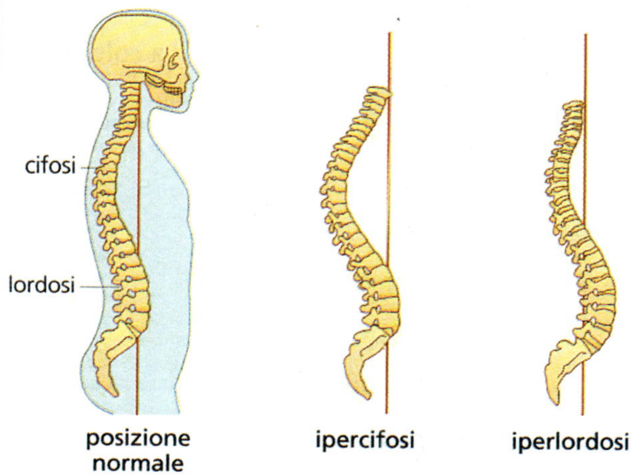

Gli adulti

L'età più colpita dal mal di schiena è quella tra i 30 e i 50 anni, in cui iniziano a manifestarsi fenomeni di usura a livello delle vertebre e dei dischi intervertebrali in soggetti in piena attività lavorativa. Il tratto più colpito è la colonna lombare, soprattutto le ultime 2 vertebre, e il passaggio lombosacrale. Nella maggior parte dei casi non si riesce a riconoscere una vera alterazione anatomica, per cui si attribuisce la causa del dolore al *sovraccarico* sulla colonna vertebrale dovuto allo stile di vita troppo sedentario, o all'estremo opposto a certe attività lavorative o sportive particolarmente gravose per la schiena. Il processo patologico è invece dimostrabile quando interessa i cuscinetti fibrosi interposti tra le vertebre, i **dischi intervertebrali**, che gradualmente si assottigliano, perdono elasticità, tendono a schiacciarsi e a debordare dai loro margini. Quando la parte centrale più mobile ed elastica del disco (*nucleo polposo*) viene sospinta posteriormente al di fuori del disco stesso, può occupare spazio nel canale vertebrale e irritare o comprimere le strutture nervose in esso contenute. Questa patologia, causa di dolori lancinanti alla schiena e talvolta agli arti inferiori, di alterazioni della sensibilità e nei casi più gravi di deficit motori è l'**ernia del disco**. La sua manifestazione clinica può essere solo la **lombalgia**, oppure può coesistere un dolore lungo la faccia posteriore ed esterna di uno o entrambi gli arti inferiori: la **lombosciatalgia** (dolore che dalla schiena si irradia lungo il nervo sciatico, verso le gambe). La sintomatologia tipica facilita la diagnosi, che viene poi confermata da esami (raggi X, TAC, RMN) e visite specialistiche. Il riposo, l'uso di corsetti ortopedici, la somministrazione di farmaci nelle fasi più acute consentono di solito di attenuare i sintomi; in certi casi è necessario l'intervento chirurgico di asportazione dell'ernia.

RX, TAC, RMN
Raggi X, tomografia assiale computerizzata (TAC) e risonanza magnetica nucleare (RMN) sono esami che consentono di visualizzare gli organi interni e lo scheletro, per ricavare informazioni che consentono di comprendere l'origine delle patologie.

Veduta laterale del tratto lombare della colonna

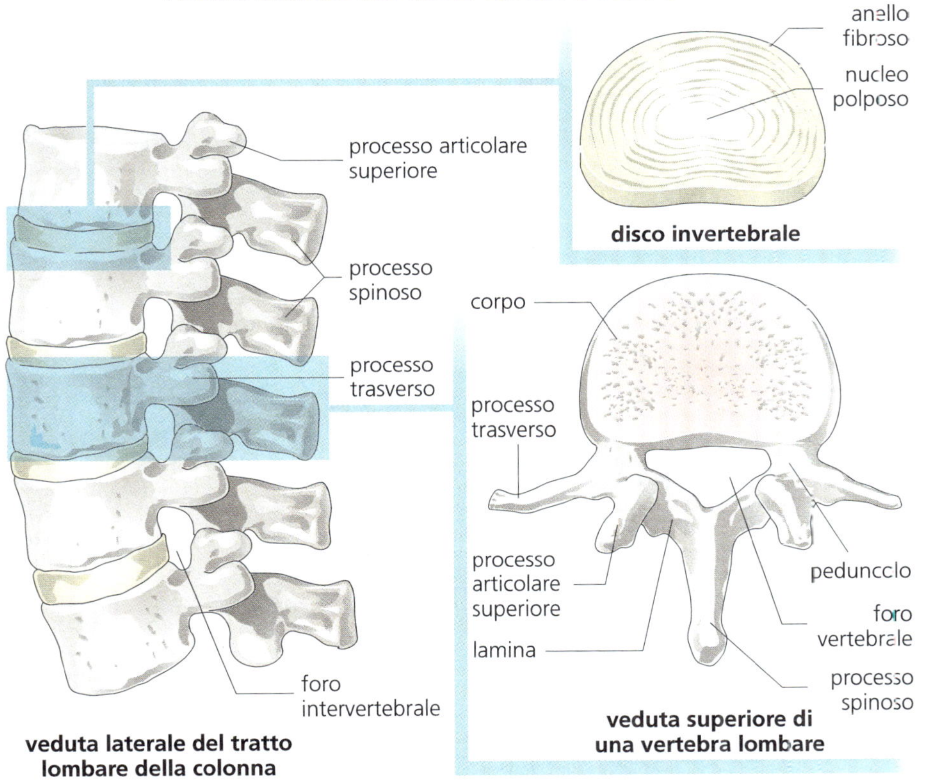

Gli anziani

Nella terza età sono più evidenti i fenomeni dell'**artrosi**, patologia degenerativa e progressiva che inizia dalla cartilagine articolare e successivamente coinvolge l'osso limitrofo. A causa della deformazione delle superfici articolari, il movimento si riduce progressivamente e diviene doloroso, costringendo la persona ad assumere atteggiamenti viziati e a ridurre l'uso della parte colpita. I tratti lombare e cervicale della colonna vertebrale, insieme all'anca e al ginocchio, sono le sedi più colpite. La diagnosi è di solito fatta con normali radiografie; i trattamenti nelle fasi più dolorose sono simili a quelli descritti per le lombalgie dell'adulto, mentre nelle fasi meno acute la ginnastica o la fisioterapia sono importanti per mantenere una certa mobilità. A livello lombare possono anche comparire fenomeni di rarefazione della massa ossea (**osteoporosi**, ▶ pag. 8) che riducono la resistenza delle vertebre al carico rappresentato dal peso corporeo: a livello della colonna si possono provocare microfratture o schiacciamenti parziali delle vertebre, con dolore, rigidità, deformità.

Esercizi per la salute della schiena

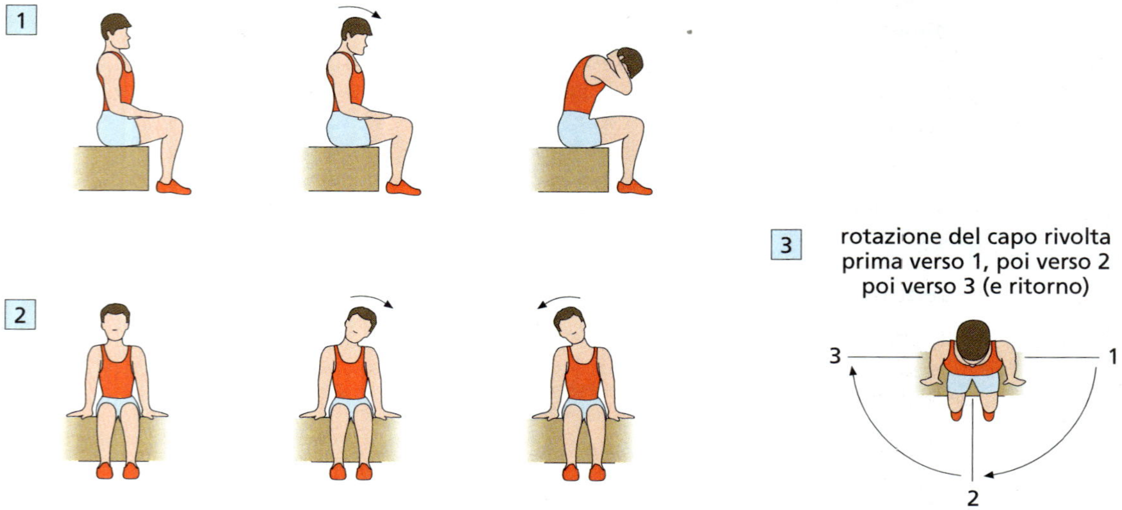

Esercizi per la colonna cervicale.

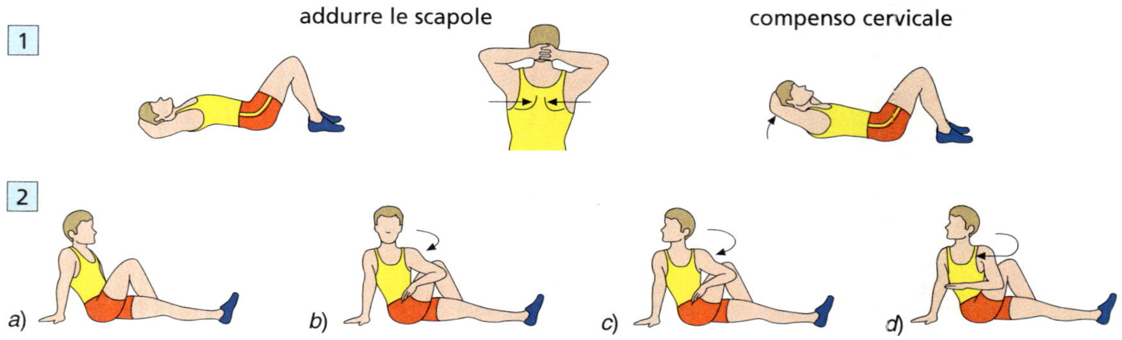

Esercizi per la colonna dorsale.

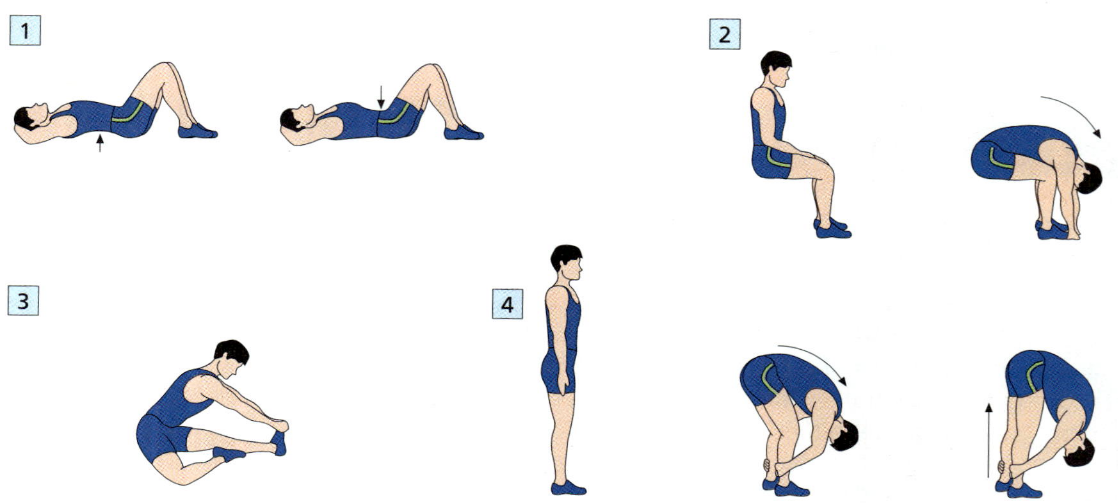

Esercizi per la colonna lombare.

in breve...

- Apparati, organi e tessuti sono forme di organizzazione delle cellule, le unità elementari degli esseri viventi.
- Nell'essere umano ci sono una decina di apparati principali, indispensabili per la vita. Le funzioni di movimento e sostegno sono svolte dall'apparato locomotore, costituito da ossa, articolazioni e muscoli. Le prime formano lo scheletro, la struttura rigida del corpo, su cui si inseriscono i muscoli scheletrici che permettono i movimenti delle sue parti.
- Nello scheletro si distingue una parte centrale, assiale, che comprende la testa e la colonna vertebrale; su questa si inserisce l'ossatura degli arti superiori e di quelli inferiori.
- Le principali articolazioni degli arti e quelle che collegano gli arti allo scheletro centrale sono molto importanti per le attività fisiche e sportive; esse sono la spalla, il gomito, il polso, l'anca, il ginocchio e la caviglia. Queste giunzioni sono frequentemente soggette a lesioni di tipo traumatico o da usura durante la pratica sportiva.
- La colonna vertebrale, elemento portante di tutto il corpo, può invece essere la sede di frequenti patologie dolorose, nell'insieme conosciute come lombalgie.

...parole chiave

Cellula unità elementare della materia vivente.

Tessuto insieme di cellule simili che svolgono una certa funzione.

Organo struttura composta da più tessuti che svolge funzioni complesse.

Apparato insieme di organi funzionalmente collegati.

Scheletro impalcatura rigida che sostiene e protegge il corpo umano.

Osso organo calcificato, duro e resistente che compone lo scheletro.

Articolazione giunzione tra due ossa, dotata di capacità più o meno ampie di movimento.

Muscolo organo capace di contrarsi attivamente imprimendo movimenti alle ossa su cui le sue estremità sono inserite.

Contrazione accorciamento attivo del muscolo che sviluppa una forza di trazione alle sue estremità.

Tendine terminazione fibrosa, resistente e poco elastica con cui il muscolo si collega all'osso.

Colonna vertebrale colonna ossea formata dalle vertebre, che costituisce la parte centrale dello scheletro e su cui si inseriscono il capo e gli arti.

Lombalgia dolore localizzato nella parte inferiore della colonna vertebrale.

verifiche

Scegli la risposta corretta.

1. L'apparato locomotore è costituito da circa 200:

A muscoli
B ossa
C articolazioni
D segmenti

2. Le ossa possono essere lunghe, corte o:

A larghe
B sottili
C piatte
D compatte

3. Dove si trova la cartilagine?

A solo dentro l'osso
B sui capi articolari
C tutto intorno all'osso
D a secondo dei casi, in ciascuna delle suddette posizioni

4. Quanti archi plantari presenta la faccia del piede?

A due
B tre
C quattro
D dipende dalla posizione del piede

5. Che cosa troviamo tra le proteine coinvolte nella contrazione della fibra muscolare?

A actina e mioglobina
B osteina e miosina
C miosina e fibrina
D actina e miosina

6. Qual è l'azione principale del bicipite brachiale?

A la flessione
B l'estensione
C l'adduzione
D la flesso-estensione

7. Quali parti si trovano nel ginocchio?

A 4 menischi
B 4 menischi e 2 legamenti
C 2 menischi e 4 legamenti
D 4 muscoli

8. Che cosa sono i malleoli?

A ossa della caviglia
B sporgenze ossee di tibia e perone
C cartilagini della caviglia
D legamenti della caviglia

9. Che cos'è la cifosi?

A una curva normale della colonna vertebrale
B una malattia della schiena
C un tratto della colonna vertebrale
D una curva patologica sul piano frontale

10. Qual è una delle affezioni più comuni della colonna vertebrale?

A la lordosi
B i piedi piatti
C la lombalgia
D l'osteocondrosi

Completa le seguenti frasi scegliendo il termine corretto tra quelli proposti fra parentesi.

1. Ci sono (*più/meno*) ossa negli arti superiori rispetto a quelli inferiori.
2. L'unità elementare dell'osso (*spugnoso/compatto*) è l'osteone.
3. Le enartrosi sono le (*più/meno*) mobili delle articolazioni.
4. Le cellule del muscolo sono le (*fibrille/fibre*) muscolari.
5. Ruotare il palmo della mano verso il tronco è la (*pronazione/supinazione*).
6. I muscoli posteriori della coscia sono (*flessori/estensori*) del ginocchio.
7. Il tendine rotuleo è posto (*sotto/sopra*) la rotula.
8. Il legamento deltoideo è posto sul lato (*interno/esterno*) della caviglia.
9. L'astragalo è l'osso posto (*sotto/sopra*) il calcagno.
10. L'ernia discale è la fuoriuscita del materiale (*centrale/periferico*) del disco.

La macchina cuore-polmoni

Nel capitolo precedente sono stati illustrati i sistemi anatomici che sostengono il corpo umano e ne consentono il movimento. Questo capitolo è invece dedicato ai due principali sistemi che provvedono al rifornimento e alla distribuzione dell'ossigeno, gas indispensabile per la vita, a tutti gli organi e tessuti. Oltre all'ossigeno e al gas di scarto prodotto dalle cellule, il biossido di carbonio, nel sangue che scorre nell'apparato cardiovascolare sono sciolte e trasportate tra un organo e l'altro molte altre sostanze chimiche necessarie al buon funzionamento dell'organismo.

obiettivo didattico

conoscere l'organizzazione e la funzione degli apparati cardiocircolatorio e respiratorio

La circolazione

Una fitta rete di canali, i **vasi sanguigni,** collega tutti gli organi e tessuti del corpo umano. Le dimensioni di questi condotti sono massime in prossimità del cuore, l'organo centrale della circolazione. Allontanandosi dal cuore i vasi sanguigni si riducono di dimensioni e si ramificano fino al livello dei capillari, i canali più piccoli, dopo i quali inizia il percorso di ritorno in direzione del cuore. I vasi sanguigni si dividono in: *arterie*, *vene* e *capillari*.

Il cuore

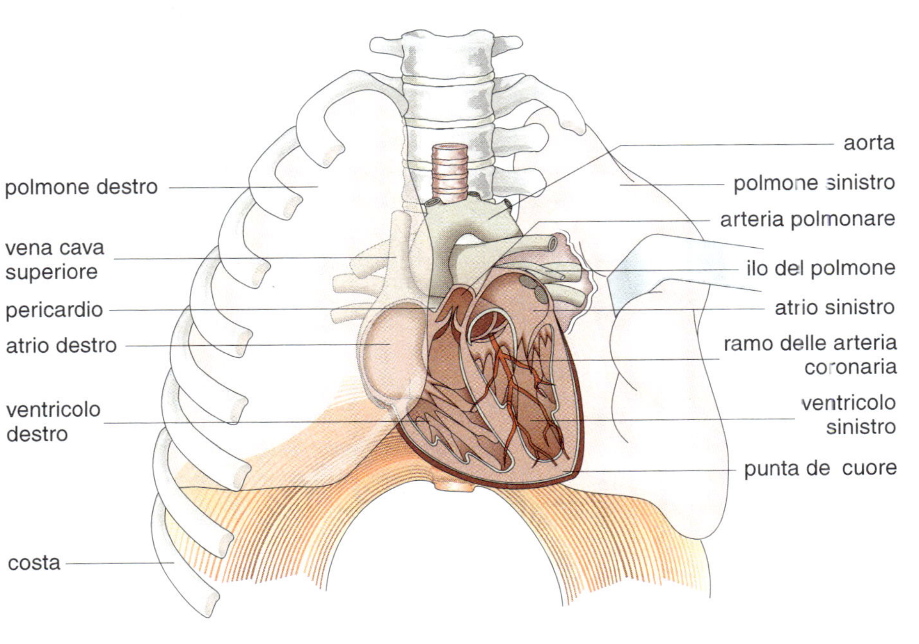

Veduta anteriore del cuore e dei polmoni. Il polmone sinistro è sollevato per mostrare il cuore.

Le prime due trasportano il sangue spinto dal cuore verso i vari organi del corpo. La parete delle **arterie**, molto robusta, è formata da più strati denominati – dall'interno all'esterno – *tonaca intima*, *media* e *avventizia*. La più spessa è la tonaca media, composta da **fibre elastiche** e da **muscoli lisci**, così detti in quanto non presentano la striatura trasversale tipica di quelli scheletrici. Muscoli come questi sono presenti anche in altri organi cavi (per esempio nel tubo digerente) e possono contrarsi per stimoli del sistema nervoso autonomo, di ormoni o di fattori chimici locali. L'elasticità della parete arteriosa aiuta a rendere continuo il flusso del sangue, che giunge come un'ondata a ogni battito del cuore; i muscoli lisci regolano invece il flusso del sangue a livello periferico, prima dei capillari, restringendo o allargando il lume delle piccole arterie. Insieme alla spinta del cuore, l'azione di questi muscoli fa sì che il sangue nelle arterie abbia una pressione, cioè eserciti una forza diretta dall'interno all'esterno del vaso. Questo pressione varia da un massimo, in corrispondenza della contrazione del cuore, a un minimo nell'intervallo tra due battiti: il limite più elevato è la **pressione arteriosa sistolica** o massima, il valore più basso è la **pressione arteriosa diastolica** o minima. Nel giovane i valori medi della pressione arteriosa sono rispettivamente di 100-120 mmHg (mmHg = millimetri di mercurio, unità di misura della pressione sanguigna) e di 60-80 mmHg. I **capillari** sono piccoli canali, lunghi circa 1 mm e con diametro di 0,01 mm (giusto il necessario per far passare un globulo rosso per volta) che collegano le ramificazioni più piccole di arterie e vene. Grazie alla loro parete molto sottile e alla lentezza con cui scorre il sangue al loro interno, i capillari rendono possibili gli scambi di gas e di varie sostanze disciolte tra il sangue e i liquidi dei tessuti circostanti. Le **venule** e le **vene** riportano il sangue al cuore, seguendo un percorso inverso rispetto alle arterie. In questi vasi la pressione del sangue è molto minore che nelle arterie, la parete è più sottile e distensibile e in alcune di esse il flusso è facilitato da valvole, che consentono lo scorrimento del sangue solo in direzione del cuore.

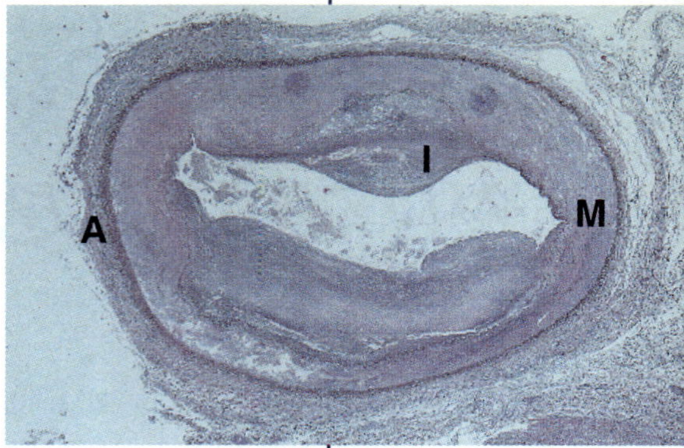

Sezione di un'arteria coronaria vista al microscopio. Si riconoscono gli strati della sua parete: tonaca intima (I), media (M) e avventizia (A). Nelle arterie di piccolo e medio calibro prevale lo strato muscolare.

Circolazione sistemica

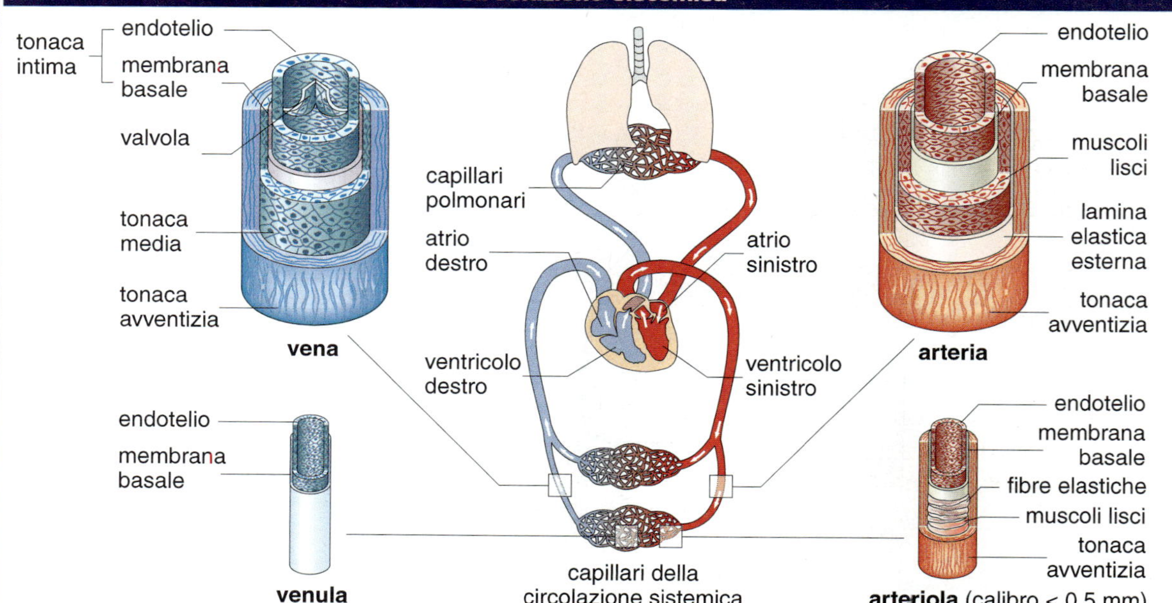

Il sangue

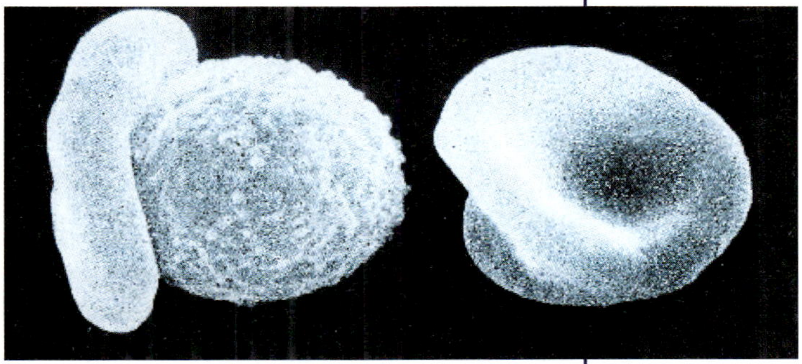

Sangue al microscopio.

Il **sangue** è un tessuto fluido che costituisce circa 1/13 del peso corporeo. È formato per poco più della metà da una parte liquida, il **plasma**, che ne rappresenta la sostanza intercellulare, e per la restante parte da **elementi figurati** appartenenti a tre tipi principali (una singola goccia di sangue ne contiene circa 250 milioni):

1. globuli rossi o eritrociti
2. globuli bianchi o leucociti
3. piastrine o trombociti

I **globuli rossi** sono ricchi di una proteina di grandi dimensioni detta **emoglobina**, a cui si deve la colorazione rossa del sangue e la sua elevata capacità di trasportare ossigeno. La maggior parte dell'ossigeno si lega chimicamente all'emoglobina, che nei capillari polmonari a riposo e a livello del mare è satura quasi al 100% di ossigeno. Nei tessuti periferici, dove la pressione dell'ossigeno è molto minore, l'emoglobina cede facilmente il proprio ossigeno che diffonde dal sangue nei tessuti circostanti. I globuli rossi sono cellule di forma discoidale, più schiacciata al centro, ma sono capaci di deformarsi per passare anche nei più piccoli capillari. Vengono prodotti nel midollo osseo; nel corso della maturazione perdono il nucleo e la maggior parte degli organuli cellulari e rimangono in circolazione per circa 120 giorni, prima di essere demoliti e sostituiti.
I **globuli bianchi**, divisi in vari sottogruppi (*granulociti*, *linfociti* e *monociti*), hanno il compito di difendere l'organismo da malattie e infezioni sia distruggendo direttamente le sostanze nocive penetrate nel corpo o prodotte da traumi e malattie, sia producendo anticorpi, proteine sciolte nel sangue capaci di attaccare le medesime sostanze e agenti patogeni.
Le **piastrine**, elementi privi di nucleo derivanti dallo spezzettamento di cellule più grandi, unendosi tra loro e con particolari proteine sciolte nel sangue (*fibrina*), partecipano alla *coagulazione*, il processo con cui il sangue ferma le emorragie formando un tappo nella zona di rottura del vaso.
Il sangue circola continuamente nel corpo percorrendo in successione due circuiti, collegati tra loro attraverso il cuore:

1. la **piccola circolazione** o circolo polmonare, che avviene tra il cuore e i polmoni;
2. la **grande circolazione** o circolo sistemico, che collega il cuore a tutti gli altri organi e tessuti del corpo.

Nella grande circolazione il sangue delle arterie è di color rosso scarlatto perché ricco di ossigeno, mentre quello venoso, che ritorna al cuore e ha già ceduto molto ossigeno ai tessuti, è rosso scuro; nella piccola circolazione avviene l'inverso, poiché nelle arterie dirette ai polmoni scorre sangue venoso e nelle vene polmonari dirette al cuore circola sangue ossigenato.
Disciolte nella sua parte liquida, il sangue porta a tutte le cellule le più diverse sostanze vitali, quali gli zuccheri, i grassi, le proteine, le vitamine ed elementi minerali e riceve dalle cellule tutto quanto l'organismo deve eliminare, come il

biossido di carbonio e molte sostanze di scarto che tramite il filtro renale passano nelle urine. Il biossido di carbonio viene trasportato ai polmoni, prevalentemente sotto forma di ioni bicarbonato sciolti nel sangue, e viene espulso con l'aria espirata. Il sangue è il mezzo di collegamento tra tutte le cellule dell'organismo, permettendo a sostanze, quali anticorpi, ormoni e fattori della coagulazione prodotti da certi organi, di raggiungere la propria sede d'azione. La spinta grazie a cui scorre il sangue è fornita dal cuore, che funziona come una pompa in un sistema idraulico.

Dato	Significato	Valore normale
concentrazione dell'*emoglobina* (Hb) nel sangue	quantità di emoglobina presente in ogni dl di sangue	12-12,5 g/dl dopo la pubertà cresce fino ai valori dell'adulto di 16 g/dl (M) e a 14 g/dl (F) in media
concentrazione dei globuli rossi	numero di globuli rossi presenti in ogni millimetro cubo di sangue	5,4 milioni/mm^3 (M) 4,8 milioni/mm^3 (F) (raggiunti alla pubertà e in seguito mantenuti)
pressione massima (P_{max}) e minima (P_{min}) del sangue	valori massimo e minimo entro cui varia la spinta del sangue sulle pareti delle arterie	P_{max} = 100-120 mmHg P_{min} = 60-80 mmHg sotto sforzo la P_{max} può raggiungere valori anche pari o superiori a 200 mmHg, mentre la P_{min} scende di poco o non varia
gittata sistolica	quantità di sangue pompata con un battito cardiaco	60-100 ml nelle ragazze dopo la pubertà cresce meno che nei maschi, per il minor sviluppo muscolare; durante lo sforzo aumenta del 40-50%
frequenza cardiaca	numero di battiti del cuore in un minuto	130-150 b/min alla nascita, decrescono fino a 60-80 b/min nel giovane. Durante lo sforzo può arrivare a circa 200 b/min
gittata cardiaca	quantità di sangue pompata dal cuore in un minuto	4-5 l/min durante lo sforzo può arrivare a 15-20 l/min
massimo consumo di ossigeno (VO_2max) di solito viene indicato in rapporto al peso del corpo come ml di ossigeno consumati al minuto per ogni kg di peso	massima quantità di ossigeno consumata in un minuto dal metabolismo degli organi sotto sforzo	durante lo sforzo può arrivare a 36-44 ml/kg/min (M) e a 32-38 ml/kg/min (F) dalla pubertà in poi la differenza tra M e F aumenta in proporzione al maggior sviluppo muscolare dei maschi

Il cuore

Grande circa come un pugno, il cuore nell'adulto pesa circa 300 g ed è posto tra i due polmoni all'interno del torace. La sua forma è conica, con la punta rivolta in avanti, in basso e a sinistra. È costituito da una robusta massa muscolare, che racchiude una cavità interna suddivisa in quattro parti. La parte muscolare, detta **miocardio**, è formata da cellule muscolari striate simili a quelle dei muscoli scheletrici e contenenti le medesime proteine contrattili (▶pag. 12). Queste cellule hanno una grande resistenza alla fatica, ma necessitano di un notevole e costante rifornimento di ossigeno. Due membrane, l'*endocardio* all'interno e il *pericardio* all'esterno, avvolgono la parte muscolare del cuore. Lo strato più interno del muscolo, posto a ridosso dell'endocardio, riceve nutrimento direttamente dal sangue contenuto nella cavità interna del cuore. La maggior parte del miocardio viene invece irrorata da vasi sanguigni diramati da due arterie principali, le **coronarie** (destra e sinistra), che originano all'inizio dell'aorta. A causa dell'attività ciclica del cuore, il sangue riesce a scorrere all'interno del miocardio durante la fase di rilasciamento, mentre durante la contrazione i vasi più piccoli vengono premuti e chiusi dalla massa muscolare.

Funzionalmente nel cuore si distinguono una *metà destra* e una *sinistra*, divise da una parete detta **setto**; in entrambe le metà ci sono due cavità sovrapposte, l'**atrio** superiormente e il **ventricolo** inferiormente. A destra è contenuto sangue venoso: questo giunge all'atrio destro attraverso le **vene cave** superiore e inferiore, fluisce nel ventricolo sottostante e da qui passa nell'arteria polmonare e quindi nel piccolo circolo polmonare, dove viene ossigenato. Nella metà sinistra circola sangue arterioso: questo arriva nell'atrio sinistro attraverso le **vene polmonari**, defluisce nel ventricolo sottostante, da qui viene spinto nell'arteria **aorta** e quindi nella grande circolazione generale. All'origine dell'aorta e dell'arteria polmonare ci sono la **valvola aortica** e quella **polmonare**, che impediscono il reflusso di sangue al cuore durante la sua fase di rilasciamento.

Il cuore sezionato.

Il cuore sezionato

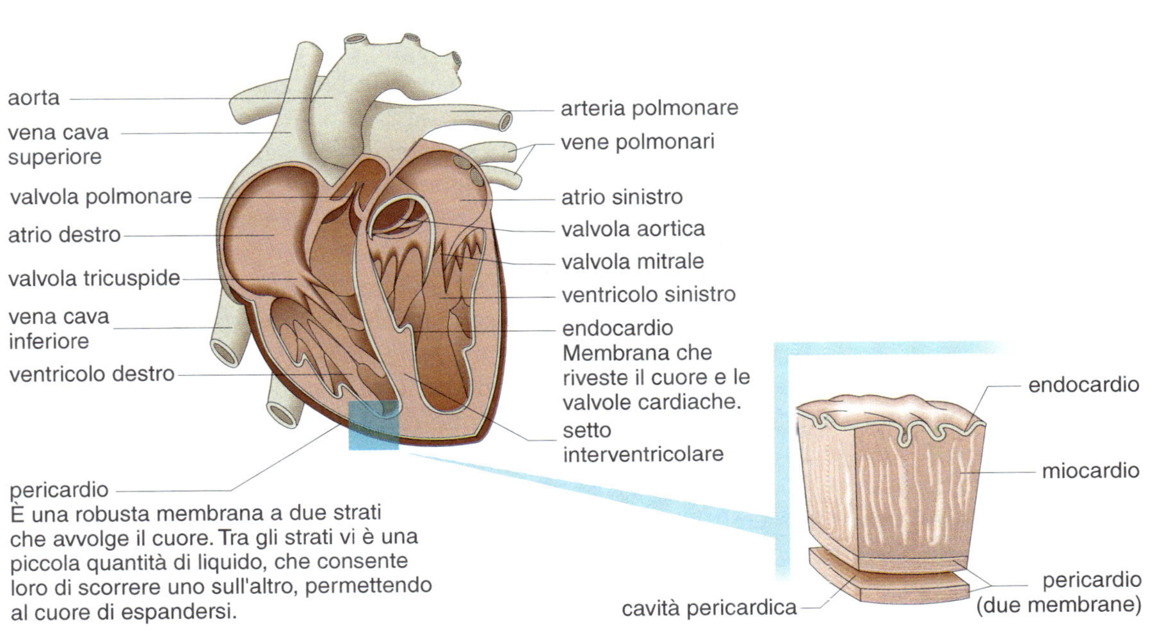

Anche gli atri e i ventricoli sono collegati da aperture, regolate dalle **valvole cardiache**: la loro funzione è quella di assicurare un flusso unidirezionale del sangue, cioè di impedirgli di refluire negli atri. La valvola di destra è detta **tricuspide** in quanto formata da tre lembi, quella di sinistra è denominata valvola **mitrale** o anche bicuspide poiché ha due lembi. I **ventricoli** hanno una parete muscolare più spessa degli **atri** poiché devono spingere il sangue nelle arterie con una sufficiente pressione; il sinistro è più grosso e robusto del destro poiché deve sostenere il circolo sistemico, più sviluppato e complesso.

Il ciclo cardiaco

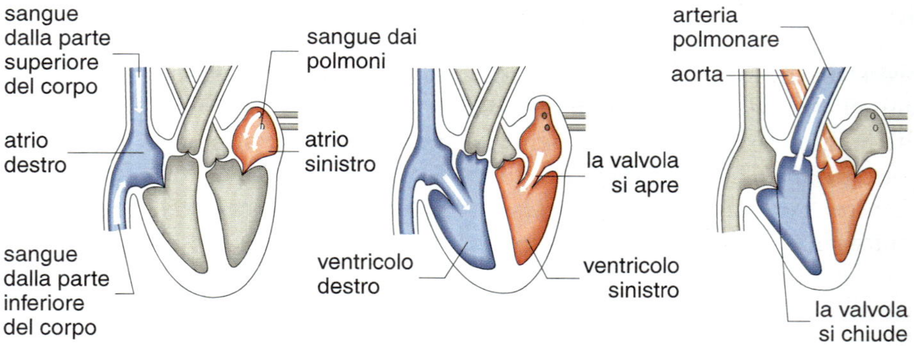

1 Il sangue scorre dal corpo nell'atrio destro, e dai polmoni nell'atrio sinistro.

2 I muscoli delle pareti dell'atrio spingono il sangue nei ventricoli.

3 Le pareti del ventricolo si contraggono, e il sangue viene spinto in alto verso le arterie.

Il cuore si contrae e si rilascia ritmicamente, con una sequenza detta **ciclo cardiaco**. Una contrazione e il successivo rilasciamento possono essere percepiti come un **battito cardiaco** che si può sia ascoltare, appoggiando l'orecchio al torace o usando il fonendoscopio, sia rappresentare graficamente con una linea ondeggiante come avviene nell'elettrocardiogramma (▶pag. 30). Nel corso di una vita media, il cuore batte circa 3 miliardi di volte. La fase di contrazione dei ventricoli, che spinge il sangue nelle arterie, è detta **sistole**; il rilasciamento che consente ai ventricoli di dilatarsi e di ricevere il sangue dagli atri è la **diastole**: alla sistole degli atri corrisponde la diastole dei ventricoli e viceversa. Grazie a un sistema interno di generazione e conduzione di impulsi elettrici, il muscolo cardiaco si contrae involontariamente da 60 a 80 volte al minuto: la **frequenza cardiaca** (FC). Il ritmo è scandito dal **nodo senoatriale**, un'area specializzata della parete posteriore dell'atrio destro detta anche *pace-maker* (segna passi), da cui gli impulsi elettrici si propagano rapidamente a tutto il muscolo cardiaco, facendolo contrarre. La frequenza del battito può essere accelerata o rallentata, in base alle esigenze funzionali, da stimoli del sistema nervoso autonomo (▶pag. 45) o da ormoni. Le fibre nervose simpatiche e ormoni come l'**adrenalina** e la **noradrenalina**, secreti in condizioni di sforzo e di stress, fanno aumentare la frequenza e la forza del battito cardiaco, mentre gli impulsi trasmessi dal **nervo vago**, parte del sistema nervoso parasimpatico, rallentano il ritmo del cuore. Ogni pulsazione spinge nelle arterie principali una quantità di sangue di circa 60-100 ml, la **gittata sistolica** (GS), proporzionale alla massa corporea. In un minuto il cuore pompa un volume di sangue di circa 5 litri, la **gittata cardiaca** (GC); tale volume si determina con il prodotto fra la frequenza cardiaca e la gittata sistolica:

$$GC = FC \times GS = 70 \times 70 = 4{,}9 \text{ l/min}$$

Il cuore può in una certa misura adattarsi a maggiori richieste funzionali, poiché la sua forza di contrazione dipende dalla lunghezza delle fibre muscolari e quindi dallo stato di riempimento e dilatazione delle sue cavità; la sua resa può pertanto aumentare fino a un livello ottimale, che dipende dalle condizioni fisiche e dall'allenamento.

La circolazione durante l'esercizio fisico

Lo sforzo fisico richiede un aumento sia del numero di battiti al minuto, sia della quantità di sangue pompata a ogni pulsazione. Il ritmo dei battiti cardiaci accelera proporzionalmente all'intensità dello sforzo, pur essendo influenzato da molti altri fattori, fino a un valore massimo teorico che si calcola con la seguente formula:

$FC_{max} = 220 - \text{età (anni)} \pm 10$

FC_{max} = massima frequenza cardiaca raggiungibile

± 10 = approssimazione della formula

L'aumento della gettata sistolica è dovuto al più completo riempimento e svuotamento di sangue nel cuore sotto sforzo, grazie al maggior afflusso sanguigno dalle vene e alla più elevata forza di contrazione del muscolo cardiaco. La quantità di sangue pompata al minuto può così aumentare da 4 a 5 volte rispetto ai valori basali, raggiungendo o superando i 20 litri al minuto.

Durante l'attività fisica intensa il flusso di sangue viene dirottato soprattutto verso gli organi coinvolti nell'esercizio (muscoli, cuore, polmoni) e viene ridotto negli altri (cute, reni, apparato digerente): i muscoli in azione possono ricevere addirittura l'85-90% del flusso totale di sangue. Durante lo sforzo aumenta anche la percentuale di ossigeno estratto dal sangue circolante nei capillari muscolari, cioè la **differenza artero-venosa di ossigeno**. Negli esercizi di tipo dinamico la pressione arteriosa sistolica aumenta proporzionalmente all'intensità dello sforzo fino a valori massimi di 190-220 mmHg; la pressione arteriosa diastolica resta invece invariata, o cala leggermente, facendo registrare nei giovani valori di 50-70 mmHg.

Gli adattamenti cardiocircolatori più spiccati si trovano negli atleti praticanti sport di resistenza: il cuore si ingrossa e batte più lentamente, aumentano il volume di sangue (dal 15 al 25%) e la sua capacità di trasportare ossigeno, aumenta il calibro delle arterie e si infittiscono i capillari nei muscoli scheletrici. Queste modificazioni, conosciute con il nome di **cuore d'atleta**, accrescono le capacità funzionali fino a far raggiungere valori di gettata cardiaca di 30-35 l/min durante sforzo.

inserto salute

Elettrocardiogramma: il ritmo del cuore

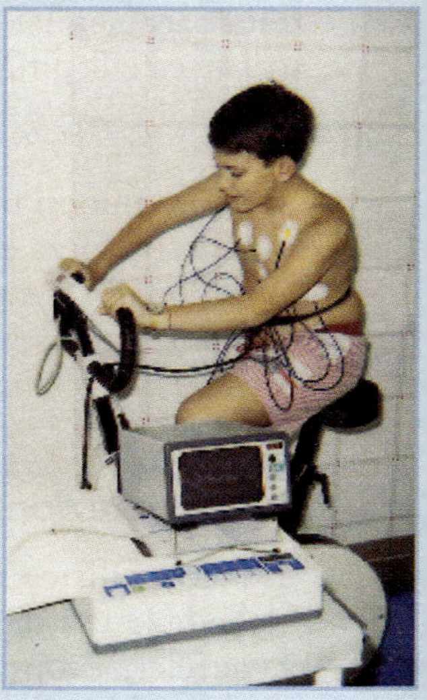

L'elettrocardiogramma, indicato con la sigla ECG, registra e disegna su una speciale carta millimetrata **l'attività elettrica del cuore**.

Le cellule del cuore hanno una differenza di potenziale elettrico di circa 100 mV tra l'ambiente interno e quello esterno alla membrana cellulare: l'interno è di segno elettrico negativo, l'esterno positivo. Per effetto del passaggio di ioni da un lato all'altro della membrana il potenziale elettrico si può modificare: ciò accade durante il normale ciclo cardiaco. Questa attività elettrica può essere rilevata e amplificata da sensori, detti **elettrodi**, applicati sulla superficie corporea: questo è ciò che si fa con l'elettrocardiogramma. Ogni ciclo di attività cardiaca viene rappresentato nell'ECG con una serie di curve della linea tracciata, dette *onde*, riunite in un complesso dall'aspetto caratteristico. La forma, l'ampiezza, la durata e gli intervalli tra queste onde sono elementi importanti per la valutazione medica. Un normale ECG a riposo comprende **12 tracce** (linee), rappresentate singolarmente o incolonnate in gruppi di 3, 4, 6 o 12. Di queste 12 tracce, le prime 6 sono registrazioni che utilizzano diverse combinazioni di 4 elettrodi posti sugli arti, o in prossimità della loro origine dal tronco: sono dette derivazioni **periferiche**. Le altre 6 usano elettrodi applicati in determinati punti sulla parete anteriore del torace: sono le derivazioni **precordiali**.

Ognuna delle 12 linee rappresenta lo stesso ciclo cardiaco, visto da una posizione diversa. L'ECG fornisce informazioni su: frequenza e ritmo del battito cardiaco, direzione dell'onda principale di depolarizzazione del cuore (asse elettrico), presenza di eventuali ispessimenti della muscolatura cardiaca, segni di patologie cardiache tra le quali spiccano l'*ischemia* (insufficiente apporto di sangue alla muscolatura del cuore) e le *aritmie* (alterazioni del normale ritmo cardiaco).

In conclusione l'ECG è oggi un esame molto diffuso perché di semplice ed economica esecuzione, innocuo per il paziente, di grande utilità per le informazioni che può fornire al medico. Si esegue normalmente a riposo, cioè con il paziente sdraiato supino su un lettino; negli sportivi si può fare nel corso di test da sforzo in laboratorio o, in forma semplificata, anche durante la stessa attività sportiva.

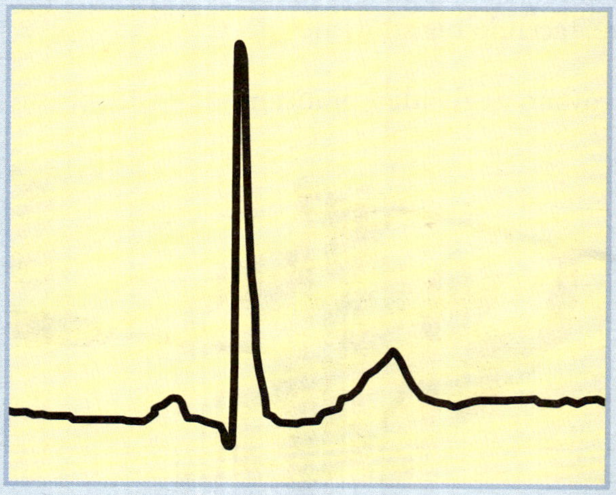

Un complesso di onde all'ECG.

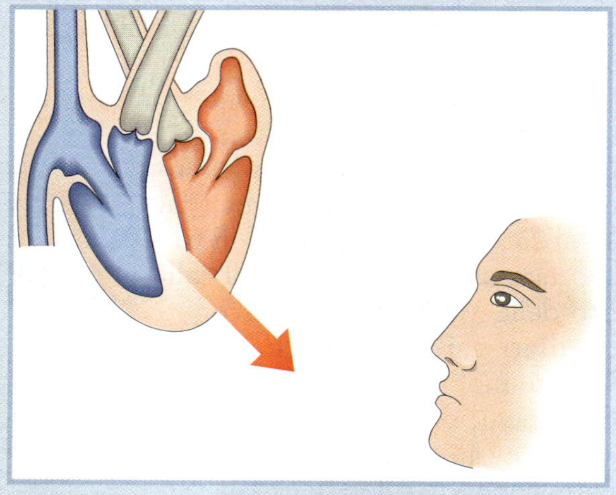

L'ECG "vede" la direzione dell'impulso elettrico che percorre il cuore.

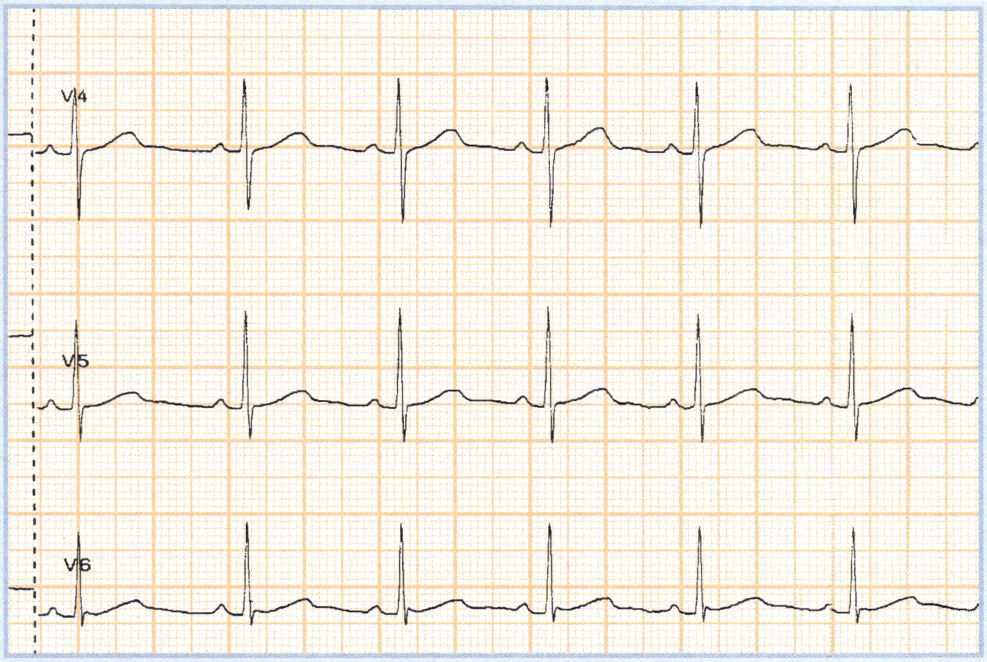

L'ECG a riposo di una ragazza di 17 anni, judoka. La frequenza del battito è di 75 b/min. V4, V5 e V6 sono le registrazioni più vicine al lato sinistro del cuore.

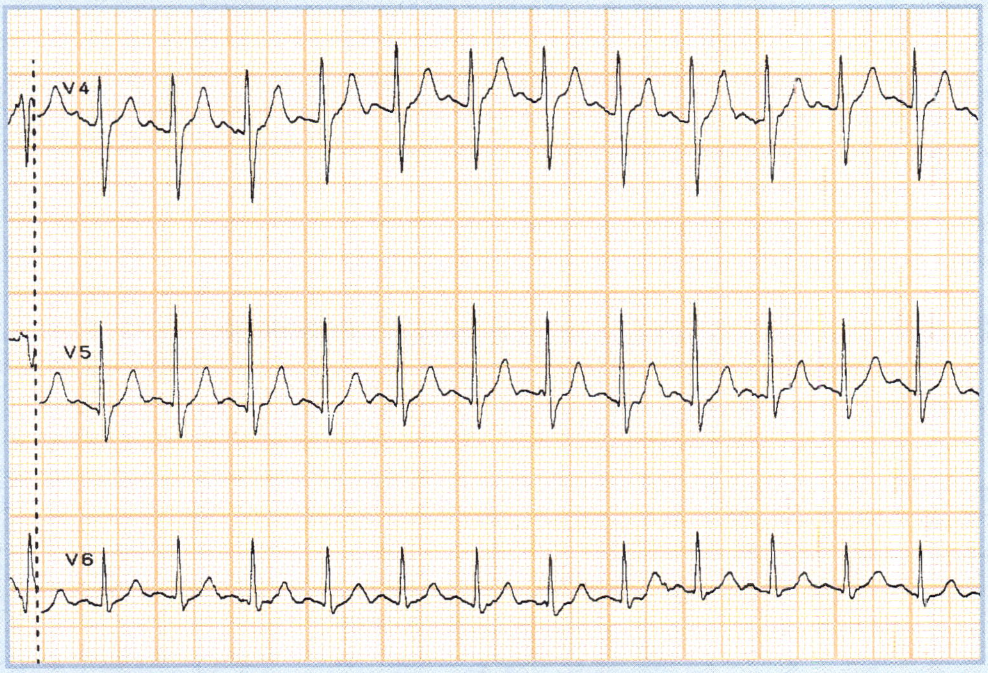

L'ECG dopo sforzo di un calciatore di 14 anni. La frequenza del battito è di 153 b/min. Le registrazioni mostrate sono le stesse della figura precedente.

La respirazione

L'apparato respiratorio comprende una serie di condotti, che mettono in comunicazione i polmoni con l'ambiente esterno, e il tessuto polmonare, che permette scambi di gas tra l'aria introdotta e il sangue. L'aria inspirata contiene circa il 21% di ossigeno e lo 0,04% di biossido di carbonio. Dopo gli scambi gassosi con il sangue l'aria polmonare contiene meno ossigeno e più biossido di carbonio, per cui deve essere sostituita da aria fresca.
Gli organi principali della respirazione sono i **polmoni**, che occupano la maggior parte dello spazio interno del torace. Di forma grosso modo conica e di aspetto spugnoso, hanno la base appoggiata sul muscolo diaframma e l'apice all'altezza della base del collo. Il polmone è ricco di fibre elastiche e tende a retrarsi, ma è mantenuto disteso e aderente alla parete della gabbia toracica dall'aria che contiene e dalla **pleura**, una doppia membrana sierosa e lucente che lo ricopre; esso pertanto segue passivamente i movimenti della parete toracica. Il virtuale spazio interno tra le due membrane pleuriche contiene un sottile strato di liquido, che ne facilita lo scorrimento durante gli atti respiratori. Sul lato mediale del polmone si trova l'**ilo**, la zona in cui entrano o escono dall'organo il bronco primario, vasi sanguigni e linfatici, nervi. Tra i due polmoni si trova lo spazio denominato **mediastino**, che alloggia il cuore e i maggiori vasi sanguigni.
Il processo con cui utilizziamo l'aria respirata si divide in due fasi:

1. la **ventilazione**, cioè la ritmica introduzione ed espulsione di aria dai polmoni attraverso le vie aeree;
2. gli **scambi gassosi**, diffusioni di gas tra aria e sangue che avvengono negli alveoli polmonari.

Durante l'**inspirazione**, attuata da muscoli che fanno aumentare il volume della cassa toracica, l'aria inalata attraverso il naso e/o la bocca percorre una serie di canali che iniziano a livello della gola, proseguono con la laringe, la trachea, i bronchi principali, secondari e ulteriori ramificazioni che terminano nei polmoni in piccole cavità sferiche dette **alveoli**. I **muscoli respiratori** fanno parte dei muscoli scheletrici e sono i soli tra questi a essere indispensabili per la vita.

Schema di alveolo polmonare

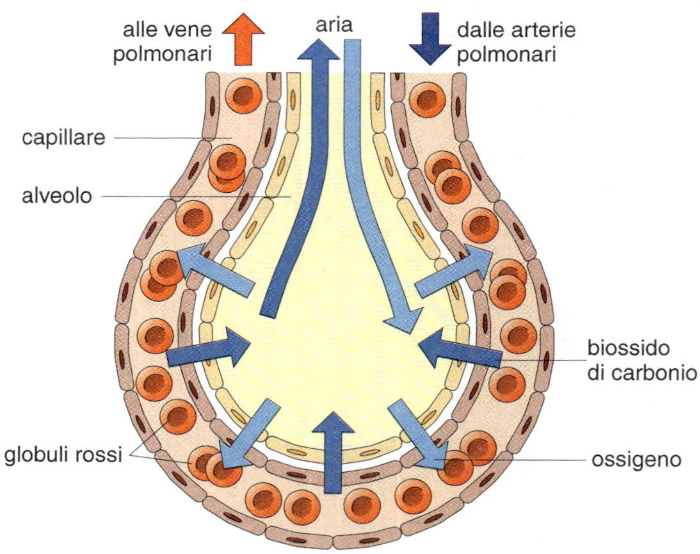

L'alveolo è l'unità funzionale del polmone, in cui avviene la diffusione dell'ossigeno e del biossido di carbonio. La diffusione può avvenire in quanto le concentrazioni dell'ossigeno e del biossido di carbonio sono diverse nel sangue e nell'area alveolare.

L'organizzazione dell'apparato respiratorio

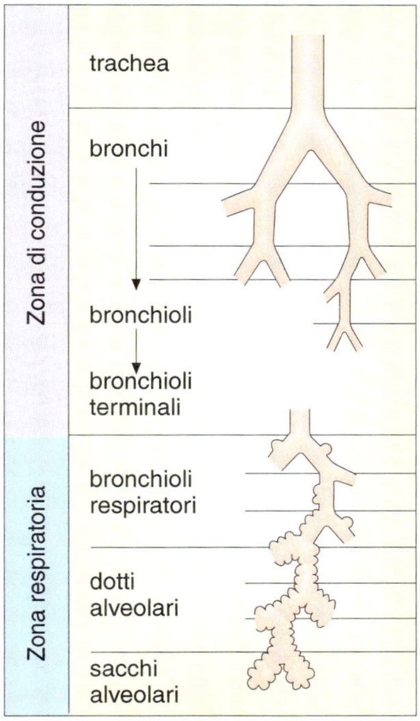

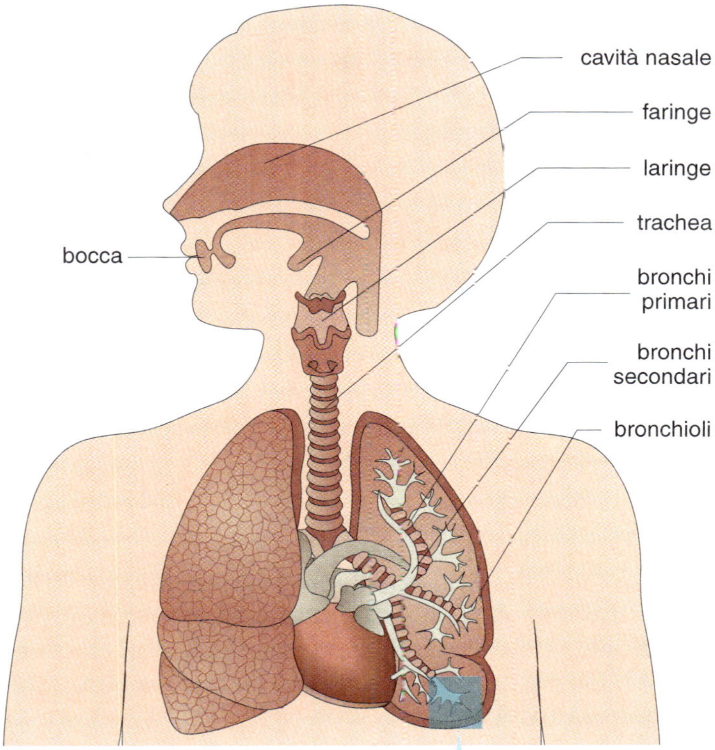

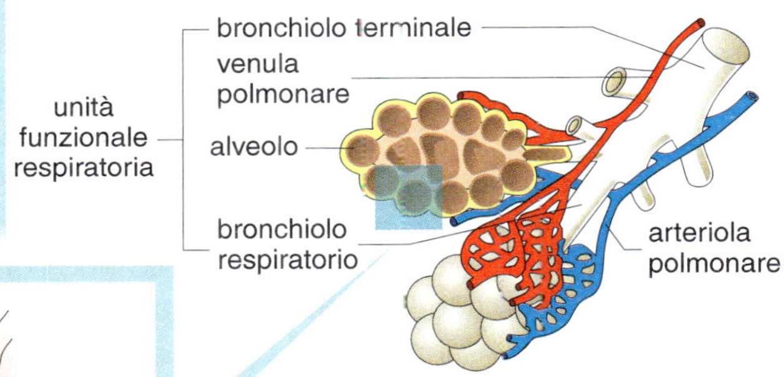

Alveoli e capillari polmonari

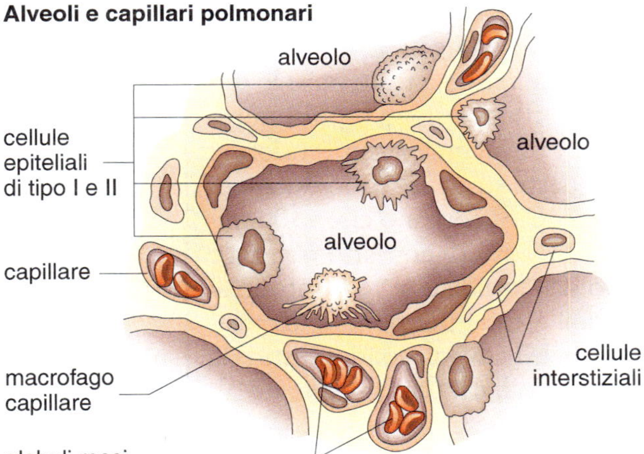

I movimenti respiratori

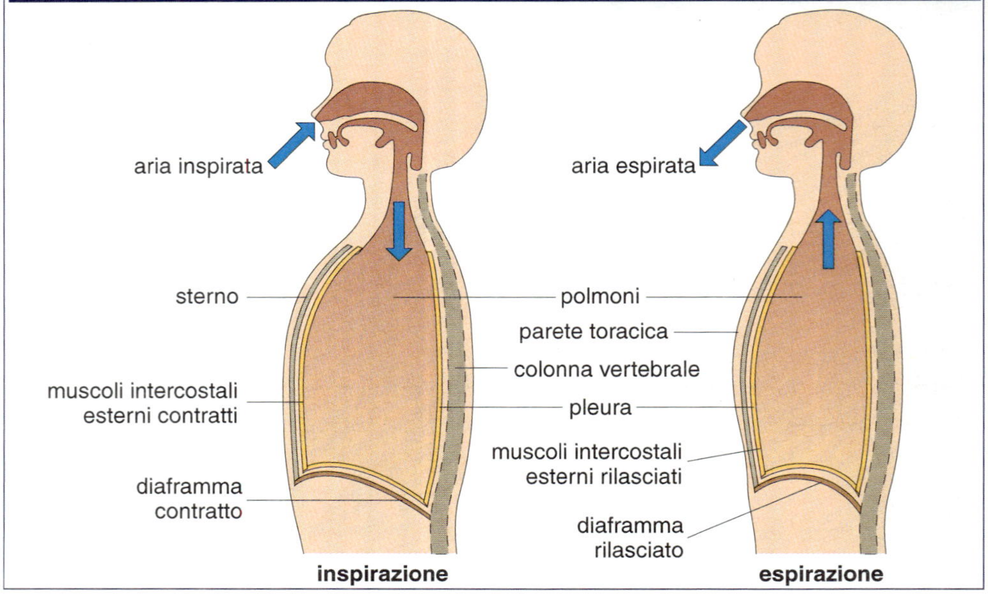

I principali muscoli respiratori sono: il *diaframma*, che divide la cavità toracica da quella addominale, i muscoli *intercostali esterni* e quelli *parasternali*.
L'**espirazione** è il processo di espulsione dell'aria, che compie il percorso inverso dai polmoni fino alle aperture della bocca e del naso. L'aria viene espulsa grazie all'elasticità della cassa toracica, che una volta cessata l'azione dei muscoli inspiratori si riduce di volume comprimendo i polmoni e determinando così la fuoriuscita dell'aria. Quando è necessaria una ventilazione più potente, per esempio durante uno sforzo, intervengono altri muscoli per rafforzare la spinta espulsiva: gli *intercostali interni*, gli *addominali*.
Attraversando le *vie aeree superiori*, dal naso alla laringe, l'aria viene riscaldata, umidificata e parzialmente filtrata. Il *tratto respiratorio inferiore* inizia con la trachea, a partire dalla quale si contano ben 23 successive ramificazioni bronchiali. I 2 **bronchi primari** si dirigono al polmone destro e a quello sinistro, suddividendosi nei *bronchi lobari* (3 a destra e 2 a sinistra) dai quali originano 20 *bronchi segmentari*, 10 per lato. In ogni polmone si possono pertanto riconoscere 10 distinte zone dette **segmenti**. La superficie interna dei bronchi è rivestita da *cellule ciliate*, dotate di filamenti ondeggianti nella cavità, e da cellule secernenti muco: l'azione combinata di queste cellule tende a trattenere le impurità aeree e a sospingerle attivamente verso l'alto affinché siano espulse sotto forma di catarro. Le ultime 7 serie di ramificazioni bronchiali comprendono i **bronchioli** respiratori, i **dotti** e i **sacchi alveolari**: queste strutture sono dotate di rigonfiamenti rotondeggianti a fondo cieco, gli *alveoli*. Si contano circa 300 milioni di alveoli, che sviluppano una superficie complessiva di contatto tra aria e sangue di circa 70 m^2 (come la metà di un campo da tennis); essi consentono al sangue dei vasi capillari, ramificazioni estreme dell'arteria polmonare, di ricevere ossigeno e di liberarsi dal biossido di carbonio. Gli alveoli sono rivestiti da un sottile *epitelio alveolare* a diretto contatto con i capillari. Qui avvengono gli scambi gassosi fra l'aria contenuta negli alveoli e il sangue dei capillari.
Un ciclo fatto da un'inspirazione e dalla seguente espirazione si chiama **atto respiratorio**. Il volume d'aria mosso con un atto respiratorio è detto **volume corrente** (VC) ed è di circa 0,5 litri. In un minuto si compiono mediamente da 12 a 16 atti respiratori: la **frequenza respiratoria** (FR). Per ottenere il volume

d'aria spostato in un minuto, la **ventilazione minuto** (VE), si moltiplica il volume corrente per la frequenza respiratoria:

$$VE = VC \times FR = 0{,}5 \times 12 = 6 \text{ l/min}$$

La respirazione viene controllata automaticamente da un centro nervoso situato nel tronco encefalico alla base del cervello, il **centro respiratorio**. Ritmo e profondità degli atti respiratori possono essere modificati volontariamente, oppure per effetto di variazioni dell'acidità o della concentrazione di biossido di carbonio nel sangue circolante nei centri cerebrali. Recettori posti nella parete delle carotidi, le principali arterie che irrorano i centri nervosi superiori, intervengono sia in caso di carenza di ossigeno, come accade in alta montagna, sia per eccesso di biossido di carbonio. L'aumento di ritmo e profondità del respiro si chiama **iperventilazione**; all'opposto, la sospensione temporanea del respiro che può essere protratta per alcune decine di secondi si definisce **apnea**.

Dato	Significato	Valore normale
superficie polmonare	area di contatto tra aria e sangue	70-90 m^2
numero di alveoli	quantità totale di alveoli nei polmoni	circa 300 milioni
frequenza respiratoria (FR)	numero di atti respiratori al minuto	12-16 (durante sforzo può arrivare a 50 atti/min)
volume corrente (VC)	volume d'aria mosso in un atto respiratorio	0,5 l (durante sforzo può arrivare a 2-3 l)
ventilazione minuto (VE)	volume d'aria mosso in un minuto	circa 6 l (durante sforzo può arrivare a 140-160 l/min in F e M)
capacità vitale (CV)	massimo volume d'aria spostato con un atto respiratorio forzato	4-5 l (M) 3,5-4,5 l (F)
volume espiratorio massimo al secondo (VEMS o FEV1)	massimo volume d'aria soffiato nel primo secondo dopo un respiro profondo	3,5-4,5 l (M) 3,2-4 l (F) (80-85% della CV)
volume residuo (VR)	aria che rimane sempre nei polmoni anche dopo una massima espirazione	circa 1/4 della CV
capacità polmonare totale	massimo volume d'aria che possono contenere i polmoni (CV+VR)	5-6 l

La respirazione durante l'esercizio fisico

Durante l'esercizio muscolare la frequenza del respiro può crescere fino a 40-50 atti respiratori al minuto, mentre il volume del singolo atto può giungere a 3-4 litri. Il volume d'aria ventilato al minuto aumenta proporzionalmente all'intensità dello sforzo fino a più di 20 volte rispetto ai valori di riposo, raggiungendo i 140-160 litri. Se si raggiungono livelli di sforzo particolarmente elevati, a un certo punto la ventilazione aumenta in modo sproporzionato: ciò indica che si è prossimi al massimo carico di lavoro tollerabile.

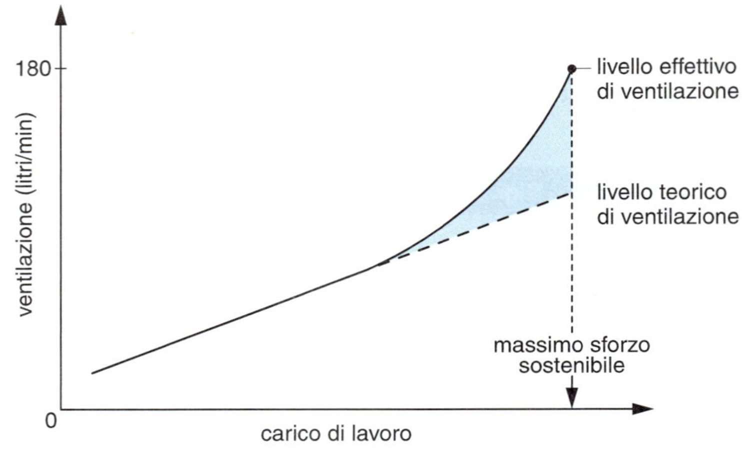

La ventilazione, durante un esercizio fisico, a partire da un certo livello di sforzo aumenta più del necessario.

Il maggior volume d'aria ventilato si definisce **massima ventilazione volontaria** (MVV) e si può teoricamente calcolare moltiplicando per 30 il volume d'aria che si riesce a soffiare nel primo secondo di un'espirazione forzata (VEMS).

La MVV, così come altri volumi e flussi polmonari, si può misurare con un apposito strumento detto **spirometro**: in questo caso si misura il massimo volume d'aria ventilato con una serie di atti respiratori forzati e lo si rapporta a 1 minuto. Negli atleti si possono rilevare valori teorici di MVV pari o superiori a 200 l/min, non sostenibili a lungo tranne casi eccezionali (come quello dell'alpinista Reinhold Messner durante la scalata dell'Everest). Maratoneti e sciatori di fondo di alto livello riescono a mantenere per la maggior parte della gara una ventilazione di 140-160 l/min. Non è conveniente aumentare la frequenza del respiro oltre i 40-50 atti al minuto, poiché si sprecano molte energie per far passare più volte l'aria nelle vie aeree senza che essa abbia il tempo né la spinta sufficiente per raggiungere molti alveoli. La respirazione "profonda" è dunque più efficace di quella "veloce", sia per la miglior ossigenazione del sangue, sia per il minor lavoro richiesto ai muscoli respiratori.

focus

Il viaggio dell'ossigeno

L'ossigeno contenuto nell'aria inspirata passa nel sangue, dove viene trasportato dall'emoglobina dei globuli rossi. Tramite il sangue l'ossigeno raggiunge i vari tessuti periferici, ai quali viene rilasciato. La destinazione finale dell'ossigeno sono i **mitocondri**, organuli respiratori presenti nelle cellule, dove si svolgono le reazioni chimiche che in presenza di ossigeno producono energia, attraverso l'ossidazione del glucosio. I mitocondri possono essere considerati come i "polmoni" delle cellule e necessitano di un continuo rifornimento di ossigeno. L'emoglobina cede più facilmente l'ossigeno trasportato ai muscoli durante lo sforzo fisico per l'aumento della temperatura, dei livelli di biossido di carbonio e di acido lattico. Nei muscoli una parte dell'ossigeno può essere immagazzinato da una proteina simile all'emoglobina, la **mioglobina**.

Il fattore limite della prestazione durante uno sforzo fisico intenso e prolungato è la capacità cardiorespiratoria, cioè la **capacità di trasporto dell'ossigeno** dai polmoni ai muscoli in azione. Tale capacità dipende dal buon funzionamento sia dell'apparato respiratorio, che assicura il ricambio dell'aria polmonare, sia di quello cardiocircolatorio, che spinge il sangue dal cuore ai vari organi e viceversa. Di questi due fattori il più importante è il secondo: in altri termini, quando sotto sforzo non ce la si fa più è perché il cuore ha raggiunto il limite massimo delle sue capacità.

L'indicatore più attendibile della funzionalità del sistema cuore-polmoni è il **massimo consumo d'ossigeno** (VO_{2max}): la maggior quantità di ossigeno che una persona è in grado di assorbire dall'aria atmosferica, di trasportare e di utilizzare nei propri tessuti in una data unità di tempo. Può essere indicato come volume di ossigeno globalmente consumato dal corpo in un minuto (l/min), oppure rapportato al peso corporeo (ml/kg/min).

Il livello basale del VO_{2max} dipende dall'età, dal sesso, dal peso, da fattori genetici e razziali. All'età di 18-20 anni i valori medi di VO_{2max} sono di 36-44 ml nel maschio e di 32-38 ml nella femmina: questi valori calano con l'avanzare dell'età e possono essere migliorati del 15-20% con allenamenti di tipo aerobico. Il massimo consumo di ossigeno aumenta in modo proporzionale all'intensità dello sforzo ed è il miglior indicatore del lavoro muscolare in corso. La sua misura richiede però attrezzature di laboratorio o da campo specializzate, utilizzabili per studi e test: per controllare il livello dello sforzo durante l'attività pratica e gli allenamenti si usa di solito la *frequenza cardiaca*, molto più facile da rilevare, che è un dato strettamente correlato al massimo consumo di ossigeno.

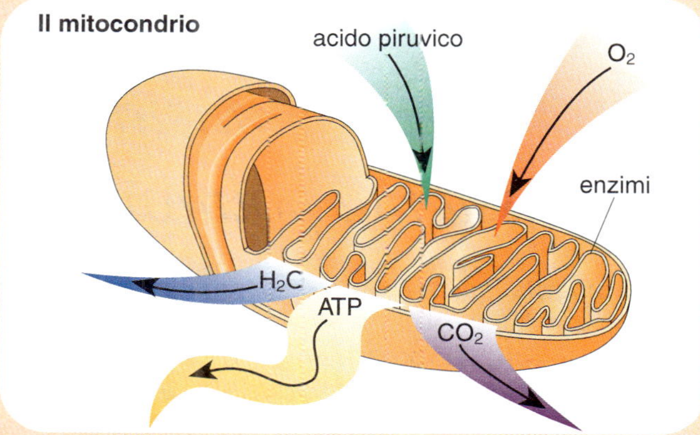

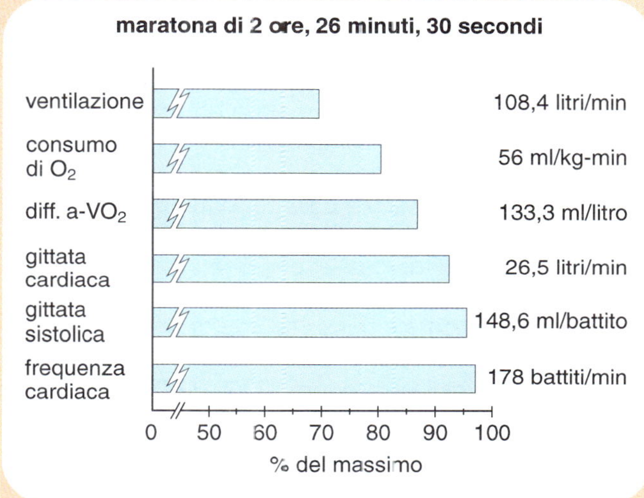

I meccanismi del sistema di trasporto dell'ossigeno durante una maratona.

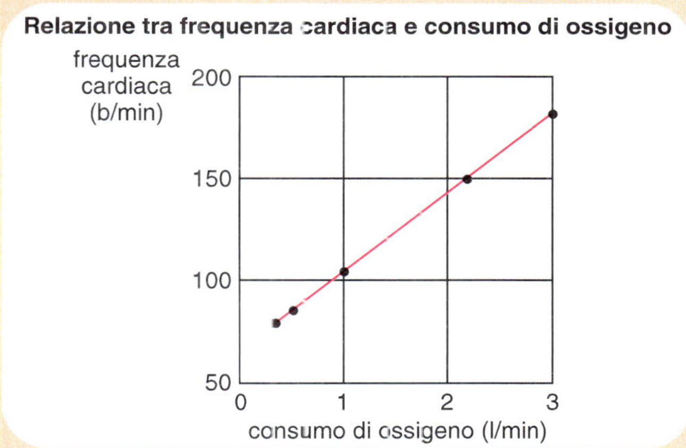

inserto salute

Spirometria: la misura dell'aria che passa nei polmoni

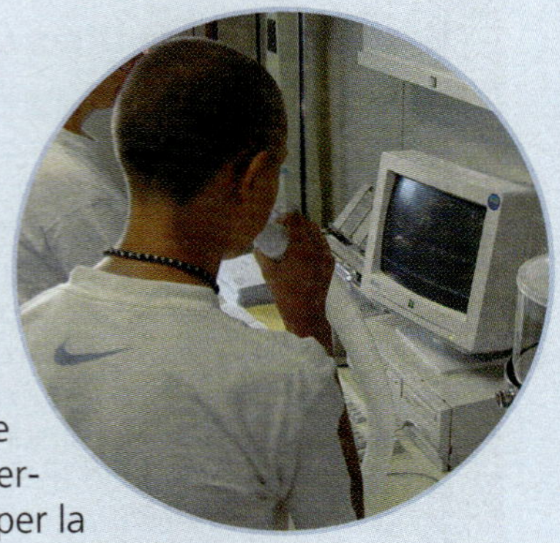

La **spirometria** (esame spirometrico, prove spirometriche) è la misura dei **volumi** e dei **flussi** dei gas introdotti ed espulsi dai polmoni durante la ventilazione, funzione fisiologica vitale che ricambia l'aria contenuta nei polmoni.
Gli **spirometri** misurano i volumi d'aria direttamente, tramite apposite campane mobili, o indirettamente, ricavandoli dal flusso d'aria che attraversa una turbina inserita nell'apparecchiatura. Sono strumenti molto diffusi per la semplicità del loro uso e per l'importanza delle informazioni che forniscono. I primi apparecchi erano piuttosto grossi e ingombranti, ma oggi esistono modelli portatili che possono essere contenuti in una valigetta o nella borsa del medico.
La *spirometria di base* è utilizzata soprattutto nella medicina dello sport e nella medicina del lavoro, per valutazioni respiratorie nell'ambito delle visite di idoneità alla pratica sportiva agonistica o allo svolgimento di certe professioni. Prove più complesse sono utilizzate in campo pneumologico o cardiologico, per studi clinici su soggetti a rischio o su pazienti affetti da malattie cardiorespiratorie. In questi casi gli strumenti possono essere collegati a dispositivi di analisi dei gas respirati, che consentono di ottenere ulteriori dati rispetto alla spirometria basale: per esempio il consumo di ossigeno e la produzione di biossido di carbonio.
Per eseguire la spirometria il soggetto sta in piedi, con le narici chiuse da un tappanaso, e a comando inspira profondamente e poi soffia energicamente tutta l'aria dentro un apposito boccaglio, collegato allo strumento di registrazione. Il buon esito della prova dipende dall'accurata esecuzione dei comandi e dal rigoroso rispetto delle procedure. Oltre alla descritta manovra di base, che misura la **capacità vitale** (CV) e il **volume d'aria espulso nel 1° secondo** dell'espirazione (VEMS oppure FEV_1), se ne possono effettuare diverse altre in relazione al paziente e agli scopi dell'esame. La spirometria ci può fornire informazioni sulla presenza di patologie come l'asma bronchiale, l'enfisema, la bronchite cronica: la prima di queste malattie prevale a livello giovanile, le altre sono spesso conseguenza del fumo di tabacco.

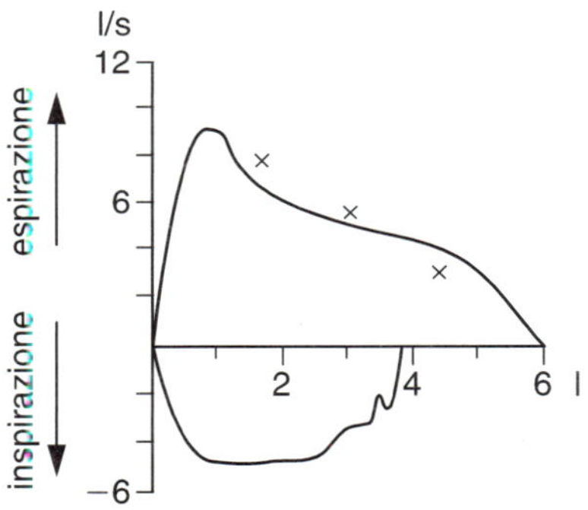

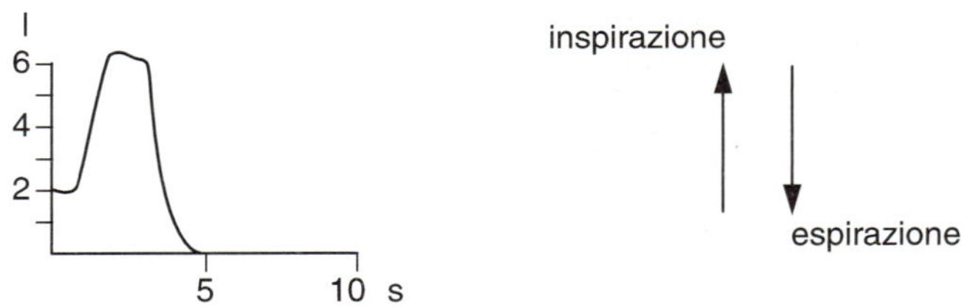

		misurati	teorici	%	limite
VC	l	5,49	5,20	106	82%
FVC	l	5,49			
FEV1	l	4,82	4,33	111	84%
FEV1/VC	%	87,79	83,36	105	89%
FEF25-75	l/s	4,79	4,71	102	59%
PEF	l/s	8,79			
MEF75	l/s	6,32	7,47	85	
MEF50	l/s	4,77	5,35	89	66%
MEF25	l/s	3,68	2,84	130	59%
MVV	l/min	167,67	160,23	105	90%

Volumetria e pervietà delle vie aeree nella norma

Spirometria di un atleta di 14 anni, nuotatore di statura pari a 183 cm e peso di 83 kg. La colonna di sinistra mostra i valori registrati, quello alla sua destra i valori previsti. Le altre due colonne evidenziano lo scostamento percentuale tra valori osservati e previsti e il limite di scostamento in difetto considerato accettabile. Il grafico a sinistra mette in relazione flusso e volume d'aria, mentre quello a destra mostra il volume d'aria spostato in relazione al tempo. Si possono notare i valori elevati della capacità vitale (circa 5,5 l) e della massima ventilazione volontaria (circa 167 l/m).

in breve...

- Il **cuore**, i **vasi sanguigni** e i **polmoni** possono essere considerati dal punto di vista funzionale come un unico sistema, il cui scopo principale è di assorbire l'**ossigeno** dall'aria esterna e di distribuirlo a tutte le cellule. Sempre attraverso questi organi, il percorso inverso viene compiuto dal **biossido di carbonio**, il gas di scarto delle cellule.
- Attraverso le **arterie**, la spinta del cuore fa giungere il sangue fino alle più piccole diramazioni dei vasi, i **capillari**. Qui avvengono gli scambi di gas e sostanze tra il sangue e i liquidi intercellulari, dopo di che il sangue ritorna al cuore attraverso le **vene**.
- Il sangue è un fluido costituito per poco più della metà da un liquido contenente varie sostanze disciolte, il **plasma**, e per la restante parte da elementi cellulari che svolgono funzioni specifiche (**globuli rossi**, **globuli bianchi** e **piastrine**).
- Il cuore batte circa 70 volte al minuto, grazie a impulsi ritmici che insorgono al suo interno e a vari meccanismi di regolazione.
- L'aria viene introdotta nei polmoni grazie all'attività dei muscoli respiratori, che fanno aumentare il volume della cassa toracica. Attraverso gli atti respiratori (**inspirazione** ed **espirazione**), l'aria giunge agli alveoli dove avvengono gli scambi di ossigeno e biossido di carbonio con il sangue.
- Destinazione finale dell'ossigeno sono i **mitocondri**, gli organuli cellulari in cui viene prodotta energia.
- La funzionalità cardiorespiratoria è uno dei fattori determinanti il **consumo di ossigeno**, un indice della capacità di prestazione fisica dell'essere umano.

...parole chiave

Cuore organo muscolare che pompa il sangue facendolo circolare nel corpo.

Vasi sanguigni condotti di vario calibro all'interno dei quali scorre il sangue a partire dal cuore (arterie) o verso il cuore (vene).

Sangue tessuto fluido composto per circa la metà da liquido (*plasma*) e per la parte restante da cellule, che trasporta in tutto il corpo gas e sostanze disciolte.

Polmoni organi di consistenza spugnosa, ricchi di aria scambiata ritmicamente con l'ambiente esterno attraverso una serie di condotti (vie aeree) che li collegano alle aperture della bocca e del naso.

Inspirazione fase in cui l'aria viene introdotta nei polmoni grazie all'attività di appositi muscoli detti respiratori (diaframma, intercostali).

Espirazione fase in cui l'aria viene espulsa dai polmoni passivamente, grazie alla loro elasticità, o attivamente in caso di respirazione forzata.

Consumo di ossigeno indice della capacità di prestazione fisica, correlato all'utilizzo di ossigeno da parte dei muscoli, alle capacità di trasporto dell'ossigeno stesso da parte del sangue e alla funzionalità di cuore e polmoni.

verifiche

Scegli la risposta corretta.

1. Qual è all'incirca il diametro dei vasi sanguigni più piccoli, i capillari?

A 10 mm
B 1 mm
C 0,1 mm
D 0,01 mm

2. In quali vasi sanguigni si possono trovare delle valvole?

A arteriole
B vene
C capillari
D vene polmonari

3. Quale di questi non è un elemento del sangue?

A alveolo
B plasma
C globulo rosso
D piastrina

4. In quale parte del cuore la parete muscolare è più spessa?

A negli atri
B nei ventricoli
C nel setto
D nell'endocardio

5. Qual è il volume di sangue pompato in un minuto dal cuore di una persona adulta a riposo?

A circa 0,5 l
B circa 1,5 l
C circa 5 l
D circa 15 l

6. Qual è la proteina più specifica per il trasporto dell'ossigeno nel sangue?

A la mioglobina
B la globulina
C la fibrina
D l'emoglobina

7. Qual è, a riposo, il processo attivo della ventilazione polmonare?

A l'inspirazione
B l'espirazione
C tutti e due
D nessuno dei due

8. Quanti sono i litri d'aria ventilati al minuto da una persona normale durante sforzo intenso?

A circa 50
B circa 100
C circa 150
D circa 200

9. Che cosa misura l'esame della spirometria?

A l'aria che giunge agli alveoli
B l'aria ristagnante nei polmoni
C solo l'aria soffiata
D volumi e flussi dell'aria ventilata

10. Che cosa indica il massimo consumo di ossigeno (VO_{2max})?

A il volume di ossigeno introdotto nei polmoni in un minuto
B il volume di ossigeno consumato dai muscoli scheletrici in un minuto
C il volume di ossigeno usato dal cuore in un minuto
D il volume di ossigeno consumato dal corpo in un minuto

Completa le seguenti frasi scegliendo il termine corretto tra quelli proposti fra parentesi.

1. La pressione è (*maggiore/minore*) nelle arterie rispetto alle vene.

2. Il plasma rappresenta (*poco più/poco meno*) della metà del volume del sangue.

3. Nelle vene polmonari circola sangue (*venoso/arterioso*).

4. Nella parte destra del cuore il sangue è (*più/meno*) ricco d'ossigeno.

5. La fase di rilasciamento del cuore è la (*sistole/diastole*).

6. Nell'aria espirata c'è (*più/meno*) biossido di carbonio rispetto a quella inspirata.

7. Il diaframma è (*sopra/sotto*) i polmoni.

8. Il volume corrente (*aumenta/diminuisce*) durante lo sforzo fisico.

9. Nella femmina il massimo consumo d'ossigeno è in media (*maggiore/minore*) che nel maschio.

10. La frequenza cardiaca e il consumo d'ossigeno sono indici (*molto/poco*) attendibili dell'intensità dello sforzo.

I meccanismi di controllo

obiettivo didattico

conoscere l'organizzazione e la funzione del sistema nervoso e dei meccanismi di regolazione che intervengono durante l'esercizio fisico

La potenza muscolare, per esprimersi, necessita sia della robusta struttura dell'apparato locomotore, sia del rifornimento continuo di ossigeno e di substrati energetici, assicurati dalla macchina cuore-polmoni. Uno slogan pubblicitario, tuttavia, affermava che «la potenza è nulla senza controllo». In effetti il corpo umano possiede sofisticati meccanismi di comando, controllo e regolazione sia dell'attività muscolare in sé, sia delle ripercussioni generali sull'organismo che tale attività determina. Tali meccanismi saranno esaminati in questo capitolo.

L'organizzazione del sistema nervoso

La fitta rete di fibre e centri nervosi che collega tra loro gli organi e gli apparati del corpo umano, controllandone e regolandone il funzionamento, costituisce il **sistema nervoso**. La parte disposta lungo l'asse centrale del corpo, il **sistema nervoso centrale** (SNC), è composta dall'*encefalo* e dal *midollo spinale*. Le diramazioni che si irradiano dal sistema nervoso centrale verso tutte le altre parti del corpo costituiscono il **sistema nervoso periferico** (SNP), in cui si distinguono i *nervi* e i *gangli nervosi*.

Il sistema nervoso

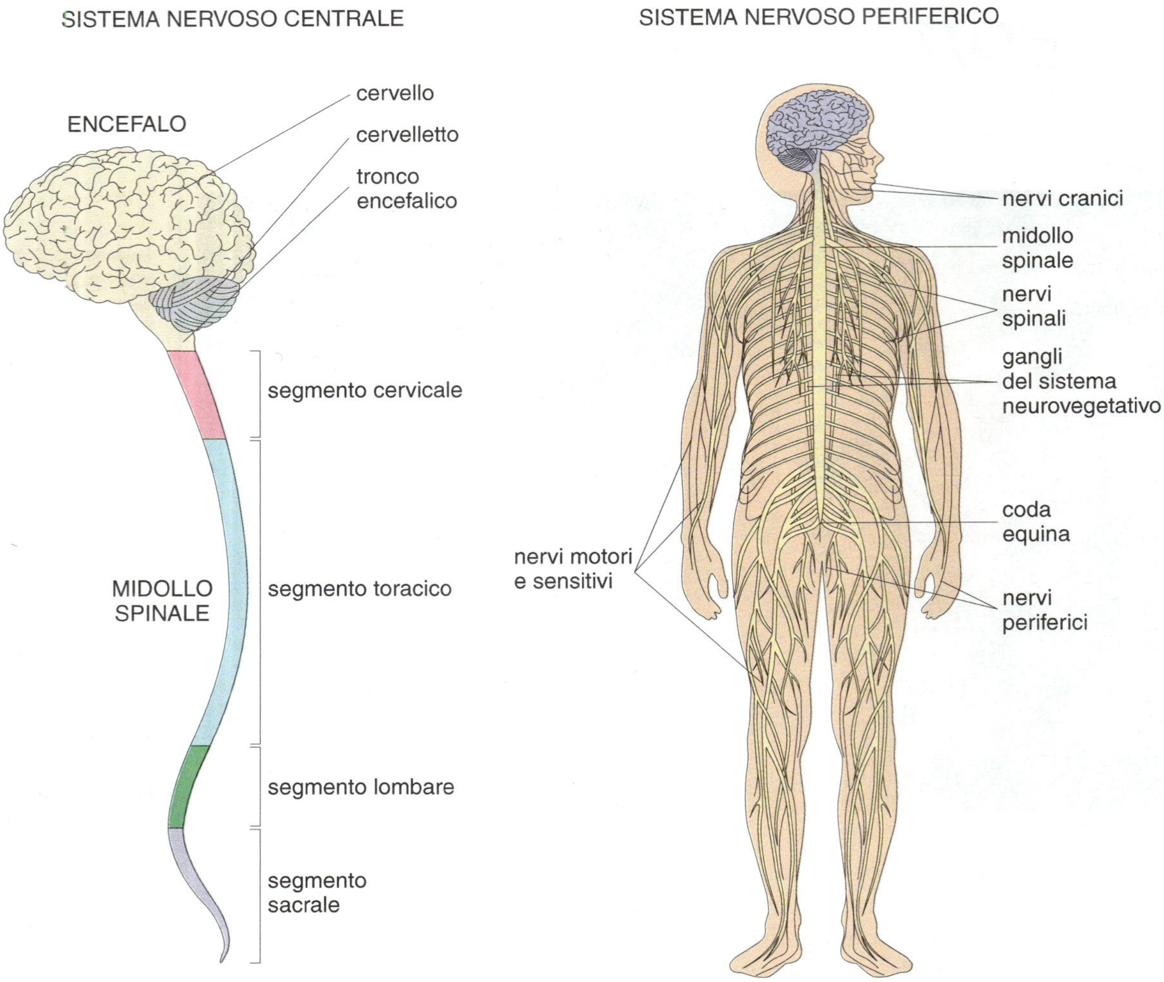

Il sistema nervoso centrale (SNC) comprende tutti i principali centri di controllo, collegati al resto del corpo dal sistema nervoso periferico (SNP).

L'**encefalo**, racchiuso nella scatola cranica, è il principale centro di controllo del corpo umano. Le sue parti principali sono: il *cervello* formato da due emisferi approssimativamente simmetrici, il *cervelletto*, più piccolo e disposto sotto la parte posteriore del cervello e il *tronco encefalico,* che si trova alla base dell'encefalo. Il tronco encefalico ha una forma allungata e continua verso il basso con il *midollo spinale*, fascio di fibre nervose che percorrono verticalmente il canale interno della colonna vertebrale collegando numerosi centri nervosi intermedi.

Il *sistema nervoso periferico* è costituito da **coppie di nervi** che originano simmetricamente dai centri nervosi del midollo spinale e terminano nei tessuti e negli organi dei due lati del corpo. In base all'origine si riconoscono 12 paia di *nervi cranici* che nascono dall'encefalo e 31 paia di *nervi spinali* che sorgono dal midollo spinale (8 cervicali, 12 toracici, 5 lombari, 5 sacrali e 1 paio di nervi coccigei).

L'encefalo e le aree corticali

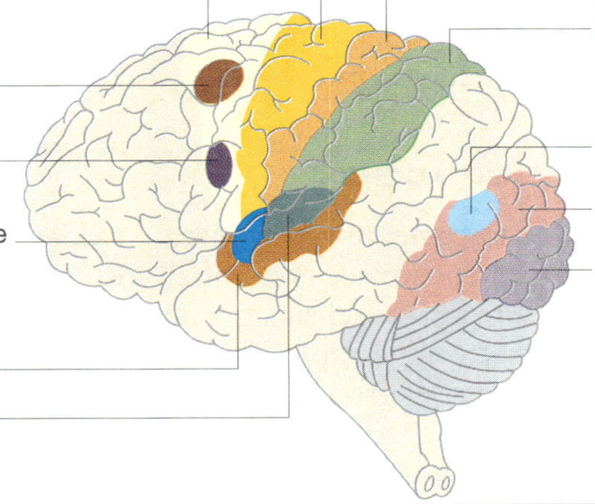

Le principali funzioni dell'encefalo sono controllate da parti distinte della corteccia cerebrale, che possono essere individuate come aree.

I nervi sono formati da numerosi filamenti, le *fibre nervose*; in base alla funzione si distinguono *fibre motorie*, che portano alla muscolatura lo stimolo per la contrazione, e *fibre sensitive*, che trasmettono ai centri nervosi gli impulsi sensoriali raccolti dalla pelle o dagli altri organi di senso, dai muscoli e dallo scheletro.
Il sistema nervoso centrale e quello periferico controllano tutte le principali funzioni della vita di relazione, permettendo di:

- *registrare* le informazioni dell'ambiente esterno raccolte dagli organi di senso;
- *controllare* le principali attività dell'organismo (muscolari, ghiandolari, viscerali);
- *memorizzare* le esperienze, a livello conscio e inconscio;
- *collegare* organi e apparati, permettendone un'attività coordinata;
- *elaborare* le attività mentali, dette anche "funzioni superiori".

Le cellule del sistema nervoso ricevono, trasmettono e inviano informazioni sotto forma di impulsi elettrici che, attraverso i nervi, sono in grado di raggiungere anche le parti più periferiche del corpo. Si potrebbe paragonare questo sistema a un'avanzatissima e capillare *rete telefonica*, controllata da un supercomputer centrale (l'*encefalo*), che collega attraverso cavi (i *nervi*) e nodi di smistamento (i *gangli*) tutte le parti del corpo. Sede di tutte le attività cerebrali superiori è la parte più esterna dell'encefalo, la **corteccia cerebrale**, che è anche quella sviluppatasi più recentemente nell'evoluzione umana. La corteccia è percorsa da una serie di solchi e di rilievi, le *circonvoluzioni cerebrali*, che ne ampliano molto la superficie.
Il **sistema nervoso vegetativo** o **autonomo** regola il funzionamento di visceri e organi interni come cuore, arterie, bronchi, reni, intestino, ghiandole e sfinteri, in modo inconscio e indipendente dalla volontà. È pertanto un sistema di controllo automatico delle principali funzioni vegetative. I centri nervosi del sistema autonomo si trovano sia nel midollo spinale, sia in raggruppamenti specializzati di cellule nervose (*gangli*) che decorrono ai lati del midollo; da questi centri nascono le fibre che decorrono nei nervi, insieme a quelle motorie e sensitive. Un nervo può quindi contenere *fibre motorie*, *sensitive* e *viscerali*.
Il sistema vegetativo è organizzato in due sottosistemi, il **sistema simpatico** e quello **parasimpatico**, che agiscono in senso opposto. Il primo è dedicato alle fasi di maggior attività, cioè aumenta la propria azione durante sforzi fisici o stress; il secondo prevale invece nel recupero e nel riposo. Durante lo sforzo fi-

sico il simpatico incrementa l'attività del cuore e dei polmoni, fa aumentare la pressione del sangue, accresce lo stato di vigilanza e facilita il rilascio di sostanze energetiche dagli organi di deposito. Il parasimpatico riduce queste attività, favorisce la digestione, il sonno e il recupero delle scorte energetiche quando l'organismo non è impegnato in un lavoro muscolare.

Il tessuto del sistema nervoso

Un tessuto connettivale, detto **neuroglìa**, riccamente vascolarizzato e dotato di cellule con funzione nutritizia e protettiva, costituisce la trama di sostegno del tessuto nervoso vero e proprio. L'unità funzionale del sistema nervoso è la *cellula nervosa*, detta **neurone**. I neuroni sono cellule capaci di generare e di trasmettere *impulsi elettrici*, ovvero i segnali attraverso i quali il sistema nervoso comunica con gli altri organi e tessuti del corpo. Alla nascita, l'individuo è dotato di miliardi di neuroni; nel corso della vita il loro numero si riduce progressivamente poiché quelli che muoiono non possono essere rimpiazzati, in quanto queste cellule non sono in grado di riprodursi. Fortunatamente le capacità mentali non dipendono solo dal numero dei neuroni, ma anche da altri fattori in buona parte ancora sconosciuti.

I neuroni

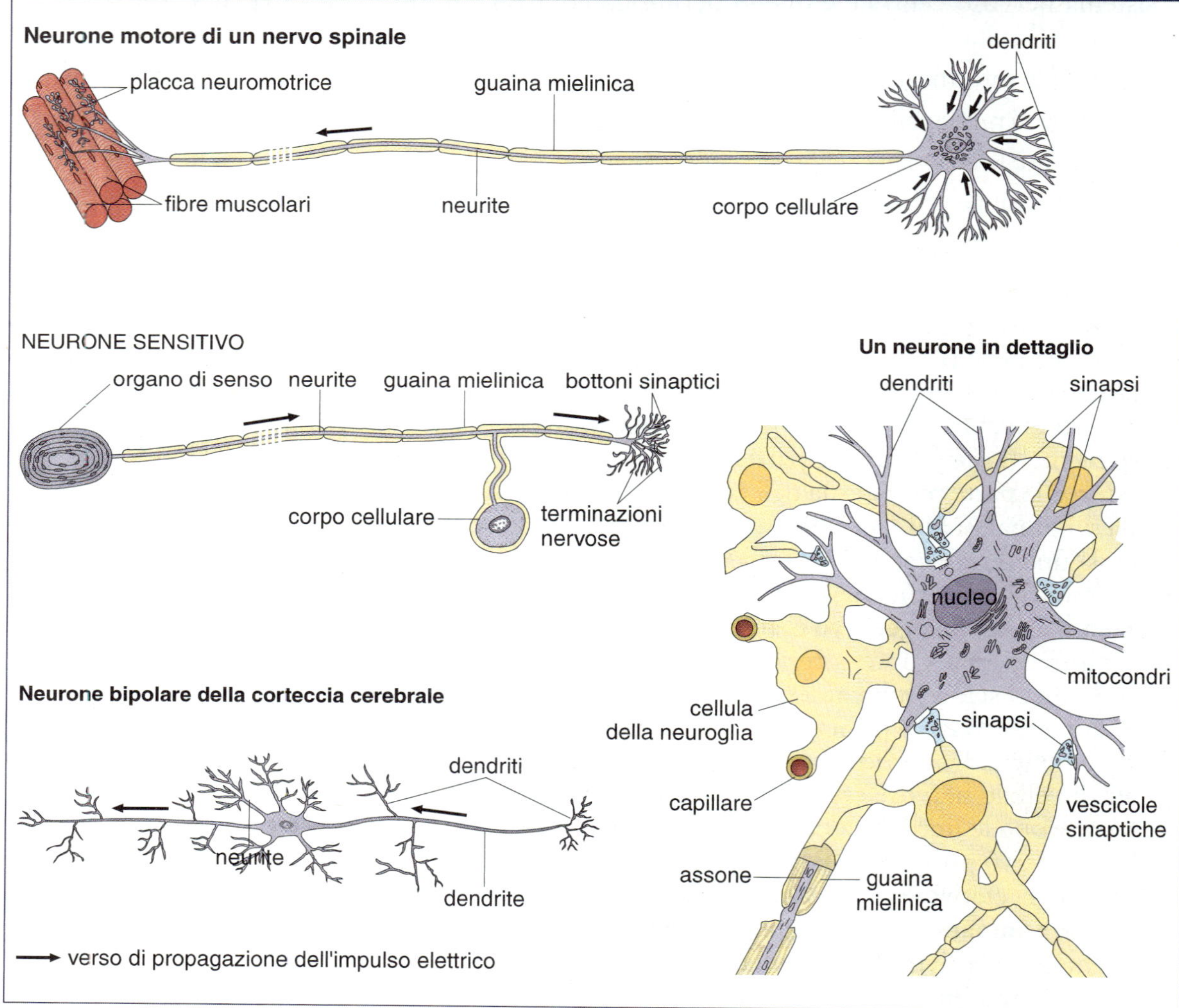

Dal corpo cellulare del neurone emergono due tipi di filamenti, i *dendriti* e gli *assoni*, attraverso i quali si realizzano i contatti tra i neuroni. I dendriti, generalmente numerosi, sono brevi e ramificati; la loro funzione consiste nel convogliare verso il neurone gli impulsi provenienti dai neuroni vicini. L'*assone* è un singolo prolungamento che trasmette a distanza gli impulsi provenienti dal neurone a cui appartiene. Nei dendriti la trasmissione degli impulsi elettrici è pertanto centripeta (verso il neurone), mentre nell'assone è centrifuga (a partire dal neurone). Gli assoni possono essere avvolti o meno da un manicotto bianco e lucido, la **guaina mielinica**, prolungamento di speciali cellule di rivestimento che funge da isolante e migliora la trasmissione degli impulsi elettrici. In base alla presenza o meno della guaina mielinica si distinguono pertanto *fibre nervose mieliniche* o *amielinche*. Le fibre nervose, riunite in fasci insieme a tessuto connettivo e vasi sanguigni costituiscono i **nervi**.

Così come i nervi, anche i neuroni sono di vario tipo: *motori*, *sensitivi* e *di associazione*. Quelli motori danno il comando per i movimenti, mentre quelli sensitivi e di associazione sono di solito al centro di una fitta rete di diramazioni nervose attraverso la quale scambiano informazioni con altri neuroni. Le giunzioni specializzate, che consentono il trasferimento dello stimolo tra cellule elettricamente eccitabili, si chiamano **sinapsi**. Per trasferire l'impulso elettrico da un neurone a un altro intervengono delle sostanze chimiche, dette *neurotrasmettitori*, contenute in vescicole nel citoplasma della terminazione del neurone trasmettitore. Quando l'impulso elettrico giunge dal corpo cellulare alla terminazione, queste sostanze, rilasciate nello spazio tra due neuroni adiacenti, diffondono verso la superficie del secondo neurone in cui scatenano un nuovo impulso elettrico. Il processo è velocissimo e viene rapidamente interrotto, in modo che un singolo impulso del primo neurone generi un solo impulso nel secondo. La frequenza della trasmissione di questi impulsi elettrici varia da fibra a fibra nervosa, ma può arrivare a 500 impulsi al secondo. La velocità di trasmissione dell'impulso negli assoni più grandi rivestiti da guaina mielinica può raggiungere i 120 metri al secondo. Esistono molti tipi di neurotrasmettitori, alcuni dei quali possono agire in senso opposto, cioè inibendo l'insorgenza dell'impulso elettrico nell'altro neurone.

I neuroni sono molto concentrati nella corteccia, dove si raggruppano secondo la funzione prevalente in *aree corticali motorie*, *sensitive* e *di associazione*. Queste aree sono state individuate sperimentalmente studiando che cosa accade se le si stimola, ma non sono ben distinguibili anatomicamente. Alcune comandano e controllano i movimenti, altre ricevono informazioni sensoriali di varia natura, altre ancora collegano le precedenti aree tra loro elaborando e scambiando messaggi con altri centri nervosi.

Immagine al microscopio elettronico a scansione di bottoni sinaptici dove avviene la trasmissione dell'impulso nervoso, attraverso la liberazione di mediatori chimici.

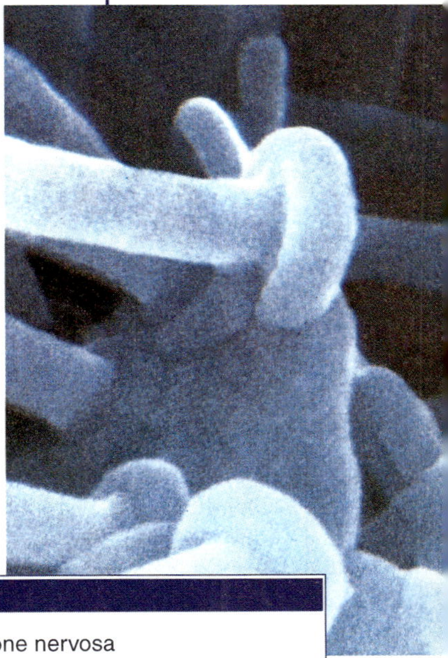

La sinapsi

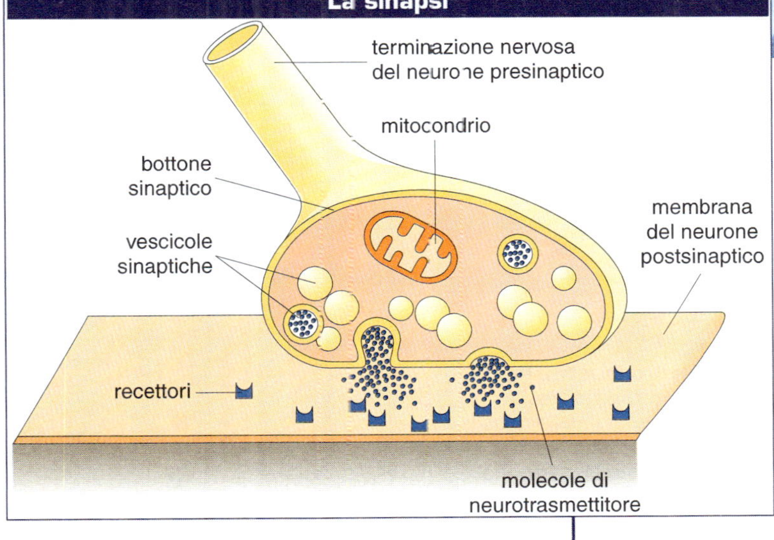

La raccolta delle informazioni

La prima fase di qualsiasi attività motoria è la raccolta di informazioni, sia dall'ambiente esterno, sia dall'interno dell'organismo. Le informazioni vengono ricevute dagli organi di senso, nell'ambito dei quali si distinguono:

- i **sensi specifici**, specializzati nel ricevere solo certi tipi di messaggi attraverso appositi organi ricettivi e nel trasmetterli a centri nervosi dedicati a tale funzione (tra essi sono molto importanti per le attività motorie la *vista*, l'*udito* e il *tatto*);
- la **sensibilità generale**, destinata a raccogliere informazioni più generiche su quanto accade all'interno o sulla superficie del nostro corpo, registrando *stimoli termici* (caldo/freddo), *propriocettivi* (coscienza della presenza del corpo e dei rapporti tra le sue parti), *cenestesici* (sensazione dei movimenti), *dolorifici* (percezione del dolore), *viscerali* (sensazioni provenienti dagli organi interni, come stomaco, intestino ecc.). Per le attività di movimento sono fondamentali le *informazioni propriocettive e cenestesiche*, perché consentono un miglior controllo dei movimenti.

Organi di senso e recettori

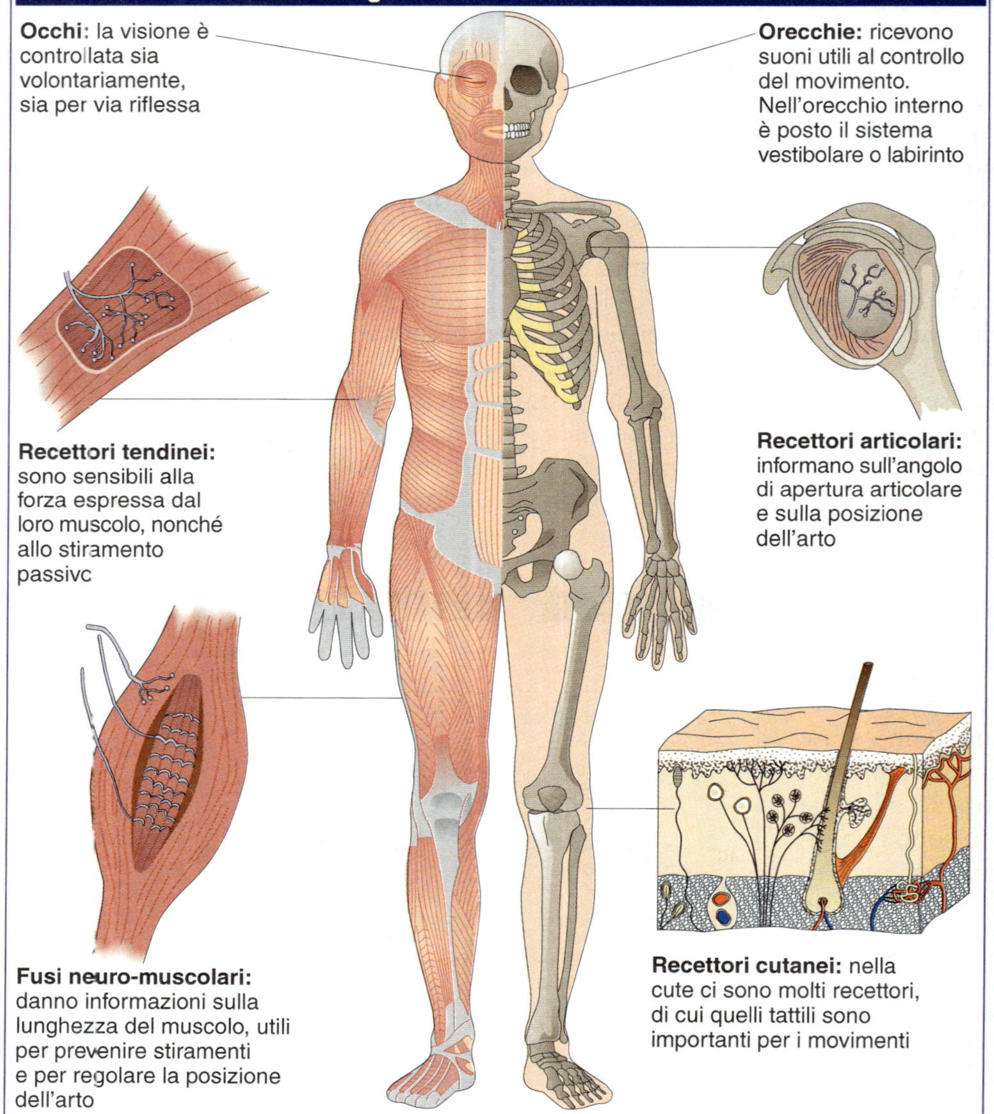

Le informazioni sensoriali giungono al SNC attraverso fibre nervose afferenti (in cui la direzione dell'impulso è verso il centro) che decorrono all'interno dei nervi del sistema nervoso periferico. Queste fibre nervose penetrano nel midollo spinale attraverso le radici posteriori dei nervi spinali e quindi si dirigono verso i centri a cui sono destinate. Ogni tipo di stimolo sensoriale ha il proprio recettore e il proprio centro nervoso: nella figura sono esemplificati quelli più importanti per le attività motorie.

La *vista* e l'*udito* sono senz'altro gli organi di senso più noti. Nell'essere umano la **vista** è particolarmente sviluppata; la posizione frontale degli occhi permette in postura eretta di mantenerli allineati all'orizzonte, a un'altezza notevole dal suolo, in modo che entrambi possano fissare contemporaneamente lo stesso punto. Si tratta di condizioni favorevoli, che consentono un ottimale controllo della metà dello spazio che ci circonda, quella posta davanti alla testa. Le informazioni visive hanno un ruolo predominante nel controllo dei movimenti. Per rendersene conto basta provare a camminare lentamente a occhi chiusi: la cosa è possibile, ma richiede un'attenzione molto maggiore e molti più movimenti correttivi rispetto alla deambulazione a occhi aperti.

L'**udito** serve a ricevere stimoli sonori importanti di per sé, per esempio il linguaggio verbale o messaggi sonori, o in quanto contribuiscono a migliorare l'efficacia di altre sensazioni. La posizione laterale delle orecchie sul capo distanzia i punti di ricezione dei suoni ed è preziosa per la localizzazione nello spazio della sorgente del rumore.

L'orecchio umano può percepire una gamma abbastanza limitata di suoni, centrata soprattutto sulle frequenze utilizzate dalla voce. Nel campo delle attività motorie l'udito è prezioso per costruire mentalmente un'immagine tridimensionale dello spazio circostante e delle persone o degli oggetti che lo occupano, ma il suo ruolo è secondario rispetto alla vista.

Meno conosciuta delle precedenti, ma non meno importante è la funzione detta **cenestesi**, o sensibilità propriocettiva: la si può definire come la capacità di percepire la posizione nello spazio del corpo e delle sue parti a riposo e durante i movimenti. Si basa su vari tipi di recettori:

1. recettori *muscolari*;
2. recettori *tendinei*;
3. recettori *articolari*;
4. recettori di *posizione del capo*.

I **fusi neuromuscolari** sono recettori disposti nei muscoli parallelamente alle fibre contrattili, di forma affusolata, dotati di fibre sensitive avvolte a spirale che registrano lo stiramento del muscolo. I **recettori tendinei** sono terminazioni nervose sensibili alla distensione del tendine. I **recettori articolari** sono localizzati nella capsula e captano i diversi gradi di distensione della stessa, cioè l'ampiezza del movimento articolare. Informazioni accessorie giungono anche da recettori cutanei: lo stato di distensione di una zona cutanea può indirettamente indicare la posizione di un certo segmento del corpo. Il **sistema vestibolare** dell'orecchio interno consiste in una serie di canali, disposti nei tre piani dello spazio, all'interno dei quali è libero di muoversi un fluido che stimola recettori specializzati nel cogliere la posizione e la rotazione del capo nonché le variazioni di moto (accelerazione, decelerazione). L'insieme di queste informazioni, tra loro ridondanti in modo che la temporanea mancanza di una di esse possa essere sostituita da altre, permette di conoscere e controllare la posizione del corpo e delle sue parti. Sono dunque fondamentali per l'equilibrio e per la miglior coordinazione dei movimenti.

La percezione dell'ingombro del corpo, cioè della sua sagoma e delle sue dimensioni, viene detta **schema corporeo**: anche questa funzione dipende dall'insieme delle informazioni sensoriali passate e presenti e permette per esempio di attraversare un passaggio basso chinandosi, o di scavalcare un ostacolo alzando la gamba.

L'equilibrio

L'**equilibrio** è la capacità di mantenersi stabili in rapporto all'ambiente circostante; si può definire **statico** l'equilibrio da fermo e **dinamico** quello che si riferisce al corpo in movimento. Un principio fondamentale della fisica stabilisce che un corpo immobile è in equilibrio **stabile**, cioè tende a tornare alla posizione di partenza se leggermente spostato, quando il suo baricentro si proietta al suolo all'interno del poligono di appoggio.

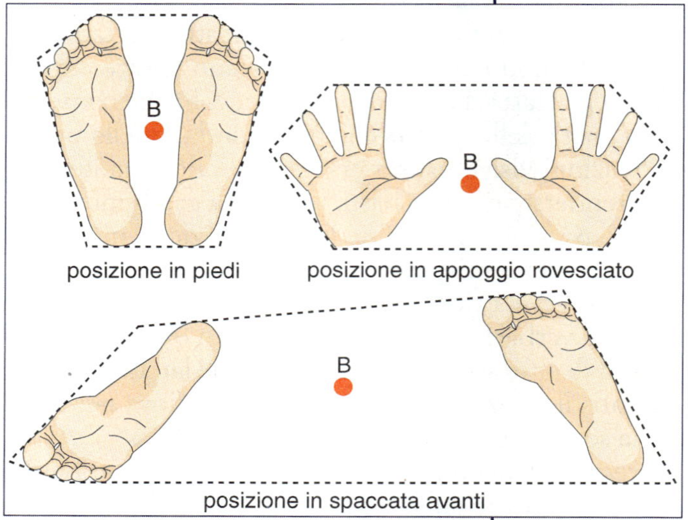

Perché un corpo sia stabile è necessario che la verticale tracciata dal baricentro cada entro la superficie di appoggio; tale superficie è l'area delimitata dal poligono che si ottiene unendo tutti i punti di contatto con il suolo. Nella figura in alto sono mostrati tre esempi di possibili basi di appoggio del corpo umano (B = posizione del baricentro al suolo).

L'**instabilità**, la condizione opposta, si verifica quando un'alterazione dello stato iniziale tende a peggiorare: se leggermente spinto, un corpo instabile tende a cadere. La condizione intermedia tra questi due estremi si definisce equilibrio **neutro**. La stabilità migliora se diminuisce l'altezza del baricentro dal suolo e aumenta la superficie d'appoggio, peggiora se accade il contrario: è intuitivo che da accovacciati la stabilità del corpo sia maggiore che stando sollevati sulle punte dei piedi. Quando un corpo è privo di contatti al suolo, l'equilibrio può essere definito come la capacità di mantenere l'orientamento voluto del corpo e delle sue parti (*equilibrio in volo*). Durante le attività sportive, questa situazione può verificarsi nei salti, nei volteggi della ginnastica, nei tuffi.

Mantenere l'equilibrio, per una persona sana, è una cosa talmente naturale da sembrare semplice. In realtà i meccanismi fisiologici al servizio dell'equilibrio sono molteplici e complessi, ma operano in maniera automatica così che la persona non se ne rende conto. La regolazione primaria dell'equilibrio è **visiva**: l'allineamento degli occhi all'orizzonte è la condizione naturale in una giusta postura eretta. Il sistema vestibolare informa inoltre i centri nervosi sulla **posizione del capo**. Dall'integrazione di queste informazioni con quelle cenestesiche e tattili il sistema nervoso ricostruisce lo stato del corpo e delle sue parti e reagisce automaticamente alle sue alterazioni, soprattutto con l'intervento a livello inconscio del cervelletto.

Le prove più comuni per testare il senso dell'equilibrio sono quelle che escludono il controllo visivo: stare in piedi a occhi chiusi o in appoggio su un piede solo, oppure camminare ponendo un piede davanti all'altro. In campo riabilitativo si usano tavolette basculanti in uno o più piani dello spazio per rieducare i recettori propriocettivi di un arto, dapprima in scarico del peso corporeo e successivamente in carico con situazioni di crescente instabilità. Per il tronco si possono usare grossi palloni su cui sedersi o adagiarsi proni o supini, scaricando quasi completamente il peso del corpo. Esistono anche macchine computerizzate, dotate di tavole basculanti che tramite sensori e ricostruzioni digitali in tempo reale aiutano la persona a percepire le alterazioni dell'equilibrio e a trovare le giuste correzioni.

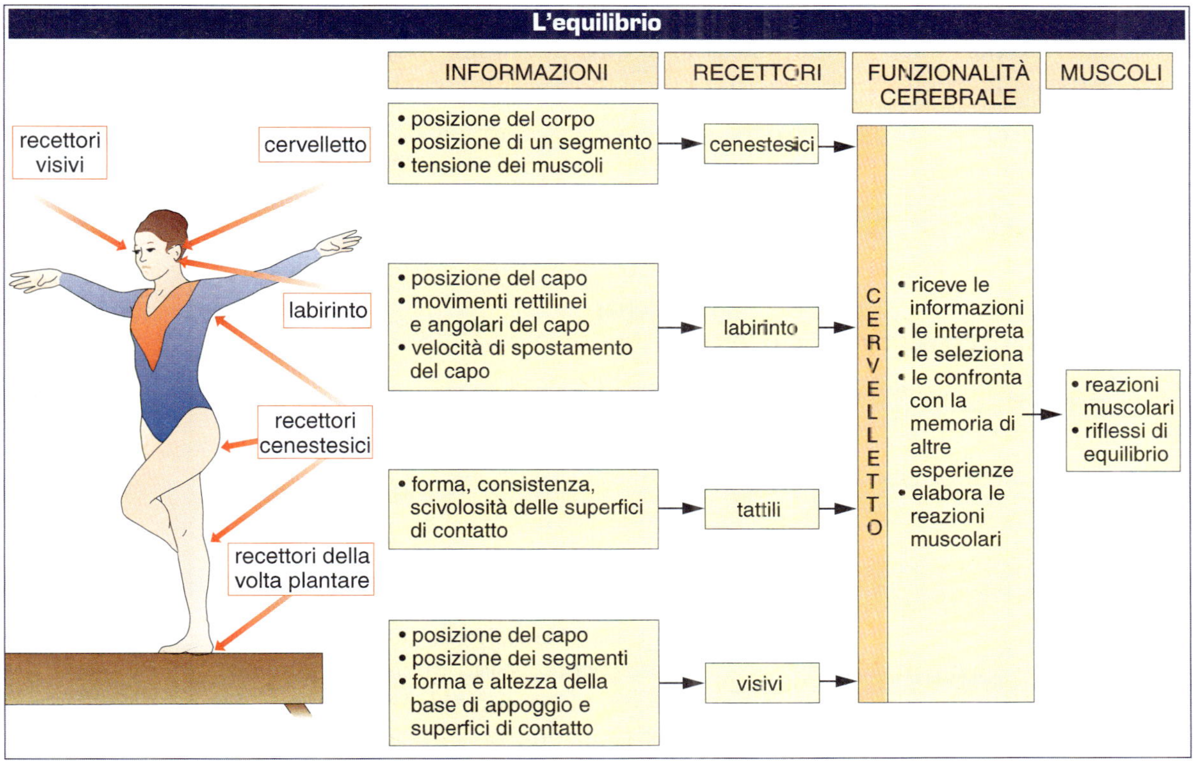

La gestione delle informazioni

La massa di informazioni che gli organi di senso possono ricevere in ogni istante è veramente notevole. Per comprendere come la nostra mente possa orientarsi in questo caos di informazioni e trattenere solo quelle più utili sono state elaborate varie teorie, di cui la più considerata è quella della "scatola nera". Secondo questo concetto, si immagina la mente umana come una scatola vuota completamente isolata dal mondo esterno: man mano che giungono informazioni la scatola si riempie, elimina il superfluo e può restituire messaggi elaborati. La facoltà mentale che consente di archiviare e richiamare le informazioni apprese è la **memoria**. In base alla suddetta teoria, nella memoria si possono distinguere tre settori:

1. la *memoria sensoriale* a breve termine, in cui vengono momentaneamente (per circa 1 secondo) trattenute tutte le informazioni ricevute, senza attuare alcuna selezione;
2. la *memoria a breve termine* o volatile, in cui le informazioni vengono trattenute per 20-30 secondi e giungono a livello di coscienza; in pratica è lo spazio di lavoro in cui vengono selezionate le informazioni utili in quel momento, che vengono poi archiviate nella memoria a lungo termine;

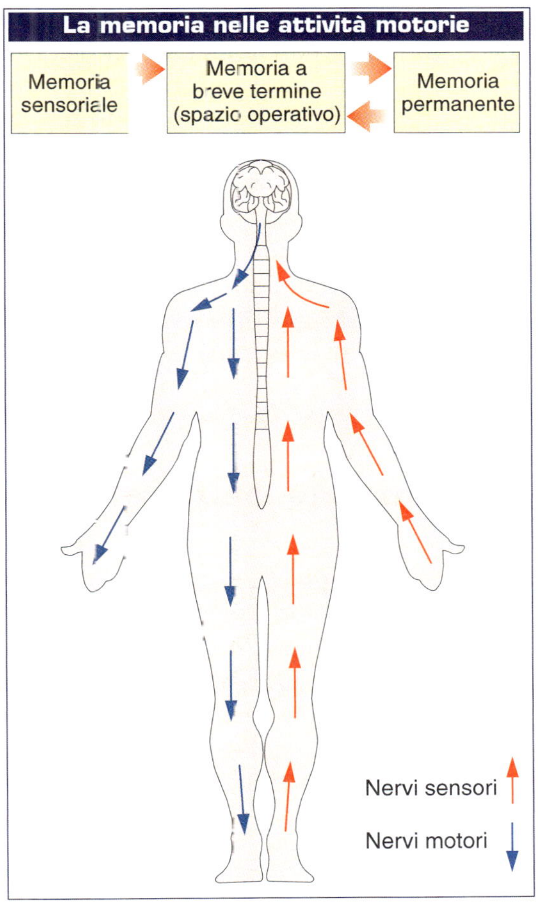

3. la *memoria a lungo termine* o *permanente* è la parte della memoria capace di conservare per lungo tempo una grande quantità di informazioni, ricevendole dalla precedente e ritrasmettendole in qualsiasi momento se necessario.

Se paragonassimo la memoria umana a quella di un computer, potremmo assimilare la memoria sensoriale alle periferiche della macchina (tastiera, *mouse* ecc.), la memoria a breve termine alla RAM (la massima quantità di informazioni che può istantaneamente elaborare il microprocessore) e la memoria a lungo termine alla memoria fissa del computer (*hard disk*, ZIP, CD masterizzabile ecc.).

Dall'informazione all'azione

Per eseguire delle attività motorie la mente ha bisogno di informazioni su:

1. quale è lo stato attuale del corpo in relazione all'ambiente esterno;
2. quale è la migliore azione da scegliere in quella situazione;
3. quale è la serie di movimenti da compiere per ottenere l'azione motoria voluta.

Le informazioni del primo tipo sono ottenute con i meccanismi descritti in precedenza; quelle del secondo tipo devono essere acquisite con i primi tentativi di movimento, che col tempo si perfezioneranno e lasceranno nella memoria permanente una loro registrazione, che potrà essere recuperata in qualsiasi momento. L'insieme delle informazioni memorizzate che consentono di eseguire una sequenza di movimenti finalizzata a una precisa azione si definisce **programma motorio**. La teoria di Henry della *memoria a rullo*, un particolare settore della memoria permanente destinato ad archiviare programmi motori, ipotizza che nei centri superiori del sistema nervoso possano essere conservati i modelli motori di innumerevoli abilità motorie apprese, ciascuno dei quali può essere attivato con un comando appropriato. Ogni programma motorio verrebbe dunque memorizzato come se fosse un film in videocassetta, la quale viene immagazzinata in un "distributore automatico" pronta per essere prelevata a richiesta. Qualora la persona dovesse ripetere quella particolare attività, potrebbe utilizzare un programma motorio già pronto con evidenti vantaggi di rapidità e precisione. Ogni "videocassetta" è molto specifica e costituisce un modello a sé stante: ogni abilità motoria deve essere memorizzata nella propria cassetta. In ogni programma motorio è racchiuso l'intero **controllo nervoso del movimento** che inizia con la *fase sensoriale* (che cosa sta accadendo?), prosegue con *l'interpretazione* (che cosa devo fare?) e infine con l'*esecuzione* (quali muscoli devo attivare, con che sequenza, per quanto tempo?).

La funzione neuromuscolare

Il comando motorio giunge alla fibra muscolare attraverso un tipo particolare di sinapsi detta **placca motoria**, o *giunzione neuromuscolare*, in quanto stabilisce il contatto tra un nervo motore e un muscolo. Il meccanismo di trasmissione dell'impulso è quello delle sinapsi: il neurotrasmettitore, in questo caso l'*acetilcolina*, depolarizza la parte sensibile della membrana della fibra muscolare; da qui l'impulso elettrico si trasmette lungo la sua superficie e le sue introflessioni a tutto il muscolo, scatenandone la contrazione.
Occorrono da 20 a 100 millesimi di secondo dall'impulso perché si arrivi all'apice della contrazione muscolare. I **motoneuroni** sono le cellule nervose che comandano direttamente i muscoli; si trovano nel tronco encefalico (da cui si diramano i nervi cranici) e in parte nella colonna anteriore del midollo spinale (da cui

originano i nervi spinali). Ogni motoneurone può raggiungere con le sue terminazioni nervose centinaia o migliaia di fibre muscolari: l'insieme funzionale costituito da un motoneurone e da tutte le fibre muscolari da esso controllate si chiama **unità motoria**. Le fibre muscolari di unità motorie adiacenti tendono a disporsi vicine, ma c'è un certo grado di sovrapposizione in modo da garantire una contrazione omogenea del muscolo anche quando non tutte le unità motorie sono attive. La singola contrazione scatenata da un unico impulso elettrico, la **scossa muscolare**, è un fenomeno "tutto o nulla": in altre parole, o c'è la contrazione o non c'è, non esistono gradi intermedi. Come si può dunque regolare la forza muscolare? In ogni muscolo ci sono fibre muscolari di molte unità motorie diverse, il cui numero è proporzionale alla finezza dei movimenti richiesti. Nei muscoli grossi e potenti, come quelli degli arti inferiori, ci sono poche unità motorie in quanto una singola fibra nervosa può controllare migliaia di fibre muscolari. Nei muscoli capaci di movimenti estremamente precisi e graduabili, come quelli del bulbo oculare, ci sono invece molte unità motorie con poche cellule muscolari ciascuna. Ogni unità motoria può essere attivata o meno, indipendentemente dalle altre, da impulsi elettrici inviati in successione, con un ritmo variabile. Per aumentare la forza di contrazione di un muscolo ci sono pertanto due possibilità:

1. aumentare il numero di unità motorie attivate;
2. incrementare la frequenza degli impulsi.

La placca motoria

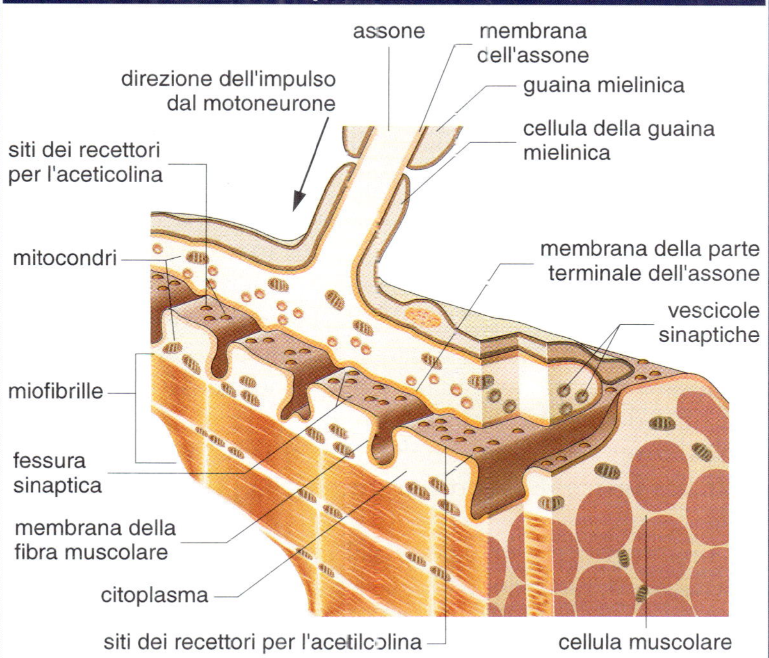

La placca motoria è l'"interruttore" che attiva la contrazione della fibra muscolare.

Le unità motorie

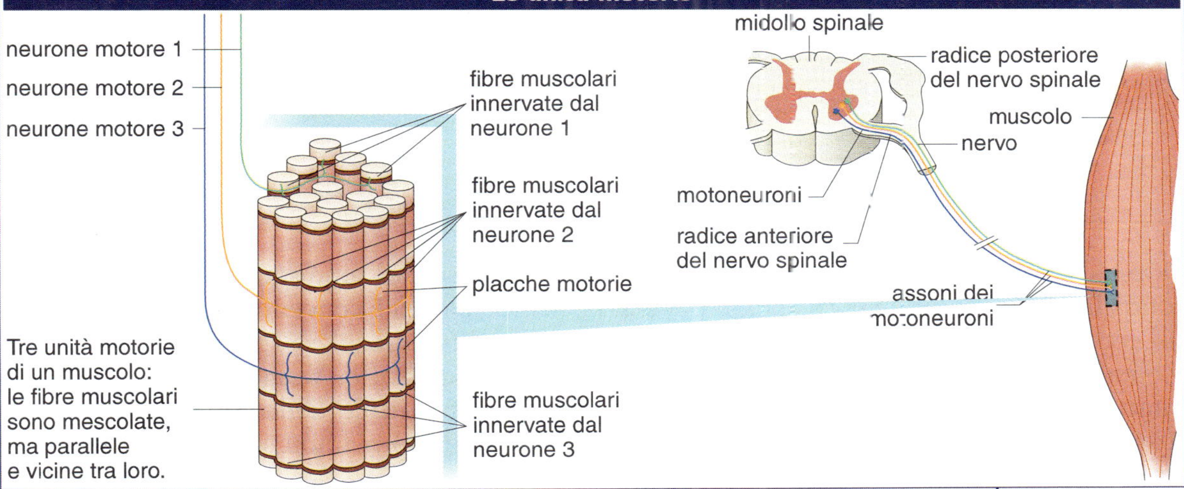

Tre unità motorie di un muscolo, controllate da motoneuroni spinali tramite fibre nervose che percorrono lo stesso nervo.

L'aumento del numero di unità motorie attivate si chiama **reclutamento** e avviene in modo progressivo, iniziando dai motoneuroni più piccoli e proseguendo via via con quelli di maggiori dimensioni. I due sistemi di regolazione della forza sono dunque concomitanti, ma in base alla funzione del muscolo ci può essere la prevalenza del primo o del secondo. Il muscolo in realtà ha sempre un livello minimo di contrazione, detto **tono muscolare**, che serve per tenerlo pronto all'attività e per difenderlo da improvvise distensioni. In alcuni muscoli questo tono è particolarmente accentuato poiché sono destinati a un'azione quasi continua, seppur a livelli di forza piuttosto bassi. Questa è per esempio la situazione dei muscoli posturali, che ci consentono di mantenere l'equilibrio nelle posizioni più abituali (muscoli del polpaccio, quadricipite, muscoli posteriori della colonna vertebrale). Questo tipo di attività muscolare è detta **tonica**. Altri muscoli entrano in azione solo quando c'è da compiere un'azione finalizzata a uno scopo in quel preciso istante, per esempio afferrare o lanciare un oggetto: questa attività, chiamata **fasica**, è meno duratura della precedente ma richiede maggiore forza.

Per una migliore regolazione del movimento, quando uno o più muscoli si contraggono, facendo avvicinare le ossa su cui sono inseriti, altri muscoli in posizione opposta si lasciano distendere, resistendo gradualmente all'allungamento. Il gruppo muscolare che aziona il movimento si chiama **agonista**, mentre quello che si oppone e regola l'azione del primo si dice **antagonista** (per esempio nel calcio del pallone sono agonisti i muscoli anteriori della coscia e antagonisti quelli posteriori).

Muscoli agonisti e antagonisti

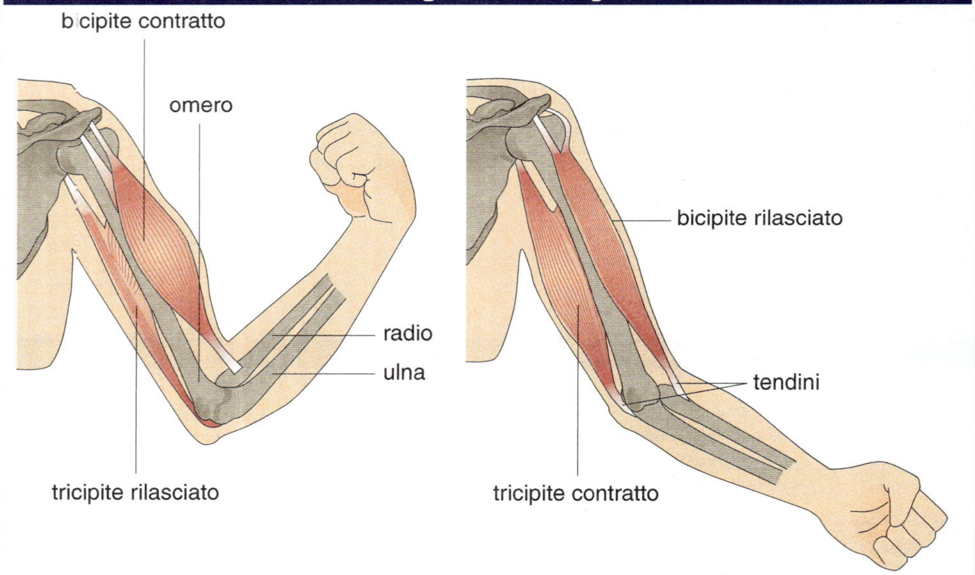

Nella flessione del braccio, alla contrazione del bicipite si accompagna il rilasciamento del tricipite, nella flessione, mentre nell'estensione avviene il contrario.

Questo esempio fa capire che non tutte le contrazioni muscolari sono sotto il controllo della volontà: nel calciare il pallone la nostra volontà è concentrata sul come e con che forza colpire la palla, non certo su come regolare i muscoli agonisti e antagonisti o in qual modo mantenere l'equilibrio. Vengono infatti definiti **volontari** i muscoli posti sotto il diretto controllo della coscienza, come quelli scheletrici, e **involontari** quelli che di norma non sono controllati dalla volontà, come il cuore e i muscoli lisci viscerali.

L'omuncolo motorio e sensitivo

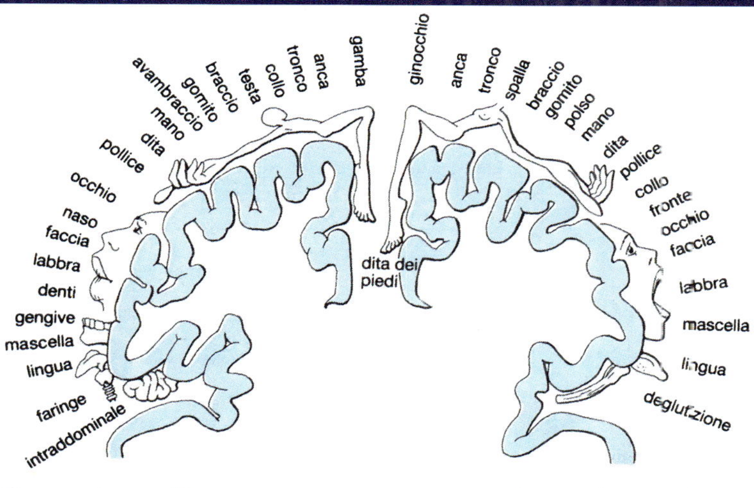

L'omuncolo motorio è la rappresentazione cerebrale dei muscoli volontari, proporzionale alla accuratezza del loro controllo nervoso (grandissima per il volto e per la mano). Un'analoga rappresentazione della finezza sensoriale è l'omuncolo sensitivo.

Il controllo dell'attività muscolare volontaria risiede nella corteccia cerebrale, in una zona particolare detta **area motoria** in cui si possono rappresentare tutte le parti mobili del corpo in proporzione alla ricchezza di unità motorie. La figura umana che emerge da questa rappresentazione sembra una caricatura ed è detta "*omuncolo motorio*". I neuroni motori corticali inviano le loro fibre ai motoneuroni del tronco encefalico e del midollo spinale, che a loro volta innervano i muscoli volontari. Su questa via si inseriscono regolazioni provenienti da altri centri nervosi, primo fra tutti il **cervelletto** che riceve informazioni sui comandi motori impartiti dalla corteccia cerebrale e interviene nel coordinare i movimenti contemporanei. Può accadere che un muscolo volontario si contragga non per un comando cosciente della volontà, ma perché la sua azione è necessaria per accompagnare e sostenere quella principale di un altro muscolo (per esempio gran parte delle contrazioni muscolari richieste per camminare): questo tipo di azione motoria è detta **automatica**. Il muscolo può contrarsi anche grazie a una scorciatoia, un'attivazione diretta del motoneurone spinale da parte di uno stimolo sensoriale, che scatena il cosiddetto **movimento riflesso** senza attivare i centri superiori. Si tratta di una risposta motoria rapida e involontaria a uno specifico stimolo: per esempio la contrazione del quadricipite in seguito alla percussione del tendine rotuleo con il martelletto clinico.

Le proprietà del muscolo

Le caratteristiche principali della contrazione muscolare per ottenere l'azione motoria desiderata sono la forza e la velocità. La **forza** muscolare è la tensione esercitata sulle inserzioni ossee tramite i tendini. La **velocità** è data dal tempo che il muscolo impiega ad accorciarsi in seguito allo stimolo. La forza di un muscolo è proporzionale al suo spessore, la velocità di contrazione è funzione della sua lunghezza. Queste due proprietà muscolari sono inversamente proporzionali: in altre parole, la contrazione sarà tanto più rapida quanto minore è la resistenza (il *carico*) che si oppone al movimento. Al contrario, la forza espressa dal muscolo dovrà crescere e la velocità di contrazione diminuire se la resistenza da vincere è elevata. Quando la forza espressa provoca un accorciamento del muscolo, la contrazione è detta **concentrica**. Il massimo di forza si raggiunge quando non vi è alcun accorciamento: la contrazione è detta **isometrica**, cioè senza movimento.

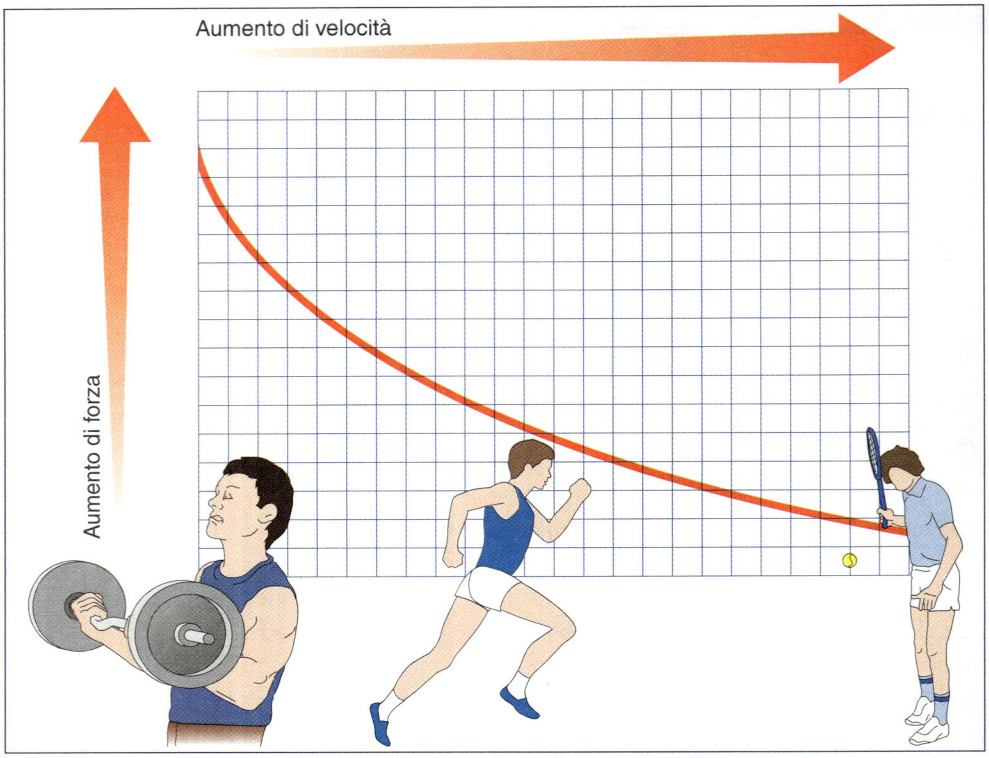

La curva di forza-velocità vale per qualsiasi muscolo. Al crescere della velocità, diminuisce la forza disponibile.

La contrazione è invece definita **eccentrica** se il muscolo pur contraendosi si allunga, in quanto la forza che contrasta è maggiore della sua. Per definizione si considera massima la forza muscolare espressa nella contrazione isometrica, ma in realtà essa può ancora aumentare in condizioni di contrazione eccentrica. Grazie alle sue proprietà elastiche, il muscolo è in grado di esprimere la forza massima se inizia a contrarsi dopo un lieve stiramento: la condizione ideale è quella di una lunghezza pari a circa 1,2 volte quella di riposo. L'aspetto negativo di questo tipo di contrazione è l'aumento del rischio di stiramenti o strappi muscolari. Tramite appositi macchinari, che oppongono una resistenza proporzionale alla forza espressa in modo da mantenere sempre uguale la velocità di contrazione in un certo arco di movimento, è possibile realizzare il movimento **isocinetico** (a velocità costante). Questo tipo di movimento è abbastanza simile a quello che avviene in acqua.

Nel corpo umano ci sono due tipi principali di fibre muscolari: le fibre **lente** o rosse (tipo 1) e quelle **veloci** o bianche (tipo 2); le seconde comprendono due sottogruppi, le **veloci resistenti** (tipo 2A) con caratteristiche intermedie e le **veloci a rapido affaticamento** (tipo 2B). Le fibre a rapida contrazione sono innervate da motoneuroni grandi, quelle a lenta contrazione da motoneuroni piccoli. Le fibre veloci possono essere 10 volte più potenti e 3 volte più rapide delle altre; bruciano energia a ritmi impressionanti e sono soggette a un affaticamento piuttosto precoce. Le fibre lente sviluppano meno forza, impiegano più tempo a raggiungere la propria massima potenza, ma sono estremamente efficienti nell'utilizzo dell'energia: hanno un numero di mitocondri 20 volte superiore e possono immagazzinare il triplo di ossigeno e di grassi rispetto alle fibre veloci. Sono pertanto destinate a funzionare a lungo, a intensità di sforzo muscolare non elevata. Tutti e tre i tipi di fibre sono di solito presenti in proporzioni simili nei grossi muscoli dei soggetti non allenati, ma in alcuni muscoli le percentuali possono differire: per esempio, nel polpaccio predominano di solito le fibre lente. Ogni persona eredita inoltre una propria particolare dotazione di fibre muscolari che è *determinata geneticamente*, per cui avrà dei muscoli più predisposti a svolgere attività veloci oppure di resistenza. Sembra che le fibre intermedie, una variante della fibra veloce con maggiori capacità di resistenza, possano essere orientate con l'allenamento ad assumere caratteristiche più simili a uno o all'altro dei due tipi principali.

Le fibre veloci resistenti hanno caratteristiche intermedie rispetto ai due tipi principali di fibre veloci e lente.

I tipi di fibre muscolari

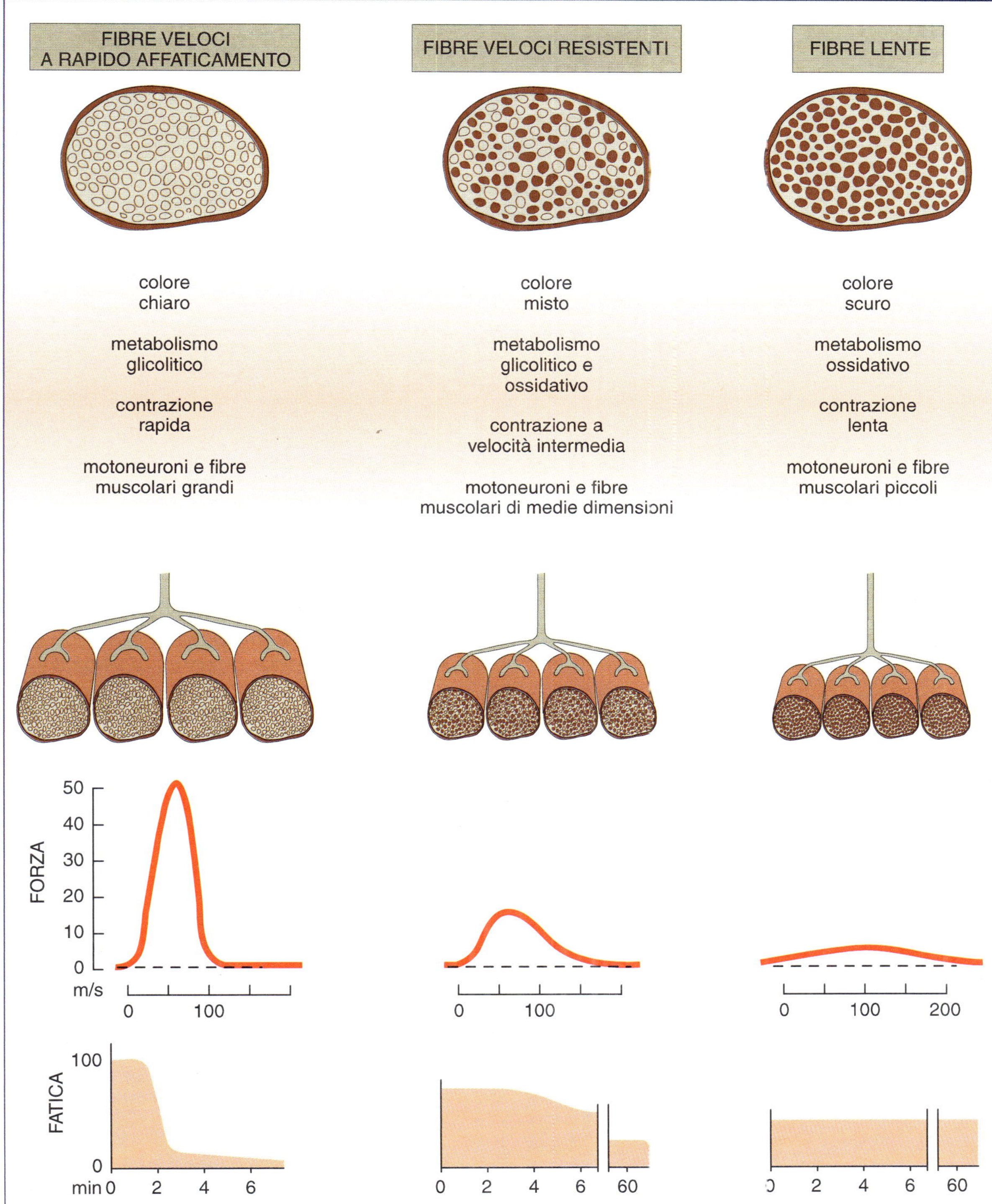

inserto salute

La visione

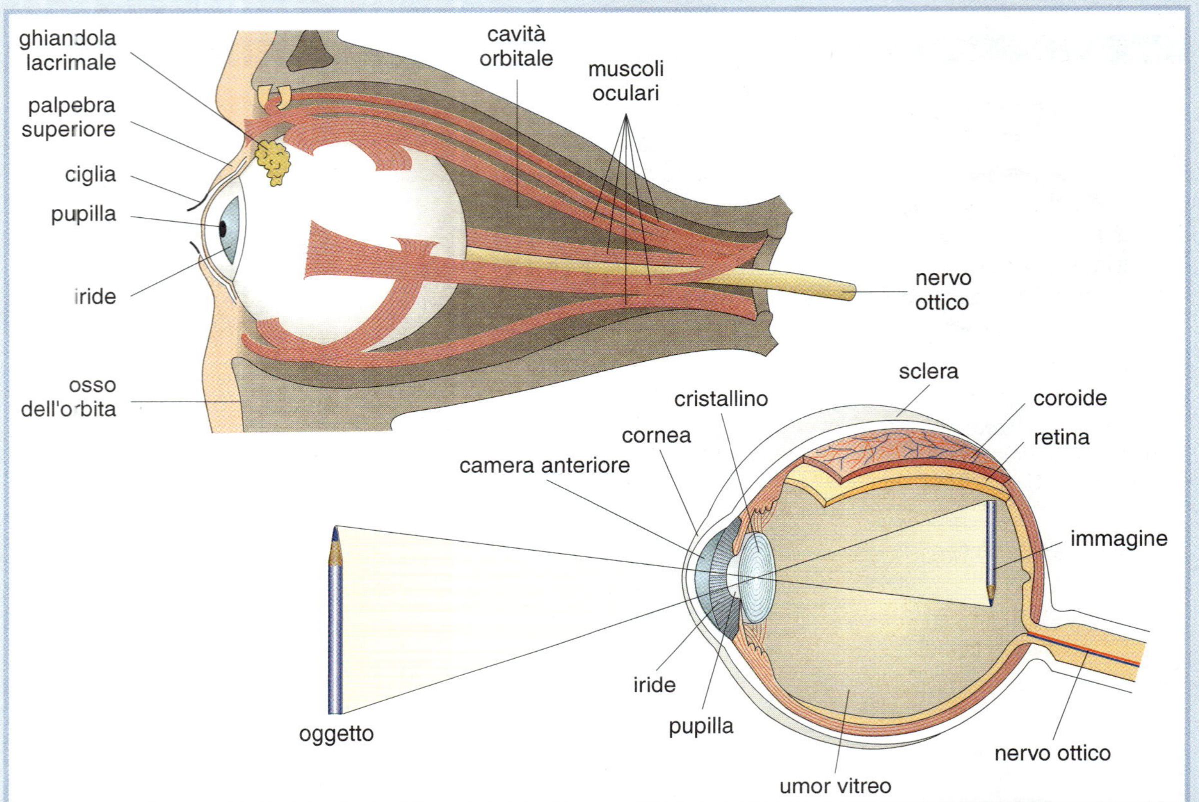

Struttura esterna e interna dell'occhio umano e formazione dell'immagine sulla retina. I raggi di luce provenienti da un oggetto convergono sul cristallino, per poi divergere nuovamente e ricostruire sulla retina l'immagine dell'oggetto, rimpicciolita e capovolta.

L'occhio, il più complesso recettore del corpo umano, ha nella sua area sensibile detta **retina** molti neuroni fotorecettori (sensibili alla luce) specializzati nel registrare colori, forme e intensità di luce. La luce penetra nell'occhio da un foro anteriore di diametro variabile, la *pupilla*, attraversa una lente detta *cristallino* e raggiunge la retina nella parte posteriore dell'occhio. I *muscoli oculari* permettono di orientare gli occhi verso il punto desiderato, mentre il *muscolo orbicolare* ingrandisce o riduce il diametro della pupilla in base all'intensità della luce. In seguito allo stimolo luminoso, la retina invia impulsi elettrici attraverso i *nervi ottici* fino all'area visiva della corteccia cerebrale che si trova nella parte posteriore del cervello. A livello centrale le informazioni giunte dai due occhi si fondono in un'unica immagine, che consente di cogliere anche la profondità. La visione diventa a questo livello un processo attivo, risultante dall'elaborazione cerebrale degli impulsi ottici: questo è il concetto di *percezione visiva*. La visione comprende varie funzioni specifiche: l'acutezza, la visione periferica, la visione notturna, il senso stereoscopico e la percezione dei colori.

1. L'**acutezza visiva** (o acuità) è la capacità di distinguere i dettagli, per esempio diversi punti di un oggetto. È la funzione principale della vista: dipende dalla parte centrale della retina (la *fovea*), dove i neuroni fotorecettori detti **coni** sono più concentrati: in ogni occhio ci sono circa 6 milioni di coni. L'*accomodazione* è la capa-

cità di cambiare rapidamente focalizzazione da un oggetto lontano a uno vicino: dipende dall'elasticità del cristallino, la "lente" naturale dell'occhio, e cala con l'avanzare dell'età. Oltre all'acutezza statica, che metta a fuoco oggetti fermi, è ovviamente molto importante per le attività motorie l'**acutezza visiva dinamica**, cioè la capacità di distinguere oggetti in movimento. L'acutezza si misura in decimi nel corso dell'esame della vista. Per convenzione si considera normale l'acutezza di una persona in grado di leggere la riga dei 10/10 alla distanza stabilita (3 o 5 metri) dalla tavola ottometrica decimale. L'esame va fatto separatamente per ogni occhio, in visione naturale ed eventualmente con correzione (occhiali, lenti a contatto). L'acutezza dinamica può essere testata con apparecchi che mostrano al soggetto immagini in movimento.

2. La **visione periferica** consiste nella capacità di distinguere oggetti con le aree periferiche della retina, meno ricche di neuroni, senza muovere gli occhi. Le parti dello spazio controllate da queste aree sono quelle che circondano la zona centrale di massima acutezza (un cono di pochi gradi posto proprio di fronte all'occhio) e corrispondono a circa 180° davanti alla testa. È una visione di allarme, nel senso che non serve per vedere nitidamente ma per accorgersi di qualcosa che potrà poi essere visto meglio ruotando il capo o l'occhio e usando la visione centrale. Nelle attività sportive è fondamentale per controllare lo spazio circostante, poiché l'azione può essere così rapida da non consentire l'uso della visione centrale. La visione periferica può essere esaminata chiedendo alla persona di dire dove intravede una serie di luci o oggetti che gli vengono presentati intorno al capo.
3. La **visione notturna** dipende da recettori retinici detti **bastoncelli**, 500 volte più sensibili dei coni ai bassi livelli di luminosità e distribuiti su tutta la superficie retinica. In semioscurità la pupilla si dilata al massimo per far entrare nell'occhio più luce possibile: questi recettori permettono di riconoscere le forme, i movimenti e le variazioni di luce, mentre è quasi impossibile distinguere i dettagli, i colori, la profondità. Si può provare questa funzione facendo leggere scritte o riconoscere immagini in condizioni di scarsa luce e di basso contrasto.
4. La **percezione della profondità** o **senso stereoscopico** permette di costruire un'immagine tridimensionale grazie alla visone binoculare e a precedenti esperienze visive (forme e dimensioni di oggetti noti, ombre ecc.). È particolarmente importante nelle attività di velocità e in quelle con attrezzi in rapido movimento. Per testare questa capacità esistono delle tavole stereoscopiche (per es. quelle di Lang) in cui solo chi possiede la percezione della profondità riesce a riconoscere le immagini raffigurate.
5. La **visione dei colori** o **senso cromatico** è la capacità di distinguere le diverse lunghezze d'onda della luce. Dipende dalla distribuzione dei **coni** in tre sottogruppi, più sensibili rispettivamente al *rosso*, al *blu* e al *verde* che sono i colori fondamentali. Da diverse percentuali di stimolazione dei vari tipi di coni si ottengono tutti gli altri colori: la luce bianca per esempio stimola tutti i coni in modo simile. La sensibilità ai colori differisce da persona a persona ed è determinata geneticamente. Può essere messa alla prova cercando di mettere in ordine cromatico degli oggetti colorati, o più scientificamente con apposite tavole (di Ishihara) in cui si devono leggere numeri, composti da sfumature di colori, su uno sfondo fatto da altre variazioni cromatiche.

Tutte queste capacità sono importanti nella vita di relazione e hanno anche risvolti pratici, in quanto possono essere richieste come requisito per acquisire licenze o per essere ammessi a determinate attività: il caso più comune è senz'altro quello della visita di idoneità alla guida. Eventuali alterazioni rilevate con le comuni prove di esame visivo devono poi essere approfondite dall'oculista. Le prestazioni visive possono essere migliorate correggendo gli eventuali difetti con lenti e allenando la vista nell'uso prevalente. Questo secondo aspetto, ancora poco conosciuto dai più, sta diventando importante in alcuni sport a livello professionistico.

focus

La vista nelle attività sportive

Nel corso della visita medico-sportiva di idoneità agonistica (DM 18 febbraio 1982) si controllano l'acutezza visiva monoculare naturale e con eventuale correzione, nonché il senso cromatico per gli sport motoristici. Non esiste però un requisito visivo prestabilito per la pratica agonistica, se non in casi particolari come il volo (regolamentato da una legge apposita) o per alcune figure particolari come gli arbitri che hanno una normativa all'interno della propria federazione.
Data l'evidente importanza della visione nello sport, alcuni studiosi hanno proposto di considerare dei livelli visivi minimi, in relazione al tipo di sport, come condizione per ottenere l'idoneità. Nella tabella vengono riassunte alcune di queste raccomandazioni, che tuttavia non hanno un valore vincolante di legge. Sono però molto importanti perché il problema visivo, se non è di grado molto elevato, tende a essere sottovalutato dallo sportivo. Molti di essi ancora ignorano le attuali possibilità di correzione dei più comuni vizi di rifrazione (miopia, ipermetropia, astigmatismo) con lenti corneali o speciali occhiali in materiali plastici ed elastici, che possono essere indossati durante la pratica di quasi tutti gli sport.
Nella regione Piemonte si usa annotare l'eventuale obbligo dell'uso di lenti correttive sul certificato di idoneità; su circa 20 000 visite per idoneità agonistica svolte recentemente in un gruppo di ASL, è stato riscontrato che circa l'8% degli sportivi usa occhiali o lenti a contatto durante l'attività.
In un'ulteriore indagine su 2435 sportivi (36% minori di 14 anni, 47% di età tra 14 e 18 anni, 17% maggiorenni) visitati in una sola ASL, oltre il 22% dei soggetti ha manifestato qualche difetto visivo, che nel 12% dei casi ha richiesto l'uso di una correzione diottrica (occhiali nel 11% e lenti corneali nel 1%). È interessante notare come circa il 20% dei soggetti con un problema della vista lo abbia scoperto in occasione del controllo medico sportivo. È stata trovata una maggior percentuale di deficit della vista nelle femmine rispetto ai maschi e negli sportivi ultraquattordicenni in confronto con quelli più giovani. Tra le dieci discipline sportive più praticate dagli atleti visitati, sono state rilevate percentuali maggiori di deficit della vista tra i praticanti ciclismo, pallacanestro, baseball, pallavolo, atletica e nuoto.

Uso di lenti durante l'attività sportiva

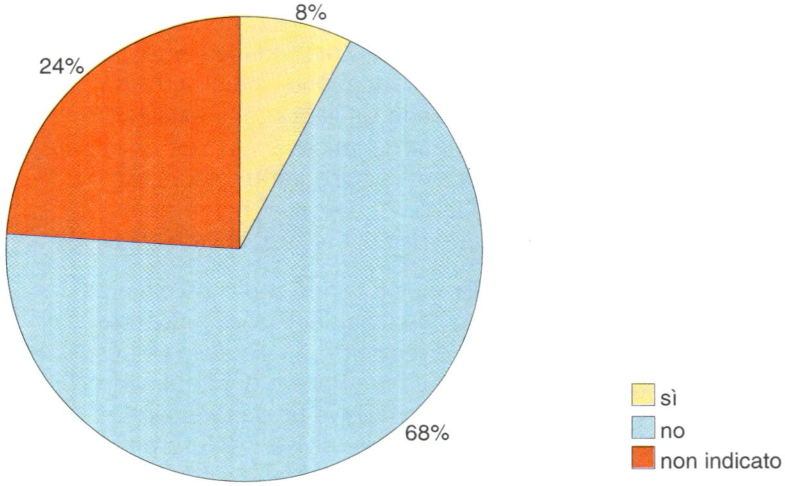

Ambliopia
alterazione della vista in assenza di patologia organica dell'occhio

I requisiti della vista per la pratica di alcuni sport agonistici

Sport	acutezza visiva		Ammessa la correzione mediante occhiali	Ammessa la correzione mediante lenti a contatto	Riduzione del campo visivo	Alterazione del senso stereoscopico	Alterazioni del senso cromatico
	nell'occhio migliore non < a *n* decimi	nell'occhio peggiore non < a *n* decimi					
Arti marziali	4	2		SÌ			
Atletica leggera	5	2	SÌ	SÌ			
Baseball e softball	9	5		SÌ	NO	NO	
Bob e slittino	8	5	SÌ	SÌ			
Bocce	5	0	SÌ	SÌ			
Calcio	6	4		SÌ	NO		
Canoa	6	2	SÌ	SÌ			
Canottaggio	6	2	SÌ	SÌ			
Ciclismo	8	4	SÌ	SÌ	NO		
Ginnastica	6	2		SÌ			
Hockey	8	4		SÌ	NO		
Ippica	6	4	SÌ	SÌ			
Nuoto	4	2		SÌ			
Pallacanestro	6	4	SÌ	SÌ	NO	NO	
Pallamano	6	4		SÌ	NO	NO	
Pallanuoto	4	4			NO		
Pallavolo	6	4	SÌ	SÌ	NO	NO	
Pattinaggio a rotelle e su ghiaccio	5	2	SÌ	SÌ			
Pentatholon moderno	8	4	SÌ	SÌ	NO		
Rugby	6	4		SÌ			
Scherma	8	3	SÌ	SÌ			
Sci (discesa, slalom, salto)	8	5	SÌ	SÌ	NO	NO	
Sci (fondo)	5	2	SÌ	SÌ			
Sport subacquei	6	4	SÌ	SÌ			
Tennis	9	6	SÌ	SÌ	NO	NO	
Tuffi	4	4				NO	
Arbitri - giudici	9	9	SÌ	SÌ	NO	NO	NO
Cronometristi	9	5	SÌ	SÌ			

in breve...

- Il controllo dei movimenti è uno dei compiti del sistema nervoso il quale è composto da una parte centrale posta sull'asse mediano del corpo (encefalo e midollo spinale) e da una periferica, formata da una rete di nodi e collegamenti con le altre parti del corpo (gangli e nervi).
- Il sistema nervoso autonomo affianca quello principale e regola molte funzioni viscerali.
- Nel sistema nervoso coesistono funzioni afferenti, che portano informazioni sensoriali di varia natura ai centri nervosi, ed efferenti, che trasmettono i comandi dei centri nervosi.
- I muscoli sono controllati da cellule nervose specializzate, i motoneuroni, ciascuno dei quali innerva un gruppo di cellule muscolari (unità motoria).
- Il muscolo contraendosi si può accorciare, allungare o non cambiare di lunghezza in base alla resistenza esterna (o carico) da vincere. L'azione di ogni gruppo muscolare è graduata dall'intervento di muscoli che agiscono in senso opposto, detti antagonisti.
- Le caratteristiche della contrazione muscolare, soprattutto la forza e la velocità, dipendono in buona parte dalla composizione del muscolo in tipi diversi di fibre.
- Di tutti gli stimoli sensoriali di cui il nostro corpo dispone, per le attività motorie e per la vita di relazione in genere, il più importante è la vista.

...parole chiave

Neurone cellula del sistema nervoso capace di produrre e trasmettere impulsi elettrici.

Assone prolungamento del neurone che ne trasmette gli impulsi a distanza.

Sinapsi giunzione tra neuroni in grado di trasferire lo stimolo elettrico da una all'altra per mezzo di sostanze chimiche.

Placca motoria giunzione tra il prolungamento di un neurone motorio (motoneurone) e un muscolo.

Unità motoria gruppo di fibre muscolari innervate da uno stesso motoneurone.

Programma motorio serie di movimenti memorizzati per eseguire un'azione motoria.

Carico la resistenza che il muscolo deve vincere per accorciarsi.

Contrazione il risultato dell'accorciamento dei sarcomeri, le unità funzionali di cui è composto il muscolo, che sviluppa tensione ai suoi capi.

Isometrica contrazione senza variazione di lunghezza del muscolo.

Concentrica contrazione con accorciamento del muscolo.

Eccentrica contrazione con allungamento del muscolo.

Isocinetica contrazione a velocità costante.

verifiche

Scegli la risposta corretta.

1. Che cosa comprende il sistema nervoso centrale (SNC)?

A il cervello e il cervelletto
B l'encefalo e il midollo spinale
C il midollo spinale e i nervi
D il cervello e il midollo spinale

2. Quali fibre può contenere un nervo?

A motorie e sensitive
B simpatiche e parasimpatiche
C periferiche e autonome
D motorie, sensitive e viscerali

3. Qual è la direzione degli impulsi elettrici nell'assone?

A dal neurone
B verso il neurone
C in entrambe le direzioni
D non passano impulsi elettrici

4. Come si chiama la zona specializzata di contatto tra neuroni?

A placca
B neuroglìa
C sinapsi
D dendrite

5. A quale sensibilità è dovuta la percezione del corpo e delle sue parti?

A propriocettiva
B dolorifica
C viscerale
D tattile

6. Da dove provengono le informazioni sensoriali sulle quali si basa l'equilibrio?

A da vista e udito
B da vista, udito e tatto
C da vista e recettori propriocettivi del capo e degli arti
D solo dai recettori propriocettivi del capo e degli arti

7. Come si chiama la zona della memoria che serve per gestire le informazioni utili al momento?

A memoria corta
B memoria a breve termine
C memoria sensoriale
D memoria a lungo termine

8. Che cos'è un programma motorio?

A uno schema di allenamento
B una serie di esercizi
C un programma sul computer riguardante l'attività motoria
D una sequenza memorizzata di gesti finalizzati a un'azione motoria

9. Come si classificano i movimenti muscolari in base al controllo nervoso?

A volontari, involontari e automatici
B volontari e riflessi
C coscienti e incoscienti
D agonisti e antagonisti

10. Qual è la fibra muscolare più adatta all'attività di lunga durata?

A veloce
B intermedia
C lenta
D veloce resistente

Completa le seguenti frasi scegliendo il termine corretto tra quelli proposti fra parentesi.

1. La velocità di contrazione muscolare è (*maggiore/minore*) a carichi bassi.

2. I nervi spinali sono (*più/meno*) numerosi di quelli cranici.

3. I nervi sensitivi portano stimoli elettrici (*verso il/a partire dal*) SNC.

4. Il sistema nervoso simpatico (*stimola/deprime*) varie funzioni.

5. La scossa è la risposta del muscolo a (*uno/molti*) impulso/i nervoso/i.

6. Se la resistenza al movimento è minore della forza muscolare la contrazione sarà (*eccentrica/concentrica*).

7. La contrazione muscolare senza accorciamento si chiama (*isometrica/isocinetica*).

8. La capacità di percepire la profondità è il (*campo visivo/senso stereoscopico*)

9. I colori fondamentali sono il rosso, il blu e il (*verde/giallo*).

10. Le lenti corneali si possono usare in (*molti/pochi*) sport.

Il metabolismo nell'esercizio fisico

obiettivo didattico

conoscere le basi del funzionamento del metabolismo in relazione alle esigenze del corpo umano impegnato nell'esercizio fisico

Il corpo umano, come qualunque organismo vivente, per compiere ogni attività ha bisogno di **energia**. La produzione, la trasformazione e l'utilizzazione dell'energia sono una funzione essenziale del **metabolismo**, l'insieme di tutte le reazioni chimiche necessarie per la vita; la scienza che studia il metabolismo degli esseri viventi si chiama **biochimica** (chimica della vita).

L'energia si ricava dagli alimenti, che vengono frammentati, trasformati in molecole e assorbiti dall'apparato digerente. Il corpo umano può usare direttamente solo l'energia fornita dall'**adenosintrifosfato** (ATP), sostanza formata da una molecola di adenina, una di zucchero e da 3 gruppi fosforici in serie. Quando si stacca l'ultimo di questi, viene liberata una notevole quantità di

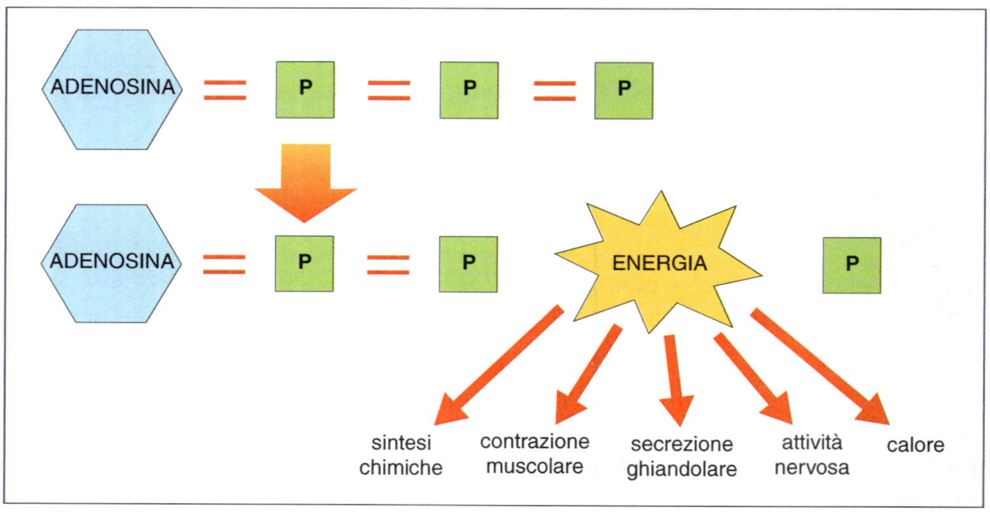

Schema della molecola di ATP. La sua scissione libera energia utilizzabile dal corpo per le sue diverse funzioni.

energia, utilizzabile per la contrazione muscolare, la secrezione delle ghiandole, l'attività nervosa, la costruzione di nuove sostanze chimiche, la produzione di calore e altre attività vitali delle singole cellule.
Tutta l'energia ricavata dagli alimenti e immagazzinata sotto forma di varie sostanze, soprattutto zuccheri e grassi, deve pertanto essere trasferita all'ATP, prima di poter essere utilizzata. Dato che l'ATP in quanto tale non può essere conservato in grande quantità, nel corpo umano ci sono diversi "serbatoi" di sostanze energetiche, pronte a ricostituire l'ATP man mano che viene consumato.

Le riserve di energia

Nel corpo umano le più abbondanti scorte di energia sono rappresentate da:

1. il **glicogeno**, forma di deposito degli **zuccheri**, contenuto nei muscoli, nel fegato e in altri organi;
2. il **tessuto adiposo**, forma di deposito dei **grassi**, presente come strato sotto la cute e attorno a vari organi; gli *adipociti*, le cellule del tessuto adiposo, sono molto ricche di *trigliceridi*, grassi in grado di circolare disciolti nel sangue;
3. le **proteine**, formate da catene di **aminoacidi**, che compongono molte strutture cellulari ed extracellulari e vengono consumate per ottenere energia solo in modo limitato o in casi di particolare necessità.

Il **glicogeno** è una grande molecola costituita da lunghissime catene di **glucosio**, uno zucchero semplice formato da sei atomi di carbonio che è il "combustibile" principale delle cellule, anzi per alcune è l'unico utilizzabile. Il glucosio può essere consumato localmente o trasportato dal sangue fino alle cellule che lo utilizzano. La concentrazione di glucosio nel sangue, la **glicemia**, è uno dei principali parametri che si controllano sottoponendosi agli esami del sangue: viene espressa in mg di glucosio contenuti in 100 ml di sangue e i suoi valori oscillano normalmente tra 80 e 110. Le variazioni anomale della glicemia, sia in eccesso sia in difetto, sono mal tollerate dall'organismo; l'eccesso si definisce **iperglicemia** e, se è persistente, caratterizza una malattia molto diffusa detta **diabete mellito**. Il calo della glicemia, l'**ipoglicemia**, può verificarsi sia in certe fasi della malattia diabetica sia in altre condizioni, come nel digiuno prolungato o in disturbi patologici dell'alimentazione. L'ipoglicemia si manifesta con stordimento, debolezza, sudorazione in presenza di cute fredda: è importante riconoscerla, per poter rimediare rapidamente assumendo zucchero o bevande zuccherate. Il glicogeno, in quanto riserva di zucchero, è dunque la scorta ideale di energia poiché è rapidamente utilizzabile per ricostituire l'ATP. Ha però il difetto di richiedere notevoli quantità d'acqua per poter essere conservato nelle cellule: i depositi di glicogeno sono pertanto "pesanti" e quindi non possono essere molto abbondanti.
I **lipidi** o grassi, di cui esistono diverse famiglie di molecole, possono essere immagazzinati in gran quantità sotto forma di **trigliceridi**, risparmiando molto peso rispetto al glicogeno a parità di energia racchiusa. L'organismo deposita sotto forma di grassi l'energia in eccesso rispetto alle necessità, come se dovesse conservare scorte di grassi per eventuali periodi di "carestia". Dal punto di vista dell'esercizio fisico, queste scorte sono in grado di fornire, in una persona normale, quantità di energia virtualmente illimitate, cioè sufficienti finché la prestazione non si esaurisce per altri motivi (fatica, esaurimento fisico ecc.). Esiste naturalmente un rovescio della medaglia: per quanto meno pesanti del glicogeno, i depositi di grassi possono diventare ingombranti e gravosi quando

eccedono un certo limite, quello del **sovrappeso** e, nei casi più gravi, dell'**obesità**. Alcuni tipi di grassi possono inoltre depositarsi sulle pareti delle arterie, dando origine al fenomeno dell'**arteriosclerosi** che, riducendo il lume dei vasi, crea problemi alla circolazione del sangue. I livelli dei principali grassi disciolti nel sangue sono rappresentati dalla **trigliceridemia** e dalla **colesterolemia**, valori riportati nei comuni esami del sangue. L'utilizzo dell'energia racchiusa nei grassi richiede procedimenti più lunghi e lenti rispetto a quanto occorre per gli zuccheri; i grassi sono pertanto una scorta energetica che entra in funzione in un secondo tempo, soprattutto in caso di prestazioni prolungate.

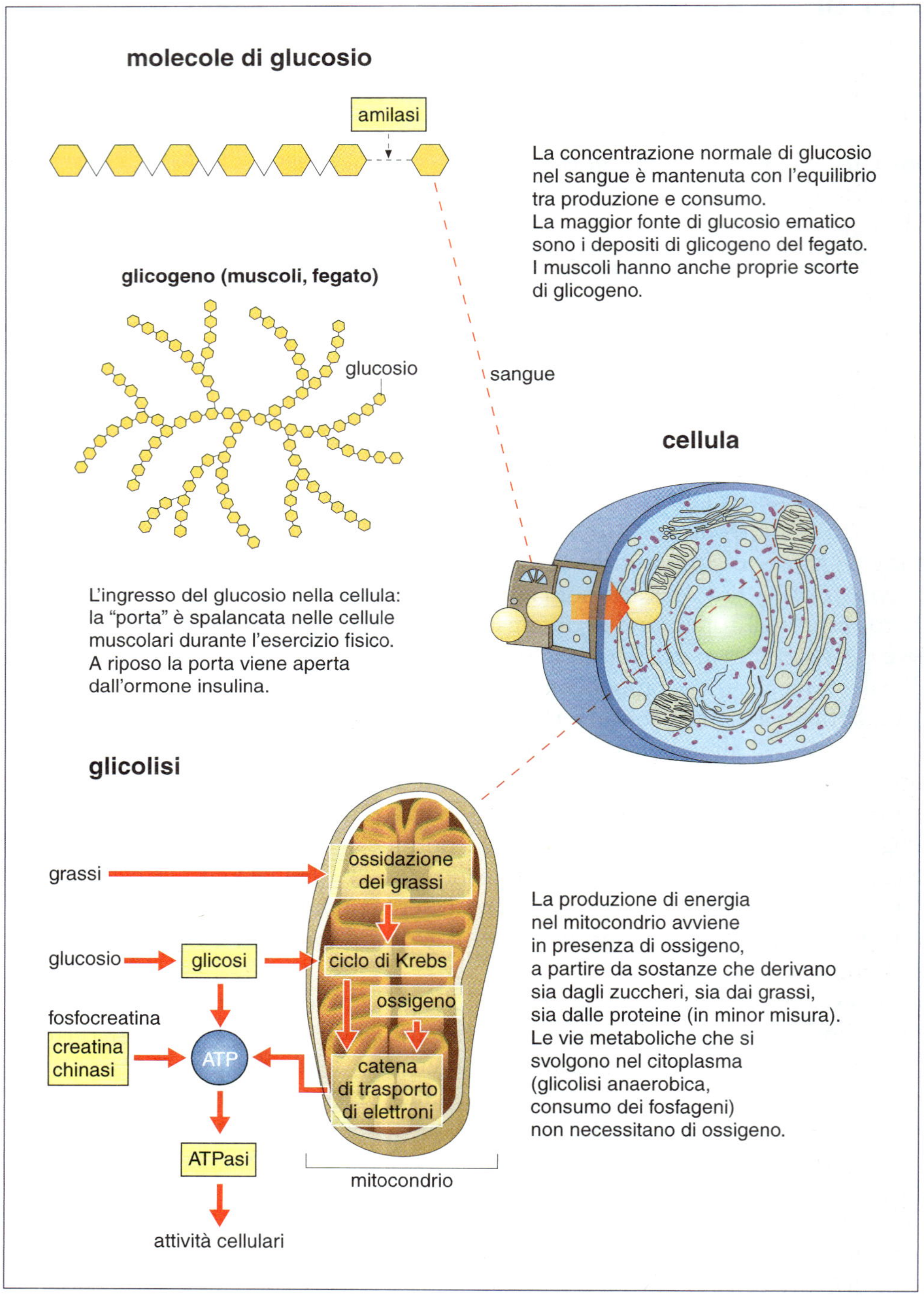

L'utilizzazione del glucosio nelle cellule avviene con reazioni chimiche citoplasmatiche e mitocondriali.

L'energia per la contrazione muscolare

A riposo, un uomo adulto consuma circa 1,2 chilocalorie (kcal) di energia al minuto; solo il 20% di questa energia serve per la contrazione di muscoli scheletrici, come quelli respiratori e posturali. Durante un esercizio fisico intenso, l'energia necessaria può aumentare da 15 a 25 volte, raggiungendo 20-30 kcal/min. La maggior parte di questo incremento serve a soddisfare le necessità dei muscoli impegnati nello sforzo. La spesa calorica giornaliera può pertanto cambiare notevolmente, in base all'attività fisica svolta.
Ci sono tre principali vie per rifornire di energia i muscoli sotto sforzo:

1. le **scorte di fosfageni**, cioè molecole di **adenosintrifosfato** (ATP) e di **fosfocreatina** (PC), composto simile all'ATP, disponibili nel muscolo per un utilizzo intenso e immediato ma rapidamente esauribili;
2. la **glicolisi anaerobica**, scomposizione di molecole di zucchero in assenza di ossigeno;
3. la **glicolisi aerobica**, demolizione degli zuccheri in presenza di ossigeno, che produce grandi quantità di energia a ritmo relativamente lento.

I fosfageni

La **scissione dell'ATP** è attuata nel muscolo dall'enzima **miosina-ATPasi**, che genera energia scomponendo l'ATP in ADP e fosfato. La quantità di ATP contenuta nel muscolo è scarsa ed è sufficiente solo per pochi secondi. La **fosfocreatina** (PC), con una reazione attivata dall'enzima creatina-chinasi che trasferisce il fosfato da questa molecola all'ADP, può ricostituire l'ATP in modo rapidissimo: in sostanza, con una sola reazione chimica.
Anche le scorte di fosfocreatina muscolare sono tuttavia limitate: in termini pratici, l'ATP e la fosfocreatina presenti nel muscolo vengono considerati come un'unica entità, in grado di sostenere lo sforzo muscolare per alcuni secondi senza necessità di ossigeno. Essendo entrambi composti dotati di molecole di fosfato con legame ricco di energia, sono anche detti *fosfageni*.

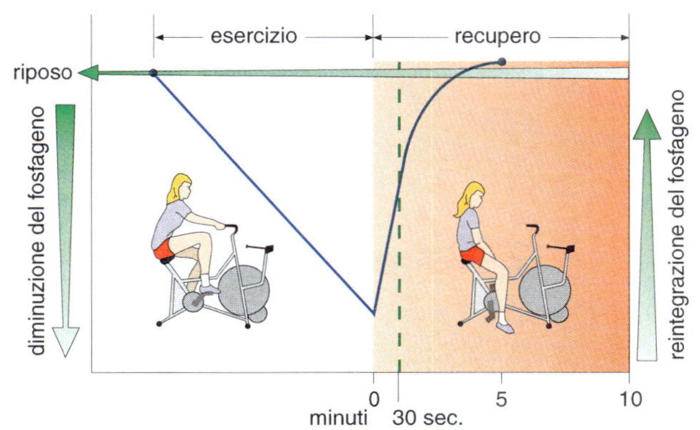

In 30 secondi di riposo, dopo uno sforzo muscolare intenso, cioè all'inizio del tempo di recupero, si reintegra circa la metà della scorta di fosfageni (ATP e PC) consumata nell'esercizio.

La via glicolitica rapida

Glicolisi significa letteralmente "demolizione degli zuccheri", sostanze ricche di energia, in composti più semplici. La via metabolica più rapida per ottenere energia dal glucosio e da altri zuccheri consiste nella loro scomposizione a li-

vello del citoplasma cellulare, senza reazioni chimiche richiedenti ossigeno. Per tale motivo, questa via metabolica è detta **glicolisi anaerobica**. La produzione è di 2 molecole di ATP per ogni molecola di glucosio scomposta; il guadagno aumenta a 3 ATP se la demolizione dello zucchero inizia dal glicogeno.
Il prodotto finale della scomposizione del glucosio, il **piruvato**, può essere ulteriormente scomposto in presenza di ossigeno, ovvero essere trasformato in **acido lattico**. L'equilibrio tra piruvato e acido lattico è regolato da diversi fattori, generali e locali, ed è controllato dall'enzima *lattato deidrogenasi*. L'incremento dei livelli di acido lattico nel sangue è uno dei principali segni di elevato metabolismo anaerobico e, oltre un certo valore, è in parte responsabile del fenomeno della **fatica muscolare**.

La via glicolitica aerobica

Entrambe le vie metaboliche finora esaminate sono rapide e non necessitano di ossigeno, tuttavia sono limitate nel tempo per la carenza di scorte presenti nel muscolo, o per la produzione di composti finali che accumulandosi impediscono il protrarsi della prestazione. Le uniche strade per proseguire a lungo l'esercizio sono le vie metaboliche che scompongono zuccheri e grassi in presenza di ossigeno. Se si utilizzano zuccheri, la via metabolica è detta **glicolisi aerobica**; se la sostanza di partenza sono i grassi, si realizza l'**ossidazione dei grassi**.
La prima parte delle reazioni chimiche glicolitiche, che avvengono nel citoplasma, è la stessa esaminata in precedenza. Il **piruvato** passa poi all'interno dei mitocondri, dove reazioni chimiche ossidative (*ciclo di Krebs*, *catena di trasporto degli elettroni*) lo scompongono formando molecole di acqua e ben 36 molecole di ATP (38 se si parte dal glicogeno). Queste stesse reazioni possono usare anche substrati che provengono dalla demolizione di grassi e proteine. I substrati grassi derivano dai trigliceridi, che possono essere scomposti in glicerolo e 3 molecole di **acidi grassi**, tutti composti che vengono trasportati disciolti nel sangue. Esistono molti tipi di acidi grassi, distinti soprattutto per il numero di atomi di carbonio; una molecola di acido grasso a 16 atomi di carbonio, demolita per via ossidativa, può generare ben 129 molecole di ATP.

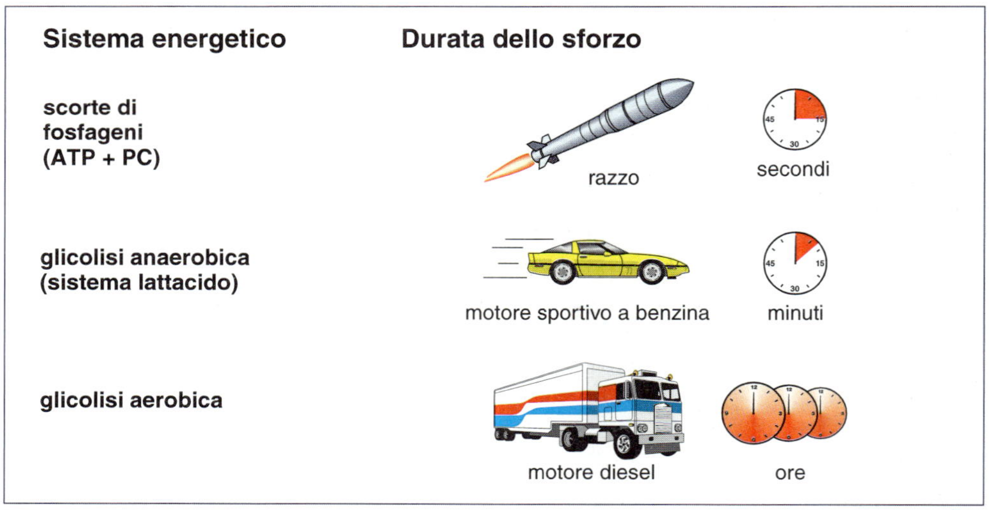

Se paragoniamo i muscoli a un motore, possiamo immaginare che essi funzionino sfruttando tre tipi di propulsione:
- *come un razzo, propulsore potentissimo, ma molto dispendioso, che può funzionare per un tempo molto breve;*
- *come un turbo, motore potenziato a scapito di un maggior consumo di combustibile;*
- *come un diesel, motore meno potente dei precedenti, ma con bassi consumi e adatto per attività molto prolungate*

L'integrazione delle vie metaboliche energetiche

Nella realtà, le sorgenti energetiche per la contrazione muscolare non funzionano a compartimenti stagni, ma si succedono nel tempo e si combinano tra loro in base al tipo di sforzo muscolare. Possiamo immaginare i muscoli come un motore in grado di utilizzare diversi combustibili. All'inizio dello sforzo entra subito in funzione il sistema anaerobico, che non richiede una preliminare preparazione e parte subito dopo l'accensione; dopo alcune decine di secondi si sovrappone il sistema aerobico, più lento a entrare in azione ma capace di durare molto di più. Se c'è l'esigenza di una massima accelerazione, si attiva il "turbo": esso nel corpo umano è dato dal sistema dei fosfageni, per sforzi brevissimi, e di nuovo dal sistema anaerobico al massimo del suo potenziale, dopo l'esaurimento delle scorte di ATP e PC.
Naturalmente l'uso del "turbo" si paga con elevatissimi consumi di energia: dopo breve tempo occorre ridurre l'intensità dello sforzo per utilizzare il sistema dal miglior rendimento, cioè quello aerobico, oppure interrompere lo sforzo. All'interruzione di questo, l'attività del sistema aerobico si mantiene ancora elevata per un certo tempo in modo da reintegrare le scorte di energia consumate durante l'esercizio: è il cosiddetto **debito di ossigeno**, cioè il surplus di ossigeno di cui l'organismo ha bisogno al termine dello sforzo per completare il recupero.

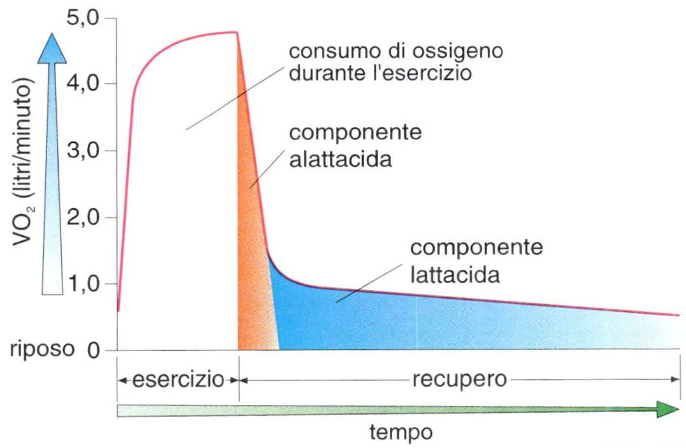

Se uno sforzo di notevole intensità si protrae a lungo, l'organismo brucia più energia di quanta ne possa produrre con il solo sistema aerobico.
Il debito di ossigeno così contratto deve essere recuperato subito dopo la fine dello sforzo muscolare, proseguendo l'iperventilazione fino al ripristino delle scorte energetiche iniziali e all'eliminazione dell'eccesso di sostanze di scarto accumulate. Il recupero, rapido all'inizio, richiede tuttavia un tempo considerevole per essere completato.

La composizione degli alimenti

I materiali necessari alla crescita, al rinnovamento e al funzionamento dell'organismo, compresa l'attività fisica, sono forniti dagli alimenti assunti, digeriti e assimilati tramite l'apparato digerente. La necessità di cibo è diversa da persona a persona e dipende da vari fattori: età, sesso, ambiente, attività fisica e condizioni di salute. Il fabbisogno alimentare di un addetto a lavori manuali pesanti o di un atleta è maggiore di quello di una persona che svolge lavori sedentari o di un bambino. La stessa persona, d'altronde, può avere fabbisogni differenti in certi periodi rispetto ad altri: ad esempio nei giorni di riposo rispetto a quelli di attività più intensa.

La chimica del corpo umano

Il corpo umano è costituito per circa il 97% da quattro soli elementi chimici: il *carbonio*, l'*idrogeno*, l'*ossigeno* e l'*azoto*. Composizioni simili si trovano anche negli altri esseri viventi, animali e vegetali, alla base della nostra alimentazione. L'associazione di questi quattro elementi in forme e proporzioni tra loro diverse dà origine a quattro classi di composti, che costituiscono le **sostanze nutrienti** fondamentali:

1. le **proteine**, in cui sono presenti tutti e quattro questi elementi;
2. i **lipidi**, in cui sono presenti il carbonio, l'ossigeno e l'idrogeno;
3. i **glucidi**, formati da carbonio, ossigeno e idrogeno combinati tra loro in modo diverso dai lipidi;
4. l'**acqua**, composta di ossigeno e idrogeno, che da sola costituisce il 60-70% del peso corporeo.

Un quinto gruppo di sostanze, che rappresenta il rimanente 3% del corpo umano, è formato dalle **vitamine** e da altri **elementi minerali**: sono sostanze presenti in piccole quantità, tuttavia indispensabili per la loro funzione regolatrice. I primi tre gruppi costituiscono le **sostanze organiche**, mentre l'acqua e gli altri elementi minerali sono definiti **sostanze inorganiche**.
Le sostanze organiche vengono demolite dalla loro struttura originaria fino a composti non più suddivisibili; questo processo di demolizione, il **catabolismo**, libera energia, che è raccolta e utilizzata dall'organismo per svolgere altre funzioni. Solo dalle sostanze organiche si può dunque ricavare energia che il corpo umano consuma continuamente, anche quando è a riposo, poiché le funzioni vitali non si arrestano mai (respirazione, circolazione sanguigna, attività di fegato, reni e di alcuni muscoli ecc.).

Il fabbisogno energetico

Il nostro corpo è come un motore che rimane sempre acceso, girando al minimo nei momenti di pausa e pronto ad aumentare l'attività quando occorre. La quantità di energia necessaria per sostenere questa minima attività vitale è definita **metabolismo basale** o **fabbisogno energetico di base**: corrisponde alle necessità energetiche delle cellule attive anche in condizioni di riposo fisico, digestivo ed emozionale, ed è proporzionale alla massa corporea magra. Vari elementi come l'età, il ses-

Equilibrio alimentare

L'Energia Totale Giornaliera (ETG) proviene esclusivamente da zuccheri (55%), grassi (30%) e proteine (15%). Acqua, sali minerali e vitamine non forniscono energia. Più della metà dell'ETG in una dieta equilibrata è bene provenga dagli zuccheri. Negli sport di resistenza si può arrivare anche al 65%, negli sport di scatti, salti o di forza basta il 55%. I 4/5 dell'energia proveniente dagli zuccheri è bene provenga da quelli complessi presenti nei cereali e nei legumi; solo 1/5 dagli zuccheri semplici come lo zucchero da tavola, il miele e la frutta.
Nell'adulto l'apporto proteico può scendere anche al 10% ma durante la crescita è bene mantenere questa percentuale. Non ci si deve limitare a proteine di origine animale, ma conviene assumere anche quelle di origine vegetale.

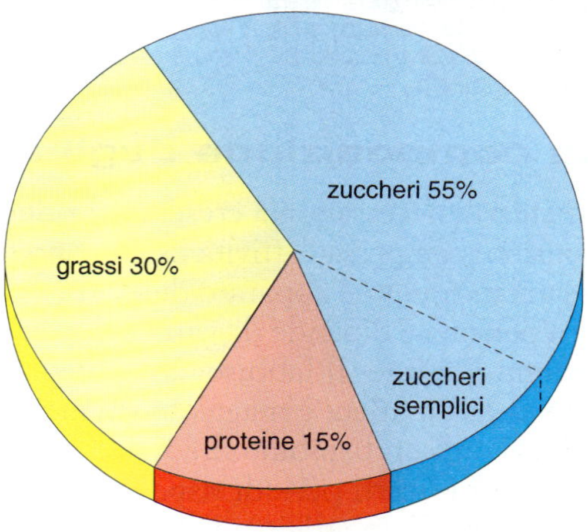

so, la razza, il clima e le condizioni stesse dell'organismo possono modificare questo fabbisogno energetico e differenziarlo da persona a persona. Al fabbisogno basale vanno aggiunte le quantità di energia necessarie per specifiche funzioni: ingestione e digestione dei cibi, attività nervosa e muscolare, secrezione ghiandolare, accrescimento, mantenimento della temperatura corporea. L'energia totale giornaliera necessaria al nostro corpo deve provenire in modo equilibrato dai tre gruppi di sostanze organiche, come mostrato nel grafico a pag. 68. È importante calcolare la quantità di energia contenuta in ogni tipo di alimento, cioè il suo **valore calorico**. In Fisica l'unità di misura dell'energia è il **joule (J)**, ma nel campo della nutrizione è più comune l'uso della **caloria (cal)**. La caloria è la quantità di calore necessaria per innalzare la temperatura di 1 g di acqua da 14,5 a 15,5 °C; la **kilocaloria (kcal)**, equivalente a 1000 calorie, viene usata sia per indicare il valore calorico degli alimenti, sia per calcolare la spesa energetica in varie attività.
Dalla combustione di 1 grammo delle sostanze nutritive fondamentali si ottengono le seguenti quantità di calorie:

- da 1 g di proteine 4,1 kcal
- da 1 g di zuccheri 4,1 kcal
- da 1 g di grassi 9 kcal

A queste sostanze si può aggiungere l'alcol, bevanda altamente energetica:

- da 1 g di alcol 7 kcal

Come si può calcolare in pratica il fabbisogno energetico? Bisogna sommare al **metabolismo basale** (energia necessaria per le funzioni vitali), l'energia spesa per la **crescita** e quella necessaria per l'**attività fisica**.
Nell'adulto il metabolismo basale richiede in media 1700 kcal nel maschio e 1400 kcal nella femmina, pur con notevoli differenze individuali. La persona che conduce una vita sedentaria dovrà aggiungere a queste calorie quelle spese per le comuni attività quotidiane, da 600 a 800. Chi svolge lavori pesanti o pratica sport può calcolare il relativo dispendio energetico facendo riferimento a tabelle che mostrano la spesa energetica richiesta da un'ora di queste attività: il fabbisogno energetico giornaliero, in questi casi, può raggiungere valori più che doppi rispetto a quello basale.
A pagina seguente riportiamo una tabella di riferimento.
I valori sono approssimativi, perché non possono tener conto delle diversità dovute a età, sesso, allenamento, emotività, livello tecnico e agonistico dell'attività considerata.
Per le ragazze e per i ragazzi meno sviluppati, bisogna poi ridurre i valori indicati, proporzionalmente alla minore massa corporea.
La distribuzione ottimale dell'alimentazione nel corso della giornata prevede cinque momenti. I **pasti principali** sono: la prima colazione, il pranzo e la cena, intervallati, possibilmente, da due **spuntini** o merende più leggeri. Fare una buona *prima colazione* è importantissimo, perché al risveglio si è a digiuno da molte ore: la colazione dovrebbe apportare circa il 20% del fabbisogno calorico quotidiano. Il *pranzo* e la *cena* devono fornire la parte preponderante delle calorie necessarie, osservando il principio della complementarietà: se il pranzo è stato ricco di glicidi, la cena dovrà apportare più proteine e viceversa. I due spuntini servono a spezzare il digiuno tra i pasti principali con alimenti rapidamente digeribili: sono particolarmente importanti per l'atleta, per compensare le eventuali variazioni degli orari di pranzo e cena dovute agli impegni sportivi.

Attività	Costo energetico approssimativo per 1 ora (kcal)
riposo a letto	60
camminare a 3 km/h	180
camminare a 6 km/h	300
camminare in salita (10% pend.) a 2,5 km/h	360
escursionismo in montagna	650
corsa campestre	600
correre a 10 km/h	670
correre a 15 km/h	960
sciare (fondo) a 5 km/h	600
sciare (fondo) a 8 km/h	780
sciare (discesa) a scopo ricreativo	700
ciclismo a 15 km/h	360
ciclismo a 25 km/h	600
ciclismo a 35 km/h	960
nuotare (ricreativo) a rana	450
nuotare (ricreativo) a dorso	450
nuotare a stile libero veloce	800
calcio	850
pallacanestro	780
pallavolo	500
football americano	450
tennis singolo	600
tennis doppio	450
scherma	650
ginnastica	350
canoa (ricreativo)	480
canottaggio	600
judo	800
hockey su ghiaccio	850
squash	900
pallamano	900
pattinaggio (veloce)	700
equitazione	400
tiro con l'arco	300
canza	400

PORZIONI STANDARD NELLA ALIMENTAZIONE ITALIANA			
Gruppo di alimenti	**Alimenti**	**Porzioni**	**Peso (g)**
cereali e tuberi	pane	1 rosetta piccola/1 fetta media	50
	prodotti da forno	2-4 biscotti/2,5 fette biscottate	20
	pasta o riso (*)	1 porzione media	80
	pasta fresca all'uovo (*)	1 porzione piccola	120
	patate	2 patate piccole	200
ortaggi e frutta	insalate	1 porzione media	50
	ortaggi	1 finocchio/2 carciofi	250
	frutta o succo	1 frutto medio (arance, mele)	150
		2 frutti piccoli (albicocche, mandarini)	150
carne, pesce, uova, legumi	carne fresca	1 fettina piccola	70
	carne stagionata (salumi)	3-4 fette medie di prosciutto	50
	pesce	1 porzione piccola	100
	uova	1 uovo	60
	legumi secchi	1 porzione media	30
	legumi freschi	1 porzione media	80-120
latte e derivati	latte	1 bicchiere	125 (un bicchiere)
	yogurt	1 confezione piccola	125 (un vasetto)
	formaggio fresco	1 porzione media	100
	formaggio stagionato	1 porzione media	50
grassi da condimento	olio	1 cucchiaio	10
	burro	1 porzione	10
	margarina	1 porzione	10

(*) in minestra metà porzione

Le porzioni sono le dosi, cioè la quantità di un tipo di alimento che mediamente è consigliabile mangiare in un pasto o in uno spuntino. L'uso della porzione è più comodo e immediato nella pratica alimentare rispetto alla pesatura, anche se un po' meno preciso.
(Fonte: Istituto Nazionale di Ricerca per gli Alimenti e la Nutrizione, 2003)

NUMERO DI PORZIONI CONSIGLIATE			
Alimento/gruppi alimenti		**2100 kcal**	**2600 kcal**
		Porzioni giornaliere	
cereali e tuberi			
	pane	5	6
	prodotti da forno	1	2
	pasta/riso/pasta all'uovo fresca	1	1-2
	patate	2 (a settimana)	2 (a settimana)
ortaggi e frutta			
	ortaggi/insalata	2	2
	frutta/succo di frutta	3	4
carne, pesce, uova, legumi			
	carne fresca	2	2
latte e derivati			
	latte/yogurt	3	3
	formaggio fresco/formaggio stagionato	3 (a settimana)	3 (a settimana)
grassi da condimento			
	olio/burro/margarina	3	4

Due esempi di schemi dietetici per adolescenti femmine e maschi. Alle dosi indicate va aggiunta la quota per l'attività fisica e sportiva, per cui si può fare riferimento alla pagina 70.
(Fonte: Istituto Nazionale di Ricerca per gli Alimenti e la Nutrizione, 2003)

I gruppi di sostanze alimentari

Le sostanze nutrienti, in genere, non si trovano come tali, ma sono mescolate tra loro negli alimenti. In base alla percentuale di sostanze nutrienti che contengono, gli alimenti possono essere suddivisi in **7 gruppi** principali. Per completare le nostre necessità nutrizionali vitali, a questi gruppi di alimenti vanno aggiunte le **bevande**: si intendono con questa definizione i liquidi che apportano essenzialmente acqua con una certa quantità di sali disciolti, la cui principale caratteristica è proprio l'apporto idrosalino. Altre sostanze liquide hanno anche funzione energetica o plastica (per esempio il latte) o producono particolari effetti sul metabolismo (alcolici, caffè, tè), per cui vanno collocate nei gruppi di alimenti o considerate a parte.

	I 7 gruppi degli alimenti	
	Gruppo	**Alimenti**
Alimenti plastici	1° GRUPPO 	*Latte e derivati*: forniscono proteine di alto valore nutritivo, notevoli quantità di grassi e sono fonte di calcio.
	2° GRUPPO 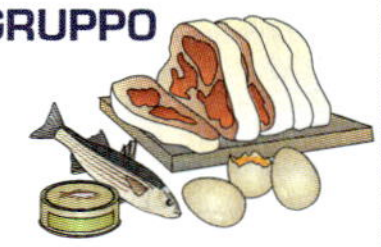	*Carne, pesce, uova*: forniscono la maggior quota di proteine di alto valore nutritivo perché complete di tutti gli aminoacidi essenziali; indispensabili alla costruzione e allo sviluppo dei tessuti.
	3° GRUPPO 	*Legumi secchi*: forniscono una certa quota di proteine di buona qualità; consumati con alimenti del 4° gruppo assumono maggior valore nutritivo e possono compensare uno scarso apporto di alimenti del 2° gruppo.
Alimenti energetici	4° GRUPPO 	*Cereali e derivati*: forniscono un elevato numero di calorie, proteine di buona qualità e alcune vitamine del gruppo B; si comprende in questo gruppo lo *zucchero*, che fornisce esclusivamente calorie.
	5° GRUPPO 	*Grassi animali e oli vegetali*: forniscono molte calorie e consentono l'assorbimento delle vitamine liposolubili.
Alimenti protettivi	6° GRUPPO 	*Ortaggi verdi e gialli, frutta varia*: forniscono molte vitamine (A, B_1, B_2, C, PP) e molti sali minerali, tra cui fosforo, ferro, magnesio; forniscono quantità apprezzabili anche di glucidi e di cellulosa, che aiuta i movimenti peristaltici dell'intestino.
	7° GRUPPO 	*Agrumi, pomodori, fragole, kiwi*: forniscono soprattutto vitamina C, più molti dei princìpi contenuti negli alimenti del 6° gruppo.
Acqua		L'acqua è un elemento essenziale per ogni cellula dell'organismo. Aiuta la digestione dei cibi, a trasportare le sostanze nutritive e a eliminare le scorie.

La piramide alimentare

La giusta combinazione degli alimenti che si dovrebbero assumere nel corso di una settimana si può illustrare con la “piramide alimentare”. Alla base della piramide si trovano i cibi da consumare tutti i giorni (cereali, frutta e verdura), nella zona intermedia quelli da mangiare 2-3 volte alla settimana (carne, pesce, uova, latticini) e al vertice gli alimenti da assumere solo una volta alla settimana o comunque saltuariamente (burro, panna e dolci in genere). Le 6 sezioni che compongono le fasce della piramide corrispondono ai gruppi di alimenti precedentemente descritti. L’acqua non illustrata nella piramide, va assunta tutti i giorni nella quantità media di 1,5-2 l.

focus

Il decalogo alimentare per lo sportivo

Come qualsiasi persona, anche chi fa sport deve osservare le norme generali per un'alimentazione equilibrata; deve però attenersi anche ad altri comportamenti, per le particolari necessità digestive e alimentari che l'attività sportiva comporta. Questi comportamenti sono riassunti dalle **7 regole generali** tratte dalle *Linee guida per una sana alimentazione italiana* (Istituto Nazionale della Nutrizione, 2003) e da **3 regole specifiche** per lo sportivo.

LE 7 REGOLE PER UNA SANA ALIMENTAZIONE

1 Controlla il peso e mantieniti attivo

- Pesarsi almeno una volta al mese controllando che il proprio peso rientri nella normalità.
- Mantenere un buon livello di attività fisica (il peso ottimale non deve essere raggiunto soltanto riducendo le porzioni dei vari cibi ma anche aumentando la "spesa" dell'attività fisica).

2 Quanti grassi, quali grassi

- Moderare tutti i condimenti di origine animale (burro, panna, ragù) e preferire, quando possibile, l'olio di oliva.
- L'olio extravergine di oliva è il miglior grasso da condimento ma va utilizzato il più possibile a crudo (le fritture "fuori casa" sono sempre da evitare perché la riutilizzazione dei grassi cotti genera derivati nocivi).
- Il grasso del pesce ha caratteristiche particolari e molto utili, per cui è bene mangiare pesce non meno di due volte la settimana.
- Se si beve molto latte, preferire quello "parzialmente scremato".
- Ricordarsi che i prodotti confezionati (in particolare i dolci) contengono molti grassi "saturi", cioè quelli più sospetti di creare danni alle arterie, indipendentemente dalle calorie, che per qualunque grasso sono sempre 9 per ogni grammo.

3 Più cereali, legumi, ortaggi e frutta

- Consumare regolarmente pane, pasta, riso e altri cereali (anche integrali).
- Consumare ogni giorno più porzioni di ortaggi e frutta fresca. Aumentare anche il consumo di legumi (sia freschi che secchi), facendo attenzione a non esagerare con i condimenti grassi.

4 Zuccheri e dolci: come e quanti

- Tener conto della quantità e della frequenza di consumo di alimenti e di bevande dolci per non superare la quota di zuccheri consentita (al massimo il 10% del totale delle calorie utilizzate nella giornata).
- Preferire i dolci da forno (biscotti, torte, ciambellone) perché sono più ricchi di carboidrati complessi e contengono meno grassi.
- Utilizzare solo a colazione o a merenda i prodotti dolci da spalmare sul pane o sui biscotti (marmellate, miele, creme varie).
- Limitare il più possibile caramelle e dolciumi (oltretutto favoriscono la carie dentaria).

5 Il sale: meglio non eccedere

- Non aggiungere sale alle pietanze senza averle prima assaggiate.
- Erbe e spezie aromatiche possono servire a ridurre l'uso del sale o di salse troppo ricche di sale.
- Non usare abitualmente prodotti molto salati (cibi in salamoia, insaccati, snack salati e patatine fritte).

6 Bevande alcoliche: se sì, con moderazione

L'alcol è un veleno delle cellule e crea al fegato problemi di smaltimento che lo distolgono dai suoi vitali compiti. Soltanto a sviluppo ultimato si potrà bere un bicchiere di birra o di vino durante il pasto (dopo aver sudato o a digiuno l'assorbimento sarebbe rapidissimo e i danni maggiori). Non bisogna assumere alcolici prima di guidare autoveicoli o motoveicoli o se si devono svolgere attività che richiedono attenzione e concentrazione.

7 Come e perché variare

Nessun alimento contiene contemporaneamente tutto ciò che occorre a un ragazzo per l'accrescimento, per le sue spese energetiche e per il continuo lavoro cellulare di "manutenzione". Neppure il latte, che pure è l'alimento più vicino alla completezza! Quindi è indispensabile variare per ricavare tutti i tasselli di cui è fatto il mosaico delle necessità alimentari.

LE 3 REGOLE PER LO SPORTIVO

1 Prima della gara

Durante la digestione, una notevole quantità di sangue affluisce all'intestino per assorbire ciò che si è mangiato. Questa funzione è in competizione con le esigenze del cuore e dei muscoli impegnati in uno sforzo. Bisogna perciò evitare di fare qualunque sport o attività fisicamente impegnativa nelle **tre ore** successive a **un pasto completo**. Dopo un semplice spuntino, povero di grassi e facilmente digeribile, l'intervallo potrà essere ridotto alla metà; come spuntino potrebbero per esempio andar bene: una banana e uno yogurt alla frutta, due fettine di pane con prosciutto magro e poi un gelato di frutta o una spremuta.

2 Prima e dopo l'allenamento

Se è previsto un allenamento nel primo pomeriggio, bisogna rinforzare lo spuntino di mezza mattina a spese del pranzo, che dovrà essere ridotto e basato essenzialmente su carboidrati. In pratica si farà un **piccolo pasto** almeno **un'ora e mezzo** prima dell'attività. A merenda e a cena si potrà recuperare con porzioni un po' più abbondanti del solito, dando la precedenza all'acqua e ai carboidrati. Per il reintegro di **acqua**, **sali minerali** e sostanze energetiche a rapido assorbimento si possono eventualmente utilizzare appositi prodotti, detti per l'appunto **integratori**, preparati allo scopo di fornire le sostanze necessarie con il minimo possibile di peso, volume e impegno digestivo.

3 Acqua, acqua, acqua!

Durante l'attività sportiva, specialmente se intensa, prolungata e svolta in clima caldo-umido si perdono molti **liquidi e sali minerali**. È fondamentale sia per la prestazione sportiva, sia per la salute, reintegrare al più presto le scorte idriche e saline. Anzitutto è consigliabile iniziare con una buona situazione di partenza: fino a un'ora prima dello sforzo si può bere, anzi è consigliabile farlo anche senza avere sete. Se il tipo di sport lo consente, è utile assumere piccole quantità di bevande anche durante lo sforzo stesso. Al termine dell'attività si dovrà poi completare il recupero di acqua e sali. Che cosa si deve bere? Acqua o bevande isotoniche (con la giusta quantità di sali disciolti) fresche o a temperatura ambiente. Vanno evitate le bevande gelate, gassate o molto zuccherate, perché possono creare problemi digestivi.

inserto salute

In regola con il peso

Mantenere il peso nella norma richiede uno stile di vita fisicamente attivo e il rispetto di alcune semplici regole di comportamento alimentare. È importante privilegiare alimenti poveri di grassi e a bassa densità energetica (limitato apporto calorico in rapporto al volume), come ortaggi e frutta freschi. Un uso abbondante di questi prodotti vegetali nell'alimentazione non solo facilita l'equilibrio energetico, ma apporta anche vitamine, minerali, fibra e altri composti utili a prevenire i tumori e le malattie cardiovascolari, oltre che a migliorare la funzionalità dell'apparato digerente.
Il peso del corpo umano risulta dalla somma di due parti: la **massa grassa**, data dal tessuto adiposo in tutte le sue localizzazioni, e la **massa magra**, che rappresenta la parte restante, cioè tutti gli altri tessuti (come le ossa e i muscoli). Per godere di buona salute, così come per avere le migliori prestazioni in attività motorie e sportive, sia il valore assoluto del peso corporeo sia la proporzione tra massa grassa e magra sono estremamente importanti. L'alimentazione e l'attività fisica sono in grado di modificare la composizione corporea, che si valuta tramite *peso*, *statura* e altri indici.

Il controllo della normalità del peso

Durante l'accrescimento si usa **l'indice peso per statura**, che si valuta con schemi distinti per maschi e femmine, come mostrato nei grafici seguenti, o il **metodo delle curve di accrescimento** (▶ pag. 108).

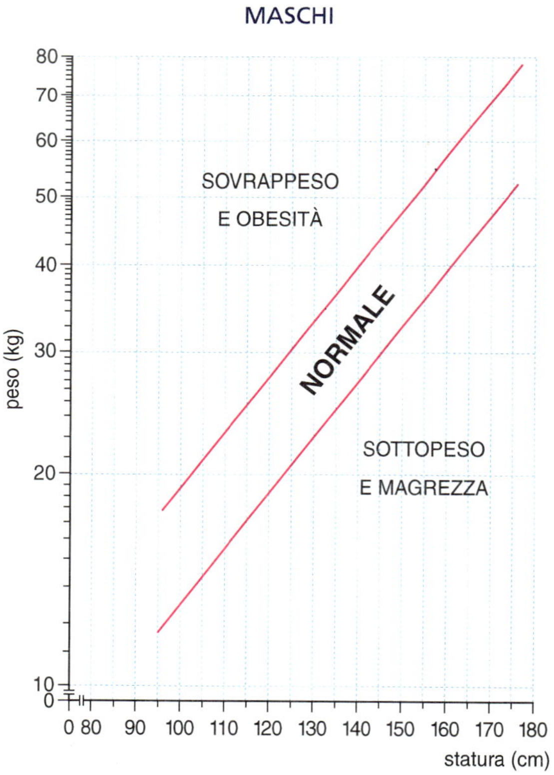

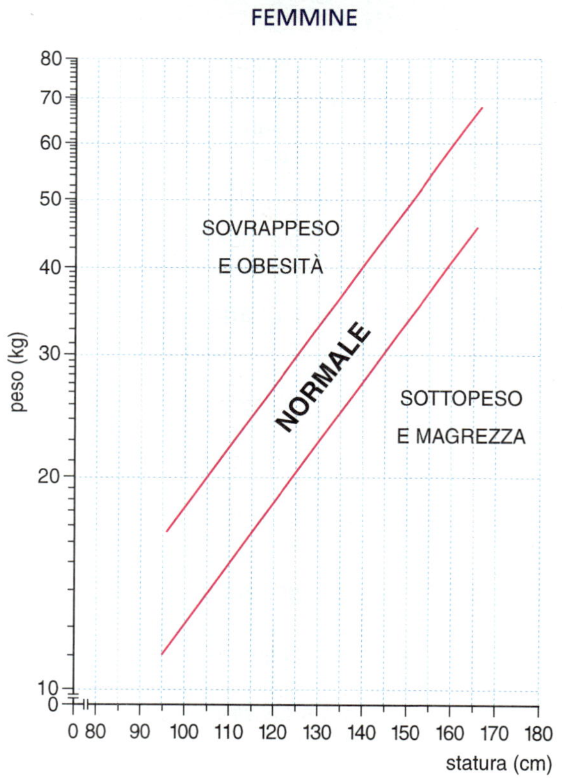

Come si usa Tracciare nel punto corrispondente alla statura del soggetto una linea diretta verso l'alto perpendicolare all'asse della statura e, nel punto corrispondente al peso del soggetto, una linea diretta verso destra perpendicolare all'asse del peso. Se il punto di incontro delle due linee da voi disegnate si trova nell'area compresa fra le due linee oblique del grafico, il peso sarà normale; se si trova nella regione superiore, il peso sarà in eccesso, tanto più quanto è distante dalle linee oblique; se infine il punto di incontro si trova nella regione inferiore, il peso sarà insufficiente.

Grafici per la valutazione del peso per la popolazione da 0 a 18 anni

Nell'adulto si usa **l'indice di massa corporea** (IMC, o BMI secondo la terminologia anglosassone), che pone in relazione peso e statura del corpo secondo la seguente formula:

IMC = peso in kg/(statura in m)^2

Per avere dei riferimenti, il valore numerico così ottenuto può essere confrontato con la tabella di valutazione dell'IMC per persone con più di 18 anni (non valida per le donne in gravidanza). Un altro metodo di stima dell'IMC è quello di incrociare i propri valori di peso e statura appoggiando un righello direttamente sul grafico, che riporta le *zone di sottopeso*, *peso normale* e *sovrappeso* rispettivamente per maschi e femmine.

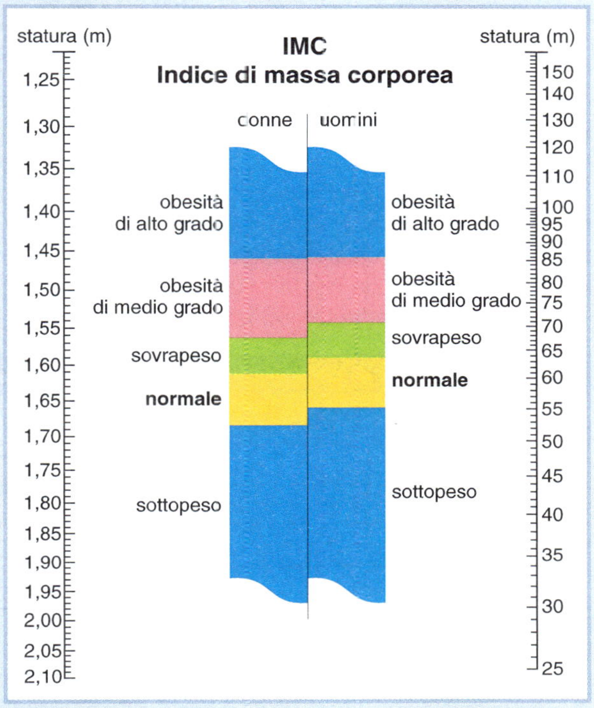

L'indice di massa corporea permette una stima sommaria dell'adeguatezza del proprio peso correlandolo alla statura, ma non consente di differenziare le componenti che contribuiscono al peso totale del corpo: scheletro, muscoli, visceri, tessuto adiposo. Nell'adulto la **muscolatura** rappresenta circa il 40% del peso corporeo e lo **scheletro osseo** ne costituisce circa il 16-18 %: ciò significa, in un uomo del peso di 70 kg, che circa 27-28 kg sono costituiti da muscoli e 12 da ossa. In uno sportivo assiduo, l'aumento della massa muscolare può far aumentare l'imc e far erroneamente ritenere che si tratti di persona in sovrappeso.
L'IMC si può applicare anche prima dei 18 anni, ma in questo caso i valori limite della tabella cambiano perché si introduce un fattore di correzione legato all'età.

Maschi e femmine	IMC M e F
obesità	più di 30
sovrappeso	25-30
nella norma	18,5-25
sottopeso	17,0-18,5
magrezza	meno di 17

Per approfondire la valutazione

Un altro calcolo che si può fare in un laboratorio attrezzato è quello della **densità corporea**. Come insegna la fisica, la densità di un solido è data dalla sua massa diviso il suo volume:

$$D = M / V$$

D = densità media del corpo umano
M = massa del corpo umano
V = volume del corpo umano

Per ricavare la densità corporea si fa immergere completamente la persona in una vasca contenente un noto volume d'acqua, facendole espellere tutta l'aria dai polmoni. La variazione del volume d'acqua corrisponde al volume della persona, il cui peso misurabile su una normale bilancia ci fornisce la massa. Dato che il tessuto adiposo ha una

densità costantemente inferiore a quella di tutti gli altri tessuti, pari a circa 0,89 kg/dm^3, mentre la parte restante del corpo ha una densità media di circa 1,10 kg/dm^3, dal valore della densità totale del corpo si può calcolare in che percentuale siano presenti la parte grassa (**massa grassa**) e magra (**massa magra**).
Metodi indiretti per stimare la massa grassa sono la **plicometria**, che si basa sulla misurazione con appositi calibri dello spessore dello strato cutaneo e sottocutaneo in punti prestabiliti del corpo, e l'**impedenziometria**, che usa invece strumenti che calcolano lo spessore del grasso sottocutaneo in base all'impedenza elettrica della parte anatomica esaminata. La massa grassa e quella magra si modificano in funzione dell'età, del sesso, della costituzione e dell'attività fisica svolta. Nella tabella sono mostrati i valori medi della densità corporea in soggetti sedentari di diversa età; gli sportivi assidui hanno generalmente valori inferiori (12-15% i maschi e 16-25% le femmine). Il riposo prolungato e l'eccesso di alimentazione tendono ad accrescere la massa grassa, mentre l'attività fisica abituale e il digiuno la riducono. C'è anche un livello minimo di massa grassa indispensabile per la salute, al di sotto del quale non bisogna scendere: 5% per i maschi e 15% per le femmine.

Categorie di persone (età)	Percentuale media di tessuto grasso
Maschi (< 18 anni)	13%
Femmine (< 18 anni)	23%
Maschi (25)	15%
Femmine (24)	25%
Maschi (40)	18%
Femmine (40)	29%

Percentuale di grasso in maschi e femmine non sportivi.

Alcune semplici regole di comportamento alimentare

- Controllare il proprio peso almeno una volta al mese;
- svolgere regolarmente attività fisica;
- cercare di riportare gradualmente il peso nella norma, se si rilevano iniziali scostamenti;
- se si è in sovrappeso, agire sia riducendo l'apporto calorico (regolare l'alimentazione e limitare certi cibi), sia aumentando il dispendio di energia (accrescere l'attività fisica);
- evitare le diete "fai da te": ogni dieta va valutata da esperti e adeguata alle necessità della singola persona;
- è pericoloso per la salute sia mangiare troppo, sia troppo poco.
- per le ragazze: nell'adolescenza aumenta il fabbisogno di ferro e calcio, per cui nella dieta devono essere presenti alimenti ricchi di questi minerali (carne, pesce, latticini, ortaggi ecc.)

in breve...

- Le funzioni vitali delle cellule di tutti gli organi e apparati avvengono grazie a reazioni chimiche concatenate, che nel loro insieme costituiscono il metabolismo. Tra i principali scopi del **metabolismo** vi sono la trasformazione, la conservazione e l'utilizzazione dell'energia ricavata dagli alimenti.
- Diverse sostanze, tra cui il glucosio circolante nel sangue, il glicogeno che ne rappresenta la principale riserva e i grassi disciolti nel sangue e immagazzinati nelle cellule adipose costituiscono i serbatoi energetici del corpo umano.
- L'energia racchiusa in queste sostanze, al momento dell'utilizzo, deve essere trasferita all'adenosintrifosfato (ATP), attraverso diverse catene di reazioni chimiche, che scompongono le molecole di zuccheri, grassi e altre sostanze.
- La più rapida nell'intervenire, ma anche nell'esaurirsi, è quella dei **fosfageni**, formata dallo stesso ATP e dalla fosfocreatina. Le altre due vie si distinguono per l'utilizzo o meno dell'ossigeno, per la velocità nel formare ATP e per la durata nel tempo: si definiscono **glicolisi aerobica** e **anaerobica**, rispettivamente con e senza necessità di ossigeno.
- Zuccheri, grassi, proteine, vitamine e acqua sono i cinque gruppi di **sostanze nutritive** di cui il nostro corpo ha quotidianamente bisogno; si trovano negli **alimenti**, che in base al contenuto di tali sostanze possono a loro volta essere suddivisi in gruppi: cereali, zuccheri e dolci, latte e derivati, carni, verdure, frutta e bevande.
- L'equilibrata integrazione dei gruppi di alimenti nella dieta settimanale, esemplificata dalla **piramide alimentare**, assicura il giusto apporto di ogni sostanza. Eccessi e carenze alimentari sono nocivi per la salute: il costante controllo del proprio **peso corporeo** è un semplice sistema per cogliere i primi segnali di allarme.

...parole chiave

Metabolismo insieme di reazioni chimiche concatenate che rispondono alle esigenze vitali dell'organismo (per esempio: trasformare, conservare e utilizzare i principi nutritivi degli alimenti).

Glucosio una delle molecole più semplici appartenente alla famiglia degli zuccheri (o glicidi).

Glicogeno grossa molecola formata da lunghe catene di glucosio, di cui costituisce la forma di deposito negli organi (fegato, muscoli).

ATP adenosintrifosfato, molecola altamente energetica e di immediata disponibilità che fornisce direttamente l'energia necessaria per le attività cellulari.

Fosfageni l'insieme delle scorte di ATP e di fosfocreatina, che costituisce il serbatoio di energia di più veloce utilizzo.

Glicolisi via metabolica di scomposizione degli zuccheri con ricavo di energia.

Aerobico che avviene in presenza di ossigeno.

Anaerobico che non richiede la disponibilità di ossigeno.

Alimenti insieme di sostanze che vengono introdotte nell'organismo attraverso l'apparato digerente e assimilate per esigenze energetiche, plastiche e protettive.

Principi nutritivi gruppi omogenei di sostanze che, mescolate tra loro in varia proporzione, costituiscono gli alimenti (zuccheri, grassi, proteine, vitamine e acqua).

Piramide alimentare rappresentazione grafica dell'equilibrata distribuzione dei gruppi di alimenti nella dieta settimanale.

Peso corporeo il peso del corpo espresso in kg è un indicatore facilmente misurabile dell'equilibrio tra calorie introdotte con l'alimentazione e calorie spese.

verifiche

Scegli la risposta corretta.

1. Quali sono le riserve più abbondanti di energia nel corpo umano?

A il glicogeno
B i lipidi
C le proteine
D il glucosio

2. Qual è lo zucchero più usato dalle cellule come fonte di energia?

A il glucosio
B l'atp
C il colesterolo
D i trigliceridi

3. Quale di questi non è un sistema di rifornimento energetico dei muscoli?

A la glicemia
B i fosfageni
C la glicolisi rapida
D la glicolisi anaerobica

4. Qual è un prodotto di scarto del metabolismo muscolare?

A il glucosio
B la fosfocreatina
C l'adp
D l'acido lattico

5. Quali delle seguenti non sono sostanze nutrienti utilizzabili a scopo energetico:

A le proteine
B i lipidi
C le vitamine
D gli zuccheri

6. Quante sono circa le calorie (kcal) fornite da 1 grammo di grassi?

A 4
B 7
C 9
D 11

7. Nell'alimentazione quotidiana quante dovrebbero essere, all'incirca, le calorie fornite dai glicidi?

A 30%
B 50%
C 70%
D 90%

8. Che cosa indica la caloria (kcal)?

A il riscaldamento del corpo
B solo il valore calorico degli alimenti
C solo la spesa energetica
D il valore calorico degli alimenti e la spesa energetica

9. Che cosa indica il fabbisogno energetico?

A le calorie introdotte
B le calorie consumate
C le calorie necessarie
D le calorie in eccesso

10. Quale dei seguenti è un gruppo di cibi che deve essere presente nell'alimentazione quotidiana?

A cereali
B carne
C latticini
D dolci

Completa le seguenti frasi scegliendo il termine corretto tra quelli proposti fra parentesi.

1. Il sistema dei fosfageni di solito interviene (*all'inizio/alla fine*) di uno sforzo fisico intenso.

2. La percentuale di massa grassa è (*maggiore/minore*) nei maschi rispetto alle femmine.

3. L'acqua rappresenta (*più/meno*) della metà del peso del corpo.

4. Per la produzione di energia si svolgono reazioni chimiche ossidative (*all'interno/al di fuori*) dei mitocondri.

5. L'indice peso/statura è un metodo usato per valutare il peso corporeo (*nel soggetto in accrescimento/nell'adulto*).

6. Il debito di ossigeno si recupera (*durante/dopo*) lo sforzo.

7. Due ore prima di un'attività sportiva (*è/non è*) opportuno consumare un pasto.

8. Durante un'attività sportiva (*si può/non si può*) bere.

9. Nel corpo umano il peso dei muscoli è (*maggiore/minore*) del peso delle ossa.

10. La densità del corpo umano (*è/non è*) un indice attendibile della percentuale di massa grassa.

L'esercizio fisico

Il corpo umano è una macchina capace di funzionare a livelli minimi, come quando si è a riposo, o a vari gradi di impegno muscolare, quando si pratica un'attività. La differenza tra il consumo di energia a riposo e quello nel corso di un lavoro muscolare pesante è veramente enorme (▶pag. 65): per sostenere questi cambiamenti e assicurare al tempo stesso la miglior efficienza possibile a qualsiasi livello di attività, sono necessari adattamenti fisiologici che coinvolgono la maggior parte degli organi e degli apparati. Le modificazioni prodotte dal lavoro muscolare rappresentano un allenamento fisiologico necessario all'organismo per mantenersi in perfetta efficienza e in buona salute.

Movimento, attività motoria, esercizio fisico

obiettivo didattico

apprendere le modificazioni fisiologiche che avvengono nel corpo umano durante l'esercizio fisico

La parola **movimento** indica semplicemente lo stato di moto di un qualsiasi oggetto; riferito al corpo umano, si usa questo termine per indicare lo spostamento dell'intero corpo o di sue parti. Una serie di movimenti svolti con una precisa successione e ripetuti un certo numero di volte si possono invece definire **esercizi**. In *senso tecnico*, gli esercizi fisici sono per l'appunto specifici movimenti da riprodurre in serie, per allenare o migliorare un'abilità. Dal punto di vista *fisiologico*, si può considerare **esercizio fisico** qualsiasi attività che impegni ingenti masse muscolari e che richieda all'organismo uno sforzo generale di adattamento. Nel *senso più comune* del termine si possono definire esercizio fisico anche giochi e attività più strutturate e specifiche come camminare, correre, nuotare e pedalare (al di fuori della pratica sportiva). Con il significato più esteso della parola si possono considerare sinonimi di esercizio fisico i termini di "**attività motoria**" o "**attività fisica**".

L'attività fisica continuativa, cioè l'abitudine allo sforzo, causa adattamenti fisiologici finalizzati a migliorare la tolleranza dell'organismo al lavoro muscolare. Questi adattamenti sono sfruttati nell'**allenamento** (in inglese *training*), che è la partecipazione a esercizi fisici organizzati e continuativi allo scopo di migliorare lo stato di salute, l'efficienza fisica generale (*fitness*) o certe prestazioni atletiche. La pratica regolare di un'attività fisica migliora generalmente la forza muscolare, la flessibilità delle articolazioni, la funzionalità degli apparati cardiocircolatorio e respiratorio; per migliorare le prestazioni atletiche occorrono invece programmi specifici di esercizi.

Un mondo "seduto"

Per sottolineare la dimensione mondiale dell'attuale scarso livello di attività fisica e del correlato sovrappeso corporeo l'OMS ha coniato il termine di "**globesità**" (obesità globale), l'epidemia del III° millennio. L'interesse delle autorità sanitarie è cresciuto di pari passo con l'incremento delle evidenze scientifiche sui danni per la salute, diretti e indiretti, che scaturiscono dalla disabitudine allo sforzo fisico.

L'American Heart Association, una delle massime autorità cardiologiche mondiali, ha riconosciuto l'**inattività fisica** (da noi nota anche come *sedentarietà*) come uno dei quattro principali fattori di rischio per le arterie coronarie che possono essere modificati dalle abitudini di vita. Gli altri tre sono: il **fumo di sigaretta**, l'**ipertensione arteriosa** e l'**elevato livello di colesterolo** nel sangue. Nel college di Harvard alcune ricerche hanno rilevato tra gli ex studenti fisicamente attivi, cioè impegnati in occupazioni ricreative o sportive con un dispendio energetico di almeno 2000 kcal/settimana, il 36% in meno di decessi per *coronaropatia* e il 25% in meno di rischio di morte per qualsiasi causa. È stato inoltre rilevato che l'abitudine all'attività fisica durante la vita adulta, piuttosto che la pregressa pratica sportiva agonistica, è associata a un minor rischio di malattia alle coronarie. Si ritiene quindi che l'esercizio fisico aerobico abbia un effetto favorevole diretto sulla prevenzione della malattia coronarica. Secondo alcuni studi, tra chi pratica regolarmente attività sportive si trova una *più bassa percentuale di fumatori* e un minor consumo totale di sigarette. È inoltre opinione piuttosto diffusa che l'attività fisica possa favorire un atteggiamento salutistico e di maggior attenzione al proprio stile di vita, sia tra i più giovani sia tra coloro che riprendono in età adulta a praticare attività sportive precedentemente abbandonate. La pratica regolare di esercizi fisici aerobici, cioè prolungati e di intensità non troppo elevata, si è dimostrata in grado di ridurre di 5-6 mmHg i valori della pressione del sangue arterioso in persone affette da *ipertensione arteriosa* lieve e moderata. A questo scopo sono raccomandabili corsette o passeggiate veloci o altri esercizi aerobici come il nuoto protratti per non meno di 40 minuti, 3 volte alla settimana. Questi stessi esercizi svolti abitualmente per non meno di tre mesi migliorano le proporzioni dei grassi nel sangue: varie ricerche hanno infatti rilevato che l'attività aerobica può ridurre i livelli dei *trigliceridi* e del *colesterolo* totale nel sangue, incrementando la frazione del colesterolo ad alta densità (colesterolo HDL) che contrasta lo sviluppo di aterosclerosi nelle arterie. Perfino la quotidiana passeggiata delle giovani madri che spingono la carrozzina ha sui grassi del sangue effetti benefici, simili a quelli di chi percorre la stessa distanza con la stessa frequenza ma a maggior velocità.

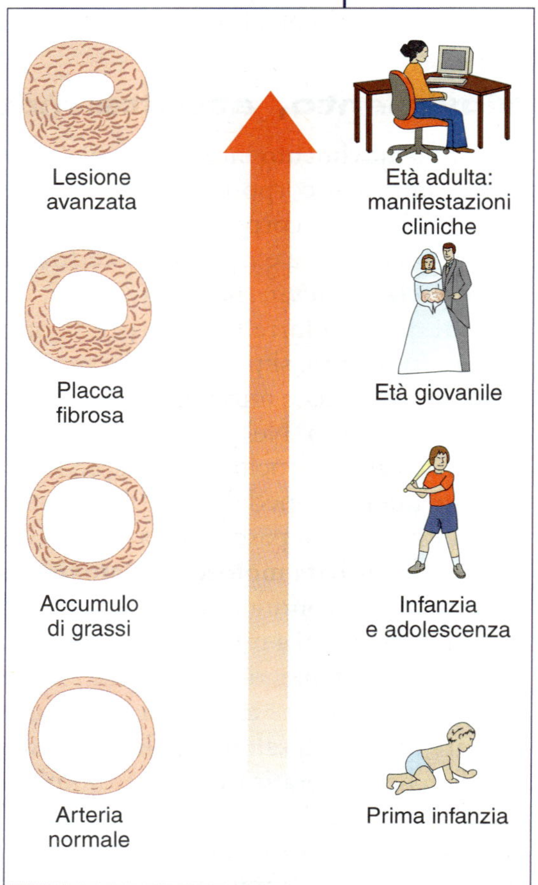

L'arteria coronaria nelle varie età dell'uomo.

inserto salute

In forma con l'attività fisica

I benefici dell'attività fisica

Secondo i più recenti orientamenti dell'Organizzazione Mondiale della Sanità (OMS), l'attività fisica dovrebbe far parte delle abitudini di vita quotidiana di tutta la popolazione, per i benefici che è in grado di portare alla salute. Il segreto per una buona salute sono «30 minuti di movimento al giorno». Da studi effettuati si è infatti notato che **30 minuti al giorno di attività fisica moderata**, fatti tutti insieme o in due riprese per almeno 5 volte alla settimana, aiutano a prevenire molte comuni malattie. Questo livello abbastanza modesto di lavoro muscolare, che corrisponde a una spesa energetica di circa **150 kcal**, si può ottenere piuttosto facilmente durante le normali attività quotidiane, cioè senza bisogno di palestre né di particolari attrezzature. Ecco alcuni semplici esempi di attività che si potrebbero inserire in una normale giornata:

1. camminare a passo svelto per 3 km (richiede circa 30');
2. andare in bicicletta per 5 km (servono circa 15');
3. salire le scale a piedi;
4. fare le pulizie di casa.

Piramide dell'attività fisica

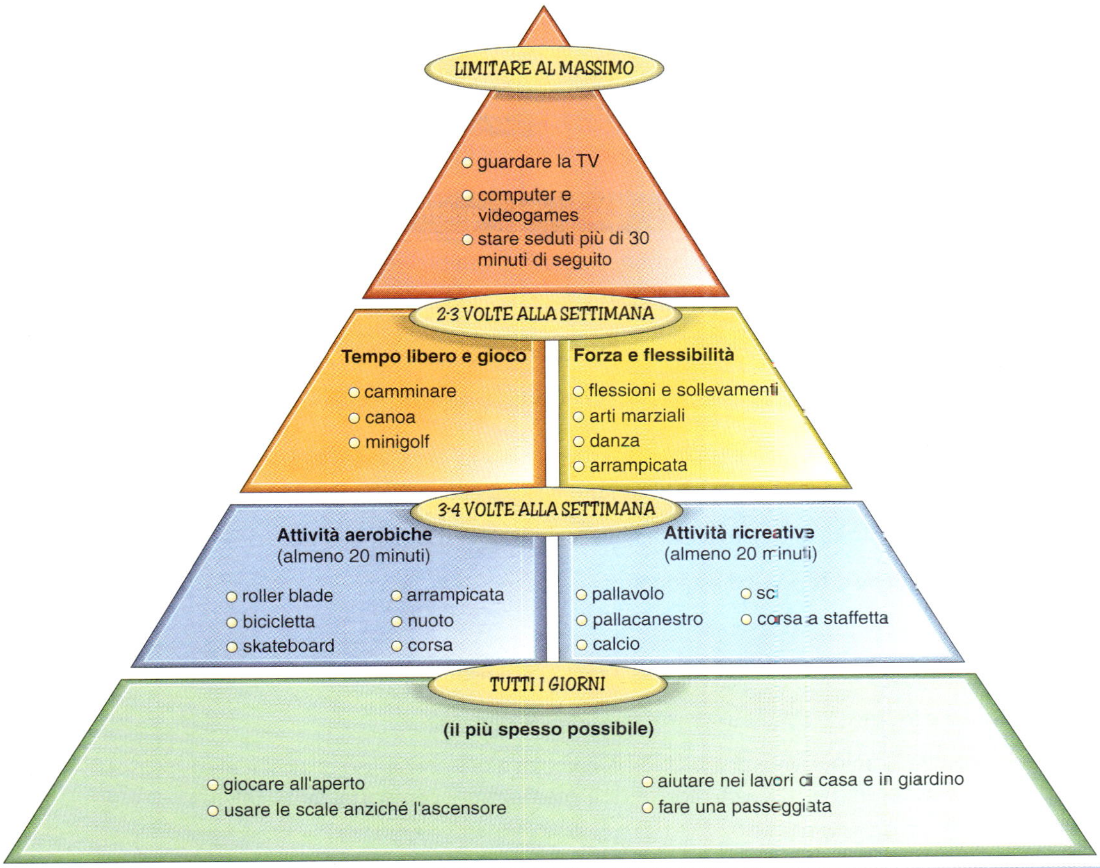

Ballare e dedicarsi al giardinaggio sono altre efficaci attività che si potrebbero praticare nei giorni festivi. In Europa il 30% dei tragitti percorsi in auto per andare a scuola o al lavoro sono compresi entro i 3 km e il 50% entro i 5 km: sarebbe pertanto sufficiente fare questi tratti a piedi anziché con mezzi a motore per raggiungere il traguardo dei 30 minuti di movimento al giorno. Oggi si stima che solo nel 5% dei casi questi tratti siano percorsi in bicicletta. L'abitudine alla pratica di attività motorie reca dei benefici anche sul piano della vita di società, in quanto favorisce gli incontri e la vita di gruppo, e su quello economico, grazie alla diminuzione delle assenze dal lavoro e dei costi sanitari e assistenziali in genere. Le raccomandazioni sulla corretta quantità di attività fisica da svolgersi settimanalmente possono essere rappresentate graficamente con una piramide, la **piramide dell'attività fisica** in modo simile a quanto fatto per l'alimentazione. Nella fascia più bassa della piramide si trovano le attività da fare quotidianamente, come quelle descritte in precedenza. Nelle zone intermedie sono presenti le attività di tipo ricreativo e sportivo, da svolgere più volte alla settimana. All'apice della piramide ci sono le attività sedentarie, a cui dedicare meno tempo.

I benefici di un'attività fisica lieve-moderata svolta regolarmente (fonte: OMS)

1. Riduce il rischio di morte per attacchi di cuore o accidenti cerebrovascolari.
2. Riduce fino al 50% il rischio di soffrire di cardiopatia.
3. Riduce fino al 50% il rischio di contrarre il cancro del colon.
4. Riduce del 50% il rischio di ammalarsi di diabete da adulti.
5. Riduce del 50% il rischio di obesità.
6. Riduce fino al 50% il rischio di frattura del femore nella donna in menopausa.
7. Riduce il rischio di soffrire di cancro alla mammella nelle donne in menopausa.
8. Attenua l'ipertensione arteriosa o l'osteoporosi.
9. Migliora le condizioni fisiche generali.
10. Migliora lo sviluppo scheletrico e muscolare durante l'accrescimento.
11. Riduce l'ansia e lo stress e contribuisce al benessere psicologico.
12. Aiuta a prevenire i comportamenti a rischio tra bambini e giovani (abuso di alcol e di sostanze pericolose, fumo di tabacco, scorretta alimentazione, comportamenti violenti).

I danni della sedentarietà

L'insufficiente attività fisica, condizione comunemente nota come **sedentarietà**, per le ripercussioni negative sulla salute va considerata alla stregua di un vera e propria malattia. Nei giovani l'abitudine all'attività fisica spontanea è diminuita, sia per la preferenza data ad altre attività come i videogiochi, il computer o la televisione, sia per la carenza di adeguate motivazioni. Da un'indagine condotta in Italia dall'ISTAT (Istituto Nazionale di Statistica) nell'anno 2000 è emerso che nei bambini e negli adolescenti la sedentarietà è inversamente correlata al livello di istruzione della madre: i figli delle donne meno istruite fanno cioè meno attività fisica dei figli di madri più colte. Questo fenomeno è più marcato nelle figlie femmine rispetto ai figli maschi. Tra gli adulti si stima che almeno i due terzi delle persone non svolgano sufficiente attività fisica, rinunciando a importanti benefici in termini di salute. Anche negli adulti l'inattività fisica è inversamente correlata al grado di istruzione posseduta: il rischio di sedentarietà arriva infatti al 70% circa tra le persone adulte di minor livello di istruzione. Negli anziani la riduzione dei livelli di attività motoria peggiora l'andamento delle patologie degenerative tipiche dell'età, come l'artrosi, e ne accresce il rischio di conseguenze invalidanti.

Sedentarietà: le dimensioni del fenomeno in Italia (fonte: ISTAT, 2000)

1. Come in altri paesi sviluppati, la sedentarietà è il secondo fattore di rischio prevenibile per le malattie, dopo il fumo di tabacco.
2. Persone inattive: 37,5% (donne 43%; uomini 32%).
3. Persone fisicamente attive: 33,2%.
4. Persone che praticano sport agonistico e non: 28,4%.
5. Prevalenza di sovrappeso e obesità all'età di 13 anni: 25,2% (Meridione: 27%).
6. Donne con osteoporosi tra i 60 e i 64 anni di età: 24% (poi la percentuale cresce ulteriormente).
7. Uomini con osteoporosi tra i 60 e i 64 anni di età: 2,4%.
8. Infortunati in incidenti stradali automobilistici in un anno: 198 022.
9. Infortunati in incidenti con il motorino: 45 677.
10. Infortunati in bicicletta: 10 717.
11. Infortunati a piedi: 16 124.

La sedentarietà nel mondo (fonte: OMS)

1. La sedentarietà è una delle 10 prime cause di morte e invalidità.
2. L'inattività fisica determina 2 milioni di morti all'anno.
3. Insieme al fumo e all'alimentazione scorretta, causa l'80% delle malattie delle arterie coronarie (arterie del cuore).
4. Gli adulti insufficientemente attivi sono il 65-85%.
5. Meno di 1/3 dei giovani hanno una vita fisicamente attiva.
6. Metà delle donne oltre i 50 anni muoiono di cardiopatia, malattia che risente pesantemente dell'inattività fisica.

Gli adattamenti fisiologici all'esercizio fisico

Poiché il fattore che determina maggiormente la capacità di lavoro del corpo umano è il rifornimento di ossigeno ai muscoli e dato che il trasporto di ossigeno dipende dal flusso di sangue, è naturale che l'adattamento principale sia finalizzato ad aumentare questo flusso.
Gli **allenamenti di resistenza** (in inglese *endurance*) inducono importanti modificazioni nel cuore, che ai gradi estremi di adattamento prende il nome di **cuore d'atleta**: aumentano di dimensioni sia le cavità che la muscolatura del cuore, in diversa misura e proporzione a secondo del tipo di esercizio allenante, diminuisce la frequenza del battito a riposo e a livelli di sforzo sottomassimale, compaiono tipiche alterazioni non patologiche nell'elettrocardiogramma. Il cuore d'atleta è un organo più grosso, potente ed efficiente, capace di pompare una maggior quantità di sangue rispetto a un cuore normale sia nel singolo battito, sia in un minuto. In pratica, è in grado di far circolare il sangue più velocemente lungo la grande e la piccola circolazione.

A livello ematico i principali adattamenti sono due: aumenta il **numero dei globuli rossi**, le cellule trasportatrici di ossigeno, e cresce il **volume totale di sangue**: migliorano così sia l'efficienza circolatoria, sia la capacità di trasporto dell'ossigeno. L'estrazione di ossigeno nei capillari periferici diviene più completa e il numero dei capillari nei muscoli aumenta.
Nei muscoli l'allenamento alla resistenza produce un aumento del numero dei **mitocondri** e della **mioglobina**, la proteina muscolare simile all'emoglobina che può trattenere localmente una piccola riserva di ossigeno (▶ pag. 37). La percentuale di **fibre a lenta contrazione** può crescere in modesta misura, per la trasformazione delle fibre di tipo intermedio in fibre con caratteristiche simili a quelle lente (▶ pag. 55).
L'apparato respiratorio migliora le sue prestazioni sotto sforzo, aumentando il volume d'aria ventilato nel singolo respiro e in un minuto, grazie soprattutto alla maggiore efficienza dei **muscoli respiratori**.

Come effetto di questi adattamenti, i programmi di esercizi di moderata intensità protratti a lungo nel tempo migliorano il **massimo consumo di ossigeno**, indice della capacità di svolgere un lavoro muscolare di resistenza. Il tempo necessario per ottenere miglioramenti significativi è piuttosto lungo, settimane o mesi. All'opposto degli esercizi di resistenza, o aerobici in base al tipo di metabolismo prevalente, vi è l'**allenamento della forza**, o anaerobico.
La **forza muscolare** aumenta rapidamente all'inizio degli allenamenti, mentre gli incrementi successivi sono molto più graduali. Questo effetto è ancora più marcato se il livello iniziale è scadente. Si ritiene che la maggior parte di questo guadagno sia dovuto al miglioramento del controllo neuromuscolare, cioè al più efficiente e coordinato reclutamento di unità motorie da parte della corteccia cerebrale. Un altro meccanismo ben conosciuto è quello dell'**ipertrofia del muscolo**. Sollecitate con esercizi di adeguata intensità, le fibre muscolari sono capaci di aumentare di diametro aumentando il numero di miofibrille: le nuove strutture contrattili si dispongono all'interno della cellula muscolare parallelamente a quelle preesistenti. Il fenomeno dell'ipertrofia, più evidente nella parte prossimale degli arti, aumenta la massima forza erogabile che è proporzionale all'area traversa del muscolo nel punto più spesso. Non è ancora certo se il muscolo allenato sia in grado di aumentare anche il numero di cellule muscolari, oltre al loro spessore. Per ottenere la massima forza di contrazione il muscolo utilizza tutti i suoi tipi di fibre muscolari: quelle a lenta contrazione vengono reclutate per prime, a intensità di sforzo moderate, mentre le altre vengono attivate quando l'intensità dello sforzo cresce. Nell'ipertofia da allenamento alla forza le **fibre veloci** aumentano di dimensioni in modo maggiore rispetto alle altre; pare inoltre che le fibre intermedie possano essere portate ad assumere caratteristiche più simili a quelle veloci.
A livello metabolico aumenta la concentrazione di glicogeno, di enzimi della via glicolitica e in generale delle sostanze utili per il **metabolismo di tipo anaerobico**. L'organismo diviene inoltre capace di tollerare concentrazioni superiori di **acido lattico**; in altre parole, resiste meglio a uno dei principali fattori della fatica muscolare.

Allenamenti con pesi e macchine, utilizzati per incrementare la forza muscolare.

L'**allenamento** risponde ad alcuni princìpi teorici fondamentali: la *specificità*, il *sovraccarico*, le *differenze individuali*.
Il concetto della **specificità** insegna che l'allenamento con un certo tipo di esercizio produce specifici effetti allenanti. In pratica l'esercizio scelto deve riprodurre quanto più fedelmente possibile l'attività che si vuole migliorare. Si può intuire che un allenamento alla resistenza non avrà significativi effetti sulla forza e viceversa, ma anche all'interno di uno di questi settori gli effetti saranno specifici per il tipo di esercizio svolto. Lo sviluppo della forza, per esempio, potrà essere orientato verso una certa velocità di contrazione o un certo ambito di escursione articolare. L'allenamento della resistenza potrà mirare a incrementare le prestazioni su una certa distanza o a un dato livello di intensità. Se poi si vogliono migliorare sia la forza, sia la resistenza, occorrerà programmare i relativi esercizi in tempi differenziati.

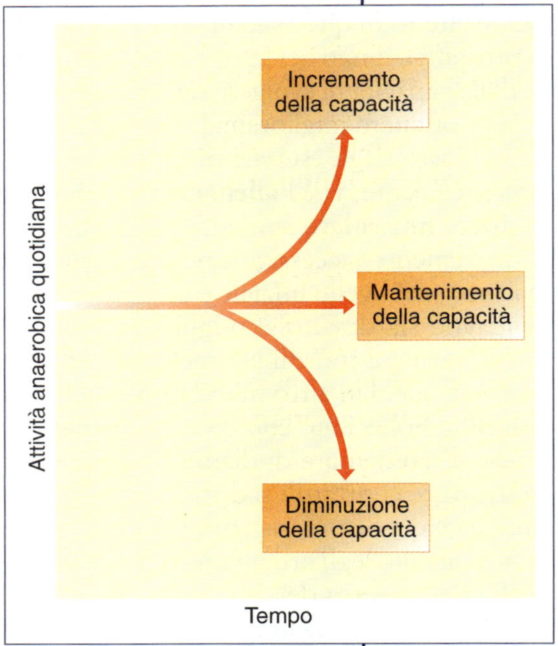

Il principio del sovraccarico; le prestazioni migliorano se il livello di attività anaerobica aumenta.

Il secondo principio dell'allenamento è quello del **sovraccarico**: per ottenere dei miglioramenti nelle prestazioni bisogna svolgere regolarmente esercizi fisici a un livello al di sopra di quello abituale. Sforzi di pari livello consentono di mantenere il proprio stato di forma fisica, mentre un'attività fisica inferiore alla norma porterà a un peggioramento delle prestazioni. Ciò che determina il livello dell'attività sono tre fattori: l'*intensità*, la *durata* e la *frequenza* degli esercizi fisici (▶ pag. 89). L'entità dell'incremento di attività necessaria a raggiungere l'effetto allenante dipende dalle condizioni di partenza: con uno stato iniziale scadente basteranno lievi aumenti per ottenere effetti significativi, mentre partendo da condizioni buone occorrerà incrementare parecchio il carico di lavoro per migliorare ulteriormente.
Il terzo principio dell'allenamento è quello dell'**individualità**: non è detto che due persone che svolgano lo stesso programma di allenamento ottengano i medesimi risultati. Ogni persona ha una particolare condizione fisica e un proprio bagaglio di esperienze motorie, che interagiscono con lo stimolo allenante producendo risposte individuali.

Sovrallenamento e disallenamento: il troppo e il troppo poco

Il **sovrallenamento** (*overtraining*) è un eccesso di stimolo allenante senza adeguato recupero che, per errata programmazione o carenti condizioni individuali, porta paradossalmente a un peggioramento delle prestazioni, perdita di peso, debolezza muscolare, accelerazione del battito cardiaco a riposo e durante sforzo, maggiore suscettibilità alle infezioni, depressione dell'umore e irritabilità. Il rimedio è ovviamente la riduzione

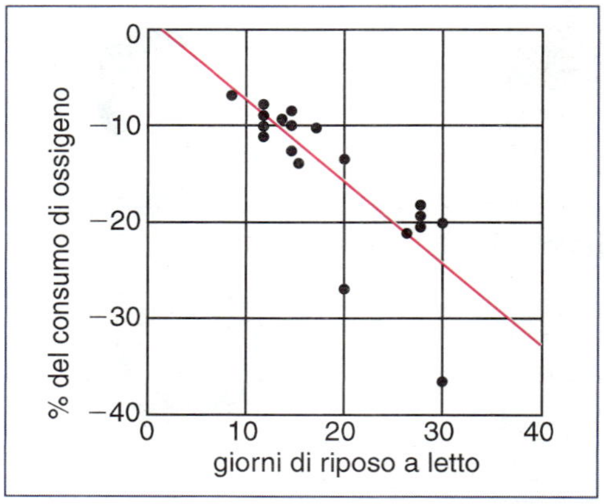

Il prolungato riposo a letto causa un progressivo calo della capacità aerobica.

del carico di lavoro in termini di intensità, durata e/o frequenza, oltre all'aumento dei periodi di riposo.
Quando l'allenamento termina, si verifica un fenomeno detto **disallenamento** (*detraining*), che consiste nella progressiva perdita dei benefici conseguiti fino a ritornare al livello di partenza. Il ritmo della perdita è simile a quello del guadagno ed è più rapido per la forza che per la resistenza.

Le caratteristiche dell'esercizio fisico

Come detto nei precedenti paragrafi, l'attività fisica può essere spontanea, occasionale e svolta in modi molto diversi in base alle preferenze e attitudini personali. Per dare una base scientifica a un programma di esercizi, occorre però definire alcune caratteristiche fondamentali dell'attività da svolgere:

- **tipo di esercizio**
- **intensità dello sforzo**
- **durata di ogni seduta di esercizi**
- **frequenza delle sedute**
- **progressione dell'attività (variazione di uno o più dei punti precedenti)**

Teoricamente si può raffigurare un programma di esercizi come un cerchio in cui intensità, durata e frequenza dello sforzo si suddividono il totale del lavoro muscolare di cui la persona è capace in quel momento: considerando pari a 100 il totale, la variazione di un fattore potrà avvenire solo con un compenso da parte degli altri. L'area del cerchio rappresenta la capacità di lavoro: in un sedentario essa sarà ovviamente minore che in uno sportivo, così come all'inizio del programma di esercizi fisici sarà inferiore a quella raggiungibile dopo un periodo di allenamento. Lo scopo della progressione dell'attività è proprio quello di aumentare la capacità di lavoro muscolare, grazie al miglioramento della condizione fisica. Per raffigurare la differenza si potrebbero disegnare altri cerchi concentrici di diametro superiore, che rappresentano gli obiettivi della progressione dell'attività. All'inizio dell'attività, prendendo a riferimento una equilibrata proporzione tra intensità, durata e frequenza, è possibile modificare questa proporzione, entro certi limiti, in base a esigenze pratiche, preferenze individuali e specifici obiettivi. Quando si raggiunge un livello di allenamento sufficiente con il protocollo di partenza, si può progredire verso livelli superiori incrementando uno o più degli elementi base: intensità, durata, frequenza: in pratica, ci si sposta verso il cerchio di diametro superiore. Ci sono ovviamente dei limiti fisiologici da non oltrepassare, né in eccesso né in difetto, se si vuole trarre un effettivo beneficio dall'attività svolta.

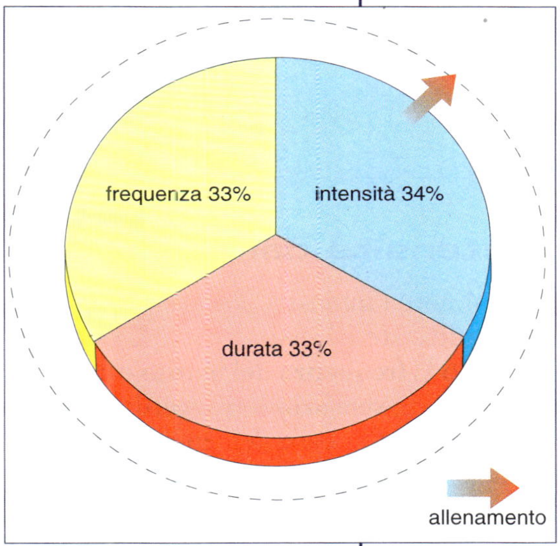

Il lavoro muscolare sostenibile dipende dall'intensità, dalla durata e dalla frequenza dell'esercizio.

In linea generale ci si può riferire a questi valori limite:

- **intensità: dal 40-50% al 90% del massimo**
- **durata: non meno di 10 minuti per volta e di 30 minuti per giorno**
- **frequenza: da 2-3 a 6-7 volte la settimana**

La scelta contemporanea del livello minimo di tutti e tre i fattori è sconsigliabile in quanto poco efficace, a meno che la situazione fisica di partenza della persona sia così carente da non consentire di sopportare all'inizio sforzi maggiori. Se l'obiettivo è la salute, esercizi al 50-60% dell'intensità massima permettono già di raggiungere il massimo beneficio. Se si vogliono migliorare la condizione fisica generale e le prestazioni motorie, occorre invece allenarsi a intensità intorno all'80%.

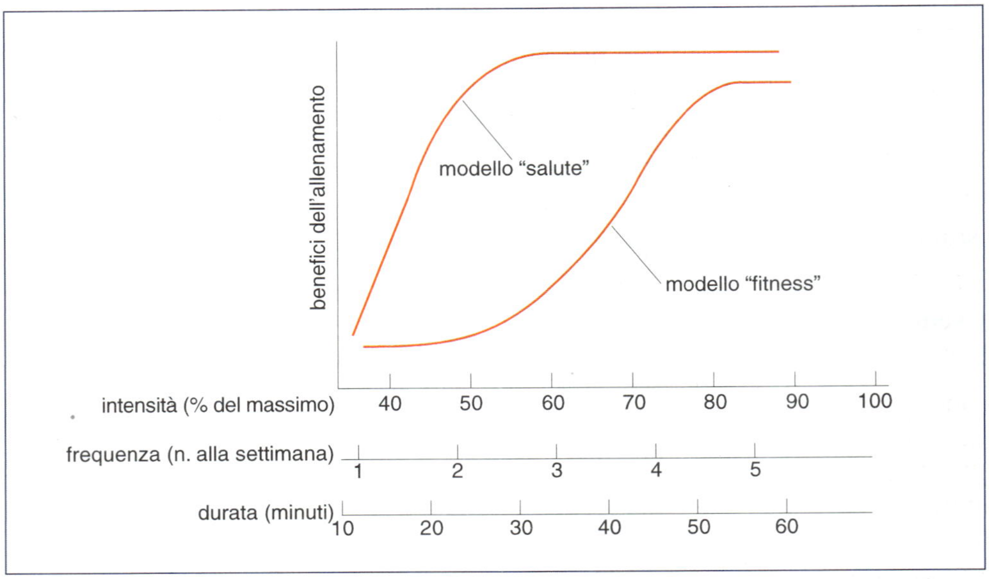

Benefici dell'esercizio per salute e fitness.

L'intensità dell'esercizio

Per valutare l'intensità dell'esercizio fisico durante lo sforzo muscolare si possono utilizzare diversi metodi. È noto che all'aumentare del carico di lavoro crescono la **frequenza del battito** cardiaco, il **consumo di ossigeno**, il **dispendio di calorie**, la **sensazione soggettiva** di affaticamento. Per stimare l'intensità di uno sforzo sulla base dell'energia spesa, oltre all'unità di misura della caloria (kcal, ▶ pag. 70), viene comunemente usato il multiplo del consumo energetico a riposo o **MET**.

1 MET = costo energetico del solo metabolismo di base nell'unità di tempo considerata.

Una stima approssimativa nelle attività lavorative si può fare individuando tre livelli, sulla base del dispendio di energia richiesto in media da un'ora di lavoro:

- **lavoro leggero**, con un costo energetico fino a 200 kcal/h: ad esempio quella dell'addetto al controllo di macchine industriali o a attività leggere svolte con le braccia (consumo di ossigeno: 15-30% del massimo);
- **lavoro moderato**, richiedente 200-350 kcal/h: ad esempio il lavoro in piedi con spostamenti e maneggio di pesi moderati (consumo di ossigeno: 30-45%);
- **lavoro pesante**, dal costo metabolico di 350-500 kcal/h: ad esempio il lavoro degli operai addetti alla manutenzione delle strade, ai cantieri, allo spostamento di terra (consumo di ossigeno: più del 45%).

Negli anni Settanta, studi condotti in Svezia dimostrarono che esiste una stretta relazione tra la sensazione individuale di fatica e l'effettivo carico di lavoro muscolare. La tabella nota come **scala di Borg**, dal nome dell'autore, o RPE

(*Rating of Perceived Exertion*) mette in relazione una descrizione soggettiva e un valore numerico di intensità dello sforzo. Questo valore è proporzionale a indici di sforzo scientificamente convalidati, come la frequenza del battito cardiaco e il massimo consumo di ossigeno. È da notare però che le differenze individuali sulla percezione di fatica per lo stesso livello di sforzo possono essere molto grandi, per esempio a causa di differenti situazioni psicologiche.

Scala di Borg: stima dello sforzo percepito

Intensità dello sforzo	Percezione soggettiva
6,7,8	Molto, molto lieve
9,10	Molto lieve
11,12	Abbastanza lieve
13,14	Abbastanza intenso
15,16	Intenso
17,18	Molto intenso
19	Molto, molto intenso

I diversi tipi di esercizi

Dal punto di vista biomeccanico i tipi di esercizi sono essenzialmente due: **dinamico** e **statico**. Il primo è caratterizzato dal movimento del segmento corporeo in azione, mentre nel secondo caso il muscolo sviluppa tensione ma non produce movimento.

Nel primo caso potranno svilupparsi contrazioni muscolari concentriche ed eccentriche, nel secondo soltanto contrazioni isometriche (▶ pag. 53). Per maggior precisione si dovrebbe parlare di esercizi prevalentemente dinamici o statici, perché di solito una più o meno importante componente di ciascun tipo di lavoro è sempre presente: se si lancia un attrezzo, per esempio, si fa un gesto dinamico che nella fase iniziale avrà pur sempre un momento di tensione senza movimento, finché la forza espressa non supera la resistenza offerta dal peso dell'attrezzo. Esiste anche un terzo tipo di esercizio, basato su movimenti dinamici controllati da strumenti che regolano la resistenza opposta al movimento in modo proporzionale alla forza sviluppata dal muscolo. In un certo arco di movimento, la velocità viene in questo modo mantenuta costante e l'esercizio è pertanto definito **isocinetico** (▶ pag. 54). Questo esercizio, in pratica una variante di quello dinamico, è usato in medicina riabilitativa e legale o per programmi specializzati di allenamento. In natura un esercizio che riproduce con una certa somiglianza le condizioni isocinetiche è quello svolto in acqua, dato il tipo di resistenza che questo liquido offre al movimento.

Considerando i distretti anatomici coinvolti, si possono distinguere esercizi per gli arti superiori, per quelli inferiori e per i quattro arti. Le ripercussioni fisiologiche e la spesa energetica sono diverse in ciascuno di questi casi.

Dispendio energetico a riposo e in alcune attività svolte con gli arti			
Tipo di attività	**Esempio**	**Segmento corporeo coinvolto nell'esercizio**	**Costo energetico kcal/min (M e F)**
fermi, sdraiati	riposare a letto	solo muscoli involontari per funzioni vitali (cuore, muscoli respiratori)	M 1,1 F 0,9
fermi, seduti	guardare la TV, leggere il giornale	tronco	M 1,4 F 1,1
fermi, in piedi	attendere a uno sportello, viaggiare in piedi su mezzi pubblici	arti inferiori, tronco	M 1,7 F 1,7
camminare lentamente (2-3 km/h)	fare piccole spese, portare a spasso il cane	arti inferiori, tronco	M 2,6 F 2,2
camminare in salita	salire le scale	arti inferiori, tronco	valore della riga sopra + 0,8 kcal/min per ogni metro di dislivello
lavorare con le mani	cucinare, scrivere a macchina, lavorare a maglia, lavorare in ufficio	mani, avambracci, braccia	M 1,8-2,6 F 1,6-2,0
lavorare con le braccia (in piedi)	attività di bricolage e di giardinaggio, stirare, lavare i panni	arti superiori, tronco (arti inferiori: impegno posturale)	M 3,2-3,8 F 3,0-4,2
lavorare con i 4 arti (leggero)	spazzare i pavimenti, spolverare, cucinare	tutto il corpo	M 2,6-3,6 F 2,0-2,8
lavorare con i 4 arti (moderato)	lavare i pavimenti, fare la spesa trasportando borse	tutto il corpo	M 4,0-4,6 F 3,0-3,8
lavorare con i 4 arti (pesante)	battere i tappeti, lucidare i pavimenti a mano, spalare terra o neve	tutto il corpo	M 5,0-6,0 F 4,0-5,0

Esercizi con gli arti inferiori

Con l'acquisizione della postura eretta, gli arti inferiori si sono specializzati nella funzione della locomozione; la loro muscolatura è per buona parte del giorno impegnata anche nel sostegno del peso corporeo. Gli adattamenti fisiologici durante l'attività fisica svolta con gli arti inferiori sono quelli classici. I programmi di esercizi per gli arti inferiori consistono per lo più in attività di locomozione, naturale o con attrezzi, con sostegno parziale (per esempio in bicicletta) o totale del corpo. L'intensità dello sforzo può essere aumentata introducendo percorsi in salita, incrementando la velocità, portando piccoli pesi.

Walking

Una forma di esercizio fisico alla portata praticamente di tutti è il camminare di buon passo, attività nota anche come **walking.** Questo è certamente il più semplice esercizio da fare con gli arti inferiori: non richiede l'apprendimento di gesti particolari né altre attrezzature che un paio di scarpe comode. Non si tratta infatti della marcia intesa come disciplina sportiva, in cui si ricerca la massima velocità compatibile con l'obbligo di usare tecniche specifiche. Si può fare all'aperto o al coperto, si possono cambiare a piacere intensità, durata e frequenza dello sforzo in base alle proprie condizioni di forma fisica, alle preferenze, alle condizioni ambientali locali. Camminare in piano è un esercizio poco intenso, poiché la dinamica di questo tipo di locomozione è estremamente efficiente nel trasferire l'energia prodotta da ogni passo a quello successivo. L'intensità del lavoro può essere incrementata aumentando la velocità di marcia, camminando in salita, trasportando pesi leggeri, modificando percorsi e/o terreno. Il dispendio energetico del camminare in piano sulla sabbia, per esempio, a causa delle scarsa elasticità del suolo sabbioso, è circa 1,8 volte quello richiesto dallo stesso tipo di locomozione su superficie più solida. Sull'asfalto o altro terreno favorevole la camminata risulta più efficiente alla velocità di circa 4,5 km/h, con un costo energetico che può essere così calcolato:

$$\mathbf{E = 0{,}5\ kcal \times kg \times km}$$

E = energia spesa

Le controindicazioni al *walking* sono essenzialmente date da gravi patologie neurologiche, ortopediche o cardiovascolari che riducano grandemente la capacità di deambulare. Le precauzioni da prendere sono quelle che il comune buon senso suggerisce: evitare condizioni climatiche sfavorevoli, non mettersi in marcia se si hanno patologie acute in atto, ridurre o interrompere lo sforzo prima di sentirsi esausti. Questo tipo di esercizio facilita d'altronde l'autocontrollo e l'autoregolazione. Il *walking* si può fare anche sul nastro trasportatore.
La seguente tabella può servire da semplice guida per intraprendere il *walking* e progredire nel livello di sforzo.

Tipo di camminata	Frequenza dell'attività	Intensità (valutazione soggettiva)	Durata di ogni camminata (periodo minimo di attività)	Obiettivo
in pianura, lenta: 2-3 km/h (es: *shopping*, a spasso con la carrozzina o con il cane)	tutti i giorni	assenza di percezione soggettiva di fatica	45-60 min (5-6 mesi)	grassi + capacità aerobica + benessere ++
in pianura, a media velocità: 4-5 km/h (es: andare a scuola o al lavoro, sul campo da golf)	5 giorni / sett.	percezione soggettiva di fatica modesta	45-60 min (5-6 mesi)	grassi + capacità aerobica + benessere ++
in pianura, veloce: 6-7 km/h (*walking*, l'equivalente del *jogging* fatto camminando)	5 giorni /sett.	percezione soggettiva di fatica di media intensità, lieve acceleramento delle pulsazioni	90 min (3-4 mesi)	grassi ++ capacità aerobica+++ riduz. peso +
su terreno con saliscendi, in piano portando pesi (*power walking*, la marcia con sovrappesi alle caviglie e ai polsi)	3-5 giorni /sett.	percezione di fatica piuttosto intensa, sensibile acceleramento del battito, aumento di frequenza e profondità degli atti respiratori.	30-45 min (2-3 mesi)	grassi ++ capacità aerobica+++ riduz. peso ++ contr. press.++ psiche ++

Legenda
+ efficacia scarsa, ++ efficacia discreta, +++ efficacia buona
grassi: *miglior assetto lipidico nel sangue*
benessere: *stato generale di salute (OMS)*
riduz. peso: *riduzione peso corporeo*
contr. press.: *miglior controllo pressione arteriosa*
psiche: *benessere psicologico*

Jogging

La corsa a ritmo lento o **jogging** è un modo molto popolare di fare attività fisica ed è considerato l'*esercizio aerobico per eccellenza*. La velocità di corsa, che deve consentire al corridore di conversare tranquillamente, è generalmente di poco superiore a quella di una marcia veloce (7-10 km/h). Se si incrementano sensibilmente velocità e durata della prestazione, è più corretto parlare di **running** (10-14 km/h), un tipo di corsa più simile a quella sportiva. La corsa prolungata è un'attività che impone un carico notevole all'apparato locomotore; ci sono in particolare due momenti di sovraccarico, in corrispondenza dell'impatto e dello stacco del piede. Nella prima fase i muscoli estensori vengono stirati e agiscono per frenare questo movimento e ammortizzare l'impatto, mentre nello stacco questi muscoli si contraggono per estendere l'arto e fornire la spinta propulsiva. Le vibrazioni generate dall'impatto si trasmettono al piede, alla gamba e alla coscia subendo un progressivo

abbattimento: a livello dell'anca sono 10-20 volte minori rispetto al valore iniziale. Queste forze aumentano notevolmente con il crescere della velocità di corsa e sono influenzate da molte variabili, quali gli angoli del piede e della gamba, il tipo di terreno, il peso del soggetto. Per limitare i sovraccarichi è quindi opportuno scegliere calzature adatte e superfici con caratteristiche di smorzamento degli urti, come *strade asfaltate* o *piste da corsa*. Le superfici cementate sono inadatte alla corsa prolungata, mentre piste troppo elastiche possono generare maggiori vibrazioni e far sorgere problemi ai tendini. Prati, sentieri e percorsi improvvisati all'aperto vanno scelti con cura, poiché possono presentare asperità, ostacoli e superfici scivolose. La lunga durata della corsa è un fattore di maggior rischio di danni di tipo traumatico: basti pensare che correndo per un miglio (circa 1,6 km) si tocca il suolo circa 1500 volte, scaricando ogni volta sugli arti inferiori forze verticali pari a 2-3 volte il peso del corpo. Studi americani hanno rilevato un sensibile incremento di infortuni tra gli atleti corridori che percorrono più di 40 miglia alla settimana. Su terreno duro o calzando scarpe con suole molto rigide il corpo adotta automaticamente una modalità di corsa più ammortizzata, necessaria per ridurre le vibrazioni, che dal punto di vista energetico è meno redditizia. Sulla sabbia si è calcolato che il costo energetico della corsa aumenta di 1,2 volte a causa della maggior cedevolezza del suolo. Il fattore di gran lunga più importante nel determinare il costo energetico della corsa è il **peso corporeo**: i soggetti meno pesanti hanno perciò più resistenza. Esiste una semplice regola per calcolare il dispendio energetico nella corsa prolungata:

$$\mathbf{E = 1\ kcal \times kg \times km}$$

E = energia spesa

In pratica, per ogni km percorso facendo jogging si consuma 1 kcal per ogni kg di peso corporeo. Il peso del corpo, vera zavorra da trasportare per una certa distanza, è dunque un fattore limitante nella corsa lenta. A questi ritmi il dispendio energetico è dunque funzione della distanza ed è indipendente dalla velocità.

Esercizi sul posto

Oggi sono disponibili vari strumenti per riprodurre il cammino, la corsa o la pedalata sul posto. I più comuni sono: lo *stepper*, macchinario che consente di simulare la salita, il *cicloergometro*, in pratica una *cyclette* più sofisticata, e il *nastro trasportatore*.

Lo **stepper** è una macchina su cui si sale in posizione eretta, reggendosi ad appositi manubri; è dotata di due appoggi per i piedi, mobili alternativamente in direzione verticale, che opponendo una data resistenza alla spinta esercitata

Esercizi con gli arti inferiori.

dall'arto inferiore consentono di simulare la salita di gradini. La resistenza può naturalmente essere regolata e adattata alle esigenze personali, o programmata secondo vari protocolli di esercizio se l'attrezzatura è dotata di computer. Il lavoro svolto dipende dal peso corporeo, dalla resistenza applicata alle pedane e dal tempo di prosecuzione dell'esercizio:

$$L = P \times R \times t$$

L = lavoro svolto
P = peso corporeo
R = resistenza delle pedane
t = durata dell'esercizio

Queste macchine sono le versioni moderne dello scalino fisso, un tempo usato per l'esercizio di salita e discesa sul posto. Tra i vantaggi offerti dai congegni meccanici ed elettronici degli *stepper* vi è la possibilità di effettuare un vero esercizio di salita, mentre lo scalino obbliga a ripetere ciclicamente movimenti di salita e discesa.
Il **nastro trasportatore** (*treadmill*) è una pedana montata su rulli che consente di camminare o correre, variando la velocità della pista mobile tra circa 1,5 e 13 km/ora e la pendenza da 0 fino al 20%. Il movimento degli arti inferiori deve essere opportunamente accompagnato da quello a pendolo degli arti superiori, in modo simile al camminare e al correre. Durante la prova è possibile controllare vari dati come la frequenza cardiaca, la pressione arteriosa, lo scambio ventilatorio dei gas, il tracciato dell'elettrocardiogramma. Il lavoro svolto dal soggetto consiste nel camminare o correre (a secondo della velocità) in piano o in salita (in funzione della pendenza). Se la prova viene eseguita senza inclinare la pedana, si può calcolare il lavoro erogato come:

$$L = F \times l$$

L = lavoro svolto
F = forza erogata dai muscoli per spostare il corpo (proporzionale al peso)
l = lunghezza, cioè la distanza percorsa

Se la pedana è inclinata, in termini fisici il lavoro è dato dall'entità del sollevamento del corpo, a sua volta funzione di velocità e inclinazione della pedana e della durata del test:

$$L = P \times h$$

L = lavoro svolto
P = peso corporeo
h = differenza tra l'altezza iniziale e quella teorica alla fine del test

Le moderne apparecchiature sono dotate di computer che calcolano e visualizzano automaticamente i parametri del test, compresa l'energia spesa. Intensità e durata dello sforzo possono essere regolate secondo diversi programmi.

Durante gli esercizi dello scalino e del nastro trasportatore, così come nel camminare, la componente più importante nel determinare il carico di lavoro è il *peso del corpo*. Per questa ragione l'intensità dello sforzo è di solito espressa in funzione del peso corporeo, ad esempio in ml di ossigeno consumati al minuto per ogni kg di peso.

Nelle prove sulla *cyclette* e sul **cicloergometro** (macchina che misura il lavoro svolto in watt o kg) il carico è regolato da una resistenza esterna direttamente applicata ai pedali. Gli arti inferiori sono svincolati dalla funzione di sostegno, che viene assolta dal busto. Per ogni livello di carico, è proporzionalmente maggiore lo sforzo richiesto ai soggetti più leggeri: occorre quindi correggere il carico applicato in funzione del peso corporeo. La formula che rappresenta il lavoro nelle prove sulla cyclette è semplicemente data dal prodotto del carico applicato per la durata dell'esercizio:

$$L = W \times t$$

L = lavoro svolto
W = carico applicato (espresso in watt)
t = durata dell'esercizio

Nelle persone non abituate a pedalare può risultare difficile protrarre la prova, per l'insorgere precoce di affaticamento muscolare agli arti inferiori. Chi usa frequentemente la bicicletta, viceversa, pedala in modo più efficiente anche sulla cyclette e raggiunge in questa prova risultati migliori, a parità di condizioni fisiche.

Esercizi con gli arti superiori

Molte occupazioni lavorative o ricreative impegnano in modo ripetitivo e continuo la muscolatura degli arti superiori più di quella degli arti inferiori. Gli arti superiori hanno **masse muscolari di minori dimensioni**, rispetto agli arti inferiori. Mentre gli arti inferiori possono agire anche escludendo il resto del corpo, l'attività degli arti superiori può impegnare anche gruppi muscolari del collo, del tronco e degli arti inferiori per mantenere la stabilità e l'equilibrio. Per la diversa funzione dei muscoli attivati, *il tipo di lavoro muscolare nell'esercizio con le braccia è pertanto di tipo misto, dinamico in certi muscoli e statico in altri.* Lo sforzo durante l'esercizio con le braccia è di solito superiore, a parità di carico applicato, a quello richiesto per l'equivalente esercizio con le gambe. Per ogni livello di lavoro esterno prodotto lo sforzo fatto con gli arti superiori è meno efficiente e richiede una maggiore spesa energetica. Se ne potrebbe trarre la conclusione che il nostro corpo è più adatto a sostenere sforzi gravosi e prolungati con gli arti inferiori, mentre quelli superiori sono dotati di migliori caratteristiche di *mobilità* e di *precisione nei movimenti.*

I riflessi fisiologici su circolazione e respirazione nel lavoro muscolare con gli arti superiori sono meno efficienti che negli esercizi svolti con le gambe. A parità di lavoro svolto, l'esercizio dinamico con le braccia provoca infatti *maggiori incrementi della ventilazione, della pressione arteriosa, della frequenza del battito e della quantità di sangue pompata* dal cuore. La resistenza al flusso di sangue diminuisce solo nei gruppi muscolari degli arti superiori, l'effetto di pompa muscolare degli arti è ridotto: pertanto il riempimento del cuore con il sangue venoso non è di molto superiore a quanto avviene in condizioni di riposo. Per incrementare la gittata di sangue al minuto, il cuore deve accelerare notevolmente il battito poiché la quantità di sangue pompata a ogni contrazione cresce meno che nel lavoro svolto con le gambe. Se si spinge l'esercizio fino al massimo sostenibile, il più alto *carico di lavoro eseguibile risulta comunque inferiore di circa un terzo rispetto a quello degli arti inferiori.* Nei maschi il consumo di ossigeno e l'intensità di lavoro con le braccia sono superiori alle femmine, a causa del maggior divario di sviluppo muscolare tra i due sessi negli arti superiori rispetto a quelli inferiori. L'efficienza della prestazione, con l'avanzare dell'età, scade più rapidamente nelle braccia rispetto alle gambe.
A scopo pratico, considerando tutte queste differenze, nell'esercizio con gli arti superiori è opportuno mantenere la *frequenza cardiaca a circa 10 battiti/m in meno* rispetto alle attività fatte con gli arti inferiori. Nella persona comune non è consigliabile iniziare un programma di attività fisica con esercizi solo per gli arti superiori, senza aver prima allenato quelli inferiori. Esempi di attività con gli arti superiori sono gli **esercizi con piccoli attrezzi**, essenzialmente normali movimenti ginnici degli arti superiori, svolti con sovraccarichi: clavette, bastoni, manubri, polsiere. Altre attività per gli arti superiori sono gli esercizi contro gravità e la canoa.

Esercizi contro gravità

Il peso stesso del corpo può essere sfruttato come un carico negli esercizi fisici svolti con gli arti superiori: in pratica il corpo diventa un "attrezzo".
Nei **piegamenti sulle braccia** lo sforzo dei muscoli estensori del gomito solleva la parte superiore del corpo, mentre i flessori controllano il ritorno a terra frenando il movimento (contrazione eccentrica: ▶pag. 53). Parte del peso corporeo grava comunque sugli avampiedi, che fungono da fulcro per il movimento di innalzamento e abbassamento. Un movimento analogo, ma con contrazione concentrica dei flessori delle braccia nel movimento ascensionale e attività eccentrica degli stessi muscoli nel ritorno verso il suolo è quello che si compie nei **piegamenti alla sbarra bassa**. In questo caso il peso della parte inferiore del corpo è parzialmente scaricato sui talloni, che restano a contatto con il pavimento. Nel **sollevamento alla spalliera**, invece, l'intero peso del corpo senza alcun contatto con il suolo viene sollevato dallo sforzo dei muscoli flessori degli arti superiori: dalla posizione completamente estesa si portano il mento e le spalle fino all'altezza delle mani fissate sullo staggio. Il lavoro espresso è dato pertanto dal peso corporeo moltiplicato per il dislivello tra la posizione iniziale e quella finale del baricentro del corpo. Se l'esercizio viene ripetuto più volte, il valore ottenuto va ancora moltiplicato per il numero delle ripetizioni consecutive. Questo esercizio è molto intenso e faticoso, per cui è adatto a individui con un buon livello di forma fisica. Tutti questi esercizi possono essere svolti in palestra, in casa disponendo degli appigli adatti o nei "percorsi vita" con stazioni per esercizi, che si possono spesso trovare nei parchi e giardini pubblici.

Canoa

Lo sport della canoa si sta recentemente diffondendo, specie nella versione fluviale, che viene praticata su tratti di torrenti e fiumi con dislivelli notevoli e flussi di corrente rapidi e impetuosi: è praticato da specialisti, fisicamente preparati ed esperti, che usano la pagaia per dirigere e controllare la discesa dell'imbarcazione. La canoa classica si usa invece su specchi d'acqua calma, in cui la propulsione viene data dal movimento alternato degli arti superiori. È quindi una delle poche attività sportive in cui lavorano prevalentemente i muscoli delle braccia e del tronco. Questa attività richiede preventivamente un buon livello di forma fisica, oltre a capacità natatorie e familiarità con l'acqua per saper far fronte a ogni evenienza. Se praticato ad alto livello lo sport della canoa richiede elevate doti di forza e potenza muscolare, oltre che di resistenza allo sforzo intenso e protratto. Dato che nella fase di spinta l'attrezzo si muove nell'acqua, questo esercizio può anche essere un esempio di lavoro con importante componente isocinetica (▶ pag. 53).

Esercizi con i quattro arti

A differenza degli esercizi studiati per la palestra, nelle attività motorie spontanee è frequente il coinvolgimento simultaneo di tutti e quattro gli arti. Sia nel cammino che nella corsa, per esempio, c'è anche un'attività degli arti superiori, anche se limitata a funzioni di equilibrio e con sviluppo di forza inferiore a quello degli arti inferiori. Dal punto di vista fisiologico, le attività con tutti gli arti impegnano la maggior parte della muscolatura, in quanto anche i muscoli del tronco sono necessariamente coinvolti per assicurare stabilità e assecondare i movimenti degli arti. Per coordinare tutti questi movimenti simultanei è richiesta una grande padronanza della tecnica e l'acquisizione di specifici programmi motori (▶ pag. 50). Le attività in cui sono coinvolti in modo dinamico i muscoli di tutti gli arti sono quelle più favorevoli dal punto di vista circolatorio, in quanto le ritmiche contrazioni muscolari agevolano il reflusso del sangue venoso verso il cuore: il nuoto, il canottaggio e lo sci di fondo hanno queste caratteristiche.

Nuoto

Il **nuoto** è forse l'esercizio combinato dei quattro arti per eccellenza: l'acqua è stata infatti parte della vita fetale di ciascuno di noi e una certa esperienza motoria nel mezzo liquido è posseduta dai più. Durante l'esercizio non c'è contatto con superfici solide, se non per le virate a fine vasca, così che il lavoro distribuito su gran parte delle masse muscolari del corpo è finalizzato al galleggiamento e alla propulsione. Il galleggiamento è favorito da un peso specifico minore, per cui i soggetti con maggior percentuale di tessuto adiposo stanno a galla con minore sforzo: per lo stesso motivo le donne, fisiologicamente dotate di maggior massa grassa, galleggiano meglio degli uomini. La spinta in acqua è dovuta soprattutto alle bracciate, mentre gli arti inferiori svolgono una prevalente funzione di bilanciamento. Se svolto a ritmo moderato, il nuoto è un'attività relativamente poco faticosa, non richiedente particolari abilità tecniche e adatta pertanto anche ai meno allenati, agli obesi, alle gravide, agli anziani, ai reduci da infortuni dell'apparato locomotore. Può essere in questi casi una delle poche attività fisiche praticabili per mantenere allenate le proprie capacità aerobiche. Un grande vantaggio per i portatori di difetti ortopedici o neurologici può essere dato dalla minor incidenza in acqua della forza di gravità, in quanto viene bilanciata dalla spinta idrostatica: ciò consente di muoversi quasi senza avvertire il peso del corpo. Il movimento in acqua è tra quelli naturali il più assimilabile alla contrazione isocinetica; per il minor impatto sull'apparato locomotore, questa caratteristica può essere opportunamente sfruttata nei programmi riabilitativi dopo traumi dell'apparato locomotore.

Canottaggio

Il movimento del **canottaggio** è riproducibile con apparati fissi, i remoergometri o **vogatori**, di cui esistono numerosi modelli. Questo esercizio, pur se impegnativo, distribuisce lo sforzo in modo globale e ne consente un'accurata regolazione con meccanismi di controllo del carico, simili a quelli dei cicloergometri. È inoltre molto efficace, in quanto tra i pochi eseguibili anche a domicilio che sviluppano gruppi muscolari quali gli addominali e gli estensori del tronco. L'intensità del lavoro muscolare nella vogata può essere incrementata sia aumentando la resistenza applicata ai remi, facendo attenzione ad applicare lo stesso carico nei due lati, sia accelerando la velocità e/o la frequenza delle bracciate. L'esercizio sollecita notevolmente il metabolismo aerobico, ma in funzione del carico applicato e del lavoro muscolare eseguibile nell'unità di tempo è adatto anche allo sviluppo di forza e potenza muscolare.

Sci nordico

Anche lo **sci nordico** o sci di fondo può essere simulato con **macchine** che consentono di riprodurne i movimenti sul posto. L'esercizio è intenso e attiva gran parte dei muscoli del corpo; non è quindi adatto nelle fasi iniziali dei programmi fisici per soggetti sedentari o reduci da periodi di forzata inattività. Sono inoltre richieste una buona agilità e sufficiente coordinazione. Lo sci da fondo simulato costituisce un ottimo esercizio per il miglioramento di molte qualità motorie: forza e resistenza muscolare, flessibilità, destrezza, coordinazione del respiro con i movimenti degli arti. Nella stagione invernale e nelle località adatte, lo sci nordico è uno sport praticabile praticamente da tutti, in quanto il livello di sforzo e di difficoltà è facilmente graduabile. Occorre naturalmente impratichirsi della tecnica di base, ma all'inizio si può semplicemente "camminare" con gli sci su un percorso pianeggiante. Per i più esperti lo sci di fondo è un esercizio prevalentemente aerobico, che migliora la resistenza muscolare allo sforzo, stimola notevolmente l'apparato cardiorespiratorio, richiede doti di equilibrio persino superiori a quelle dello sci alpino a causa della minor massa di sci, attacchi e scarponi, migliora il

senso del ritmo e le capacità di orientamento.
In altre attività, come l'arrampicata, la lotta e le arti marziali, tutti gli arti sono impegnati in azioni ad elevata componente isometrica (▶ pag. 53), per cui la forza è sollecitata più della resistenza. L'**arrampicata** indica tutti gli esercizi che comportano un movimento ascensionale del corpo, vincendo la forza di gravità tramite la forza muscolare e la disponibilità di appigli. L'acquisizione della posizione eretta richiede già dalla prima infanzia esercizi di questo tipo, che quindi fanno parte delle nozioni motorie di chiunque. Tra gli esercizi ginnastici praticabili nelle scuole si possono ricordare la *salita della fune e della pertica*, che i meno esperti attuano sfruttando in modo prevalente la muscolatura degli arti inferiori. Solo i più dotati muscolarmente sono infatti in grado di elevarsi verticalmente su questi attrezzi con la sola forza degli arti superiori. Sono comunque esercizi molto intensi, di non facile esecuzione, che richiedono doti di abilità e coordinazione oltre che notevole forza muscolare. Per queste ragioni, per l'ingombro dell'attrezzatura e per il pericolo di cadute tali esercizi sono da riservare a categorie selezionate di soggetti e richiedono la presenza di un istruttore. Ancora più selettive sono le caratteristiche dell'**arrampicata sportiva** (*free climbing*), che può essere praticata anche al coperto su pareti che riproducono la roccia: l'impegno muscolare coinvolge più globalmente la muscolatura dei quattro arti rispetto alla salita della fune. Lo sforzo richiesto è di tipo prevalentemente statico, in quanto tra un momento ascensionale e l'altro vi sono necessariamente fasi di ricerca degli appigli in condizioni di equilibrio spesso precarie.

Gli ormoni nell'esercizio fisico

Gli **ormoni** sono sostanze chimiche prodotte da varie ghiandole del corpo, di cui le principali sono: l'*ipofisi*, la *tiroide*, le *surrenali*, i *testicoli* e le *ovaie*. Trasportati dal sangue gli ormoni raggiungono vari organi e ne regolano la funzione. Gli ormoni sono dunque *messaggeri chimici* inviati dalle ghiandole: se il sistema nervoso può essere paragonato a una rete telefonica, il **sistema endocrino** (l'insieme delle ghiandole che producono ormoni) può essere assimilato a un servizio postale. Porta infatti messaggi a distanza, in modo più lento del sistema nervoso ma più continuativo e graduato: è come spiegare qualcosa con una lettera (ormone) dopo aver dato le prime sommarie istruzioni per telefono (impulso nervoso).
Gli ormoni più importanti nello sforzo fisico, prodotti dalle **ghiandole surrenali** sotto il controllo del sistema nervoso simpatico, sono le **catecolamine**: il loro effetto è di stimolare le funzioni di cuore e polmoni, nonché di attivare il rilascio nel sangue di sostanze energetiche immagazzinate soprattutto nei muscoli, nel fegato e nel tessuto adiposo (zuccheri e grassi) per renderle disponibili per la contrazione muscolare. Altri ormoni sono secreti dalla zona corticale delle surrenali, sotto il controllo della ghiandola ipofisi: sono gli **ormoni adrenocorticoidi**, sostanze attive nelle situazioni di stress, nel regolare il metabolismo e nell'accrescimento. Gli **ormoni tiroidei** incrementano il livello basale del metabolismo, accelerano i battiti del cuore e in generale aumentano lo stato di attività e di attenzione. Gli **ormoni sessuali**, *testosterone*, *estrogeni* e *progesterone*, sono prodotti dalle ghiandole sessuali (testicoli nel maschio, ovaie nella femmina) sotto il controllo dell'ipofisi e sono fondamentali nello sviluppo dell'apparato sessuale e dei caratteri sessuali. Il testosterone ha un'importante azione nello sviluppo della forza muscolare, mentre un eccesso di allenamento può alterare la secrezione degli ormoni sessuali femminili.

focus

Mantenere la temperatura

Le attività fisiche svolte all'aperto sono influenzate in modo molto rilevante dalle caratteristiche ambientali, quali la temperatura, l'irraggiamento solare, l'umidità e la ventosità. Tutti questi fattori influenzano la **temperatura del corpo**, che per necessità vitali deve essere mantenuta entro determinati ambiti. Normalmente tale temperatura è di circa 37 °C e deriva dal bilancio tra calore prodotto dalle attività metaboliche nel corpo e calore disperso nell'ambiente esterno. Quest'ultimo è di solito più freddo del corpo, poiché la maggior parte delle attività umane si svolge a temperature comprese tra 5 °C e 35 °C. In un adulto di circa 70 kg, la quantità di calore necessaria per innalzare la temperatura corporea di 1 °C è di 50-60 kcal; per abbassare la temperatura di 1 °C, cioè per eliminare altrettante calorie, sono richiesti circa 100 ml di sudore.

Proporzione tra calore prodotto a riposo e durante l'esercizio.

A riposo il calore prodotto dal corpo può essere paragonato a quello disperso da una lampadina da 100 W; durante l'esercizio fisico, per l'aumento delle reazioni metaboliche, la produzione di calore sale da 10 a 20 volte, facendo crescere la temperatura corporea a più di 38 °C. Ai massimi livelli di intensità di sforzo la quantità di calore prodotto è così elevata che i meccanismi di compenso non riescono a disperderlo alla stesso ritmo: per evitare un eccessivo riscaldamento del corpo, queste attività devono essere di brevissima durata. Durante l'attività fisica il calore viene prodotto soprattutto dai muscoli; attraverso il sangue viene portato alla superficie del corpo, dalla quale deve essere disperso all'esterno. Per migliorare il trasferimento di calore dalla profondità alla superficie del corpo, si verifica un'importante dilatazione dei vasi cutanei: la circolazione del sangue nella cute aumenta fino a 10 volte in corso di esercizio fisico. Il calore in eccesso può essere disperso con diversi meccanismi fisici:
l'evaporazione, la convezione, la conduzione e l'irraggiamento.

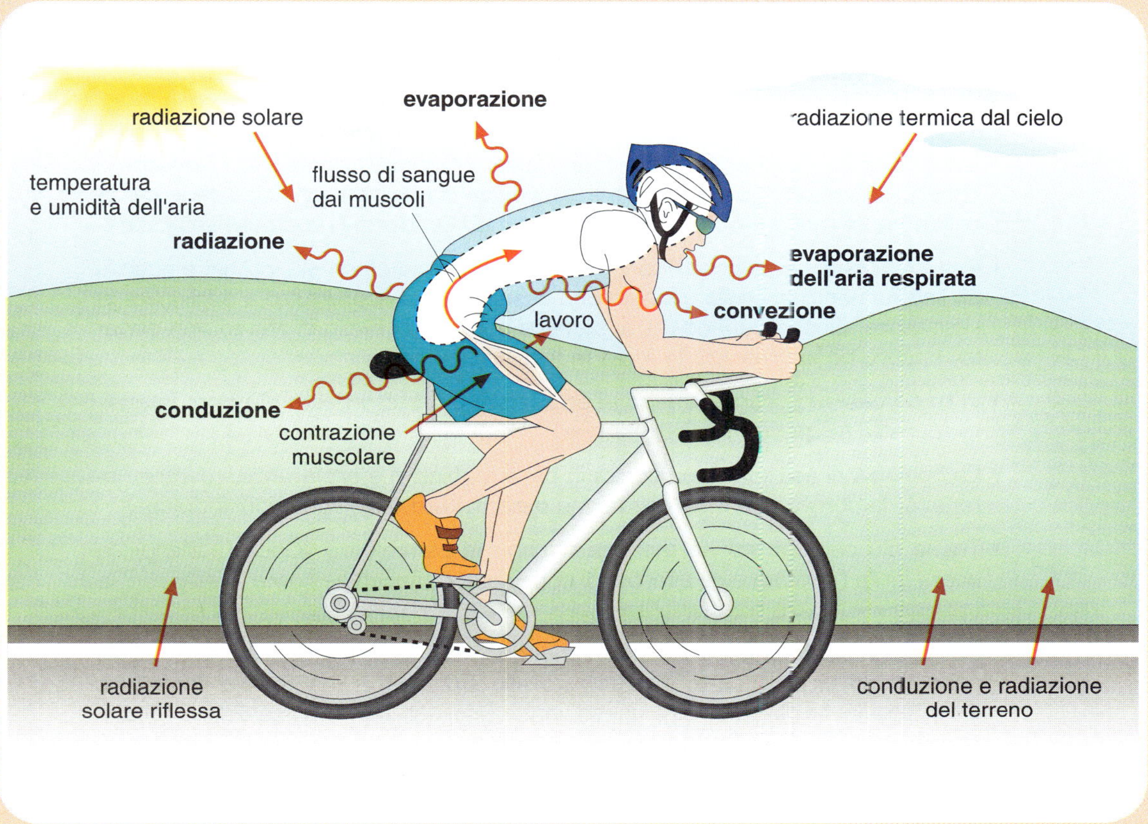

Meccanismi di scambio di calore tra il corpo e l'ambiente esterno.

L'**evaporazione** consiste nella conversione di un liquido in vapore: il passaggio di 1 grammo di acqua dallo stato liquido a quello gassoso richiede circa 0,6 kcal. Tramite la sudorazione apposite ghiandole cutanee stendono sulla pelle un velo di liquido salato, il **sudore**, che evaporando sulla superficie corporea la raffredda. Il raffreddamento è facilitato dalla presenza di vento ed è ostacolato da un'elevata umidità dell'aria. Durante sforzo intenso il corpo umano è in grado di produrre da 1 a 2 litri di sudore all'ora. Questo meccanismo di raffreddamento è molto efficiente, ma disperde molti liquidi. Bisogna ricordare che dei circa 5 litri di sangue circolante, circa la metà sono costituiti da cellule (globuli rossi): la disidratazione durante sforzo fisico intenso è dunque un rischio da tenere sempre presente. L'allenamento aumenta le riserve di liquidi e potenzia la sudorazione, migliorando quindi la tolleranza allo sforzo fisico in ambiente caldo. Una quota minore di liquidi viene persa anche con l'evaporazione dell'aria espirata; anche questa perdita aumenta durante sforzo, per l'incremento della ventilazione polmonare. La **convezione** è il trasferimento di calore attraverso il movimento di un fluido: nelle attività umane si tratta di dispersione di calore dalla pelle all'aria o all'acqua. L'entità della perdita di calore dipende dalle rispettive temperature e dalla velocità dell'aria: un forte vento aumenta moltissimo la dispersione di calore. Nell'acqua, che di solito ha una temperatura ben al di sotto dei 37 °C, il corpo si raffredda rapidamente grazie a questo meccanismo. La **conduzione** è il trasferimento di calore tra due oggetti solidi a contatto. Durante le attività fisiche il raffreddamento del corpo è proporzionale all'area di contatto e alla differenza di temperatura tra i solidi: è un meccanismo di secondaria importanza rispetto ai precedenti. La **radiazione** è il trasferimento di calore da un solido all'ambiente esterno senza bisogno di mezzi di contatto; la radiazione solare può costituire una importante fonte di riscaldamento del corpo durante esercizi all'aperto.

in breve...

- L'abitudine al movimento migliora la nostra efficienza fisica e reca importanti benefici alla salute. La dose minima quotidiana di attività fisica necessaria per la salute non è molto elevata: bastano 30 minuti di attività 5 volte alla settimana.
- Per migliorare certe prestazioni motorie occorrono sforzi più intensi e specifici: l'allenamento sportivo. Questo può essere rivolto soprattutto a migliorare la resistenza, cioè la capacità di sostenere a lungo un livello di sforzo non elevato, oppure ad accrescere la forza muscolare.
- In tutti i casi, un programma di esercizi fisici è caratterizzato da: tipo, intensità, durata, frequenza e progressione.
- La tipologia di esercizi viene scelta in base a obiettivi e preferenze, mentre l'intensità, la durata e la frequenza sono determinate dalle condizioni individuali.
- Tra le più comuni attività motorie ci sono la camminata veloce (*walking*), la corsa lenta (*jogging*) e gli esercizi al coperto con macchine come lo *stepper*, la *cyclette* e il nastro trasportatore.
- Durante l'attività muscolare intervengono meccanismi di adattamento, che consentono di migliorare la tolleranza allo sforzo e di mantenere l'equilibrio delle funzioni fisiologiche. Tra questi vanno ricordati per importanza i meccanismi di regolazione della temperatura corporea.
- L'allenamento accresce l'efficienza di questi meccanismi di adattamento e consente al corpo di rispondere meglio alle esigenze dell'esercizio fisico.

...parole chiave

Movimento cambiamento di posizione del corpo o di una sua parte.

Esercizio fisico attività di grosse masse muscolari che richiede un adattamento generale da parte dell'organismo.

Attività fisica (motoria) il fare dell'esercizio fisico.

Disallenamento cessazione dell'allenamento con perdita dei suoi effetti.

Sovrallenamento eccesso di allenamento con effetti controproducenti.

Fitness, physical efficienza fisica, la capacità del corpo di funzionare al meglio rispondendo ad esigenze di salute e alle necessità motorie.

Sedentarietà inattività fisica, scarsa abitudine all'esercizio fisico.

Endurance capacità di resistere, allenamento per sviluppare la capacità aerobica.

Cuore d'atleta cuore di accresciute capacità, adatto a sforzi aerobici di alto livello.

Sovraccarico carico di lavoro superiore al normale, che può essere dato a scopo allenante.

Walking attività di camminata veloce.

Jogging attività di corsa lenta e prolungata.

Evaporazione trasformazione di liquido in vapore con perdita di calore.

verifiche

Scegli la risposta corretta.

1. Quale di questi termini non ha lo stesso significato di attività fisica?

A esercizio fisico
B attività motoria
C allenamento (in generale)
D movimento

2. Tra le caratteristiche di un esercizio fisico ci sono intensità, durata e:

A frequenza
B difficoltà
C specificità
D fatica

3. Per la salute, per almeno quanto tempo è opportuno svolgere quasi tutti i giorni esercizi fisici?

A 15 minuti
B 30 minuti
C 45 minuti
D 60 minuti

4. Per indicare che cosa è usato il concetto di sovraccarico?

A il sovrallenamento
B il disallenamento
C l'allenamento
D nessuno di questi

5. Che cos'è il MET?

A un'abbreviazione di metabolismo
B un istituto americano di ricerca
C la spesa energetica totale
D la spesa energetica a riposo

6. Che cos'è il *walking*?

A una camminata veloce
B una camminata lenta
C qualsiasi camminata
D una radio portatile

7. Sulla base di che cosa si può stimare il costo energetico del *jogging*?

A distanza e tipo di percorso
B distanza, percorso, peso del corridore
C distanza e velocità di corsa
D peso e allenamento del corridore

8. Qual è l'esercizio fisico che impegna più masse muscolari?

A quello svolto con gli arti superiori
B quello svolto con gli arti inferiori
C quello svolto con tutti e quattro gli arti
D quello svolto prima con gli arti inferiori e poi con quelli superiori

9. Di che cosa ha bisogno il corpo durante l'esercizio fisico?

A di riscaldarsi
B di raffreddarsi
C di mantenere la propria temperatura uguale a quella esterna
D di mantenere il più possibile costante la propria temperatura

10. Grazie a quale meccanismo la sudorazione raffredda il corpo?

A evaporazione
B convezione
C conduzione
D irradiazione

11. In base alla piramide dell'attività fisica, le attività per la forza e la flessibilità quante volte si dovrebbero fare?

A 1 volta alla settimana
B 2-3 volte alla settimana
C 3-5 volte alla sett.
D tutti i giorni

12. In generale, gli esercizi aerobici più adatti per fare attività fisica per la salute sono quelli svolti con:

A gli arti superiori
B gli arti inferiori
C tutti e quattro gli arti
D il tronco

Completa le seguenti frasi scegliendo il termine corretto tra quelli nella parentesi.

1. La velocità è (*maggiore/minore*) nel *walking* rispetto al *jogging*.
2. La spesa energetica giornaliera in attività fisiche deve essere (*almeno/non oltre*) 150 kcal.
3. L'esercizio fisico (*può/non può*) essere fatto anche al di fuori delle palestre.
4. Il cuore d'atleta caratterizza gli atleti che praticano sport di (*forza/resistenza*).
5. La sensazione soggettiva (*è/non è*) un indice dell'intensità dello sforzo.
6. Facendo *jogging* il corridore (*non riesce/riesce*) a parlare mentre corre.
7. Alcune macchine da palestra (*possono/non possono*) simulare esercizi in salita.
8. Lo sforzo per sostenere il peso corporeo (*aumenta/diminuisce*) durante l'esercizio sulla *cyclette*.
9. Tramite la sudorazione si può produrre (*più/meno*) di 1 litro di sudore all'ora.
10. Durante sforzo muscolare la temperatura corporea tende a (*salire/scendere*).
11. Il costo energetico della camminata veloce è (*maggiore/minore*) del *jogging*.
12. Negli esercizi svolti con tutti e quattro gli arti (*è/non è*) coinvolto il tronco.

Crescita e sviluppo motorio

obiettivo didattico

conoscere le modalità dell'accrescimento;
le differenze dello sviluppo fisico tra maschi e femmine;
le tappe dell'apprendimento motorio;
le capacità di espressione corporea.

Nell'essere umano la crescita delle dimensioni corporee, con l'acquisizione completa di tutte le funzioni dell'organismo adulto, è un processo lunghissimo, che occupa tutta la prima parte della vita: approssimativamente da 0 a 20 anni. L'accrescimento avviene per tappe successive, ciascuna delle quali è caratterizzata dalla prevalenza dello sviluppo di uno o più fattori: *peso*, *statura*, *funzioni cerebrali superiori*, *capacità motorie*. L'intero processo è **determinato geneticamente**, sulla base del corredo di cromosomi dei genitori. Altri fattori, come malattie, situazioni ambientali e stili di vita possono avere un'influenza: la regolarità dell'aumento del peso, per esempio, risente in modo notevole dell'alimentazione. Nella regolazione

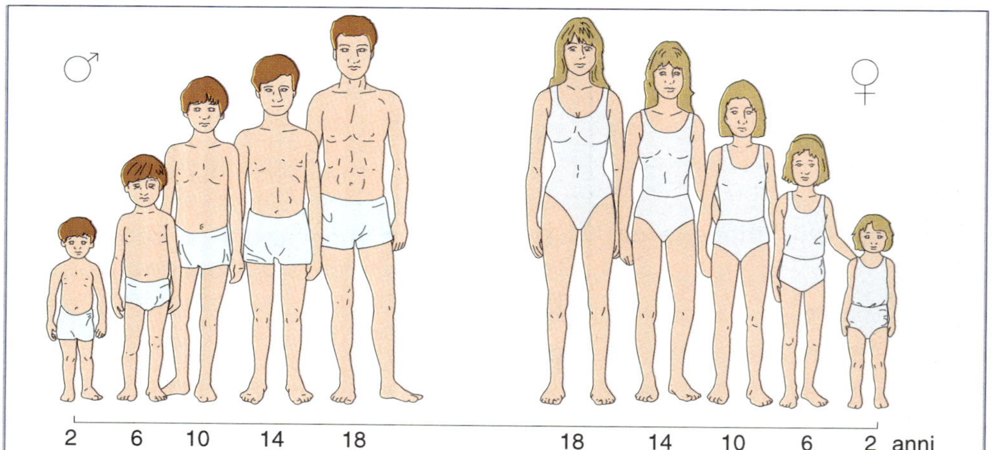

dell'accrescimento intervengono molti ormoni, tra cui vanno ricordati l'**ormone della crescita** (GH, *Growth Hormone*) prodotto dalla ghiandola ipofisi, gli **ormoni tiroidei** che agiscono sul metabolismo, sull'accrescimento e sulla maturazione, gli **androgeni**, secreti dalle ghiandole surrenali che esercitano un'azione simile agli ormoni sessuali maschili, accelerando la crescita alla pubertà, aumentando la massa muscolare e sviluppando alcuni caratteri sessuali secondari.

L'accrescimento

L'**auxologia** è la scienza che studia l'**accrescimento**, il processo con cui il corpo aumenta progressivamente le sue dimensioni e sviluppa la funzionalità di organi e apparati, fino ad arrivare alla forma, alle misure e alle capacità funzionali dell'adulto. L'accrescimento si manifesta con variazioni di dati misurabili, mentre lo **sviluppo** comprende miglioramenti qualitativi e funzionali, difficili da quantificare. L'**età evolutiva**, cioè il periodo che va dalla nascita fino al completamento dello sviluppo, viene di norma suddivisa nelle seguenti fasi:

- **prima infanzia** da 1 a 2 anni
- **seconda infanzia** da 2 a 6 anni
- **terza infanzia** da 6 a 11-12 anni
- **pubertà** da 11-12 a 14-15 anni
- **adolescenza** da 14-15 a 18-22 anni

Questi limiti non hanno un valore assoluto, ma sono molto utili perché individuano tappe obbligate dell'accrescimento, al di là dei possibili anticipi o ritardi del singolo individuo. L'accrescimento inizia fin dalla nascita, quando il neonato è lungo circa 50 cm e pesa circa 3,3-3,5 kg ed è molto rapido nel primo anno di vita: il peso raddoppia entro 4-5 mesi e triplica entro l'anno. Dopo il 2° anno di vita, si può usare questa formula per calcolare approssimativamente il *peso* teorico:

$$\text{peso previsto (kg)} = a \times 2 + 8$$

a = età (anni)

La *statura,* invece, raddoppia al 4° anno e triplica verso il 13°-14°. Anche nel caso della statura esiste una formula orientativa:

$$\text{statura prevista (cm)} = a \times 5 + 80$$

a = età (anni)

L'accrescimento non è uniforme nel tempo né contemporaneo nelle diverse parti del corpo: ogni struttura cresce e matura secondo un proprio calendario. Il segmento superiore del corpo (tronco e capo) alla nascita è nettamente prevalente su quello inferiore (arti inferiori), ma a 2 anni la differenza si è già ridotta e circa a 6 anni si raggiunge un valore di 1:1. La lunghezza della testa a 2 anni è 1/5 della statura, mentre a 12 anni è 1/7 della statura e nell'adulto rappresenta solo 1/8 della statura. Il tronco cresce più velocemente degli arti, ma la statura definitiva dipende soprattutto dalla lunghezza degli arti inferiori. L'accrescimento subisce un'importante accelerazione nella fase della **pubertà**, quando si sviluppano gli *organi sessuali* e si manifestano le *caratteristiche sessuali secondarie.* In questa fase compaiono marcate differenze tra maschi e femmine nella distribuzione dei peli e dei pannicoli adiposi, nella tonalità della voce, nello sviluppo delle masse muscolari. Pur con grande variabilità individuale, la pubertà è di solito più precoce nelle femmine, con inizio verso gli 11 anni, rispetto ai maschi in cui mostra i primi segni a circa 13 anni. Nelle ragazze

la maturità è segnata anche dalla comparsa delle mestruazioni, segnale dell'avvenuta maturazione e dell'inizio dell'attività ciclica di utero e ovaie.
Per valutare il *grado di sviluppo puberale* vengono considerati diversi caratteri, che consentono di classificarlo in stadi successivi. I **5 stadi di Tanner**, per esempio, sono basati sull'esame dello sviluppo dei genitali esterni, delle mammelle e dei peli. Per semplificare questa classificazione i livelli di maturazione puberale si possono ridurre a tre:

- *infantile*, che corrisponde agli stadi 1 e 2 di Tanner
- *intermedio*, che comprende gli stadi 3 e 4 di Tanner
- *maturo*, cioè lo stadio 5 di Tanner

I dati fondamentali dell'accrescimento corporeo sono la **statura** e il **peso**, anche se altri valori, come circonferenze e spessori possono essere utili; con il controllo periodico di queste misure si può documentare la crescita globale e paragonarla con valori di riferimento, più precisi rispetto alle formule precedenti. Questi confronti in funzione dell'età si fanno paragonando i dati misurati con curve standard di accrescimento ottenute da studi su un gran numero di soggetti della stessa età, tenendo conto anche del sesso, della razza e dei fattori ambientali. I valori ricavati dalle misurazioni si esprimono in **percentili** (o *centili*), numeri che vanno da 1 a 99 in una serie ordinata di dati statistici che suddivide la popolazione in 100 gruppi uguali. Ogni percentile divide la popolazione in due percentuali, al di sopra e al di sotto di quel valore: per esempio, il 10° percentile separa il 90% del

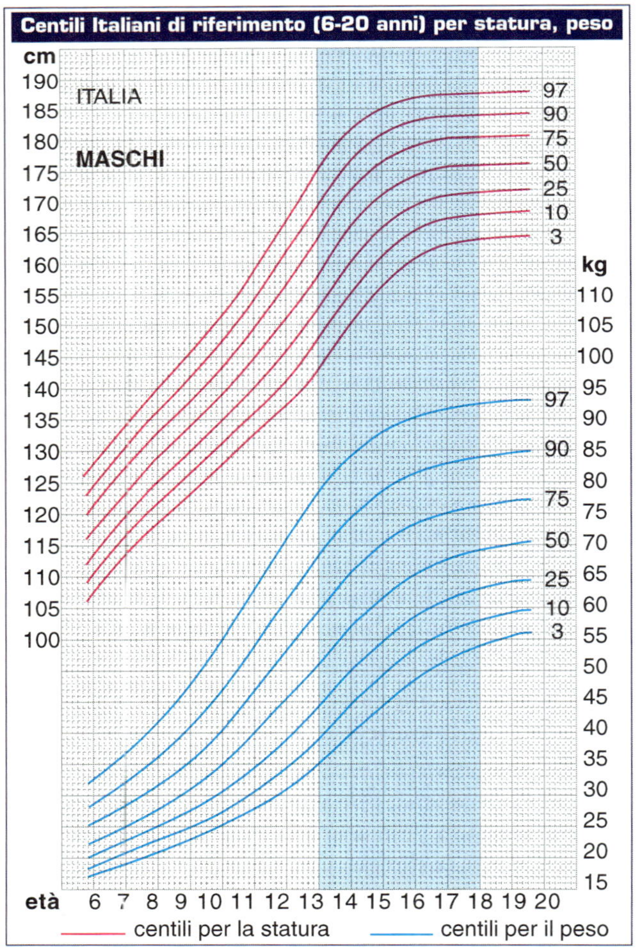

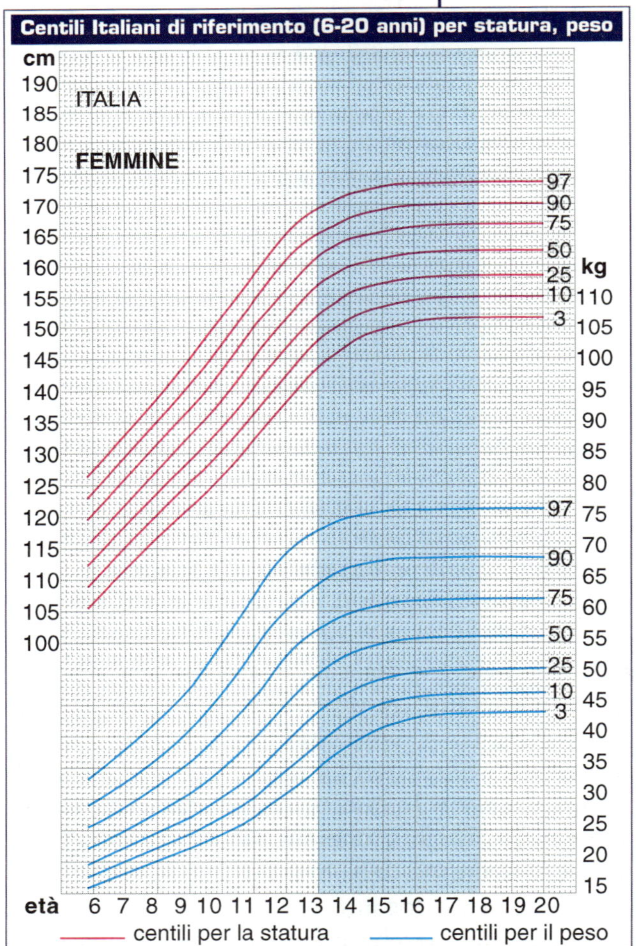

gruppo, che sta al di sopra di quel valore, dal restante 10% che si colloca di sotto. Per la crescita si considerano normali, cioè non patologici, i valori compresi tra il 3° e il 97° percentile. Anche il rapporto peso/statura, espresso dall'**indice di massa corporea** (IMC, ▶pag. 77), durante la crescita non deve essere confrontato direttamente con i valori dell'adulto, ma con le sue curve percentiliche.

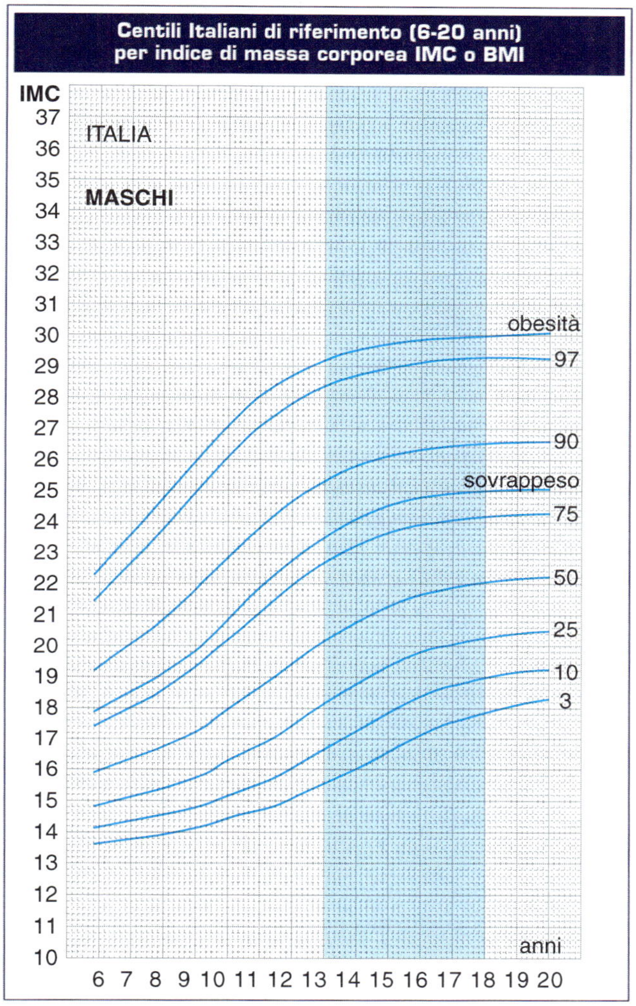

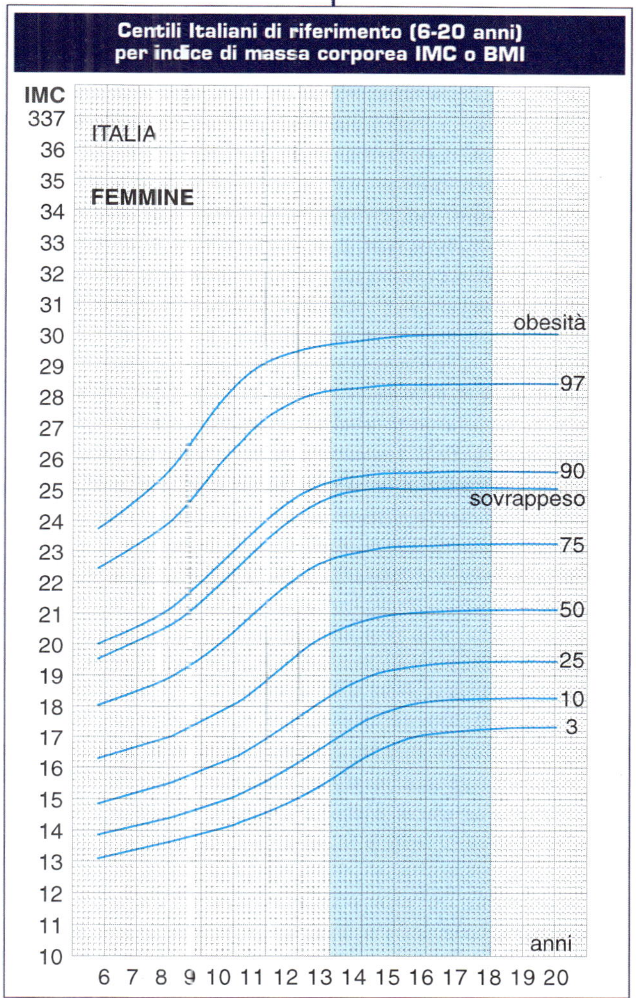

Lo sviluppo delle qualità motorie

La **frequenza del battito cardiaco** nel neonato supera i 140 battiti/min, a 5 anni scende a circa 100 battiti/min e alla pubertà si riduce a 80-90 battiti/min, raggiungendo nell'adolescenza i valori dell'adulto di circa 70 battiti/min. Fino alla pubertà è di solito molto evidente la variazione del ritmo del battito con gli atti respiratori, detta *aritmia respiratoria* (la frequenza accelera nell'inspirazione e rallenta nell'espirazione), che non è un fenomeno patologico. Nel 50% circa dei bambini il medico può percepire tra i battiti un piccolo rumore aggiunto, detto *soffio cardiaco*, dovuto a turbolenze del flusso di sangue che attraversa le valvole del cuore; anche questo fenomeno in gran parte dei casi fa parte dell'accrescimento e non è sintomo di difetti o malattie.
La **frequenza del respiro** è più veloce alla nascita, circa 40 atti/min, e rallenta progressivamente, fino a raggiungere alla pubertà i valori dell'adulto di

15-16 atti/min. I principali valori del sangue raggiungono quelli dell'adulto durante o subito dopo la pubertà.
I bambini e i ragazzi sono predisposti a **sforzi fisici di tipo aerobico** (▶ pag. 66), dato che dopo soli 30 s di esercizio ottengono circa metà dell'energia necessaria attraverso questo meccanismo. Il *massimo consumo di ossigeno*, espressione della potenza aerobica, da 8 a 14 anni è pari a circa 47 e 42 ml/kg/min rispettivamente nei maschi e nelle femmine: questi valori, in rapporto al peso, sono molto simili a quelli dell'adulto non allenato. L'allenamento può ulteriormente migliorare questi valori, soprattutto dopo la pubertà.

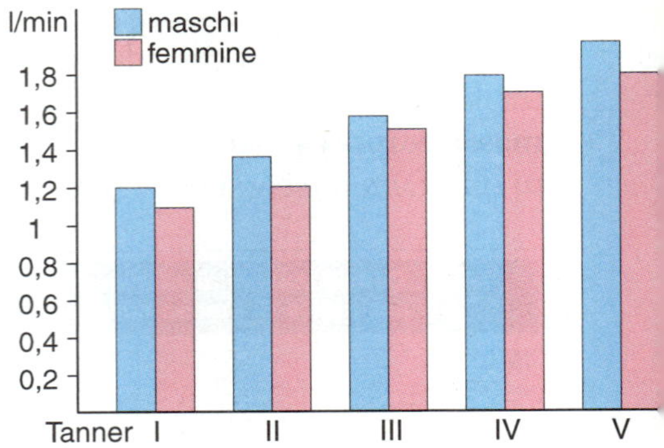

Il massimo consumo di ossigeno in maschi e femmine di 11 anni in relazione allo stadio di maturazione puberale.

Nelle attività sportive il rendimento aumenta con la crescita grazie al perfezionamento della **coordinazione neuromotoria** e alla miglior padronanza del gesto atletico: in proporzione al peso, infatti, il bambino spende più energia dell'adulto per compiere lo stesso sforzo. Le potenzialità di **apprendimento motorio** sono molto spiccate nel bambino e sono specifiche per ogni periodo dello sviluppo. L'acquisizione della capacità di svolgere attività motorie che richiedono notevole coordinazione (andare in bicicletta, nuotare, sciare) può avvenire con maggior facilità prima della pubertà. In questa fase è opportuno che le esperienze motorie siano plurime e non troppo settoriali. Dopo la pubertà si potranno perfezionare i programmi motori più utili per le attività praticate.
Le *scorte energetiche* totali nel soggetto in accrescimento sono minori che nell'adulto, per cui la prestazione fisica può essere sostenuta per periodi meno lunghi. Prima dei 14-15 anni la *sudorazione* è meno efficace, per cui sono meno tollerati gli sforzi in ambienti caldi e poco ventilati. Il **metabolismo anaerobico**, cioè la produzione di energia per i muscoli in assenza di ossigeno, non è ben sviluppato prima dell'adolescenza e non permette di sostenere sforzi intensi con elevata produzione di acido lattico. Anche la **soglia anaerobica**, il livello di intensità dello sforzo in corrispondenza del quale si innesca il metabolismo anaerobico, è più bassa nei bambini e nei ragazzi: essi hanno pertanto minore capacità di sopportare esercizi molto faticosi e prolungati. Migliori sono, invece, le loro capacità in attività intense ma brevi, come salti, scatti e corse veloci, purché seguite da pause di recupero. Lo sviluppo delle qualità motorie dipende in gran parte dal miglioramento del **controllo nervoso** dei movimenti, che progredisce parallelamente all'accrescimento, ma con un'accelerazione dagli 8 ai 10 anni. L'aumento della **forza muscolare** è massimo alla pubertà, in corrispondenza del maggior accrescimento di statura. Grazie al più efficace controllo nervoso, la forza cresce ancor più velocemente rispetto all'aumento della massa muscolare. I muscoli degli arti inferiori sembrano svilupparsi prima di quelli degli arti superiori, mentre quelli del tronco sono gli ultimi a completare lo sviluppo. **Ossa** e **legamenti** sono più elastici ma meno resistenti nel soggetto in accrescimento: nei bambini e nei ragazzi bisogna pertanto usare cautela negli allenamenti con pesi e dispositivi di sovraccarico. Il controllo della posizione eretta a occhi chiusi migliora costantemente prima della pubertà, indicando la progressiva maturazione dei meccanismi nervosi dell'**equilibrio**; dopo la pubertà si può osservare un ulteriore miglioramento a occhi aperti, cioè consentendo anche il controllo visivo dell'equilibrio (▶pag. 48).
I valori osservati nei test di equilibrio sono di solito migliori nelle femmine.

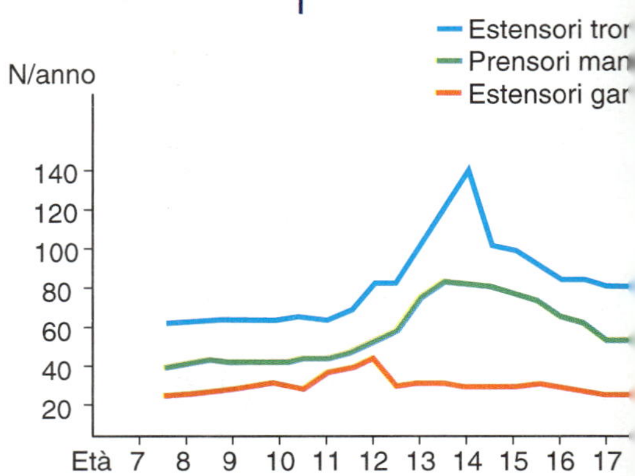

Incremento annuale della forza nei vari gruppi muscolari nei maschi. (N=Newton)

inserto salute

"Lei" e l'attività sportiva

Nella femmina le **mestruazioni** iniziano a circa 12 anni e si manifestano con perdite ematiche per 5-7 giorni ogni 3-4 settimane. L'esordio è alquanto variabile ed è influenzato dalla percentuale di grasso corporeo: se è al di sotto del 16% il flusso mestruale non compare, se è al di sotto del 22% i cicli sono irregolari. Si ritiene che ciò sia dovuto alla trasformazione nel tessuto grasso di alcuni ormoni femminili nella loro forma attiva.
È noto, inoltre, che le atlete di alto livello dedite a sport che richiedono notevole magrezza (corsa prolungata, ginnastica, danza) hanno irregolarità o assenza delle mestruazioni. In questi sport è stato osservato che ogni anno di attività sportiva intensa in età prepubere ritarda di circa 5 mesi l'inizio del ciclo mestruale. Il flusso mestruale può essere un fastidio durante la pratica sportiva, ma generalmente non la impedisce; un'attività fisica o sportiva non intensa può anzi migliorare alcuni disturbi dati dal ciclo. Nelle atlete le migliori prestazioni sportive avvengono di solito nella fase successiva alle mestruazioni, mentre calano in quelle premestruale e mestruale.

Attitudini e motivazioni psicologiche spingono le ragazze a preferire sport diversi dai maschi.

Alterazioni e disturbi del ciclo mestruale	
amenorrea	assenza o meno di 3 mestruazioni/anno
oligomenorrea	meno di 6 mestruazioni/anno
dismenorrea	mestruazioni particolarmente dolorose
sindrome premestruale	insieme di disturbi che compaiono 4-5 giorni prima del ciclo (mal di testa, tensione dolorosa alle mammelle, crampi addominali, aumento fino a 2 kg del peso corporeo con ritenzione di liquidi, disturbi visivi)

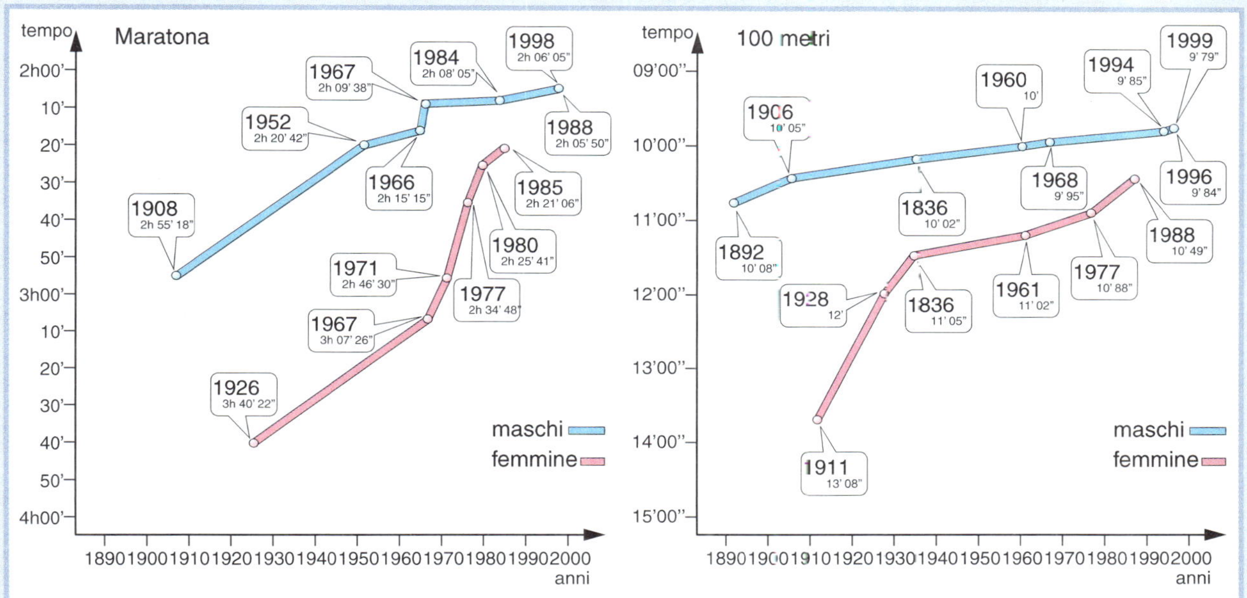

Riduzione delle differenze tra maschi e femmine nelle prestazioni sportive nel XX sec.

La **gravidanza** non è un fenomeno sconosciuto nello sport: ci sono stati casi di atlete incinte che hanno addirittura vinto medaglie d'oro alle Olimpiadi. Dal punto di vista fisiologico, la gravidanza rappresenta in un certo senso un "allenamento" per l'apparato cardiocircolatorio, in grado di migliorare le prestazioni atletiche in alcune fasi della gestazione. Per timore di un possibile uso aberrante della gravidanza, una specie di doping, le atlete incinte sono state escluse dalle competizioni olimpiche a partire dai giochi di Barcellona (1992).

Diverso è il discorso per l'attività motoria e l'attività sportiva moderata, che anzi sono favorevoli, tanto per la futura mamma quanto per il nascituro. Carichi di lavoro moderati potenziano gli effetti fisiologici della gravidanza e ne contrastano gli effetti negativi, come l'eccessivo aumento di peso, lo sbilanciamento in avanti del centro di gravità, l'ostacolato flusso del sangue venoso dalle gambe verso il cuore. Durante lo sforzo muscolare, il feto e la placenta (organo per mezzo del quale avvengono gli scambi di sostanze e gas respiratori tra la madre e il feto) sono un territorio protetto, cioè non vengono esclusi dal flusso di sangue dirottato prevalentemente verso i muscoli. Le attività consigliate alla gravida sono quelle di tipo aerobico, da fare 3-5 volte alla settimana per 30 min, mantenendo la frequenza del battito entro i 150 battiti/min e la temperatura corporea entro i 38,5 °C. Sono controindicati gli sport con elevato rischio di traumi, gli sforzi massimali, l'eccessivo potenziamento dei muscoli addominali e l'attività intensa nel terzo trimestre della gravidanza.

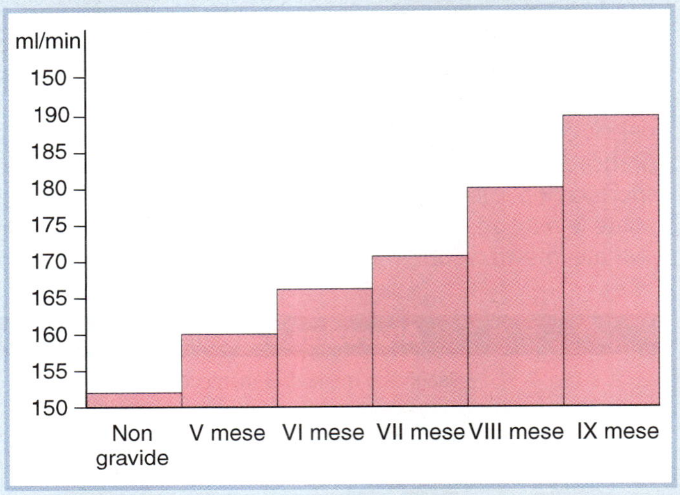

Consumo di ossigeno in vari momenti della gravidanza, in confronto con le non gravide.

Effetti positivi dell'attività fisica in gravidanza

- mantenimento e miglioramento della forma fisica
- miglior controllo dell'aumento di peso
- miglioramento delle condizioni psicologiche
- attenuazione del dolore
- miglioramento della circolazione sanguigna negli arti inferiori

10 regole per l'attività fisica in gravidanza

- esercitarsi regolarmente 3-5 giorni alla settimana
- eseguire sempre il riscaldamento prima e il recupero al termine dell'esercizio fisico
- evitare di eseguire lo stretching fino al punto di massima resistenza
- abolire gli esercizi in posizione supina dopo il terzo mese
- non allenarsi in condizioni climatiche sfavorevoli (umidità e caldo eccessivi)
- evitare salti e sobbalzi per non sollecitare troppo le articolazioni
- controllare il ritmo del battito cardiaco
- alzarsi lentamente da terra per prevenire svenimenti
- preferire gli esercizi aerobici
- bere abbondantemente prima e dopo gli esercizi

focus

Lui e lei in azione

Le differenze fisiche e attitudinali tra maschi e femmine, come mostrato nella tabella, si accentuano a partire dalla pubertà. Dal punto di vista fisico, i maschi diventano più alti, più muscolosi e hanno arti più lunghi delle ragazze. Il temperamento è più orientato al confronto agonistico e sono preferiti sport di squadra con contatto fisico. Le ragazze hanno meno forza muscolare e la differenza con i maschi è più marcata a livello degli arti superiori. Nelle femmine c'è una maggior percentuale di massa grassa e il baricentro del corpo è più basso. La tendenza delle femmine è di preferire sport individuali, o sport di squadra senza contatto fisico violento. Nei grafici seguenti sono evidenziati i 10 sport più praticati a livello agonistico da ragazzi e ragazze minori di 18 anni; il campione è basato su oltre 20 000 visite di idoneità allo sport agonistico svolte nelle ASL piemontesi dal 2000 al 2002. Nello sport ad alto livello le differenze nelle prestazioni tra maschi e femmine sono andate sempre più riducendosi e sta scomparendo anche a livello ufficiale l'esclusione delle donne da alcuni sport, un tempo riservati solo agli uomini (calcio, hockey su ghiaccio, pugilato).

Gli sport più praticati da maschi e femmine fino a 18 anni

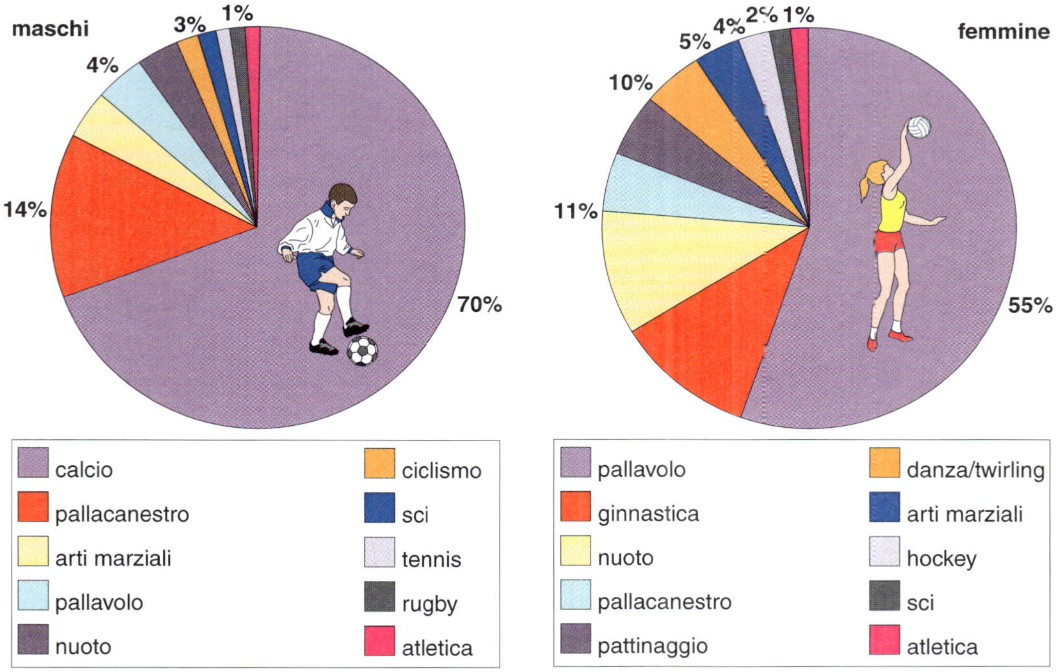

Principali differenze di motivazione psicologica nella pratica sportiva	
interesse per l'attività fisica e sportiva	maschi = femmine
perseguire obiettivi di sviluppo personale sia atletico sia sociale	maschi < femmine
sviluppare e mantenere rapporti sociali	maschi < femmine
confrontarsi in competizione	maschi > femmine
vincere a tutti i costi	maschi > femmine
narcisismo	maschi > femmine
elevare lo status sociale e la propria posizione all'interno del gruppo	maschi > femmine

Attività fisiche e sportive: le principali differenze tra maschi e femmine		
Caratteristica	**Differenze maschio/femmina**	**Conseguenza**
pubertà	femmina 11-14 anni maschio 12-15 anni	tra gli 11 e i 14 anni la femmina è più matura e sviluppata
comportamento	a partire dai 10 anni inizia a differenziarsi nei due sessi	raggruppamento spontaneo tra soggetti dello stesso sesso
attitudini	ben evidenziate a partire dai 10 anni	diverse preferenze in giochi e sport
statura	la statura finale delle femmine è in media 13 cm inferiore a quella dei maschi; la statura media delle femmine raggiunge circa il 90% di quella dei maschi	il maschio è favorito nei lanci e in alcuni sport di squadra e di combattimento
peso	il peso definitivo delle femmine è da 14 a 18 kg inferiore a quello dei maschi; il peso delle femmine raggiunge circa l'80% di quello dei maschi	a parità di altre condizioni, i maschi sono favoriti nelle attività di potenza, le femmine in quelle di resistenza (corsa prolungata)
costituzione	il maschio è più longilineo ed ha arti più lunghi	il maschio è avvantaggiato nelle corse e nei salti, la femmina è favorita nella ginnastica
baricentro	nel maschio è in media più in alto del 6% (a sviluppo completato)	il maschio è favorito nel salto in alto, la femmina è agevolata nell'equilibrio e nella ginnastica
massa muscolare	maggiore nel maschio (dopo la pubertà)	il maschio ha più forza, velocità e potenza
grasso corporeo	maggiore nella femmina (dopo la pubertà)	la femmina è favorita nel nuoto (galleggia meglio)
spalle e bacino	spalle più larghe nel maschio e bacino più ampio nella femmina (dopo la pubertà)	il maschio lavora meglio con gli arti superiori, la femmina è più stabile sulle gambe
frequenza cardiaca	superiore di 5-10 b/min nella femmina, sia a riposo che sotto sforzo, con frequenza massima uguale	la femmina è lievemente sfavorita nelle attività aerobiche
gittata sistolica e contenuto di emoglobina nel sangue	inferiori nella femmina	la femmina ha minore capacità di trasporto di ossigeno e meno resistenza aerobica

Comunicare con le parole e con il movimento

Con la crescita si sviluppano anche le capacità espressive, attraverso le quali si comunicano ad altri pensieri, emozioni, sentimenti. Letteralmente **comunicare**, dall'espressione latina *communis agere*, significa mettere in comune, cioè condividere con altre persone. La comunicazione è uno scambio di informazioni che richiede:

- una persona che produce un messaggio,
- un messaggio, cioè l'oggetto della comunicazione,
- un canale, cioè la via attraverso cui il messaggio viene inviato,
- uno o più riceventi, destinatari del messaggio,
- un messaggio di ritorno, implicito o esplicito, che confermi o meno il raggiungimento della comunicazione.

Per tradurre il pensiero in messaggio occorre una codifica, cioè la trasformazione dell'attività mentale in qualcosa che può essere trasmesso e compreso. Il codice più usato è il **linguaggio**, in forma **verbale** o scritta. Ma esiste anche una **comunicazione non verbale**, che utilizza gesti, atteggiamenti del corpo, espressioni del viso. Questa seconda forma di comunicazione è molto più antica della prima: anche se meno intellettuale, è più radicata nell'essere umano e inconsciamente la sovrasta. Se la comunicazione non verbale è coerente con quella verbale, la rinforza: un sorriso accentua il significato di un elogio. Se, viceversa, i due messaggi sono contraddittori, prevale il significato della comunicazione non verbale: un atteggiamento di disinteresse annulla il significato di parole di stima. L'intonazione, il timbro, il volume della voce insieme al ritmo e alle pause del discorso costituiscono la **comunicazione paraverbale**: arricchiscono il significato delle parole e danno loro un contenuto emotivo.

Le 5 regole della comunicazione

1. È impossibile non comunicare (un atteggiamento indifferente comunica l'intenzione di non comunicare).
2. Ogni comunicazione ha aspetti verbali e non verbali: il "razionale" e "l'istintivo".
3. La comunicazione è un processo continuo, in cui non si può arbitrariamente fissare un inizio e una fine: ogni messaggio è influenzato dal precedente e influenza il successivo.
4. In ogni comunicazione ci sono aspetti di contenuto e di relazione interpersonale: non si trasmettono "oggetti" ma "intenzioni".
5. Gli scambi di informazioni sono simmetrici (basati sulla parità dei partecipanti) o complementari (basati sulla differenza: il capo e il sottoposto): in ogni caso si stabilisce una relazione.

Applaudire, annuire con il capo, inclinare la testa, sorridere, avvicinarsi, sono gesti che esprimono approvazione e interesse. Sbadigliare, guardare in giro, guardare l'orologio, appoggiarsi stancamente sulla sedia, accavallare le gambe e tenere le braccia conserte sono percepiti come segni di fastidio o disinteresse.

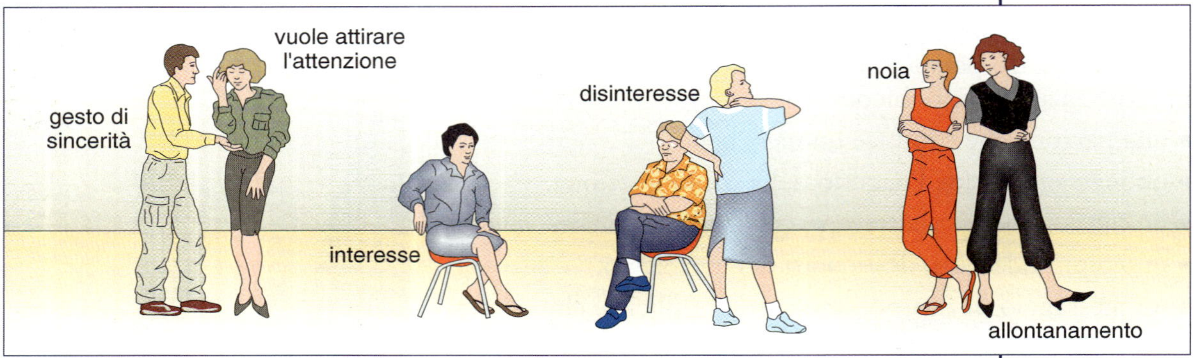

Linguaggio non verbale espresso da atteggiamenti del corpo.

Le modificazioni fisiologiche alla base della gestualità e dell'espressività comprendono attività volontarie e involontarie. La muscolatura facciale può far assumere al volto molte espressioni diverse, quella degli arti e del tronco possono modificare gli atteggiamenti del corpo e la posizione delle sue parti. Dalla moltitudine di gesti che si possono compiere, se ne possono raggruppare alcuni in base alla finalità:

- *gesti espressivi*, che esprimono e comunicano sentimenti (alzare le spalle);
- *gesti mimici*, che imitano un oggetto o un'azione, rafforzano con un simbolismo le parole che si dicono (i gesti degli imitatori);
- *gesti simbolici*, sottolineano con forza una caratteristica di ciò che si intende comunicare (battere i pugni sul tavolo, indicare qualcuno o qualcosa);
- *gesti d'intenzione*, che anticipano le parole (tendere la mano prima di salutare);
- *gesti di trionfo*, come fare la "V" con le dita;
- *gesti d'affetto*, come fare una carezza o abbracciare;
- *gesti di insulto o di minaccia*, che esprimono ostilità;
- *gesti tecnici o codificati*, segnali convenzionali che in un certo contesto hanno un significato prestabilito (i gesti dell'arbitro, del vigile urbano).

Tra le attività involontarie legate all'espressività si possono ricordare quelle controllate dal sistema nervoso autonomo: variazioni del ritmo del battito cardiaco e del respiro, modificazioni della circolazione sottocutanea (arrossire, impallidire), sudorazione, ansietà.
Alcune attività sportive evidenziano particolarmente l'importanza dell'espressività, che fa parte integrante della prestazione e ne costituisce elemento di valutazione tecnica. Si tratta di discipline che abbinano la prestazione fisica al senso estetico e artistico, accompagnato da una base musicale: danza, ginnastica ritmica, pattinaggio artistico, nuoto sincronizzato. In altri casi l'espressività è un fattore di comunicazione tra atleti: negli sport di squadra per coordinare l'azione del gruppo, in quelli individuali per cogliere segni di difficoltà o di stanchezza nell'avversario.
Qualunque sia il contesto, comunicare è una inevitabile necessità della vita moderna in cui le persone intrecciano continuamente relazioni; è importante sapere che il linguaggio del corpo esprime pensieri ed emozioni in modo più efficace, più continuo e più coerente di quanto faccia la comunicazione verbale.

in breve...

- L'accrescimento è il processo con cui il corpo acquista dimensioni e funzioni tipiche dell'adulto. I dati fondamentali per valutare tale processo sono il peso e la statura, i cui valori possono essere confrontati con curve di accrescimento ottenute dall'osservazione di ampie casistiche.
- La pubertà, che avviene circa a 12 e 13 anni rispettivamente nelle ragazze e nei ragazzi, è una fase di notevole impulso della crescita.
- Con la pubertà si sviluppano gli organi sessuali e si caratterizzano maggiormente le differenze tra i sessi, anche dal punto di vista delle prestazioni motorie. La pubertà segna anche il passaggio dell'organismo dalla fase infantile all'adolescenza, in cui vengono gradualmente raggiunte le capacità dell'adulto nelle attività motorie e sportive.
- Nelle ragazze iniziano in questa fase le mestruazioni, che sono il segnale dell'avvenuta maturazione e dell'inizio dell'attività ciclica di utero e ovaie, che ha relazioni anche con l'attività fisica e quella sportiva.
- La gestualità del corpo, che si esprime attraverso atteggiamenti e movimenti simbolici, è un potente strumento di comunicazione, il processo con cui le persone si mettono in relazione tra loro e si scambiano informazioni.

...parole chiave

Crescita aumento dimensionale del corpo

Sviluppo maturazione di organi e apparati con acquisizione delle funzionalità dell'organismo adulto

Età evolutiva il periodo di tempo in cui si verifica la crescita

Pubertà fase della crescita in cui si sviluppano gli organi genitali e si manifestano le caratteristiche che differenziano i sessi

Centile o percentile valore che separa due percentuali in una serie di dati statistici divisa in 100 gruppi uguali

Mestruazioni periodiche perdite di sangue dall'apparato genitale femminile

Amenorrea assenza completa o quasi delle mestruazioni

Comunicazione scambio di informazioni tra persone

Linguaggio modalità di comunicazione verbale o scritta che usa un codice costituito dalle parole

Gesto movimento con intenzione comunicativa

verifiche

Scegli la risposta corretta.

1. Quale di questi fattori non ha influenza sulla crescita?

[A] patrimonio genetico
[B] attività sportiva
[C] alimentazione
[D] azione degli ormoni

2. Oltre a peso e statura, quali sono i dati anatomici che indicano l'accrescimento?

[A] circonferenze
[B] percentili
[C] massa grassa
[D] massa magra

3. Quale periodo di tempo approssimativamente comprende l'età evolutiva?

[A] da 0 a 14 anni
[B] da 6 a 18 anni
[C] da 0 a 20 anni
[D] da 14 a 20 anni

4. La pubertà può essere definita come la fase in cui:

[A] si cessa di crescere
[B] si inizia a crescere
[C] compaiono gli organi genitali
[D] si differenziano maggiormente i sessi

5. Prima della pubertà bambini e bambine, rispetto agli adulti, hanno:

[A] più forza
[B] più resistenza
[C] più elasticità
[D] più capacità anaerobica

6. Che cosa non può fare durante la gravidanza la donna sportiva?

[A] partecipare alle Olimpiadi
[B] fare attività fisica in genere
[C] fare sport in genere
[D] fare ginnastica in preparazione al parto

7. Che cosa può provocare l'attività sportiva intensa nelle ragazze?

[A] comportare sterilità
[B] dare irregolarità delle mestruazioni
[C] aumentare il grasso corporeo
[D] mostrare un calo di prestazioni dopo il ciclo

8. Quali sono rispettivamente gli sport preferiti da ragazzi e ragazze?

[A] calcio e danza
[B] calcio e nuoto
[C] pallacanestro e pallavolo
[D] calcio e pallavolo

9. Che cosa significa comunicare?

[A] parlare
[B] scrivere
[C] scambiare informazioni
[D] mandare messaggi

10. La comunicazione è sia verbale sia:

[A] non verbale
[B] scritta
[C] a gesti
[D] in codice

Completa le seguenti frasi scegliendo il termine corretto tra quelli proposti fra parentesi.

1. La velocità di crescita è (*maggiore/minore*) alla pubertà.

2. L'infanzia è la fase che viene (*prima/dopo*) la pubertà.

3. In genere la statura si triplica rispetto alla nascita (*prima/dopo*) i 12 anni.

4. Nelle curve di crescita la normalità è posta (*sopra/sotto*) il 97° percentile.

5. Dopo la pubertà il ritmo del cuore e del respiro sono (*più/meno*) veloci.

6. L'attività sportiva intensa può (*accelerare/ritardare*) l'inizio delle mestruazioni

7. La donna in gravidanza (*può/non può*) fare esercizi aerobici

8. Nella comunicazione (*intervengono/non intervengono*) fattori istintivi

2

Palestra, pista e altro

Ambienti per l'esercizio fisico

L'esercizio fisico necessita di ambienti idonei per essere effettuato in modo corretto e salutare. Gli spazi devono essere adeguati e attrezzati in base all'obiettivo prefissato. In questo capitolo esamineremo come dovrebbero essere strutturate le palestre scolastiche per consentire lo svolgimento non solo dell'attività curricolare, ma anche di possibili esercizi per lo sviluppo della capacità della forza, in particolare, si descriverà la sala pesi per la muscolazione. Per l'esecuzione e la comunicazione degli esercizi ginnici sono spiegati i fondamenti fisici su cui si basa il movimento e la terminologia tecnica per la sua descrizione.

La palestra

La palestra è il luogo deputato allo svolgimento delle lezioni di educazione fisica e deve presentare alcune caratteristiche specifiche, essendo un "laboratorio" in cui vengono insegnate ed esercitate determinate attività pratiche. Come per tutti i laboratori il livello e la qualità dell'insegnamento e delle esercitazioni è direttamente proporzionale alla dotazione strumentale.

L'attrezzatura

Il punto di forza delle palestre è una dotazione completa di attrezzature, che può anche supplire a carenze strutturali del locale.
Gli attrezzi sono distinti in *grandi* e *piccoli*. Nella tabella che segue è riportato l'elenco degli attrezzi che costituiscono una dotazione completa, necessaria per praticare la normale attività curricolare. I **grandi attrezzi** sono generalmente strutture fisse, talvolta rimovibili, che vengono utilizzate in comune da tutti gli allievi. Sono per esempio grandi attrezzi le *spalliere* non rimovibili e fissate alle pareti, il *palco di salita*, la *rete da pallavolo*. I **piccoli attrezzi** sono invece d'uso individuale e facilmente trasportabili; non sono fissi e dovrebbero essere disponibili in numero di uno per ogni allievo. Esempi di piccoli attrezzi sono le *palle mediche*, le *funicelle* o le *palle di gomma*.

Grandi attrezzi	Piccoli attrezzi
6 campate di spalliere	30 palle di gomma di vari diametri 15/20, 20/25, 25/35 cm)
2 cavalline	
1 cavallo	30 palle da tennis
4 pedane rigide	20 palle mediche (1 kg)
2 pedane elastiche per salti	20 palle mediche (2 kg)
1 palco di salita (4 pertiche, 4 funi)	20 palle mediche (3 kg)
1 quadro svedese	30 funicelle
2 paia di ritti per salti	30 cerchi
1 trave orizzontale graduabile	30 paia di appoggi Baumann
5 panche	30 bacchette (100 cm)
10 ostacoli	30 bacchette (100 cm, 2 kg)
8 tappetini (1 m × 2 m × 10 cm)	30 paia di clavette
3 tappeti (1 m × 2 m × 40 cm)	30 paia di manubri (2 kg)
1 parete per arrampicata (moschettoni, corde, imbragature per 3 coppie)	5 palloni da calcetto
	5 palloni da pallamano
1 paio di anelli	5 palloni da pallavolo
1 rete di pallavolo (e pali rimuovibili per fissarla)	5 palloni da pallacanestro
2 canestri da pallacanestro	30 tavolette basculanti per ginnastica propriocettiva

Uso dei grandi attrezzi

I grandi attrezzi derivano dalla tradizione ginnica della fine dell'Ottocento e dei primi decenni del Novecento, soprattutto di area tedesca, e dalla ginnastica medica di origine svedese. Sono finalizzati allo sviluppo dei muscoli e della postura. Accanto all'uso convenzionale di questi attrezzi, è possibile fare di essi un uso non convenzionale sfruttando la forma degli attrezzi come ancoraggio od ostacolo per l'esecuzione di esercizi che sviluppano ulteriori qualità o abilità fisiche. Queste esercitazioni non convenzionali possono rendere più stimolante la lezione di educazione fisica, con il coinvolgimento degli allievi nella loro ideazione. Quali esempi di grandi attrezzi si possono indicare i seguenti.

Palco di salita: grande attrezzo costituito da pertiche e funi; serve per allenarsi ad arrampicare; può anche essere utilizzato per eseguire traslocazioni. Un uso non convenzionale può essere quello di utilizzare le pertiche sfilate dai sostegni e le funi sganciate come ostacoli o sovraccarichi per esercizi di potenziamento di gruppo.

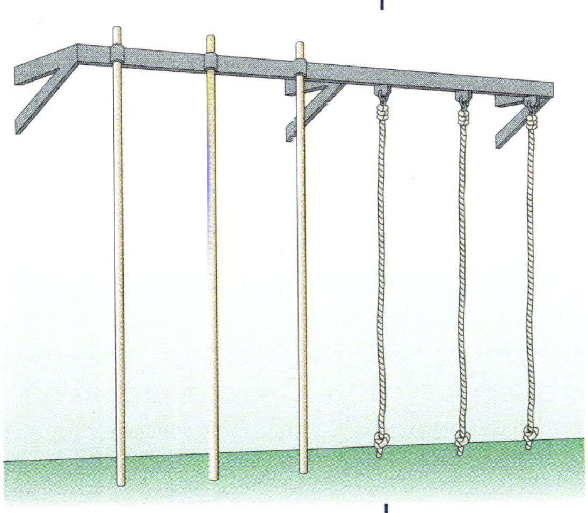

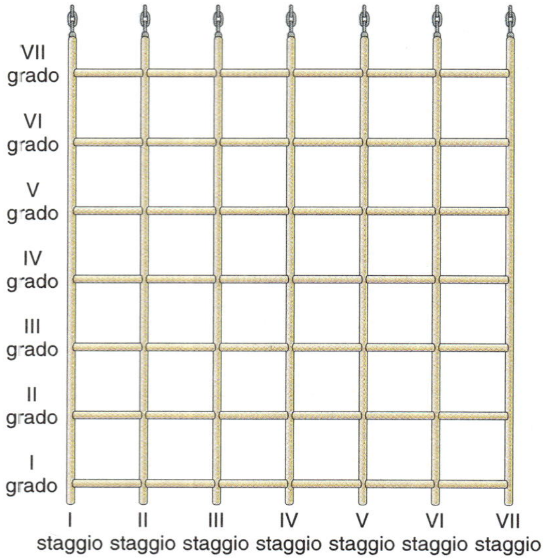

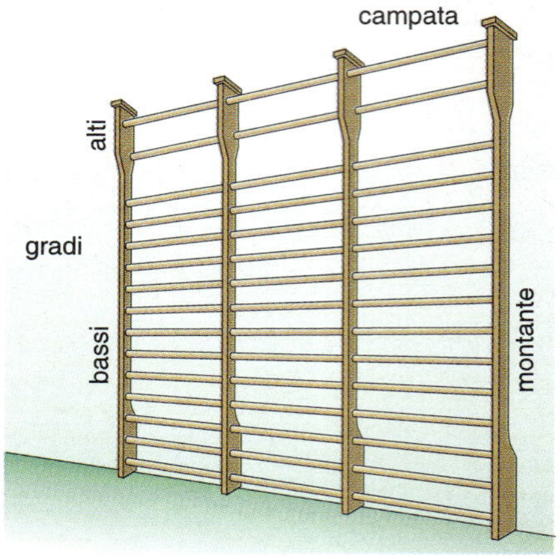

Schema del quadro svedese con numerazione dei gradi e degli staggi.

Quadro svedese: grande attrezzo formato da una serie di quadri creati da staggi verticali, o montanti, e da correnti orizzontali. L'uso classico è quello delle traslocazioni effettuate attraverso sequenze di movimenti codificati. Come uso non convenzionale si propone di usare gli spazi dei quadri come canestri o bersagli per allenare le capacità balistiche degli alunni.

Spalliera: grande attrezzo composto da montanti verticali fissati alla parete e da pioli orizzontali infissi nei montanti. Gli ultimi due pioli sono più sporgenti rispetto a quelli sottostanti per facilitare l'esecuzione degli esercizi in sospensione. L'uso tradizionale è l'esecuzione di esercizi in appoggio o in sospensione; un uso non convenzionale dell'attrezzo può comprendere esercizi di traslocazione, il suo utilizzo come appoggio per salti in basso o per l'ancoraggio di corde per traslocazioni in sospensione.

Cavallo/cavallina: grande attrezzo formato da un corpo imbottito a base piatta privo di spigoli, sostenuto da quattro sostegni orientati diagonalmente verso l'esterno, in modo che la base di appoggio risulti più larga onde evitare il ribaltamento dell'attrezzo in caso di forti spinte laterali; i sostegni possono essere allungati telescopicamente. L'uso convenzionale è il volteggio; un uso non convenzionale è quello di usarlo in qualità di "porta" in cui segnare da ambo i lati, o come ostacolo da superare in un percorso sottopassandolo.

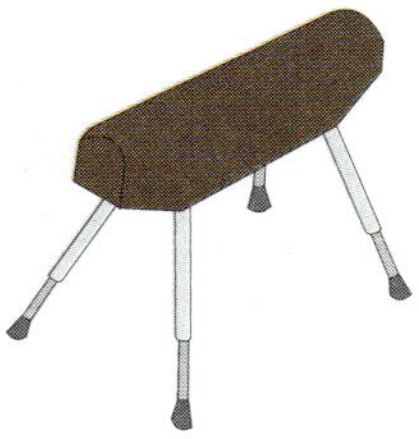

Panca: grande attrezzo di forma e dimensioni estremamente variabili, lungo di norma 2-2,40 m, largo 30-40 cm e alto circa 40 cm. Il suo uso convenzionale è molto vario e può servire per la propedeutica ad altri attrezzi. Si può utilizzare per andature su piano rialzato, salti in alto e in basso, volteggi, appoggio.

Asse di equilibrio: grande attrezzo costituito da un asse lungo di norma 5 m, largo 5 cm, alto 10 cm e da tre basi che si applicano alle estremità e al centro dell'asse. Si tratta di un attrezzo ideato per sviluppare le capacità di equilibrio; un uso non convenzionale può essere il suo utilizzo come sovraccarico di gruppo per esercizi di potenziamento.

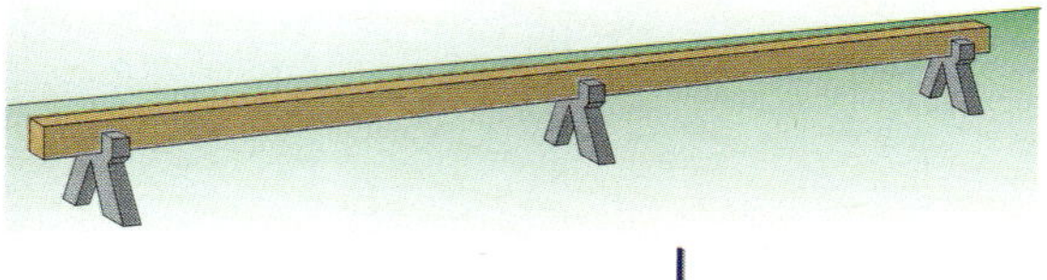

Palestra per il potenziamento muscolare

L'insistenza mediatica e pubblicitaria in materia di attrezzature e abbigliamento sportivo e la proposta di un determinato canone estetico hanno trasformato in esigenza comune il potenziamento muscolare, perseguito senza un obiettivo prestabilito di tipo sportivo, ma solo allo scopo di migliorare la propria efficienza fisica: è ciò che si definisce *fitness*. Si tratta di un'attività valida se praticata nella giusta misura. Come per lo sport in generale, anche e soprattutto per il *fitness* vale la considerazione che l'attività fisica è come un farmaco: se assunto in eccesso intossica, se assunto nella giusta dose cura e mantiene in salute.
In alcuni istituti superiori sono state create delle sale pesi a supporto dell'educazione fisica e come centro di aggregazione degli studenti nelle ore extracurricolari. Si tratta di ottime iniziative, che non devono però andare a sostituire l'attività di educazione fisica tradizionale, che ha il compito di fornire una completa e varia esperienza sportiva e motoria, anche all'aperto.
La palestra con attrezzature di potenziamento deve essere dotata di attrezzi di sovraccarico liberi, di macchinari di muscolazione e di elastici di varia estensibilità e altri attrezzi elastici. Gli **attrezzi di sovraccarico liberi** sono i più antichi strumenti per l'allenamento della forza muscolare e sono da sempre utilizzati a questo scopo. Tra essi sono compresi i manubri, i bilancieri, le scarpe di ferro, il rullo per gli avambracci.

Manubri. Sono attrezzi di peso variabile da 500 g a oltre 25 kg. I manubri possono essere **fissi**, con il corpo centrale e le estremità formate mediante un'unica fusione di leghe metalliche; esistono anche in plastica, con la possibilità di essere riempiti di sostanze diverse, acqua, sabbia o piombini, raggiungendo così con lo stesso volume un peso diverso. O, ancora, possono essere **liberi**, cioè costituiti da un cilindro centrale in acciaio alle cui estremità possono essere inserti dei dischi di diverso peso.

Bilancieri. Sono formati da una barra d'acciaio alle cui estremità si inseriscono dei dischi di peso variabile, da pochi chili fino a oltre 200 kg, come avviene nelle prove olimpioniche. Esistono anche bilancieri particolari, i bilancieri Kambered, la cui barra centrale forma degli angoli, consentendo impugnature che intensificano lo sforzo in determinati distretti muscolari.

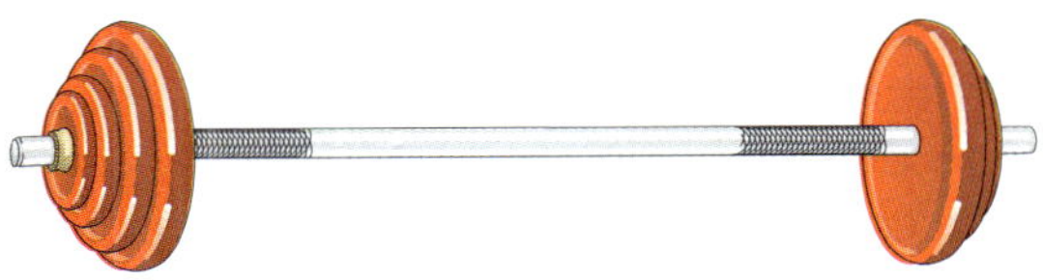

Scarpe di ferro. Si tratta di una struttura in ferro formata da una spessa suola metallica con un bordo posteriore, a cui l'atleta fa aderire il tacco della propria calzatura, e cinghie che permettono di fissare la struttura alla scarpa. È inoltre possibile aumentare il sovraccarico inserendo un manubrio libero.

Scarpe metalliche: utili nell'allenamento delle gambe, in particolare degli adduttori.

Rullo per gli avambracci. Costituito da un tubo metallico o da un cilindro in legno a cui è fissato un cavo. All'altro capo del cavo è legato un peso. L'esercizio consiste nell'arrotolare il cavo sul rullo, mantenendo le braccia tese e compiendo un movimento alternato dei polsi in su e in giù, fino a che il peso arrivi a toccare il rullo, e nel movimento inverso.

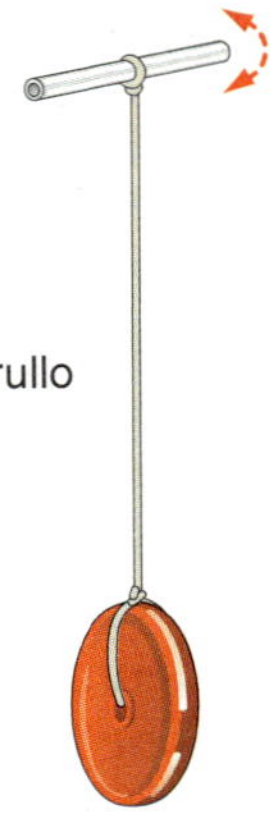

I **macchinari per la muscolazione** sono strutture meccaniche che, mediante leve, carrucole e tiranti, realizzano lo spostamento nello spazio del punto in cui l'atleta applica la sua forza. Questo comporta l'uso di specifici distretti muscolari o di un solo muscolo; si tratta pertanto di un tipo di allenamento estremamente analitico, graduabile mediante la selezione dell'entità del peso da spostare. Esistono diversi tipi di macchinari, tra cui i principali sono i seguenti:

Lat-machine. Barra a cui è fissato un carico mediante un cavo con doppia carrucola viene tirata dall'atleta verso le spalle, flettendo le braccia. Serve a potenziare i muscoli dorsali, il bicipite omerale e i pettorali.

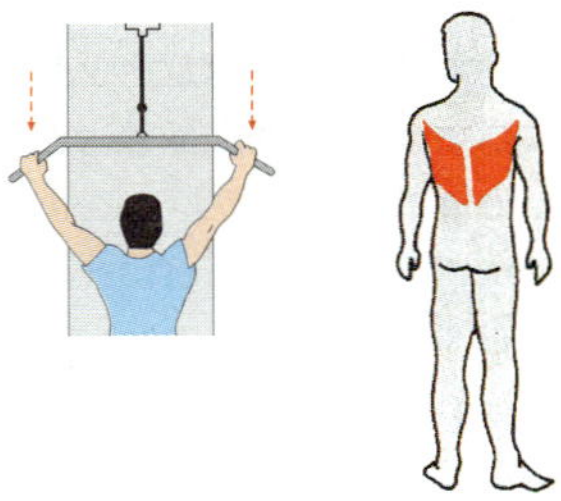

Si tira una barra verso le spalle, adducendo flettendo le braccia.

Pulley. L'atleta compie un movimento di trazione, con flessione delle braccia, portando una barra al petto e spostando il peso legato alla barra tramite un cavo. L'esercizio viene eseguito in posizione seduta ed è funzionale al potenziamento dei muscoli dorsali, del bicipite omerale e dei pettorali.

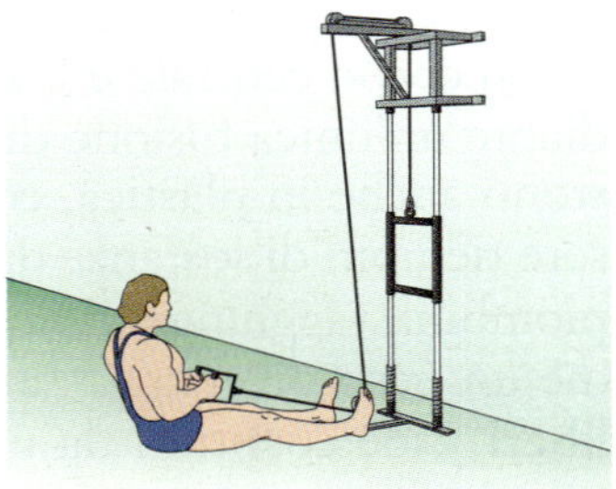

Pulley.

Leg-extension. Macchinario formato da un carico fissato mediante un cavo a una leva con grosse imbottiture laterali, su cui l'atleta, seduto, appoggia il collo dei piedi per spostare il carico estendendo il ginocchio ad anca fissa. Serve a potenziare il quadricipite femorale.

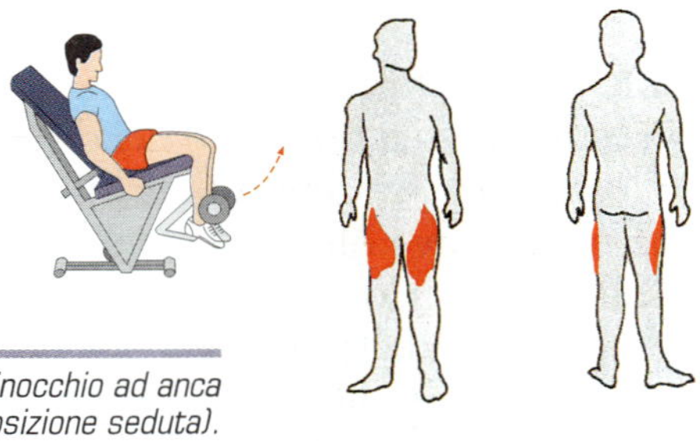

Leg-extension: per l'estensione del ginocchio ad anca fissa (posizione seduta).

Leg-curl. Macchinario formato, come il precedente, da un carico fissato mediante un cavo a una leva con grosse imbottiture laterali, su cui l'atleta, posto in decubito prono, appoggia i talloni. Lo spostamento del carico è dato dal movimento di flessione della gamba sulla coscia. Serve a potenziare i muscoli posteriori della coscia.

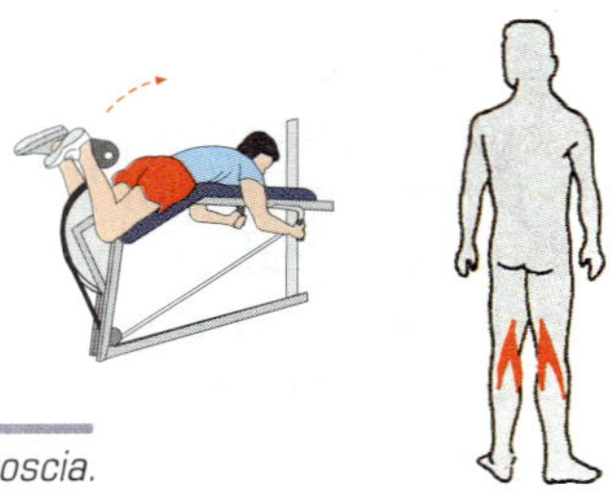

Leg-curl: per la flessione della gamba sulla coscia.

Leg-press. Mediante l'estensione dell'anca e del ginocchio l'atleta, seduto con un'inclinazione di 45° verso l'alto e le gambe raccolte, provoca lo scorrimento di un piano e lo spostamento del carico collegato a esso. Serve a potenziare la muscolatura estensoria degli arti inferiori, i glutei, il quadricipite femorale.

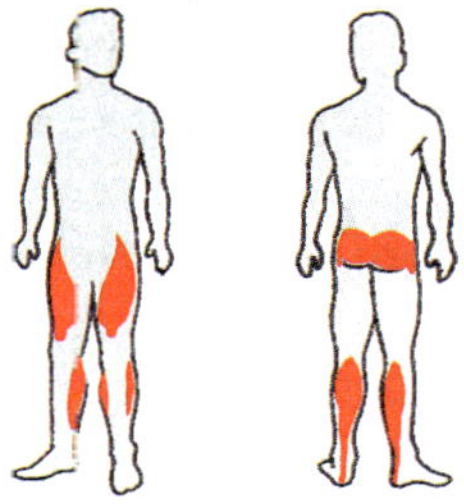

Leg-press: per l'estensione dell'anca e del ginocchio.

Calf Machine. Macchinario per lo sviluppo della forza, della resistenza e dell'elasticità di caviglie e polpacci. L'atleta, in piedi su un rialzo con le caviglie in massima flessione, provoca mediante l' estensione delle caviglie l'innalzamento di una leva che poggia sulle sue spalle e lo spostamento del carico direttamente collegato alla leva da un cavo.

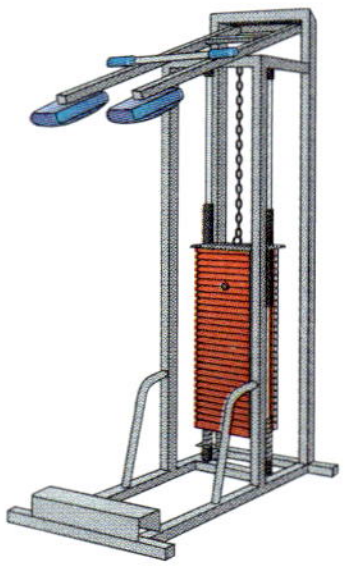

Calf-machine: sviluppa forza, resistenza ed elasticità di caviglie e polpacci.

Hack-squat. Macchinario per il potenziamento delle gambe formato da un supporto imbottito scorrevole su guide fortemente inclinate, su cui si appoggiano la schiena e le spalle, con le gambe piegate. Mediante l'estensione delle gambe l'atleta sposta il carico collegato al piano scorrevole.

Hack-squat: equipaggiamento fondamentale per il potenziamento e lo sviluppo delle gambe.

Peck-deck. Leva con impugnatura a V, a cui è fissato un carico variabile, che l'atleta sposta mediante la spinta delle braccia verso l'alto, estendendo i gomiti. Serve per l'allenamento di spalle, schiena, trapezi, torace.

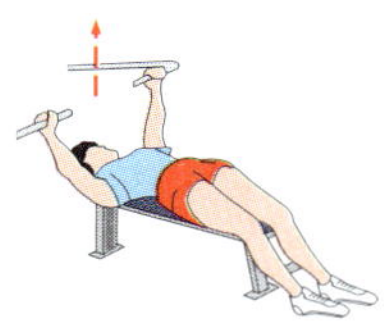

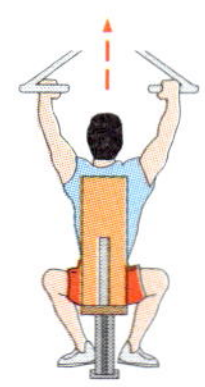

Peck-deck: eseguito nelle varianti con panca obliqua, per sviluppare deltoide e pettorali alti, e con panca orizzontale, per potenziare pettorali, tricipiti, deltoidi.

Cavi incrociati. Questo attrezzo è formato da due ercoline contrapposte, ovvero da due meccanismi consistenti in un cavo collegato a un carico mediante una sola carrucola. Grazie alla sua versatilità serve all'allenamento di torace, spalle, dorso e braccia.

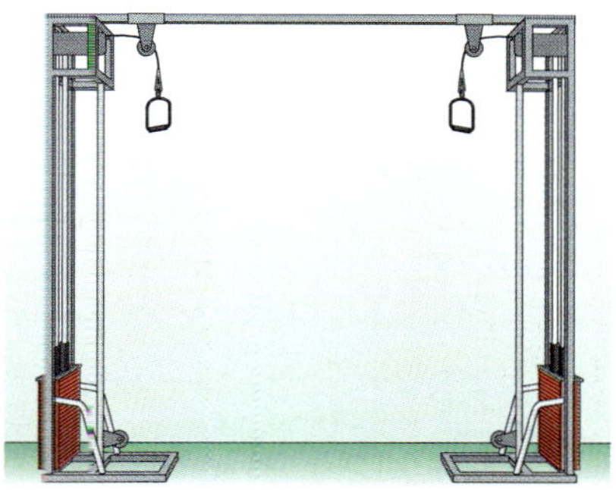

Cavi incrociati: consentono di allenare, torace, spalle, dorso, braccia.

Gli **attrezzi elastici** sono i più vari per forma e soluzioni tecniche. Si basano tutti sul superamento di una resistenza elastica, dovuta o a sostanze dotate di proprietà elastiche, come la gomma, il caucciù, o a particolari conformazioni di fili metallici di vario spessore, come le molle.

Twister. Si tratta un una grossa molla in acciaio armonico, dotata di manici alle estremità per poterla piegare.

Estensori. Questo attrezzo è formato da due manici collegati da tre o più molle, che devono essere allungate mediante la trazione in entrambe le direzioni.

Elastici. Serie di elastici di vario spessore e quindi di varia intensità. Le diverse resistenze degli elastici si distinguono mediante il colore dei medesimi. Finalizzati a esercizi di trazione.

Iso-tensor. Attrezzo formato da una molla centrale che si prolunga in due tubi ricurvi coperti di gomma. L'esercizio consiste nello sforzo di chiudere la molla fino al contatto tra i due tubi.

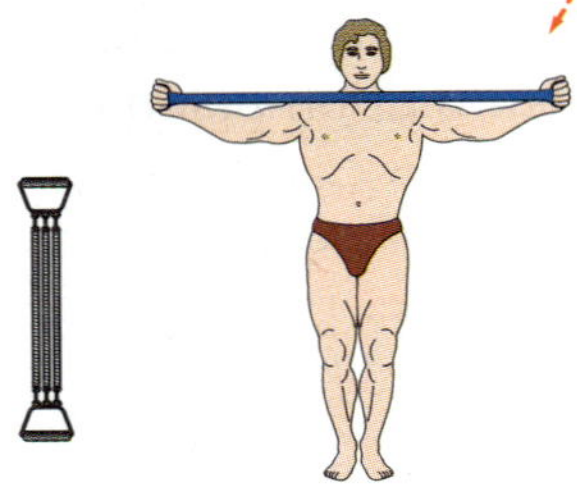

Estensore a molle:
utile per esercizi di trazione, sviluppa forza di spalle, braccia, torace e schiena.

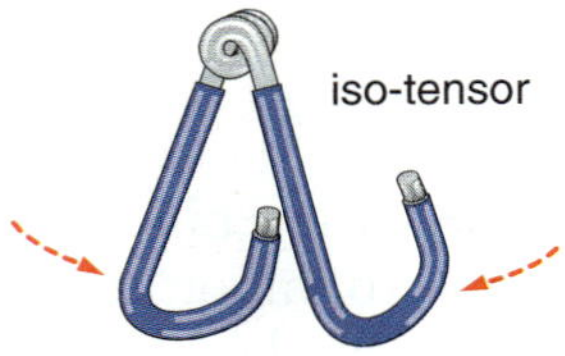

Tipo di attrezzo	Denominazione dell'attrezzo	Gruppo muscolare tipico o principale impegnato
Attrezzi di sovraccarico liberi	*Manubri*	Muscoli del cingolo scapolo-omerale e degli arti superiori.
	Bilancieri	Muscoli del cingolo scapolo-omerale e degli arti superiori.
	Scarpe di ferro	Muscoli della coscia e della gamba.
	Rullo per gli avambracci	Muscoli per la flessione e distensione della mano sull'avambraccio.
Attrezzi di sovraccarico vincolati	*Lat-machine*	Muscoli estensori del tronco e per la flessione dell'avambraccio sul braccio.
	Pulley	Muscoli estensori del tronco, per la retroposizione del braccio e per flessione dell'avambraccio sul braccio.
	Leg-extension	Muscoli estensori della gamba sulla coscia.
	Leg-curl	Muscoli flessori della gamba sulla coscia.
	Leg-press	Muscoli estensori e flessori della gamba sulla coscia.
	Hack-squat	Muscoli estensori e flessori della gamba sulla coscia.
	Calf Machine	Muscoli estensori del piede sulla gamba.
	Peck-deck	Muscoli del cingolo scapolo-omerale e degli arti superiori e muscoli estensori del tronco.
	Cavi incrociati	Muscoli del cingolo scapolo-omerale e degli arti superiori e flessori del tronco.
Attrezzi elastici	*Twister*	Muscoli del cingolo scapolo-omerale e degli arti superiori.
	Estensori - Elastici	Muscoli estensori del tronco e degli arti superiori.
	Iso-tensor	Muscoli adduttori degli arti inferiori e superiori.

Le parole della ginnastica

La **posizione eretta** è naturale negli animali bipedi, cioè quelli che abitualmente sostengono il peso del corpo con i due arti inferiori, come l'uomo e gli uccelli: in questo modo gli arti superiori si sono potuti specializzare per altre funzioni, come l'uso di strumenti nell'uomo e il volo negli uccelli. Gli svantaggi della posizione eretta sono un equilibrio più precario, poiché l'appoggio su quattro arti è più stabile di quello su due, e problemi fisiologici di adattamento alla postura eretta da parte della colonna vertebrale e dell'apparato circolatorio.
La posizione eretta nella terminologia tecnica della ginnastica è definita **stazione eretta**.

L'**equilibrio** è la capacità di mantenere la propria posizione nello spazio. Nel caso di un oggetto o di un corpo appoggiato al suolo, per capire il suo stato di equilibrio occorre trovarne il **centro di gravità** (**baricentro**), cioè quel suo punto interno in cui possiamo immaginare sia concentrato tutto il peso dell'oggetto stesso. Se si traccia un'immaginaria linea verticale dal centro di gravità al suolo, essa deve cadere all'interno della **base d'appoggio**, affinché l'**equilibrio** sia **stabile**. In caso contrario l'**equilibrio** è **instabile** e l'oggetto cade. Nel corpo umano in posizione eretta il baricentro si trova davanti alla colonna vertebrale all'altezza delle vertebre lombari a un'altezza da terra che corrisponde a circa il 55% della statura. È intuitivamente evidente che è più facile mantenere l'equilibrio quando entrambi i piedi sono appoggiati al suolo e leggermente distanziati tra loro, mentre in appoggio sulle punte dei piedi o su un solo piede l'equilibrio è più precario.

Se un corpo è fermo l'**equilibrio** è detto **statico**. Se il corpo si muove, la posizione del baricentro al suo interno si modifica e ne segue gli spostamenti: meccanismi fisiologici di regolazione mantengono il controllo dell'equilibrio anche in movimento: si ha così l'**equilibrio dinamico**.

Quando si cammina si sposta alternativamente il peso del corpo da un arto inferiore all'altro mentre si avanza. Il movimento compiuto dall'arto inferiore si chiama **passo**. Il **cammino** è dunque composto da una serie di passi, compiuti alternativamente dagli arti inferiori. Nel passo possiamo distinguere diverse *fasi*: **fase di trazione** (il piede più arretrato si stacca dal suolo), **fase neutra** (l'arto si sposta in avanti e supera il piede d'appoggio) e **fase di spinta** (il piede ora più avanzato tocca terra).

Nella **corsa** si fanno passi più lunghi e veloci, detti **falcate**, resi possibili dal fatto che in una certa fase entrambi i piedi sono staccati dal suolo. Le **fasi della corsa** sono: **fase di sospensione** (tutti e due i piedi sono sollevati dal suolo), **fase di contatto** (il piede più avanzato tocca terra), **fase d'appoggio** (il piede è completamente appoggiato al suolo) e **fase di spinta** (si sta per spiccare un altro balzo in avanti).

Sia nel cammino sia nella corsa gli arti superiori accompagnano il movimento, spostandosi avanti e indietro contemporaneamente all'arto inferiore del lato opposto: questo **movimento pendolare** aiuta a mantenere l'equilibrio.

Le impronte di un individuo che cammina sono disposte su file parallele (a), mentre le impronte di un individuo che corre (b) sono disposte su due file parallele vicinissime tra loro e lo spazio tra due orme è maggiore rispetto a quello che separa le orme di chi cammina.

Come una macchina

Il corpo umano è formato da un insieme di parti anatomiche capaci di dare luogo, nella loro coordinazione, ai movimenti più svariati. Il corpo in movimento si mantiene in equilibrio dinamico e, quando si ferma, si mantiene in equilibrio statico, perché soggetto alla forza di gravità. Dinamico, statico, gravità, forza sono tutti termini della **fisica**, la scienza che studia i fenomeni della natura e che definisce le leggi che li governano. Una branca di questa scienza, la **meccanica**, si occupa in particolare di come le forze agiscono e di quali sono i loro effetti sui corpi. Quando lo studio delle forze è applicato al corpo umano si parla di **biomeccanica**: un esempio è l'applicazione delle **leggi della leva** ai movimenti e ai meccanismi articolari. Una **leva** è costituita da una sbarra rigida che può ruotare attorno a un punto fisso, detto **fulcro** (**F**). A una estremità della sbarra è applicata la forza da vincere, detta **resistenza** (**R**), all'altra estremità è applicata la forza motrice, detta **potenza** (**P**). I **bracci** della potenza e della resistenza sono le distanze tra i rispettivi punti di applicazione di queste due forze sulla sbarra e il fulcro. Nel corpo umano si possono trovare esempi di tutti e tre i tipi di leve. A seconda della posizione relativa di fulcro, potenza e resistenza si possono distinguere:

- **leve di 1° genere**, in cui il **fulcro** è intermedio tra le due forze applicate, la **resistenza** e la **potenza**;

Leve di 1° genere

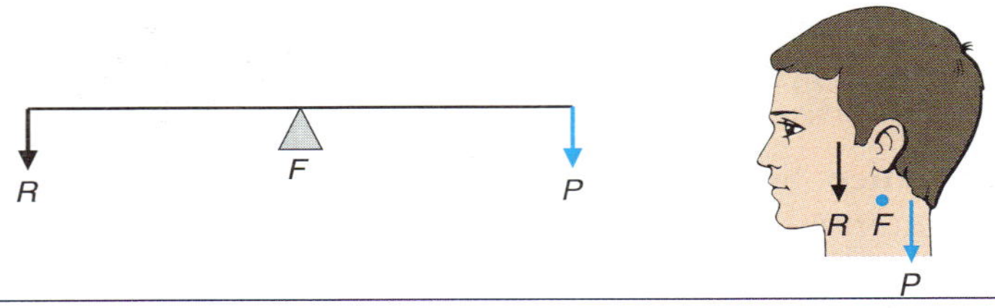

R = resistenza (peso del capo)
F = fulcro (articolazione con le vertebre)
P = forza (muscoli)

- **leve di 2° genere**, in cui la **resistenza** è situata tra il **fulcro** e la **potenza**;

Leve di 2° genere

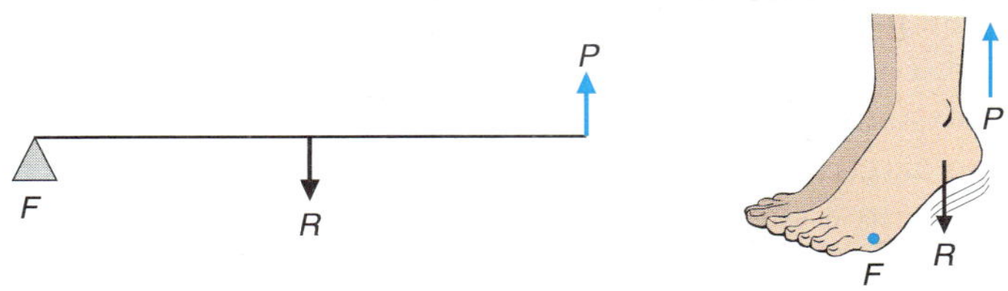

F = fulcro (appoggio del piede)
R = resistenza (peso del corpo)
P = forza (muscoli)

- **leve di 3° genere**, in cui la **potenza** si trova tra il **fulcro** e la **resistenza**.

Leve di 3° genere

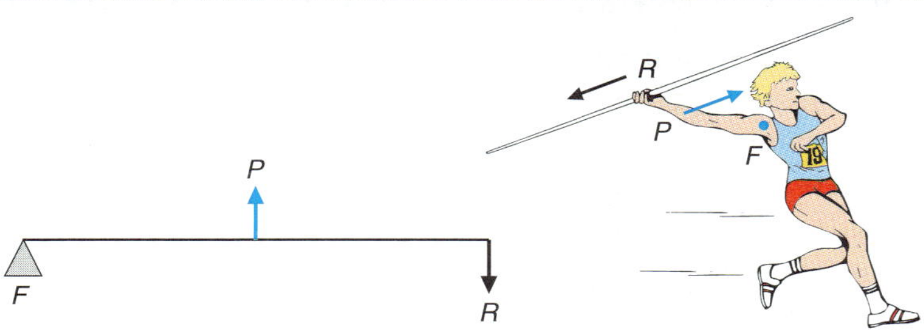

F = fulcro (spalla)
P = forza (muscoli)
R = resistenza (giavellotto)

Le figure del corpo

I movimenti che il nostro corpo può eseguire consentono di descrivere diverse **figure** nello spazio: in termini ginnici tali figure vengono definite atteggiamenti, posizioni e attitudini.
L'**atteggiamento** è un modo di descrivere la figura umana, un suo segmento o il corpo intero, così come la si apprezza **indipendentemente dall'ambiente esterno**; è come se si avesse una sagoma nello spazio, che evidenzia la posizione reciproca delle parti del corpo.
I principali atteggiamenti sono i seguenti:

- **lungo** o **disteso**, il corpo è diritto, tutte le articolazioni sono distese;
- **semibreve** o **flesso**, il corpo è in una posizione più raccolta, le articolazioni iniziano a essere flesse;
- **breve** o **raccolto**, le articolazioni raggiungono la massima flessione, il corpo è totalmente raccolto;
- **iperesteso** o **ad arco**, gli arti sono totalmente distesi e la schiena è inclinata all'indietro;
- **torto** o **ruotato**, il corpo e le sue varie parti sono disposti a spirale intorno all'asse longitudinale;
- **a squadra**, gli arti inferiori sono tesi ad angolo retto rispetto al busto.

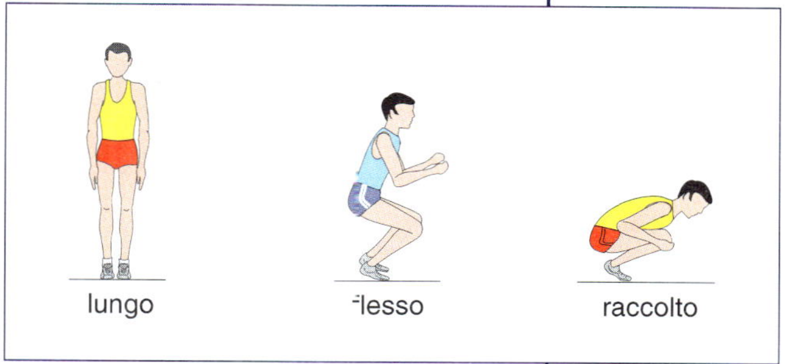

Nella tabella troverai definizioni più particolareggiate dei vari atteggiamenti; prova a descrivere la posizione iniziale e finale di un esercizio a un compagno.

Gli atteggiamenti	
atteggiamenti totali lunghi	*atteggiamento tipo*: busto e arti completamente distesi *atteggiamento decubito, supino, prono, laterale destro e sinistro*: appoggio al suolo di dorso, petto, fianco destro o sinistro
atteggiamenti totali semibrevi	*atteggiamento a squadra*: arti inferiori e busto distesi, ad angolo retto tra loro *atteggiamento ad arco o ipertensione*: busto in massima estensione dorsale, arti inferiori distesi
atteggiamenti totali brevi	*atteggiamento di massima raccolta*: busto e arti inferiori avvicinati al massimo in atteggiamento breve *atteggiamento di massima squadra*: busto in atteggiamento breve e arti inferiori distesi
atteggiamenti parziali	*lungo*: quando un segmento è nella sua massima distensione *breve*: quando un segmento ha le sue estremità alla minima distanza *semibreve*: quando un segmento non è disteso e non ha le estremità alla minima distanza

La **posizione** è il rapporto in cui il corpo si trova con l'ambiente esterno, **indipendentemente dall'atteggiamento**; essa descrive i cinque principali tipi di rapporto, rispettivamente tra:

- asse longitudinale e attrezzo;
- asse longitudinale e suolo;
- localizzazione del corpo e attrezzo;
- corpo e attrezzo (a contatto);
- centro di gravità e sostegno.

Il rapporto tra il centro di gravità e il sostegno è molto importante e può essere definito anche come **attitudine**. L'attitudine determina differenze molto rilevanti tra i vari esercizi, distinguendoli in modo netto gli uni dagli altri e delineandone le modalità di esecuzione. Le altre posizioni possono descrivere la partenza o l'arrivo, la presenza o no di un attrezzo, mentre l'attitudine descrive **come l'esercizio deve essere eseguito**.
Tra le possibili **posizioni** rispetto al suolo ricordiamo le seguenti:

- **posizione eretta** o **stazione eretta**, il corpo diritto in appoggio sugli arti inferiori;
- **posizione in decubito supino**, **prono** o **laterale**, il corpo sdraiato rispettivamente sul dorso, sul petto o su un fianco;
- **posizione verticale**, corpo diritto a testa in giù.

Le più comuni **attitudini** sono:

- **in appoggio** o **semplice**, corpo sostenuto grazie allo sforzo dei muscoli estensori, per esempio quando in appoggio sui piedi si eseguono piegamenti degli arti inferiori;
- **in sospensione**, corpo appeso a un sostegno più alto del suo baricentro, con azione dei muscoli flessori;
- **in volo**, corpo in moto senza contatti esterni (per esempio durante un salto o un tuffo).

Le posizioni

Le attitudini

La seguente tabella contiene tutte le ulteriori definizioni delle posizioni utilizzate, insieme ai movimenti e agli atteggiamenti descritti nelle pagine precedenti, per descrivere in modo completo un esercizio ginnico.

Le posizioni			
rapporto tra l'attrezzo e l'asse longitudinale del corpo	**perpendicolare diritta normale**: capo in alto e piedi in basso		
	perpendicolare rovesciata o verticale: piedi in alto e capo in basso		
	inclinato: angolazione tra asse lungo del corpo e attrezzo		
	parallelo: asse lungo del corpo e attrezzo paralleli		
rapporto tra il suolo e l'asse longitudinale del corpo	**stazione eretta**: asse lungo del corpo perpendicolare al suolo		
	decubito: asse lungo del corpo parallelo al suolo		
	seduto, in ginocchio: asse lungo del corpo piegato in vari modi		
rapporto tra il sostegno e il centro di gravità	**attitudine semplice**: centro di gravità del corpo al di sopra del sostegno		
	attitudine di sospensione: centro di gravità del corpo al di sotto del sostegno		
	attitudine neutra: centro di gravità e sostegno alla stessa altezza		
	attitudine di volo: centro di gravità nello spazio senza sostegno		
	attitudine di doppio appoggio: tutti gli arti in appoggio sul sostegno		
	attitudine di doppia sospensione: tutti gli arti al di sotto del sostegno		
	attitudine mista: combinazione delle precedenti		
rapporto tra la localizzazione del corpo e l'attrezzo	**di partenza**	frontale dorsale laterale	
	di esecuzione	sopra sotto parallelo	
	di arrivo	perpendicolare	
rapporto tra il corpo e l'attrezzo: tipi di contatto	**le prese**	per la mano	digitale (dita) palmare (palmo) carpale (metà prossimale del palmo)
		per il braccio	brachiale (parte anteriore del braccio)
		per il tronco	addominale (zona muscoli addominali) lombare (zona muscoli lombari)
		per l'arto inferiore	poplitea (dietro il ginocchio) crurale (coscia)
		per il piede	totale parziale (solo tallone lato destro o sinistro avampiede)
	le impugnature	a penna	sostegno con le prime tre dita
		digitale	sostegno con tutte le dita
		ad anello	sostegno con il pollice e l'indice
		a pollici indentro o interni	mani pronate
		a pollici infuori o esterni	mani supinate
		a pollici corrispondenti	una mano è pronata e una è supinata
		a destra o sinistra	(nel primo caso la destra è supina nel secondo la destra è prona)
		a palmi indentro	verso il corpo a pollici avanti
		a palmi infuori	verso l'esterno a pollici indietro
		a palmi corrispondenti	un palmo infuori e l'altro indietro
		a destra o sinistra	(destro e sinistra indica il palmo infuori)
		incrociate	secondo tutte le impugnature definite secondo i pollici

in breve...

- Gli attrezzi da palestra si dividono in grandi e piccoli; i primi sono unici o poco numerosi e sono destinati a un uso comune, mentre i secondi sono numerosi e rivolti a un uso individuale.
- Un tipo particolare di attrezzature sono quelle per il potenziamento muscolare, divisi in attrezzi con sovraccarico libero (manubrio) o vincolato (macchine).
- L'attività interdisciplinare è un'integrazione dell'educazione fisica con altre materie scolastiche, sperimentandone alcuni argomenti o aspetti.
- Gli esercizi ginnici vengono definiti con termini specifici che ne descrivono tecnicamente lo svolgimento.

...parole chiave

Palestra locale coperto e attrezzato, destinato all'attività ginnica e sportiva

Curricolare attinente o prevista dal programma scolastico ministeriale

Extracurricolare attività integrativa, complementare a quella ufficiale

Attrezzo manufatto appositamente costruito per lo svolgimento di esercizi fisici

Traslocazione termine tecnico sinonimo di spostamento del corpo

Regolamentari, misure dimensioni ufficialmente stabilite dalle Federazioni sportive relativamente al campo di gara e all'ambiente circostante

Le capacità motorie

Il movimento umano è formato da gesti e movimenti espressi e svolti in svariati modi differenti per qualità, intensità e durata. La complessità della motricità umana richiede una serie di distinzioni per stabilire i termini del discorso. La prima specificazione è tra gesti e movimenti. I **gesti** sono modificazioni delle posizioni del corpo nello spazio, di solito molto limitate, che hanno un significato di tipo emozionale e simbolico e una funzione di espressione e comunicazione. I **movimenti** che sono invece modificazioni delle posizioni del corpo nello spazio che presuppongono il raggiungimento di un fine, il soddisfacimento di un bisogno, sono movimenti legati a dei bisogni primari. La motricità umana è quindi sempre formata da gesti e movimenti che si intrecciano in diversi modi. Per esempio, fare trekking con gli amici implica l'esecuzione di *gesti* per esprimere il piacere di stare in compagnia, mentre il raggiungimento del rifugio attraverso il sentiero è l'esecuzione di un *movimento*, che implica un fine. Essi sono possibili perché il corpo ha delle strutture anatomiche e fisiologiche che permettono la loro esecuzione e perché l'individuo è dotato delle abilità necessarie per usarlo. Ecco che così sorge una nuova distinzione, tra capacità fisiche o motorie e abilità motorie. Le **capacità fisiche**, dette anche motorie perché correlate al movimento, sono lo sviluppo che l'eredità genetica ha predisposto nella strutturazione e crescita dell'individuo e la loro efficienza di funzionamento. Alcuni esempi sono lo sviluppo del tessuto muscolare, la capacità cardio-respiratoria e l'elasticità dei legamenti. Le **abilità motorie** invece sono legate al livello di bravura che un individuo ha raggiunto nell'eseguire un movimento. Si avranno così tante abilità motorie quanti sono i movimenti che l'uomo può fare: abilità motorie lavorative, artistiche e sportive, tutte però supportate dalle capacità motorie necessarie alla loro esecuzione. Lo studio delle capacità motorie nelle loro varie espressioni ha reso possibile la classificazione delle modalità tipiche di esecuzione, quali:

- la forza
- a resistenza
- la velocità
- la flessibilità
- la coordinazione

In questa disamina delle varie possibilità di realizzazione di un movimento, è necessaria una precisazione riguardo il **gesto sportivo**. La parola gesto non è da mettere tanto in relazione con la definizione fornita sopra, cioè con un significato di tipo emozionale ed espressivo, quanto invece con il significato di parte, porzione. Il gesto sportivo è di solito inteso come la parte di un'esecuzione più ampia e complessa: per esempio, il tiro in porta è un gesto sportivo che fa parte di una più ampia esecuzione che ha condotto il giocatore davanti alla porta.

La forza

Definizione

In fisica si definisce **forza ($F = m \times a$)**, l'accelerazione impressa a un corpo di una certa massa, che è in grado di modificarne il moto o di deformarlo se il corpo è vincolato. La **forza muscolare** è la *tensione sviluppata dal muscolo nella sua contrazione, che tende a ridurre la distanza tra le due estremità del muscolo stesso*. I **muscoli scheletrici** si inseriscono sulle *ossa* attraverso prolungamenti fibrosi, i *tendini*, a cui sono saldamente attaccati. I tendini permettono di trasmettere all'osso l'azione di riduzione di lunghezza del muscolo dovuta alla sua contrazione. L'osso si sposta perché subisce la trazione dovuta a questa riduzione di lunghezza. La forza muscolare, cioè l'effetto della contrazione, può essere più o meno grande a seconda della resistenza che si incontra nel realizzare lo spostamento. Se pieghiamo il braccio con la mano vuota, il bicipite eseguirà il movimento contraendosi con una certa forza, cioè ridurrà la sua lunghezza utilizzando un certo numero di fibre muscolari tra quelle che lo compongono. Se invece la mano stringe un peso da un chilo, per ottenere il piegamento del braccio il muscolo scheletrico dovrà contrarre un numero superiore di fibre muscolari. Il muscolo scheletrico è collegato alle ossa che possono essere spostate attraverso le *articolazioni*: sono queste ultime, con la loro forma, a determinare le varie possibilità di movimento, flessione ed estensione, circonduzione ed extra e intra rotazione. L'entità della **resistenza** opposta al movimento, provoca nel muscolo un aumento della forza di contrazione per ottenere l'avvicinamento delle ossa a cui è collegato (**vedi contrazione concentrica,** ▶ pag. 53). Può accadere che nonostante la contrazione muscolare avvenga un allontanamento: questo si verifica se la resistenza è più grande della forza di cui è capace il muscolo e quindi il muscolo agisce come un freno (**vedi contrazione eccentrica,** ▶ pag. 54). Questo duplice meccanismo si verifica anche nel caso di muscoli che agiscono in senso opposto: il muscolo che esegue un movimento è quindi regolato dalla contrazione eccentrica del muscolo che agisce in direzione contraria, permettendo infinite varianti di uno stesso movimento. Si può pensare a un ballerino, a un attore o a un muratore: tutti e tre, piegando il braccio, usano gli stessi gruppi muscolari, però realizzano gesti del tutto diversi.

Come si classifica

Più la materia è complessa, più è possibile avere diversi tipi di classificazioni su uno stesso argomento. La forza ne è un esempio. Una prima classificazione è stata già accennata, quando si distingueva contrazione concentrica ed eccentrica in base all'avvicinamento o allontanamento dei capi ossei. Gli altri principali tipi di classificazione sono i seguenti.

In base ai **movimenti** dei capi ossei coinvolti nella contrazione del muscolo si possono avere:
contrazione concentrica, in cui si ha un avvicinamento dei capi d'inserzione muscolari sulle ossa;
contrazione eccentrica, in cui si ha un allontanamento dei capi d'inserzione muscolari sulle ossa;
contrazione statica, in cui non si ha né un avvicinamento né un allontanamento dei capi d'inserzione muscolari sulle ossa.

In base a una **caratteristica prevalente** nella contrazione del muscolo si possono avere:
forza massimale (o *pura*), in cui una contrazione esprime la massima tensione sviluppabile;
forza veloce (o *rapida*), in cui si realizza la contrazione alla massima velocità;
forza resistente, in cui la contrazione ha la capacità di continuare lo sforzo muscolare per un tempo prolungato.

In base alla **caratteristica costante** durante la contrazione del muscolo si possono avere:
forza isotonica, in cui il tono non cambia e si verifica nella contrazione concentrica; la definizione è solo parzialmente vera, perché in realtà all'inizio e alla fine del movimento il tono è minore;
forza isocinetica, in cui la velocità di contrazione non cambia durante tutto l'arco del movimento; anche in questo caso ciò è vero solo in un certo ambito di movimento e nella pratica si può realizzare in acqua, oppure con particolari macchinari utilizzati per esempio nella riabilitazione dopo infortuni;
forza isometrica, in cui la contrazione non produce cambiamenti di lunghezza del muscolo e si verifica nella contrazione statica; è il caso in cui la forza agisce contro un ostacolo inamovibile o che oppone una resistenza almeno pari alla forza (per esempio, la propria mano contro l'altra mano).

	Forza massima	Forza veloce	Forza resistente
Definizione	Si verifica quando il sistema neuromuscolare esprime in una sola contrazione tutta la sua capacità contrattile	Avviene quando il sistema neuromuscolare produce la contrazione alla massima velocità possibile	Azione prolungata nel tempo del sistema neuromuscolare, contro carichi poco elevati
Numero di ripetizioni specifico*	1 - 3	1 - 10	30 - 50
Percentuale di carico	100% - 80%	70% - 50%	40% - 20%

* *Il numero di ripetizioni e la percentuale di carico indicano l'intervallo in cui il sistema energetico è presente in modo unico come fonte pura a sostegno del movimento*

In base all'**effetto finale** della contrazione del muscolo si possono avere:
forza dinamica, in cui si produce un movimento con la modificazione della distanza dei capi d'inserzione muscolare sulle ossa. Può esprimersi in svariati modi diventando a sua volta classificabile; una delle classificazioni più complete è quella di **Verchošankij**, che suddivide le espressioni di forza dinamica in tre grandi gruppi;
forza statica, in cui si sviluppa una tensione elevata senza movimento; corrisponde alla contrazione statica e isometrica ed è un'espressione di forza massimale.

Classificazione della forza secondo Verchošanskij		
espressioni di forza lenta contro forti carichi esterni	■	FORZA TONICA O ASSOLUTA: quando la resistenza o il carico da vincere richiedono la massima capacità contrattile. Si tratta di sforzi massimali o sub-massimali, non molto dinamici
	■	FORZA FASICA O RESISTENTE: quando il lavoro muscolare è intenso e protratto nel tempo. Spesso si tratta di attività di tipo ciclico, l'espressione di forza, però è più dinamica di quella precedente
	■	FORZA FASICA-TONICA: quando sono presenti entrambe le situazioni precedenti con momenti di sforzo massimali intervallati a espressioni di forza più bassa, ma ripetuta più volte
espressioni di forza rapida in cui si raggiunge rapidamente la massima contrazione	■	FORZA ESPLOSIVA-TONICA O ESPLOSIVA: quando il carico è medio e la contrazione eseguita per un certo periodo raggiunge nel finale la massima velocità
	■	FORZA ESPLOSIVO-BALISTICA O VELOCE ESPLOSIVA: quando il carico è basso e si raggiunge con rapidità la forza massimale
	■	FORZA ESPLOSIVA O REATTIVO-BALISTICA: quando il carico è naturale o bassissimo e la forza massimale si raggiunge con una contrazione rapidissima e massimale
espressioni di forza al di sotto della forza massimale eseguite in modo ciclico o aciclico	■	FORZA TENSIVA VELOCE ACICLICA: quando c'è un'esecuzione veloce in un solo movimento
	□	FORZA TENSIVA VELOCE CICLICA: quando c'è una esecuzione veloce di movimenti ciclici

Nella descrizione di ciascuno sport sono fornite indicazioni sull'impegno cardiocircolatorio, polmonare e sul tipo di sforzo muscolare prevalente, secondo la seguente simbologia.

impegno cardiocircolatorio [1]	♥	minimo
	♥♥	lieve
	♥♥♥	moderato
	♥♥♥♥	elevato
	♥♥♥♥♥	molto elevato
	P	prevale l'incremento della pressione arteriosa
	F	prevale l'incremento della frequenza cardiaca, anche per fattori nervosi
	G	prevale l'incremento della gettata cardiaca
impegno polmonare	◆	lieve
	◆◆	medio
	◆◆◆	elevato
	I	attività prevalente in iperpnea
	A	attività prevalente in apnea
	■■■■■■■	tipo di sforzo muscolare prevalente

1 l'impegno cardiocircolatorio minimo o lieve (♥ o ♥♥) è tipico di attività sportive non competitive svolte a bassa intensità (camminare o pedalare in pianura, jogging, nuoto libero, sci turistico, pattinaggio ricreativo, corsi di ginnastica, golf non agonistico ecc.)

La resistenza

Definizione

Il termine **resistenza** indica generalmente l'attitudine a far fronte a una sollecitazione esterna, per esempio in opposizione a una forza. Nell'uso sportivo invece la resistenza o *endurance*, l'equivalente inglese, definisce la *capacità di continuare una certa attività muscolare per un tempo prolungato resistendo allo sforzo*. La resistenza quindi consiste nel gestire in modo economico l'energia a disposizione, al fine di eseguire un lavoro per un tempo prolungato. Per ragioni legate alla fisiologia della contrazione muscolare, l'esercizio può essere protratto tanto più a lungo quanto minore è la forza richiesta. Pertanto gli esercizi di elevata intensità non possono essere prolungati, a causa della precoce fatica muscolare. Questi tipi di sforzi non gestiscono infatti l'energia in modo economico, al contrario degli esercizi a bassa intensità. Per sforzi di lunga durata e bassa intensità il limite non è più costituito dall'affaticamento dei muscoli, bensì dalla capacità di cuore e polmoni di rifornirli dell'ossigeno e dell'energia necessari a proseguire le contrazioni. La fatica, sia negli esercizi ad alta intensità, sia in quelli a bassa intensità, è il sintomo che denuncia l'esaurimento dell'energia a disposizione. Fisiologicamente l'organismo ha a disposizione tre diversi **meccanismi energetici** per rifornire di energia il muscolo sotto sforzo: *aerobico*, *anaerobico lattacido*, *anaerobico alattacido* (▶ pag. 67). Questi tre meccanismi vengono attivati e si succedono integrandosi l'un l'altro in relazione all'intensità e alla durata dello sforzo: negli sforzi fino a 15 secondi è attivo il sistema anaerobico alattacido, nelle attività fino ai 60 secondi si attiva il sistema anaerobico lattacido, mentre in tutte le altre attività, man mano che aumenta la durata, prevale il sistema aerobico. Quando si devono ripetere a lungo contrazioni muscolari contro forti resistenze locali, come nella canoa, nel canottaggio, nel ciclismo, nel pattinaggio, nello sci di fondo, è richiesta una *resistenza alla forza*, cioè la capacità di esprimere una forza elevata in modo prolungato. All'opposto ci sono gesti sportivi in cui si deve mantenere nel tempo una notevole velocità, con frequenti e ripetitive contrazioni rapide che non richiedono però la forza massima: si ha allora la *resistenza alla velocità*, come negli scatti nella corsa, nel ciclismo, nelle gare veloci nel nuoto e in alcune sequenze della ginnastica artistica.

Come si classifica

Come per la forza, esistono diversi modi di classificare la resistenza.

1. Considerando il **numero di muscoli** coinvolti nell'esercizio, si distinguono i seguenti tipi di resistenza:
   - *resistenza globale*, se sono impegnati oltre 2/3 dei muscoli;
   - *resistenza regionale*, se il numero di muscoli interessati è compreso tra 1/3 e 2/3;
   - *resistenza locale*, se sono impiegati meno di 1/3 dei muscoli.
2. Considerando la **durata dell'attività**, si distinguono i seguenti tipi di resistenza:
   - *resistenza di breve durata*, se il tempo non supera i 2 minuti;
   - *resistenza di media durata*, se il tempo è compreso tra 2 e 8 minuti;
   - *resistenza di lunga durata*, se il tempo supera gli 8 minuti.
3. La resistenza può essere classificata anche in base alla maggiore o minore **richiesta di ossigeno** da parte dei muscoli per eseguire un dato esercizio, cioè secondo un criterio metabolico:
   - *resistenza aerobica*, che fornisce grandi quantità di energia a ritmo relativamente lento, consumando zuccheri e grassi in "presenza di ossigeno". Permette di eseguire per lunghi periodi sforzi a carico naturale o sotto il 40% del massimale;
   - *resistenza anaerobica lattacida*, che produce energia bruciando zuccheri in "assenza di ossigeno" e determinando l'accumulo di un prodotto di scarto, l'*acido lattico*, uno dei responsabili della fatica muscolare. Permette di eseguire per lunghi periodi azioni di forza con un carico che va dall' 80% al 100% del massimale;
   - *resistenza anaerobica alattacida*, che offre immediata disponibilità di energia immagazzinata in sostanze già presenti nel muscolo, l'*adenosintrifosfato* (ATP) e la *fosfocreatina* (PC) in "assenza di ossigeno" (▶ pag. 65). Permette di eseguire per lunghi periodi sforzi veloci con un carico che va dal 50% al 70% del massimale.

	Resistenza anaerobica lattacida	Resistenza anaerobica alattacida	Resistenza aerobica
Forza espressa	Forza massima	Forza veloce	Forza resistente
Percentuale di carico	100% - 50%**	70% - 50%**	40% - carico naturale
Capacità specifica della resistenza	Capacità di protrarre nel tempo sforzi contro carichi ad alta intensità	Capacità di protrarre nel tempo movimenti ciclici con frequenza ad alto ritmo	Capacità di protrarre nel tempo sforzi contro carichi a bassa intensità
Durata*	da 60 secondi a 15 minuti	da 15 secondi a 30 secondi	oltre i 10 minuti

** I tempi indicano il momento in cui il sistema energetico è presente in modo unico come fonte pura a sostegno del movimento. ** Carico del 50% con ritmo esecutivo lento.*

4. Un altro tipo di classificazione della resistenza risulta dalla **combinazione di più parametri**: quantità di distretti muscolari interessati, tempo e tipo di forza espressa:
   - *resistenza alla forza*, che risulta dalla combinazione di resistenza locale o regionale con resistenza di lunga o media durata ed espressioni di forza pura sub-massimali;
   - *resistenza alla velocità*, che consiste nella combinazione di resistenza locale o regionale con resistenza di lunga o media durata ed espressioni di forza rapida;
   - *endurance* o *resistenza pura*, che risulta dalla combinazione di resistenza globale con resistenza di lunga durata ed espressioni di forza resistente.

La velocità

Definizione

La **velocità** o **rapidità** può essere definita come la *capacità di compiere movimenti in tempi molto brevi*. La velocità però è il risultato della combinazione di diverse componenti, che possono esprimersi in un unico gesto o continuare per un certo periodo. La sua realizzazione dipende soprattutto dalla velocità di trasmissione dell'impulso dai centri nervosi ai muscoli coinvolti nel movimento, ma anche dalla velocità di contrazione del muscolo, legata sia al carico applicato, sia alle caratteristiche proprie delle fibre contrattili, di tipo lento o veloce (▶ pag. 55). Se l'esercizio muscolare richiede contrazioni ripetitive, come in attività cicliche quali la corsa, il nuoto, il canottaggio e il ciclismo, la velocità finale sarà il risultato della rapidità della singola contrazione, moltiplicata per la frequenza con cui il movimento viene ripetuto. Tanto più frequente è la ripetizione del gesto, tanto maggiore è la rapidità dell'azione motoria complessiva. Nelle attività sportive in cui l'atleta si sposta lungo un percorso lineare, per esempio la pista di atletica, la velocità è la distanza percorsa nell'unità di tempo, di solito espressa in m/sec. La natura del gesto determina sia il modo in cui si esprime la velocità, sia la componente più importante per la sua realizzazione. Le componenti che determinano la rapidità sono il *tempo di reazione*, la *rapidità di azione* e la *rapidità di spostamento*, che intervengono in misura diversa a seconda dell'attività svolta. Il *tempo di reazione*, cioè il periodo che intercorre tra la percezione dello stimolo e la risposta motoria, è una componente di massima importanza nelle partenze della corsa, del nuoto, dello sci e dell'automobilismo. La *rapidità di azione*, identificabile con la velocità di contrazione delle fibre muscolari, si riferisce a un solo gesto o a piccole sequenze, per esempio attacchi e difese nelle arti marziali, colpi nel pugilato e nella scherma, servizio e

colpi al volo nel tennis. La *rapidità di spostamento* risulta dalle due componenti precedenti che si ripetono nel tempo, modificando la posizione di partenza dell'atleta e si verifica nelle corse, negli slalom dello sci alpino e nei giochi di squadra. Nel tempo di reazione si possono ancora distinguere due momenti successivi: il *momento percettivo* che riguarda l'arrivo di un messaggio dagli organi di senso al sistema nervoso centrale, e il *momento motorio* che consiste nel conseguente invio dello stimolo dai centri nervosi al muscolo. C'è inoltre una particolare abilità, dovuta sia all'intuito sia all'esperienza, che permette in certi casi di prevedere situazioni motorie o di gioco un po' prima che queste effettivamente avvengano: è il cosiddetto *anticipo* o *capacità di previsione*. Chi è molto dotato di questa qualità riesce a compiere gesti più efficaci in quanto è sempre nella miglior posizione per reagire, risultando molto rapido anche senza eccellere dal punto di vista neuromuscolare. È il caso del portiere nel calcio che sa "piazzarsi" al meglio o del tennista abile che intuisce le intenzioni dell'avversario. Infine, si definisce *rapidità resistente* la capacità di sostenere a lungo la ripetizione di gesti motori veloci tipica delle attività cicliche come il ciclismo, lo sci di fondo, il nuoto e il canottaggio. In questo caso sono importanti entrambe le qualità: rapidità e resistenza.

Come si classifica

Le seguenti caratteristiche determinano le varie classificazioni della velocità.

1. In base alla **situazione** in cui si esprime il tempo di reazione, si possono distinguere:
   - il *tempo di reazione di partenza*, con cui si intende la reazione a un segnale sonoro o visivo che dà inizio ad una attività, come nella partenza delle gare di velocità. Richiede una grande concentrazione su di sé e sul compito da eseguire;
   - il *tempo di reazione di gioco*, che identifica la reazione a un'azione dell'avversario, tipica nei giochi di squadra in cui c'è contatto e negli sport di combattimento. Richiede una grande capacità di controllo per valutare la situazione e per tenersi pronti all'azione.
2. In base alla **componente anatomica** maggiormente interessata si possono avere:
   - il *tempo di reazione*, in cui predominano i sensi e il sistema nervoso in generale;
   - la *rapidità di azione*, in cui è prevalentemente coinvolta la contrattilità delle fibra muscolari.

3. In base al **tempo** si possono avere:
   - lo *sprint* o *scatto*, in cui si cerca di raggiungere la massima velocità possibile in un'unica azione che si mantiene per un periodo brevissimo. Il carico spostato va normalmente da uno sforzo medio pari al 50%, a sforzi sub-massimali pari al 90%; nella pesistica raggiunge anche il 100%;
   - la *rapidità resistente*, in cui la rapidità dei gesti motori è mantenuta nel tempo con l'esecuzione di sequenze cicliche di movimenti. Il carico spostato va da sforzi pari al carico naturale fino a sforzi medio bassi (40%).
4. In base al **tipo di attività** aciclica o ciclica si possono avere:
   - il *tempo di reazione* o *la rapidità di azione*, prevalenti nelle attività acicliche come le partenze delle gare di velocità, le parate nelle arti marziali e nel portiere di calcio, nel servizio di pallavolo o di tennis, nei colpi del pugilato, nella scherma;
   - la *rapidità di spostamento*, in tutti gli sport ciclici in cui ci sia una sequenza di movimenti uguali e ripetitivi, come nella corsa, nel canottaggio, nel ciclismo.
5. In base al **numero di muscoli** coinvolti nell'espressione della rapidità si possono avere:
   - la *rapidità locale*, se sono impiegati meno di 1/3 dei muscoli, come nei passaggi negli sport con la palla, nell'affondare o scansare un colpo negli sport di combattimento, in qualsiasi altro sport quando si compia un gesto unico e isolato;
   - la *rapidità regionale*, se il numero di muscoli interessati è compreso tra 1/3 e 2/3; si verifica negli spostamenti nei giochi di squadra con la palla, per piazzarsi in posizioni adatte a ostacolare l'avversario o per prendere possesso della palla;
   - la *rapidità globale*, se sono impegnati oltre 2/3 dei muscoli, come nella pallanuoto durante gli scatti per la conquista della palla, nelle gare veloci del nuoto, nella ginnastica e nei tuffi.

	Unica azione	Più azioni
In base al tempo	Sprint, scatto, strappo e slancio	Rapidità resistente
Tipo di attività	Il tempo di reazione e la rapidità di azione	Rapidità di spostamento
Carico*	Dal 50% al 90%	Carico naturale fino al 40%

* *Intervallo di carico, all'interno del quale il tipo di attività può essere espressa con le caratteristiche indicate eseguite in modo puro.*

La flessibilità

Definizione

In generale con il termine **flessibilità** si indica la capacità di un oggetto di lasciarsi deformare entro un certo limite senza subire danni strutturali, mentre con **elasticità** si intende la possibilità di ritornare alle condizioni di partenza non appena cessa la forza che ha causato la deformazione. Parlando del corpo umano, con flessibilità si indica *la capacità delle articolazioni di muoversi con un'ampiezza che copre tutto il settore fisicamente possibile di mobilità, assicurando la massima "scioltezza" dei gesti motori*. È la completa estendibilità delle strutture mio-tendinee facenti parte dell'articolazione stessa a rendere possibile la flessibilità. Dato che per ogni movimento esiste un angolo tra i capi articolari, in corrispondenza del quale la contrazione muscolare raggiunge la massima efficienza, una buona flessibilità delle articolazioni consente di sfruttare al meglio la forza espressa dai muscoli. In certi sport una buona flessibilità è inoltre necessaria per poter compiere piegamenti al limite delle possibilità, ed eseguire così impegnativi gesti atletici: per esempio nella ginnastica artistica, nella danza e nei tuffi. Un peggioramento della scioltezza articolare non solo diminuisce le prestazioni atletiche, ma espone anche a un maggior rischio di infortuni per l'affaticamento precoce e per la peggiore tecnica di esecuzione del gesto. La flessibilità nel movimento umano si esprime in vari modi, che esaltano le diverse componenti che la producono. Per esempio, per mantenere una postura particolare che richieda una buona flessibilità, è necessaria una capacità *passiva* di allungamento delle componenti mio-tendinee, in quanto la forza di gravità agisce in modo da procurare uno stiramento delle parti molli periarticolari e talvolta una maggiore apertura dei capi ossei delle articolazioni. Eseguire movimenti ricercando sempre il loro limite articolare, è possibile grazie alla capacità *attiva* di allungamento delle componenti mio-tendinee e all'intervento attivo dei gruppi muscolari che determinano il movimento. Queste distinzioni interne della flessibilità si ritrovano sia nella sua classificazione, sia nelle metodologie di allenamento. Una flessibilità più o meno marcata è dovuta alla conformazione anatomica, all'elasticità intrinseca dei tendini e di tutta la struttura connettivale, ma soprattutto alle regolazioni neuromuscolari del rilasciamento del muscolo. Queste ultime sono le maggiori responsabili del mancato allungamento, o al contrario del suo ottimale sviluppo.

Come si classifica

Le principali classificazioni della flessibilità si basano su due diversi parametri ordinatori.

1. In base all'**attivazione volontaria** di gruppi muscolari si possono avere:
   - la *flessibilità attiva*, che si ottiene grazie all'azione dei gruppi muscolari: per esempio, la distensione degli arti inferiori durante la corsa a ostacoli nell'atletica;
   - la *flessibilità passiva*, che si ottiene per effetto di una forza esterna: per esempio, la distensione della schiena causata dalla gravità in una particolare postura o dall'azione di un compagno, oppure l'ampiezza massima di spostamento del braccio a causa del moto di un peso tenuto in mano;

- la *flessibilità mista*, che integra le due modalità precedenti: per esempio, quando un atleta riceve una palla e la controlla, o il movimento di caricamento del giavellottista prima del lancio.

2. In base al **numero di muscoli** coinvolti nell'espressione della flessibilità si possono avere:
   - la *flessibilità locale*, se sono impiegati meno di 1/3 dei muscoli, come nel golf, nel tiro con l'arco e nel nuoto in cui è stimolata solo la flessibilità del cingolo scapolo-omerale;
   - la *flessibilità regionale*, se il numero di muscoli interessati è compreso tra 1/3 e 2/3, come nella canoa, nello snowboard e nello sci;
   - la *flessibilità globale*, se sono impegnati oltre 2/3 dei muscoli, come nella ginnastica ritmica e artistica, nella danza, nel nuoto sincronizzato, nei tuffi e nell'arrampicata libera.

La coordinazione

Definizione

La coordinazione dipende dalle strutture del sistema nervoso e può essere definita come *la capacità motoria che consente di integrare e di ottimizzare tutte le altre*. In questa definizione si considera la capacità di base o generica, non legata a nessun particolare gesto o movimento. Potrebbe invece essere considerata come abilità motoria, se la si osservasse all'interno dell'esecuzione di un gesto sportivo. Nel parlare comune, di un individuo che riesce sempre a cavarsela si dice che sa "destreggiarsi" bene anche nelle peggiori difficoltà, a indicare così la capacità di raggiungere sempre i suoi obbiettivi o di uscire da situazioni negative. Nelle attività sportive si definisce **destrezza motoria** o **coordinazione**, *la capacità psicofisica di affrontare e risolvere situazioni che richiedono particolari abilità*, *usando al meglio le proprie capacità motorie*, affinché l'atleta ottenga una buona prestazione anche in situazioni ambientali sfavorevoli. È forse l'abilità più difficile da misurare tra quelle viste finora, tanto che nell'atleta dotato essa viene spesso genericamente indicata come classe o talento

sportivo. Il concetto di coordinazione motoria è molto ampio: per razionalizzarlo e renderlo più gestibile, si evidenziano i fattori che maggiormente influiscono, in vario modo e in momenti diversi, sul gesto motorio che esprime la coordinazione.
Una prima distinzione che si può fare è tra le **fasi** che si succedono nel controllo dei movimenti:

- la *fase sensoriale*, o della raccolta delle informazioni che attraverso gli *organi di senso* e la *sensibilità generale* sono mandate ai centri nervosi. I primi sono specializzati nel ricevere solo certi tipi di messaggi dall'esterno e sono dotati di specifici organi ricettivi, vie e centri nervosi dedicati a tale funzione: tra questi sono molto importanti la vista, l'udito e il tatto. La sensibilità generale dà informazioni più generiche su quanto accade all'interno o sulla superficie del nostro corpo;
- la *fase di elaborazione* avviene a livello dei centri nervosi coinvolgendo aree della *corteccia cerebrale*, *centri nervosi alla base del cervello* e anche il *cervelletto* nell'integrazione del movimento volontario con informazioni sensoriali attuali e con la memoria di precedenti esperienze motorie. Questa integrazione è necessaria sia per una migliore esecuzione del gesto, sia per mantenere un perfetto controllo anche dei muscoli non direttamente coinvolti; questo complesso di funzioni è anche detto sistema di "controllo del movimento";
- la *fase motoria* o di effettuazione dei movimenti, da cui dipende la vera e propria trasmissione dello stimolo lungo i nervi motori fino ai muscoli, si distingue in un tempo di *trasmissione dell'impulso nervoso* e in uno di *contrazione muscolare*; dalla rapidità di questi momenti dipende l'esito finale del gesto.

Una seconda razionalizzazione dell'argomento consiste nell'evidenziare i fattori più importanti per ottenere una buona coordinazione motoria: la **percezione**, la **trasmissione**, la **capacità di associazione**, il **controllo** e il **coordinamento**.

- la *percezione* esprime la perfetta funzionalità degli organi di senso; si applica all'analisi dei segnali che giungono dall'ambiente esterno, con particolare attenzione a quelli tipici dell'attività sportiva in atto;
- la *trasmissione* indica il perfetto contatto tra centro e periferia del sistema neuromuscolare, con l'invio di impulsi nervosi corretti e adeguati fino ai muscoli;
- la *capacità di associazione*, intesa come integrazione e coordinamento cerebrale di informazioni attuali con precedenti esperienze motorie per selezionare rapidamente l'azione più adatta, avviene attraverso il controllo e il coordinamento;
- il *controllo e il coordinamento*, intesi come la capacità del soggetto di gestire in modo razionale e proficuo l'azione di più gruppi muscolari per raggiungere un fine, eseguendo e/o adattando il gesto sportivo già appreso alla situazione cui ci si trova.

Nel controllo nervoso dei movimenti, la **mente** riveste infine un ruolo importante: nelle attività di coordinazione, qualità come la calma, la padronanza delle emozioni, la coscienza delle proprie potenzialità e la corretta valutazione delle difficoltà da superare sono fondamentali per una buona riuscita.

Come si classifica

Le possibili classificazioni della coordinazione sono tante, in quanto la vastità degli aspetti che questa capacità investe permette di organizzare l'argomento con moltissimi parametri ordinatori. Qui si illustreranno le principali classificazioni senza pretendere di esaurire l'argomento, uno dei più vivi e dibattuti da ricercatori e studiosi del movimento umano.

1. Classificando la capacità coordinativa in base alla **fase sensoriale**, si possono avere:
   - *sensibilità generale*, che dà informazioni generiche su quanto accade all'interno o sulla superficie del nostro corpo;
   - *sensibilità specifica*, che dà informazioni suddivise nei vari sensi, ciascuno dei quali è specializzato nel ricevere un certo tipo di messaggio dall'esterno.
2. La classificazione della capacità coordinativa basata sulla **fase sensoriale specifica**, si suddivide a sua volta in:
   - *coordinazione di tipo visivo*, che si avvale delle informazione ricevute dal senso della vista; è un tipo di coordinazione dominante sulle altre, in quanto le percezioni visive soverchiano le altre avendo la massima facilità ad arrivare alla fase cosciente dell'individuo. È tipica dei giochi di squadra, in cui il controllo della disposizione degli avversari, della posizione della palla e di tutti i vari spostamenti in corso è fondamentale per il giocatore;
   - *coordinazione di tipo uditivo*, che si avvale delle informazioni ricevute dal senso dell'udito; è fondamentale per controllare l'ambiente esterno che non è sotto il "dominio" della vista. È tipica dei giochi di squadra, per esempio nelle fasi di mischia in cui il giocatore deve avere un doppio controllo, sia degli avversari in vista sia di quelli posti dietro. È presente anche nelle gare di velocità, in cui il controllo degli avversari che sopraggiungono non può essere fatto visivamente, per non perdere l'assetto che permette la massima velocità. Una sua espressione particolarmente "pura" si ha nella partenza dai blocchi, oppure negli sport per non vedenti.
3. La classificazione della capacità coordinativa basata sulla **fase sensoriale generale** è molto ampia, per cui permette una certo numero di classificazioni:
   - *sensibilità termica*, che consiste nella percezione del caldo e del freddo. Non è immediatamente associabile all'esecuzione di un determinato gesto sportivo, ma si tratta piuttosto di un requisito di base che può condizionare la coordinazione in senso generale. Assume maggior valore sportivo nelle attività svolte in ambiente naturale, dove l'esposizione agli elementi atmosferici è più forte. Nel ciclismo, nell'alpinismo, nella vela, nella corsa campestre e negli sport estremi la sensibilità più o meno accentuata al freddo o al caldo può fare la differenza;
   - *sensibilità propriocettiva*, che consiste nella coscienza della presenza del corpo e dei rapporti tra le sue parti. Si basa su terminazioni nervose sensoriali poste nei muscoli e sui tendini, quali: i fusi neuromuscolari, gli organi tendinei del Golgi, i motoneuroni gamma, i recettori articolari;

- *sensibilità cinestesica*, che consiste nella applicazione della sensibilità propriocettiva al movimento. Questa suddivisione è un po' forzata, perché la sensibilità propriocettiva e cinestesica si basano sulle stesse terminazioni nervose. La sensibilità propriocettiva consiste però nella perfetta funzionalità del contatto tra centro e periferia, mentre la sensibilità cinestesica si esprime nella capacità di gestire questo contatto per la modulazione fine dei movimenti in quanto a forza, spazio e durata. Sulla base di quanto detto, forse sarebbe più corretta una suddivisione in "sensibilità propriocettiva pura" e "sensibilità propriocettiva cinestesica". Le informazioni propriocettive e cinestesiche sono fondamentali per la coordinazione motoria e quindi importanti per tutti gli sport, perché consentono il controllo dei movimenti;
- *sensibilità dolorifica*, che è il segnale d'allarme per eccellenza, permette di evitare movimenti che potrebbero danneggiare la struttura anatomica. Ha una funzione prettamente personale nel controllo dei propri movimenti, ma diventa più importante negli sport di combattimento in cui il controllo del dolore è il riconoscimento del limite oltre cui non si deve andare.

4. Classificando la capacità coordinativa in base alla **fase di elaborazione**, si ottiene la suddivisione in:
   - *capacità di combinazione*, che consiste nella capacità di organizzare sequenze motorie di base o prassi come saltare, correre, lanciare; tali sequenze sono tipiche per ogni sport, in cui assumono a loro volta nuovi e specifici automatismi;
   - *capacità di ritmo*, che consiste nell'organizzare in base al tempo e allo spazio gli interventi muscolari, in una scansione sequenziale secondo intervalli che si ripetono uguali. Questa capacità permette di adeguarsi a un ritmo esterno e/o di cambiarlo all'occorrenza. Molti movimenti sportivi si basano su sequenze ritmate, per esempio il terzo tempo nella pallacanestro, il dribbling nel calcio, la corsa;
   - *capacità di reazione*, che attiva reazioni già automatizzate a stimoli noti, come per esempio afferrare la palla in un passaggio, senza pressione dell'avversario e con un tiro non troppo forte. Questa si può definire come *reazione di base*, mentre la *reazione complessa* consiste nel reagire, con azioni automatizzate, a stimoli improvvisi, per esempio prendere un passaggio improvviso di un compagno o intercettare il passaggio di un avversario. Questa è una capacità tipica di tutti gli sport che implicano il confronto diretto con un avversario;

- *capacità d'equilibrio*, che è la capacità di porre il corpo rispetto alla forza di gravità in una situazione senza rischio di caduta. La capacità di mantenere il corpo in "non caduta" in una situazione di staticità rappresenta l'equilibrio *statico*, mentre in una situazione di movimento, esprime la capacità d'equilibrio *dinamico*. Queste sono capacità molto importanti per avere una buona coordinazione e si basano a loro volta sulla sensibilità cinestesica e propriocettiva, oltre che sulla funzione vestibolare dell'orecchio interno: sono quindi indispensabili per tutti gli sport;
- *capacità d'orientamento*, che consiste nel sapere, rispetto ad un ambiente esterno, com'è posto il proprio corpo e quali sono le direzioni di provenienza e di destinazione dei nostri spostamenti. Una più fine capacità di orientamento riguarda gli oggetti in movimento, oppure i nostri spostamenti rispetto a oggetti in movimento. Questa capacità è tipica degli sport di combattimento e dei giochi di squadra.

5. La classificazione della capacità coordinativa basata sulla **fase motoria**, dipende dalla parte del corpo maggiorente interessata:
- *coordinazione delle mani o manuale*, che si manifesta soprattutto nel maneggiare attrezzi e oggetti quali racchette, bastoni, palloni nei giochi e nella ginnastica ritmica o armi nelle arti marziali e nella scherma. Si ha però un controllo delle mani anche nella ginnastica artistica, in tutte le posizioni in verticale;
- *coordinazione delle dita o digitale*, diversa dalla precedente perché riguarda soprattutto la manipolazione di piccoli oggetti, per esempio il lancio di una pallina con effetto di rotazione, come può accadere nella pallamano e nel baseball. Un controllo digitale è anche quello dei ginnasti alla sbarra o alle parallele asimmetriche, oppure quello dell'arrampicatore;
- *coordinazione dei piedi o podalica*, che si manifesta soprattutto nella necessità di controllare con i piedi un oggetto, per esempio il pallone nel calcio o attrezzi nella ginnastica ritmica; questa coordinazione interviene anche nel controllo dei piedi durante gli esercizi sulla trave d'equilibrio nella ginnastica artistica;
- *coordinazione delle gambe o arti inferiori*, tipica della corsa e dei salti, è tra le più naturali e di facile apprendimento. Di più difficile apprendimento è la coordinazione degli arti inferiori nelle situazioni in sospensione, come nei tuffi, in cui sono necessari la massima precisione e tempismo nei movimenti;

- *coordinazione delle braccia o degli arti superiori*, meno facile di quella degli arti inferiori, risente maggiormente dell'emotività; è importante in quasi tutti i giochi di squadra, nella ginnastica artistica e ritmica, nel nuoto e negli sport di combattimento.

6. Sempre facente parte della *fase motoria*, l'abilità nel lanciare e calciare è un'integrazione tra la coordinazione visiva e il sistema di controllo motorio del corpo, in particolare rispetto agli spostamenti nello spazio dell'arto superiore (braccia/mani) o di quello inferiore (gambe/piedi); si concretizza in due distinte **unità di coordinazione**:
   - l'*unità occhio-mano o oculo-manuale*, che si esprime soprattutto nel muovere oggetti e in campo sportivo nell'afferrare e lanciare palle e palline, ma anche negli sport di combattimento per parare i colpi dell'avversario;
   - l'*unità occhio-piede o oculo-podalica*, che si usa soprattutto nel controllo degli oggetti come quando si arresta o si calcia il pallone, ma anche nelle arti marziali per colpire l'avversario con vari tipi di calci.

Quadro generale della coordinazione

Fase sensoriale			Fase di elaborazione
	sensibilità propriocettiva ↕ sensibilità cinestesica	↔	capacità di combinazione ↕ capacità di ritmo
sensibilità generale		↕	↕
	sensibilità termica ↕ sensibilità dolorifica	↔	capacità di reazione
	↕	↕	↕
sensibilità specifica	coordinazione di tipo visiva ↕ coordinazione di tipo uditiva	↔	capacità d'orientamento ↕ capacità d'equilibrio
	↕		↕

Fase motoria

l'unità occhio-mano o oculo-manuale	↔	coordinazione delle mani o manuale coordinazione delle dita o digitale coordinazione delle braccia o degli arti superiori
↕		↕
l'unità occhio-piede o oculo-podalica	↔	coordinazione dei piedi o podalica coordinazione della gambe o degli arti inferiori

in breve...

- Gesti e movimenti caratterizzano il movimento umano: i primi sono generalmente di ampiezza più limitata e hanno funzione simbolica e comunicativa, mentre i secondi sono più complessi e hanno una finalità motoria precisa.
- Le capacità fisiche o motorie, permesse dalla struttura anatomica e dalla fisiologia del corpo umano, caratterizzano il movimento e ne definiscono gli aspetti principali: forza, resistenza, velocità, flessibilità e coordinazione.
- La forza muscolare può essere classificata in base al tipo di movimento impresso alle ossa (concentrica, eccentrica, statica), alla sua intensità e modalità di erogazione (massima, veloce, resistente), al fattore che rimane costante (isotonica, isometrica, isocinetica) o all'azione motoria prodotta (dinamica, statica).
- La resistenza è la capacità di continuare una certa attività muscolare per un tempo prolungato resistendo allo sforzo; dipende essenzialmente dal tipo di metabolismo biochimico che rifornisce di energia i muscoli: aerobico anaerobico lattacido e anaerobico alattacido.
- La capacità di compiere movimenti in tempi molto brevi è detta velocità o rapidità e dipende sia dalle caratteristiche contrattili delle fibre muscolari, sia dal controllo nervoso dei movimenti.
- La flessibilità può essere definita come la capacità delle articolazioni di muoversi con un'ampiezza che copre tutto il settore fisicamente possibile di movimento e dipende, oltre che dall'anatomia articolare, dall'elasticità del complesso muscolo-tendineo.
- La capacità motoria che consente di integrare e di ottimizzare l'azione di tutte le altre è detta coordinazione; tra tutte le capacità motorie, è quella più legata al controllo nervoso dei movimenti ed è la più difficile da misurare isolandola dalla altre.

...parole chiave

Gesto semplice movimento, spesso spontaneo, con scopo simbolico e comunicativo; il gesto sportivo è un movimento con contenuti tecnici svolto nell'ambito della prestazione sportiva

Motricità l'insieme di gesti e movimenti di cui è capace il corpo umano

Muscolare, forza tensione sviluppata alle estremità del muscolo dalla sua contrazione

Massima, forza la più alta tensione sviluppabile dal muscolo con una energica contrazione

Resistenza il carico che si oppone alla forza muscolare, oppure la capacità motoria che consente di prolungare nel tempo uno sforzo muscolare (*endurance*)

Globale che coinvolge oltre 2/3 di tutti i muscoli scheletrici

Regionale che coinvolge da 1/3 a 2/3 dei muscoli

Locale che coinvolge meno di 1/3 dei muscoli

Velocità capacità motoria che consente di compiere movimenti in tempi molto brevi

Anticipo abilità di prevedere lo sviluppo immediato di un'azione motoria

Scatto azione sostenuta per un tempo brevissimo per raggiungere la massima velocità possibile (sinonimo: *sprint*)

Flessibilità capacità di un oggetto di lasciarsi deformare; capacità motoria espressa dall'ampiezza dell'escursione articolare

Elasticità caratteristica fisica di oggetti o di organismi viventi che consente di ritornare alle condizioni di partenza non appena cessa la forza deformante

Attiva che si ottiene grazie all'azione dei propri gruppi muscolari

Passiva che si ottiene per effetto di una forza esterna

Coordinazione capacità motoria che consente di integrare e di ottimizzare l'azione di tutte le altre (destrezza: termine usato come sinonimo)

verifiche

Scegli la risposta corretta.

1. Quale di questi termini non è normalmente usato per definire una capacità motoria?

A flessibilità
B elasticità
C resistenza
D velocità

2. Quante sono le capacità motorie che caratterizzano il movimento umano?

A 3
B 4
C 5
D innumerevoli

3. Con quale aggettivo può essere anche definita la forza pura?

A massima
B veloce
C lenta
D resistente

4. Quale termine può essere usato con lo stesso significato di resistenza, intesa come capacità motoria?

A durezza
B aerobica
C lunghezza
D endurance

5. Qual è uno dei fattori fisiologici che determina la velocità?

A il tempo di reazione
B il tempo di recupero
C la forza massima
D la potenza del mezzo meccanico

6. Cosa coinvolge la flessibilità regionale?

A meno di 1/3 dei muscoli
B da 1/3 a 2/3 dei muscoli
C oltre 2/3 dei muscoli
D coinvolge solo le articolazioni e non i muscoli

7. Quale parola può essere usata per indicare una buona coordinazione?

A bravura
B forma
C sveltezza
D destrezza

8. Quali sono le principali unità di coordinazione, oltre la oculo-manuale?

A la oculo-podalica
B la audiovisiva
C la percettiva
D la equilibratura

9. Da che cosa dipende la capacità di ritmo?

A sensibilità visiva
B sensibilità termica
C sensibilità specifica
D sensibilità generale

10. Che tipo di coordinazione viene usata quando si lancia una palla da tennis o da baseball?

A oculare
B automatica
C digitale
D manuale

Completa le seguenti frasi scegliendo il termine esatto tra quelli proposti fra parentesi.

1. L'abilità motoria (*indica/non indica*) il livello di bravura nel compiere un certo movimento.

2. Nella contrazione statica i capi d'inserzione muscolari (*sì/non sì*) muovono in senso opposto rispetto alla contrazione eccentrica.

3. La forza resistente si esprime con carichi (*superiori/inferiori*) al 50%.

4. Nella resistenza di media durata l'azione dura (*più/meno*) di 8 minuti.

5. Il meccanismo energetico usato per sforzi dai 15 ai 30 secondi è quello (*lattacido/alattacido*).

6. La forza e la resistenza nella loro espressione (*più/meno*) pura sono rappresentate dalla forza massima e dall'*endurance*.

7. Nella rapidità resistente la forza espressa dai muscoli è (*maggiore/minore*) rispetto ad un'azione unica come lo *sprint*.

8. Nel controllo dei movimenti la fase di trasmissione degli impulsi nervosi (*segue/precede*) quella di percezione.

9. La coordinazione uditiva in generale è (*più/meno*) importante di quella visiva.

10. L'orientamento (*è/non è*) uno dei fattori della coordinazione.

Valutazione e sviluppo delle capacità motorie

La definizione e la classificazione delle capacità motorie ci ha permesso di analizzare e comprendere la complessità del movimento umano. In ambito sportivo però questa non è che la base su cui lavorare per migliorare la prestazione atletica. L'esatta quantificazione del livello della qualità motoria e il miglioramento della performance costituiscono il vero obiettivo della preparazione fisica. Descriveremo quindi i mezzi più adeguati per la valutazione di ogni capacità motoria e i metodi per il suo sviluppo.

Valutazione delle qualità motorie

Il livello di una o più capacità motorie, quali la forza, la rapidità e la resistenza è di fatto impossibile da misurare: tali capacità, infatti, sono concetti astratti utili a scopo di studio e di classificazione ma non definibili numericamente. Per valutarle si ricorre pertanto all'utilizzo di **indicatori**, cioè di fattori misurabili ed esprimibili numericamente, che ne "indicano" altri, la cui correlazione ai primi è dimostrata da studi teorici e scientifici. Per valutare le capacità e le attitudini di una persona si ricorre in genere a "batterie" di test, cioè a gruppi di prove che, misurando singolarmente le diverse capacità motorie, consentano nel loro insieme di pervenire a una valutazione complessiva di sintesi. I **test motori** sono

dunque delle prove a esecuzione prestabilita, che permettono di ottenere misurazioni da porre in relazione con dati di riferimento o con prestazioni successive della stessa persona.
Per essere efficace e affidabile un test deve possedere determinate caratteristiche:

1. **standardizzazione**, la possibilità di **fare il test sempre allo stesso modo**;
2. **validità**, la capacità del test di **misurare effettivamente un dato** che esprime la capacità motoria;
3. **oggettività**, che si può definire come il **grado di concordanza e di uniformità** tra osservatori diversi; in questo contesto è significativo il ruolo del **rilevatore**, la persona incaricata di controllare il corretto svolgimento della prova e di effettuare le misurazioni previste;
4. **attendibilità**, la capacità della misurazione di **rimanere costante a parità di condizioni**, che può essere verificata attraverso il **retest**, cioè una ripetizione della prova; generalmente si effettuano **tre prove**, considerando poi il risultato migliore oppure, a seconda dei casi, la media dei tre risultati;
5. **selettività**, la caratteristica del test che indica la sua idoneità a *distinguere il livello di capacità* tra vari componenti di un gruppo.

Ambienti per i test

I test possono essere eseguiti in **laboratorio** (laboratori scientifici, ambulatori medici, centri sportivi), in palestra o sul campo. I primi sono più precisi e affidabili, ma di solito più complessi perché la loro esecuzione richiede attrezzature specifiche e l'assistenza di personale esperto. In questo libro ne verranno presentati alcuni, che però difficilmente potranno essere eseguiti nelle strutture scolastiche. Esempi di questi test sono le prove da sforzo svolte nell'ambito delle visite mediche per la pratica sportiva (▶ pag. 224).
I test da **palestra** e da **campo** sono generalmente più semplici e non richiedono attrezzature molto sofisticate: in molti casi sono sufficienti misurazioni di tempi e distanze. Nella palestra della scuola se ne potranno eseguire molti, mentre per i test da campo sarà l'insegnante a scegliere quelli fattibili in base alle strutture esterne disponibili. I test da campo e da palestra sono più approssimativi nella valutazione rispetto a quelli da laboratorio, che di solito ne costituiscono il riferimento, ma sono utilissimi se ripetuti spesso e ben combinati tra loro. Sono molto adatti al controllo dei risultati nel tempo e al confronto immediato con quelli di altri alunni. Alcuni di questi test possono anche non rispondere appieno a tutti i criteri di standardizzazione precedentemente enunciati, in quanto talora sono di tipo empirico, cioè derivano da osservazioni ripetute più che da studi scientifici. Ciò non significa che questi test siano del tutto privi di validità scientifica: semplicemente ne rappresentano il livello più basso.
Ogni test presentato è corredato da **tabelle di valutazione**, che mostrano un giudizio indicativo sulla base del risultato ottenuto. Le tabelle sono pensate per ragazzi e ragazze di 14-18 anni, che svolgano una normale attività fisica pur senza essere allenati in modo specifico. Bisogna tuttavia considerare che in questa fase dell'accrescimento le variabili sono moltissime e non è possibile inserirle tutte senza complicare troppo le tabelle: età, sesso, sviluppo corporeo, maturazione puberale, costituzione corporea e livello di allenamento sportivo sono le più importanti. L'interpretazione dei risultati deve pertanto essere fatta con l'aiuto dell'insegnante, che potrà adattare le griglie di valutazione alla classe e al singolo studente.

La forza

Come si valuta

La valutazione diretta della forza muscolare è possibile per quanto riguarda la **massima forza isometrica**: appositi strumenti detti **dinamometri** trasformano la tensione rilevata in un valore numerico, di solito N/kg (Newton per chilo di peso corporeo). Per effettuare questa prova il muscolo viene fatto contrarre per alcuni secondi contro una resistenza invincibile e indeformabile, rilevando il massimo valore registrato. Questa metodica, come altre più recenti basate su apparecchi isocinetici, è riservata a centri specializzati e attrezzati. I test a disposizione dei più sono prove che valutano la forza indirettamente, utilizzando la misurazione di parametri che ne sono un'espressione.
Tra i più semplici e immediati test di valutazione della **forza fasica**, nelle sue tre espressioni, possono essere indicati i seguenti:

Test della forza massima. Per trovare il valore del carico che rappresenta l'espressione della forza massima di un muscolo. Si utilizza un carico che permette uno **sforzo** singolo, detto anche **massimale**, ovvero pari alla massima capacità di contrazione del muscolo; raggiunto questo limite il muscolo non può eseguire alcuna successiva contrazione, in quanto non ci sono fibre muscolari pronte a contrarsi nuovamente, si dice cioè che il **muscolo** è **esaurito**.

Test della forza veloce. Il numero massimo di ripetizioni che il muscolo riesce a eseguire con un carico e un tempo stabilito rappresenta la velocità contrattile di quel muscolo. Per esempio, riuscire ad eseguire, con un carico di 3 kg, 25 ripetizioni in 20 secondi, significa che il muscolo in questione ha una velocità di contrazione di 0,8 decimi di secondi. Se un altro soggetto esegue l'esercizio nello stesso tempo e con lo stesso numero di ripetizioni, ma con 5 kg di carico, avremo invece una diversa potenza. Con questo test si può quindi valutare tanto la potenza quanto la velocità di contrazione, in quanto la potenza è forza per velocità ($P = F \times V$). Se si tengono il carico e il tempo fissi, il numero di ripetizioni darà il valore della velocità, mentre se la velocità di contrazione è fissa ma varia il carico, valuteremo la potenza.

Test della forza resistente. Per valutare la forza resistente si possono eseguire prove **statiche**, come mantenere il più a lungo possibile una posizione faticosa, in cui si valuterà la resistenza della componente isometrica, o **dinamiche**, per esempio proseguire un certo esercizio quanto più a lungo possibile, in cui si valuterà la resistenza della componente isotonica.
Con le indicazioni della tabella, in una sala pesi si può trovare per ogni muscolo o distretto muscolare, attraverso l'esercizio appropriato, il valore di forza massima, veloce e resistente. Seguono altri test, eseguibili con la normale attrezzatura scolastica.

	Forza massima	Forza veloce	Forza resistente
Numero di ripetizioni specifico *	1-3	(1)** 15-30	30-50
Percentuale di carico *	100%-80%	70%-50%	40%-20%

**Numero di ripetizione e percentuale di carico indicano l'intervallo in cui il sistema energetico è presente come unica fonte pura a sostegno del movimento. **Negli scatti e salti.*

Test per gli arti superiori

Lancio della palla medica. Si tratta di uno dei più classici e semplici test per la forza, che si realizza lanciando palle di vario peso. A partire dai 14 anni si usano in genere palle più leggere per le femmine. Per una maggior precisione, si dovrebbe considerare anche l'altezza del soggetto: chi è più alto, avendo leve più lunghe e lanciando la palla da un'altezza superiore, risulta favorito. Un modo per tener conto di questo fattore è quello di raggruppare i risultati per sesso e fasce di statura.

Dove si fa	In palestra o sul campo.
Come si fa	Dalla posizione eretta, con i piedi paralleli e allineati con le spalle, si afferra una palla medica di 4 kg per i maschi, 3 kg per le femmine, la si porta a braccia tese sopra la testa e la si lancia in avanti il più lontano possibile.
Che cosa si misura	Il rilevatore misura la distanza dal punto di lancio a quello in cui la palla tocca terra.
Che cosa si valuta	La forza esplosiva degli arti superiori.
Come si valuta	Si confronta il risultato con la tabella.

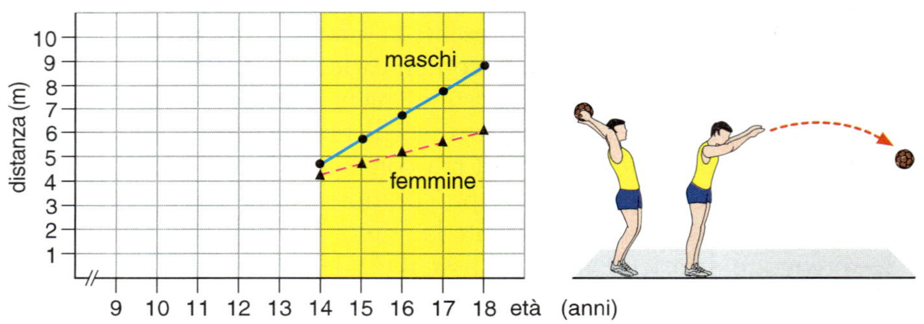

Distanza di lancio	Maschi	Femmine
meno di 4 m		non sufficiente
4-5 m	non sufficiente	sufficiente
5,1-7 m	sufficiente	buono
7,1-8 m	buono	molto buono
8,1-9 m	molto buono	eccellente
più di 9 m	eccellente	

Piegamenti sulle braccia. È uno dei test di forza più conosciuti dai non addetti ai lavori, perché nell'immaginario collettivo e nella finzione cinematografica rappresenta la forza allo stato "puro". Come per il test precedente, bisogna ricordare che negli arti superiori la differenza di forza tra maschi e femmine è più accentuata rispetto agli arti inferiori. Può diventare un test per la valutazione della forza resistente, se non si stabilisce un tempo limite ma si va a esaurimento contando le ripetizioni.

Dove si fa	Dovunque vi sia uno spazio idoneo per sdraiarsi a terra.
Come si fa	Dalla posizione prona, con le mani appoggiate a terra all'altezza delle spalle, ci si solleva sulle braccia mantenendo il corpo teso e appoggiato sulle punte dei piedi. Si compiono quanti più piegamenti possibili in 15 secondi.
Che cosa si misura	Il numero di piegamenti correttamente completati in 15 secondi.
Che cosa si valuta	La forza veloce di alcuni gruppi muscolari del torace, della spalla e delle braccia. Se fatto a esaurimento, valuta la forza resistente.
Come si valuta	Si confronta il risultato con la tabella.

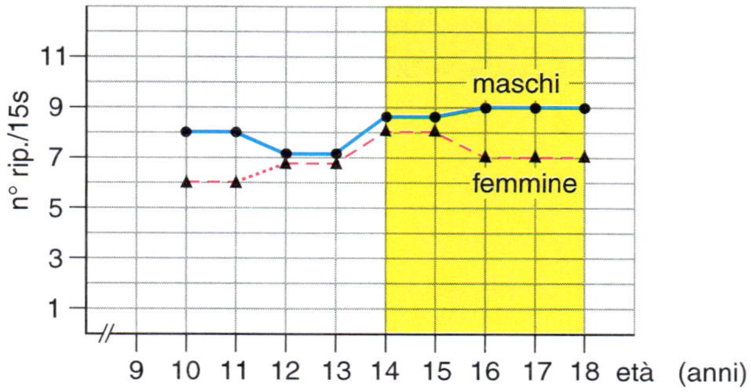

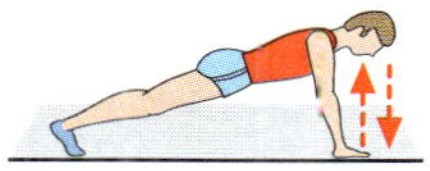

Numero di ripetizioni	Maschi	Femmine
meno di 6		non sufficiente
6-7	non sufficiente	sufficiente
8-9	sufficiente	buono
10-11	buono	molto buono
12	molto buono	eccellente
più di 12	eccellente	

Test per gli arti inferiori

Salto in alto da fermo (test di Abalakov). È uno dei test più comuni per la valutazione della forza ed è presente in quasi tutte le batterie di test motori.

Dove si fa	In palestra.
Come si fa	In piedi di fianco a una parete, su cui è affissa una lavagna o un cartellone, ci si sporca una mano di gesso e si pone un segno nel punto più alto raggiungibile con il braccio completamente esteso. Si spicca poi un salto dopo aver piegato le ginocchia di circa 90° e si tocca con la stessa mano il punto più alto possibile. Si considera il risultato migliore di 3 salti.
Che cosa si misura	La distanza tra i due segni, che indica l'altezza del salto.
Che cosa si valuta	La capacità di elevazione, espressione della forza esplosiva dei muscoli estensori in rapporto al proprio peso corporeo.
Come si valuta	Si confronta il risultato con la tabella.

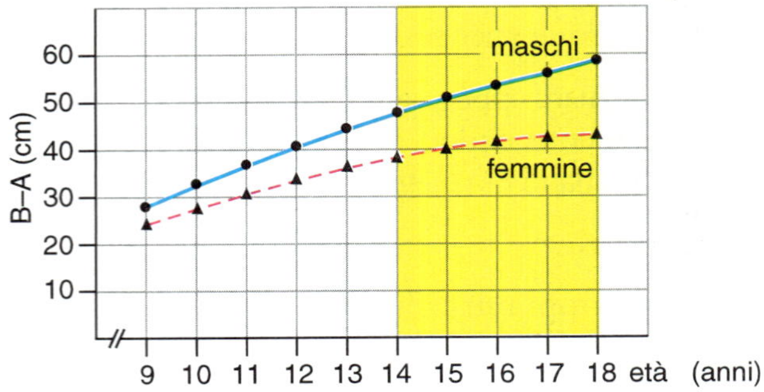

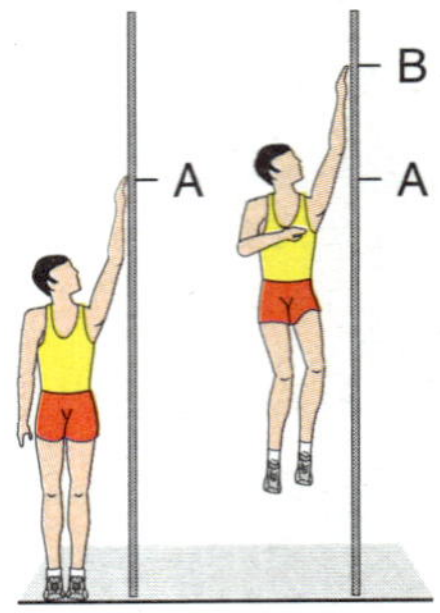

Altezza raggiunta		
Femmine	**Maschi**	
meno di 40 cm	41-43 cm	non sufficiente
35-39 cm	45-49 cm	sufficiente
40-44 cm	50-55 cm	buono
45-48 cm	56-60 cm	molto buono
più di 48 cm	più di 60 cm	eccellente

Salto in lungo da fermo. Si può considerare complementare alla prova precedente per una valutazione delle capacità di salto.

Dove si fa In palestra, sul campo.

Come si fa Si parte a piedi paralleli, con le ginocchia flesse, poi con uno slancio delle braccia si salta in avanti il più lontano possibile, atterrando su un tappetino o su un fondo sabbioso. Si fanno tre salti e si considera il risultato migliore.

Che cosa si misura Il rilevatore misura la distanza del salto: è molto importante segnare con cura il punto più arretrato in cui si tocca terra nella ricaduta dal salto.

Che cosa si valuta La capacità di salto in lungo, espressione della forza dei muscoli estensori dell'arto inferiore in rapporto al proprio peso corporeo. Poiché la tecnica del volo e dell'atterraggio è molto importante, nel test si valutano anche le capacità coordinative.

Come si valuta Si confronta il risultato con la tabella.

Lunghezza raggiunta		
Femmine	**Maschi**	
meno di 150 cm	150-170 cm	non sufficiente
151-175 cm	171-195 cm	sufficiente
176-190 cm	193-210 cm	buono
191-200 cm	211-220 cm	molto buono
più di 200 cm	più di 220 cm	eccellente

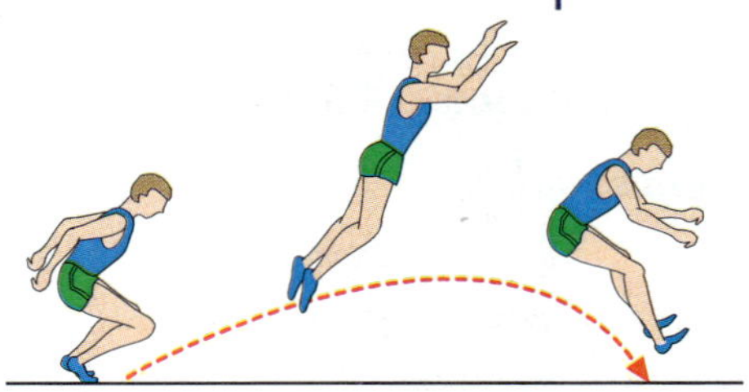

Posizione a sedia. È un altro test eseguibile in qualunque locale, agevole da fare e poco traumatizzante.

Dove si fa	Ovunque vi sia uno spazio idoneo.
Come si fa	Con la schiena appoggiata a un muro, si piegano le ginocchia a 90° come nel test precedente, tenendo le braccia lungo i fianchi; in pratica, ci si pone come se si fosse seduti su una sedia immaginaria di cui la parete è lo schienale. Si resta quindi in appoggio monopodalico e si cerca di mantenere la posizione il più a lungo possibile. Si ripete poi l'azione anche con l'altro piede. La prova termina quando non si riesce più a mantenere la posizione con il secondo piede.
Che cosa si misura	Il rilevatore cronometra per quanto tempo si resiste nella posizione, considerando i tempi ottenuti con entrambi i piedi.
Che cosa si valuta	La forza anaerobica statica, un tipo di forza resistente, per i gruppi muscolari estensori dell'arto inferiore.
Come si valuta	Si confronta il risultato con la tabella.

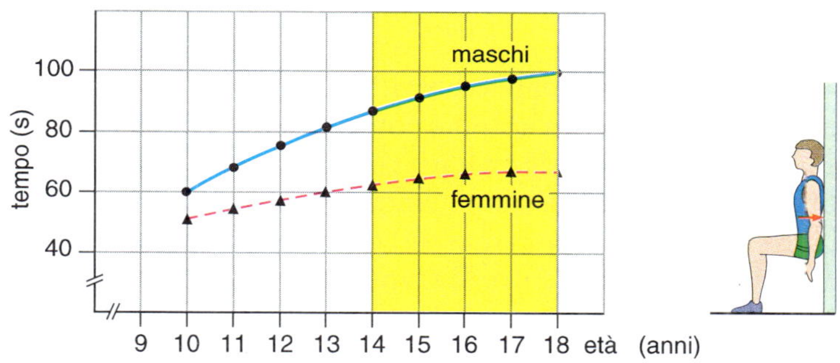

Tempo		Maschi	Femmine
Femmine	Maschi		
meno di 60 s	75-80 s		non sufficiente
60-65 s	80-85 s	non sufficiente	sufficiente
66-70 s	85-90 s	buono	molto buono
71-80 s	90-100 s	molto buono	eccellente
più di 80 s	più di 100 s	eccellente	

Test per i muscoli addominali e del tronco

Flessioni del busto. È un test di agevole esecuzione e controllo, da eseguire sdraiati sul pavimento e con le braccia distese. L'esercizio è un po' più difficile se fatto tenendo le mani dietro la nuca. Se fatto a esaurimento, diventa un test per la forza resistente.

Dove si fa	Ovunque vi sia uno spazio idoneo.
Come si fa	Supini con le gambe piegate, i piedi in appoggio e le braccia distese lateralmente, si flette il busto in avanti fino a toccare con le mani le ginocchia, quindi si torna alla posizione di partenza e si ripete il ciclo di movimenti per 30 secondi.
Che cosa si misura	Il rilevatore conta le flessioni compiute correttamente nel tempo stabilito, o fino a esaurimento.
Che cosa si valuta	La forza veloce o resistente dei muscoli addominali, di solito molto carente negli individui che conducono una vita sedentaria.
Come si valuta	Si confronta il risultato con la tabella.

Numero di flessioni	Maschi	Femmine
meno di 8		non sufficiente
8-12	non sufficiente	sufficiente
13-15	sufficiente	buono
16-18	buono	molto buono
19-20	molto buono	eccellente
più di 20	eccellente	

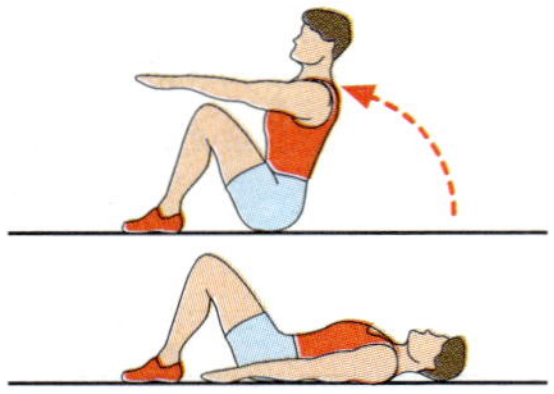

Estensioni del busto. Numerosi muscoli lunghi e brevi, disposti su più piani dietro la colonna vertebrale, compongono un sistema contrattile tra i più robusti e attivi del corpo. Sono infatti muscoli antigravitari, chiamati a una continua azione tonica per il mantenimento della posizione eretta. Questo test mette alla prova tali muscoli nel loro insieme. Una variante più faticosa consiste nel porre le mani dietro la nuca anziché sotto il mento. Il mantenimento a esaurimento della posizione sollevata consente di valutare la forza resistente.

Dove si fa	Ovunque vi sia uno spazio idoneo.
Come si fa	Sdraiati proni sul pavimento con le mani sotto il mento, si alza il busto quanto più possibile da terra e si torna alla posizione di partenza. Si ripete il movimento completo per 20 secondi.
Che cosa si misura	Il rilevatore conta le estensioni compiute correttamente nel tempo concesso, o il tempo massimo di resistenza nella posizione sollevata raggiunta.
Che cosa si valuta	La forza muscolare veloce o resistente degli estensori del tronco.
Come si valuta	Si confronta il risultato con la tabella.

Numero di estensioni	Maschi	Femmine
meno di 9		non sufficiente
9-12	non sufficiente	sufficiente
13-15	sufficiente	buono
16-18	buono	molto buono
19-20	molto buono	eccellente
più di 20	eccellente	

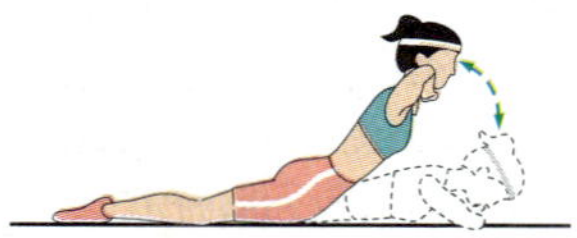

Come si migliora

Come è facile intuire considerando le classificazioni presentate, ci sono molti modi di allenare la forza: in campo sportivo si cerca di sviluppare il tipo di forza più utile al fine della pratica di uno sport, mentre in generale è desiderabile uno sviluppo completo ed equilibrato di tutte le possibili espressioni della forza. Sono possibili incrementi di forza superiori nei maschi che nelle femmine e, per entrambi i sessi l'**allenabilità** è migliore prima dei 30 anni di età e nella stagione estiva: si è notato infatti che la muscolatura dei giovani si adatta meglio alle sollecitazioni funzionali e che l'irradiazione solare di raggi ultravioletti potenzia l'azione stimolante degli allenamenti.
Le tre principali modalità di allenamento della forza sono quelle che avvengono rispettivamente:

- in condizione **isotonica**, con avvicinamento delle terminazioni muscolari;
- in condizione **isometrica**, senza modificazioni della lunghezza del muscolo;
- in condizione di **stiramento** muscolare, facendo iniziare la contrazione quando il muscolo è stato allungato di circa il 20% rispetto allo stato di riposo.

La metodica isotonica comprende varie tecniche che possono o no includere l'impiego di sovraccarichi, e che illustreremo in modo più o meno approfondito, anche considerando le possibilità offerte dalla realtà scolastica. Nondimeno, queste informazioni possono essere utili anche per l'attività extra scolastica, per l'allenamento personale o nell'ambito di un'attività sportiva amatoriale.
Lo sviluppo della forza inizia a essere ragguardevole in esercizi con un carico pari al 70-80% della massima forza di cui il muscolo è capace; un vero sviluppo della forza pura però deve comprendere esercizi con resistenze che corrispondano al 90-95% del massimale. Le contrazioni vanno ripetute consecutivamente per 7-10 volte, nel caso di una resistenza tra il 70-80%: è ciò che si intende per **ripetizioni**. Le ripetizioni a loro volta sono eseguite in cicli, ripetuti 2-4 volte: è ciò che si intende per **serie**; le pause di riposo tra una serie e l'altra, definite **recupero**, hanno una durata che oscilla tra i 2' e i 4'. L'allenamento deve essere graduale, è soprattutto il principiante che non abbia mai affrontato un allenamento specifico della forza deve iniziare con carichi tra il 40% e il 60%, per poi gradualmente aumentare preparando il sistema neuromuscolare allo stress dell'uso di carichi submassimali e massimali. Poiché la velocità della contrazione è inversamente proporzionale alla resistenza applicata, tecnicamente definita come **sovraccarico**, per sviluppare la **forza massima** si usano pochi esercizi a ritmo moderato con resistenze forti e crescenti, rappresentate normalmente da pesi, ma che possono anche essere rappresentate da pendenze diverse per la corsa in sa-

Nel grafico il punto A rappresenta la condizione isometrica di forza massimale applicata e velocità nulla; il punto B indica la velocità massimale e carico nullo.

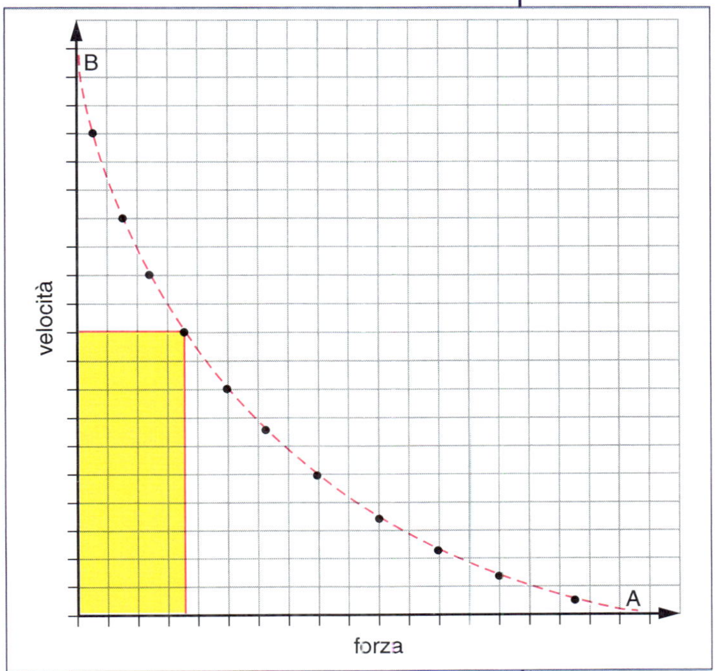

lita o elastici con differente capacità di estensione. Lo sviluppo della **forza rapida**, invece, prevede l'utilizzo di carichi più leggeri, per consentire movimenti più veloci; per lo sviluppo della **forza resistente** è il numero delle serie che varia aumentando, mentre contemporaneamente si accorciano i tempi di riposo tra esse. In tutti i casi si cerca comunque di far compiere al muscolo la massima quantità di lavoro che è in grado di svolgere nell'unità di tempo. Seguono due tabelle per la guida all'esecuzione di esercizi per lo sviluppo della forza con ripetizioni a esecuzione lenta e veloce.
Va posta inoltre molta cura nello sviluppo equilibrato dei gruppi muscolari che stabilizzano il busto, come gli **addominali** e i **dorsali**. È pertanto consigliabile iniziare gli esercizi per questi distretti muscolari con esercizi simmetrici o, se asimmetrici, da eseguire da entrambi i lati, invertendo l'ordine degli esercizi in ogni nuova seduta d'allenamento. Bisogna inoltre fare esercizi che sviluppino la forza resistente, cioè con molte ripetizioni (12-20) e resistenze leggere.
All'inizio del periodo di allenamento è utile apprendere tecniche di **rilassamento**, di **riscaldamento** e di **respirazione**, per meglio preparare la muscolatura allo sforzo. Nelle prime fasi, come già detto, vanno usati carichi leggeri che potranno gradualmente essere aumentati, riducendo le ripetizioni, man mano che il soggetto dimostra di apprendere il gesto e di sopportare bene lo sforzo. Le sedute di allenamento devono essere almeno 2 la settimana, meglio se 3-4, della durata di circa un'ora. Di solito si fa lavorare un gruppo muscolare finché la fatica impedisce di proseguire oltre l'esercizio; si passa quindi al **gruppo antagonista** (quello che contraendosi svolge un'azione opposta) o a un'altra zona del corpo.
Dopo aver fornito queste informazioni a carattere generale, approfondiamo ora le varie metodologie che sono state ideate per lo sviluppo della forza, partendo da quelle più leggere per arrivate a quelle più intense, impiegate da atleti di alto livello. Ai fini di questa esposizione esse saranno suddivise in due gruppi principali: **metodiche generali eseguibili ovunque e metodiche specifiche eseguibili in una sala pesi**.

1. Esercizi con sovraccarichi a ritmo esecutivo LENTO (Ripetizioni da 3,4 sec. in su - 15 rip. in 51 sec.)						
Numero di ripetizioni specifico *	più di 20	20-15	14-10	10-7	7-3	3-1
Percentuale di carico *	30-40%	40-60%	60-70%	70-80%	80-90%	90-100%
Effetti specifici volumi muscolari	bassa tonificazione	tonificazione	Grande Ipertrofia	Massima Ipertrofia	Ipertrofia	Ipertrofia
Effetti specifici sulla intensità della forza	Attivazione muscolare	Mantenimento forza	Sviluppo forza	Incremento forza	Grande forza	Massima forza
Effetti specifici sui sistemi energetici	Sviluppo della capacità aerobica		Sviluppo della capacità anaerobica lattacida			
Tipo di forza	Forza resistente		Forza sub-massimale		Forza massima	

2. Esercizi con sovraccarichi a ritmo esecutivo VELOCE (ripetizioni da 2 sec in giù - 15 rip. in 30 sec)						
Numero di ripetizioni specifico *	più di 20	20-14	11-9	7-3	Non 6 possibili	Non 6 possibili
Percentuale di carico *	30-40%	40-50%	55-60%	65-75%	80-90%	90-100%
Effetti specifici volumi muscolari	bassa tonificazione	tonificazione	Aumento Ipertrofia	Ipertrofia	———	———
Effetti specifici sulla intensità della forza	Attivazione muscolare	Resistenza alla velocità	Sviluppo veloc/poten	Massima potenza	———	———
Effetti specifici sui sistemi energetici	Sviluppo della capacità aerobica		Sviluppo della capacità anaerobica lattacida		Sviluppo della capacità anaerobica lattacida	
Tipo di forza	Forza resistente		Forza veloce		Forza massima	

**Numero di ripetizioni e percentuale di carico indicano l'intervallo in cui il sistema energetico è presente come unica fonte pura a sostegno del movimento e gli effetti specifici sono più evidenti.*

Metodiche generali eseguibili ovunque

Queste metodiche possono essere eseguite ovunque: una palestra, una grossa stanza, un cortile, un parco o in un ambiente naturale, adattando gli esercizi allo spazio e agli eventuali attrezzi disponibili. Permettono in realtà di sviluppare tutte le capacità motorie in modo integrato, ma qui presenteremo i programmi specializzati per le singole capacità; il lavoro di base, multilaterale, senza nessuna specializzazione, sarà invece affrontato nel capitolo *La preparazione fisica*.

Esercizi a corpo libero

Sono esercizi di base che servono per iniziare un'attivazione muscolare nel soggetto principiante che conduce una vita sedentaria. Sono invece usati dagli atleti allenati come esercizi per il riscaldamento locale di un particolare distretto muscolare, da svolgere dopo il riscaldamento generale, prima di eseguire specifici allenamenti di potenziamento o particolari prestazioni sportive. Gli esercizi sono svolti con l'indicazione di ripetizioni e serie; per orientare l'allenamento allo sviluppo della forza, non si devono superare le 12 ripetizioni. Segue una serie di esercizi per lo sviluppo della forza di vari distretti muscolari, indicati per essere eseguiti in palestra; se eseguiti all'aperto necessitano di alcune modifiche.

Circuit training

Questo metodo organizza l'allenamento in settori, definiti *stazioni*. Ogni stazione prevede un esercizio che sviluppa un particolare distretto muscolare; gli esercizi, eseguiti in successione, vanno a formare un *circuito* di allenamento, che può esser svolto da 1 a 3 volte. Questi circuiti possono variare da 6 a 13 stazioni, con brevi pause dai 35" ai 10" tra lo svolgimento di un esercizio e l'altro. Questa metodologia, variando il carico applicato, può orientare l'incremento di un determinato tipo di forza, ma sempre in modo globale, anche se possono essere organizzati circuiti in cui la successione degli esercizi è interamente rivolta allo sviluppo di una parte del corpo, gli arti inferiori per esempio. La globalità di questo metodo lo rende adatto ai giovani, agli anziani e agli sportivi in fase di preparazione iniziale, dopo una pausa, prima dell'inizio della preparazione specifica pre-agonisitca. I recuperi relativamente rapidi rendono il circuit training tendenzialmente orientato alla resistenza, sebbene anche orientato allo sviluppo della forza dia ottimi risultati. Nella tabella sono indicati i carichi, le tensioni, i recuperi e il tipo di esecuzione degli esercizi che orientano il circuito allo sviluppo di un determinato tipo di forza.

Carico applicato	Ripetizioni	Tipo di esecuzione	Recupero	Forza sviluppata
40-50%	20-14	rapida	10"-15"	resistenza
50-60%	13-9	veloce	15"- 20"	resistenza veloce
60-70%	8-6	veloce	20"- 30"	potenza
70-80%	5-4	velocità media	35"	forza resistente
80-90%	5-4	lento	completo	massimale globale

Metodiche specifiche eseguibili in una sala pesi

Questa organizzazione dell'allenamento ha bisogno di una serie di attrezzature quali sovraccarichi liberi, macchinari di muscolazione, elastici di varia estensibilità e altri attrezzi elastici. Non è necessario che questi esercizi vengano eseguiti al coperto; se le condizioni climatiche lo consentono è possibile praticare questi tipi di allenamento anche in una spazio attrezzato all'aperto. Esistono varie metodiche, che derivano da tradizioni diverse: il culturismo, la pesistica sportiva, gli sport di lotta; ai fini di questa esposizioni esse saranno tuttavia raggruppate in un unico elenco.

Body building

È la tecnica più nota, che ha fatto scoprire alle grandi masse la possibilità di aumentare il volume dei propri muscoli con l'esercizio. Infatti la sua diffusione ha risposto in principio essenzialmente a esigenze di tipo estetico, sebbene adesso, con molti correttivi, si stia modificando verso una metodologia, grazie alla quale è possibile con rapidità ed efficacia ottenere una silhouette di tipo atletico ipertrofico, ma più rispettosa di alcuni limiti fisiologici. Bisogna sottolineare come la pratica di questa tecnica, in alcuni ambienti, sia stata inquinata dall'uso di prodotti anabolizzanti, assolutamente dannosi. Non si può tuttavia istituire un'equivalenza tra body building e anabolizzanti, in quanto la maggior parte delle palestre private e dei luoghi in cui si pratica il body building sono alieni da queste pratiche. Il metodo può essere descritto come una ginnastica a corpo libero con l'uso dei pesi. Si tratta in realtà di una metodologia che ha una grande tradizione, a cui generazioni di allenatori e praticanti hanno dato il loro contributo, apportando continue modifiche agli esercizi e contribuendo a idearne di nuovi, con la caratteristica realizzazione di "macchine" che consentono l'allenamento preciso e analitico di singoli muscoli o distretti muscolari.

Pesistica

Consiste nella ricerca del carico più elevato possibile (**forza pura**) da sollevare con un movimento che sia il più veloce possibile: si sviluppa quindi la **forza veloce** espressa nella sua **potenza massima**. È una tecnica che viene impiegata sia per allenarsi allo svolgimento delle competizioni di pesistica, sia per sviluppare la qualità di forza veloce in tutti gli sport di cui essa sia una componente. Questa tecnica sarà illustrata più nel dettaglio, insieme al metodo degli sforzi dinamici, nella parte dedicata allo sviluppo della velocità.

Metodo piramidale

In questo metodo lo sviluppo delle capacità di forza è ottenuto attraverso una particolare distribuzione dei carichi rispetto al numero di ripetizioni; esso prevede due varianti, la **piramide stretta** e la **piramide larga**. L'allenamento comincia, in entrambe le varianti, con un alto numero di ripetizioni e un carico basso; nella successione delle serie viene poi diminuito progressivamente il numero delle ripetizioni e aumentata la percentuale di carico. Nella piramide stretta si inizia con 8 ripetizioni e un carico del 75%, finendo con 1 ripetizione e un carico del 100%, mentre nella piramide larga si inizia con 18 ripetizioni e un carico del 50% e si finisce con un carico del 75%. È così possibile, in base al carico, calcolare il numero delle ripetizioni.

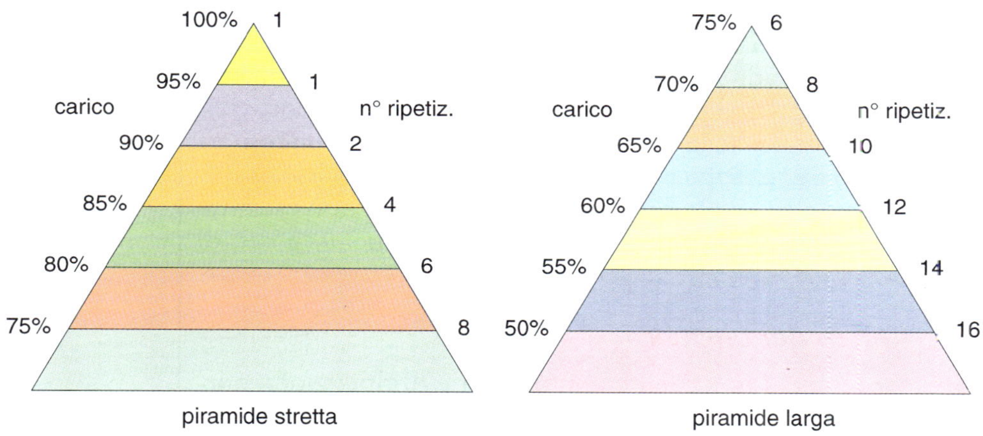

Metodo con recuperi brevi

La struttura dell'allenamento si basa sulla riduzione dei recuperi tra una serie e l'altra. Questo orienta tutto il metodo allo sviluppo della resistenza. Verrà quindi spiegato nella parte dedicata alla resistenza.

Metodo eccentrico

Metodo riservato ad atleti allenati, finalizzato allo sviluppo della forza massima. Sfrutta la capacità del muscolo di controllare la propria distensione dopo essersi contratto. Questo allungamento non è però dovuto a un controllo volontario del rilascio della contrazione, ma alla applicazione di carichi superiori al massimale, che variano dal 110% al 130%. Nella pesistica si eseguono allenamenti eccentrici anche con carichi del 140%. L'allungamento è quindi dovuto all'incapacità di contrarsi del muscolo, che può così solo controllare la propria distensione. Questo metodo coinvolge abbondantemente anche le porzioni muscolotendinee del muscolo; a esso deve quindi sempre essere abbinato un buon lavoro di allungamento, all'inizio e alla fine dell'allenamento. Il riscaldamento locale deve essere effettuato con carichi del 90-95%, per poter affrontare le tensioni sovramassimali. Dopo l'esecuzione di questo metodo non bisogna interrompere l'allenamento, ma proseguire con qualche esercizio, anche a corpo libero e che coinvolga altri distretti muscolari, al fine di un defaticamento attivo, a cui seguirà l'allungamento.

Metodo regressivo

Il metodo si sviluppa cambiando l'intensità del carico nella successione delle serie, che sono sempre più di 3, di solito 6 o 7. La prima serie applica un carico fino al 95% del massimale, è quindi necessario fare un buon riscaldamento dei distretti muscolari coinvolti nell'esercizio, le serie successive procedono con l'applicazione di carichi sempre inferiori al carico della serie precedente. La riduzione del carico è applicata in modo regolare, cioè la riduzione dell'intensità è costante
Esercizio: aperture e chiusure a braccia distese in decubito supino su panca a gamba flesse.

Carichi	95%	90%	80%	85%	80%	75%	70%
Serie	1°	2°	3°	4°	5°	6°	7°

Questa tecnica permette di eseguire molte ripetizioni senza avvertire un senso di fatica. Consente di prestare molta attenzione all'esecuzione del movimento ed è perciò particolarmente adatta al potenziamento di gesti tecnici sportivi in cui l'esecuzione sia fondamentale. Se le ripetizioni sono fatte a **esaurimento** e i recuperi sono completi fino a 2' circa, si ottiene un potenziamento misto di forza pura e resistenza. Se il numero delle ripetizioni è da 3 a 10, si può eseguire una contrazione di tipo rapido sviluppando così un potenziamento misto di forza pura e velocità.

Metodo dell'alternanza dei carichi

Questo metodo prevede, come il precedente, più di 3 serie di ripetizioni, normalmente 6 o 7. Le prime tre serie servono per raggiungere il 95% del massimale, partendo dall'80%. Un buon riscaldamento dei distretti muscolari coinvolti nell'esercizio è quindi necessario, per evitare infortuni. Le serie rimanenti prevedono l'applicazione di carichi con intensità alternativamente in diminuzione e in aumento. Le ripetizioni sono fatte a esaurimento e i recuperi sono di 2' circa. La principale caratteristica di questa tecnica è quella di permettere, con queste continue variazioni, di andare oltre i consueti limiti, stimolando il sistema neuromuscolare a lavorare. Questo metodo viene impiegato dagli atleti che si allenano da molto tempo per superare un blocco allo sviluppo delle prestazioni.
Esercizio: aperture e chiusure a braccia distese in decubito supino su panca a gamba flesse.

Carichi	80%	90%	95%	75%	95%	80%	95%
Serie	1ª	2ª	3ª	4ª	5ª	6ª	7ª

Metodo pliometrico

Allenamento che si basa su due assiomi: che la tensione muscolare massima può essere ottenuta dopo un prestiramento del complesso muscolotendineo e che questa tensione è direttamente proporzionale alla velocità con cui è stato stirato il muscolo. La rapidità e la frequenza dei movimenti sono pertanto essenziali se si orienta l'esercizio allo sviluppo del forza veloce; una spiegazione particolareggiata ne sarà perciò fornita nella parte dedicata alla velocità.

Metodo isometrico

L'**isometria**, come si è detto, è uno stato del muscolo in cui a un aumento di tensione non corrisponde un cambiamento della lunghezza: si verifica cioè una **contrazione statica**. Per realizzare questo tipo di tensione bisogna allenarsi contro resistenze fisse; il tempo di applicazione ne determina l'intensità, come è illustrato dalla seguente tabella:

Ripetizioni della tensione dopo recupero completo	Tempo di applicazione della tensione in secondi	Intensità della tensione	Definizione della tensione
8	da 20" a 11"	40%-50%	bassa
5	da 10" a 6"	60%-70%	leggera
3	da 5" a 4"	80%-90%	alta
1	da 3" a 2"	100%	massimale

Bisogna notare come lo sviluppo della forza con questa metodica sia estremamente selettivo. Se usiamo l'isometria per potenziare la forza del bicipite, l'aumento di forza avverrà con l'angolo di flessione in cui è stata applicata: con flessioni più ampie o più acute del gomito, la forza non sarà aumentata. Si tratta quindi di un metodo ottimale per lo sviluppo della forza in tutti gli sport in cui ci siano posture fisse da mantenere, per esempio in alcune fasi della vela, dell'alpinismo, della lotta.

Metodo isocinetico

Nella contrazione di tipo isocinetico la velocità di contrazione non cambia durante tutto l'arco di movimento. La tensione del muscolo è quindi elevata e costante durante tutto il movimento, di contro alla situazione naturale in cui la forza è espressa ai massimi livelli solo tra il 55° e il 125° grado.

La contrazione di tipo isocinetico si ottiene parzialmente in acqua, per esempio nell'acquagym o con l'uso di particolari macchinari che con meccanismi elettroidraulici mantengono costante la velocità del movimento. Viene sviluppata la forza pura con componenti di forza veloce.

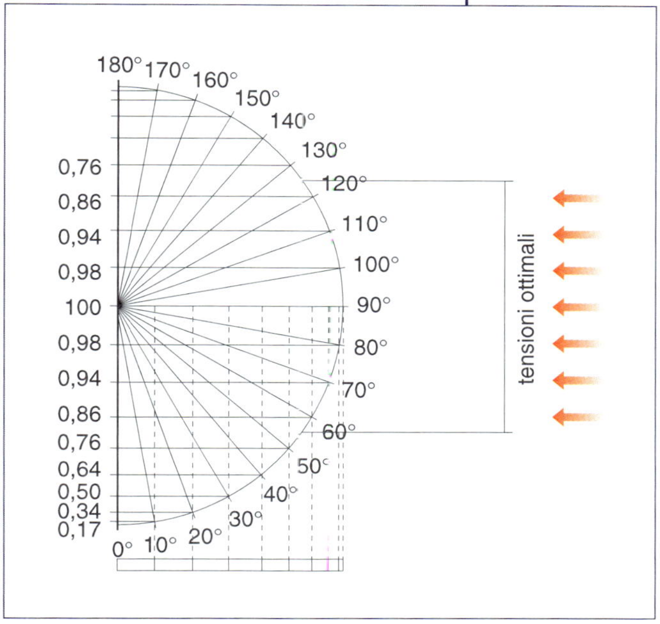

Le tensioni ottimali per ogni segmento del nostro corpo sono comprese nel tratto da 55° a 125°.

Metodo degli sforzi dinamici

Allenamento che ha come elemento caratteristico un'elevata velocità di esecuzione delle ripetizioni. Essendo orientato allo sviluppo delle forza veloce, la spiegazione del metodo sarà fornita nelle sezione dedicata allo sviluppo della velocità.

La resistenza

Come si valuta

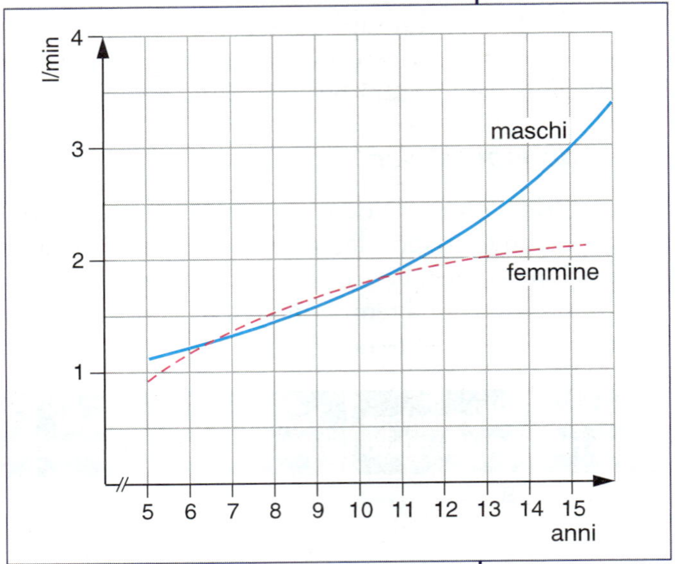

Valori medio-normali del VO_2 massimo in l/min in maschi e femmine durante l'accrescimento.

La capacità di protrarre a lungo sforzi che impegnino grandi masse muscolari dipende sia dalla capacità dei muscoli in azione di consumare ossigeno, sia dalla funzionalità di cuore e polmoni, che devono assicurare tramite il flusso di sangue un adeguato rifornimento di ossigeno. La **massima potenza aerobica**, cioè il maggior livello di sforzo sostenibile nell'unità di tempo, è rappresentata dal **massimo consumo di ossigeno** (▶ focus, pag. 37). Questo valore può essere misurato direttamente in laboratorio, tramite sistemi che misurano la composizione dell'aria inspirata ed emessa dal soggetto sottoposto al test. All'età di 15 anni il massimo consumo di ossigeno (VO_2 max) è di circa 3 l/min nei maschi e 2 l/min nelle femmine. Molto spesso il VO_2 max è rapportato al peso e si trova quindi espresso in ml per kg/min.

Poiché la misurazione diretta è possibile solo con strumenti avanzati, si ricorre in genere a misurazioni di tipo indiretto, che si effettuano eseguendo prove di corsa su distanze medie o test in laboratorio sulla bicicletta ergometrica.

Su distanze più lunghe, con tempi di prova superiori a 7-8 min, diventa importante un altro dato della resistenza aerobica, la **capacità aerobica**, cioè il lavoro totale che si riesce a compiere con il metabolismo aerobico: in altri termini, è il livello di potenza aerobica moltiplicato per il tempo di durata dell'esercizio. La maggior intensità di sforzo sostenibile a lungo è detta **soglia anaerobica**, cioè il livello di sforzo al di sopra del quale si attiva il metabolismo anaerobico. La **soglia aerobica** rappresenta invece il livello di sforzo al di sotto del quale il metabolismo è completamente aerobico. Queste due soglie non coincidono, in quanto esiste una zona intermedia tra le due in cui il metabolismo è misto aerobico-anaerobico senza netta prevalenza dell'uno sull'altro. Per misurare queste soglie direttamente, si fanno prelievi di sangue venoso e capillare per misurare la concentrazione di acido lattico ai vari livelli di sforzo: per convenzione si considera raggiunta la soglia anaerobica quando la concentrazione dell'acido lattico nel sangue è di 36 mg per 100 ml. Le misurazioni indirette si fanno con test da campo, come il test di Conconi basato sulla corsa, o con prove in laboratorio in cui si somministrano carichi crescenti a intervalli regolari di tempo. Per individuare i livelli soglia, si costruiscono dei grafici che riportano la frequenza del battito e la ventilazione polmonare: i punti in cui varia la pendenza della linea della ventilazione polmonare corrispondono approssimativamente alle soglie.

Verranno di seguito proposti alcuni test di valutazione della resistenza allo sforzo, la maggior parte dei quali basati sulla corsa. Essi prevedono di cronometrare il **tempo impiegato** per percorrere una **data distanza** (non inferiore ai 2000 m) o di misurare la **distanza percorsa** in un **tempo stabilito** (di solito pari o superiore a 10'). Questi test sono tra i più diffusi, poiché la resistenza nella corsa prolungata è considerati un valido indicatore dell'efficienza (o forma) fisica generale.

La resistenza di particolari distretti muscolari può invece essere stimata **contando il numero di ripetizioni completate** prima del sopraggiungere della fatica, o **misurando il tempo di resistenza in una data posizione** che richiede una contrazione muscolare protratta (**contrazione tonica**).

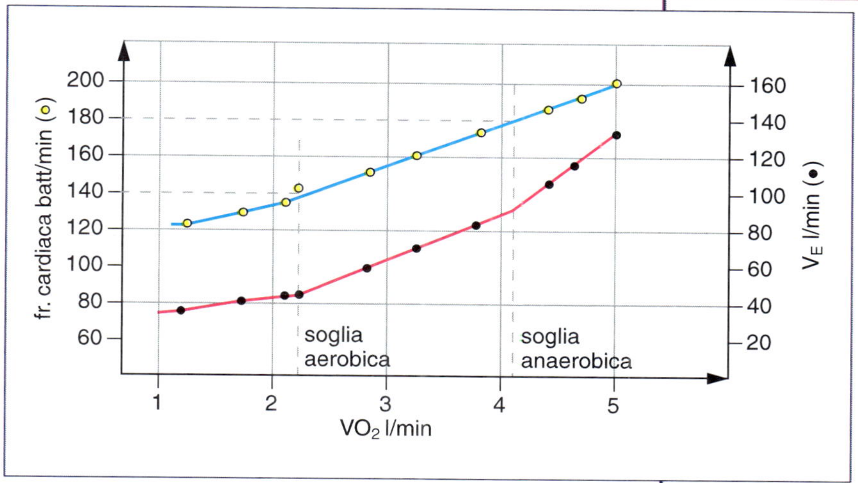

Valori medio-normali del VO_2 massimo in l/min in maschi e femmine durante l'accrescimento.

Test di Cooper. È una prova concepita negli anni sessanta dal medico americano Kenneth Cooper, che aveva la necessità di valutare rapidamente le condizioni fisiche dei piloti dell'aeronautica. La tabella di valutazione originale fu elaborata sulla base di migliaia di prove effettuate dalle stesse persone, prima e dopo una preparazione atletica di alcuni mesi. Da allora la tabella è stata aggiornata con dati provenienti da molte altre rilevazioni ed è usata in tutto il mondo.

Dove si fa	Sulla pista d'atletica, sul campo da calcio o su altra superficie pianeggiante con riferimenti per le distanze.
Come si fa	Il test, molto semplice ma fisicamente impegnativo, consiste nel correre o nel camminare per 12 minuti, cercando di coprire la maggior distanza possibile. Si deve arrivare alla scadenza dei 12 minuti in condizioni normali, cioè senza affanno, con pulsazioni non oltre 150-160 battiti al minuto, senza intensi dolori muscolari. La presenza di questi segni di eccessivo affaticamento indicherebbero infatti che almeno parte della prova non è stata fatta in condizioni aerobiche, che sono quelle che il test intende valutare. Il risultato di questo test è infatti ben correlato (l'approssimazione è di circa il 90%) con la potenza aerobica, la capacità di sostenere in modo prolungato una certa intensità di sforzo utilizzando il metabolismo aerobico (▶ pag. 65).
Che cosa si misura	Allo scadere del tempo si misura la distanza percorsa.
Che cosa si valuta	Il risultato di questo test è ben correlato, con un'approssimazione di circa il 90%, con la potenza aerobica, ovvero la capacità di sostenere in modo prolungato una certa intensità di sforzo utilizzando il metabolismo aerobico.
Come si valuta	A ogni distanza percorsa corrisponde un giudizio sulla forma fisica (*endurance*, potenza aerobica), che si può ricavare confrontando il risultato con la tabella sottostante, che tiene conto anche dell'età e del sesso. La tabella iniziale fu elaborata sulla base di migliaia di prove effettuate dalle stesse persone prima e dopo una preparazione atletica di alcuni mesi. Da allora la tabella è stata aggiornata con dati provenienti da molte altre rilevazioni ed è usata molto diffusamente.

Test di Cooper (Uomini)			
FORMA	14/15 anni	16/17 anni	18/19 anni
SCARSA	< 2100	< 2200	< 2300
SUFFICIENTE	2101-2300	2201-2400	2301-2500
BUONA	2301-2500	2401-2600	2501-2800
DISTINTA	2501-2700	2601-2800	2801-3100
OTTIMA	> 2700	> 2800	> 3100

Test di Cooper (Donne)			
FORMA	14/15 anni	16/17 anni	18/19 anni
SCARSA	< 1900	< 2000	< 2100
SUFFICIENTE	1901-2100	2001-2200	2101-2300
BUONA	2101-2300	2201-2400	2301-2600
DISTINTA	2301-2500	2401-2700	2601-2900
OTTIMA	> 2500	> 2700	> 2900

Seven minutes running test (SMRT). Ideato dagli autori, questo test è una semplificazione dei precedenti e può essere utile per verificare le capacità di resistenza nella corsa con una prova al coperto. Può anche essere usato come prima valutazione della forma fisica, in persone non ancora allenate per test di corsa più impegnativi. La tabella di valutazione dei risultati deriva da prove sperimentali del test, che viene proposto per valutazioni pratiche e veloci a livello scolastico. Se si desidera ottenere risultati meglio correlati al massimo consumo di ossigeno, si consigliano i test di Astrand o di Cooper.

Dove si fa	In palestra.
Come si fa	Il test si svolge correndo a ritmo costante per 7 minuti, cercando di compiere il massimo numero di giri attorno al campo di pallavolo, mantenendosi sul suo perimetro. Il ritmo di corsa, come nei test precedenti, deve essere sostenibile in modo prolungato. Per una maggior precisione nella valutazione della distanza si consiglia di delimitare internamente il percorso con dei paletti, come mostra la figura. La prova può essere fatta anche in gruppo, purché sia possibile tenere il conto dei giri completati da ogni corridore.
Che cosa si misura	Allo scadere dei 7 minuti si annotano i giri percorsi, con un'approssimazione di 1/2 giro: in pratica, se al termine del tempo concesso è stato superato il punto diametralmente opposto a quello di partenza conta anche il mezzo giro, altrimenti conta solo il numero intero.
Che cosa si valuta	La capacità di resistenza aerobica nella corsa su una media distanza. Per istituire confronti con prove all'aperto, è fornita anche una tabella di trasformazione dei giri in metri percorsi, con la relativa velocità media mantenuta. Come si può notare le velocità ottenute in questo test sono sempre inferiori a quelle all'aperto, a causa del maggior numero di curve del percorso e alle differenze ambientali della palestra rispetto al campo. Il test si può anche usare come verifica della capacità di mantenere un dato ritmo di corsa: a questo scopo può essere utile l'indicazione del tempo medio sul giro di palestra, che si trova nella colonna centrale della tabella.
Come si valuta	Il risultato ottenuto si confronta con la tabella.

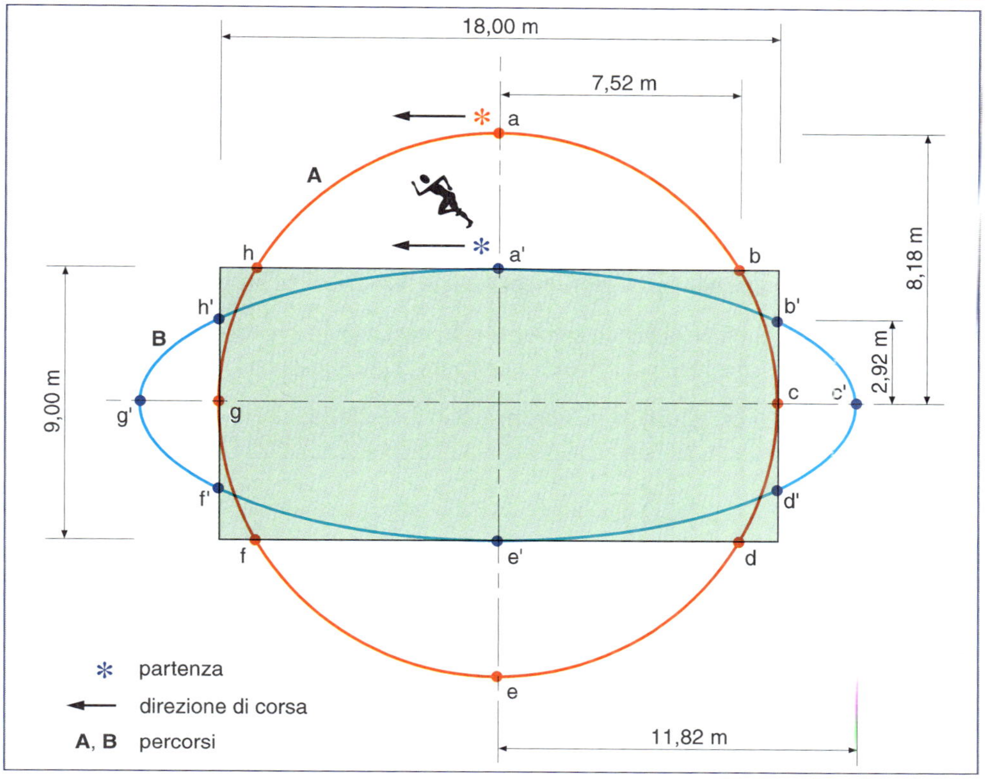

Posizione dei paletti per tracciare percorsi curvilinei con lo stesso sviluppo in lunghezza del perimetro del campo di pallavolo.

N° giri percorsi in 7 min	Distanza	Tempo medio per giro	Velocità media
18	972 m	23 s	8,3 km/h
19	1026 m	22 s	8,8 km/h
20	1080 m	21 s	9,3 km/h
21	1134 m	20 s	9,7 km/h
22	1188 m	19 s	10,2 km/h
23	1242 m	18 s	10,6 km/h
24	1296 m	17,5 s	11,1 km/h
25	1350 m	17 s	11,6 km/h
26	1404 m	16 s	12 km/h
27	1458 m	15,5 s	12,5 km/h
28	1512 m	15 s	13 km/h
29	1566 m	14,5 s	13,5 km/h

N° giri percorsi	Maschi	Femmine
20		non sufficiente
20-21,5	non sufficiente	sufficiente
22-24,5	sufficiente	buono
25-27,5	buono	molto buono
28-29,5	molto buono	eccellente
più di 30	eccellente	

Test di Ljan. È forse il test più semplice e rapido per una prima valutazione dello stato di forma fisica. Per fare questo test si deve essere capaci di contare il numero dei propri battiti cardiaci, appoggiando le dita della mano sul polso del braccio opposto, come illustrato in figura. Contando gli impulsi che si percepiscono in 15 secondi e moltiplicando questo numero per 4, si ottiene il numero dei battiti cardiaci in 1 minuto, ossia la **frequenza cardiaca** (▶ pag. 28).

Dove si fa	In palestra.
Come si fa	Si corre per 1 minuto a ritmo costante, mantenendo una velocità sostenibile anche più a lungo.
Che cosa si misura	Alla fine della corsa si conta il numero delle pulsazioni, ottenendo così il valore della frequenza cardiaca dopo sforzo. Si ripete poi il conteggio allo scadere di ogni minuto dalla fine dell'esercizio, fino a che la frequenza cardiaca non è tornata ai valori di partenza.
Che cosa si valuta	Lo stato di forma fisica generale, in quanto lo sforzo è troppo breve per poter mettere alla prova la capacità di resistenza.
Come si valuta	Il risultato ottenuto si confronta con la tabella.

Tempo di recupero	Maschi e femmine
più di 4 min	poco allenato
3-4 min	allenati di più
2-3 min	sei sulla buona strada
meno di 2 min	continua così

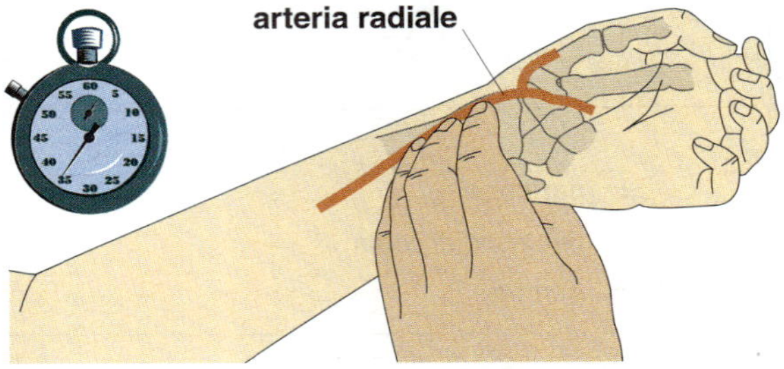

Test progressivo a navetta. Noto anche come *multistage shuttle test* (MST) di Léger, consiste nel correre andata e ritorno in palestra tra due linee distanti 20 m, a velocità crescenti. Si parte da una velocità di 8 km/h per i primi 2 minuti, quindi si aumenta ogni minuto la velocità di 0,5 km/h. Il ritmo della corsa può essere segnalato da un messaggio sonoro con una cassetta preregistrata o dato a voce utilizzando un cronometro e la scala dei tempi allegata. Il test finisce quando l'alunno/a non riesce più a ritornare alla linea di partenza entro il tempo previsto. Si considera quindi il risultato dell'ultima corsa valida, da cui si ottiene la massima velocità di corsa nella prova di resistenza progressiva. Questo dato è correlato con la massima potenza aerobica.

Tabella di tempi e distanze per il test progressivo a navetta su 20 metri di corsa

Velocità da sostenere (km/h)	Tempo sul percorso (secondi)
8	18
8,5	17
9	16
9,5	15
10	14,5
10,5	14
11	13
11,5	12,5
12	12
12,5	11,5
13	11

Griglia di valutazione

Velocità massima	Maschi	Femmine
meno di 9		non sufficiente
9-9,5	non sufficiente	sufficiente
10-10,5	sufficiente	buono
11-11,5	buono	molto buono
12-12,5	molto buono	eccellente
13 e oltre	eccellente	

Come si migliora

Per migliorare la resistenza muscolare allo sforzo prolungato occorrono numerose ripetizioni consecutive di esercizi che richiedono un basso livello di forza. In linea di massima si suggerisce di eseguire delle **serie** di 20-30 **ripetizioni** di esercizi con **carico** pari a circa il 30% della forza massima sviluppabile dal gruppo muscolare interessato. Le serie di esercizi vanno ripetute 2-3 volte per seduta di allenamento, accorciando le pause tra l'una e l'altra, con il progredire delle capacità. Il fattore limitante la resistenza generale dell'organismo allo sforzo fisico è la **capacità cardiorespiratoria**, cioè la capacità di trasporto dell'ossigeno dai polmoni ai muscoli, limite che è meno determinante nella resistenza alla forza, cioè nella resistenza a lavori prolungati con **alti** carichi, in cui, pur essendo molto importante l'apporto d'ossigeno, prevale il sistema anaerobico lattacido. L'apporto dell'ossigeno dipende dal buon funzionamento dell'apparato respiratorio, che assicura il ricambio dell'aria polmonare, e di quello cardiocircolatorio, che spinge il sangue dal cuore ai vari organi e viceversa. L'indice della funzionalità del sistema cuore-polmoni è il **massimo consumo d'ossigeno** (VO_2max), cioè la più elevata quantità di ossigeno che i muscoli possono prelevare dal sangue e consumare durante la loro attività contrattile nell'unità di tempo. La circolazione del sangue è fondamentale anche nel caso della resistenza alla forza, in quando attraverso il sangue vi è un continuo apporto di sostanze di ricambio necessarie per le reazioni chimiche energetiche del sistema. Nella preparazione di ogni attività fisica di resistenza, aerobica o alla forza, è dunque necessario includere programmi di allenamento della capacità cardiorespiratoria. Sono adatti allo scopo esercizi di durata media o lunga, che utilizzino prevalentemente il rifornimento energetico aerobico. Come prima scelta si suggerisce un'attività con sforzi ripetitivi e ritmici, come la **corsa prolungata**, in quanto consentono graduali cambi di velocità e favoriscono la sincronizzazione del respiro con il gesto muscolare. Naturalmente si possono scegliere altri tipi di esercizi, in base allo sport praticato, per esempio allenamenti in bicicletta, in canoa, nuoto, pattinaggio, sci di fondo. Gli esercizi sul campo possono essere integrati con altri in palestra, se si dispone di attrezzature che consentono di simulare i reali gesti delle attività svolte all'aperto. La durata degli esercizi è variabile, ma generalmente si consigliano attività prolungate per almeno 20-30 minuti, da aumentare progressivamente a seconda delle capacità raggiunte. La frequenza deve essere non inferiore a 3 sedute settimanali, preferibilmente 4 o 5. Il miglioramento si ottiene lentamente, per cui occorre iniziare la preparazione con notevole anticipo rispetto al momento per cui si intende essere pronti.
Approfondiamo le informazioni generali sullo sviluppo della resistenza fin qui fornite attraverso l'esposizione dei vari metodi di sviluppo, suddivisi in **metodiche generali eseguibili ovunque e metodiche specifiche eseguibili in una sala pesi**.

Tipo di sistema energetico usato	Resistenza anaerobica lattacida	Resistenza anaerobica alattacida	Resistenza aerobica
Espressione del limite fisiologico del tipo di resistenza	Esaurimento della capacità contrattile del muscolo (indolenzimento, rigidità)	Esaurimento della capacità di mantenimento della frequenza di contrazione (affaticamento)	Esaurimento della capacità cardiocircolatoria (sintomi generali come vomito, collasso)
Percentuale di carico	100%-50% **	70%-50%	40%-carico naturale
Numero di ripetizioni	da 1 a 18	da 5 a 14	oltre 20
Durata*	da 60" a 3"	da 15" a 30"	Oltre 10"

** I tempi indicano il momento in cui il sistema energetico è presente come unica fonte pura a sostegno del movimento. ** Carico del 50% con ritmo esecutivo lento.*

Metodiche generali eseguibili ovunque

Queste metodiche possono essere eseguite in un luogo all'aperto, come campi di atletica e spazi naturali o in un luogo chiuso, attraverso macchinari come la cyclette, il nastro trasportatore, il vogatore, le macchine che simulano la salita di scalini (*step*) o lo sci di fondo. Al chiuso è anche ben sviluppabile la resistenza alla forza attraverso la stessa attrezzatura usata per lo sviluppo della forza.

Esercizi a corpo libero

Si tratta di esercizi di base che servono a indurre un'attivazione di questa capacità, ma che possono anche produrre un notevole sviluppo della resistenza aerobica. Tra essi troviamo il salto della corda, usato moltissimo negli sport di combattimento, e varie combinazioni di saltelli, usati nella ginnastica aerobica e nello step. Un allenamento delle capacità aerobiche veramente universale è la **corsa sul posto**, uno degli esercizi che fanno parte del "Programma di movimento" di Cooper, in cui le attività vengono valutate con un punteggio, raggiungendo così un punteggio settimanale che indica il livello della attività fisica svolta: 30 punti settimanali è il punteggio che Cooper consiglia di raggiungere; nella tabella che segue è descritto un programma settimanale di corsa sul posto, che in 10 settimane consente di raggiungere 30 punti. Nel programma si contano i passi da effettuare al minuto, partendo da una durata di 5 minuti, durata che viene aumentata ogni settimana:

Settimane	Durata in minuti	Passi al minuto	Giorni settimanali d'esercizio	Punti settimanali
1	5	70-80	5	10
2	7,5	70-80	5	11,25
3	7,5	70-80	5	11,25
4	10	70-80	5	15
5	12,5	70-80	5	18,75
6	15	70-80	5	22,5
7	10	70-80	2	25,5
	15	70-80	3	
8	12,5	70-80	2	28,5
	15	70-80	3	
9	20	70-80	5	**30**
10	20	80-90	4	32

Nelle attività svolte all'aperto sono comprese attività di vario tipo, che corrispondono a diverse intensità, dall'attività più blanda, il **walking**, a quella più intensa, la corsa di fondo. Il walking, che deriva dal verbo inglese *to walk* (camminare), è un'energica camminata, di cui si può misurare lo spazio percorso e il tempo impiegato, che ha una certa capacità allenante, ma che è sicuramente un'ottima tecnica di mantenimento della forma fisica soprattutto per gli anziani e le persone che per vari motivi non possono sopportare intensità d'esercizio maggiori. Del walking esistono due varianti più intense, il *power walking* o marcia accelerata e il *wogging* o marcia con i pesi, che verrà spiegata nella parte re-

lativa agli allenamenti con i pesi. Recentemente è nata anche una variante sportiva, il *fit walking,* che prevede specifiche competizioni.
Fra le tecniche per lo sviluppo della resistenza un posto d'elezione è comunque occupato dalla corsa. Cooper considera che 4 km di corsa a ritmo medio-alto, per 25 minuti, tre volte alla settimana, permettono di raggiungere i 30 punti settimanali.

Fartlek

Tipo di corsa su un percorso misto, con parti in piano e parti in discesa e in salita alternate in modo casuale.

Allenamento con il cardiofrequenzimetro

Un altro modo di gestire l'allenamento di resistenza più sofisticato è quello di correre indossando un cardiofrequenzimetro, ormai facilmente reperibile. Ciò permette di gestire in tempo reale l'intensità dello sforzo, personalizzandolo in base alle proprie reali possibilità fisiologiche nel corso di una seduta d'allenamento. Si evitano così sforzi superiori ai propri limiti nel seguire un programma d'allenamento che, per quanto graduato, è comunque un programma di carattere generale.
I parametri ordinari dell'uso del cardiofrequenzimetro indicano che il numero delle pulsazioni al minuto va mantenuto, per i sedentari o per il mantenimento dello stato di buona forma fisica, entro un intervallo che va dal 65% al 75% del battito cardiaco massimo, mentre per l'allenamento sportivo la fascia consigliata va dal 75% all'85%. Al di sotto del 65% non si ottengono significativi miglioramenti della capacità aerobica, mentre al di sopra dell'85% lo sforzo diviene anaerobico e come tale non consente di protrarre a lungo l'esercizio.

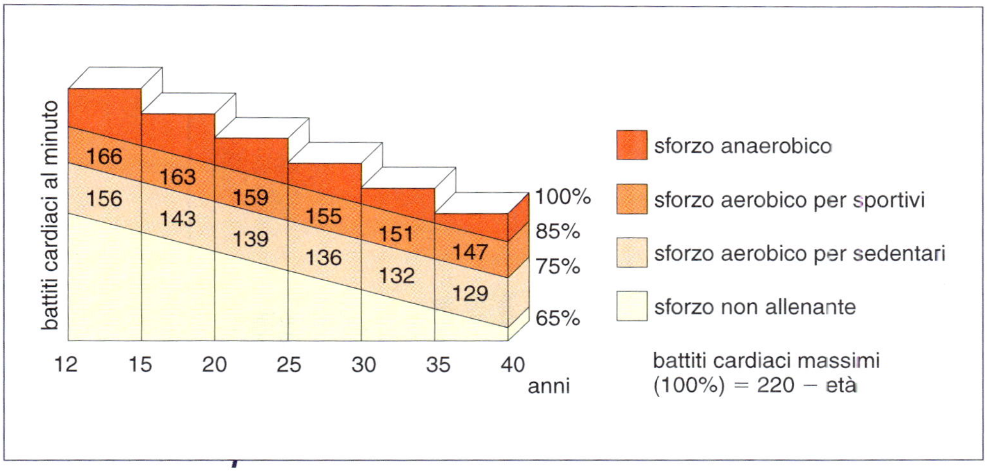

Per sostenere lo sforzo fisico con il metabolismo aerobico è consigliabile mantenere la frequanza del battito cardiaco entro il 65% e il 75% del massimo per i meno allenati, e tra il 75% e l'85% per gli sportivi più in forma.

Si tratta di tipi di ginnastica eseguita con accompagnamento musicale. L'**aerobica** è organizzata in fasi, ognuna con accompagnamento musicale a ritmo costante e un numero di battute che varia dalle 110 alle 150 al minuto. La prima fase, di **riscaldamento**, che serve a mettere in movimento tutto il corpo con movimenti ampi, estensioni e torsioni, dura 10-15 minuti. Segue la **fase aerobica**, della durata di 15-20 minuti, in cui tutti i movimenti sono eseguiti a ritmo di musica e abbinati a saltelli; a conclusione di questa fase c'è il **raffreddamento aerobico,** che dura 10-15 minuti, in cui cessano i saltelli e i movimenti sono ampi per distendere i muscoli e facilitare la respirazione. Nell'ultima fase, a terra,

della durata di 15-20 minuti, si eseguono esercizi di **ginnastica di potenziamento** dei distretti muscolari poco interessati dall'attività precedente e **stretching** generale. Esistono due tipi principali di aerobica: ad **alto impatto** e a **basso impatto**, in cui la fase aerobica è meno intensa.
Lo **step** utilizza come attrezzo uno scalino: *step* in inglese significa appunto scalino, passo. Si tratta di una piattaforma rettangolare di base 40 × 100 cm e alta 25 cm, su cui si sale e si scende, abbinando movimenti delle braccia e del busto. La lezione ricalca nella sua struttura le lezione di aerobica, da cui deriva; la musica di accompagnamento varia dalle 110 alle 130 battute al minuto. Un'altra variante dell'aerobica è il **tone up**, di cui parleremo nelle sezione dedicate alle attività che impiegano pesi. Data la varietà con cui l'aerobica si è sviluppata ne esistono numerose varianti: *gym music*, *aerofit*, *body tonic*, *step gag*, *step dance*, *easy step*, *total body*.
Essendo l'impegno cardiaco molto intenso, il controllo del battito è necessario, soprattutto nei principianti o dopo una lunga interruzione delle frequenza delle lezioni; e gli insegnanti più qualificati lo eseguono. Questo controllo dovrebbe comunque essere eseguito da tutti ogni 4 o 5 lezioni, per monitorare il miglioramento e accorgersi di eventuali problemi. Bisogna eseguire cinque controlli:

1. A riposo prima di incominciare. Le pulsazioni dovrebbero essere intorno a 70 battiti/min.
2. Dopo il riscaldamento. Le pulsazioni dovrebbero essere sotto i 120-100 battiti/min, secondo l'età.
3. Dopo la fase aerobica. Le pulsazioni dovrebbero essere sotto i 170-130 battiti/min, secondo l'età.
4. Dopo la fase di raffreddamento. Le pulsazioni dovrebbero essere intorno ai 120 battiti/min.
5. Dopo l'ultima fase a terra e il rilassamento finale. Le pulsazioni dovrebbero essere ai livelli iniziali.

Circuit training

Organizzato in stazioni, che sviluppano ognuna un particolare distretto muscolare, gli esercizi si eseguono in successione, formando un circuito di allenamento. I circuiti possono essere di tipo generale, per allenare la resistenza aumentandola in modo globale in tutti i distretti muscolari. Si sviluppa anche una certa capacità di adattamento neuromuscolare, dovendo affrontare esercizi sempre diversi.

Presentiamo qui un esempio di circuito generale:

esercizi di riscaldamento

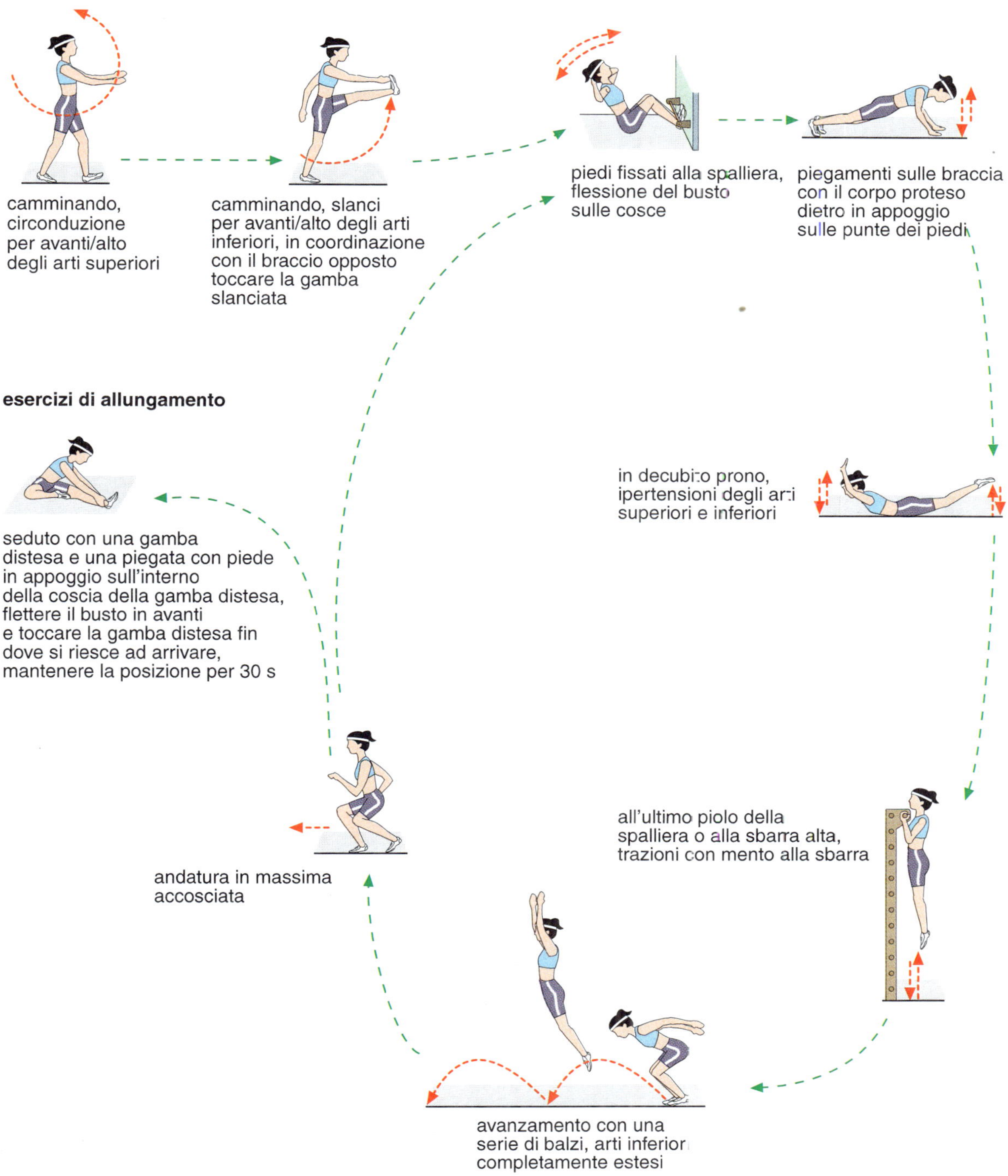

e un esempio di circuito generale in cui è data particolare importanza allo sviluppo della capacità aerobica:

Il circuito è lungo 400 m, per facilitarne l'esecuzione su una pista di atletica.

Come si è accennato nella precedente descrizione dei circuiti, all'interno della sezione dedicata allo sviluppo della forza, essi, pur essendo generalmente organizzati per un intervento di tipo globale su tutti i distretti muscolari, possono anche essere utilizzati per intervenire su un'unica parte del corpo. Presentiamo adesso due esempi di circuiti specifici, uno per gli arti inferiori e uno per gli arti superiori.

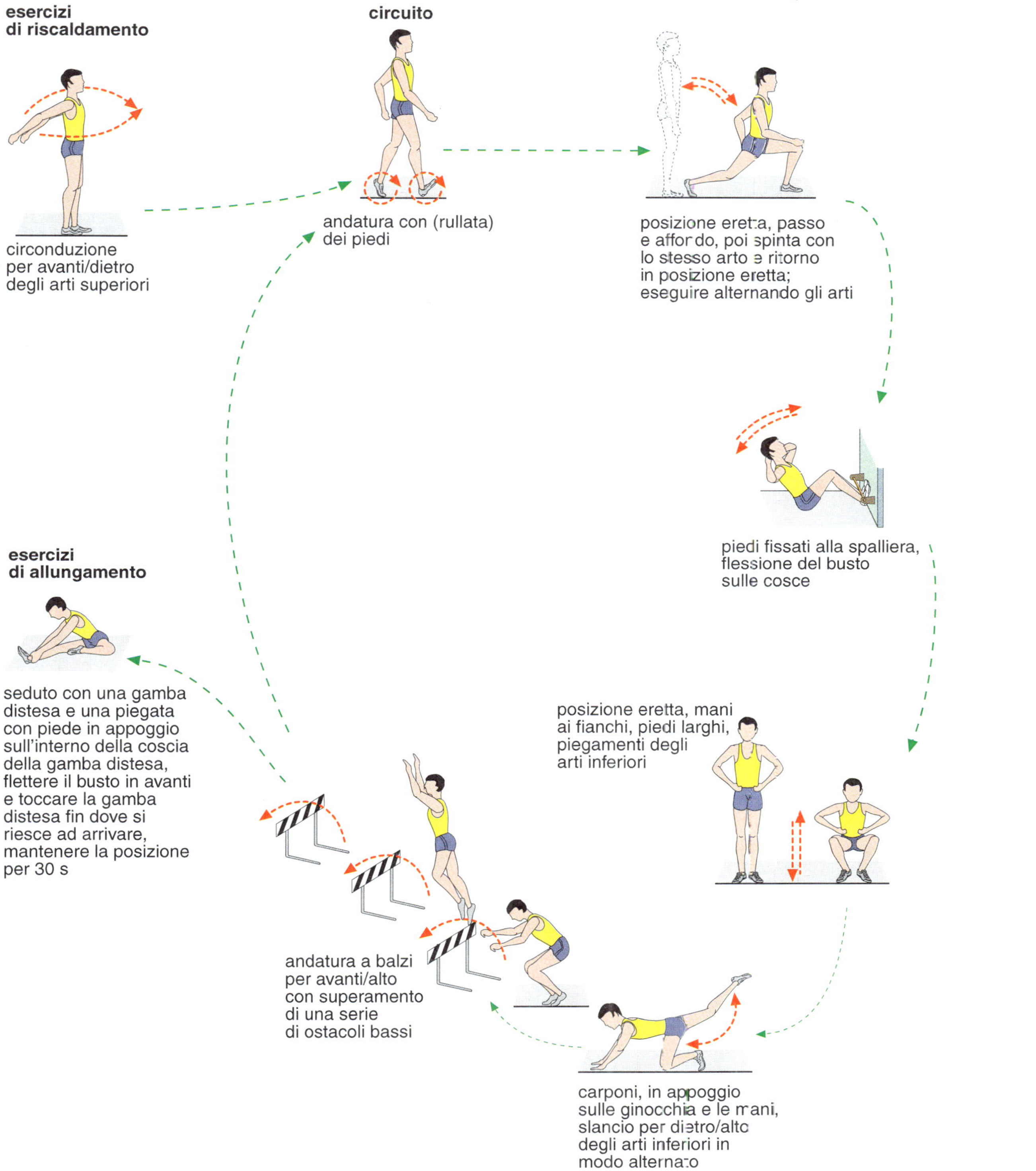

esercizi di riscaldamento

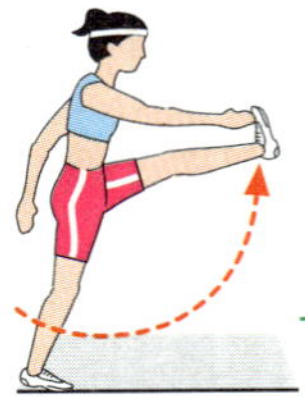

camminando, slanci
per avanti/alto degli
arti inferiori,
in coordinazione
con il braccio opposto
toccare la gamba slanciata

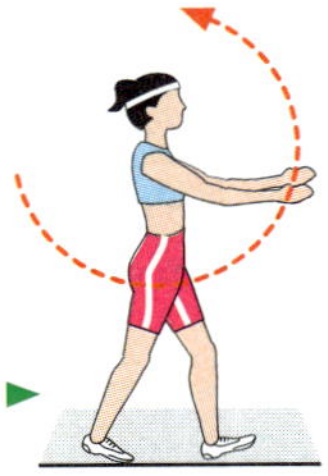

camminando, circonduzione
per avanti/alto
degli arti superiori

circuito

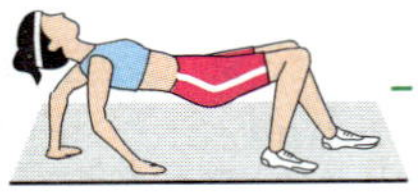

traslocazione con
appoggio delle mani
e dei piedi in decubito
supino (posizione a ponte)
si può procedere
in varie direzioni

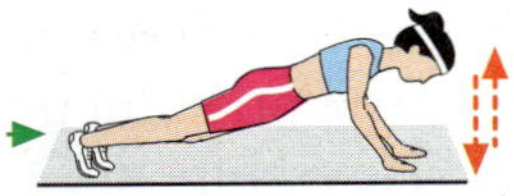

piegamenti sulle braccia
con il corpo proteso
dietro in appoggio
sulle punte dei piedi

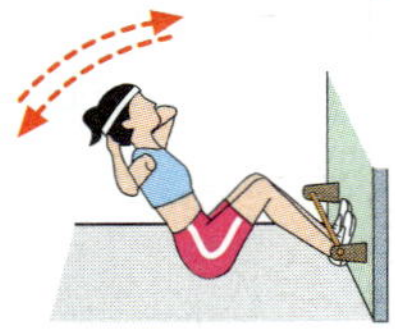

piedi fissati alla spalliera,
flessione del busto
sulle cosce

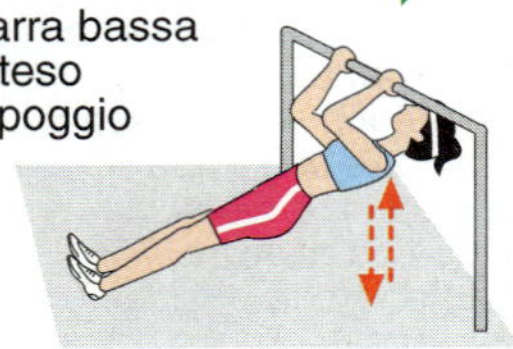

trazioni alla barra bassa
con corpo proteso
in avanti in appoggio
sui talloni

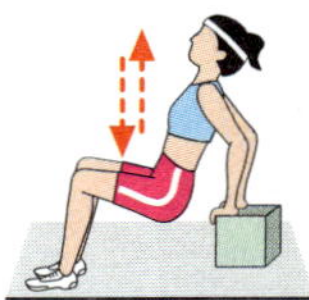

piegamenti delle braccia
dalla posizione seduta,
in appoggio sulle mani

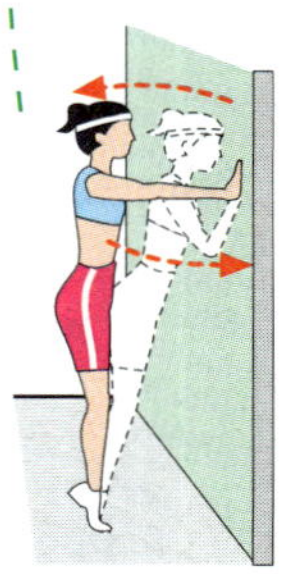

dalla posizione eretta,
piegamenti in assorbimento
contro un muro

esercizi di allungamento

impugnare il gomito
opposto e tirare
verso il capo
mantenere
la posizione
raggiunta 30"s

Metodiche specifiche eseguibili in una sala pesi

L'allenamento con le attrezzature di una sala pesi, sovraccarichi liberi, macchinari di muscolazione, elastici di varia estensibilità e altri attrezzi elastici, sviluppa essenzialmente la resistenza alla forza, anche se l'uso di carichi minimi, da 500 g a 2 kg, può trasformare un'attività di semplice riscaldamento in un allenamento di resistenza.

Metodo tone up

Si tratta di una lezione di aerobica eseguita con cavigliere e polsiere, pesanti da 500 g a 2 kg. Oltre a questi sovraccarichi di base, possono essere impiegati dei piccoli manubri, pesanti fino a 3 kg. Un simile allenamento è orientato principalmente a sviluppare la resistenza alla forza, con delle componenti di forza veloce.

Metodo del wogging

Si tratta di un allenamento di *walking*, svolto all'aperto o su nastro trasportatore, eseguito con sovraccarichi uguali a quelli del tone up, ma con manubri che non superano i 2 kg. Questa attività impegna maggiormente il busto rispetto al *walking*; è perciò un'attività più completa. Sviluppa la resistenza aerobica con delle componenti di resistenza alla forza, soprattutto per gli arti superiori.

Metodo con recuperi brevi

Allenamento decisamente orientato verso lo sviluppo della resistenza alla forza; esistono due varianti, con carichi medi (60%-70% del massimale) e con carichi alti (85% del massimale). Per quanto riguarda lo sviluppo della resistenza alla forza, la seconda variante è la più potente, mentre la prima variante sviluppa meno questo tipo di resistenza, ma ha un grande effetto sulla ipertrofia del muscolo. Le serie sono più di 3, come per gli altri metodi illustrati, solitamente 6 o 7. I recuperi sono ridotti da 60 a 30 secondi.

La velocità

Come si valuta

La misurazione elettronica dell'intervallo di risposta tra uno stimolo sensoriale e l'azione motoria permette di valutare la rapidità di reazione. Ciò può essere fatto con strumenti di laboratorio o sul campo, per esempio misurando la velocità dello scatto nella partenza dai blocchi (corsa, nuoto). In tutte le situazioni in cui l'atleta si sposta lungo un percorso stabilito, la velocità può essere valutata misurando il minor tempo necessario per coprire tale distanza (corsa, ciclismo, nuoto, sci, pattinaggio). Negli esercizi che si ripetono in modo ciclico si può valutare la rapidità misurando il tempo necessario per compiere un certo numero di ripetizioni (scatti andata e ritorno, salti ripetuti). Negli atleti di eccellenza si può valutare anche la rapidità di esecuzione di singoli gesti, filmando la prestazione e rivedendola al rallentatore con riferimenti di tempo (la curva dello sciatore, il servizio del tennista, la bracciata del nuotatore).

Test del righello. Questa prova, proposta da Arnot e Gaines, è un modo semplificato di mettere alla prova i tempi di reazione, quando non si dispone di strumenti elettronici di misurazione.

Dove si fa	Dovunque, anche in classe.
Come si fa	Seduti con l'avambraccio appoggiato su un piano e la mano sporgente oltre l'appoggio si dispongono indice e pollice paralleli tra loro e pronti a stringersi come una pinza per afferrare un oggetto, come mostrato nella figura. Il rilevatore regge verticalmente un righello lungo almeno 40 cm, in modo che la sua estremità inferiore sia all'altezza delle dita pronte alla presa. Quando il rilevatore lascia cadere verticalmente il righello senza alcun preavviso, si cerca di afferrarlo il prima possibile.
Che cosa si misura	Si legge il numero in cm al livello della presa. Si fa la media di tre tentativi.
Che cosa si valuta	La rapidità di reazione manuale a uno stimolo visivo.
Come si valuta	Si confronta il risultato con la tabella.

Livello della presa	Maschi e femmine
meno di 10 cm	eccellente
11-14 cm	buono
15-18 cm	sufficiente
più di 18 cm	non sufficiente

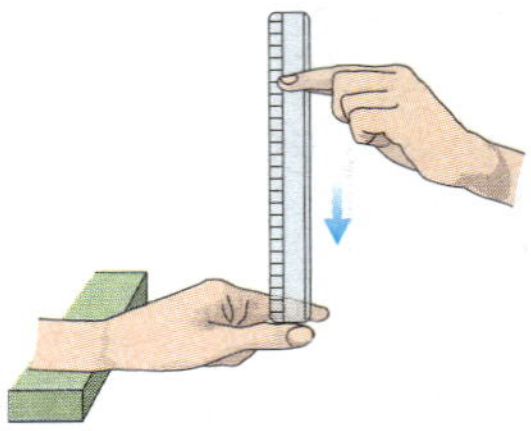

Test dell'anticipo con il righello. L'anticipo è la capacità di prevedere la traiettoria di un movimento veloce e di reagire con sufficiente rapidità. Questo test, variante del precedente e proposto dagli stessi autori, è un metodo semplice per mettere alla prova le capacità di anticipo.

Dove si fa	Dovunque, anche in classe.
Come si fa	La preparazione è analoga a quella del test con il righello, sulla cui estremità superiore si deve però mettere un segnale molto visibile, per esempio un adesivo colorato. In questa prova bisogna cercare di afferrare il righello mentre cade, in un punto quanto più vicino possibile al segnale colorato.
Che cosa si misura	Si misura la distanza tra il punto di presa e il segnale. Si considera il risultato migliore di tre tentativi.
Che cosa si valuta	La capacità di anticipo.
Come si valuta	Si controlla il risultato con la tabella.

Distanza (prova migliore)	Maschi e femmine
meno di 2 cm	eccellente
2-4 cm	buono
5-7 cm	sufficiente
più di 7 cm	non sufficiente

Corsa veloce di 30 metri. È una prova di corsa di velocità su distanza breve, da eseguire sulla pista d'atletica o su uno spazio aperto pianeggiante, con partenza da fermi e senza blocchi. Sono consigliabili tre prove con pause di recupero: si considera il risultato migliore.

Dove si fa	Sulla pista d'atletica.
Come si fa	Al via dato a voce o con un segnale acustico dall'insegnante, partendo da fermi in posizione libera, si corre più velocemente possibile fino all'arrivo.
Che cosa si misura	Si cronometra il tempo impiegato, con una precisione ai decimi di secondo; a partire da questo dato, essendo nota la distanza, si può ricavare la velocità sostenuta in m/s.
Che cosa si valuta	La forza veloce nella corsa, espressione della potenza muscolare anaerobica alattacida degli arti inferiori.
Come si valuta	Si controlla il risultato con la tabella.

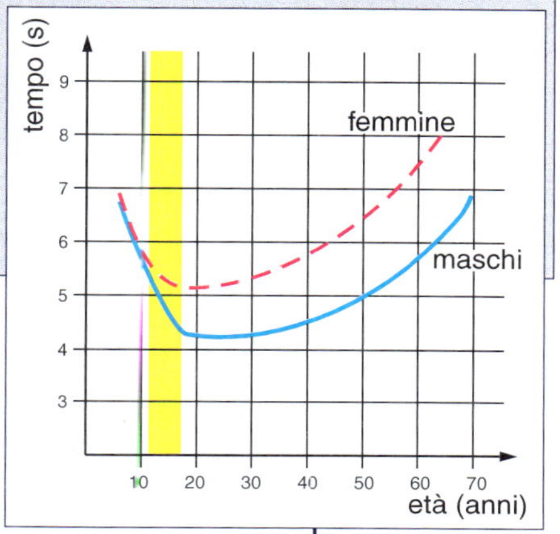

Tempi	Maschi	Femmine
insufficiente	più di 5"	più di 5,5"
sufficiente	4-5"	4,5-5,5"
buono	meno di 4"	meno di 4,5"

Corsa lanciata di 30 metri È una prova di corsa di velocità su distanza breve, da eseguire sulla pista d'atletica o su uno spazio aperto pianeggiante, con partenza lanciata. Sono consigliabili tre prove con pause di recupero: si considera il risultato migliore.

Dove si fa	Sulla pista d'atletica.
Come si fa	Si delimita mediante un segnale visivo uno spazio di 10 m dietro la linea di partenza. Al via si parte dalla linea più arretrata, si supera la linea di partenza in accelerazione e si corre più velocemente possibile fino all'arrivo.
Che cosa si misura	Si cronometra il tempo impiegato tra il passaggio sulla linea di partenza e l'arrivo, con una precisione ai decimi di secondo.
Che cosa si valuta	La forza veloce nella corsa, espressione della potenza muscolare anaerobica alattacida degli arti inferiori.
Come si valuta	Si confronta il risultato con la tabella.

Tempi	Maschi	Femmine
insufficiente	più di 4,5"	più di 5"
sufficiente	3,5-4,5"	4-5"
buono	meno di 3,5"	meno di 4"

Test degli scatti andata e ritorno. Questi tipi di prove con andata e ritorno vengono anche detti test "a navetta".

Dove si fa In palestra.

Come si fa Partendo dalla linea di fondo campo della palestra, si posiziona un cono o paletto a 15 m di distanza; al via dato dall'insegnante o dal rilevatore, si scatta più velocemente possibile, si tocca il paletto e si ritorna sulla linea di partenza. Si ripete l'esercizio per 5 volte di seguito, badando di toccare sempre il paletto con la mano e di superare la linea di fondo campo almeno con un piede prima di ripartire.

Che cosa si misura Si cronometra il tempo impiegato per completare i 5 percorsi di andata e ritorno, assegnando 1 secondo di penalità per ogni irregolarità, per esempio il mancato contatto con il paletto o il non completo superamento della linea di partenza.

Che cosa si valuta La capacità di compiere scatti ripetuti in successione, che esprime la potenza anaerobica degli arti inferiori; il metabolismo sfruttato è sia alattacido, sia lattacido.

Come si valuta Si confronta il risultato con la tabella.

Tempo	Maschi	Femmine
più di 33 s		non sufficiente
31-33 s	non sufficiente	sufficiente
28-30 s	sufficiente	buono
25-27 s	buono	molto buono
22-24 s	molto buono	eccellente
meno di 22 s	eccellente	

Test dei salti ripetuti sul quadrato. Derivata da un test attitudinale per gli sciatori, questa prova si può fare agevolmente usando come base un tappetino o un foglio di cartone di 60 cm di lato.

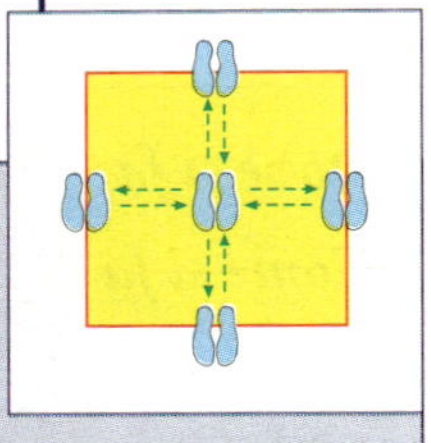

Dove si fa In palestra o altro locale idoneo.

Come si fa Ci si pone in piedi al centro del quadrato, quindi si salta a piedi uniti in avanti superando il bordo anteriore del quadrato e si ritorna con un altro balzo alla posizione di partenza. A questo punto si salta oltre il lato destro, si ritorna al centro e si continua a saltare nelle altre direzioni seguendo un senso orario (in avanti, a destra, indietro, a sinistra). Si ripete per 4 volte il ciclo completo di 4 salti, fino al ritorno nella posizione di partenza, dopo 16 salti. Bisogna saltare oltre il perimetro del quadrato senza toccarne mai i lati e ritornare ogni volta con precisione nel centro.

Che cosa si misura Si cronometra il tempo impiegato per la prova. Il rilevatore assegna 1 secondo di penalità per ogni irregolarità (toccare i bordi, non ritornare al centro, non saltare a piedi uniti).

Che cosa si valuta La capacità di compiere salti in rapida successione, espressione della forza veloce e della potenza anaerobica degli arti inferiori.

Come si valuta Si confronta il risultato con la tabella.

Tempo	Maschi	Femmine
più di 33 s		non sufficiente
31-33 s	non sufficiente	sufficiente
28-30 s	sufficiente	buono
25-27 s	buono	molto buono
22-24 s	molto buono	eccellente
meno di 22 s	eccellente	

Come si migliora

Per migliorare la rapidità si deve intervenire su tutte le componenti descritte, in quanto tutte sono allenabili, benché in diversa misura. Anche se può apparire strano, persino la **rapidità di percezione** può essere allenata: ricerche condotte negli Stati Uniti hanno dimostrato che, sottoponendo gli occhi a particolari esercizi, si possono ottenere risultati superiori in gesti atletici in cui è fondamentale una buona visione. Una prova molto semplice, che si può fare anche da soli, è quella di disporre alcuni cartelli a distanze diverse, da 1 m a 5 m, dal punto di osservazione, e allenarsi a leggere le scritte in rapida successione, cercando di ridurre gli errori e di aumentare la velocità di lettura.
Per migliorare la **rapidità di esecuzione** di un gesto motorio occorre ripeterlo molte volte, concentrandosi sulla rapidità e sulla correttezza del movimento; dopo un certo periodo di tempo sembrerà di poterlo eseguire in modo "automatico". Si può anche migliorare la **rapidità di contrazione** del muscolo, sviluppando in maggior misura le fibre veloci rispetto a quelle lente. A questo scopo bisogna scegliere degli esercizi muscolari da fare in velocità, senza o con minimo carico, e fermarsi per riposare non appena si sente di dover rallentare il gesto per la fatica.
La **rapidità di azione** riguarda invece la **tecnica** di esecuzione specifica dei vari sport: volendola migliorare occorre chiedere l'aiuto di un istruttore, per apprendere perfettamente il gesto motorio e allenarsi a compierlo in modo sempre più veloce. Si può infine incrementare la **rapidità di spostamento** e quella **resistente**, aumentando secondo le necessità di ogni sport il numero delle ripetizioni del gesto, sempre con la massima velocità di esecuzione possibile. Riassumendo, si può dire che lo sviluppo della capacità motoria della velocità si ottiene tenendo conto di due esigenze contraddittorie, entrambe tuttavia assolutamente imprescindibili: l'**intensità dello sforzo** deve essere **massimale**, ma **non** si deve raggiungere la **soglia della fatica**: giunti a questo punto, infatti, non si allenerebbe più la velocità, bensì altre qualità motorie. Ritroveremo queste regole generali nell'esposizione che segue delle tecniche di sviluppo; queste sono distinte in due gruppi: metodi che non hanno bisogno di nessun supporto esterno e metodi che si servono dell'ausilio di vari tipi di attrezzature.

Metodiche generali eseguibili ovunque

Corsa

La corsa è un mezzo d'elezione anche per lo sviluppo della velocità, come per la resistenza, con la differenza che in questo caso lo sviluppo è di tipo regionale, interessa cioè solo 2/3 del corpo, più o meno dall'addome in giù. Gli arti superiori sono esclusi dal potenziamento di questa capacità. In base alle distanze che vengono percorse si può fare una prima differenziazione degli effetti finali; la corsa dei 100 m allena lo sprint puro, i 400 m rappresentano lo sprint prolungato, sia come gara sia come allenamento, mentre i 200 m ricoprono una posizione intermedia tra queste due distanze e specialità. Lo sviluppo delle capacità coinvolte nella corsa può avvenire attraverso il **metodo degli scatti ripetuti**, su distanze inferiori, uguali e superiori a quella di gara. L'allenamento su distanze inferiori serve per curare il mantenimento della velocità acquisita con la partenza dai blocchi, su distanze superiori serve per sviluppare la resistenza a una velocità superiore a quella necessaria per la gara, mentre sulla distanza di gara serve per curare al meglio i vari momenti della competizione. Un'altra modalità di allenamento della velocità, che può anche essere congiunta all'allenamento su distanze diverse, è quella di **variare l'intensità**, aumentandola con la diminuzione del numero delle ripetizioni nei vari allenamenti. Per variare l'intensità della corsa bisogna variare il tempo sulla distanza. Si può con un formula determinare il tempo da tenere per percorrere una distanza a una determinata intensità. Il tempo minimo personalmente impiegato per percorrere una certa distanza, moltiplicato per la distanza stessa, deve essere diviso per l'intensità che si vuole ottenere; ne risulta il tempo di percorrenza a cui attenersi, per esempio:

Tempo sui 100 m 12"00 = 12,00	$12 \times \frac{100}{90} = 13{,}3$ 90% = 13"3/$_{10}$	$14{,}6 \times \frac{200}{85} = 34{,}3$ 34"3/$_{10}$
Tempo sui 200 m 14"6/$_{10}$ = 14,60		

Per facilitare l'organizzazione di un allenamento di questo tipo alleghiamo una tabella con le intensità dal 50% fino al 95% per quattro tempi sui 100 m: 11"5/$_{10}$, 12", 13", 13"5/$_{10}$ e per quattro tempi sui 200 m: 12"3/$_{10}$, 13"3/$_{10}$, 14", 14"6/$_{10}$.

100 m				Intensità
11,5	12,0	13,0	13,5	100%
12,1	12,6	13,7	14,2	95%
12,8	13,3	14,4	15,0	90%
13,5	14,1	15,3	15,9	85%
14,4	15,0	16,3	16,9	80%
15,3	16,0	17,3	18,0	75%
16,4	17,1	18,6	19,3	70%
17,7	18,5	20,0	20,8	65%
19,2	20,0	21,7	22,5	60%
20,9	21,8	23,6	24,5	55%
23,0	24,0	26,0	27,0	50%

200 m				Intensità
24,6	26,6	28,0	29,2	100%
25,9	28,0	29,5	30,7	95%
27,3	29,6	31,1	32,4	90%
28,9	31,3	32,9	34,4	85%
30,8	33,3	35,0	36,5	80%
32,8	35,5	37,3	38,9	75%
35,1	38,0	40,0	41,7	70%
37,8	40,9	43,1	44,9	65%
41,0	44,3	46,7	48,7	60%
44,7	48,4	50,9	53,1	55%
49,2	53,2	56,0	58,4	50%

Ultima metodologia tipica dell'allenamento della velocità con la corsa è quella delle **corse in linea su dei dislivelli**. Le corse in salita comportano una resistenza da vincere e sviluppano la potenza, le corse in discesa facilitano l'aumento della frequenza dei movimenti e sono utilizzate per apprendere l'uso della falcata lunga e per superare i momenti di stasi in cui l'atleta non riesce a migliorare la performance.

Metodiche specifiche eseguibili in una sala pesi

Pesistica

Questa tecnica, che è anche uno sport olimpico, ricerca il sollevamento del carico più elevato con il movimento più veloce possibile, sviluppando la **forza veloce**, che esprime sotto forma di **potenza massima**. Lo sviluppo della forza pura è fondamentale nella pesistica, ma, essendo l'esercizio di forza espresso essenzialmente in forma veloce, questo metodo può essere annoverato fra le tecniche di sviluppo della capacità motoria della velocità. Gli esercizi di gara sono lo strappo e lo slancio. Lo **strappo** è un esercizio in cui si esegue il sollevamento del bilanciere, posto davanti all'atleta in appoggio sul pavimento. Il sollevamento deve essere eseguito in modo continuo lungo il corpo, per portare il bilanciere sopra il capo a braccia tese e gambe distese.

Strappo

Lo **slancio** si divide in due parti. Nella prima parte la posizione del bilanciere è identica a quella dello strappo. L'attrezzo deve essere portato in appoggio sulle clavicole, mentre si esegue un'accosciata completa; da qui si torna alla stazione eretta per eseguire successivamente un passo e affondo, portando il peso a braccia tese sopra il capo. La seconda parte consiste nell'arrivare, come nello strappo, con il bilanciere a braccia tese sopra il capo, con le gambe distese.
Questi due esercizi vengono allenati scomponendoli nelle loro varie fasi, dando origine a un ricco repertorio di esercizi (*tirata*, *girata*, *incastro*), dal quale si può trarre l'esercizio che sollecita il distretto muscolare del quale si vuole sviluppare la rapidità. Questi esercizi, eseguiti nelle gare di pesistica, diventano così un mezzo per lo sviluppo della componente di forza veloce in tutti gli sport. Le intensità usate per gli allenamenti sono sempre molto alte, pertanto a questa tecnica è opportuno avvicinarsi solo dopo un periodo di muscolazione generale. I carichi impiegati oscillano da un minimo del 65% fino al massimale (100%); gli esercizi si effettuano normalmente con carichi di intensità compresa fra il 75% e il 95%. Le esecuzioni sono sempre veloci, sebbene ripetizioni lente siano necessarie per sviluppare la forza pura; gli esercizi svolti con carichi sovramassimali (110%-140%) richiedono poi esecuzioni cedenti. La pesistica include comunque, accanto alle proprie tecniche specifiche, l'impiego di tutte le altre metodologie per lo sviluppo della forza pura, illustrate in precedenza. Queste ultime sono necessarie anche per superare i blocchi di sviluppo della prestazione che una scarsa variazione delle tecniche di allenamento può far insorgere; in questo modo viene promosso lo sviluppo di una struttura neuromuscolare che può esprimere negli esercizi di gara tutta la potenza necessaria.

Slancio

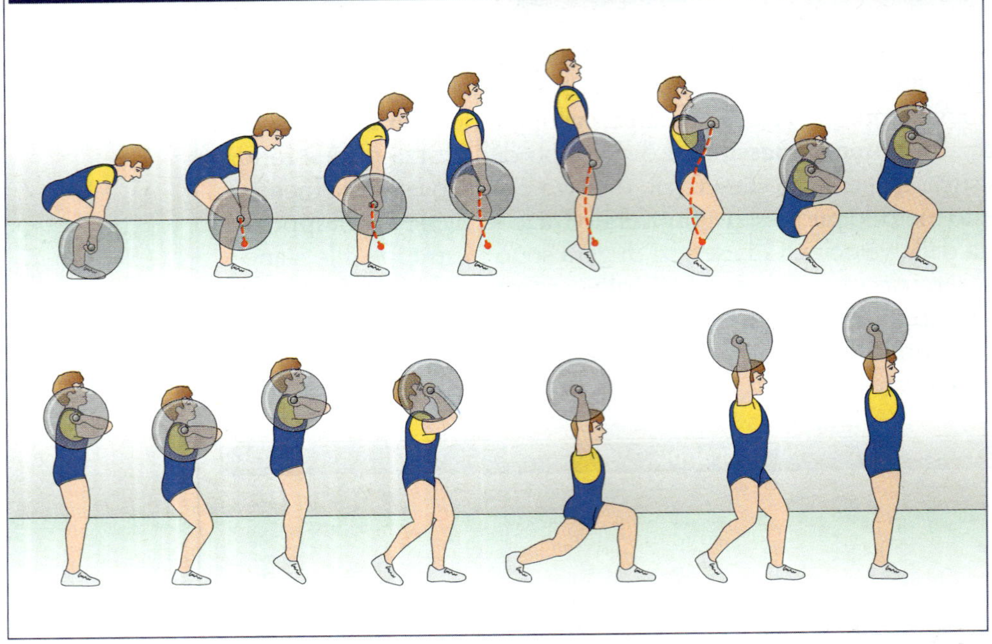

Metodo pliometrico

Allenamento per il raggiungimento della tensione muscolare massima, ottenuta dopo un prestiramento del complesso muscolotendineo, raggiunto con la massima velocità possibile. Il mantenimento di questa velocità nell'esecuzione delle ripetizioni, obbliga a un'esecuzione ritmata. Come l'isometria, rappresenta un potenziamento selettivo, in cui il gesto impiegato negli esercizi di allenamento deve essere il più simile possibile al gesto di gara in cui si vuole migliorare la componente veloce. L'intensità del movimento nella successione delle serie deve sempre essere vicina ai valori massimi, se si vuole produrre anche un miglioramento della resistenza alla velocità. Il metodo comprende 8-10 ripetizioni, eseguite in un numero di serie che può variare da 5 fino a 10; il recupero è totale e completo e oscilla tra i 10 e i 15 minuti. Essendo coinvolte anche parti anatomiche connettivali come tendini, legamenti, sarcolemma e perimisio (▶ pag. 10), il ripristino della situazione iniziale avviene più lentamente. Tra un allenamento pliometrico e l'altro devono passare almeno 2 giorni; è dunque evidente che si tratta di una tecnica complessa, da eseguire con cautela, perché è alto il rischio di traumi articolari o muscolotendinei.

Metodo degli sforzi dinamici

Allenamento in cui i carichi vengono spostati con movimenti rapidi, per sviluppare la potenza. Si differenzia dal metodo della pesistica per le intensità più basse, che permettono di realizzare esercizi di allenamento con difficoltà coordinative più elevate. La tecnica è organizzata su più serie, con un numero di ripetizioni che va a diminuire mentre aumenta il carico, che non supera mai il 75% del massimale. Con un incremento del carico dal 55% al 75% l'allenamento viene orientato allo sviluppo della forza veloce e della resistenza alla velocità; una variazione minore, tra il 65% e il 75%, orienta lo sviluppo maggiormente verso la potenza.

Carichi	55%	60%	65%	65%	70%	70%
Ripetizioni	10	8	6	6	4	4
Serie	1ª	2ª	4ª	3ª	5ª	6ª

Esercizio: aperture e chiusure a braccia distese in decubito supino su panca a gamba flesse.

Carichi	65%	65%	70%	75%	70%
Ripetizioni	6	6	4	2	2
Serie	1ª	2ª	3ª	4ª	5ª

Esercizio: aperture e chiusure a braccia distese in decubito supino su panca a gamba flesse.

La flessibilità

Come si valuta

La misurazione della maggior ampiezza possibile del movimento si effettua attraverso i *test di valutazione della flessibilità*, i cui risultati sono espressi in gradi angolari. Essendo i movimenti non sempre dovuti all'azione di una sola articolazione, ma spesso all'intervento di più articolazioni in successione, la misurazione può essere effettuata in modi diversi. In alcuni casi risulta infatti più semplice misurare lo spostamento di un attrezzo, preso come riferimento. In altri casi, come in quello del ginocchio, è possibile ottenere una valutazione del movimento della singola articolazione. Per la colonna vertebrale si ricorre invece a una stima complessiva del movimento risultante da più articolazioni contigue. In tutti i casi il test deve essere eseguito osservando scrupolosamente la posizione di partenza e il movimento previsto, al fine di isolare l'azione dell'articolazione o delle articolazioni da studiare. Nei test viene abitualmente valutata la **flessibilità attiva**, sia perché è quella prevalente effettuata nel normale gesto motorio, sia perché sarebbe rischioso forzare passivamente un'articolazione allo scopo di compiere misurazioni. La misurazione della **flessibilità passiva** di apertura delle articolazioni, sempre maggiore della possibilità attiva, si può effettuare solo attraverso l'esecuzione continuativa di esercizi passivi di sviluppo della flessibilità, in grado di mettere in evidenza il miglioramento intervenuto; la misurazione sarà tuttavia di tipo empirico, cioè non traducibile immediatamente in gradi.
Vengono di seguito illustrati alcuni test di uso pratico per la valutazione della flessibilità delle principali articolazioni. Se eseguite periodicamente, queste prove consentono di verificare le variazioni della mobilità articolare in determinati periodi di tempo, come le fasi di accrescimento, i periodi di allenamento, gli anni scolastici. Tutti i test di mobilità articolare proposti possono essere eseguiti in palestra, con semplici strumenti.

Test per gli arti superiori

Retropulsione della spalla. Consiste nel portare un braccio dietro la testa con il palmo della mano contro la schiena e l'altro dietro il dorso con il palmo della mano rivolto verso l'esterno, cercando di far toccare le due mani tra loro e di sovrapporle il più possibile. Ripetendo l'esercizio a posizioni delle braccia invertite si possono confrontare le differenze tra destra e sinistra.

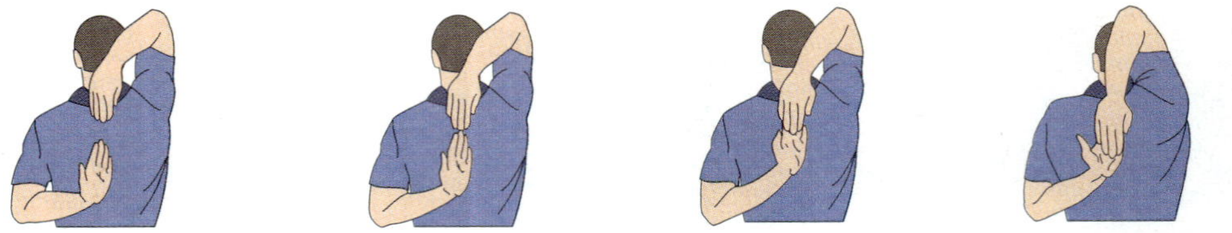

1. non sufficiente 2. sufficiente 3. buono 4. distinto/ottimo

Dove si fa	Si può fare dovunque, anche in classe o a casa.
Come si fa	Stando in piedi, passando un braccio sopra la spalla bisogna portarlo dietro la testa con il palmo della mano contro la schiena; si porta quindi l'altro braccio dietro il dorso, passando al di sotto della spalla, in modo che la mano vada dal basso verso l'alto, con il palmo rivolto all'esterno. Si devono toccare le dita della mano destra con quelle della mano sinistra e, se si riesce, sovrapporle il più possibile.
Che cosa si misura	Più che di una misurazione vera e propria, si tratta di una stima del grado di mobilità della spalla in direzione posteriore, a cui si assegna un punteggio che va da 1 a 4.
Che cosa si valuta	La mobilità della spalla in un tipo di movimento molto importante per le comuni attività quotidiane, come lavarsi, pettinarsi e vestirsi.
Come si valuta	Il rilevatore, posto dietro le spalle dell'esaminato, paragona la posizione raggiunta con quelle mostrate in figura e assegna un punteggio, a cui corrisponde un giudizio.

Test per gli arti inferiori

Apertura delle anche. È un test che valuta la mobilità bilaterale dell'anca nel senso dell'abduzione, dalla posizione seduta.

Dove si fa	In palestra o in un locale idoneo.
Come si fa	Seduti a terra su un cartone e con la schiena appoggiata a un muro, si tengono gli arti inferiori ben distesi davanti. Con un unico movimento, gli arti inferiori devono quindi essere aperti all'esterno quanto più possibile.
Che cosa si misura	Il rilevatore misura l'angolo tra i due arti inferiori, prendendo come riferimento il bordo interno delle cosce tracciato sul cartone con un pennarello.
Che cosa si valuta	La mobilità bilaterale dell'anca.
Come si valuta	Si confronta l'angolo misurato con la tabella.

Apertura delle anche	Maschi	Femmine
meno di 75°	non sufficiente	
75°-80°	sufficiente	non sufficiente
81°-85°	buono	sufficiente
86°-90°	molto buono	buono
91°-95°	eccellente	eccellente

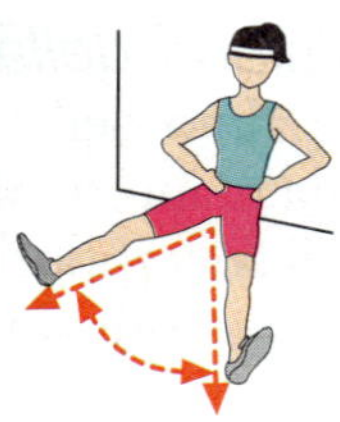

Flessoestensione della caviglia. È un test che valuta la mobilità della caviglia lungo la sua direzione principale di movimento, la flessione-estensione.

Dove si fa	Si può fare dovunque, anche in classe o a casa, avendo lo strumento di misura.
Come si fa	Seduti su una panca con la gamba distesa e il piede che sporge, lo si flette e poi lo si estende al massimo. Come nel test precedente, con un cartoncino o una lavagnetta posti lateralmente al piede si possono tracciare dei riferimenti per agevolare la misurazione dell'angolo.
Che cosa si misura	Il rilevatore misura l'angolo tra le due posizioni estreme raggiunte.
Che cosa si valuta	La flessoestensione della caviglia.
Come si valuta	Si confronta l'angolo misurato con la tabella.

Flessibilità caviglia	Maschi	Femmine
meno di 60°	non sufficiente	
60°-65°	sufficiente	non sufficiente
66°-70°	buono	sufficiente
71°-75°	molto buono	buono
più di 75°	eccellente	eccellente

Test per il busto

Flessione del busto. È un test che valuta la mobilità della colonna vertebrale in flessione anteriore, movimento che avviene prevalentemente a livello lombare.

Dove si fa	Si può fare dovunque, anche in classe o a casa, avendo lo strumento di misura.
Come si fa	In posizione eretta e a piedi nudi su un rialzo graduato, si deve piegare il busto in avanti senza flettere le ginocchia, cercando di toccare con le punte delle dita il punto più in basso possibile. Il numero 0 corrisponde al livello dei piedi, i valori positivi sono al di sotto e quelli negativi al di sopra.
Che cosa si misura	Il rilevatore legge il valore positivo o negativo raggiunto, in centimetri.
Che cosa si valuta	La flessibilità anteriore della colonna vertebrale.
Come si valuta	Si confronta il risultato con la tabella.

Flessione del busto	Maschi	Femmine
meno di –5 cm	non sufficiente	non sufficiente
da –5 cm a 0 cm	sufficiente	sufficiente
da 0 a +5 cm	buono	buono
da +5 a +10 cm	molto buono	molto buono
oltre +10 cm	eccellente	eccellente

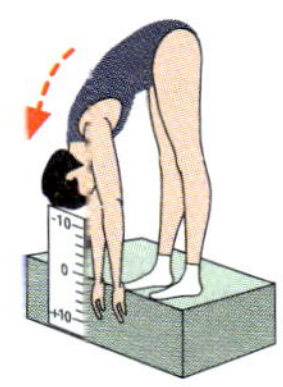

Estensione del busto. È un test che valuta la mobilità della colonna vertebrale in estensione, movimento che avviene prevalentemente a livello cervicale e lombare.

Dove si fa	In palestra o in un locale idoneo.
Come si fa	Partendo dalla stessa posizione del test di elevazione degli arti superiori, si mettono le mani dietro la nuca, tenendo i piedi appoggiati a terra: a questo scopo si possono usare i pioli della spalliera oppure si può chiedere a un compagno di tenere i piedi. Si devono sollevare il più possibile la testa e il tronco, mantenendo la massima estensione senza oscillare.
Che cosa si misura	Si misura in centimetri la massima altezza raggiunta dal bordo inferiore del mento rispetto al suolo.
Che cosa si valuta	L'estensione della colonna vertebrale.
Come si valuta	Si confronta il valore misurato con la tabella seguente.

Estensione del busto	Maschi	Femmine
meno di 20 cm		non sufficiente
21-25 cm	non sufficiente	sufficiente
26-35 cm	sufficiente	buono
36-40 cm	buono	molto buono
41-45 cm	molto buono	eccellente
oltre 45 cm	eccellente	

Come si migliora

Per migliorare la flessibilità si hanno a disposizione due tecniche principali, la **balistica** o **attiva** e lo **stretching** o **passiva**. Esiste anche una terza tecnica, più complessa e usata soprattutto in ambito sanitario, la **facilitazione neuromuscolare propriocettiva**. Sono tutte tecniche che possono essere eseguite praticamente dovunque: l'unica controindicazione per questo tipo di allenamento è il freddo, che ha un'azione inibente per quanto riguarda la mobilità articolare.

Allungamento balistico o attivo

La balistica o tecnica attiva si basa su rapide contrazioni dinamiche per ottenere un veloce stiramento dei muscoli antagonisti di quelli che si stanno contraendo: il sistema ha un effetto di sviluppo della flessibilità, ma può esporre il soggetto a traumi per eccessivo allungamento delle componenti mio-tendinee; deve essere perciò utilizzato con prudenza e sotto il controllo di personale esperto. L'effetto di allungamento, immediato è dovuto al riscaldamento del tessuto muscolare e al riallineamento delle fibre del muscolo, che permette di sfruttare tutte le sue possibilità elastiche. Effetti duraturi e importanti sull'allungamento possono essere ottenuti con questa metodologia solo dopo molto tempo e con allenamenti continuativi.

Slanci

Tecnica stretching o passiva

Lo *stretching* è un sistema diffusosi negli anni Ottanta; il termine inglese con cui è conosciuto si può tradurre con allungamento. La tecnica consiste nel raggiungere e mantenere per un certo tempo posizioni prestabilite di distensione muscolare. Si suddivide in due fasi, che, se eseguite con regolarità, danno da subito importanti risultati. La prima fase di un esercizio di stretching, definita **tensione facile**, è il raggiungimento della posizione prevista, che si deve mantenere nel modo più rilassato possibile per 10-30 secondi. In un secondo tempo si aumenta l'allungamento, con gradualità e senza tendere all'estremo, per poi mantenere la nuova posizione raggiunta per altri 10-30 secondi: questa è la posizione definita **tensione di sviluppo**. Per tutta la durata dell'esercizio i gesti devono essere eseguiti lentamente e con gradualità; il respiro deve essere ritmico e controllato, per favorire il massimo rilassamento. Non si deve mai forzare l'allungamento se la sensazione di tensione si trasforma in dolore, poiché si potrebbe provocare una contrattura muscolare.
Se si eseguono i movimenti nel modo corretto, dopo alcuni secondi la fastidiosa tensione provocata dallo stretching si trasforma in una sensazione di piacevole allungamento del muscolo.
Lo stretching richiede accortezza per non incorrere in infortuni: è importante evitare di eseguirlo "a freddo" ed è pertanto consigliabile un po' di riscaldamento preparatorio. Lo stretching stesso può però rappresentare una tecnica di riscaldamento, se si eseguono posizioni facili, senza tensioni di sviluppo. Sembra che la corretta e abituale pratica dello stretching, rendendo i muscoli più elastici, possa aiutare a prevenire gli infortuni sportivi; su quest'ultimo punto tuttavia le opinioni sono discordanti. Nelle pagine seguenti sono illustrate le principali posizioni dello stretching per i vari gruppi muscolari, da eseguire preferibilmente segmento per segmento: prima le distensioni per gli arti inferiori, poi quelle per la colonna vertebrale, infine quelle per spalle e braccia.

Descrizione	Esecuzione	Tempo di mantenimento e n° di ripetizioni	Attività per cui è utile	Settore muscolare interessato
appoggiare l'avampiede su un rialzo o al muro e spingere in avanti le anche tenendo teso l'arto avampiede su un rialzo, flettere la caviglia e cercare di abbassare il tallone	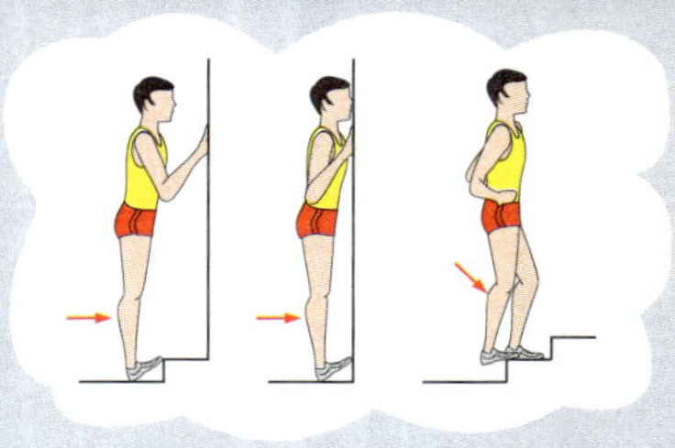	15 s per arto 3 ripetizioni	corsa, sport con forte impegno degli arti inferiori	polpaccio, tendine d'Achille
appoggiando la schiena al muro, stringere tra le mani il ginocchio e tirare la coscia verso il petto. *Variante*: porsi di lato al muro e tirare il ginocchio con una sola mano	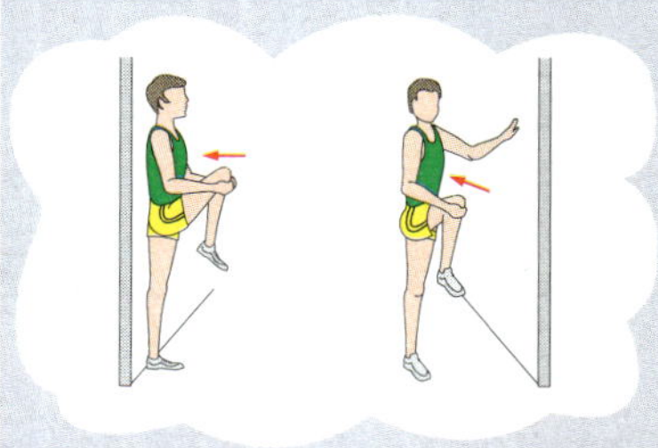	15-20 s per arto 2 ripetizioni	corsa, tutti gli sport	muscoli posteriori della coscia, bicipite femorale
appoggiare l'avampiede su uno staggio della spalliera, col ginocchio più alto del bacino e il piede a terra più indietro rispetto alla verticale, poi spingere il bacino in avanti. *Variante*: a gamba tesa, flettere il busto in avanti		20 s per arto 2 ripetizioni	corsa, tutti gli sport	muscoli posteriori della coscia, glutei
impugnare la punta del piede e tirare verso i glutei. *Variante*: appoggiare il dorso del piede a uno staggio della spalliera		20-25 s per arto 2-3 ripetizioni	corsa, tutti gli sport	quadricipite, legamenti del ginocchio
appoggiare il piede alla spalliera, con una gamba parallela al suolo e l'altra perpendicolare, poi flettere il busto verso la spalliera. *Variante*: flettere il busto in avanti e portare le mani vicino al suolo	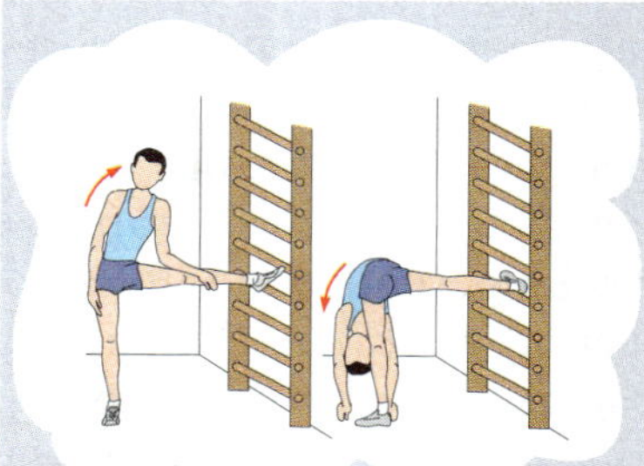	20 s per arto 2 ripetizioni	corsa a ostacoli, danza artistica	muscoli posteriori della coscia, glutei, muscoli dorsali

Descrizione	Esecuzione	Tempo di mantenimento e n° di ripetizioni	Attività per cui è utile	Settore muscolare interessato
gambe divaricate sul piano frontale, mani a terra in mezzo, il più possibile vicino alla linea tra i piedi		30 s 2-3 ripetizioni	corsa a ostacoli, tutti gli sport	muscoli della coscia
supini, con la mano destra impugnare la gamba sinistra sotto il ginocchio e tirare; l'altro braccio è steso in fuori	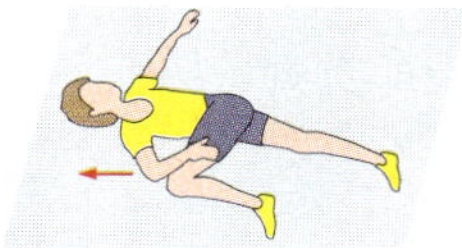	20 s per arto 1 ripetizione	tutti gli sport	glutei, zona lombare
gambe divaricate sul piano sagittale (in affondo), gamba in avanti perpendicolare al pavimento, quella dietro semiflessa, mani a terra vicino ai piedi	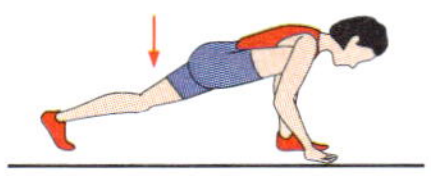	20-30 s 2-3 ripetizioni	tutti gli sport, corsa a ostacoli, ginnastica artistica	bicipite femorale quadricipite, muscoli inguinali
seduti, una gamba tesa e l'altra piegata in fuori col piede contro il ginocchio: impugnare il piede dell'arto teso, flettendo il busto in avanti	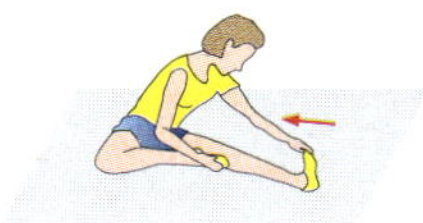	30 s per arto 1 ripetizione	tutti gli sport	muscoli della coscia e del dorso
seduti su una sedia, impugnare il ginocchio e portarlo al petto	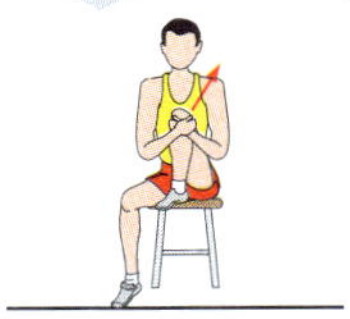	30 s per arto 1 ripetizione	tutti gli sport	muscoli della coscia e della zona lombo-dorsale
supini, flettere la gamba al petto impugnandola con entrambe le mani, nuca a terra. *Variante*: tirare verso l'interno	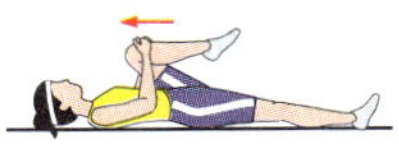	30 s per arto 2 ripetizioni	tutti gli sport, sedentarietà da lavoro	rilassamento della schiena e della colonna vertebrale

Descrizione	Esecuzione	Tempo di mantenimento e n° di ripetizioni	Attività per cui è utile	Settore muscolare interessato
raccogliere le gambe al petto e impugnarle con la nuca a terra. *Variante*: flettere anche la nuca verso le ginocchia	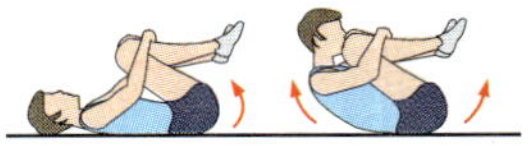	10 s - 20 s 1-2 ripetizioni	tutti gli sport, sedentarietà da lavoro	muscoli dorsali, del bacino, glutei
con la schiena a circa 40 cm dalla parete o dalla spalliera, ruotare a destra o sinistra appoggiando entrambe le mani al muro. Piedi fermi, leggermente divaricati	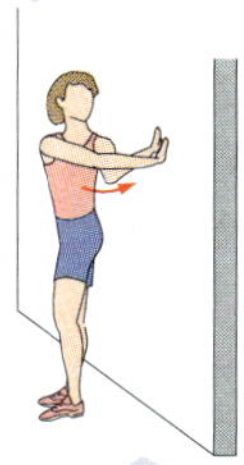	10 s per lato 2 ripetizioni	lanci, pallavolo, pallacanestro, pallamano, sedentarietà da lavoro	muscoli dorsali del tronco, colonna vertebrale, muscoli delle cosce
appoggiare le mani alla parete o alla spalliera, busto in linea con le braccia, gambe perpendicolari al terreno, piedi paralleli: spingere il busto in basso		20 s 2 ripetizioni	lanci, pallavolo, pallacanestro, pallamano, ginnastica	muscoli dorsali, colonna vertebrale
braccia in alto, mani unite, flettere il busto lateralmente tirando con l'arto interno alla flessione. *Variante*: eseguire con un solo arto		10 s per lato 2 ripetizioni	lanci, pallavolo, pallacanestro, pallamano, sedentarietà da lavoro	muscoli laterali del tronco, colonna vertebrale
distendersi supini braccia in alto: allungarsi il più possibile. *Variante*: su un fianco	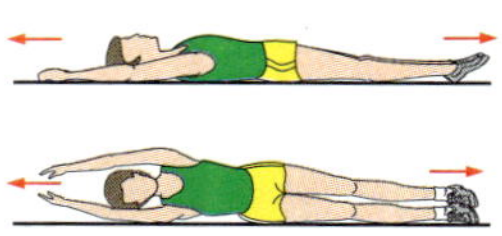	15-20 s 1 ripetizione	tutti gli sport	muscoli della schiena

Descrizione	Esecuzione	Tempo di mantenimento e n° di ripetizioni	Attività per cui è utile	Settore muscolare interessato
braccia in alto, impugnare uno staggio con i piedi a 30 cm dalla spalliera: spingere in avanti le spalle	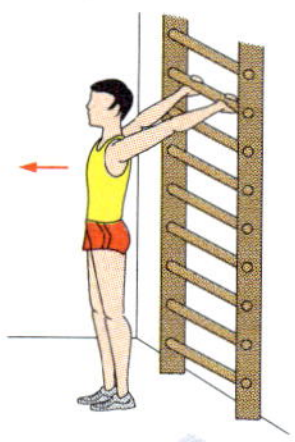	15 s 2 ripetizioni	lanci, pallavolo, pallacanestro, pallamano, ginnastica	muscoli delle spalle e pettorali
intrecciare le mani col dorso verso il capo, e distenderle in avanti o in alto	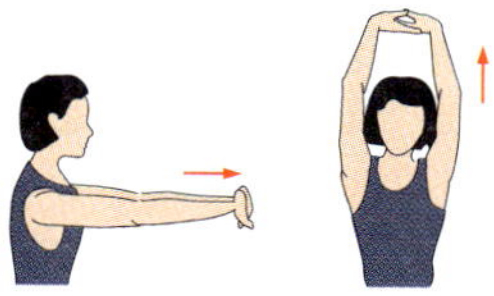	20 s 3 ripetizioni	sedentarietà da lavoro	muscoli delle braccia e della schiena
impugnare il gomito opposto, tirare verso il capo	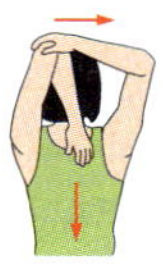	15 s 2 ripetizioni	lanci, pallavolo pallacanestro, pallamano	muscoli delle spalle e del braccio
seduti, mani incrociate dietro la nuca: spingere indietro i gomiti	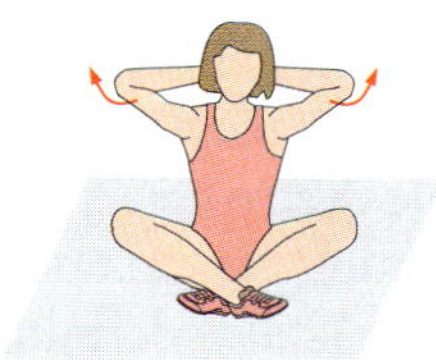	10 s 3 ripetizioni	sedentarietà da lavoro	muscoli delle spalle
flessioni del capo: a destra, sinistra, avanti, indietro		10 s per posizione 1 ripetizione	tutti gli sport, sedentarietà da lavoro	muscoli del collo e della zona cervicale

La facilitazione neuromuscolare propriocettiva

La facilitazione neuromuscolare propriocettiva sfrutta una preliminare contrazione isometrica, cioè senza accorciamento del muscolo, che distende le fibre tendinee e i loro recettori; in questo modo le successive fasi di rilassamento e allungamento, che sono simili a quelle dello stretching, risultano più efficaci. Questa tecnica è impiegata nella fase iniziale della riabilitazione delle grosse masse muscolari degli arti dopo un infortunio, sotto il controllo del fisioterapista o di un chinesiologo, con la supervisione del medico; tuttavia sempre più viene usata anche durante i normali allenamenti, soprattutto dagli atleti che, in seguito a traumi, l'hanno impiegata per la riabilitazione, e che continuano a usarla per l'allungamento anche di altri distretti muscolari.

La coordinazione

Come si valuta

Data la grande varietà di situazioni in cui si presenta la coordinazione, qualità motoria che si esprime in pratica nell'abilità o destrezza nel compiere gesti motori complessi, è molto difficile trovare delle prove che la possano valutare globalmente. È inoltre difficile nei test di valutazione isolare l'aspetto coordinativo da altri, altrettanto indispensabili per la riuscita del test: si pensi soprattutto alla flessibilità articolare e alla velocità della contrazione muscolare. Con specifiche prove, si possono saggiare particolari aspetti della destrezza, come la coordinazione occhio-mano e occhio-piede, l'equilibrio statico e dinamico, la capacità di eseguire correttamente movimenti complessi. In breve non si può testare la capacità di coordinazione in generale, ma soltanto determinate sue modalità applicate.
In questo campo sono frequenti le valutazioni che non possono essere "oggettivate", ma che esprimono il giudizio di un rilevatore esperto: come si potrebbe infatti valutare "matematicamente" la grazia di un movimento (danza, ginnastica, pattinaggio artistico, nuoto sincronizzato) o la perfezione di un gesto tecnico (la corsa, la pedalata, il modo di colpire una palla)?
Un importante concetto da tener presente nella valutazione della coordinazione è quello della **lateralità**, la percezione da parte dell'individuo della presenza dei due lati del corpo, divisi dal piano centrale di simmetria. Questi due lati, pur essendo anatomicamente simmetrici, sono capaci di movimenti indipendenti e dal punto di vista funzionale l'uno predomina sull'altro: in base alla preferenza motoria per la mano destra o sinistra, il soggetto viene comunemente indicato come **destrimane** o **mancino**. Tale fenomeno, che dipende dalla prevalenza di un emisfero cerebrale sull'altro (poiché le vie nervose motorie si incrociano, l'emisfero cerebrale destro controlla il lato sinistro del corpo e viceversa), non è assoluto: per esempio, una persona può prediligere l'uso della mano destra e del piede sinistro. La lateralità si dice **definita** quando la predominanza di un lato è totale, è **mista** quando i segmenti corporei preferiti si alternano negli arti superiori e inferiori, mentre è **ambidestra** quando i due lati vengono usati indifferentemente (situazione più rara). La lateralità non è solo motoria, ma anche sensoriale: ognuno di noi ha un occhio dominante sull'altro. Il fenomeno della lateralità influenza la coordinazione, che è migliore nell'arto preferito: negli esercizi asimmetrici, come quelli di lancio e tiro, si dovrà precisare se è concesso l'uso dell'arto dominante (per il miglior risultato) o dell'altro (per migliorarne la coordinazione).

Test dell'accovacciamento (sit test). È una prova estremamente semplice da eseguire, ma che richiede una buona coordinazione e un perfetto equilibrio muscolare tra estensori e flessori del ginocchio.

Dove si fa	Dovunque, anche in casa o in classe.
Come si fa	Dalla posizione eretta, a piedi nudi, si flettono le ginocchia con le braccia tese in avanti fino alla posizione accovacciata. Non si devono alzare i talloni da terra, non si deve oscillare né cadere.
Che cosa si misura	Non si effettua una vera misurazione, ma si valuta se l'azione riesce correttamente, riesce con imperfezioni (oscillazioni, perdita di posizione delle braccia) oppure non riesce (non si raggiunge la posizione accosciata, si cade).
Che cosa si valuta	La coordinazione e l'equilibrio muscolare tra flessori ed estensori del ginocchio.
Come si valuta	Si confronta l'esito del test con la tabella.

Esito del sit test	Maschi	Femmine
non riuscito (cade all'indietro o non si piega del tutto)	sufficiente	non sufficiente
incerto (barcolla, si muove a scatti, ma riesce)	sufficiente/buono	sufficiente/buono
riuscito (raggiunge la posizione con naturalezza)	molto buono/eccellente	molto buono/eccellente

Test della cicogna cieca. Test proposto dagli statunitensi Arnot e Gaines per la valutazione attitudinale in sport con notevoli esigenze d'equilibrio come il windsurf; di grande semplicità d'esecuzione. Si fa a occhi chiusi, per escludere la principale fonte d'informazioni usata per percepire e mantenere la propria posizione nello spazio.

Dove si fa	In qualunque locale idoneo.
Come si fa	In equilibrio monopodalico, si cerca di stare eretti appoggiando le mani ai fianchi e l'altro piede sulla faccia interna del ginocchio della gamba d'appoggio. È opportuno indossare scarpe da ginnastica. La prova va ripetuta 3 volte e si considera il risultato migliore.
Che cosa si misura	Si cronometra il tempo di mantenimento della posizione corretta, in secondi.
Che cosa si valuta	L'equilibrio statico basato sulle sole informazioni propriocettive.
Come si valuta	Si confronta il valore misurato con la tabella.

Tempo		Maschi	Femmine
meno di 10 s	meno di 25 s		non sufficiente
11-20 s	26-35 s	non sufficiente	sufficiente
21-30 s	36-50 s	sufficiente	buono
31-35 s	51-65 s	buono	molto buono
36-40 s	66-80 s	molto buono	eccellente
più di 40 s	più di 80 s	eccellente	

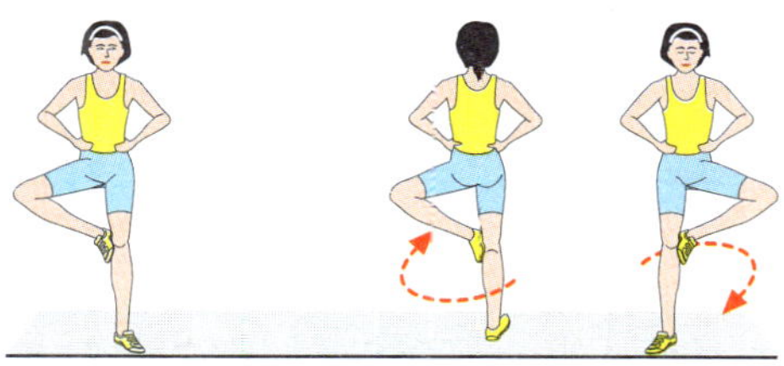

Test della cicogna rotante Variante del test precedente. In questa prova si compiono anche dei movimenti per mettere alla prova l'equilibrio dinamico, senza chiudere gli occhi.

Dove si fa	In qualunque locale idoneo.
Come si fa	Dalla stessa posizione del test precedente, senza chiudere gli occhi, ogni 5 secondi ci si solleva sulla punta del piede d'appoggio e si compie una rotazione di 180°, fino a trovarsi rivolti nella direzione opposta. Si rimane fermi in questa posizione per 5 secondi, poi si ripete il movimento, continuando finché si riesce, senza staccare l'altro piede dal ginocchio e le mani dai fianchi. La prova va ripetuta 3 volte e si considera il risultato migliore.
Che cosa si misura	Si cronometra il tempo di corretta esecuzione dell'esercizio, in secondi.
Che cosa si valuta	L'equilibrio dinamico basato sulle informazioni visive e propriocettive.
Come si valuta	Per la valutazione si utilizzano i tempi riportati nella seconda colonna della tabella del test precedente.

Percorso di agilità. Test usato dalla squadra statunitense di sci nordico, che si può svolgere in palestra.

Dove si fa	In qualunque locale idoneo.
Come si fa	Si delimita con del nastro adesivo una porzione del pavimento della palestra di 6 × 4,5 m, ponendo a ogni angolo e al centro dei coni, come nella figura. Al via dato dall'insegnante, dalla posizione di partenza (P) si scatta correndo lungo il tracciato a forma di 8, cercando di compiere 3 giri nel minor tempo possibile. Si ripete la corsa per 3 volte e si considera il tempo migliore.
Che cosa si misura	Si cronometra il tempo impiegato per completare il percorso, aggiungendo 2 secondi di penalità per ogni cono toccato. Se qualche cono viene saltato o abbattuto la prova non è valida.
Che cosa si valuta	La coordinazione nella corsa con frequenti cambi di direzione.
Come si valuta	Si confronta il risultato con la tabella seguente.

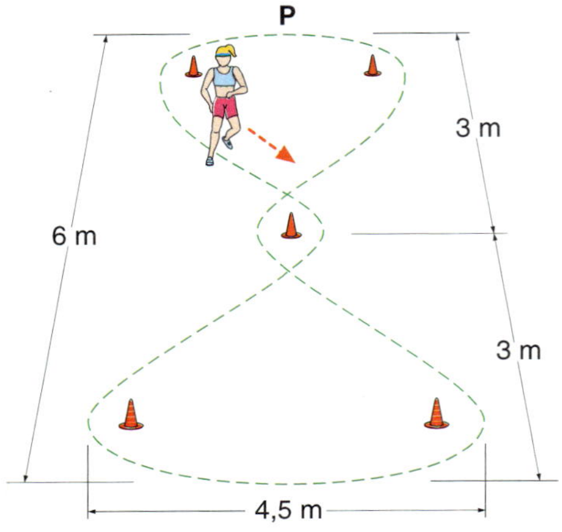

Tempo	Maschi e femmine
più di 30 s	non sufficiente
27-30 s	sufficiente
24-26 s	buono
21-23 s	molto buono
meno di 20 s	eccellente

Test del palleggio. Test tra i più semplici da effettuare in palestra, adatto anche a prove di gruppo.

Dove si fa	In palestra.
Come si fa	Con una palla da pallavolo, camminando liberamente, si palleggia al di sopra della testa, senza far cadere la palla e cercando di fare un percorso rettilineo.
Che cosa si misura	Si misura il numero di palleggi eseguiti correttamente, senza contare il primo lancio della palla; in alternativa, per i più abili, si percorre entro 45 secondi il perimetro di metà campo da pallavolo, contando il numero di palleggi eseguiti senza errori, completando il percorso entro il tempo stabilito.
Che cosa si valuta	La coordinazione tra movimenti degli arti superiori (palleggio) e inferiori (cammino e, se si percorre il perimetro, orientamento spazio-temporale).
Come si valuta	Si confronta il risultato con la tabella seguente.

N° palleggi	Giudizio (test originale)	Giudizio (perimetro di metà campo)
Meno di 3	non sufficiente	meno di 17 o non completa
3-5	sufficiente	17
6-8	buono	18
9-10	molto buono	19
più di 10	eccellente	più di 20

Test del tiro con la pallina. È un classico test per la coordinazione oculo-manuale, di cui sono possibili molte varianti.

Dove si fa	In palestra.
Come si fa	Si traccia sul pavimento della palestra un quadrato di 60 cm di lato con del nastro adesivo; impugnando una pallina da tennis con l'arto dominante, la si lancia dall'alto al basso cercando di centrare il quadrato dalla distanza di 12 m (10 m per le femmine). Si fanno alcuni lanci di prova, quindi 15 tiri per il test vero e proprio. Il lancio va accompagnato dal movimento di tutto il corpo, come nel lancio del baseball.
Che cosa si misura	Il rilevatore posto vicino al bersaglio segna 1 punto per ogni pallina che cade dentro o sui bordi del quadrato. Il risultato finale è dato dal numero di bersagli colpiti.
Che cosa si valuta	La coordinazione oculo-manuale.
Come si valuta	Si confronta il risultato con la tabella.

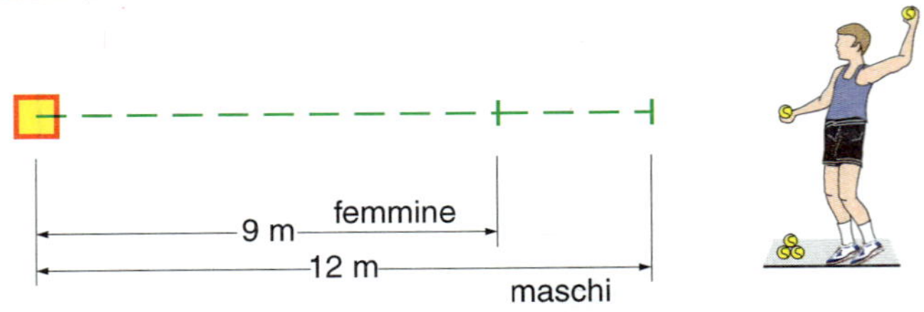

Numero di centri		Maschi	Femmine
meno di 4	meno di 3	non sufficiente	non sufficiente
4-6	3-5	sufficiente	sufficiente
7-9	6-8	buono	buono
10-12	9-10	molto buono	molto buono
più di 12	più di 10	eccellente	eccellente

Test del tiro in porta con il pallone. È un classico test per la coordinazione oculo-podalica, che si può fare con molte varianti. Si possono per esempio usare, al posto della palla da pallavolo, palline da tennis e bastoni, per simulare l'hockey.

Dove si fa	In palestra.
Come si fa	Usando come bersaglio la porta del calcio a cinque posta a un'estremità del campo da pallacanestro, si calcia una palla da pallavolo dalla linea di fondo campo opposta, come mostra la figura. Si fanno 5 tiri di seguito da ognuna delle tre posizioni seguenti: angolo destro, centro della linea di fondo campo, angolo sinistro (per un totale di 15 tiri).
Che cosa si misura	Si conta il numero di reti segnate.
Che cosa si valuta	La coordinazione oculo-podalica.
Come si valuta	Si confronta il risultato con la tabella del test del tiro con la pallina.

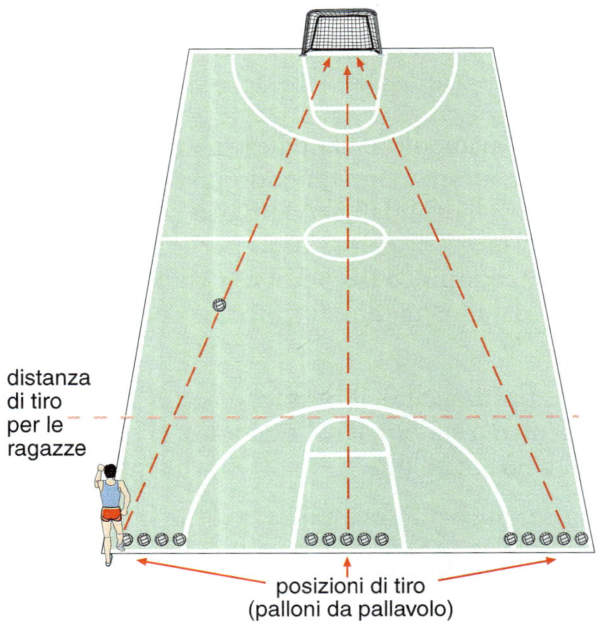

Test di controllo e tiro del pallone. È una variante della prova precedente, con in più la difficoltà dell'arresto e del controllo del pallone prima del tiro.

Dove si fa	In palestra.
Come si fa	Si fa tutto come nel test precedente, ma il tiratore riceve il pallone da un compagno posto sulla linea di metà campo, con un passaggio lento preciso. È consentito arrestare il pallone o calciarlo in movimento, ma bisogna controllarlo prima che superi la linea di fondo, altrimenti è da considerarsi perso. Si effettuano in totale 15 tiri dalle tre posizioni.
Che cosa si misura	Si conta il numero di reti segnate.
Che cosa si valuta	La coordinazione oculo-podalica.
Come si valuta	Si controlla il risultato con la seconda colonna (quella per le femmine) della tabella del test del tiro con la pallina.

Test della falcata. Nella corsa di resistenza, un aspetto molto importante è la coordinazione dei movimenti degli arti inferiori, per ottimizzarne la resa. Uno degli aspetti della coordinazione si esprime nella lunghezza della falcata, cioè la distanza tra due successivi appoggi al suolo. Questo test fu elaborato da Arnot che, osservando le competizioni di triathlon nelle isole Hawaii, pensò di misurare la lunghezza della falcata ipotizzando che ci fosse una zona di lunghezza "ideale".

Dove si fa	Sulla pista d'atletica o su un tracciato pianeggiante misurato.
Come si fa	Dopo adeguato riscaldamento, si prende una breve rincorsa e si attraversa correndo la linea del via, continuando poi fino a raggiungere il traguardo posto a 100 m di distanza. Per fare la prova in modo corretto è necessario coprire la distanza in un tempo compreso tra 14 e 18 secondi. Si tratta pertanto di un test adatto per chi pratica la corsa di fondo o mezzofondo.
Che cosa si misura	Il corridore conta il numero dei passi compiuti nel percorso dei 100 metri. Il rilevatore al traguardo cronometra il tempo impiegato, aiutato da un altro che segnala visivamente il momento in cui il corridore supera la linea del via.
Che cosa si valuta	La coordinazione nella corsa, espressa dalla lunghezza della falcata.
Come si valuta	Si controlla il risultato con la colonna 1 per i corridori fondisti e 2 per i mezzofondisti, nella tabella.

Tabella per valutare la falcata

N. di falcate	Giudizio (fondo)	Giudizio (mezzofondo)
55-60	scarso	
51-54	sufficiente	scarso
45-50	molto buono	sufficiente
41-44	buono	molto buono

Come si migliora

La coordinazione è una capacità motoria che si basa su qualità che sono innate, ma può essere migliorata con appositi esercizi. L'allenamento può sviluppare la destrezza attraverso l'acquisizione della giusta tecnica di **esecuzione** del gesto e **ripetendo** gli esercizi fino a raggiungere la precisione voluta. Persone esperte adottano "trucchi" individuali che talvolta aumentano l'efficacia del movimento: spesso i più grandi campioni personalizzano i movimenti per renderli più adatti alle proprie esigenze. Dal punto di vista della ricezione delle informazioni sensoriali, per la destrezza sono fondamentali la **vista**, l'**udito** e le **sensazioni di posizione e movimento** di tronco e arti. Anche se può sembrare ovvio, il controllo dell'**acutezza visiva** permette lo sviluppo di gran parte delle capacità coordinative. Pochi decimi di vista in meno possono infatti peggiorare notevolmente le prestazioni negli spostamenti lungo percorsi accidentati o delimitati, per esempio nello sci o nella mountain bike, o nei tiri verso un bersaglio come nella pallacanestro, nella pallamano, nel tiro con l'arco. Gli sport di tiro in alcune classificazioni sono considerati addirittura espressione di destrezza "pura", essendo l'abilità nel prendere la mira e colpire il bersaglio il fattore prevalente nella riuscita. Se si possiede una buona visione, il miglioramento deve avvenire nella capacità di percepire oggetti in rapido movimento, presenti in molti sport, per esempio tennis, squash, tennis tavolo, hockey. L'**udito** serve a ricevere stimoli sonori importanti di per sé, come il "via" nelle corse veloci, o a corroborare altre sensazioni: localizzazione nello spazio di se stessi, di altri giocatori e oggetti vari, costruzione di un'immagine mentale tridimensionale di un ambiente o situazione di gioco. Con l'esercizio si può imparare a **selezionare** i suoni più importanti, migliorando l'efficacia complessiva della percezione. Inoltre piccole strutture nervose specializzate nella raccolta di particolari stimoli nell'**orecchio interno**, nelle zone di passaggio tra muscoli e tendini e nelle articolazioni ci danno la sensazione della **posizione spaziale** del corpo e delle sue parti. L'allenamento può migliorare l'efficienza di questo sistema di controllo e permette di eseguire gesti molto difficili, come nella ginnastica e nel pattinaggio artistico.
A livello di **memoria** ci si può allenare a ricordare soltanto le cose essenziali durante una certa azione motoria (memoria a breve termine); questa **memoria** è **di tipo selettivo** e consente di concentrarsi su un numero limitato di informazioni sensoriali, come la posizione dei compagni nei giochi di squadra, caratteristiche del percorso nelle attività all'aperto, traiettoria della palla negli sport in cui questa è in rapido movimento ecc., trascurando tutte le altre, che non interessano in quel momento. La memoria è molto importante anche per l'**apprendimento motorio**, perché consente di imparare la giusta esecuzione di un gesto atletico attraverso la sua frequente ripetizione (memoria a lungo termine): ogni esecuzione di un esercizio lascia una **traccia mentale** permanente, che viene rinforzata e perfezionata tutte le volte che si ripete quel movimento.
Gli esercizi di sviluppo delle capacità coordinative sono moltissimi, si potrebbe quasi dire infiniti. Si possono tuttavia suddividere in esercizi di sviluppo **generale** ed esercizi di sviluppo **specifici**, che stimolano solo una particolare manifestazione della destrezza.

Esercizi di sviluppo generale

Circuiti

Si tratta di percorsi con ostacoli che necessitano di varie capacità coordinative, senza privilegiarne una in particolare. L'esecuzione di queste attività stimola la versatilità del sistema neuromuscolare, obbligandolo a realizzare nuove strategie motorie in brevissimo tempo. Anche negli allenamenti degli sport che usano prevalentemente una specifica qualità motoria, l'inserimento di questi circuiti è utile per mantenere alto l'interesse e gli stimoli.

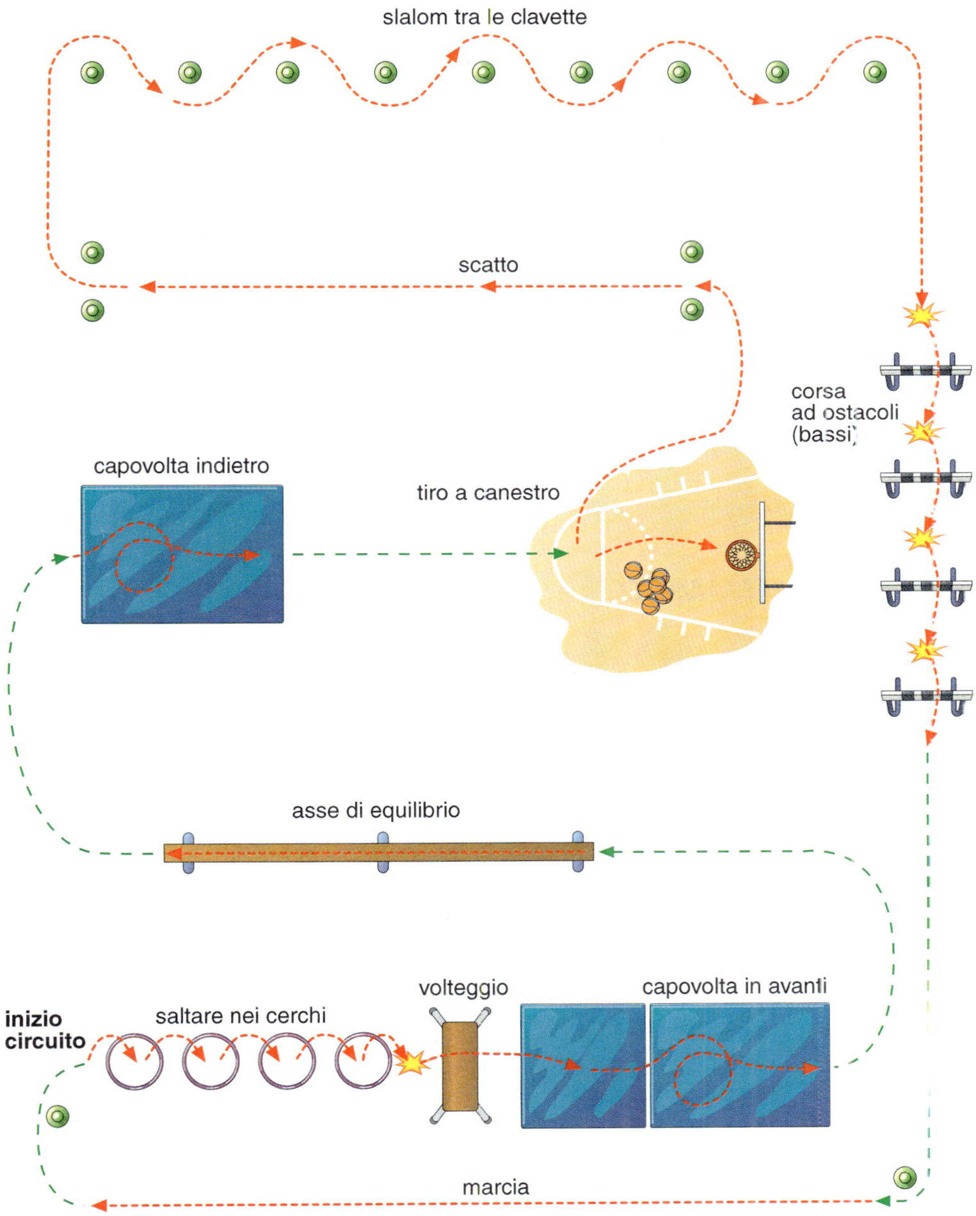

Esercizi specifici

Proponiamo alcuni esercizi di sviluppo dell'equilibrio statico e dinamico e della coordinazione oculo-manuale e oculo-podalica. Tali capacità coordinative sono strategiche per tutti gli sport e devono essere possedute da qualsiasi sportivo.

Esercizi di equilibrio statico

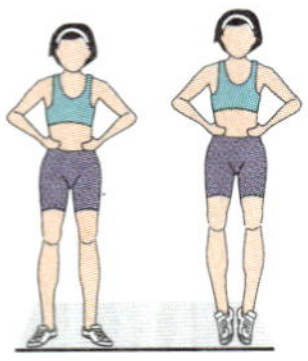

in stazione eretta elevare i talloni mantenendosi in equilibrio sulla punta dei piedi per 3-5 s

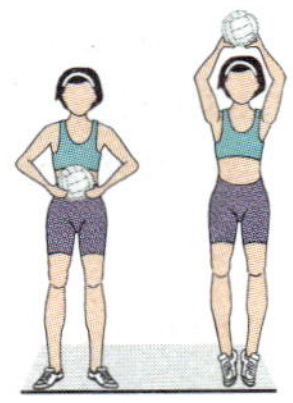

in stazione eretta elevare i talloni mantenendosi in equilibrio sulla punta dei piedi per 3-5 s e contemporaneamente sollevare lentamente una palla sopra la testa

in equilibrio su un piede, assumere posizioni diverse con il busto e gli arti liberi; mantenere ciascuna posizione per 3 s

in equilibrio su un piede, inclinare in avanti il busto alzando contemporaneamente l'altra gamba distesa dietro, fino a che il busto e la gamba non siano paralleli al suolo. Mantenere la posizione per 3 s e ripetere l'esercizio dal lato opposto
Variante: eseguire l'esercizio con le braccia distese

ESERCIZI DI EQUILIBRIO DINAMICO

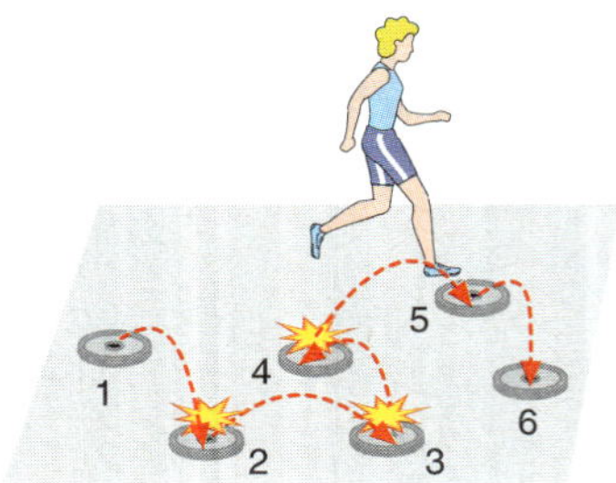

disporre blocchi o dischi (sovraccarichi di ghisa per la pesistica) o cerchi e passare con balzi da uno all'altro, senza seguire un percorso

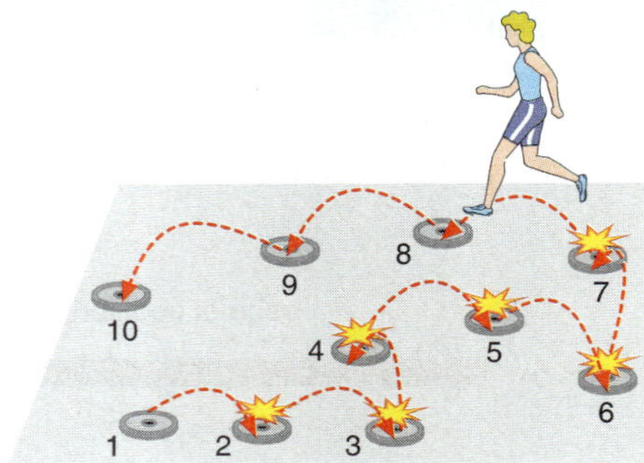

disporre blocchi o dischi (sovraccarichi di ghisa per la pesistica) o cerchi e passare con balzi da uno all'altro, seguendo un percorso prestabilito con distanze crescenti tra un appoggio e l'altro

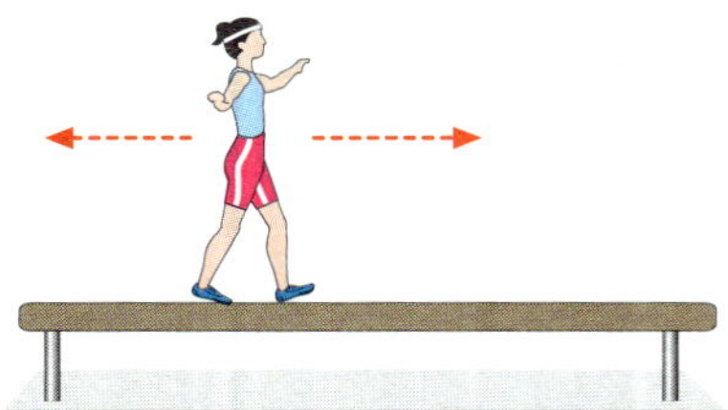

camminare avanti e indietro sull'asse di equilibrio

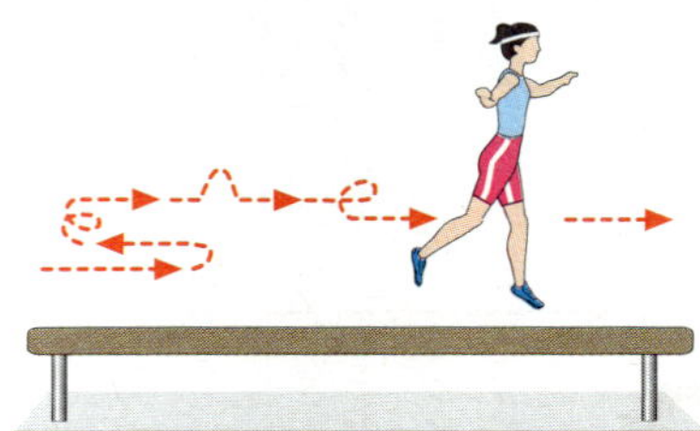

camminare avanti, indietro e di lato sull'asse di equilibrio, alternando giri completi, mezzi giri, balzi e saltelli su uno e due piedi

Esercizi di coordinazione oculo-manuale e spazio temporale

in stazione eretta passare la palla da una mano all'altra, seguendo un movimento rotatorio ascendente e discendente intorno al corpo

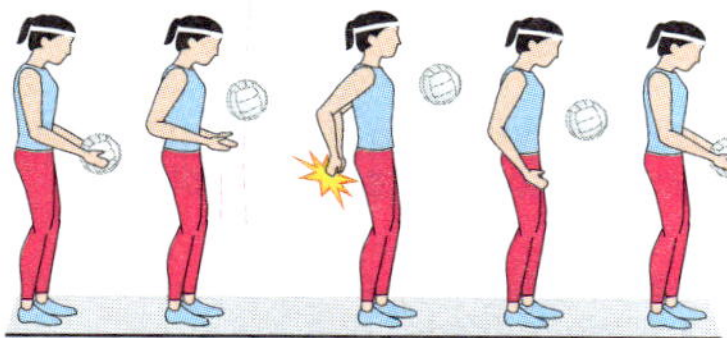

in stazione eretta con la palla davanti al corpo, eseguire una battuta di mani dietro la schiena e riprendere la palla senza che questa tocchi terra

in stazione eretta gambe divaricate e busto flesso in avanti, passare la palla tra le gambe, seguendo un percorso a otto nei due sensi

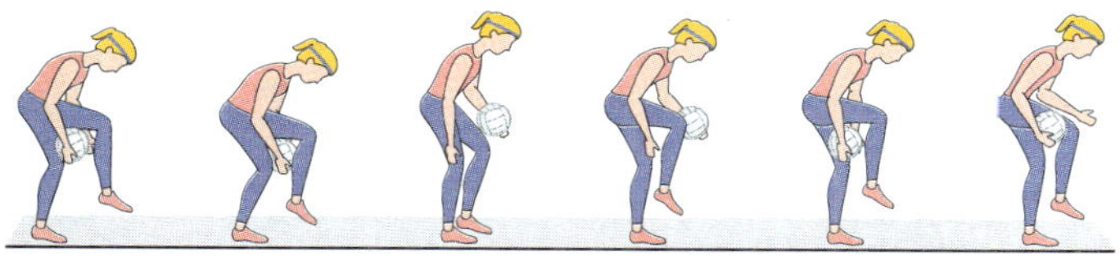

camminare lentamente in avanti alzando le ginocchia e passando la palla sotto la gamba flessa; continuare aumentando la velocità di esecuzione

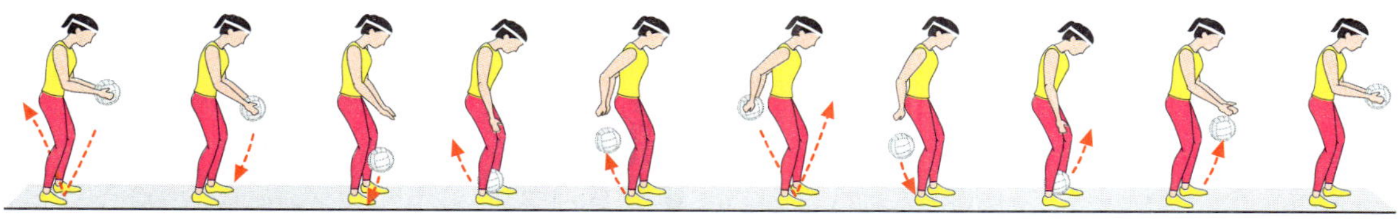

in stazione eretta a gambe divaricate, eseguire un palleggio tra i piedi, prendendo il rimbalzo da dietro; ripetere in senso inverso

in stazione eretta, mantenere la palla sul collo sotto la nuca, lasciarla rotolare lungo la schiena e afferrarla a livello del bacino

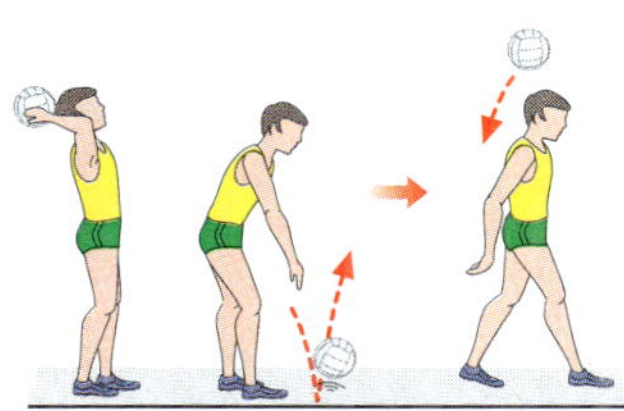

scagliare violentemente la palla a terra davanti ai propri piedi, con un passo passare sotto il rimbalzo e prendere la palla da dietro

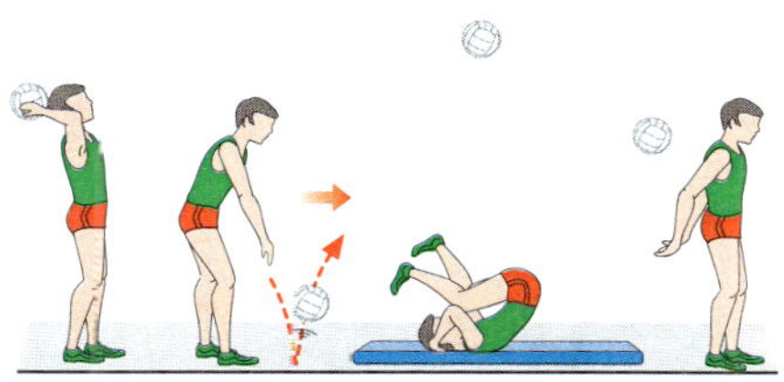

scagliare violentemente la palla a terra davanti ai propri piedi, con una capovolta passare sotto il rimbalzo e prendere la palla da dietro

Esercizi di coordinazione oculo-podalica e spazio temporale

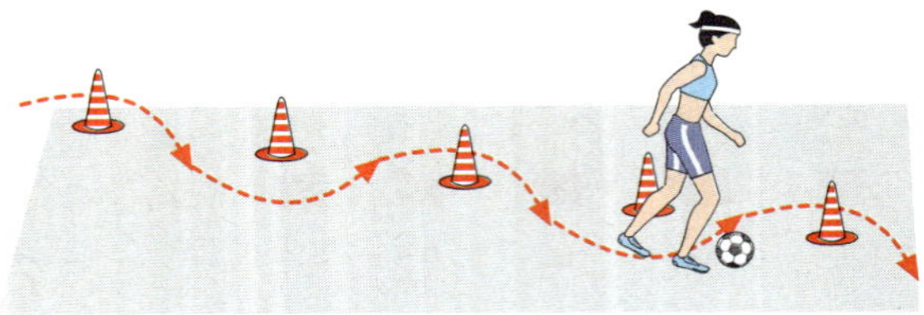

camminando, seguire un percorso a serpentina tra coni, guidando la palla con il piede destro; ripetere cambiando piede di corsa seguire un percorso a serpentina tra coni, guidando la palla con il piede destro; ripetere cambiando piede

eseguire un palleggio continuato soltanto con un piede
Variante: eseguire un palleggio alternando i due piedi

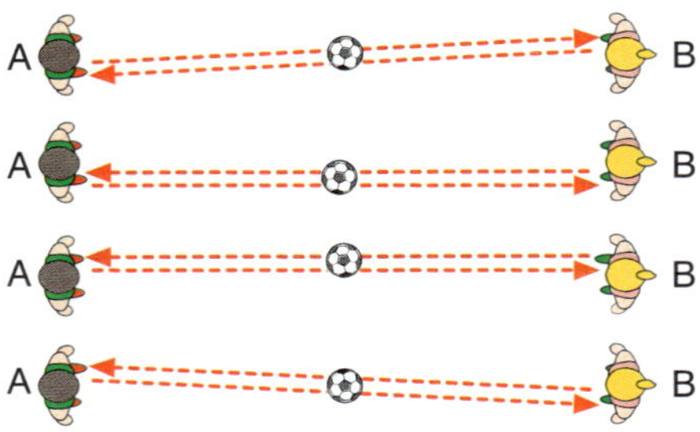

esercizio a coppie; passare la palla a un compagno a 5-6 m di distanza, prima soltanto con il piede destro, poi soltanto con il piede sinistro, secondo la sequenza:
- A con il piede destro passa la palla al piede destro di B,
- B con il piede destro passa la palla al piede destro di A,
- A con il piede destro passa la palla al piede sinistro di B,
- B con il piede destro passa la palla al piede sinistro di A,
- A ripete iniziando con il piede sinistro, poi A e B si scambieranno i ruoli

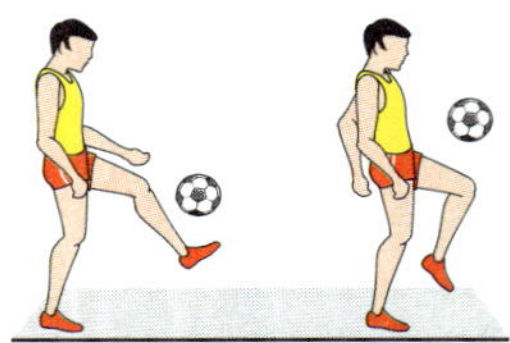

eseguire un palleggio continuato alternando piede e ginocchio della stessa gamba

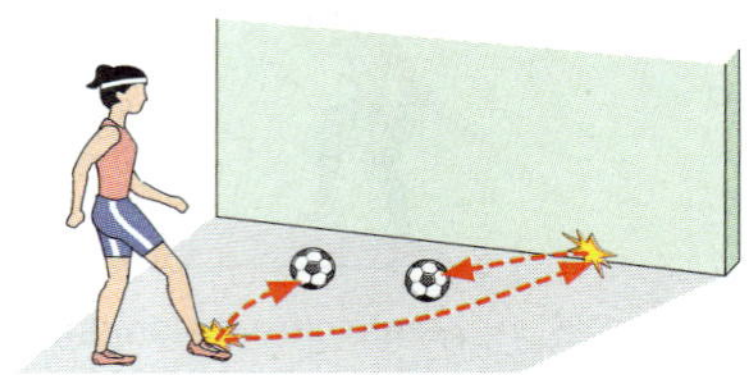

con due palloni fare tiri contro un muro, senza perdere mai un rimbalzo (il numero dei palloni può aumentare in relazione alla bravura)

in file di tre a una distanza di 4-5 m uno dall'altro, i due allievi all'esterno passano alternativamente la palla a quello al centro, che girando su se stesso risponde ai tiri

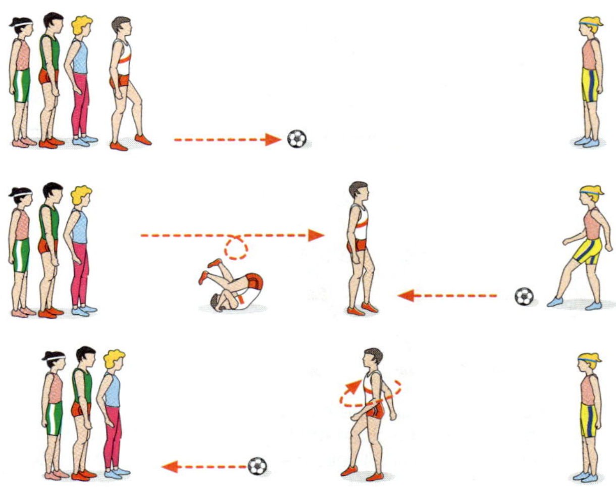

disporsi in fila, il primo calcia la palla a un compagno posto a 6-7 m e, prima che questo rinvii, esegue una capovolta, si rialza, riceve la palla e la passa al secondo e si porta al fondo della fila

in breve...

- **Le capacità** motorie sono concetti astratti, ma si possono misurare con l'uso di fattori numerici: gli indicatori.
- I test con cui si valutano le capacità motorie sono di solito definiti **test motori**. Queste prove pratiche devono possedere precisi requisiti: standardizzazione, validità, oggettività, attendibilità e selettività.
- In base all'ambiente in cui vengono svolti, si possono distinguere *test in laboratorio, in palestra* e *da campo.*
- In base alla capacità motoria prevalentemente impegnata, i test possono essere raggruppati in *test per la forza, la resistenza, la velocità, la flessibilità* e *la coordinazione.*
- Ogni capacità motoria può essere migliorata con specifiche tecniche, che costituiscono in pratica un allenamento selettivo per ciascuna capacità motoria.
- Le tecniche di allenamento delle capacità motorie si possono dividere in *esercizi generali, a corpo libero* e esercizi più specifici che necessitano di attrezzature (pesi, attrezzi, strumenti).
- Sia nell'allenamento, sia nella valutazione delle capacità motorie si possono utilizzare ripetizioni consecutive di un esercizio adatto, raggruppate in serie intervallate da pause.

...parole chiave

Test motori prove a esecuzione prestabilita che permettono di misurare dati sulle qualità motorie

Indicatore fattore misurabile che esprime il livello di un dato, per esempio di una capacità motoria

Laboratorio locale attrezzato per svolgere esperimenti o prove

Standardizzare dare parametri uniformi per svolgere una procedura o un test

Validità capacità di un test di misurare il dato che interessa

Oggettività il grado di concordanza tra operatori diversi quando svolgono lo stesso test

Attendibilità la capacità di fornire sempre gli stessi risultati partendo da uguali condizioni iniziali

Selettività la capacità di individuare precisamente il dato desiderato

Dinamometro strumento per la misurazione della forza muscolare

Ripetizioni numero di esecuzioni consecutive di uno stesso esercizio fisico

Serie numero di ripetizioni consecutive, intervallate da recuperi

Recupero la pausa tra le serie di esercizi, o più in generale il ritorno alle condizioni di partenza dopo uno sforzo muscolare (defaticamento)

Circuito forma di allenamento in cui si susseguono una serie di stazioni (postazioni) fisse, in cui vengono svolti esercizi variamente organizzati in base allo scopo

verifiche

Scegli la risposta corretta.

1. Quale delle seguenti non è una caratteristica obbligatoria dei test motori?

A l'attendibilità
B la semplicità
C la selettività
D l'oggettività

2. Come si può definire il muscolo dopo uno sforzo massimale?

A esaurito
B esausto
C sfinito
D indurito

3. Quali espressioni opposte della forza muscolare sono usate nella sua classificazione?

A forte e debole
B veloce e lenta
C veloce e resistente
D esauribile e resistente

4. Come viene definita la maggior intensità di sforzo sostenibile per tempo prolungato con il meccanismo aerobico?

A soglia aerobica
B soglia anaerobica
C capacità aerobica
D capacità di resistenza

5. Qual è il test tra i più comuni usato per valutare la resistenza?

A di Bosco
B di Walking
C di Abalakov
D di Cooper

6. Quale delle seguenti non è un tipo di ginnastica aerobica?

A tone up
B easy step
C body lifting
D total body

7. Tra i test per la velocità quali corse sulle distanze sono usate?

A 30 e 60 m
B 50 e 100 m
C 100 e 200 m
D 200 e 300 m

8. Quale delle seguenti è una fase del sollevamento pesi?

A piegamento
B sollevamento
C getto
D slancio

9. Come può essere definita la flessibilità?

A naturale e forzata
B attiva e passiva
C grande e piccola
D positiva e negativa

10. Quale fattore soggettivo è fondamentale nel valutare la coordinazione?

A prontezza
B capacità
C lateralità
D abilità

Completa le seguenti frasi scegliendo il termine esatto tra quelli proposti fra parentesi.

1. I test da campo sono in genere (*meno/più*) semplici di quelli svolti in laboratorio.

2. Per valutare la forza massima si fanno test con (*molte/poche*) ripetizioni.

3. Mantenere il corpo sollevato alla spalliera (*è/non è*) un test per la forza resistente.

4. L'allenamento isometrico (*prevede/non prevede*) lo sforzo muscolare a partire da una lunghezza maggiore di circa il 20% rispetto a quella del muscolo in condizioni di riposo.

5. Nell'allenamento pliometrico il muscolo (*viene/non viene*) stirato.

6. Il metodo regressivo (*è/non è*) un sistema di allenamento per la resistenza aerobica.

7. Il test di Cooper (*si svolge/non si svolge*) in palestra.

8. La parola step (*può/non può*) indicare sia un tipo di test motorio, sia una variante della ginnastica aerobica.

9. In genere i test per la velocità (*durano/non durano*) più di 15-30 secondi.

10. La coordinazione può essere allenata con (*numerose/poche*) ripetizioni del gesto sportivo.

La preparazione fisica

Definizione

Ogni gesto richiede **forza**, **mobilità articolare**, **resistenza allo sforzo**, una certa **velocità** e **coordinazione**. Se ci spostassimo senza fare un uso eccessivo di mezzi motorizzati ed eseguissimo sufficienti lavori manuali, come avveniva fino a non molti anni fa, non ci sarebbe bisogno di aggiungere altri sforzi a quelli delle normali attività quotidiane per mantenere una forma fisica efficiente. Oggi le abitudini eccessivamente sedentarie e le comodità offerte dalla tecnologia moderna sono all'origine delle sindromi e delle patologie da *ipocinesia*, come l'ipotrofia muscolare, l'obesità, l'osteoporosi, i problemi articolari e circolatori, l'apatia e altro. Ecco perché è necessario integrare con esercizi ginnici la nostra scarsa attività fisica. In età giovanile è ancora più importante imparare a usare correttamente tutte le possibilità motorie affinché si sviluppino pienamente e armonicamente, perché questo permette di mantenere il corpo in piena efficienza durante la crescita e in prospettiva nell'età adulta.
La preparazione fisica è quindi l'insieme degli esercizi ginnici e delle attività che allenano e rinforzano le capacità motorie, permettendoci di mantenere il nostro corpo in piena efficienza. Organizzare una preparazione fisica significa perciò darsi degli obiettivi per ottenere questo risultato; nel definire gli obiettivi è necessario operare una prima distinzione tra la **preparazione fisica generale o di base**, in cui si sviluppano in modo equilibrato le capacità motorie senza

che una o più di esse diventino predominanti sulle altre, e la **preparazione fisica specifica**, in cui si predilige lo sviluppo di una o di un gruppo di capacità motorie, perché tipiche di un certo sport o per compensare le carenze di una attività fisica che sviluppa pienamente solo una capacità motoria.

Come si migliora all'inizio

Gli allenamenti specifici per migliorare le varie qualità motorie, forza, resistenza, velocità, flessibilità e coordinazione, devono essere preceduti da un preparazione fisica generale. Per le tecniche di sviluppo di una specifica capacità motoria si rimanda al capitolo precedente.

È meglio cominciare con esercizi graduali, come il **walking** e la **corsa**, che coinvolgono tutto l'organismo ed esigono un adattamento circolatorio e respiratorio. Partendo da una condizione totalmente sedentaria è consigliabile iniziare con il walking o il power walking, con percorsi corti da eseguire su più giri, che permettono di graduare lo sforzo in modo personale. I soggetti più attivi o che già praticano il walking possono cominciare con la corsa lenta, all'aperto o in palestra, lungo il perimetro del campo da pallavolo, con una velocità di circa 20 secondi al giro, cercando di mantenere un ritmo costante, cioè evitando scatti o rallentamenti improvvisi. Le istruzioni fondamentali per eseguire correttamente il walking e la corsa sono le seguenti:

- bisogna mantenere la testa diritta e guardare a una distanza di circa 3-5 m davanti a sé;
- il busto deve essere eretto e lasciare che le braccia piegate, a livello del gomito, oscillino avanti e indietro alternativamente, seguendo i movimenti delle gambe;
- quando una gamba si muove in avanti, il braccio dello stesso lato del corpo va indietro e viceversa;
- nel walking si appoggia prima il tallone, poi via via tutto il piede fino alla dita, con un movimento definito **rullata**. Dopodiché si stacca il tallone da terra continuando a spingere con le dita sul terreno;

- nella corsa veloce e sulle brevi distanze è raccomandabile toccare il terreno con l'avampiede, mentre nella corsa lenta e sulle lunghe distanze è meglio prendere contatto con il tallone;
- il respiro deve essere ritmico e seguire il naturale andamento della corsa.

Camminare e correre sono attività molto naturali che ognuno di noi può compiere spontaneamente, con proprie varianti più o meno corrette rispetto alle tecniche appena descritte. Si suggerisce di cominciare con pochi minuti di attività a ritmo moderato, aumentando progressivamente la durata fino ad almeno 10 minuti per volta e la velocità fino a un ritmo sostenibile senza eccessiva fatica. La tabella a (▶pag. 94) suggerisce come progredire da un'attività di walking, aumentando gradualmente, fino ad arrivare a percorrere 4 km a una velocità media. Se invece si rimane su livelli più bassi, la corsa è un ottimo esercizio di **riscaldamento**, adatto per cominciare la seduta ginnica e preparare il corpo ad altri sforzi fisici. Il riscaldamento (in inglese *warm up*) è l'attività preparatoria con cui la temperatura della parte interna del corpo e quella dei muscoli cresce fino al livello ottimale per la successiva prestazione fisica. Come attività di riscaldamento si usano in genere esercizi aerobici leggeri della durata di alcuni minuti, variabili in base alle condizioni climatiche e alle capacità atletiche del soggetto. Dopo il riscaldamento si possono fare alcuni esercizi di allungamento muscolotendineo, secondo la **tecnica dello stretching**. Al termine della prestazione è possibile effettuare attività analoghe a quelle del riscaldamento, allo scopo di far tornare gradualmente l'organismo alla condizione di riposo.
Esse, note come defaticamento (*cool down* o *warm down*) consistono in esercizi leggeri che riducono il rischio dell'insorgenza di dolori o lesioni muscolari. Al termine di prestazioni molto intense e protratte, le attività defaticanti hanno anche lo scopo di riportare gradualmente la circolazione alle condizioni di base, senza arrestare bruscamente l'attività muscolare che aiuta il reflusso di sangue verso il cuore.

La programmazione dell'allenamento

Nella definizione iniziale si è già chiarito come organizzare una preparazione fisica significhi darsi degli obiettivi. Qui di seguito illustreremo gli obiettivi della programmazione della preparazione fisica per un principiante che inizia una attività motoria, spiegando come cominciare, suddividere e concludere la preparazione fisica generale, per sviluppare globalmente le capacità motorie e arrivare a poter affrontare l'allenamento specifico di una singola capacità. Sarà illustrata inoltre la programmazione di una preparazione fisica specifica, spiegando anche in questo caso come iniziarla, suddividerla e concluderla per raggiungere l'obiettivo stabilito.

Determinazione della situazione di partenza

Per impostare un qualsiasi lavoro di sviluppo o per valutarne i risultati è necessario avere un'idea della situazione di partenza in cui si trova il soggetto: solo così si può proporzionare lo sforzo alle sue reali capacità e valutare l'impegno e la progressione. Sulla base dei risultati raggiunti rispetto al punto di partenza si può anche decidere di modificare la programmazione, perché i risultati sono diversi da quelli previsti, in positivo o in negativo. I test sono quindi la base dell'organizzazione dell'allenamento; nella programmazione generale saranno eseguiti per tutte le capacità motorie, al fine di ottenere il quadro generale delle condizioni fisiche del soggetto. Anche nella preparazione specifica, i test, all'inizio della stagione, devono essere effettuati in modo globale su tutte le qualità motorie, per rilevare eventuali carenze che potrebbero, nel corso della stagione, danneggiare il rendimento sportivo. Le capacità oggetto della programmazione saranno sottoposte a test aggiuntivi, che dovranno essere periodicamente riproposti per monitorare i cambiamenti in atto.

Valutazione generale dell'efficienza fisica

Una valutazione generale è quindi indispensabile sia per la preparazione generale, sia per quella specifica. La successione dei test deve essere organizzata in modo che lo sforzo richiesto da un test non vada a influire sull'esecuzione di quello successivo. Bisogna anche calcolare il tempo necessario per l'esecuzione dei test e suddividere il programma di verifica delle capacità motorie in due momenti piuttosto che concentrare tutto in un unica seduta, con il rischio che la fretta di eseguire tutte le prove possa pregiudicare l'attendibilità dei risultati. I criteri di correttezza di un test per la rilevazione dell'efficienza di una capacità motoria sono già stati approfonditi nel capitolo precedente, *Valutazione delle qualità motorie*. Si richiamano qui solo le linee guida; la **validità** deve essere: di **contenuto**, legata all'indicatore scelto; **strutturale**, determinata dalla composizione e dai tipi di test utilizzati; **concorrente**, con tabelle e test di laboratorio che guidano e confermano i risultati ottenuti in situazioni più variabili e inquinabili da fattori esterni, come in palestra o in campo. Segue una batteria di test per la verifica generale delle capacità motorie; per la stessa capacità motoria è possibile sostituire il test proposto con un altro, tra quelli presentati nel capitolo precedente, più conforme ai mezzi e all'ambiente a disposizione.

Test per la verifica generale delle capacità motorie

Tipo di test	*Oggetto delle valutazione*	*pag.*
Piegamenti sulle braccia	La forza esplosiva della muscolatura degli arti superiori.	154
Lancio della palla medica	La forza esplosiva degli arti superiori.	154
Salto in alto da fermo	La forza esplosiva dei muscoli estensori in rapporto al proprio peso corporeo.	155
Flessioni del busto in avanti	La forza veloce o resistente dei muscoli addominali.	157
Posizione a sedia	La forza muscolare resistente degli estensori degli arti inferiori.	157
Seven minutes running test	La capacità di resistenza aerobica nella corsa su una media distanza.	168
Scatti andata e ritorno	La potenza anaerobica degli arti inferiori nel metabolismo misto alattacido e lattacido.	182
Flessione del busto	La flessibilità anteriore della colonna vertebrale.	189
Test dell'accovacciamento (sit test)	La coordinazione muscolare tra flessori ed estensori del ginocchio e l'equilibrio.	196
Percorso misto	Vari aspetti della coordinazione determinati dalle difficoltà proposte nel percorso.	203

Periodizzazione dell'allenamento

L'allenamento annuale deve essere suddiviso in periodi più brevi, per adattarlo a obiettivi a lungo, medio e breve termine. Questa suddivisione permette di ottenere il massimo di forma fisica in determinati momenti dell'anno, dato che per motivi fisiologici non è possibile mantenere per tutto l'anno il massimo livello di performance. Una certa confusione è presente tra i concetti di *forma fisica* e *condizione fisica*. In realtà la forma dipende dalla condizione fisica; la prima può essere raggiunta poche volte nel corso dell'anno, mentre la seconda può essere mantenuta con un certo impegno per tutto l'anno:

- La *condizione fisica* si realizza quando lo sportivo raggiunge un buon livello qualitativo di tutte le capacità motorie. L'allenamento regolare e uno stile di vita sano permettono di mantenere la condizione fisica per lungo tempo durante l'anno.
- La *forma fisica* si può definire come il momento in cui si realizza una sintesi perfetta tra tutte le qualità motorie, permettendo allo sportivo una prestazione al massimo livello possibile.
  L'acquisizione della forma fisica deve passare attraverso fasi successive, che l'esperienza di generazioni di allenatori e atleti e gli studi di laboratorio hanno ormai ben delineato: lo sviluppo, il mantenimento, la perdita momentanea.

Fase di sviluppo e periodo preparatorio

Questa prima fase si suddivide a sua volta in due parti. La prima consiste in un'**attività multilaterale** volta a migliorare tutte le capacità dell'organismo. In pratica si cerca di migliorare la condizione fisica da cui la forma dipende. In una preparazione di tipo generale ci si ferma a questo stadio, non essendo necessaria alcuna specializzazione particolare, oppure si aumentano i carichi fino a livelli molto alti o ci si occupa in maniera specifica di sviluppare qualità particolarmente carenti nel soggetto. Nella preparazione specifica, invece, alla prima parte segue la seconda, in cui si procede a potenziare in modo sempre più **particolare** le qualità motorie che servono per la realizzazione della prestazione sportiva. La fase di sviluppo, quella multilaterale, ha una durata maggiore nelle attività motorie e sportive dei giovani (14-18 anni), sia per rispettarne la crescita, sia per il minor numero di impegni sportivi. Nel caso degli sportivi adulti e degli atleti di livello agonistico più alto, meno rilievo sarà dato all'aspetto multilaterale di crescita delle capacità motorie e più al potenziamento e al mantenimento delle capacità utilizzate nella disciplina sportiva. Questa fase di sviluppo caratterizza il **periodo preparatorio**, che precede la fase agonistica nella più generale suddivisione annuale.

Fase di mantenimento e periodo fondamentale o agonistico

È la fase in cui si attua una strategia di modifica **ciclica** dell'intensità e del carico di lavoro per mantenere stabile il livello qualitativo delle capacità fisiche rispetto a quello raggiunto nella fase di sviluppo, con leggeri regressi o progressi opportunamente ricercati, nella preparazione specifica, in base agli impegni sportivi dell'atleta. La preparazione generale comporta oscillazioni meno marcate; l'andamento generale conduce comunque a un progressivo miglioramento delle prestazioni fino al test di verifica di fine stagione. Nei giovani il mantenimento ha tendenzialmente una durata uguale a quella del potenziamento. Negli atleti di livello agonistico più alto e negli sportivi adulti, il periodo di mantenimento ha generalmente una durata maggiore del periodo di sviluppo, per la necessità di un'attività agonistica più intensa rispetto ai più giovani. La fase di mantenimento caratterizza il **periodo fondamentale o agonistico** della suddivisione annuale dell'allenamento, quello di massima espressione dell'efficienza fisica dell'atleta, in concomitanza con gli appuntamenti più importanti della stagione agonistica.

Fase di momentanea perdita della forma e periodo transitorio

Si tratta di momenti di rilassamento sia fisiologico che psichico, solitamente programmati dopo lo svolgimento di importanti appuntamenti agonistici. Lo stato di forma cala in modo molto evidente, forse più per la stanchezza di tipo psichico che per quella fisiologica. La presenza più o meno numerosa di questi momenti di perdita momentanea di forma fisica è direttamente collegata al numero di impegni importanti che l'atleta deve affrontare; naturalmente non si può superare un certo numero di periodi agonisticamente impegnativi. Il numero dei periodi di perdita momentanea della forma dipende anche dall'impostazione della periodizzazione, annuale o semestrale. Nella preparazione generale questo periodo è praticamente assente, in quanto essa riguarda soggetti giovani o adulti che mirano ad avere solo una buona efficienza fisica o studenti che svolgono l'attività motoria curricolare durante l'anno scolastico. Quando si verifica in questi soggetti un periodo di pausa nell'attività, quindi di perdita momentanea di forma fisica, ciò avviene per cause del tutto estranee a qualsiasi motivazione di tipo tecnico. Tale fase di perdita momentanea caratterizza in particolare il **periodo transitorio**, in cui ha luogo un rilassamento della tensione agonistica per mezzo di attività ludico-ricreative, che rigenerano le risorse psichiche e conservano le qualità motorie o ne limitano il degrado. Esso si interpone tra la fine del periodo agonistico e l'inizio del nuovo periodo preparatorio.

Principi base della periodizzazione

La periodizzazione è quindi un sistema di equilibrio dei vari fattori che collaborano a condurre l'allenamento al massimo risultato possibile. In generale si possono elencare alcuni principi cardine, sui quali l'allenatore e l'atleta devono basare l'allenamento annuale affinché sia efficace:

1. Non si può affrontare una fase di mantenimento o periodo agonistico senza un adeguato periodo preparatorio e fase di sviluppo.
2. La fase di sviluppo o periodo preparatorio deve essere seguito da una batteria di test di controllo e/o gare di verifica del comportamento agonistico.
3. Si devono concentrare il più possibile gli appuntamenti agonistici in uno o due periodi, in modo da sfruttare al massimo le fasi di forma (ad alto livello è ormai molto difficile rispettare questa norma, per il calendario agonistico sempre più fitto, in tutti gli sport).
4. I periodi agonistici devono essere seguiti da periodi di tranquillità (fasi di perdita momentanea della forma e periodi transitori), in cui si mantiene al minimo la capacità fisica con allenamenti a bassa intensità.
5. I periodi di ristoro muscolare sono importanti come i momenti di allenamento, perciò è fondamentale mantenere uno stile di vita sano anche al di fuori dell'allenamento.

Organizzazione della periodizzazione

Come abbiamo detto, il programma annuale di allenamento deve esser **suddiviso** in periodi più brevi, che consentono di distribuire il lavoro in conformità ai tre periodi generali in cui è **suddiviso** un allenamento: preparatorio, agonistico e transitorio. I periodi di lavoro sono **divisibili** in:

- singole unità d'allenamento
- microcicli
- mesocicli
- macrocicli

Microcicli	Microcicli di base			Microcicli di perfezionamento	
	Microcicli d'allenamento		Microcicli di gara	Microcicli pre-agonistici	Microcicli di recupero
	M. generale	M. speciale			
Preparazione Generale	Microciclo* che forma il nucleo di tutta la preparazione	Microciclo* presente più verso la fine della preparazione	Microciclo assimilabile alle settimane in cui si eseguono i test di controllo	Microciclo di preparazione alla settimana di controllo con i test	Microciclo successivo alla settimana di controllo con i test
Preparazione Speciale	Microciclo* presente soprattutto nel periodo preparatorio	Microciclo* che forma il nucleo di tutta la preparazione	Microciclo in cui si eseguono le gare	Microciclo di preparazione alla settimana di gara	Microciclo successivo alla settimana di gara

** I microcicli generali o speciali possono essere svolti in modo semplice, cioè con carichi sotto il 70%, molte ripetizioni, aumento graduale dell'intensità; o in modo intenso, cioè con carichi fino al 90%, poche ripetizioni, aumento dei carichi poco graduato.*

Mesocicli		Preparazione generale	Preparazione speciale
Mesociclo d'introduzione		Tipico dell'inizio dell'attività del periodo preparatorio	Tipico dell'inizio dell'attività del periodo preparatorio, ma rapidamente abbandonato
Mesociclo di base	Mesociclo preparazione generale	Mesociclo tipico di questa preparazione fisica	Mesociclo scarsamente usato in questa preparazione fisica
	Mesociclo preparazione specifica	Mesociclo inserito solo in caso di particolari carenze in una capacità fisica	Mesociclo tipico di questa preparazione fisica
	Mesociclo di stabilizzazione	Mesociclo usato non in modo specifico ma solo per attività generali	Mesociclo inserito dopo che si è raggiunto un obiettivo
	Mesociclo di sviluppo	Mesociclo usato solo per attività di tipo globale e non specifiche	Mesociclo usato per raggiungere gli obiettivi specifici prefissati
Mesociclo agonistico		Mesociclo non inserito in questa preparazione fisica	Mesociclo finale della preparazione specifica
Mesociclo d'attesa o interagonistico		Mesociclo non inserito in questa preparazione fisica	Mesociclo di conservazione della forma tra due gare
Mesociclo di recupero		Mesociclo tipico del periodo di transizione	Mesociclo tipico del periodo di transizione

Periodizzazioni	Annuale	Semestrale
Periodo preparatorio	6-7 mesi / 24-28 microcicli	3-4 mesi / 12-15 microcicli
Periodo fondamentale o agonistico	4-5 mesi / 16-20 microcicli	1-3 mesi / 24-28 microcicli
Periodo transitorio	1-1,5 mese / 3-6 microcicli	0,5-1 mese / 1-3 microcicli

Variazione e distribuzione dei carichi

Per avere la massima efficacia l'allenamento deve variare nel tempo l'intensità dei carichi e il volume di lavoro; questi parametri servono anche per la valutazione della difficoltà dell'esercizio fisico. Il peso spostato nell'esercizio fisico varia dal carico naturale, ovvero il peso del soggetto stesso, fino al massimale. Lo spostamento del peso negli esercizi viene considerato come il lavoro svolto nell'unità di tempo, ossia in una ripetizione, e viene espresso in percentuale: il massimale è pari al 100%, tutti gli altri carichi sono espressi con una percentuale inferiore, fino ad arrivare al carico naturale pari allo 0%. Tale valore rappresenta l'**intensità** dell'esercizio. Il numero delle ripetizioni è proporzionale al carico spostato, ma aumenta se consideriamo il numero totale delle ripetizioni eseguite in tutte le serie di un esercizio; se si moltiplica il peso spostato per il numero totale delle ripetizioni si ha così il **volume di lavoro** dell'esercizio. Questi due concetti sono fondamentali per impostare la periodizzazione, infatti servono per determinare la **qualità** del lavoro svolto, oltre a stabilire quale tipo di forza si sta potenziando, e la **quantità** del lavoro svolto, data dal volume di lavoro, che può essere calcolato per un singolo esercizio come per un intero allenamento o microciclo. Un esempio è necessario per mettere in evidenza come questi parametri guidino la costruzione dell'allenamento. Simulando una programmazione annuale, prenderemo un esercizio e considereremo la variazione dell'intensità e del volume passando attraverso vari mesocicli e microcicli. Il massimale di riferimento dell'esercizio in esame è di 35 kg.
Si può notare come il volume di lavoro sia di 840 kg o di 945 kg in tutti i periodi della programmazione, ma come questi volumi siano stati ottenuti in modo diverso in ogni singolo caso e come sviluppino tipi di forza diversa. Nel periodo preparatorio, il microciclo speciale semplice ottiene gli 840 kg di volume con il 40% di carico, sviluppando la forza resistente e un principio di tonificazione,

Periodo preparatorio	
Mesociclo d'introduzione Microciclo speciale semplice:	3 serie × 20 rip. con 14 kg 40% = 840 kg
Mesociclo sviluppo Microciclo speciale intenso:	3 serie × 15 rip. con 21 kg 60% = 945 kg
Periodo fondamentale	
Mesociclo di stabilizzazione Microciclo speciale intenso:	3 serie × 12 rip. con 26,25 kg 75% = 945 kg
Mesociclo agonistico Microciclo agonistico:	3 serie × 10 rip. con 31,5 kg 90% = 945 kg
Periodo transitorio	
Mesociclo di recupero Microciclo di recupero:	4 serie × 20 rip. con 10,5 kg 35% = 840 kg

mentre, nel periodo di recupero, il microciclo di recupero con il 35% di carico ottiene solo una bassa tonificazione e un'attivazione organica: un'attività decisamente meno intensa, che però mantiene il volume di lavoro iniziale. Il volume di lavoro di 945 kg è invece raggiunto in tre modi: nel periodo preparatorio in un mesociclo di sviluppo, con il 60% del massimale, sviluppando la forza sub-massimale e una grande ipertrofia; nel periodo fondamentale, nel mesociclo di stabilizzazione, con il 75% d'intensità, sviluppando la forza massimale e la massima ipertrofia; nello stesso periodo, nel microciclo agonistico, con il 90% del massimale, sviluppando la forza massimale e mantenendo l'azione l'ipertrofica. L'allenamento organizzato in questo modo permette di portare l'atleta, dall'inizio della periodizzazione fino alla gara (microciclo agonistico), da un volume di lavoro di 840 kg a uno di 945 kg, con un incremento dell'intensità dal 40% al 90%. Quindi nell'allenamento **la quantità di lavoro decresce a favore della qualità**, per consentire all'atleta di esprimere nella gara la massima tensione possibile nel suo gesto atletico.

Programma di allenamento annuale

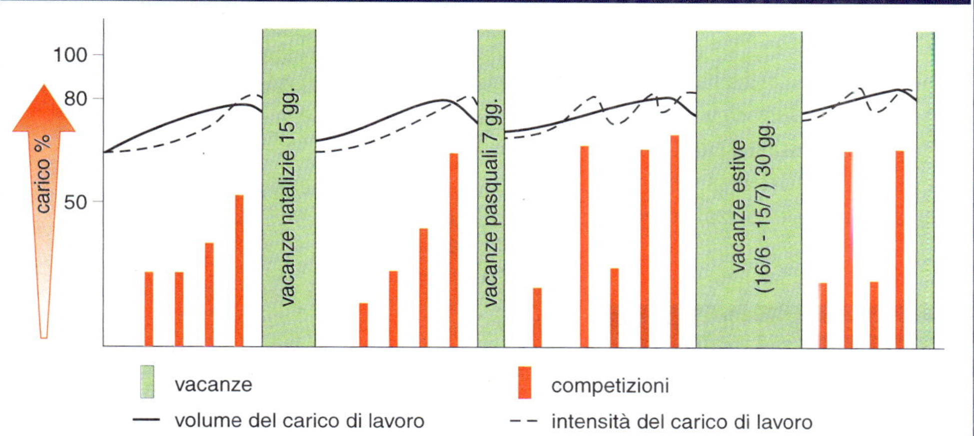

Aumento del carico

Il carico può aumentare sostanzialmente in due modi: con gradualità o con interruzioni di gradualità. L'impiego di una delle due progressioni dipende dal tempo a disposizione e dagli obiettivi che si vogliono raggiungere. Infatti la qualità e la quantità aumentano proporzionalmente fino a un certo punto, ma poi si assestano a un determinato livello, stabilizzandosi, tendendo nel tempo anche a diminuire. Se questo livello soddisfa gli obiettivi iniziali e non ci sono problemi di tempo, si può impiegare una progressione graduale; in tutti gli altri casi è da preferire una progressione con interruzione di gradualità. Questo schema va riprodotto su scala diversa in tutti i livelli della suddivisione dell'allenamento annuale, dalla singola unità, passando per i microcicli, fino ai mesocicli.

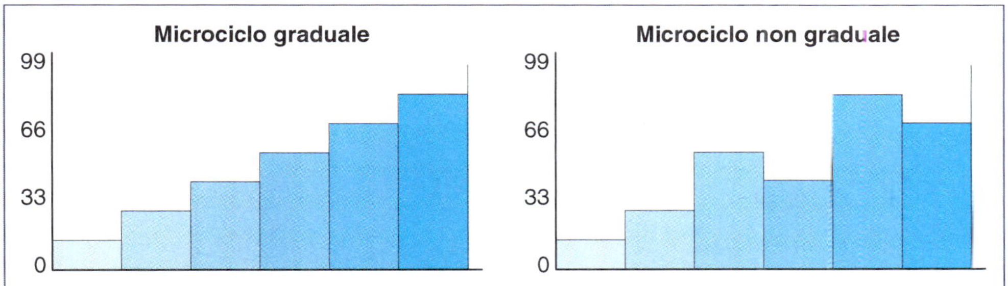

Organizzazione dell'allenamento

Abbiamo fin qui fornito un panorama generale sulle capacità motorie e sulla preparazione fisica, che comprende la descrizione delle caratteristiche delle capacità motorie, i metodi per valutarle e svilupparle, la spiegazione di come organizzare nell'arco di un anno un allenamento per raggiungere degli obiettivi. A tutte queste informazioni aggiungiamo ora una classificazione degli sport in base al tipo di **impegno energetico richiesto**, alla **percentuale di masse interessate** e al **livello di forza distrettuale** impiegato. La percentuale di masse interessate indica se uno sport usa il sistema neuromuscolare in modo globale o solo parziale: per esempio il nuoto usa tutti i muscoli del corpo ed è quindi classificato 1, mentre il tiro a segno con la carabina, che ne usa solo una parte, viene classificato come 3 (1.+++; 2.++; 3.+). Il livello di forza distrettuale impiegato indica se i distretti muscolari sono impegnati in sforzi che tendono al massimale o se invece si mantengono a intensità più moderate: per esempio, il lancio del peso ha un impegno intenso ed è classificato "a", mentre la pallavolo ha una intensità minore ed è quindi classificata "b" (a.+++; b.++; c.+).

Le informazioni riassunte nelle tabelle che seguono permetteranno allo studente di organizzarsi un allenamento per qualsiasi sport pratichi e di svolgere un'attività di fitness che raggiunga realmente degli obiettivi senza arrecare danni.

Tabella 1. Classificazione generale delle attività sportive

A	Attività a impegno prevalentemente anaerobico alattacido (o di potenza)
B	Attività a impegno prevalentemente anaerobico lattacido
C	Attività a impegno aerobico anaerobico massivo
D	Attività a impegno aerobico anaerobico alternato
E	Attività a impegno prevalentemente aerobico
F	Attività di destrezza: 1) con notevole impegno muscolare 2) con scarso impegno muscolare 3) con impegno muscolare posturale e direzionale
G	Attività a impegno combinato

Tabella 1A. Attività ad impegno prevalentemente anaerobico alattacido (o di potenza)

A prevalente impegno di forza	
sollevamento pesi	(1, a)
A prevalente impegno impulsivo	
atletica leggera:	
– lancio disco	(1, a)
– lancio martello	(1, a)
– lancio giavellotto	(1, a)
– lancio peso	(1, a)
A prevalente impegno propulsivo	
a) Contro gravità:	
atletica leggera:	
– salto in alto	(1, a)
– salto con l'asta	(1, a)
b) A gravità costante:	
atletica leggera:	
– 100 m piani	(1, a)
– 110 ostacoli	(1, a)
– salto in lungo	(1, a)
– salto triplo	(1, a)
Ciclismo:	
– velocità individuale	(1, a)
– velocità tandem	(1, a)

Tabella 1B. Attività a impegno prevalentemente anaerobico lattacido (durata: 20"-45")

Atletica leggera:		Ciclismo:	
– 200 m	(1, a)	– BMX su pista	(1, a)
– 400 m	(1, a)	Nuoto:	
Body building	(1, a)	– 50 m	(1, a)
Pattinaggio ghiaccio:		Nuoto pinnato:	
– 500 m velocità	(1, a)	– 50 m apnea	(1, a)
Pattinaggio rotelle:		– 100 m sub	(1, a)
– 300 m cronometro	(1, a)		

Tabella 1C. Attività a impegno aerobico anaerobico massivo (durata: 45"-5')

Nuoto:		Atletica leggera:	
– 100 m	(1, a)	– 800 m	(1, a)
– 200 m	(1, a)	– 1500 m	(1, a)
– 400 m	(1, a)	– 400 m ostacoli	(1, a)
Nuoto pinnato:		Braccio di ferro	(2, a)
– 200 m sup	(1, a)	Pattinaggio ghiaccio:	
– 400 m sup	(1, a)	– 1000 m	(1, a)
– 400 m sub	(1, a)	– 1500 m	(1, a)
Canottaggio (1000 m femminili):		– 3000 m	(2, a)
– singolo	(1, a)	Pattinaggio rotelle:	
– due di coppia	(1, a)	– 500 m inseguimento	(1, a)
– due senza	(1, a)	– 1500 m	(1, a)
– quattro con	(1, a)	Ciclismo:	
– quattro di coppia	(1, a)	– inseguimento individuale	(1, a)
– otto	(1, a)	– inseguimento a squadre	(1, a)
Canoa (500 m e 1000 m):		– km da fermo	(1, a)
– kayak K1-K2-K4	(2, a)	– keirin	(1, a)
– canadese	(2, a)	Tiro alla fune	(1, a)

Tabella 1D. Attività a impegno aerobico anaerobico alternato

Calcio	(1, a)	Palla elastica	(1, b)
Calcetto	(1, a)	Pallacanestro	(1, a)
Tennis	(1, a)	Pallanuoto	(1, b)
Badminton	(1, b)	Pugilato	(1, a)
Squash	(1, b)	Boxe francese	(1, a)
Lacross	(1, b)	Ciclismo	(2, a)
Baseball	(1, a)	Hockey ghiaccio	(1, b)
Softball	(1, a)	Hockey su prato	(1, b)
Cricket	(1, b)	Hockey rotelle	(1, b)
Pallavolo	(1, b)	Football americano	(1, b)
Pallamano	(1, b)	Rugby	(1, b)
Canoa polo	(2, a)	Lotta (greco-romana, libera, catch)	(1, a)

Tabella 1E. Attività a impegno prevalentemente aerobico (durata superiore a 5')

Sci nordico	(1, b)	Atletica leggera:	
Ski roll	(1, b)	– 3000 siepi	(1, a)
Nuoto:		– 5000 m	(1, a)
– 800 m	(1, a)	– 10000 m	(1, b)
– 1500 m	(1, b)	– 20 e 50 km marcia	(1, b)
Maratona	(1, b)	– maratona	(2, b)
Nuoto pinnato:		Canottaggio (2000 m maschili)	(1, a)
– 800 m sub e sup	(1, a)	Sci alpinismo	(1, a)
– 1500 m sup	(1, b)	Alpinismo (scalata)	(1, b)
Ciclismo:		Pattinaggio rotelle:	
– su strada, stayer	(2, a)	– 3000 m	(1, a)
– ciclocross, mountain bike-MTB	(1, a)	– 5000, 10000, 20000 m	(2, b)
Pattinaggio ghiaccio (5000-10000)	(1, b)	Canoa:	
Trekking	(2, b)	– 10000 kayak K1-K2-K4	(2, a)
Duathlon	(1, a)	– canadese C1-C2	(2, a)
Triathlon (classico)	(1, a)	– maratona K1-K2-C2	(2, b)

Tabella 1F1. Attività di destrezza con notevole impegno muscolare

Sci nautico	(1, b)	Windsurf	(1, a)	Pattinaggio ghiaccio	(1, b)
Sci su erba	(1, b)	Rafting	(2, a)	Arti marziali:	
Sci su sabbia	(1, b)	Speleologia	(1, b)	*senza armi*:	
Sci alpino:		Alpinismo (scalata)	(2, a)	– judo, ju-jitsu, karate	(1, b)
– libera, slalom	(1, a)	Ciclismo:		– tae kwon do	(1, a)
– km lanciato	(1, b)	– ciclopalla	(1, b)	– kung fu, aikido	(1, b)
Sci acrobatico	(1, a)	– trialsin	(1, a)	*con armi*:	
Sci estremo	(1, a)	– cicloacrobatismo	(1, b)	– kendo, kubudo, nunchaku, sai	(1, b)
Scherma	(1, b)	– BMX-Free style	(1, b)	Ginnastica:	
Nuoto sincronizzato	(1, b)	Tuffi	(1, a)	– artistica, attrezzistica	(1, a)
Polo	(1, b)	Canoa:		Ballo sportivo	(1, b)
Orienteering	(2, b)	– slalom	(2, b)	Twirling	(1, b)
		– discesa rapida	(1, a)		

Tabella 1F2. Attività di destrezza con scarso impegno muscolare

Tiro a segno:		Croquet	(3, c)
– carabina	(3, c)	Tiro a volo	(3, c)
– pistola	(3, b)	Frisbee	(2, b)
– bersaglio mobile	(3, c)	Bocce	(3, c)
– tiro pratico	(2, b)	Caccia	(2, b)
Tiro con balestra	(3, b)		
Pesca lenza	(3, c)		

Tabella 1F3. Attività di destrezza con impegno muscolare posturale e direzionale

Tiro con l'arco	(2, a)	– rallies	(3, b)
Tennis tavolo	(1, b)	– fuoristrada	(3, b)
Surf	(1, b)	– karting	(3, b)
Bowling	(2, b)	Windsurf su neve	(2, b)
Curling	(2, b)	Motoscinautico	(1, b)
Golf	(3, b)	Motoslitte	(2, b)
Paracadutismo	(3, c)	Skateboard	(1, b)
Parapendio	(3, c)	Slittino: singolo, coppia	(2, b)
Monosci	(2, b)	Bob: coppia, quattro	(2, b)
Snowboard	(2, a)	Yachting (olimpionico)	(2, b)
Sci salti	(1, b)	Equitazione:	
Motociclismo:		– dressage	(1, b)
– velocità	(3, b)	– completo	(1, b)
– motocross	(1, a)	– ostacoli	(1, b)
– trial	(1, a)	Ippica:	
– enduro	(2, b)	– trotto, galoppo	(2, c)
Automobilismo:		– galoppo siepi	(2, b)
– formula 1-3	(3, b)	Attività subacquea:	
– formula 3000	(3, b)	– pesca, caccia fotografica, orientamento	(1, b)
– formula libera	(3, c)		

Tabella 1G. Attività a impegno combinato

Atletica leggera:		
– Decathlon:	100 m piani, salto in lungo, lancio peso, 400 m piani, 100 m hs, lancio disco, salto asta, lancio giavellotto, 1500 m, salto in alto	(1, a)
– Eptathlon:	100 m hs, lancio peso, salto in alto, 200 m, salto in lungo, lancio giavellotto, 800 m	(1, a)
Biathlon:	sci nordico, tiro bersaglio	(1, b)
Pentathlon moderno:	equitazione, scherma, nuoto, tiro bersaglio, cross	(1, a)
Combinata nordica:	sci nordico, sci salto	(1, a)
Pentathlon militare:	percorso guerra, corsa campestre, nuoto, lancio bomba, tiro carabina	(1, a)
Survival:	terra, mare, invernale	(1, a)
Giochi di guerra:	splash contact	(1, b)

focus

Elettrostimolazione per il rafforzamento muscolare

Il muscolo è formato dalle fibre muscolari veloci resistenti di tipo A, dette anche bianche, dalle fibre muscolari veloci esplosive di tipo B, sempre bianche, e dalle fibre lente, dette rosse (▶ pag. 55). La distribuzione in percentuale dei vari tipi di fibre non è costante, ma varia da muscolo a muscolo. La funzione tonica o fasica (▶ pag. 52) ne determina una prima sostanziale specializzazione, oltre alla dotazione genetica. I muscoli che svolgono una funzione posturale, come quelli del polpaccio (muscolo soleo, muscolo gastrocnemio), hanno una netta concentrazione di fibre rosse (80%), perché questo tipo di fibra è capace di lunghe e continuative contrazioni. Il tricipite brachiale, invece, avendo solo una funzione fasica, presenta una concentrazione del 50 % di fibre rosse e del 50% di bianche. Tali concentrazioni possono però in parte subire modifiche, in corrispondenza con lo svolgimento di una particolare attività; i polpacci di un edicolante per esempio manterranno la concentrazione maggioritaria di fibre rosse lente, un saltatore in alto esalterà e svilupperà al massimo le potenzialità delle fibre bianche veloci che sono già presenti. Ogni fibra muscolare risponde a una frequenza caratteristica di stimolo:

Bianche A dai 40 ai 70 Hz; Bianche B dai 80 ai 120 Hz; Rosse dai 25 ai 30 Hz.

L'elettrostimolazione permette di riprodurre delle contrazioni muscolari, grazie a uno stimolo elettrico prodotto con l'applicazione di due elettrodi che formano un campo che raggiunge la placca motoria (▶ pag. 51), determinando la contrazione del muscolo. Il rapporto tra la corrente necessaria per ottenere la contrazione e la corrente misurata dall'elettrostimolatore purtroppo non è costante. Infatti è il nervo motore che, raggiunto dallo stimolo elettrico, provoca la contrazione; il passaggio dell'impulso nel nervo fa sì che la conduzione sia inversamente proporzionale alla resistenza incontrata. La diversa sezione determina il maggiore o minore passaggio di corrente: le fibre veloci si contraggono prima, perché oppongono meno resistenza al passaggio di corrente, avendo motoneuroni grandi, mentre le fibre lente, che hanno motoneuroni sottili, oppongono una grande resistenza. A questi problemi di base si aggiungono problemi pratici, come il posizionamento degli elettrodi. Collocandoli in una posizione più o meno favorevole rispetto al nervo motore si può favorire o meno il raggiungimento del nervo da parte del segnale. Le dimensioni dei muscoli pongono poi altri problemi: le grandi masse richiedono elettrodi grandi per non rendere fastidiosa, quasi dolorosa, l'applicazione di corrente. I grandi campi elettrici che così si formano necessitano di maggiore attenzione, perché si potrebbero attivare anche muscoli non desiderati, come gli antagonisti del nostro muscolo. Detto tutto questo, l'elettrostimolazione effettivamente procura un aumento di forza, ma che è a carico solo delle fibre veloci, che, per i motivi fin qui esposti, sono attivate in modo selettivo. Se si applica questo tipo di stimolazione a dei muscoli posturali, formati in maggioranza da fibre lente, esso si può rivelare inutile o nocivo. Per quanto riguarda il dimagrimento, non è una stimolazione locale a poter innescare una demolizione dei grassi. Fare quindi gli "apprendisti stregoni" stimolando il sistema neuromuscolare può esser sulla distanza veramente dannoso. L'uso di queste apparecchiature deve essere fatto sempre sotto la giuda di operatori qualificati e deve essere sempre associato a metodiche di allenamento attivo.

in breve...

- La **preparazione fisica** è un'attività per lo sviluppo delle qualità motorie e può essere di tipo **generale** o **specifico**.
- Un'attività di base per qualsiasi tipo di preparazione fisica è la *corsa* oppure la *camminata* veloce detta *walking*.
- La **periodizzazione** è l'organizzazione nel tempo dell'allenamento, finalizzata al raggiungimento della forma fisica nel periodo di massimo impegno agonistico.
- Il **lavoro** nell'allenamento è caratterizzato da due fattori fondamentali: l'intensità e il volume.

...parole chiave

Riscaldamento attività fisica preparatoria allo svolgimento dell'allenamento o della prestazione.

Periodizzazione organizzazione dell'allenamento basata sulla distribuzione temporale dell'intensità e del volume degli esercizi allenanti.

Condizione fisica situazione fisiologica neuromuscolare di buona efficienza fisica ottenuta con l'allenamento.

Forma fisica sintesi ottimale di tutte le qualità motorie, ottenuta con l'allenamento e mantenibile per un periodo limitato di tempo.

verifiche

Scegli la risposta corretta.

1. La rullata è:

A una capriola
B un fondamentale della pallavolo
C la transizione del contatto del piede tallone-punta
D la transizione del contatto del piede punta-tallone

2. Sia nel riscaldamento, sia nel defaticamento, si possono eseguire:

A corsa e walking
B saltelli
C nessuna attività comune è possibile
D esercizi distrettuali

3. Nei muscoli a prevalente azione posturale la percentuale di fibre rosse è circa del:

A 20%
B 40%
C 60%
D 80%

4. Cosa valuta la flessione del busto in avanti?

A La forza dei dorsali
B La forza veloce o resistente dei muscoli addominali
C La forza veloce o resistente dei quadricipiti
D Nessuna delle precedenti

5. Che cos'è la fase di mantenimento?

A Un'espressione della forza
B Un'espressione della resistenza
C Un periodo dell'allenamento
D Una fase del riscaldamento

6. Nel periodo preparatorio dell'allenamento le ripetizioni di esercizi in una serie sono :

A da 10 a 15
B da 15 a 20
C da 20 a 25
D più di 30

I controlli medici

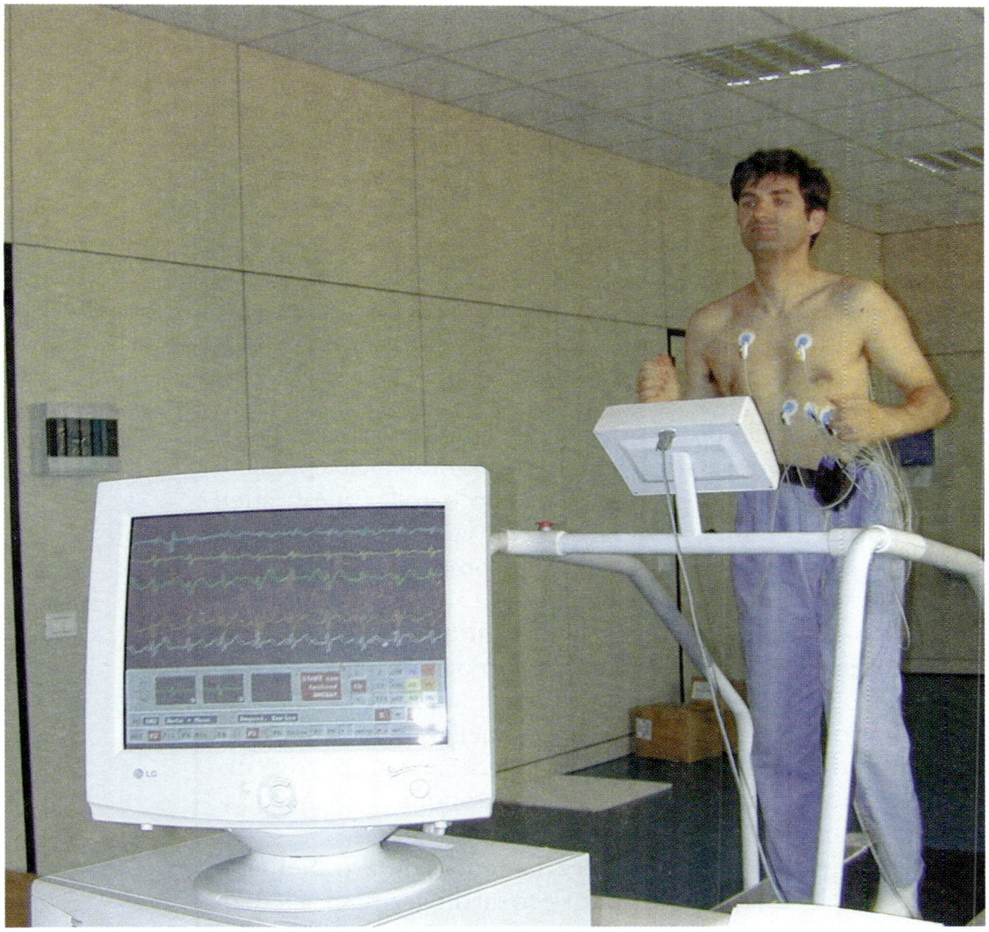

Il test da sforzo è l'esame più specifico nella valutazione dello sportivo

Le norme destinate a salvaguardare la salute di chiunque pratichi attività sportive, definite "Tutela sanitaria", riguardano moltissime persone. Gli atleti tesserati come agonisti dalle federazioni sportive nazionali del CONI (Comitato olimpico nazionale italiano) nel 2001 sono circa 1,7 milioni; altri 6,3 milioni di sportivi sono iscritti alle categorie non agonistiche (giovanili, promozionali e amatoriali). Agli enti di promozione sportiva aderiscono oltre 2,4 milioni di persone. Molti altri praticano attività sportive o motorie senza appartenere ad alcuna organizzazione. Secondo i dati ISTAT relativi all'anno 2000, infatti, il 30% della popolazione italiana di età superiore ai 3 anni dichiara di praticare attività sportive, in modo continuativo o meno: si tratta di oltre 16 milioni di persone. Circa altrettante affermano di svolgere qualche attività fisica, mentre i sedentari rappresentano il 38% della popolazione.
Specifiche leggi regolamentano i controlli medici cui devono sottoporsi gli atleti, siano essi professionisti, dilettanti agonisti, dilettanti non agonisti o disabili. Meritano inoltre di essere considerate anche le visite richieste per attività motorie non propriamente sportive, nonché quelle utili in ambito scolastico.

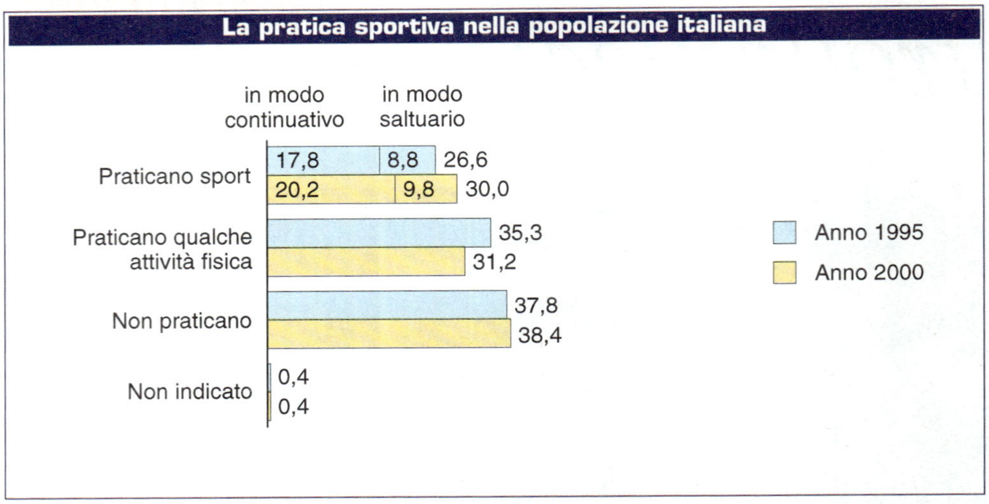

Composizioni percentuali (fonte ISTAT)

Lo sport come professione

In Italia è possibile fare sport a livello professionale, nell'ambito di società sportive o come singoli professionisti tesserati dalle federazioni di calcio, pugilato (anche femminile), ciclismo, pallacanestro, motociclismo e golf. Questi atleti d'élite hanno un vero e proprio rapporto di lavoro con la società sportiva di appartenenza, regolato da apposite norme, o agiscono come professionisti autonomi. Dal punto di vista sanitario sono tutelati dal DM 13.03.95, che prevede l'obbligo per la società sportiva di tenere una **scheda sanitaria** per ogni atleta, sulla quale registrare i **controlli medici** effettuati almeno ogni sei mesi da uno specialista in medicina dello sport. Le società sportive affidano questo compito al loro responsabile sanitario, il medico sociale, garante della salute degli atleti. Lo stesso compito è svolto dal medico federale per la federazioni sportive nazionali e da un medico sportivo di fiducia per gli atleti autonomi. La scheda sanitaria segue lo sportivo nel caso di trasferimento ad altra società.
La visita è periodicamente integrata da altri accertamenti sanitari. Nel caso degli sport professionistici di squadra essi sono: ecocardiogramma, elettrocardiogramma (ECG) a riposo e durante sforzo massimale (▶ pag. 30), spiro-

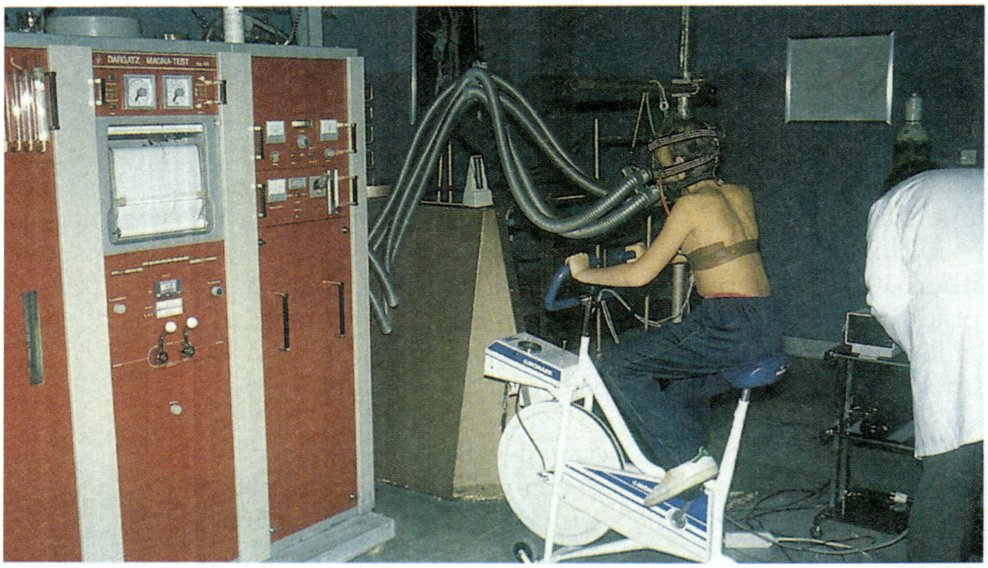

Gli atleti professionisti sono sottoposti ai controlli più frequenti e approfonditi nonché a valutazioni funzionali come la misurazione del consumo di ossigeno durante lo sforzo (fonte: Istituto di Medicina dello Sport di Torino)

metria (▶ pag. 38), esami del sangue. Per il motociclismo sono previste anche la tomografia assiale (TAC) del cranio, l'elettroencefalogramma (EEG) e la visita neurologica. Per il pugilato oltre a quest'ultima sono richieste anche le visite oculistica, otorinolaringoiatrica (ORL), cardiologica, odontoiatrica. Nel pugilato femminile sono previsti esami di tipo ginecologico e sono prescritti divieti (portatrici di protesi mammarie, stato di gravidanza) e protezioni (casco protettivo, corsetto toracico, protezione pelvica). In tutti i casi il medico può richiedere anche altri esami non espressamente previsti, se deve risolvere dubbi clinici.

Lo sport agonistico

Nella grande maggioranza dei casi la pratica sportiva avviene invece a livello dilettantistico, cioè con impegno personale e atletico molto differenziato, ma senza che il profitto ne sia l'obiettivo ufficialmente dichiarato. Per gli atleti dilettanti la legge italiana distingue la pratica agonistica da quella non agonistica.

Le **attività agonistiche** sono quelle organizzate e qualificate come tali dalle federazioni sportive nazionali del CONI e dagli enti di promozione sportiva. Si tratta di attività svolte in modo continuativo, con la guida di istruttori, che richiedono un'apposita preparazione atletica diretta a ottenere risultati sportivi. Si potrebbe affermare che, nelle intenzioni del legislatore, rientrano in questa categoria le vere e proprie attività sportive in cui la finalità competitiva, pur se a livello dilettantistico, è prevalente rispetto a quella ricreativa. La qualificazione di atleta agonista è stata lasciata alle singole federazioni sportive e agli enti di promozione sportiva: in alcuni sport sono stati definiti agonisti tutti gli sportivi tesserati, in altri tutti gli iscritti a partire da un'età minima (diversa da sport a sport) o, ancora, gli atleti partecipanti a determinati tipi di gare o di campionati. Questo tipo di distinzione tra agonisti e non si è ben presto rivelato insoddisfacente e soprattutto disomogeneo, ma è tuttora in vigore, in attesa di una nuova normativa.

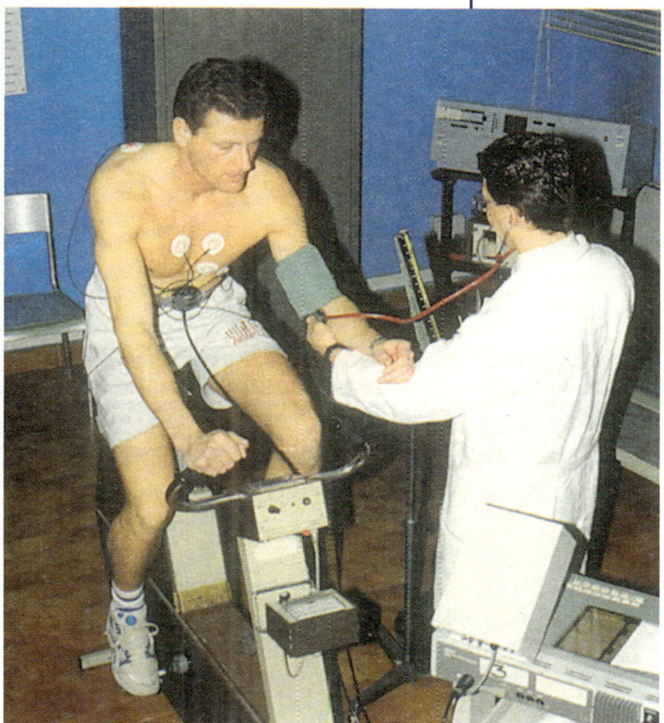

Il DM 18.02.82 prevede per gli atleti agonisti l'obbligo di una **visita medico-sportiva** preventiva, da ripetersi con periodicità **annuale** (per certi sport **biennale**), comprensiva di esami in relazione al tipo di sport praticato o che si intende praticare. A tale scopo la norma ha suddiviso gli sport in due gruppi, denominati tabella A e tabella B, ciascuno dei quali prevede alcuni accertamenti sanitari di routine. Nella tabella A sono inseriti gli sport di minor impegno cardiocircolatorio, per i quali non è richiesto il test da sforzo; la maggior parte degli sport, tra cui tutti i più comuni sport di squadra, sono invece compresi nella tabella B. Per sport non elencati si usa il criterio dell'analogia, cioè si fanno gli esami previsti per lo sport a essi più simile. Se un atleta pratica più di uno sport, si sottopone a un'unica visita annuale comprensiva degli esami necessari per ciascuno degli sport richiesti. La visita medica consiste nell'esame degli apparati più sollecitati durante l'attività sportiva, nella misurazione di statura e peso, nell'esame della vista e nella prova di percezione della voce sussurrata. In aggiunta a tale visita sono previsti degli **esami di base**, comuni a tutti gli sport per tabella di appartenenza, nonché degli **esami integrativi**, stabiliti dal legislatore sulla base dei rischi e dei requisiti fisici di alcuni particolari sport. Il medico può sempre richiedere altri esami se deve risolvere dei dubbi clinici. Al termine degli accertamenti egli rilascia un **certificato di idoneità** per lo sport richiesto; se invece riscontra difetti o patologie che ne controindicano la pratica, il medico compila un **certificato di non idoneità** alla pratica sportiva agonistica di quella disciplina, consegnato all'atleta e trasmesso alla società sportiva di appartenenza.

Elenchi degli sport praticabili a livello agonistico, ai fini della visita medica di idoneità

Tabella A	Tabella B	
Automobilismo	Atletica leggera	Pallanuoto
Automobilismo regolarità (2)	Baseball	Pallavolo
Badminton (2)	Biathlon	Pentathlon moderno
Bob	Calcio	Pugilato
Bocce (2)	Canoa	Rugby
Curling (2)	Canottaggio	Scherma
Golf (2)	Ciclismo	Sci alpino
Karting (2)	Ginnastica	Sci di fondo
Motociclismo	Hockey e pattinaggio a rotelle	Sci nautico
Motonautica	Hockey su prato	Softball
Slittino	Karate	Sollevamento pesi
Tamburello (2)	Ippica	Sport del ghiaccio
Tennis tavolo (2)	Judo	Sport subacquei
Tiro con l'arco (2)	Lotta	Tennis
Tiro a segno	Nuoto	Vela
Tiro a volo	Pallacanestro	
Tuffi	Pallamano	

(2) = visita biennale

Accertamenti sanitari richiesti per l'idoneità alla pratica sportiva agonistica

Tipo di esame	Visita tipo A	Visita tipo B	Esami integrativi (solo per alcuni sport, oltre agli esami di base)
Visita medica generale	SI	SI	Esame neurologico
ECG a riposo	SI	SI	Esame ORL
Esame delle urine	SI	SI	Esame oculistico
Test da sforzo	–	SI	EEG
ECG dopo sforzo	–	SI	Esame audiometrico
Spirometria	–	SI	

inserto salute

Le visite medico-sportive tra presente e futuro

L'Italia è uno dei pochi paesi al mondo in cui esiste l'obbligo di sottoporsi a visite mediche per la pratica di attività sportive; visite di questo tipo vengono in effetti svolte anche in molte altre nazioni, ma senza una disposizione legislativa che le renda obbligatorie. Nel nostro paese, chi pratica sport agonistico può rivolgersi alle seguenti strutture per ottenere la visita:

1. ambulatori di medicina dello sport delle ASL
2. centri di medicina dello sport autorizzati
3. studi professionali di singoli medici specialisti in medicina dello sport (solo in alcune regioni)

Il sistema in vigore in Italia presenta vantaggi e svantaggi. Tra gli aspetti positivi, vi è anzitutto la certezza che gran parte della popolazione giovanile venga sottoposta a un controllo medico specialistico. Per i ragazzi "sani", cioè coloro che non hanno evidenti motivi per consultare il proprio medico, questa può essere l'unica occasione di effettuare un controllo specialistico di *screening**. Al di là del valore medico legale del certificato di idoneità, visita ed esami possono essere di aiuto nella diagnosi e nella prevenzione di varie patologie giovanili: alcune cardiopatie, deficit visivi, asma bronchiale, scoliosi e vizi di postura, traumi sportivi, obesità. D'altro canto, questo sistema presenta costi non indifferenti, dato l'elevato numero di visite da effettuare ogni anno. Per incentivare lo Stato riconosce queste visite tra le prestazioni che il Servizio sanitario nazionale (SSN) deve erogare gratuitamente per i minorenni e per i disabili che praticano sport agonistico (DPCM 28 novembre 2003).

Un'ipotesi di riorganizzazione delle visite di idoneità sportiva	
1. Visita di tipo A	– per atleti di età inferiore ai 12 anni – effettuata dal pediatra o dal medico curante – esami prescritti: visita medica, eventuali esami a giudizio del medico – sostituirebbe l'attuale visita per l'attività non agonistica
2. Visita di tipo B	– per atleti a partire dall'età di 12 anni – effettuata dallo specialista in medicina dello sport – esami prescritti: visita medica, ECG a riposo e dopo sforzo (*step test*), esame delle urine, accertamenti integrativi solo per alcuni sport, eventuali altri esami a giudizio del medico – per atleti di età superiore ai 40 anni: test da sforzo massimale al cicloergometro o al nastro trasportatore – sostituirebbe l'attuale visita per l'attività agonistica
3. Visita di tipo C	– per atleti disabili – effettuata dallo specialista in medicina dello sport – esami prescritti: visita medica, ECG a riposo e dopo sforzo (con eventuali adattamenti per chi non ha l'uso degli arti inferiori), specifici esami in base alla patologia causa di disabilità, eventuali altri esami a giudizio del medico – per atleti disabili di età superiore ai 40 anni: test da sforzo massimale al cicloergometro, con ergometro a manovella o sul nastro trasportatore – sostituirebbe l'attuale visita per l'attività agonistica dei portatori di disabilità

La tabella si basa su norme in fase di studio, che potrebbero ancora essere modificate. Non essendo in vigore, tali norme vanno considerate come indicative.

Molti considerano superate le attuali norme di tutela sanitaria dello sport agonistico, che risalgono a oltre venti anni fa. Nuove linee guida, che dovrebbero aggiornare questa materia, sono in fase di valutazione da parte dello Stato e delle regioni. L'orientamento che dovrebbe emergere dalle nuove norme sembra essere quello di superare la distinzione tra agonismo e non agonismo, sostituendola con un criterio basato sull'età. Fino a una certa età l'attività dovrebbe essere considerata come "avviamento allo sport", mentre lo sport vero e proprio riguarderebbe tutti gli iscritti delle società sportive dal compimento dell'età limite. Tutti gli atleti tesserati avranno l'obbligo di sottoporsi alla visita medica, che dovrebbe essere distinta in tre categorie, come mostrato nella tabella.

* *screening: esami prestabiliti, effettuati a scopo preventivo su tutti i soggetti di una popolazione selezionata (per esempio, a tutte le persone di una certa età, di un solo sesso, di una determinata categoria ecc.).*

Lo sport non agonistico

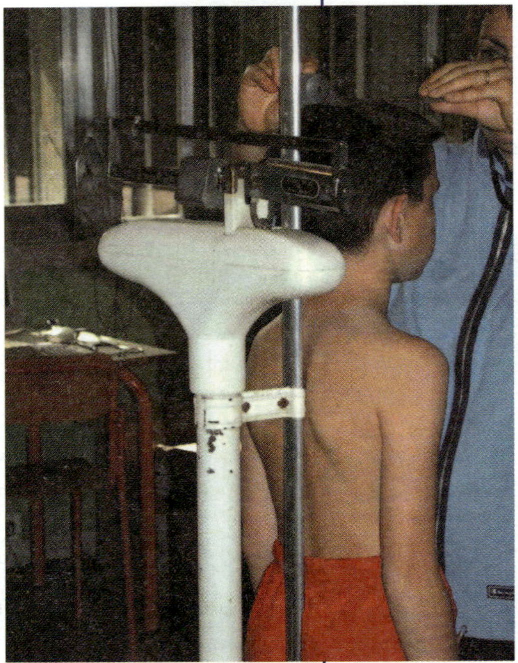

L'attività sportiva viene definita **non agonistica** quando per età, categoria o tipo di competizione svolta non rientra nella definizione data dell'agonismo dalla rispettiva federazione sportiva. Questa distinzione un po' forzata nell'ambito di tesserati delle medesime società sportive ha suscitato critiche, ma si è resa necessaria per ragioni regolamentari e giuridiche. Sono inoltre considerate non agonistiche le attività parascolastiche e i giochi sportivi studenteschi a livello non nazionale. Le visite mediche, previste dal DM 28.02.83, sono per lo più eseguite dal medico o pediatra di fiducia, hanno validità annuale e non richiedono esami sanitari di routine in quanto si basano sulla conoscenza che il medico curante ha delle eventuali patologie sofferte dai propri assistiti. Il certificato per le attività non agonistiche costituisce in pratica una dichiarazione di "buona salute", cioè di assenza di malattie tali da rendere pericolosa una generica attività muscolare senza finalità competitive (almeno in teoria) e di intensità lieve o moderata. Certificati di questo tipo vengono richiesti anche per la frequenza di palestre, piscine o centri di *fitness*: pur non essendo obbligatorie, in tali casi le visite servono essenzialmente per fornire una copertura assicurativa contro gli infortuni. La tariffa della visita presso il pediatra o il medico di famiglia viene periodicamente indicata dalle organizzazioni mediche e attualmente è di circa 20-30 €; questi certificati sono però gratuiti se formalmente richiesti dall'autorità scolastica per attività organizzate dalla stessa.

Modello di certificato medico per la pratica di sport non agonistici ai sensi del DM 28-02-1983

REGIONE ______________________________

ASL ______________________________

CERTIFICATO DI STATO DI BUONA SALUTE

Cognome ______________________________ nome ______________________________

nato a ______________________________ il ______________________________

residente a ______________________________ in ______________________________

n° tessera S.S.N. ______________________________

Il soggetto, sulla base della visita medica da me effettuata, risulta in stato di buona salute e non presenta controindicazioni in atto alla pratica di attività sportive non agonistiche.

Il presente certificato ha validità annuale dalla data del rilascio.

luogo ______________ data ______________ IL MEDICO

(timbro e firma)

Gli sport per disabili

I controlli medici per i portatori di handicap fisico, psichico o neurosensoriale praticanti attività sportive agonistiche sono disciplinati dal DM 04.03.93. La qualifica di agonista è stabilita dalla Federazione italiana sport disabili (FISD) o dagli enti di promozione sportiva riconosciuti dal CONI. Le attività sportive agonistiche, adattate per essere praticabili da persone con handicap, sono in questo caso suddivise in due gruppi: a impegno lieve-moderato e a impegno elevato.

Attività sportive agonistiche per disabili suddivise in base all'impegno muscolare e cardiorespiratorio

Tabella A Attività a impegno lieve-moderato	Tabella B Attività a impegno elevato
Automobilismo, karting Bocce, bowling Scherma Tennis tavolo Tiro a segno, tiro con l'arco Vela	Atletica leggera Attività subacquee Basket in carrozzina Calcio, goalball, torball* Canoa, canottaggio Ciclismo Equitazione Judo, lotta Nuoto, pallanuoto Pallamano, pallavolo Pentathlon moderno Sci alpino Sci di fondo Slittino Sollevamento pesi Tennis

** Goalball (nome originale) o torball (nome attuale): gioco di squadra per non vedenti che si svolge in palestra con palla sonora rotolante e riferimenti sonori sul campo.*

All'atto della visita medica di idoneità sportiva l'atleta disabile deve presentare la documentazione sanitaria della patologia da cui è derivato il suo handicap. Per gli **sport della tabella A** gli accertamenti medici previsti sono: visita medico-sportiva, ECG a riposo, esame delle urine, visita oculistica con determinazione di acutezza e campo visivo per i **non vedenti** e gli ipovedenti. Per i **portatori di lesioni al midollo spinale** l'esame delle urine deve essere completo di sedimento e vanno aggiunte le analisi del sangue per determinare l'azotemia e la creatininemia. Per i praticanti gli **sport inclusi nella tabella B** gli esami ricalcano quelli previsti per gli agonisti normodotati, con accorgimenti per l'effettuazione del test da sforzo (o esame sostituivo in caso di impossibilità) e dell'ECG compatibilmente con l'handicap. Per le attività subacquee sono necessari anche una visita ORL e un EEG. Per tutti i **cerebrolesi** e per gli sport ritenuti a maggior rischio (equitazione, sci alpino, slittino, ciclismo, nuoto e pallanuoto) sono d'obbligo una visita neurologica e un EEG. Nel caso dei **sordomuti** si applica integralmente la normativa delle visite di idoneità agonistica per i normodotati, escludendo la valutazione dell'udito.
Per i disabili mentali, cioè le persone con una funzione intellettiva sotto la media che si manifesta in genere nell'età evolutiva, la FISD sta sperimentando alcune nuove procedure per le visite mediche. Il **disabile mentale** è così individuato:

- il quoziente intellettivo, misurato con appositi test psicometrici, è di 70-75 o inferiore;

- sono significativamente ridotte o assenti almeno due delle seguenti funzioni: capacità di comunicare, cura della propria persona, comportamento domestico, capacità sociali, uso delle risorse della comunità, capacità di autogestione, adattamento nelle attività ricreative e lavorative, consapevolezza di salute e bellezza;
- il disturbo è insorto prima dei 18 anni.

La visita medica deve essere in questi casi integrata da una visita specialistica neurologica, in cui si dichiari il nulla osta alla pratica di sport agonistico, e per gli affetti da **sindrome di Down** anche da ecocardiogramma, visita specialistica ortopedica e analisi del sangue con esame emocromocitometrico. In tutti i casi elencati, il certificato rilasciato dallo specialista per la pratica agonistica di un dato sport ha validità semestrale o annuale e reca la dicitura "adattato ad atleti disabili". Vanno infine ricordati gli atleti "guida", cioè accompagnatori di un cieco o ipovedente: essi devono sottoporsi agli stessi accertamenti previsti per i normodotati nello sport scelto dal disabile da loro accompagnato.

Le attività motorie

La maggior parte delle attività svolte in palestra, in piscina o all'aperto (corsi di ginnastica, aerobica, *fitness*, *jogging*, nuoto libero ecc.) non sono contemplate in alcuna delle precedenti categorie: non si tratta dunque di sport nel senso inteso dalla legge, ma piuttosto di attività ginniche e motorie svolte a scopo ricreativo, salutistico o estetico. Dal punto di vista sanitario queste attività non sono tutelate, in quanto ritenute praticabili in forma libera e spontanea. Non c'è pertanto obbligo giuridico di esibire un certificato medico, anche se palestre e circoli sportivi spesso lo richiedono per la copertura assicurativa: in tali casi vale quanto detto per la visita finalizzata all'attività sportiva non agonistica. È comunque raccomandabile consultare il proprio medico di fiducia, informarlo delle proprie intenzioni e chiedergli consigli sull'attività più indicata. Un programma completo di esercizi fisici, che tenga conto sia dello stato di salute sia delle caratteristiche ed esigenze individuali, dovrebbe essere valutato da uno specialista in medicina dello sport o in scienze motorie e praticato sotto il controllo di personale esperto.

Le attività fisico-sportive nella scuola

In base al DPR 28.12.2000, n. 445, tutti i certificati medici richiesti dalle istituzioni scolastiche ai fini della pratica di sport non agonistico da parte dei propri alunni sono sostituiti da un unico certificato di **idoneità alla pratica di attività sportive non agonistiche** rilasciato dal medico di base, con validità per l'intero anno scolastico. Per questo certificato vale pertanto quanto detto nel paragrafo dedicato alle attività non agonistiche.
Negli istituti scolastici, gli alunni con problemi di salute possono a loro richiesta essere esonerati totalmente o parzialmente dalla partecipazione alle attività del corso di educazione fisica. L'idoneità alla frequenza di tali lezioni, supponendo buone condizioni fisiche in tutti gli alunni, non è di per sé soggetta a controlli. La Legge 07.02.58, n. 88, lascia facoltà al capo d'istituto di dispensare dalla frequenza l'alunno che presenti domanda, solitamente corredata da certificato del proprio medico. Per patologie di lunga durata, sembrano tuttavia opportuni maggiori controlli, al fine di evitare abusi. In particolare, sarebbe opportuno che il certificato medico specificasse il tipo di esercizi da evitare e la durata dell'esenzione in rapporto all'anno scolastico.

RICHIESTA DI CERTIFICATO MEDICO PER L'ESONERO
DAGLI ESERCIZI DEL CORSO DI EDUCAZIONE FISICA
(ART. 3, LEGGE 7/2/1958 n.88)

SCUOLA/ISTITUTO ____

VIA ____________________ N° _____ LOCALITÁ ____________________

Il sottoscritto Capo d'Istituto, vista l'istanza di esonero presentata ai sensi della legge 7/2/1958 n.88 dall'alunno/a

cognome e nome ____________________ nato/a a ____________ il ___/___/___

iscritto/a a questo istituto nella sezione ____ chiede che l'alunno/a venga sottoposto/a ad accertamento medico per verificare la presenza di patologie incompatibili con la pratica di esercizi fisici nell'ambito del corso di educazione fisica.

In attesa di cortese riscontro, porgo distinti saluti.

Data ___/___/___ Il Capo d'Istituto ______________________________

____

Si certifica che il/la sopra notato/a allievo/a presenta:

____

____

Il giudizio medico per la pratica degli esercizi fisici è il seguente (crocettare la voce che interessa):

☐ NON ESONERATO

☐ ESONERATO DA TUTTI GLI ESERCIZI

☐ ESONERATO DAI SEGUENTI ESERCIZI (indicare espressamente tipo di esercizi o segmento corporeo in cui limitare l'attività ed eventualmente i giochi sportivi da evitare:

____

____

La durata consigliata dell'esonero è:

☐ PERMANENTE, PER L'INTERA DURATA DEL CORSO DI STUDI

☐ TEMPORANEA, PER GIORNI ____________ (FINO AL ____________)

DATA ____________ IL MEDICO

(timbro e firma)

Certificato per l'esonero dall'educazione fisica.

Tabella indicativa degli esercizi fisici da evitare in ambito scolastico per alcuni tipi di patologie

Tipo di patologia	Esercizi da evitare	Esercizi consentiti	Durata indicativa dell'esonero
malattie infettive e altre malattie acute	tutti gli esercizi durante la fase acuta (di solito in questa fase non è consentita la frequenza scolastica)	quelli non controindicati in base al tipo di malattia sofferta, se tende a diventare cronica o a recidivare	fino a guarigione o a stabilizzazione della malattia
infezione da hiv (virus dell'aids)	tutti gli esercizi in fase di malattia conclamata; gli sport di contatto e quelli con rischio di graffi o ferite nei portatori asintomatici	gli esercizi senza rischio di contatto fisico e di sanguinamento	permanente
miocarditi	tutti gli esercizi	tutti a guarigione avvenuta, salvo diversa indicazione medica	fino a completa guarigione
cardiomiopatia ipertrofica	tutti gli sforzi rilevanti	quelli di minor impegno fisico, se consentiti dal cardiologo	permanente
cardiopatie congenite	tutti gli sforzi rilevanti per le forme medio-gravi e quelle corrette chirurgicamente, secondo indicazione del cardiologo	quelli di moderato impegno fisico, fino alla normale attività per le forme lievi, secondo indicazione medica specialistica	permanente
valvulopatie cardiache	gli sforzi isometrici e quelli più intensi, in base alla gravità del vizio valvolare e alla eventuale correzione chirurgica, secondo indicazione del cardiologo	da quelli di moderato impegno fisico fino alla normale attività per le forme lievi, secondo indicazione medica	permanente
ipertensione arteriosa	gli sforzi isometrici e quelli più intensi nelle forme medio-gravi, secondo indicazione medica	normale attività per le forme lievi; secondo valutazione medica del singolo caso per le altre	permanente
asma bronchiale	corsa prolungata, esercizi al freddo o in ambienti polverosi, fumosi o inquinati, attività all'aria aperta nel periodo di maggior presenza di pollini	nuoto, attività in piscina, giochi di squadra con pause di recupero, esercizi a corpo libero (è opportuno che l'alunno abbia con sé lo spray antiasma)	permanente
diabete mellito: – scompensato, con difficile controllo metabolico o con complicanze (non frequenti in età giovanile)	tutti gli esercizi che richiedono impegno fisico importante	ginnastica generale con pause di recupero (è opportuno avere sempre pronto dello zucchero per eventuali crisi ipoglicemiche)	periodico in base ai controlli diabetologici
– in buon compenso e senza complicanze	esercizi con elevato rischio di traumi fisici (arti marziali, lotta ecc.) o di cadute dall'alto o in velocità	tutti i tipi di attività scolastiche, con preferenza per quelle aerobiche o miste con sforzo graduale (ginnastica, corsa, nuoto, giochi di squadra) in accordo con il medico curante per regolare dieta e terapia in relazione all'esercizio fisico (è opportuno avere sempre pronto dello zucchero)	come sopra

Tipo di patologia	Esercizi da evitare	Esercizi consentiti	Durata indicativa dell'esonero
ingrossamento del fegato o della milza, assenza di un rene, difetti della coagulazione	tutti gli sport con contatti fisici violenti	rischio di scontro fisico	permanente
anemie	gli sport di contatto e quelli fisicamente più impegnativi nella forma grave di *anemia mediterranea*	nessuna limitazione nelle forme comuni e lievi di anemia; secondo indicazione medica nelle altre	permanente
insufficienza renale	gli sport di contatto e quelli fisicamente più impegnativi nelle forme gravi	nessuna limitazione nelle forme più lievi; secondo indicazione medica nelle altre	permanente
ernia inguinale	gli esercizi isometrici strenui; gli sport di contatto più violenti se l'ernia è esterna	tutti nelle forme minori e non complicate	fino a eventuale correzione chirurgica
malattie della pelle	sport in acqua, sport di contatto e uso comune di attrezzi (es. tappetini) nelle forme contagiose o con lesioni aperte (croste, pustole ecc.)	gli esercizi senza contatto fisico e senza rischio di contaminazione di oggetti comuni	fino a guarigione
epilessia	nei soggetti con crisi frequenti, gli esercizi pericolosi in caso di svenimenti o convulsioni (nuoto senza sorveglianza, attività in altezza o molto veloci, maneggio di pesi o proiettili); a scopo cautelativo, evitare fonti di stimolazione luminosa intermittente	nei soggetti senza crisi in atto e controllati con terapia, sono consentiti praticamente tutti gli esercizi purché in presenza di sorveglianza	permanente
traumi cranici o spinali, esiti di interventi neurochirurgici al capo	tutti in fase di convalescenza; quando è consentita la ripresa dell'attività fisica, evitare gli esercizi con maggior rischio di cadute in velocità o dall'alto e i giochi di squadra con contatti fisici violenti	preferire gli esercizi dinamici di tipo aerobico o misto e le attività con minor rischio di cadute (ginnastica a corpo libero, corse, pallavolo ecc.). Usare il casco se indicato	per il periodo indicato dal medico
scoliosi	esercizi asimmetrici (con impegno prevalente di un lato del corpo) e sovraccarichi sulla colonna vertebrale	tutti, con preferenza per il nuoto e le attività che potenziano i muscoli del rachide (pallavolo, ginnastica a corpo libero ecc.)	permanente
traumi degli arti (fratture, distorsioni, contusioni ecc.)	tutti i movimenti del segmento leso fino ad avvenuta guarigione	i movimenti delle parti non colpite; contrazioni isometriche della parte eventualmente immobilizzata	per il periodo necessario alla completa guarigione della parte colpita
patologie muscolotendinee (strappi e stiramenti muscolari, tendiniti ecc.)	oltre a quanto sopra, evitare i movimenti che possono favorire la cronicizzazione	oltre a quanto sopra, dopo la guarigione è importante fare riscaldamento e stretching prima dell'esercizio fisico	per il periodo necessario alla completa guarigione della parte colpita

Tipo di patologia	Esercizi da evitare	Esercizi consentiti	Durata indicativa dell'esonero
difetti visivi (vizi di refrazione)	giochi ed esercizi con maggior rischio di cadute e scontri fisici se il ragazzo porta occhiali; se li toglie durante l'attività, evitare i giochi con attrezzi in movimento rapido. Nelle miopie più elevate evitare tutti gli esercizi violenti	esercizi a corpo libero e con attrezzi di palestra senza elevato rischio di cadute, atletica leggera, nuoto; se usa lenti a contatto morbide o occhiali sportivi infrangibili omologati: nessuna limitazione	permanente
monocoli	tutti gli esercizi con rischio di trauma oculare (sport di contatto, sport con palle e attrezzi che possono colpire l'occhio)	tutti se è possibile l'uso di occhiali sportivi protettivi	permanente
difetti dell'udito	in base alla gravità del difetto, evitare i giochi che richiedano messaggi sonori	tutti se si sostituiscono gli eventuali comandi sonori con altri, per es. visivi	permanente

focus

Quando il medico dice no

In caso di patologie che potrebbero aggravarsi con intensi sforzi fisici o addirittura mettere a rischio la salute e l'incolumità dell'atleta, il medico può negare l'idoneità alla pratica sportiva a livello agonistico e rilasciare un certificato di inidoneità. Questi casi sembrano essere in diminuzione, grazie ai progressi della scienza e della medicina che consentono di risolvere numerosi problemi che un tempo comportavano l'esclusione dallo sport agonistico. Per esempio i diabetici, gli asmatici e i portatori di difetti visivi correggibili con lenti a contatto possono oggi praticare sport in sicurezza, con opportuni controlli e trattamenti. Circa 2/3 dei casi in cui il medico nega l'idoneità allo sport agonistico sono attualmente dovuti a malattie dell'apparato cardiocircolatorio. Con molta minore frequenza la non idoneità è legata a patologie neurologiche, nefrologiche, ortopediche e reumatologiche, endocrine e metaboliche, pneumologiche, oculistiche ed ematologiche. Nei minorenni l'incidenza di malattie che comportano la preclusione allo sport è bassa, inferiore a 1 caso su 1000. I problemi più frequenti sono le aritmie, le malformazioni cardiache congenite e le alterazioni delle valvole del cuore. Nel grafico, tratto da uno studio condotto su un periodo di cinque anni consecutivi in Piemonte, è molto evidente la preponderanza delle affezioni cardiocircolatorie, rispetto alle altre malattie che possono controindicare l'attività agonistica. Nella legenda è stato indicato l'organo, il sistema o l'apparato interessato dalla patologia.

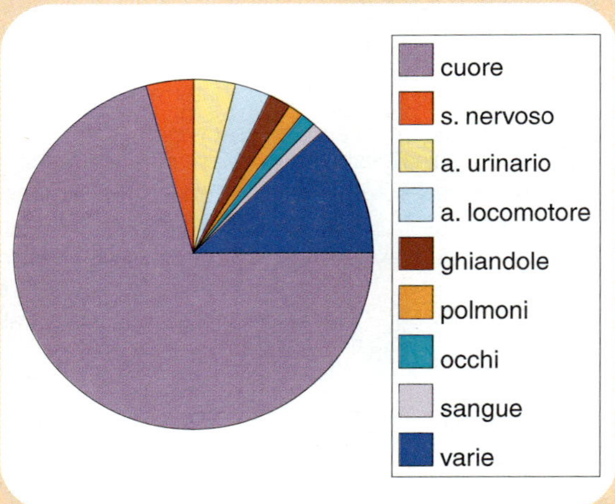

Incidenza relativa di patologie che possono causare l'esclusione dalla pratica di sport agonistico

in breve...

- Per praticare con sicurezza qualsiasi tipo di attività motoria o sportiva, occorre sottoporsi a controlli medici. Le visite differiscono per tipo e periodicità in base al livello di impegno fisico, alla categoria sportiva di appartenenza e alla specifica attività che si intende svolgere.
- Sono talvolta previsti in aggiunta alla visita vari esami medici, tra i quali i più importanti e specifici per chi pratica sport sono l'elettrocardiogramma e il test da sforzo.
- Qualora non venisse espressamente richiesto un certificato, è buona norma, quando ci si accinge a praticare sport o attività motorie impegnative, consultare ugualmente il proprio medico per avere il suo parere.
- Esistono imperfezioni fisiche o malattie che potrebbero sconsigliare, talvolta anche solo temporaneamente, la pratica di esercizi fisici. Nel caso dello sport agonistico, se esistono controindicazioni, viene vietata la pratica sportiva.
- A livello scolastico, chi ha problemi di salute può richiedere e ottenere l'esonero dagli esercizi del corso di educazione fisica.

...parole chiave

Idoneità: possesso delle qualità, delle doti o dei requisiti necessari per svolgere una data attività.

Inidoneità: non essere in possesso delle qualità richieste; contrario di idoneità.

Ecocardiogramma: esame per visualizzare il cuore che si serve della tecnica dell'ecografia.

Agonismo: competitività e grande impegno di un confronto, in genere sportivo.

Non agonismo: basso livello di competitività; opposto di agonismo.

Disabilità: il non possedere le normali abilità che consentono di svolgere determinate attività.

Normodotato: chi non è affetto da disabilità.

Screening: esami medici prestabiliti, effettuati a scopo preventivo.

verifiche

Scegli la risposta corretta.

1. Quale tipo di attività è praticato dalla maggior parte degli sportivi tesserati dal CONI e dagli enti di promozione sportiva?

A professionistica
B agonistica
C non agonistica
D ginnico-motoria

2. Quale validità ha il certificato medico di idoneità sportiva non agonistica?

A semestrale
B annuale
C biennale
D nessuna delle precedenti

3. Quale di queste attività non richiede obbligatoriamente una visita medica preventiva?

A sport professionistico
B sport agonistico
C sport non agonistico
D attività motorie (palestre, piscine...)

4. Che cosa non può fare la donna in stato di gravidanza secondo la legge italiana?

A fare sport
B praticare pugilato professionistico
C fare sport agonistico
D frequentare palestre e piscine

5. Qual è l'esame comune a tutte le visite di idoneità sportiva per professionisti, agonisti, disabili?

A l'elettrocardiogramma
B l'elettroencefalogramma
C la spirometria
D l'esame audiometrico

6. Per quale tipo di pratica sportiva ci si può rivolgere al proprio medico curante per ottenere il certificato?

A sport agonistico
B sport non agonistico
C sport per disabili
D sport professionistico

7. Che cosa distingue in particolare la visita per i disabili?

A test da sforzo adattato
B non fare il test da sforzo
C non avere l'obbligo della visita
D non poter fare sport agonistico

8. A richiesta, si può essere esonerati dagli esercizi di educazione fisica scolastica?

A sempre
B mai
C solo per motivi di salute
D per altri validi motivi

Completa le seguenti frasi scegliendo il termine corretto tra quelli nella parentesi.

1. L'attività agonistica (*inizia/non inizia*) alla stessa età in ogni sport.

2. Le attività sportive agonistiche sono raggruppate in (*due/tre*) tabelle.

3. Nelle visite per atleti disabili (*è/non è*) previsto anche il test da sforzo.

4. Gli esami integrativi sono accertamenti aggiuntivi per (*tutti/non tutti*) gli sport.

5. Un certificato per attività non agonistiche (*può/non può*) essere richiesto anche dalla scuola.

6. Gli atleti guida sono accompagnatori dei disabili (*ciechi/mentali*).

7. Chi è esonerato dagli esercizi di educazione fisica (*deve/non deve*) sostenere l'esame per questa materia.

8. L'esonero dagli esercizi di educazione fisica è (*sempre/non sempre*) totale e permanente.

I traumi nello sport

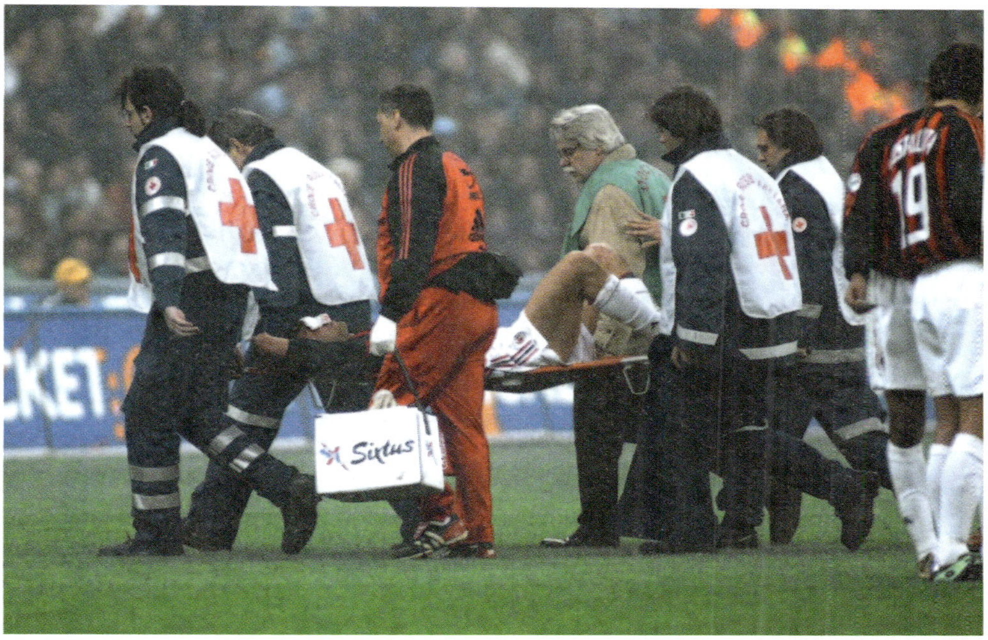

obiettivo didattico

conoscere i principali tipi di infortuni che possono accadere durante la pratica di attività sportive, le modalità di primo intervento e le possibili misure di prevenzione

In base ai dati raccolti dall'ultima indagine dell'ISTAT sulle abitudini degli italiani (anno 2000), sono oltre 16 milioni e 700 000 le persone che praticano uno o più sport. Circa altrettante svolgono attività fisiche di tipo non sportivo, come passeggiare, nuotare, andare in bicicletta o altro. Questa enorme ed eterogenea massa di persone incorre piuttosto spesso in infortuni, di tipo e gravità alquanto variabili, nel corso dell'attività fisica o sportiva svolta. La branca medica che si occupa degli infortuni sportivi, la **traumatologia dello sport**, nata come specializzazione dell'ortopedia, è divenuta negli ultimi anni sempre più importante per l'aumento numerico di questi casi.

L'evoluzione dei traumi sportivi

Agli albori dello sport moderno, l'infortunio dell'atleta non era diverso da quello in cui poteva incorrere una persona comune, impegnata in attività fisiche e dinamiche. Poteva semmai differire la frequenza degli incidenti, in base al potenziale di rischio di ciascuna attività. Nel dopoguerra, il progressivo miglioramento delle condizioni socioeconomiche ha portato un numero di persone sempre maggiore ad avvicinarsi alle attività sportive. Un interesse così generalizzato ha naturalmente attirato l'attenzione dei mezzi di comunicazione e delle imprese commerciali. Lo sport di vertice si è sempre più specializzato e spinto verso prestazioni di eccellenza, per mantenere e accrescere l'interesse delle masse. Nel giro di poche decine di anni i praticanti sport si sono moltiplicati, sono nate nuove specialità sportive, l'agonismo si è esasperato sempre più, i metodi di allenamento si sono perfezionati e hanno raggiunto livelli di intensità impensabili in passato. Un nuotatore di elevato livello al giorno d'oggi compie nel corso di una stagione agonistica circa 1 milione di bracciate. Un ginnasta con aspirazione di vertice si sottopone ad allenamenti specifici già a partire dall'età di 5-6 anni. Simili carichi di lavoro hanno fatto sorgere una serie di patologie traumatiche da usura, dovute all'eccessivo sfruttamento delle strutture muscolotendinee e scheletriche. Queste nuove patologie si sono aggiunte ai classici infortuni da trauma unico e violento, anch'essi aumentati per l'accresciuto numero di praticanti, per l'aumento numerico delle gare, per la maggior velocità di gioco, per l'avvento di sport estremi.

La frequenza e la gravità dei traumi sportivi

A livello nazionale non sono ancora disponibili raccolte sistematiche di tutti gli infortuni sportivi, per cui gli attuali dati sono tratti da casistiche di centri medici o di istituti assicurativi, ovviamente inferiori alla realtà perché sfuggono i casi minori o comunque di quanti non si sono recati al pronto soccorso né hanno denunciato l'infortunio all'assicurazione. Si possono tuttavia estrapolare alcune stime, mostrate nella tabella.

Dati stimati sugli infortuni sportivi in Italia	
120 000	casi all'anno di infortuni in occasione di attività sportiva
14 000	ricoveri ospedalieri per traumi da sport in un anno
1600	traumi cranici all'anno in occasione di attività sportive
42%	traumi da sport rispetto a tutti i traumi nell'età 15-24 anni
23%	traumi da sport rispetto a tutti i traumi nell'età adulta
2:1	rapporto maschi/femmine negli infortuni sportivi

Negli USA circa il 10% di tutti gli interventi dei centri traumatologici di emergenza riguarda infortuni sportivi; il 33% dei traumi cranici e il 10-15% di quelli spinali sono in rapporto con la pratica sportiva. In Australia è stato calcolato che negli infortuni sportivi il rapporto tra ricoveri ospedalieri / prestazioni di pronto soccorso / semplici visite mediche è di 1:10:12; in altre parole, il 20% degli infortunati non si reca in pronto soccorso e solo l'8% viene ricoverato.

Queste cifre non comprendono però i casi che non si sottopongono a una visita medica, né quelli da patologia cronica che non rientrano nelle casistiche dei traumi acuti.

Molto spesso il danno da trauma sportivo è di lieve entità, riguarda per lo più l'apparato locomotore (muscoli, tendini, legamenti, capsule articolari) e guarisce completamente entro qualche settimana. La localizzazione maggiore è a livello degli arti inferiori, ma i traumi più gravi riguardano il capo, la colonna vertebrale e gli arti superiori.

Severità dei traumi da sport

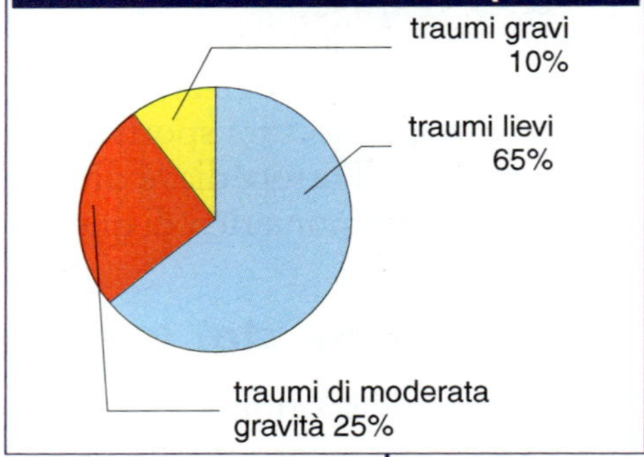

Le sedi più frequentemente colpite nei traumi da sport

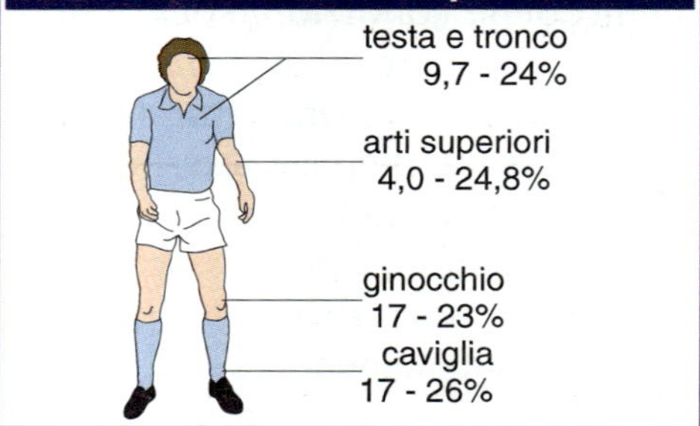

Gli sport più rischiosi

Ogni sport richiede una gestualità e sistemi di allenamento specifici; le competizioni possono prevedere o meno il contatto fisico, lo spostamento in velocità, la presenza di ostacoli, la pratica in ambienti naturali o artificiali. Negli ultimi anni si sono diffuse nuove attività sportive, caratterizzate da un maggiore rischio di infortuni rispetto alle specialità da cui sono derivate: *skateboard*, *snowboard*, *mountain bike*, *on line skating*, *kitesurfing*. Altre recentissime attività, definite anche "sport del millennio", hanno nella ricerca del brivido la propria ragione d'essere e sono quelle a maggior rischio di traumi gravi, come il *bungee jumping* e il *base jumping*, che consistono nel lanciarsi nel vuoto da una certa altezza, per esempio da un ponte o da rilievi naturali, rispettivamente legati a una corda elastica o con il paracadute. Non stupisce pertanto che numero, tipo e gravità dei traumi differiscano in modo notevole da sport a sport e anche da nazione a nazione, in base alle attività più praticate.

In Italia non sono ancora disponibili dati completi, ma si hanno maggiori informazioni sul calcio, lo sport più praticato. Nei giovani calciatori la frequenza degli infortuni è del 2-5% (traumi per 100 partecipanti), cresce con l'età, è maggiore nel sesso femminile e aumenta di ben 5 volte nel calcio indoor. Recenti studi sulla fascia di età 12-18 anni hanno rilevato che in una stagione ciò corrisponde a 3,5 infortuni per squadra nei maschi e a 4 nel calcio femminile. Le **distorsioni della caviglia e del ginocchio** sono il tipo di trauma acuto più comune, mentre tra le patologie da sovraccarico predominano l'**osteocondrosi tibiale** (morbo di Osgood-Schlatter) e **calcaneale** (malattia di Sever) e le **lombalgie**.

Il rischio di infortunio per 1000 atleti (*injury rate*) nei più comuni sport negli USA

Baseball	1,9 /1000
Basket	7,0
Corsa campestre	4,0
Football americano	10,1
Ginnastica	5,5
Hockey su ghiaccio	9,1
Calcio (*soccer*)	9,8
Tennis	2,3
Atletica	3,7
Volley	3,6
Podismo (*running*)	11,6

La classificazione dei traumi sportivi

Si definisce **trauma da sport** un infortunio accidentale che avviene durante la pratica di attività sportive (tanto agonistiche quanto amatoriali), richiede un intervento medico e comporta l'interruzione dell'attività svolta per uno o più giorni dopo l'infortunio. La lesione biologica avviene per causa meccanica, dovuta alla disparità tra la forza applicata e la resistenza dei tessuti: più spesso è il carico a essere eccessivo, per errori nell'allenamento, insufficiente preparazione atletica, gestualità scorretta, ma talvolta può risultare indebolita la resistenza della parte anatomica colpita, per affaticamento, immaturità di sviluppo, preesistenti lesioni. Le modalità con cui avviene l'infortunio sono essenzialmente due, **acuta** e **cronica**, cui corrispondono le due forme di trauma: **isolato** o da **sovraccarico funzionale**.

1. La **lesione acuta** avviene con un **trauma isolato**, improvviso, violento e dalla dinamica caratteristica, cui l'atleta riferisce l'inizio dei suoi disturbi, per esempio una distorsione articolare, uno stiramento muscolare, una frattura. L'azione lesiva è concentrata nel tempo e si realizza in pochi istanti. Rientrano in questo gruppo i traumi più gravi come quelli che coinvolgono le strutture nervose contenute nel cranio e nella colonna vertebrale.

2. La **lesione cronica** viene anche detta microtrauma, e si configura come un danno dovuto al sommarsi di molteplici e ripetute **lesioni da sovraccarico** funzionale (in inglese: *over use*), ciascuna di minima e inavvertita entità ma in grado di sfociare in patologia per la esasperata ripetitività del gesto. L'azione lesiva, a differenza del caso precedente, è diluita e si manifesta in tempi lunghi. Esempio tipico ne sono le tendinopatie, le microfratture, le osteocondrosi: sono malattie caratteristiche dello sportivo, o di chi per professione o per diletto fa gesti simili a quelli di certi sport in modo intenso e continuativo. Per questa specificità esse sono anche note come *atlopatie*, le malattie dell'atleta.

I fattori di rischio

Il primo fattore da considerare è dato dall'**età**. Durante lo sviluppo la frequenza dei traumi violenti aumenta con il crescere dell'età: si pensa che ciò sia dovuto tanto all'aumento delle dimensioni e della massa corporea, che accrescono le forze in gioco, quanto al maggior livello agonistico. L'inizio sempre più precoce dell'agonismo, con eccessiva ripetitività dei gesti e carichi di lavoro inadeguati, è un altro elemento potenzialmente lesivo. Durante la crescita, alcune strutture dell'apparato locomotore sono infatti più suscettibili ai traumi: si tratta in particolare dei **nuclei di accrescimento delle ossa**, cioè delle zone in cui è più intensa l'attività delle cellule e la deposizione di sali minerali. In tali aree si inseriscono potenti gruppi muscolari, la cui violenta contrazione può staccare dalla parte principale dell'osso dei frammenti non ancora consolidati (distacchi apofisari, cioè di sporgenze ossee). Ciò accade con maggior frequenza nel bacino, durante gesti esplosivi come la partenza dai blocchi nelle corse veloci, il calcio violento o a vuoto, il salto dell'ostacolo, l'affondo nella scherma, le estensioni dell'arto inferiore nel pattinaggio e nella ginnastica. Nelle zone d'accrescimento osseo si possono verificare anche lesioni croniche, le osteocondrosi, localizzate soprattutto sul tubercolo anteriore della tibia (attività con sforzi in estensione del ginocchio, come il calcio e altri sport di squadra) e sul tallone (corsa di resistenza, marcia, scherma). Le caratteristiche costituzionali e le **alterazioni di postura** possono aumentare la suscettibilità agli infortuni: il piede pronato e il ginocchio valgo favoriscono per esempio l'insorgere di dolori al ginocchio e di patologie rotulee, le posture scorrette della colonna possono scatenare dorsalgie e lombalgie, la debolezza dei legamenti e il piede cavo predispongono alle distorsioni articolari. L'eccesso di peso corporeo grava sulla colonna vertebrale e sugli arti inferiori, sommandosi al carico di per sé già elevato in attività quali la corsa e i salti. La maggior larghezza del bacino nelle ragazze accentua il naturale valgismo delle ginocchia e favorisce la sublussazione della rotula (tendenza dell'osso a spostarsi all'esterno nei movimenti del ginocchio), in particolare nell'età dello sviluppo. Il **clima** freddo umido, il **terreno** sfavorevole, la **fatica**, l'**attrezzatura** inadatta, la **scarsa preparazione** atletica, il mancato rispetto delle **regole di gioco**, l'esasperazione della **prestazione** fino al limite delle proprie possibilità sono altre riconosciute cause di aumentato rischio d'infortunio.

Ogni seduta di **allenamento molto intenso** causa inoltre alle fibre muscolari piccoli danni, che si pensa stimolino il successivo rafforzamento del muscolo stesso. Per non trasformare questo minimo danno in una vera e propria lesione muscolare occorrono almeno 48 ore di recupero: in teoria si dovrebbe ridurre l'intensità degli esercizi nei due giorni successivi, allenando qualità motorie diverse o gruppi muscolari differenti o curando altri aspetti della preparazione sportiva (tecnica, tattica, approccio mentale).

In relazione al tipo, all'intensità e alla durata dello sforzo, è noto inoltre che in uno stesso muscolo fibre di diverso tipo (tipo I, a lenta contrazione; tipo II, a rapida contrazione) sono sollecitate in modo disomogeneo e richiedono differenti tempi di recupero. Bisogna quindi evitare di somministrare troppo presto nuovi intensi carichi di lavoro, che graverebbero solo sulla parte di fibre muscolari a più veloce recupero, rischiando di danneggiarle.

Fattori di rischio e relative misure preventive nei traumi sportivi

Fattori di rischio	Misure preventive
Errori nell'allenamento	Adeguare tipo e intensità degli esercizi
Squilibri muscolotendinei	Riequilibrare i muscoli agonisti-antagonisti, rinforzare i gruppi muscolari più deboli, fare stretching
Dismorfismi e paramorfismi (malallineamenti, dismetrie, alterazioni dell'appoggio)	Riconoscere il difetto e correggerlo con ginnastica specifica; usare plantari sportivi e/o ortesi correttive
Calzature inadatte	Usare scarpe sportive della giusta misura
Superficie di gioco (sintetica, cemento)	Cambiare campo di gioco
Patologie preesistenti	Visita medica preventiva, completo recupero di precedenti traumi
Fattori nutrizionali (calcio, vitamine)	Riequilibrare la dieta
Scadente condizione fisica generale	Migliorare la preparazione fisica di base

Le lesioni

Le principali lesioni da trauma sportivo

Lesione	Descrizione	Note
Contusione	Colpo di oggetto ottuso che non rompe la superficie corporea ma può danneggiare la cute e i tessuti sottocutanei	È la lesione più lieve e più comune; dolore sordo, fugace
Escoriazione	Lesione superficiale della cute da trauma di striscio, con asportazione di alcuni strati e possibilità di piccoli sanguinamenti	Dolore bruciante; pericolo di infezioni
Ferita	Trauma con rottura della cute, sotto forma di taglio o lacerazione, e sanguinamento	Pericolo di forti emorragie e di infezioni
Distorsione	Lesione di un'articolazione per movimento eccessivo o secondo direzioni non fisiologiche; si associano danni alla capsula e ai legamenti	1° grado: danni minimi 2° grado: danni parziali 3°grado: rottura completa di uno o più legamenti
Lussazione	Trauma articolare con separazione completa delle ossa, per un movimento forzato oltre il normale ambito	Impedisce totalmente il movimento; richiede immobilizzazione
Elongazione muscolare	Lesione da eccessiva distensione del muscolo nota anche come distrazione muscolare	1° grado: infiammazione, fastidio e gonfiore senza rotture evidenti 2° grado: dolore, rottura parziale, stiramento o strappo delle fibre muscolari secondo la gravità 3° grado: dolore lancinante con rottura completa del muscolo o con raccolte di sangue al suo interno

Le principali lesioni da trauma sportivo		
Lesione	**Descrizione**	**Note**
Crampo muscolare	Spasmo persistente, involontario e doloroso del muscolo	Frequente in clima freddo e umido e nell'atleta affaticato
Frattura	Rottura parziale o a tutto spessore di un osso per l'applicazione di violente forze esterne	Dolore acuto, impedisce il movimento della parte, richiede immobilizzazione
Distacco osseo	Tipo particolare di frattura con distacco di un frammento osseo "strappato" dal tendine	Più frequente a 12-14 anni. È causato da bruschi movimenti
Frattura a legno verde	Rottura incompleta tipica dell'osso infantile, che per la maggior elasticità si spezza come un ramoscello verde senza totale separazione dei frammenti ossei	Comune nei bambini
Frattura da fatica o da stress	Piccola frattura della parte interna dell'osso, non a tutto spessore, dovuta al sovraccarico ripetuto	Dolore locale accentuato dal carico e ridotto dal riposo; sfugge alle normali radiografie
Epifisiolisi	Lesione da sovraccarico con separazione del nucleo di accrescimento alla estremità delle ossa lunghe	È più frequente alla testa del femore e al gomito nell'età dello sviluppo
Osteocondrosi	Infiammazione, tumefazione e frammentazione dell'osso e della cartilagine per sovraccarico cronico	Età 10-15 anni. Sedi tipiche: ginocchio e piede
Tendinopatia	Infiammazione delle guaine tendinee o degenerazione delle fibre del tendine	Dolore ai movimenti; di solito è cronica. Sedi tipiche: spalla, gomito, ginocchio, piede
Borsite	Infiammazione della borsa sierosa, sottile sacco fibroso con liquido interno interposto tra muscoli e altre strutture per ridurre gli attriti	Disturbi simili alle tendinopatie
Rottura tendinea	Lacerazione completa di un tendine, di solito come esito di una tendinopatia	La più comune è al tendine d'Achille. Dolore e impotenza funzionale
Emorragia	Stravaso di sangue che fuoriesce all'esterno del corpo o si raccoglie nelle sue cavità	Complicazione frequente di traumi violenti
Ematoma	Raccolta di sangue all'interno di un organo come esito di un'emorragia	Complicazione frequente delle lesioni muscolari

Alcune patologie traumatiche caratteristiche		
Lesione	**Che cos'è**	**In quali sport è più frequente**
Spalla del lanciatore	infiammazione cronica delle inserzioni dei muscoli della spalla	lanci dell'atletica, pallamano, tennis, ginnastica, sollevamento pesi, nuoto
Gomito del tennista	patologia delle inserzioni tendinee nella regione laterale del gomito	tennis, scherma, hockey, golf
Pubalgia	dolore nella regione inguinale, da dove originano gli adduttori della coscia	calcio, rugby, scherma, equitazione
Ginocchio del saltatore	lesione dolorosa del tendine rotuleo, di solito più marcata sul margine inferiore della rotula	salto in alto, pallacanestro, pallavolo
Tendinopatia achillea	patologia cronica del tendine che collega i muscoli del polpaccio al tallone	corridori di fondo e mezzofondo, marciatori
Patologie del piede	dolori al tallone o ai metatarsi, più comuni in atleti con difetti d'appoggio del piede (piede cavo, supino o piatto)	calcio, rugby, football americano

Le prime cure

Ancora prima di aver appurato l'esatta natura dell'infortunio, è molto importante agire sul campo con semplici misure di primo soccorso, estremamente utili per limitare gli effetti lesivi del trauma. Gli anglosassoni, sempre molto pratici, ricordano queste prime cure con la sigla *RICE*, formata dalle iniziali delle parole che indicano come agire:

1. *Rest*, riposo, in questo caso significa l'interruzione dell'attività;
2. *Ice*, ghiaccio, quindi applicazione del freddo;
3. *Compression*, compressione, vale a dire applicare una fasciatura elastica;
4. *Elevation*, sollevamento, ovvero porre l'arto infortunato al di sopra del livello del cuore.

L'immediata **sospensione dell'attività** riduce l'ulteriore danno provocato dall'emorragia, dall'edema (gonfiore per richiamo di liquidi nei tessuti) e dalla subentrante infiammazione. È il provvedimento più semplice da mettere in pratica, ma anche il più disatteso. Se è colpito un arto inferiore, bisogna evitare o limitare il carico del corpo, per esempio usando stampelle. Il freddo riduce il dolore e l'eccessivo afflusso di sangue verso la parte lesa. Gli spray universalmente diffusi per questo scopo hanno un effetto anestetico molto fugace, utile solo per traumi lievi come le contusioni. La vera crioterapia (terapia del freddo) si fa applicando sulla parte un *cold pack*, contenitore plastico in cui il mescolamento di sostanze chimiche abbassa la temperatura, o un sacchetto con ghiaccio tritato. L'**applicazione del freddo** va mantenuta e rimossa ogni 10 minuti, per circa un'ora, ripetendo il trattamento più volte nelle prime 24 ore. La **compressione**, realizzabile con le apposite bende elastiche, e la posizione elevata dell'arto contrastano e limitano il gonfiore. La compressione deve essere moderata e non deve impedire il flusso del sangue. Si può anche attuare indossando piccoli dispositivi elastici, come cavigliere e ginocchiere, utili specialmente per chi ha già avuto precedenti infortuni. La protezione della parte precedentemente infortunata allo scopo di prevenire recidive è denominata in inglese *protection*: la sigla mnemonica in questo caso è **PRICE**, cioè *Protection + Rice*.

Le quattro regole per il soccorso immediato in caso di traumi all'apparato locomotore

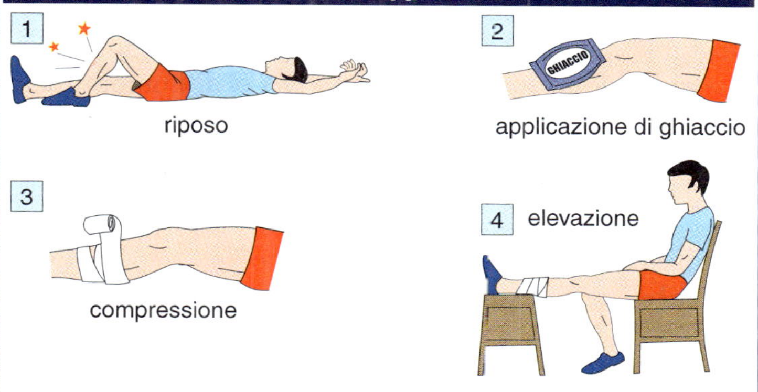

Da chi vengono prestate le prime cure dopo un infortunio sportivo

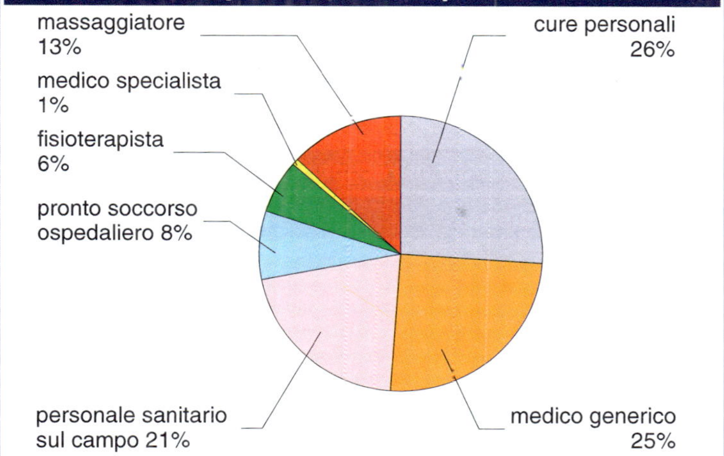

focus

Le distorsioni del ginocchio

Sono patologie molto frequenti in alcuni sport, specialmente nel calcio e nello sci alpino. In base alla gravità si dividono in tre gradi.
- 1° grado: distensione o distrazione di alcuni fasci dei legamenti interessati
- 2° grado: lacerazione parziale di un legamento
- 3° grado: rottura completa di un legamento o suo distacco dall'inserzione ossea

I sintomi (ciò che sente la persona) e i segni (ciò che si vede) immediati sono:
- dolore immediato e di solito intenso
- immediata incapacità funzionale (impossibilità di piegare e di appoggiare l'arto)
- rapida tumefazione del ginocchio

Le cure fondamentali sono:
- applicazione delle procedure RICE
- trattamento conservativo per le lesioni di 1°- 2° grado, con uso di ortesi o tutori (ginocchiere) per limitare i movimenti per 2-3 settimane
- trattamento chirurgico per i traumi di 3° grado, specialmente se con lesione del legamento crociato anteriore (LCA, ▶ pag. 15)
- riabilitazione intensa in ogni caso, più o meno lunga a seconda della gravità

Nelle distorsioni del ginocchio possono venire danneggiati anche i menischi, più spesso quelli interni: se non riconosciute, le lesioni meniscali possono dare dolori e limitazione dei movimenti articolari anche a distanza di tempo.

Le cure successive

Le lesioni più gravi, come fratture, lussazioni e distorsioni con lesioni legamentose richiedono *trattamenti chirurgici* o di immobilizzazione con *gessi* o altre apparecchiature. Nelle lesioni più comuni sono molto usate le applicazioni locali di medicinali o prodotti naturali sotto forma di *pomate*, *creme* o *gel*. La scelta del composto più adatto dipende dall'effetto prevalente che si desidera ottenere: antidolorifico, antinfiammatorio, antiedematoso (contrasta il gonfiore), miorilassante (riduce lo spasmo muscolare) e spetta ovviamente al medico, che potrebbe anche prescrivere *farmaci* da assumere per via generale. Trattamenti particolari, come le *infiltrazioni* all'interno o attorno alle articolazioni vengono di solito effettuati dallo specialista, in quanto va ben valutato il rischio di effetti collaterali. È assolutamente da evitare *l'automedicazione*, cioè l'assunzione di farmaci senza una specifica prescrizione medica: si rischiano pericolosi effetti collaterali e non si ha la certezza che la cura sia quella più appropriata. I tessuti biologici dello sportivo non sono diversi da quelli della persona comune e hanno pertanto bisogno dello stesso tempo per *riparare una lesione anatomica*: 3-5 giorni per riassorbire un piccolo versamento infiammatorio, 7-15 giorni per consolidare una cicatrice fibrosa, 30-40 per formare un callo osseo.

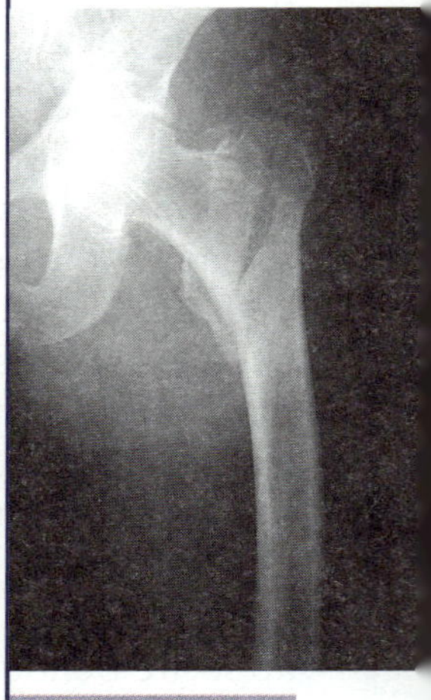

Radiografia di una frattura

Tempi indicativi di recupero dopo lesioni muscolari nello sportivo

Tipo di trauma	Lesione	Tempo di recupero
diretto	contusione	da poche ore a diversi giorni a secondo del danno anatomico
indiretto in accorciamento	contrattura	da 2 a 4 giorni
indiretto in allungamento	distrazione stiramento strappo rottura	da 4 a 7 giorni da 15 a 20 giorni da 40 a 60 giorni 4 mesi

I traumi da allungamento muscolare, indicati con le denominazioni comunemente usate in gergo sportivo, sono in realtà gradi diversi di una stessa lesione.

focus

Le distorsioni della caviglia

Le distorsioni della caviglia (slogature, storte) sono probabilmente l'infortunio più frequente in assoluto tra gli sportivi. Sono possibili in tutti gli sport che richiedono corse, salti e rapidi cambi di direzione e riguardano per l'85-90% la parte esterna dell'articolazione. La causa è lo sbilanciamento all'esterno del peso corporeo, che costringe la caviglia a un eccessivo movimento, definito inversione.
Anche queste distorsioni sono classificate in gradi:
- 1° grado: stiramento di un legamento con distrazione di alcune fibre
- 2° grado: lacerazione parziale di un legamento
- 3° grado: rottura completa di uno o più legamenti

I sintomi e i segni immediati sono:
- gonfiore sul lato danneggiato della caviglia, che può estendersi al piede
- dolore alla palpazione della parte lesa e ai movimenti
- limitazione o incapacità funzionale immediata
- ematomi e impossibilità di camminare nei casi più gravi

Le cure fondamentali sono:
- immediata applicazione delle procedure RICE
- uso di ortesi (cavigliere), bendaggi funzionali, tutori o stivaletto in gesso, a seconda del grado, per 15-20 giorni
- trattamento chirurgico nei casi più gravi
- terapie strumentali antidolorifiche e fisioterapia
- rieducazione propriocettiva, particolare tecnica di riabilitazione che consente di riacquistare la sensibilità e la funzionalità dei recettori di posizione dell'articolazione (▶ pag. 49)

La riabilitazione

L'atleta, che ha sempre fretta di riprendere l'attività, deve farsi trovare pronto a ricominciare gli allenamenti una volta risolto il danno anatomico. È quindi importante mantenere la condizione fisica generale, praticando esercizi che non sollecitino la parte lesa, per esempio il nuoto in caso di infortunio agli arti inferiori o la *cyclette* se il trauma ha interessato gli arti superiori. Con l'inattività, infatti, si perde molto rapidamente la forza muscolare: per recuperare quella perduta in una settimana di riposo forzato ne occorrono circa due di allenamento. Le **terapie strumentali** permettono di applicare forze fisiche a scopo curativo, migliorando i sintomi e riducendo i tempi di recupero, mentre la **fisioterapia** consiste in tecniche motorie guidate da specialisti, che consentono di riprendere gradualmente i movimenti dopo l'immobilizzazione. In un secondo tempo l'atleta potrà gradualmente ricominciare l'attività fisica e sportiva proteggendo la parte infortunata: sono disponibili a questo scopo macchine isocinetiche per la riabilitazione in sicurezza, nonché tutori e ortesi con sostegni rigidi per muoversi senza rischiare ulteriori danni alla parte lesa. L'intero processo di recupero che va dal trauma al ritorno all'attività è noto come **riabilitazione**, cioè il ripristino delle capacità psicofisiche iniziali. Prima di ricominciare l'attività sportiva vera e propria, l'atleta dovrà però "ripassare" la gestualità tipica della disciplina sportiva: in pratica si tratta di ripetere correttamente i movimenti richiesti, in modo da riguadagnare gli automatismi motori. Affrettare i tempi di recupero, senza rispettare queste elementari regole, espone a concreti rischi: recidive della lesione, scadimento delle prestazioni, abuso di farmaci per il persistere dei disturbi.

inserto salute

Le tecniche di rianimazione

Le tecniche di rianimazione di base sono eseguibili anche da personale non sanitario, purché appositamente addestrato.

Il BLS

BLS, *Basic Life Support*, significa sostegno delle funzioni vitali. Consiste nelle procedure di rianimazione cardiopolmonare (RCP) per soccorrere una persona che:

1. ha perso coscienza (è svenuta, non risponde agli stimoli)

2. non respira

3. è in arresto cardiaco (il cuore non pulsa)

Queste procedure sono state uniformate a livello internazionale e vengono periodicamente aggiornate. Sono utili a tutti, ma sono indispensabili per alcune figure professionali: personale sanitario e di soccorso, forze dell'ordine, insegnanti, responsabili di gruppi organizzati. Per essere acquisite richiedono la frequenza di **appositi corsi teorici e pratici**, per cui le notizie qui riportate hanno solo uno scopo di informazione generale.
La funzione del BLS è di mantenere in vita una persona in condizioni critiche fino all'arrivo del soccorso sanitario in caso di arresto cardiorespiratorio. Questa condizione fa mancare l'apporto di ossigeno alle cellule cerebrali, provocando nel volgere di 4-6 minuti lesioni irreversibili: paralisi, alterazioni cognitive, coma, morte. La prevenzione si basa sull'applicazione tempestiva di una serie di fasi successive di soccorso tra loro concatenate, che formano la cosiddetta *catena della sopravvivenza*:

1. attivazione precoce del sistema di soccorso

2. inizio del BLS da parte di chi è presente sul posto

3. defibrillazione, tecnica strumentale di ripristino degli impulsi elettrici cardiaci

4. trattamento intensivo di rianimazione

Gli ultimi due punti sono di competenza dell'équipe sanitaria di soccorso, ma i primi due riguardano *chiunque sia sul posto*.

Le sequenze

Il BLS si basa sull'applicazione rigida di procedure prestabilite: nell'emergenza non c'è tempo per pensare. Le sequenze comprendono **valutazioni** e **azioni** conseguenti.
Le azioni sono memorizzabili con la sigla **ABC,** dalle iniziali dei termini inglesi:

A. *Airway*, cioè vie aeree, da mantenere aperte

B. *Breathing*, respiro, significa applicare la respirazione artificiale

C. *Circulation*, circolazione, indica l'uso del massaggio cardiaco esterno

Ogni azione è preceduta dalla relativa valutazione, di cui la prima e più importante è quella dello stato di coscienza. Si chiama ad alta voce e si scuote delicatamente la persona svenuta: se questa non reagisce, si attiva la sequenza del BLS. Nella maggior parte delle regioni italiane è stato istituito un numero unico di chiamata per l'**emergenza sanitaria**, il **118**. La chiamata si può fare gratuitamente da qualunque telefono: un centro di controllo invierà il mezzo di soccorso più opportuno in base alle necessità sanitarie e al luogo dell'incidente (ambulanza, elicottero, squadra di soccorso, équipe di rianimazione). È molto importante dire subito che cosa è successo, dove è successo, quanti feriti e quali pericoli ci sono. Se nella zona non funziona ancora il 118, ci si può rivolgere al pronto intervento sanitario più vicino (guardia medica, ospedali); chi non conosce questi numeri può chiedere aiuto alle forze dell'ordine (Polizia 113, Carabinieri 112) o ai Vigili del Fuoco (115) che allerteranno chi di dovere.

A. Apertura delle vie aeree

La perdita di coscienza determina un rilasciamento muscolare; la mandibola cade all'indietro e la lingua va a ostruire le prime vie aeree. Per ottenere l'apertura delle vie aeree:

- solleva con due dita il mento;
- spingi la testa all'indietro appoggiando l'altra mano sulla fronte.

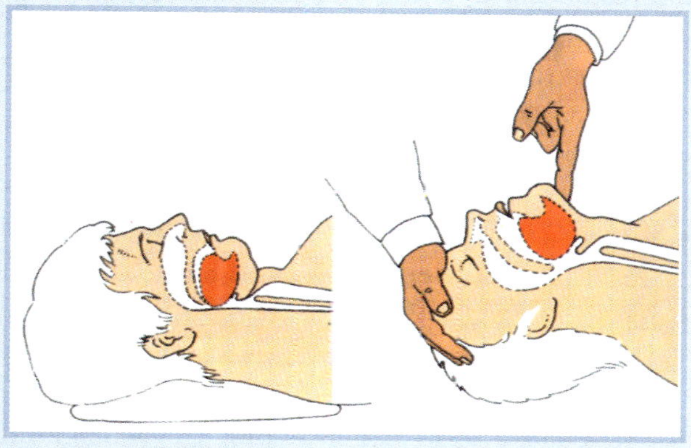

Questa manovra impedisce la caduta indietro della lingua e permette il passaggio dell'aria.
In caso di sospetta lesione traumatica cervicale, solleva la mandibola senza estendere la testa.
Controlla quindi se nella bocca della vittima sono presenti oggetti o residui di alimenti e se possibile cerca di asportarli.

B. Respirazione bocca-bocca o bocca-naso

Qualora l'attività respiratoria sia assente, è necessario iniziare la respirazione artificiale.

Tecnica della respirazione bocca-bocca:

- posizionandoti a fianco della vittima, mantieni il capo esteso tenendo una mano sulla fronte e solleva il mento con due dita dell'altra mano;
- appoggia la tua bocca bene aperta sulla bocca della vittima;
- soffia due volte lentamente nelle vie aeree della vittima in modo da gonfiare i suoi polmoni,
- mentre insuffli osserva che il torace si alzi;
- tra un insufflazione e l'altra osserva che la gabbia toracica si abbassi.

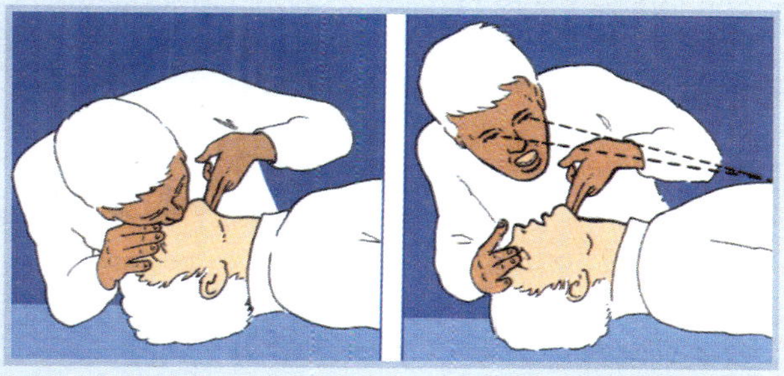

Il pollice e l'indice della mano sulla fronte stringono il naso nel momento dell'insufflazione.

Se per qualche motivo la ventilazione attraverso la bocca è impedita, è possibile insufflare attraverso il naso mantenendo sempre esteso il capo con una mano e sollevando il mento per chiudere la bocca con l'altra. Insufflazioni troppo brusche o con insufficiente estensione della testa provocheranno introduzione di aria nello stomaco, distensione gastrica e vomito.

C. Compressioni toraciche (massaggio cardiaco esterno)

Se il polso carotideo è assente, ciò significa che è assente una attività cardiaca efficace.
È necessario provvedere alla circolazione artificiale per mezzo delle compressioni toraciche o massaggio cadiaco esterno.
Il cuore si trova all'interno della gabbia toracica subito dietro lo sterno; comprimendo lo sterno il cuore viene schiacciato contro la colonna vertebrale e questo, assieme a un aumento della pressione all'interno del torace, permette al sangue contenuto nelle camere cardiache e nei grossi vasi di essere spinto in circolo; rilasciando il torace il cuore si riempie di nuovo.

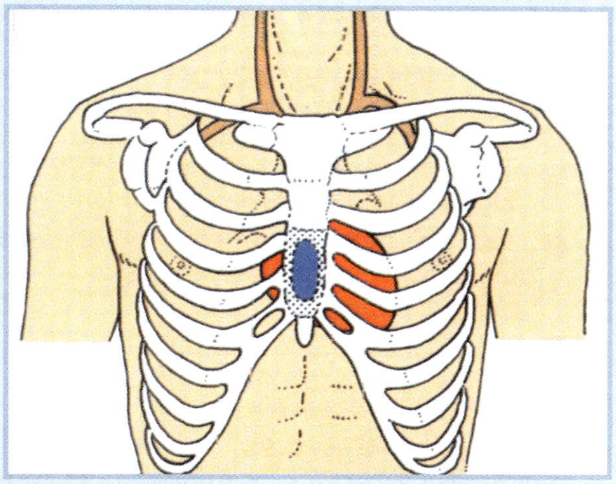

Tecnica:

Ricerca del punto di compressione e posizione delle mani:

- fai scorrere l'indice e il medio lungo il margine inferiore della cassa toracica e individua il punto di incontro dell'ultima costa con lo sterno;
- appoggia le due dita al di sopra di questo punto sulla parte ossea dello sterno;
- appoggia la base dell'altra mano accanto alle due dita; questo è il punto corretto dove effettuare le compressioni;
- appoggia la base della prima mano sopra l'altra e intreccia le dita per assicurarti che rimangano sollevate e non comprimano le coste.
- mantieni le braccia tese sfruttando il peso del tronco;
- alterna **15 compressioni** a **2 insufflazioni** se sei solo;
- se i soccorritori sono due si alternano **5 compressioni** toraciche a **1 insufflazione**;
- dopo 3-4 cicli, e successivamente ogni pochi minuti, ricontrolla il polso carotideo: se è assente continua;
- non interrompere mai il BLS per più di 5 secondi.

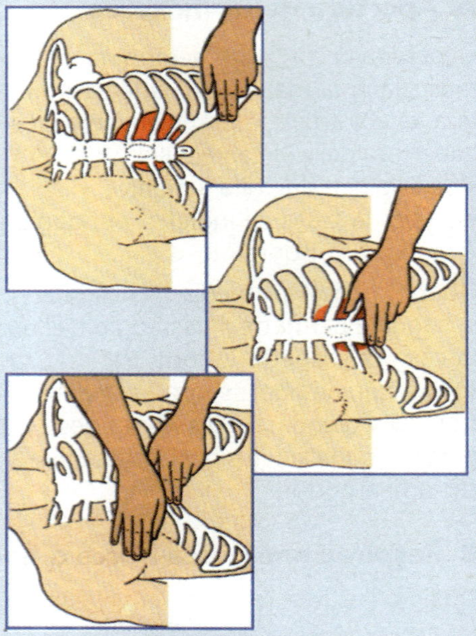

Esecuzione del massaggio cardiaco:

- posizionati in modo che le tue braccia e le spalle siano sulla verticale dell'area della compressione;
- comprimi ritmicamente il torace a una frequenza di 80-100/min, il torace si deve abbassare di 4-5 cm;
- la compressione e il rilasciamento devono avere la stessa durata.

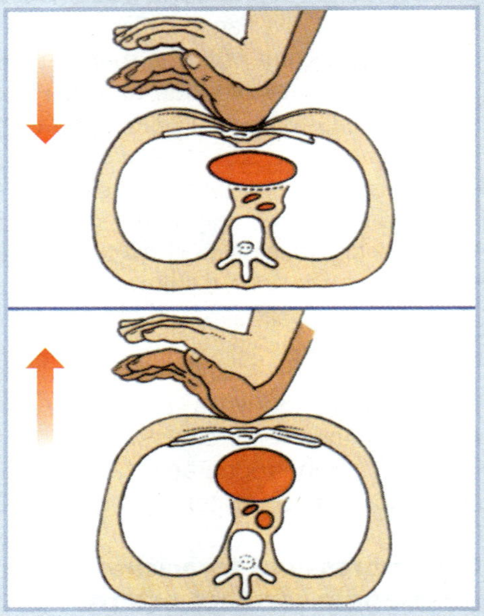

Qualora ricompaia il polso, ripercorri la sequenza al contrario:

- esegui una insufflazione ogni 5 secondi circa, verificando ogni 30 sec. circa che il polso sia sempre presente;
- se ricompare l'attività respiratoria, continua a mantenere aperte le vie aeree sollevando il mento ed estendendo il capo o, se è indicato:
- utilizza la posizione laterale di sicurezza.

Nel caso di traumi violenti, come sinistri stradali, cadute da cavallo, incidenti con mezzi meccanici e natanti e altri simili infortuni, nelle procedure BLS si evitano l'estensione del capo e la posizione laterale di sicurezza poiché potrebbero esservi lesioni della colonna vertebrale che rendono sconsigliabile ogni movimento della stessa prima dell'arrivo del personale sanitario.

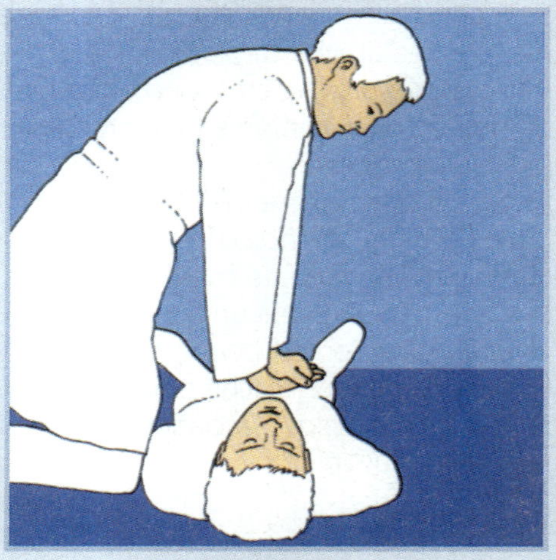

La *posizione laterale di sicurezza* consiste nell'adagiare la persona svenuta su di un fianco atteggiandone gli arti in modo che sia assicurata la stabilità del corpo e sia permessa la respirazione.

focus

La sicurezza negli ambienti straordinari

L'elicottero è fondamentale in ambienti difficilmente accessibili.

Chi pratica sport in alta montagna, in mare aperto, in ambiente subacqueo, in regioni sperdute o in ambienti con climi estremi deve essere pronto a qualsiasi evenienza e sapere esattamente come comportarsi. In taluni ambienti naturali si rischiano particolari patologie, che richiedono adeguate misure di prevenzione: abbigliamento, attrezzatura, allenamento, competenze tecniche. Nella tabella seguente sono descritti alcuni dei principali disturbi che possono colpire lo sportivo che frequenta questi ambienti. Il soccorso, nel malaugurato caso di incidente, può essere urgente proprio per le *caratteristiche ambientali*.

Lesione	Che cos'è	Dove può capitare
ipotermia	abbassamento della temperatura interna del corpo sotto i 35°C, con brividi, palpitazioni, affanno, rigidità, torpore, fino al coma e all'arresto cardiaco nei casi più gravi	alta montagna, seppellimento da valanghe, esposizione a venti freddi e violenti, immersione in acqua fredda (la perdita di calore in acqua è rapidissima)
congelamento	raffreddamento intenso di parti periferiche del corpo (naso, orecchie, mani, piedi) con progressivo intorpidimento locale, gonfiore e impedimento funzionale	come sopra, per esposizioni meno protratte o con le parti periferiche meno coperte
colpo di calore	aumento della temperatura interna del corpo oltre i 41°C, con cefalea, vertigini, affanno respiratorio, confusione, progressiva alterazione dello stato di coscienza, fino al coma	regioni tropicali e equatoriali, sforzo fisico intenso e prolungato con clima caldo e umido
colpo di sole	arrossamento del volto, vampate di calore, mal di testa, affanno, palpitazioni	forte e prolungato rraggiamento solare della testa, senza adeguata protezione
crampi ed esaurimento da calore	spasmo muscolare doloroso, sete, stanchezza estrema, vertigini, vomito, febbre	sforzo fisico intenso e prolungato al caldo, senza adeguata introduzione di liquidi e sali
mal di montagna acuto	mal di testa, insonnia, disturbi digestivi, vertigini, dispnea, debolezza	salita troppo rapida a quote superiori ai 3000m
edema polmonare e cerebrale da alta quota	accumuli di liquidi rispettivamente nei polmoni e nel cervello, come estreme manifestazioni del mal di montagna acuto: molto spesso mortali	come sopra, più frequenti alle quote più elevate e in soggetti predisposti
embolia gassosa	dolori osteoarticolari e muscolari, mal di testa, vertigini, vomito e diarrea, per la formazione di bollicine di gas che ostacolano la circolazione del sangue	quando il subacqueo ritorna in superficie troppo in fretta, senza compiere le manovre di decompressione
otite da immersione	abbassamento transitorio dell'udito, con ronzii e dolore alle orecchie, fino alla perforazione del timpano (membrana che chiude il condotto uditivo) nei casi peggiori	come sopra
cheratite e congiuntivite da raggi solari	rossore e irritazione dell'occhio, lacrimazione, abbagliamento, insopportabilità della luce	esposizione a intenso irraggiamento solare (in montagna, sulla neve, sul mare) senza adeguati occhiali da sole

in breve...

- La traumatologia dello sport è la branca della medicina che si occupa degli infortuni che colpiscono chi fa sport, una popolazione in costante aumento che rappresenta quasi un terzo degli italiani.
- Un trauma sportivo è un infortunio accidentale, che avviene durante la pratica di attività sportive, richiede un intervento medico e comporta l'interruzione dell'attività per uno o più giorni.
- I traumi sportivi si distinguono in acuti, simili ad altri tipi di traumi violenti, e cronici. Questi ultimi, detti anche lesioni da sovraccarico, sono caratteristici degli atleti e sono in stretta relazione con la gestualità dello sport praticato.
- Molti fattori favoriscono gli infortuni sportivi: fatica, clima sfavorevole, terreno e attrezzature inadatte, scarsa preparazione atletica, eccessivo agonismo.
- Durante l'accrescimento occorre anche tenere conto dell'età: alcuni traumi sia acuti sia da sovraccarico possono colpire le zone di accrescimento delle ossa, danneggiandole e alterandone la crescita.
- Gli infortuni più gravi possono comportare perdita della coscienza con arresto del respiro e del battito cardiaco: in questo caso occorre chiamare urgentemente il soccorso sanitario e procedere con tecniche manuali di rianimazione, dette BLS.

...parole chiave

Trauma danno fisico causato da una forza lesiva (sinonimo: infortunio).

Trauma cranico colpo al capo con danni cerebrali di variabile entità.

Sovraccarico eccessiva e continuativa sollecitazione meccanica, che lesiona progressivamente una struttura scheletrica o muscolotendinea.

Ortesi supporti leggeri in tessuto e/o materiali elastici che forniscono protezione, contenzione e sostegno a una parte del corpo.

Tutore supporto esterno rigido usato per mantenere parti del corpo nella corretta posizione, limitandone e regolandone i movimenti.

Crampo contrazione involontaria, persistente e dolorosa del muscolo.

Distrazione lesione muscolare lieve da eccessiva distensione del muscolo.

Stiramento lesione muscolare moderata da eccessiva distensione del muscolo.

Strappo lesione muscolare grave da eccessiva distensione del muscolo.

RICE sigla mnemonica delle azioni di primo soccorso sul campo.

Fisioterapia uso di mezzi fisici come calore ed elettricità per agevolare la cura e la ripresa dei tessuti danneggiati.

Riabilitazione recupero delle funzioni e dell'efficienza fisica preesistenti al trauma.

BLS sigla che indica le procedure per il soccorso d'emergenza in caso di arresto cardiorespiratorio.

Rianimazione ripristino delle funzioni vitali (il BLS ne è una parte).

verifiche

Scegli la risposta corretta.

1. Quante sono in Italia le persone che praticano qualche forma di attività sportiva?

A 6 milioni
B 16 milioni
C 20 milioni
D 30 milioni

2. Quale di questi concetti non rientra nella definizione di trauma da sport?

A attività sportiva
B intervento medico
C proseguire l'attività
D interrompere l'attività

3. Quale comportamento assume generalmente lo sportivo infortunato?

A non va sempre dal medico
B va sempre al pronto soccorso
C viene sempre ricoverato
D va sempre dal medico

4. Da che cosa è causata la lesione da sovraccarico?

A dal sollevamento di un carico eccessivo
B da una frattura
C da intensi sforzi ripetuti
D da nessuno dei precedenti

5. Quale dei seguenti fattori non rientra in genere tra i fattori di rischio di traumi?

A il sesso femminile
B l'età dell'accrescimento
C la scarsa condizione fisica
D il clima sfavorevole

6. Quali parti del corpo sono colpite dall'osteocondrosi?

A osso e tendine
B osso e cartilagine
C cartilagine e tendine
D osso e muscolo

7. Che cos'è la distorsione?

A Un movimento articolare eccessivo
B Un movimento articolare con dislocazione di nervi
C Un movimento articolare con deformità permanente
D Un movimento articolare con strappo di muscoli adiacenti

8. Nelle distorsioni, quali sono le lesioni più gravi?

A quelle di 1° grado
B quelle di 2° grado
C quelle di 3° grado
D quelle di 4° grado

9. Che cosa identifica la sigla BLS?

A il *basic life style*
B il *basic life support*
C la sigla olimpica della Bielorussia
D la sigla "Bello lo sport"

10. Qual è la sigla mnemonica delle azioni di rianimazione d'emergenza?

A ABC
B DEF
C RCP
D TAC

Completa le seguenti frasi scegliendo il termine corretto tra quelli proposti fra parentesi.

1. I traumi sportivi gravi sono (*più/meno*) numerosi di quelli lievi.

2. Gli infortuni agli arti superiori nello sportivo sono (*più/meno*) del 50%.

3. Le lesioni da sovraccarico (*sono/non sono*) tipiche degli sportivi.

4. Nella contusione (*c'è/non c'è*) rottura della cute.

5. Nei giovani i traumi (*possono/non possono*) danneggiare le aree di accrescimento dell'osso.

6. (*Tutti/non tutti*) i traumi muscolari sono dovuti a eccessivo stiramento.

7. Lo stiramento muscolare è (*più/meno*) grave dello strappo.

8. Nelle azioni del RICE (*è/non è*) compresa l'interruzione dell'esercizio fisico.

9. Protezioni come le ortesi (*possono/non possono*) avere un ruolo di prevenzione in chi è già stato colpito da traumi.

10. Le procedure d'emergenza BLS sono praticabili (*solo/non solo*) da personale sanitario.

Doping e abusi di sostanze

La competizione ha da sempre spinto l'uomo alla ricerca di qualcosa che, al di fuori dell'allenamento e della specifica preparazione fisica, potesse aiutarlo a prevalere negli eventi bellici e sportivi. Si narra che nell'antichità i lottatori e gli atleti dediti a sport di combattimento si cibassero di grandi quantità di carne nei giorni precedenti le gare, nella convinzione di poter assumere insieme alla muscolatura anche la forza dell'animale. Nella Roma antica pare venissero somministrate pozioni stimolanti ai gladiatori, per spingerli ad affrontare senza paura i combattimenti mortali nell'arena. In varie parti del mondo è stato documentato l'uso di sostanze eccitanti da parte di tribù indigene, per accrescere lo spirito combattivo e la resistenza alla fatica dei guerrieri. Nel moderno sport di vertice, la competitività esasperata e la necessità di primeggiare a ogni costo ha favorito il diffondersi di sostanze chimiche ritenute capaci di migliorare le prestazioni atletiche, seppur con gravi rischi per la salute. Questo complesso fenomeno è oggi noto come **doping**.

Le origini del doping

Nonostante le apparenze, *doping* non è un termine originale della lingua inglese. Sono state suggerite varie spiegazioni sulla nascita di questa parola, oggi così comune. Secondo alcuni studiosi deriva dalla dizione fiamminga *doop*, che significa mistura, miscela. Altri ritengono che derivi dall'anglosassone *dope*, che indica una sostanza liquida densa e lubrificante. Secondo altre fonti, il termine doping è invece la trasformazione in lingua inglese di *dop*, bevanda eccitante usata da alcune tribù africane nel corso di riti religiosi. Nel gergo sportivo, il termine doping è stato usato a partire dagli anni Quaranta del Novecento. L'elemento comune in tutte le situazioni antiche e moderne che sono state citate è la ricerca di **qualcosa di estraneo all'organismo**, assunto in modo innaturale, che fosse in grado di potenziarne le capacità fisiologiche e psicologiche durante lo sforzo fisico e in situazioni di stress elevato. Nell'antichità si trattò di estratti vegetali dalle dubbie proprietà o di ingenue forme di alimentazione esagerata, ma anche nel XX secolo non sono mancate notizie di intrugli di incerta utilità composti da alcolici e droghe usati da atleti. Un noto giornalista sportivo ha ben descritto queste pratiche come "doping romantico", sottolineando il modo ingenuo ed empirico con cui si intendeva realizzare l'intento sleale. Purtroppo le attuali scoperte in campo chimico, farmacologico e genetico hanno enormemente ampliato anche la disponibilità e l'efficacia delle sostanze utilizzabili per migliorare le prestazioni sportive: oggi si può pertanto parlare di "doping scientifico".

La moderna predisposizione all'impiego troppo frequente di farmaci è un altro dei fattori che hanno preparato un terreno fertile per il doping: la facilità ad assumere farmaci per curare ogni minimo disturbo induce infatti l'erronea convinzione che sia del tutto normale assumerne anche per aumentare la massa muscolare o migliorare le proprie prestazioni.

Il doping non è solo una pratica vietata, ma uno stile di vita a rischio, particolarmente pericoloso per la salute.

Il doping nello sport

Secondo la International Amateur Athletic Federation (IAAF), «il doping è l'uso da parte di un atleta, o la distribuzione a esso, di determinate sostanze che possono avere l'effetto di migliorare artificialmente la condizione fisica e/o mentale dell'atleta stesso, aumentando così la sua prestazione atletica». Questa definizione, come in genere tutte quelle provenienti dal mondo dello sport, mette l'accento sulla **violazione dell'etica sportiva**, che garantisce a tutti gli atleti parità di condizioni in gara nel rispetto di un regolamento liberamente accettato. Ogni federazione sportiva, sia nazionale sia internazionale, stabilisce il proprio regolamento e quali sono le sostanze vietate ai propri iscritti. In occasione dei Giochi olimpici, il comitato organizzatore (CIO) aggiorna l'**elenco delle sostanze proibite** e la regolamentazione dei relativi controlli: l'atleta che infrange queste regole subisce sanzioni sportive e può essere squalificato. Esistono pertanto elenchi e regolamenti che possono differire da federazione a federazione, da Stato a Stato, da gara a gara. La tendenza è quella di vietare le sostanze il cui uso da parte dell'atleta mira a migliorare la sensazione di forza ed euforia, a ridurre la fatica e il dolore, a velocizzare i riflessi, ad aumentare artificiosamente la muscolatura, a migliorare le capacità di resistenza, a controllare la frequenza del battito cardiaco e del respiro, a ridurre il peso corporeo (specialmente in sport con categorie a limite di peso), a controllare l'ansia, a nascondere la presenza delle sostanze vietate nelle urine per sfuggire ai controlli. Occorre sottolineare che nel concetto puramente sportivo di doping non è stato considerato, perlomeno inizialmente, il rischio per la salute dell'atleta. Al limite, per il mondo sportivo, il doping poteva essere considerato come una delle tanti violazioni al regolamento: non più grave che partire prima del via, o uscire dal tracciato, o usare tecniche di gara non consentite.

Decalogo contro il doping

1. Praticare e diffondere lo sport pulito è il mezzo ideale per rafforzare il tuo fisico e sviluppare la tua mente.
2. L'allenamento costante e intelligente ti aiuta a conquistare risultati positivi.
3. Un vero atleta cura la propria alimentazione. Mangiare in modo corretto, con i consigli di un medico dello sport, è la base per i successi sportivi.
4. Gli integratori alimentari, se usati nel modo giusto, possono essere utili, ma non migliorano i tuoi risultati.
5. Cerca di essere sempre leale: non puoi essere orgoglioso di aver vinto con l'inganno o peggio grazie ad aiuti illeciti.
6. Riconosci il merito alle vittorie degli avversari: eliminare la cultura del sospetto aiuta a rendere migliore lo sport.
7. Ormoni, stimolanti e farmaci inutili sono pericolosi e causano danni permanenti alla tua salute: la causa della morte di molti atleti può essere ricondotta all'uso improprio di queste sostanze.
8. Le medicine ci aiutano solo quando siamo malati, un atleta sano non ne ha bisogno. Molti farmaci di uso comune contengono sostanze proibite agli sportivi: un medico dello sport ti può consigliare prodotti leciti altrettanto efficaci.
9. Non fidarti di chi ti propone sostanze illecite o medicinali miracolosi e ricordati che denunciare queste persone aiuta a tutelare la tua salute e quella dei tuoi amici.
10. Nessuno può obbligarti ad assumere sostanze dannose. Impegnati con intensità per dimostrare che puoi raggiungere risultati importanti unicamente con la forza del tuo corpo e con la tua intelligenza.

Doping e salute

Con il passare degli anni è divenuta sempre più importante la visione del doping come grave **rischio per la salute**. Episodi eclatanti, come la morte in gara di atleti sospettati di aver fatto ricorso al doping e il rinvenimento di ingenti scorte di sostanze dopanti in occasione di note manifestazioni sportive, hanno colpito l'opinione pubblica e spinto le autorità sanitarie a preoccuparsi del problema. Si è scoperto che alcuni prodotti farmaceutici, in commercio come medicinali, hanno trovato un mercato enormemente superiore e molto più remunerativo nel mondo sportivo. Ancora più preoccupante è la diffusione di sostanze dopanti nell'ambito dello sport dilettantistico, amatoriale e addirittura al di fuori dello sport vero e proprio, nelle palestre e nei centri di *fitness*, per esasperare lo sviluppo muscolare o per motivi estetici. Tra l'altro l'impiego di farmaci in persone sane non è stato sperimentato come nei malati: non si possono pertanto prevederne esattamente gli effetti sul corpo umano durante sforzo fisico intenso. Gli sportivi lamentano anche il problema opposto: regolari farmaci di cui possono avere necessità per curarsi sono loro vietati dai regolamenti antidoping. In Italia, per esempio, oltre 250 medicinali in commercio contengono sostanze elencate nelle liste doping: naturalmente lo scopo di questi farmaci non è l'uso sportivo, bensì la cura di specifiche malattie. Per evitare che gli atleti le usino inconsapevolmente, è prevista l'applicazione di un contrassegno visibile sulla confezione di tutte queste medicine. È noto che gli atleti assumono più farmaci dei soggetti sedentari, soprattutto per i frequenti problemi di tipo traumatologico e ortopedico. Una ricerca dell'Istituto di Medicina dello Sport di Torino su circa 1000 atleti agonisti di vario livello ha evidenziato in un periodo di 6 mesi l'uso di medicinali, soprattutto antinfiammatori e antibiotici, nel 40% dei casi (36% nei maschi e 44% nelle femmine). Gli sportivi devono sempre informarsi sui principi attivi contenuti nei farmaci che assumono: i nomi commerciali sono infatti termini di fantasia, che non spiegano l'azione delle molecole. Ogni farmaco ha **indicazioni** (casi in cui si può usare con efficacia), **controindicazioni** (casi in cui non deve essere assunto) ed **effetti collaterali** (altri effetti indesiderati che accompagnano quello principale): se questi ultimi possono essere considerati un rischio accettabile per curare una malattia, non lo sono assolutamente per una persona sana che ricorra a farmaci senza ragioni effettive. Nel caso di prodotti omeopatici, estratti vegetali e integratori bisogna accertarsi della serietà del produttore: non è raro il ritrovamento di piccole quantità di sostanze vietate anche in preparati che ufficialmente non dovrebbero contenerle.

Le **autorità sanitarie** sono intervenute con iniziative di educazione alla salute, rivolte soprattutto alle scuole. La Regione Piemonte, per esempio, ha avviato nel 2001 la campagna preventiva contro l'uso di doping e l'abuso di farmaci denominata "Sport pulito": medici, giornalisti, atleti e altri rappresentanti del mondo dello sport si sono recati in diversi istituti scolastici per conferenze, dibattiti e incontri con gli studenti. Altre Regioni hanno organizzato o stanno organizzando iniziative simili. Lo scopo di tali manifestazioni è quello di informare e coinvolgere gli studenti in approfondimenti e ricerche sulle tematiche dei valori dello sport, del corretto uso dei farmaci, dei rischi per la salute che derivano dall'assunzione di certe sostanze.

Anche le **autorità sportive** si sono attivate nel campo della prevenzione. Il CONI ha avviato il progetto "Io non rischio la salute", che prevede la libera adesione da parte dei tesserati di alcune federazioni a un programma di periodici controlli del sangue. Per l'accesso alle competizioni sportive sono stati fissati valori limite di alcuni dati ematologici, come il valore ematocrito, che possono venire modificati anche da alcune sostanze doping; se tali limiti vengono superati, la salute dell'atleta è considerata a rischio e la sua attività viene sospesa fino al ritorno alla normalità. In questo caso non si può parlare di squalifica, perché non viene accertato né ricercato l'uso di sostanze proibite, ma piuttosto di sospensione precauzionale dell'attività per tutelare la salute dell'atleta.

Sulle confezioni dei medicinali il cui uso è vietato agli sportivi dalle norme antidoping deve essere riportato questo simbolo.

I medicinali vanno assunti solo in caso di reale necessità e su prescrizione medica; sono veleni, dalle proprietà curative alle giuste dosi.

La ricetta medica è una garanzia ed è sempre opportuno che l'atleta l'abbia con sé, anche per prodotti da automedicazione.

Fonte: IMS di Torino.

Uso di farmaci e integratori

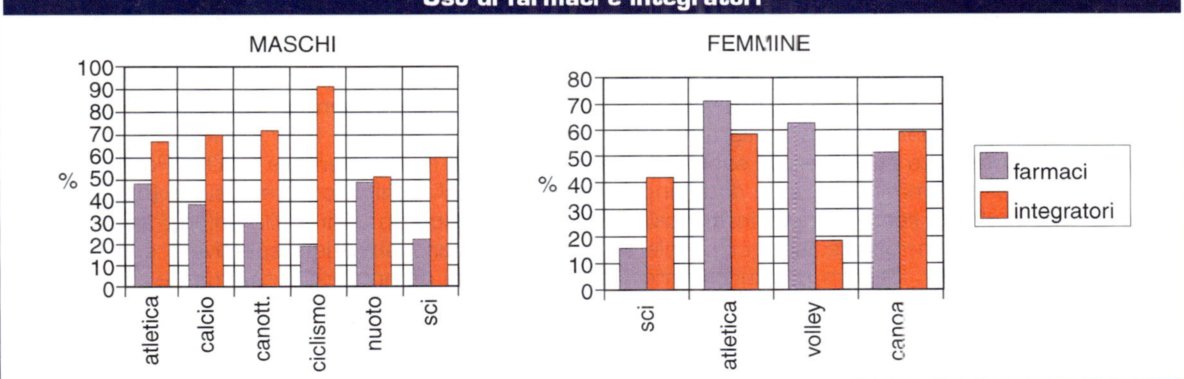

Gli integratori alimentari

Rientrano in questa definizione **sostanze** che, pur in quantità di solito modeste, **fanno parte dell'alimentazione abituale**. In particolari situazioni, come attività sportive intense, malattie o condizioni fisiologiche temporanee, si può verificare una carenza di una o più di tali sostanze per aumento del loro consumo o per una loro ridotta assunzione con la dieta. Il termine **integratore** esprime proprio questo concetto: **completa l'alimentazione compensandone eventuali carenze**. Ovviamente l'integrazione può consistere anche nell'assunzione dei cibi che contengono le sostanze necessarie: non c'è bisogno di ricorrere a tutti i costi alla "polvere magica"! Perché dunque si sente così spesso parlare di integratori? Perché le riviste di *fitness* e di alcune specialità sportive sono piene di pubblicità di tali sostanze? La motivazione è semplice ed è esclusivamente commerciale: il mercato di questi prodotti ha conosciuto un vero e proprio *boom* tra gli sportivi, nell'erronea convinzione che l'assunzione di integratori alimentari produca un miglioramento della prestazione atletica. Si può dire che chi assume queste sostanze a tale scopo fa nelle sue intenzioni una pratica di doping, anche se con mezzi leciti. Trattandosi di prodotti alimentari, si

focus

I controlli antidoping

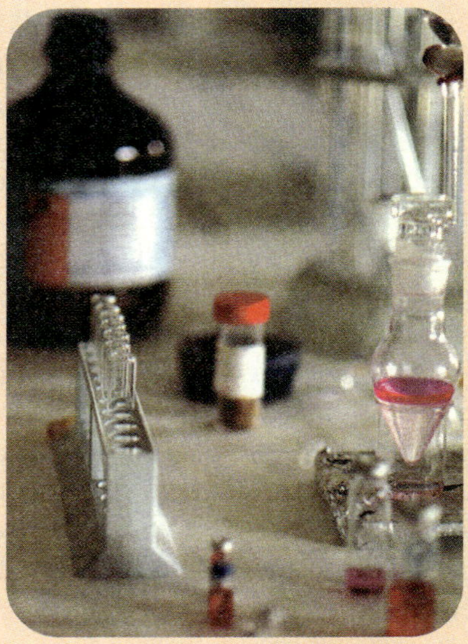

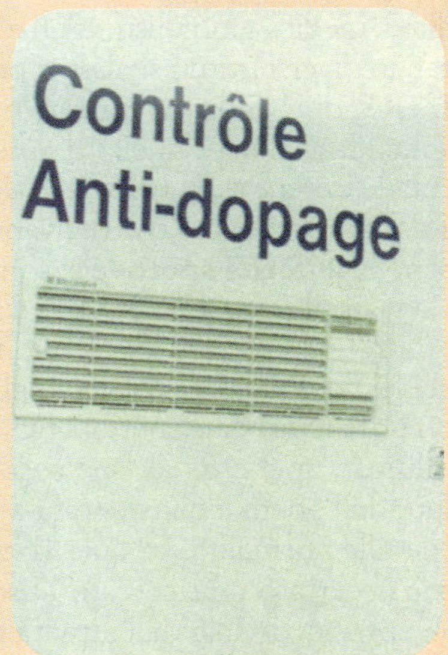

L'odierna legislazione italiana in tema antidoping si basa sulla **Legge 376** promulgata nell'anno 2000: *Disciplina della tutela sanitaria delle attività sportive e della lotta contro il doping*. Questa legge definisce il doping come «la somministrazione o l'assunzione di farmaci o di sostanze biologicamente o farmacologicamente attive e l'adozione o la sottoposizione a pratiche mediche non giustificate da condizioni patologiche ed idonee a modificare le condizioni psicofisiche o biologiche dell'organismo al fine di alterare le prestazioni agonistiche degli atleti». Per la legge, usare farmaci o metodi in grado di modificare i risultati dei controlli antidoping è equivalente a usare sostanze dopanti. In caso di documentata malattia, l'atleta può usare i farmaci prescritti dal medico se ciò non costituisce pericolo per la sua integrità psicofisica. Le sostanze vietate, raggruppate in classi, sono pubblicate in elenchi a cura del Ministero della Salute: la lista attuale è stata promulgata con Decreto in data 15 ottobre 2002 e integrata con ulteriori sostanze e metodi proibiti il 30 dicembre 2002. Per la legge italiana l'uso e la somministrazione di doping sono **reati penali** punibili con reclusione (da 3 mesi a 3 anni) e multa: il reato è considerato più grave se si verifica un danno alla salute, se si somministra doping a un minore, se il colpevole appartiene alle organizzazioni sportive o esercita le professioni sanitarie. Ancora più duramente è sanzionato chi commercia illegalmente, cioè al di fuori degli ospedali, delle strutture sanitarie o delle farmacie, medicinali e sostanze compresi nelle liste doping.

possono oltretutto acquistare con estrema facilità senza prescrizione medica: in farmacia, nei supermercati, in negozi di articoli sportivi, in erboristeria, su Internet… La vera utilità degli integratori è per **sportivi di alto livello**, per **praticanti sport estremi**, per **situazioni di stress psicofisico elevato**. Un esempio comune è quello dello sforzo fisico intenso in ambiente caldo: per reintegrare rapidamente le perdite di sali e liquidi può essere comodo assumere appositi prodotti idrosalini, senza aspettare il prossimo pasto. In attività prolungate l'atleta può usare prodotti energetici solubili a rapido assorbimento basati su particolari tipi di zuccheri, o aminoacidi per prevenire il consumo di quelli organici. In certe situazioni può essere utile arricchire l'apporto alimentare di vitamine o di minerali, come il ferro o il calcio. Per sostenere lo sviluppo della massa muscolare in particolari periodi di allenamento può essere efficace un apporto supplementare di proteine alla normale dieta. In un periodo di pesanti allenamenti gli integratori possono inoltre aiutare a recuperare più rapidamente le energie. Il vantaggio in tutti questi casi è quello di poter assumere solo le sostanze effettivamente desiderate in **prodotti concentrati, di peso e volume contenuti, di solito liquidi o solubili e dal rapido assorbimento**.

Lo strumento tecnico per reprimere l'uso di sostanze illecite da parte degli sportivi è dato dai **controlli antidoping**. Si tratta di esami su campioni di urine e/o di sangue svolti da laboratori specializzati, che devono rispondere a severi requisiti per poter essere accreditati dal CIO e dall'Agenzia Mondiale Antidoping. In tutto il mondo esistono attualmente una trentina di centri; in Italia ne è operativo uno, a Roma, mentre un altro è in costruzione nei pressi di Torino, in vista delle Olimpiadi invernali del 2006. Questi controlli, estremamente specializzati, sono anche molto costosi: per tale motivo non possono essere fatti a tutti gli atleti, ma vengono riservati alle manifestazioni sportive di maggior livello e a quelle scelte volta per volta dalle autorità preposte ai controlli. Le procedure per **l'effettuazione dei controlli antidoping** sono state stabilite dal Ministero della Salute con il Decreto 7 agosto 2002. In occasione della manifestazione sportiva da controllare, il medico incaricato sottopone al prelievo di un campione di urina alcuni atleti, scelti secondo segrete istruzioni contenute in buste sigillate che vengono aperte prima del termine della gara. L'atleta convocato non può sottrarsi al controllo. In presenza del medico l'urina viene travasata dall'atleta in 2 flaconi, che vengono poi sigillati e inviati al laboratorio; qui un flacone viene analizzato seguendo rigorose procedure, mentre l'altro è tenuto di riserva, per eventuali analisi successive. I risultati, positivi o negativi, vengono comunicati dal laboratorio all'apposita Commissione antidoping del Ministero della Salute, la quale a sua volta informa atleta, federazione e CONI. I casi positivi, per cui l'atleta può chiedere in sua difesa un'analisi di revisione sul secondo flacone, vengono notificati anche alla magistratura. Il limite dei controlli antidoping risiede sia nel loro ridotto numero, sia nell'impossibilità di ricercare tutte le sostanze di possibile uso come doping: per quanto aggiornate periodicamente, infatti, le liste dei prodotti proibiti non riescono a comprendere tutti i nuovi ritrovati che a ritmo continuo vengono diffusi nel mondo sportivo.

Alcuni dati sull'antidoping
10 000 i campioni di urina prelevati in un anno in Italia per i controlli antidoping
200 le sostanze ricercate dal laboratorio su ogni campione
2% la percentuale di riscontri positivi (presenza di sostanze ricercate)
500 costo approssimativo in € di un esame antidoping (un campione di urina)

Uso di integratori negli atleti maschi

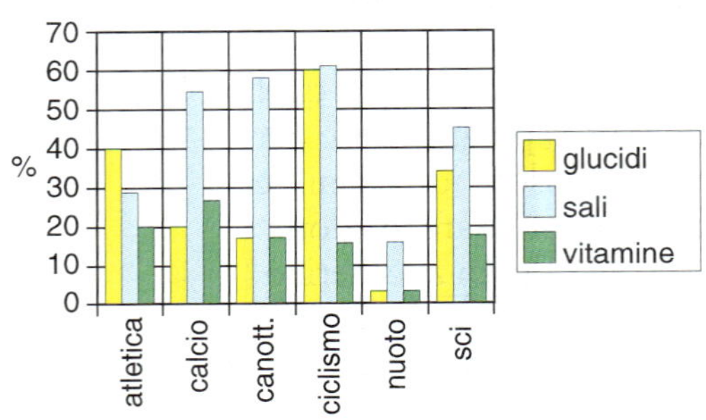

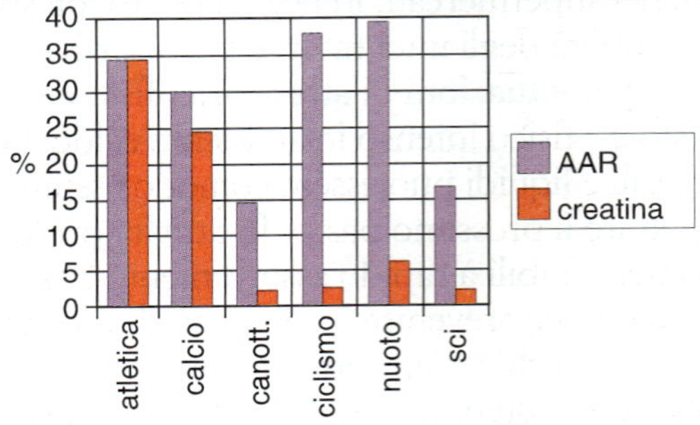

Esempi di integratori usati da atleti (fonte: IMS di Torino). AAR: aminoacidi ramificati.

La legge italiana si è recentemente occupata anche degli integratori, fissando le caratteristiche merceologiche che permettono di classificare una sostanza come *alimento* piuttosto che come *farmaco*. Con il Decreto del Ministero della Salute n. 234 del 19 novembre 2002 è stato infatti pubblicato l'elenco dei **prodotti autorizzati come alimenti adattati a un intenso sforzo muscolare soprattutto per gli sportivi**. Essi rientrano in un più generale elenco di prodotti destinati a una alimentazione particolare, contemplato da un ulteriore Decreto del 30 dicembre 2002. Gli **integratori** sono stati così catalogati:

a. prodotti finalizzati a una integrazione energetica
b. prodotti con minerali destinati a reintegrare le perdite idrosaline causate dalla sudorazione conseguente all'attività muscolare svolta
c. prodotti finalizzati a una integrazione di proteine
d. prodotti finalizzati all'integrazione di aminoacidi e derivati
e. altri prodotti con valenza nutrizionale adattati a un intenso sforzo muscolare
f. combinazione dei suddetti prodotti

In pratica si trovano in questi prodotti sostanze come vitamine, sali minerali, zuccheri, aminoacidi, proteine, creatina, sostanze naturali (polline, pappa reale, lievito, ginseng, preparati di erboristeria e altri). Pur non essendo pericolosi come le sostanze dopanti, anche gli integratori, se assunti in quantità eccessive, non solo si rivelano inutili, ma possono nuocere alla salute provocando malessere generale, disturbi intestinali, sovraccarico di lavoro per il fegato e i reni.

Uso di integrazione di ferro

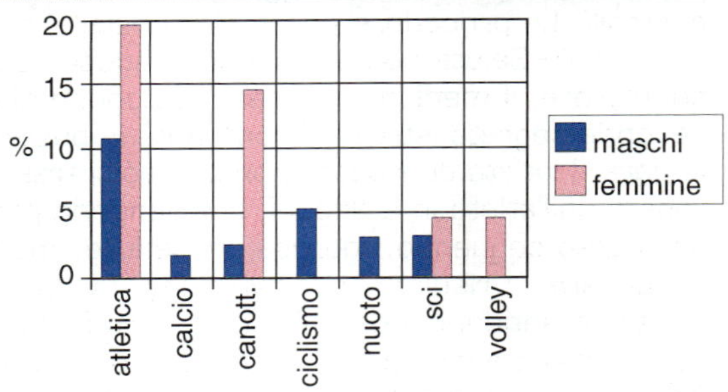

Scheda della creatina

- Composto azotato prodotto dall'organismo e presente al 95% nei muscoli, nella quantità di 2-3 g/kg, in misura maggiore nelle fibre veloci.
- Nei muscoli si lega al fosfato formando la fosfocreatina, sostanza altamente energetica: 1/3 del totale è creatina, 2/3 sono fosfocreatina.
- La creatina viene assunta per via alimentare prevalentemente attraverso la carne, ovvero il tessuto muscolare animale: 100 g di carne ne contengono 200-300 mg.
- Se ne perdono quotidianamente circa 2 g attraverso le urine, da rimpiazzare con la sintesi endogena (circa 1 g al giorno) e con l'alimentazione.
- Viene utilizzata come supplemento dietetico durante particolari cicli di allenamento soprattutto nell'atletica e nel calcio.
- Assunta in quantità eccessive non apporta alcun vantaggio, perché nei muscoli non può essere trattenuta in misura maggiore di quella fisiologica e può dare disturbi gastrointestinali e ritenzione idrica.
- Fa parte degli integratori per sportivi di cui al gruppo D del Decreto Ministeriale.

inserto salute

Le sostanze doping e i metodi vietati

I gruppi di sostanze dopanti

Ecco la lista, aggiornata al 6 maggio 2002, delle classi di sostanze considerate dopanti e vietate o soggette a restrizioni dalla legge italiana.

1. Stimolanti
2. Narcotici
3. Anabolizzanti
4. Diuretici
5. Ormoni peptidici
6. Anestetici locali
7. Alcol
8. Canapa indiana e derivati
9. Ormoni corticosteroidi
10. Betabloccanti

Le pratiche e i metodi vietati

1. Doping ematico
   a. Trasfusioni di sangue
   b. Eritropoietina
   c. Emoglobina e trasportatori di ossigeno
   d. Modificatori dell'emoglobina
2. Sostanze che aumentano il volume o modificano le caratteristiche del sangue
3. Manipolazioni del campione di urine da analizzare
4. Uso di sostanze che alterano il campione di urine
5. Doping genetico (uso di geni o cellule capaci di migliorare la prestazione atletica)
6. Altri metodi (metodi a effetto anabolizzante e di stimolazione al rilascio di ormoni)

Effetti ricercati e danni provocati da alcune sostanze doping

Nella tabella seguente sono illustrati i principali effetti di alcune sostanze vietate dalle norme antidoping, accanto ai loro effetti collaterali. Mentre questi ultimi sono un rischio reale per la salute, molto spesso l'effetto desiderato da chi fa ricorso al doping, cioè il miglioramento della prestazione sportiva, non viene ottenuto: nella maggior parte dei casi, specialmente a livello amatoriale, chi ricorre a tali pericolose sostanze non ne conosce bene le modalità d'uso. Certe sostanze possono addirittura provocare effetti contrari a quelli sperati: per esempio alcuni tranquillanti riducono il massimo consumo d'ossigeno e gli anabolizzanti diminuiscono la velocità di contrazione muscolare. Se agli atleti più dotati il doping può effettivamente apportare alcun vantaggi, sebbene a rischio della loro salute, è altrettanto vero che nessuno sportivo può sperare di ottenere clamorosi risultati solo grazie al doping.

Sostanza vietata: sostanza la cui presenza nelle urine è sempre considerata prova di doping.

Sostanza soggetta a restrizione: sostanza ammessa solo se rilevata nelle urine al di sotto di una certa concentrazione o se assunta con particolari modalità (per esempio: solo per uso locale) o somministrata a un solo sesso (per esempio: ormoni femminili).

Scheda dell'eritropoietina (EPO)

- Ormone peptidico (cioè composto da aminoacidi) prodotto nel sangue per azione di un enzima rilasciato dai reni in risposta ad abbassamenti della concentrazione di ossigeno. È prodotto anche come farmaco di sintesi, grazie all'ingegneria genetica, utilizzabile in gravi forme di anemia da insufficienza renale.
- Stimola la produzione di globuli rossi nel midollo osseo. Provoca l'aumento della massa di globuli rossi circolanti, con conseguente prevalenza della parte cellulare rispetto a quella liquida nel sangue (aumento del valore ematocrito).
- Effetti dannosi: formazione di coaguli nei vasi sanguigni e nel cuore, con possibilità di ischemie e infarti; danni cerebrali da difficoltoso flusso di sangue.
- Fa parte delle pratiche di doping ematico vietate dalle norme antidoping. Nei controlli antidoping è rilevata attraverso esami compiuti sia sulle urine sia sul sangue, per distinguere gli effetti dell'ormone naturale dell'organismo da quelli di eventuali pratiche doping. In questi controlli, detti "incrociati", l'esame del sangue serve a svelare dati sospetti, la cui origine può essere accertata con più approfondite analisi delle urine.

Gruppo di sostanze o metodo (esempio)	Effetti desiderati	Effetti collaterali
1 STIMOLANTI (amfetamine)	aumento dell'attenzione aumento dell'aggressività riduzione del senso di fatica	aritmie cardiache, affanno respiratorio, impulsività, ansietà, tremori, insonnia, confusione mentale, ipertermia, ipertensione arteriosa, possibile assuefazione, morte improvvisa
2 NARCOTICI (morfina)	riduzione o abolizione del dolore effetto calmante	depressione del respiro, stupore e coma, sonnolenza, riduzione dei riflessi, debolezza muscolare, assuefazione e dipendenza (simile alla droga)
3 ANABOLIZZANTI (testosterone)	aumento della massa e della forza muscolare aumento dell'aggressività	sterilità, riduzione del desiderio sessuale, comparsa di caratteri sessuali maschili nelle femmine, danni al cuore, danni ai tendini, danni e tumori al fegato, alterazioni della crescita, alterazioni psichiche, ritenzione idrica
4 DIURETICI (furosemide)	aumentando il volume delle urine fanno perdere peso e diluiscono eventuali sostanze vietate	disidratazione, difficoltà respiratorie, aritmie cardiache, rallentamento dei riflessi
5 ORMONI PEPTIDICI (ormone della crescita)	aumento della massa muscolare	deformazioni ossee, insufficienza cardiaca, diabete, tumori, alterazioni tiroidee
6 ANESTETICI LOCALI (lidocaina)	riduzione o abolizione del dolore	nausee, ansietà, tremori, turbe della coscienza, convulsioni, affanno respiratorio, aritmie cardiache, collasso cardiovascolare
7 ALCOL (etanolo)	per darsi coraggio per emulazione nel gruppo	danni al fegato, danni al cuore, turbe psichiche, assuefazione
8 CANAPA E DERIVATI (marjuana)	effetto euforizzante	turbe psichiche, assuefazione, aritmie cardiache, collasso cardiovascolare, difficoltà respiratorie
9 ORMONI CORTICOSTEROIDI (cortisone)	resistenza alla fatica riduzione del dolore riduzione dell'infiammazione effetto stimolante	danni ai tendini, danni ai muscoli, danni al cuore, turbe psichiche, diabete, infezioni
10 BETABLOCCANTI (atenololo)	controllo dei tremori controllo dell'ansia	crisi d'asma, ipoglicemia, insufficienza cardiaca
11 DOPING EMATICO (eritropoietina)	aumento del trasporto di ossigeno e del massimo consumo di ossigeno	ostruzione di vasi sanguini, infarto, embolia polmonare, ipertensione arteriosa, danni cerebrali, tumori del midollo osseo

focus

Comprendere il doping per meglio ostacolarlo

Per le istituzioni sportive il doping è l'assunzione di sostanze o la pratica di metodi vietati, elencati in apposite liste. La legge italiana considera invece doping qualsiasi assunzione farmacologia o altra pratica medica non giustificata da patologie, attuata al solo scopo di migliorare le prestazioni agonistiche. Le autorità sportive si limitano a squalificare l'atleta trovato positivo ai controlli antidoping, mentre la legge italiana punisce penalmente anche chi procura, somministra o favorisce il doping. Perché tali profonde differenze? Il sistema sportivo, identificando il doping solo con i casi di positività, ha operato una riduzione del problema e in un certo senso una manovra auto-assolutoria: non si colpisce la fonte del doping, ma solo la sua manifestazione esteriore. Dirigenti, medici e allenatori non sono coinvolti dai meccanismi della giustizia sportiva. Se da un lato è vero che gli organismi sportivi non hanno strumenti di indagine e di sanzione paragonabili a quelli dello Stato, d'altra parte non si sono mai fatti promotori di denunce o segnalazioni alla magistratura. Sembra che il sistema sportivo si autodifenda con i controlli antidoping, anziché cercare la radice del problema per scon-

figgerlo. Il doping non è, come invece è sembrato al mondo sportivo per molti anni, un'arma che qualcuno può usare in modo esclusivo a proprio vantaggio. Al contrario, è un'arma "democratica" che anche gli altri possono usare, fino a determinare un impressionante aumento del suo valore commerciale. Il sistema meritocratico dello sport ha fatto sì che il modello del campione da imitare si sia esteso anche alle sue eventuali o presunte pratiche doping, con un moltiplicarsi di scelte simili ai livelli agonistici inferiori, fino al mondo amatoriale. Sono proprio questi ultimi a determinare il *business* illecito del doping.
Come si può dunque combattere il doping? Occorre orientare l'attività sportiva giovanile verso obiettivi di salute, di divertimento e di educazione, superando il modello della vittoria a ogni costo. Le prestazioni sportive di alto livello sono raggiungibili solo da una ristretta minoranza di persone: bisogna mettere l'accento sul confronto con sé stessi, sulla ricerca del miglioramento, piuttosto che sullo scontro con l'altro (qualcuno più dotato, più bravo, più allenato c'è sempre!). I governi dovranno attuare piani di intervento tesi alla salvaguardia dello sport come strumento utile alla salute, nel campo della prevenzione, dell'educazione, della repressione dei traffici illeciti anche a livello internazionale.

Un caso reale

Daniele ha abbandonato il ciclismo all'età di ventun anni, dopo aver visto, per ben due volte, la morte in faccia. Attualmente è invalido, per le gravi patologie cardiache di cui soffre. Aveva iniziato a correre come esordiente e i buoni risultati attirarono l'attenzione del direttore sportivo di una squadra dilettantistica di notevole livello, collegata a una squadra professionistica. Nelle corse Daniele doveva sobbarcarsi i compiti più faticosi, per consentire al *leader* della squadra di arrivare fresco al finale. Prima della partenza il direttore sportivo gli somministrava una pasticca a base di caffeina, senza spiegargli di cosa si trattasse; dopo un po' di tempo a questa pastiglia se ne aggiunsero altre, contenenti corticosteroidi. Durante la gara il direttore sportivo passava ai corridori le borracce con l'acqua e solo lui sapeva cosa vi fosse disciolto. Dopo qualche mese la stessa persona iniziò a somministrargli endovena miscele di fosfati e di estratti di corteccia surrenalica (medicinali usati in casi di deperimento organico) e periodicamente iniezioni di prodotti contenenti ferro. Prima del Giro d'Italia per dilettanti il direttore sportivo cominciò a dirgli che, se voleva riuscire a finire il giro, doveva assumere qualche sostanza, come facevano i corridori di altre squadre. Daniele, convinto e motivato, si recò pertanto periodicamente a casa del direttore sportivo che personalmente gli somministrò sottocute farmaci che teneva nel frigorifero; Daniele capì per una serie di circostanze che si trattava di eritropoietina, una sostanza che stimola la produzione dei globuli rossi del sangue. Daniele seppe poi che un compagno di squadra procurava il farmaco in ospedale, con la complicità di un dipendente, mentre a volte era lo stesso proprietario della squadra professionistica collegata alla sua a fornire il farmaco. Per cercare di prevenire l'effetto indesiderato di maggior viscosità del sangue, venivano somministrate ogni sera anche due compresse di aspirina. Daniele e i compagni affrontavano serenamente le gare poiché i controlli antidoping erano pochissimi e sempre prevedibili. Durante il giro, la sera, il direttore e i suoi collaboratori entravano nelle camere dei corridori e chiedevano cosa avessero loro somministrato il giorno precedente (infatti non annotavano alcunché, né lo ricordavano): sulla base della risposta davano altri farmaci. Nella parte conclusiva del giro Daniele dovette ritirarsi per sfinimento, ma fu punito dal direttore che lo costrinse a ulteriori estenuanti allenamenti. Subito dopo Daniele venne iscritto ad altre corse, senza sosta, fino a raggiungere il limite massimo di gare fissato dalla Federazione ciclistica ... ma il direttore gli procurò un nuovo tesserino nel quale il conteggio delle gare ricominciava da zero. In un allenamento Daniele avvertì un mancamento, segnalato ma ignorato dai suoi allenatori. I disturbi si ripeterono sempre più frequentemente. Ma continuava a correre con la frequenza di 2-3 volte alla settimana. Da marzo ad agosto fece 75 corse, quasi una ogni due giorni. Alla fine della stagione Daniele svenne in bicicletta durante una corsa; in ospedale gli fu riscontrata una grave forma di aritmia cardiaca. Avvertì ulteriori malori e fu ricoverato altre volte in ospedale, una volta per un arresto cardiaco dal quale è stato rianimato con difficoltà. Ora è invalido civile e gli è stato proibito qualsiasi lavoro che richieda sforzo. Ritenendo responsabile se stesso delle proprie sventure, non ha voluto denunciare il direttore sportivo, che continua a occuparsi di giovani corridori.

da L. CIOTTI, *Chi ha paura delle mele marce?*, Torino, SEI 2003

Droghe d'abuso e sport

Manifesto di una campagna della Regione Piemonte contro la droga.

Le **droghe** sono sostanze tossiche, cioè velenose per l'organismo, il cui effetto dipende dalla quantità che ne viene assunta. Mentre una piccola quantità svolge azione stimolante, una dose maggiore può provocare effetti opposti e una quantità ancora maggiore agisce come un veleno, potendo causare addirittura la morte. Il termine droga non indica un particolare composto chimico, ma qualsiasi sostanza assunta senza reale necessità per provare piacere, per evadere dalla realtà, per modificare una condizione fisica o mentale sgradita. In questo senso anche le medicine, se assunte senza valido motivo medico, possono essere considerate droghe. Tutte le droghe alterano la fisiologia naturale dell'organismo. La caffeina, contenuta nel caffè, nel tè e nelle bibite derivate dalla cola e dal cacao, è una droga stimolante, tollerata senza difficoltà in piccole dosi, ma considerata doping per l'atleta che ne assuma in quantità superiori (più di 12 mcg/ml nelle urine) e in dosi molto elevate può addirittura uccidere. Quando si parla di **droghe d'abuso**, cioè caratterizzate da assunzione abituale volontaria ed eccessiva, si intendono però sostanze dall'azione farmacologia molto potente, assunte per varie vie (per bocca, per inalazione, per iniezione) e dotate di effetti secondari particolarmente dannosi per la salute. Sono anche chiamate **sostanze stupefacenti**, perché tra gli effetti acuti è generalmente annoverata un'alterazione psichica, con turbe dello stato di coscienza. La **tossicità**, cioè l'azione nociva sull'organismo, può comportare l'improvviso arresto respiratorio o cardiaco, con elevato rischio di morte: è l'*overdose*, dose eccessiva e mortale. Molti organi possono inoltre subire danni causati da patologie degenerative croniche. Elevato è anche il rischio di contagio nei confronti di gravi malattie infettive, come le epatiti e l'AIDS. La guida in stato di alterazione derivata dall'uso di droghe è vietata dal codice stradale ed è punita con la decurtazione di 10 punti sulla patente di guida, raddoppiati se l'infrazione è commessa nei primi cinque anni di possesso della patente. Queste sostanze hanno tutte una capacità più o meno marcata di determinare **assuefazione**, abitudine e dipendenza. Nel primo caso, con il passare del tempo, la persona si adatta agli effetti della sostanza. L'**abitudine** consiste nel desiderio di continuare ad assumerla aumentandone gradualmente la quantità, per un bisogno essenzialmente psicologico. La **dipendenza** descrive uno stato di dedizione cronica all'uso di sostanze, con necessità fisica dell'assunzione periodica e sintomi da privazione (**sindrome da astinenza**) in caso di interruzione. Per combattere tali sintomi, in mancanza della sostanza abituale, si ricorre spesso all'uso di altre droghe o di medicinali, aggiungendo danno a danno. Nel caso delle droghe si parla di **tossicodipendenza**, proprio per i potenti effetti velenosi di queste sostanze. Se uno stato di tossicodipendenza comporta un deperimento psicofisico incompatibile con la pratica di attività sportive, ciò non accade necessariamente con l'assunzione saltuaria: così si spiega la presenza delle droghe d'abuso anche nel mondo sportivo. Negli ultimi anni si è verificato infatti un aumento dei casi di atleti positivi ai controlli antidoping per assunzione di droghe d'abuso. Alcuni studi statunitensi hanno anzi rilevato tra gli sportivi una maggior frequenza di comportamenti a rischio, tra cui l'assunzione di droghe. È possibile che ciò dipenda dalla ricerca di forti emozioni, dal desiderio di sfidare il pericolo, dal tentativo di modificare il proprio stato emotivo in senso euforico e piacevole. **Tutte le droghe d'abuso sono**

Da indagini statistiche emerge che circa il 20% degli studenti delle scuole superiori non disapprovano gli "spinelli".

considerate doping dai regolamenti internazionali. In tali casi è particolarmente difficile distinguere l'uso voluttuario da quello doping. Il commercio delle droghe è illegale, tranne per quelle usate per uso farmacologico. Anche queste ultime sono però soggette a norme più restrittive rispetto agli altri medicinali, sia per quanto riguarda la prescrizione medica sia la detenzione e distribuzione.

Alcuni numeri sulle droghe
150 000 tossicodipendenti in cura presso i centri di recupero in Italia (2001)
49% percentuale dei tossicodipendenti di età compresa tra 25 e 34 anni
15% percentuale dei tossicodipendenti per il virus dell'AIDS
44% percentuale dei tossicodipendenti portatori dei virus dell'epatite
822 morti per overdose in Italia in un anno (2001)
6/1 rapporto tra maschi e femmine tossicodipendenti

I principali gruppi di droghe (stupefacenti) usate in Italia	
NARCOTICI	Sostanze dalle potenti azioni tranquillante e antidolorifica, il cui capostipite è un medicinale, la **morfina**, ricavata come altri composti simili dal papavero da oppio. L'**eroina** è simile alla morfina e ha come questa un effetto sedativo e ipnotico. Si può inalare o fumare, ma la più tipica somministrazione è quella endovenosa. Porta rapidamente alla dipendenza e spesso ad azioni delittuose per procurarsi il denaro necessario alle dosi sempre più frequenti. È la droga più pericolosa, sia per il rischio di morte da overdose, sia per gli effetti cronici di progressivo deperimento psichico e fisico. Rappresenta circa l'80% del consumo di stupefacenti.
CANNABINOIDI	Sostanze ipnotiche e sedative estratte da una pianta, la canapa indiana. I più comuni derivati sono l'**hashish** e la **marijuana**, che vengono assunte attraverso il fumo. Rappresentano circa l'8% del consumo di droga e sono anche dette droghe "leggere", per distinguerle dalle precedenti. L'effetto persiste a lungo. Danneggiano la concentrazione, la memoria e il controllo nervoso in genere, oltre al cuore e ai polmoni. Provocano eccessiva introversione, con perdita d'interesse per il mondo esterno, apatia, stanchezza cronica, allucinazioni e cambiamenti della personalità.
COCAINA	È una droga estratta dalle foglie della coca, pianta sudamericana usata come eccitante dagli indigeni. Costituisce circa il 6% della droga usata nel nostro Paese. Inalata, fumata (il *crack*) o iniettata provoca il rilascio delle catecolamine, con stimolo dell'attività cardiaca, respiratoria e psichica. Accresce il desiderio sessuale, provoca una sensazione di onnipotenza, ma estranea dalla realtà, fino a portare al delirio. Quando termina il suo fugace effetto lascia irritabilità e depressione.
ECSTASY	Il nome promettente ha forse contribuito al successo riscosso nelle discoteche dalle pasticche di questa sostanza. Simile alle amfetamine, è stata usata pochissimo come farmaco per la sua eccessiva azione stimolante, con conseguente aggressività, ansietà, insonnia. Può provocare gravi turbe psichiche, con alterazioni della personalità, e causare danni cerebrali permanenti. Allo svanire dell'effetto stimolante lascia depressione e apatia. Rappresenta circa l'1,5% del consumo di droghe in Italia, ma la sua diffusione è in aumento.
STIMOLANTI SINTETICI	Noti anche come *speed* (dall'inglese = velocità), sono un gruppo molto vario e numeroso di sostanze attive sul sistema nervoso, dove promuovono il rilascio di neurotrasmettitori eccitanti (catecolamine, dopamina). Comprendono le anfetamine e alcuni medicinali dimagranti (anoressizzanti, che tolgono l'appetito). Sono disponibili sotto forma di pastiglie, ma anche in polvere, che può essere inalata, fumata o iniettata endovena. Farmaci stimolanti sono stati somministrati alle truppe da molte nazioni belligeranti durante la Seconda Guerra Mondiale e nel nostro paese vengono usati dai giovani per facilitare lo studio notturno o nelle feste e nei rituali di gruppo. Provocano un'intensa stimolazione cerebrale, sensazione di onnipotenza, assenza di fatica, inappetenza, tachicardia, ansietà, disturbi mentali. La sindrome di astinenza si manifesta con sintomi opposti. Assunti abitualmente possono dare dipendenza, specialmente psichica. Per compensarne l'azione eccessiva, vengono associati a volte all'uso di droghe depressive (alcol, tranquillanti).

Alcol e sport

Il desiderio di sentirsi più adulti, più forti, più disinibiti, più alla moda, più integrati nel gruppo spinge molti giovani ad abusare di bevande alcoliche, che, se assunte in quantità moderata, possono far parte della normale alimentazione. Sono alcoliche le bevande e i liquori, ottenuti mediante distillazione o fermentazione di zuccheri, contenenti una qualche percentuale di alcol etilico. La tradizionale passione mediterranea per il vino ha lasciato il posto tra i più giovani a una preferenza per alcolici di provenienza internazionale: la birra come bevanda dissetante e i superalcolici per il consumo voluttuario e nei luoghi di divertimento. L'età in cui si registra il maggior consumo di alcol in Italia è tra i 14 e i 24 anni, come mostra la seguente tabella.

Campagna contro l'abuso di alcolici.

Il consumo di alcol in Italia

Età (anni)	Consumo di bevande alcoliche	Percentuale
14-24	bevono abitualmente dosi eccessive di alcol	31,1%
	hanno bevuto un po' troppo negli ultimi tre mesi	11,1 %
	si sono ubriacati almeno una volta negli ultimi tre mesi	3,2 %
oltre i 24	sono bevitori abituali	28 %
	sono alcolisti	2-3 %

Contenuto di alcol in 100 ml di alcune bevande e corrispondenti calorie		
vino	10-23 %	60-175 kcal
birra	3,5-6 %	35-60 kcal
superalcolici	40-55 %	225-300 kcal

L'alcol etilico viene rapidamente assorbito dallo stomaco e dall'intestino, specie in assenza di cibo, e si diffonde soprattutto negli organi più ricchi di acqua e più irrorati di sangue, come il sistema nervoso centrale. Nel corpo il 90% dell'alcol è trasformato dal fegato, fornendo energia (1 g di alcol fornisce circa 7 kcal), mentre il 10% viene eliminato con urine, sudore e respirazione. L'alcol è una droga che, secondo le dosi, produce effetti euforizzanti, disinibitori, stimolanti o calmanti. L'intossicazione acuta da alcol o **ubriachezza** provoca tra l'altro mancanza di coordinazione nei movimenti, lentezza di riflessi, difficoltà nell'espressione, aggressività. Se assunto abitualmente l'alcol dà **dipendenza**, con **sindrome di astinenza** persino peggiore di quella da eroina, che si manifesta con tremore delle mani, delirio con sensazioni paurose e convulsioni. Le azioni nocive dell'alcol sull'organismo si possono riassumere nel modo seguente:

- *acute* irritazione della mucosa gastrica, vasodilatazione cutanea, lieve aumento della pressione arteriosa, depressione nervosa (riduzione delle inibizioni superiori, con stato di euforia, diminuzione dell'attenzione e dei riflessi, incoordinazione muscolare, disturbi della vista, depressione del respiro)
- *croniche* tossicità con danni permanenti soprattutto al fegato, dove determina una cronica epatopatia, al cuore, all'encefalo (demenza) e ai nervi periferici

In Italia circa l'80% della popolazione beve alcolici.

Le malattie collegate all'**alcolismo**, stato di dipendenza dall'assunzione di alcol, causano ogni anno in Italia la morte di circa 50 000 persone. Circa l'8% dei ricoveri negli ospedali è dovuto agli effetti del consumo eccessivo di alcol e oltre il 40% degli incidenti stradali vede coinvolte persone in stato di ebbrezza. In Italia il codice della strada vieta la guida in stato di ebbrezza da uso di bevande alcoliche; chi viola questa norma è punito con la decurtazione di 10 punti sulla patente di guida, raddoppiati se l'infrazione è commessa nei primi cinque anni di possesso della patente. Il limite da non superare, misurabile con uno strumento che rileva l'alcol nell'aria espirata, è di 0,8 g per litro (0,08%). Sotto gli effetti dell'alcol vengono compiuti molti reati violenti.

Effetti sull'organismo dell'alcol (grammi per 100 ml di sangue)	
< 0,05 %	scarsi effetti
0,08 %	rallentamento dei riflessi, disturbi della vista
0,10 %	incoordinazione, disturbi dell'equilibrio
0,15 %	grave rallentamento dei riflessi
> 0,45%	coma con grave pericolo di morte

Gli sportivi generalmente consumano meno alcolici del resto della popolazione, anche se gli atleti di maggior livello talvolta li assumono per ricercarne gli effetti psicologici positivi, presenti già a basse dosi. Gli sport in cui è più diffuso il consumo di alcol sono: tennis, golf, rugby, calcio, sport di tiro. Non vi è tuttavia nessuna dimostrazione scientifica di un miglioramento delle prestazioni psicomotorie dopo l'assunzione di alcolici. Non è nemmeno conveniente per lo sportivo bere alcol a scopo energetico, per i prevalenti effetti negativi che esso produce non appena la dose assunta supera quella consigliata. Va quindi raccomandato allo sportivo un **consumo di alcol non superiore a 50 g al giorno** (1/2 litro di vino o 1 litro di birra o 2 bicchierini di superalcolici), meglio se durante i pasti, evitando di assumerlo prima, durante o subito dopo un allenamento o una gara; questo quantitativo va proporzionalmente ridotto nel sesso femminile e nell'età dello sviluppo. In dosi moderate gli alcolici hanno un effetto preventivo nei confronti delle malattie cardiovascolari.

Fumo e sport

L'abitudine a fumare sigarette, l'altro grande "vizio" della vita moderna largamente diffuso tra la popolazione, si sviluppa generalmente per curiosità, per emulazione (dei compagni, degli amici, del *partner*), per desiderio di sentirsi più adulti o per cercare di calmare lo *stress*. Si stima che in Italia i fumatori siano circa il 32% della popolazione, più gli uomini delle donne, ma con percentuali in calo nei primi e in aumento nelle seconde. Tra i giovani i fumatori sono circa il 22%, più i maschi (31%) delle femmine (19%), la media di consumo è di 10 sigarette al giorno e più dell'80% dei ragazzi inizia a fumare tra i 13 e i 17 anni. Il tabacco è una pianta sudamericana, le cui foglie essiccate venivano già fumate dalle popolazioni precolombiane in riti religiosi. Il **fumo**

del tabacco contenuto in sigarette (97% del consumo totale), sigari e pipe è una miscela volatile composta da gas e corpuscoli, che viene inalata nelle vie aeree tramite il respiro. Tra i gas il più tossico è il **monossido di carbonio**, che passa nel sangue e si lega all'emoglobina in modo molto più forte dell'ossigeno: nel fumatore accanito può ridurre del 15% la capacità di trasporto d'ossigeno del sangue. I tessuti soffrono di carenza di ossigeno e il cuore deve lavorare più intensamente per cercare di compensare il deficit. Si accelera l'invecchiamento dei vasi sanguigni, la pelle si secca, i capelli sono più fragili e calano le forze. La parte corpuscolata del fumo comprende centinaia di sostanze sotto forma di particelle liquide e solide in sospensione, che in base alle dimensioni raggiungono zone più o meno profonde delle vie aeree. Il **catrame**, costituente base dei corpuscoli, è cancerogeno e si deposita sul rivestimento interno del cavo orale, della gola, della laringe e delle successive vie aeree. Colora di giallo i denti, altera il gusto, modifica il tono della voce per irritazione delle corde vocali. Gas e piccole particelle provocano subito dopo l'inalazione uno spasmo bronchiale, che restringe il calibro dei bronchi ostacolando il passaggio dell'aria. La **nicotina** è una sostanza liquida oleosa dalla doppia azione. A basse dosi ha un effetto stimolante sull'attività mentale, sull'umore, sul ritmo del battito cardiaco e sulla pressione arteriosa, che sono tra gli esiti più cercati e graditi dal fumatore. L'azione è molto rapida: in pratica, ogni boccata di fumo è un "colpo" stimolante al cervello. A dosi più alte prevale però l'effetto depressivo, che può essere ancora più forte: 40-60 mg di nicotina, il contenuto medio di 8 sigarette, sarebbero mortali se iniettati tutti insieme in una vena. La nicotina è anche la sostanza che causa la **dipendenza**, cioè l'assuefazione agli effetti del fumo e il bisogno irrefrenabile di ricercarli, simile a quella da droga e da farmaci. La dipendenza dal fumo si chiama **tabagismo**.

Alcuni dati sul tabagismo	
1°	è la droga più diffusa tra i giovani
3	milioni di morti all'anno nel mondo per conseguenze del tabagismo
430 000	i morti annuali negli USA per malattie correlate al tabagismo (più di quelli per droga, alcol, AIDS, omicidi e incidenti tutti insieme)
90 000	i morti annuali in Italia per malattie correlate al tabagismo
90%	i casi di cancro al polmone associati al fumo di sigarette
4	volte più casi di cancro a qualsiasi organo fra i fumatori
5	i minuti di vita persi per ogni sigaretta fumata (mediamente)
8	gli anni di vita in meno nei fumatori (mediamente)
20	gli anni che trascorrono prima della comparsa di danni cronici nell'organismo del fumatore

Gli effetti nocivi del fumo sono tollerati abbastanza bene a riposo, ma peggiorano notevolmente le prestazioni durante uno sforzo fisico, in quanto richiedono un maggiore lavoro respiratorio per ventilare la stessa quantità d'aria, riducono la quantità di ossigeno trasportata dal sangue, limitano la capacità aerobica. Gli sport di resistenza, che si basano sul metabolismo aerobico, sono proprio quelli in cui si soffrono maggiormente le limitazioni dovute al fumo: nuoto, ciclismo, podismo, sci di fondo. La cronica abitudine al fumo causa invece danni irreversibili ai bronchi, ai polmoni, alle arterie e al cuore, i cui effetti non riguardano più solo la capacità di prestazione fisica, ma la salute in senso lato e la possibilità stessa di continuare a vivere. Danni così gravi si manifestano a molti anni di distanza dall'inizio della dipendenza da fumo e si presentano sotto forma di malattie polmonari, cardiache o relative ad altri organi, che non colpiscono soltanto i fumatori. Anche l'immagine del fumatore è socialmente molto più accettabile di quella dell'ubriaco o del drogato, perché corrisponde a persone normalmente attive e ben inserite nella società. Per questi motivi la pericolosità del fumo è stata a lungo sottovalutata. Il fumo è l'unica droga che colpisce anche chi non la assume volontariamente: il **fumo passivo**, cioè l'aria respirata in un ambiente inquinato dal fumo, si è dimostrato dannoso per la salute, anche se in modo proporzionalmente molto minore rispetto al fumo diretto. La legislazione italiana vieta per questo motivo il fumo nei locali aperti al pubblico, fatta eccezione per le zone riservate ai fumatori.

Disegno di un alunno delle scuole medie sui danni del fumo, utilizzato per una campagna di sensibilizzazione.

Malattie causate o peggiorate dal fumo di tabacco
Malattie dell'apparato respiratorio Tumore del polmone Bronchite cronica Enfisema polmonare
Malattie dell'apparato cardiocircolatorio Ostruzione delle coronarie e infarto Arteriosclerosi e ostruzione progressiva delle arterie periferiche Infarto o emorragia cerebrale
Malattie dell'apparato digerente Ulcera dello stomaco e del duodeno Gastrite
Altre patologie Tumori ad altri organi (bocca, laringe, vescica) Aborto Malformazioni congenite Alterazioni del ciclo mestruale

Dieci regole per la salute respiratoria

1. Non fumare!
2. Non fumare in presenza di altre persone, in particolare in presenza di bambini (fumo passivo).
3. Consultare subito il medico di famiglia o lo specialista in caso di tosse persistente, respiro affannoso anche dopo piccoli sforzi, senso di peso toracico.
4. Consultare subito il medico di famiglia o lo specialista in caso di catarro, specie se purulento e in presenza di sangue.
5. Evitare gli ambienti chiusi inquinati, soprattutto nel caso non sia possibile proteggersi con apposite mascherine.
6. Cambiare spesso l'aria negli ambienti domestici; in particolare in presenza di soggetti allergici evitare l'accumulo di polvere e l'esposizione ad allergeni ambientali (polveri) e ad allergeni stagionali (pollini).
7. Frequentare, quando possibile, specie in età pediatrica, in età avanzata e nel caso di soggetti con malattie respiratorie, regioni caratterizzate da un clima e da un ambiente che garantiscano una buona ossigenazione e scarso inquinamento.
8. Nel caso di sbalzi repentini della temperatura, coprirsi adeguatamente per proteggersi dai raffreddamenti.
9. Svolgere attività fisica con regolarità; anche la pratica di uno sport o l'abitudine di camminare quotidianamente per almeno un'ora in ambienti non inquinati giova alla salute e migliora la respirazione.
10. Non ricorrere all'automedicazione, ma consultare tempestivamente il proprio medico, seguendone attentamente le indicazioni; in questo modo anche un soggetto asmatico può praticare attività fisica e sportiva.

La pratica regolare di un'attività sportiva si associa generalmente a una minore dedizione al fumo tra gli adulti (non tra i giovani). Non è dimostrato che la pratica sportiva di per sé abbia un effetto preventivo sul vizio del fumo. È viceversa certo che il fumo ostacoli le principali funzioni fisiologiche sollecitate nell'esercizio fisico, respirazione e circolazione. Le informazioni sanitarie e i risultati dei test da laboratorio e da campo possono pertanto costituire una forte motivazione a non fumare per gli sportivi.

1. Il fumo uccide lentamente e silenziosamente.

2. Se non fumi, avrai più successo nello sport.

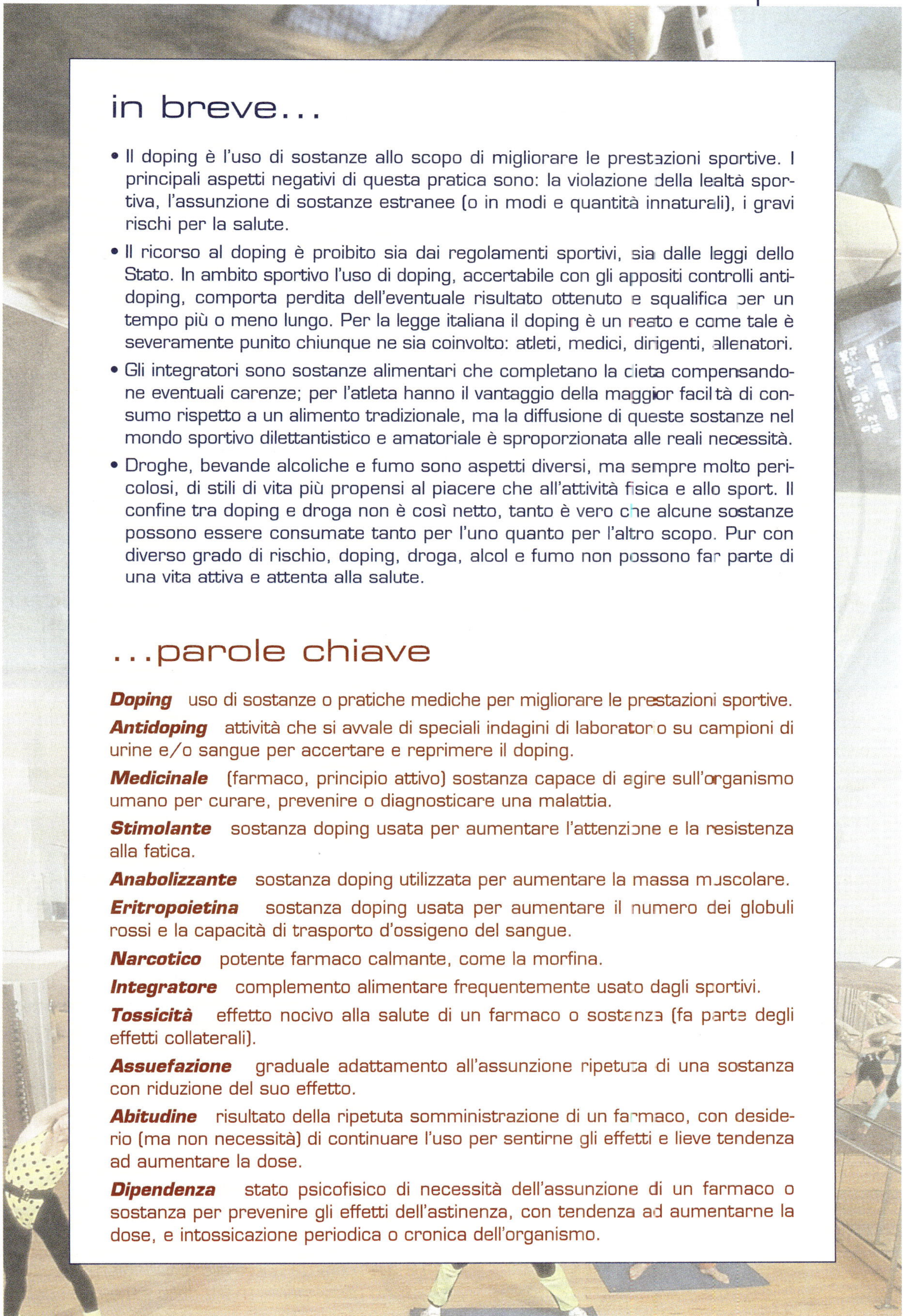

in breve...

- Il doping è l'uso di sostanze allo scopo di migliorare le prestazioni sportive. I principali aspetti negativi di questa pratica sono: la violazione della lealtà sportiva, l'assunzione di sostanze estranee (o in modi e quantità innaturali), i gravi rischi per la salute.
- Il ricorso al doping è proibito sia dai regolamenti sportivi, sia dalle leggi dello Stato. In ambito sportivo l'uso di doping, accertabile con gli appositi controlli antidoping, comporta perdita dell'eventuale risultato ottenuto e squalifica per un tempo più o meno lungo. Per la legge italiana il doping è un reato e come tale è severamente punito chiunque ne sia coinvolto: atleti, medici, dirigenti, allenatori.
- Gli integratori sono sostanze alimentari che completano la dieta compensandone eventuali carenze; per l'atleta hanno il vantaggio della maggior facilità di consumo rispetto a un alimento tradizionale, ma la diffusione di queste sostanze nel mondo sportivo dilettantistico e amatoriale è sproporzionata alle reali necessità.
- Droghe, bevande alcoliche e fumo sono aspetti diversi, ma sempre molto pericolosi, di stili di vita più propensi al piacere che all'attività fisica e allo sport. Il confine tra doping e droga non è così netto, tanto è vero che alcune sostanze possono essere consumate tanto per l'uno quanto per l'altro scopo. Pur con diverso grado di rischio, doping, droga, alcol e fumo non possono far parte di una vita attiva e attenta alla salute.

...parole chiave

Doping uso di sostanze o pratiche mediche per migliorare le prestazioni sportive.

Antidoping attività che si avvale di speciali indagini di laboratorio su campioni di urine e/o sangue per accertare e reprimere il doping.

Medicinale (farmaco, principio attivo) sostanza capace di agire sull'organismo umano per curare, prevenire o diagnosticare una malattia.

Stimolante sostanza doping usata per aumentare l'attenzione e la resistenza alla fatica.

Anabolizzante sostanza doping utilizzata per aumentare la massa muscolare.

Eritropoietina sostanza doping usata per aumentare il numero dei globuli rossi e la capacità di trasporto d'ossigeno del sangue.

Narcotico potente farmaco calmante, come la morfina.

Integratore complemento alimentare frequentemente usato dagli sportivi.

Tossicità effetto nocivo alla salute di un farmaco o sostanza (fa parte degli effetti collaterali).

Assuefazione graduale adattamento all'assunzione ripetuta di una sostanza con riduzione del suo effetto.

Abitudine risultato della ripetuta somministrazione di un farmaco, con desiderio (ma non necessità) di continuare l'uso per sentirne gli effetti e lieve tendenza ad aumentare la dose.

Dipendenza stato psicofisico di necessità dell'assunzione di un farmaco o sostanza per prevenire gli effetti dell'astinenza, con tendenza ad aumentarne la dose, e intossicazione periodica o cronica dell'organismo.

verifiche

Scegli la risposta corretta.

1. Quale di questi termini non rientra nel concetto di doping?

A droga voluttuaria
B violazione sportiva
C reato
D danno alla salute

2. Tra le caratteristiche di un farmaco ci sono indicazioni ed effetti:

A sperati
B controindicati
C collaterali
D inattesi

3. L'antidoping è:

A un antidoto agli effetti del doping
B un esame di controllo
C una campagna contro il doping
D un sostenitore della proibizione del doping

4. Quale di queste definizioni appartiene all'integratore:

A complemento alimentare
B sostanza doping
C complemento dell'allenamento
D potenziatore dell'alimentazione

5. Quale di questi non è tra gli ormoni usati nel doping:

A testosterone
B ormone della crescita
C eritropoietina
D ormone della tiroide

6. Tra le sostanze vietate dalle norme contro il doping si trovano:

A l'alcol
B le erbe officinali
C le vitamine
D la creatina

7. Quale organo metabolizza l'alcol, cioè lo trasforma in altri composti organici?

A il cuore
B il fegato
C il cervello
D il rene

8. Il contenuto percentuale di alcol nei superalcolici è di circa il:

A 10%
B 20%
C 30%
D 40%

9. Quale di queste sostanze non dà dipendenza?

A creatina
B alcol
C nicotina
D cocaina

10. Nel senso più generale del termine, la droga maggiormente diffusa tra i giovani è:

A eroina
B fumo di tabacco
C superalcolici
D ecstasy e altri stimolanti

11. Il fumatore passivo è una persona che:

A fuma senza aspirare
B fuma le sigarette degli altri
C respira involontariamente il fumo di altri
D è indotto a fumare da altri

12. Quale delle seguenti malattie non è correlata al fumo di tabacco?

A tumore del polmone
B infarto cardiaco
C bronchite cronica
D epatopatia cronica

Completa le seguenti frasi scegliendo la risposta esatta tra quelle nella parentesi.

1. Il doping (*è/non è*) solo un fenomeno dello sport moderno.

2. Le sostanze doping spesso (*sono/non sono*) dei medicinali.

3. L'atleta (*può/non può*) rifiutarsi di sottoporsi all'esame antidoping.

4. Per la legge italiana il doping (*è/non è*) un reato penale.

5. Le droghe (*sono/non sono*) comprese nelle sostanze doping.

6. (*Solo/Non solo*) gli atleti di vertice ricorrono a sostanze doping.

7. Gli integratori alimentari (*migliorano/non migliorano*) direttamente la prestazione fisica

8. Un tasso di alcol nel sangue dello 0,08% (*dà/non dà*) rallentamento dei riflessi.

9. È raccomandabile un consumo di alcol (*al di sotto di/almeno di*) 50 grammi al giorno.

10. Nei giovani la percentuale di fumatori è (*superiore/inferiore*) a quella di coloro che bevono abitualmente troppi alcolici.

11. Il catrame del fumo di tabacco (*è/non è*) cancerogeno.

12. Le malattie correlate al tabagismo provocano (*più/meno*) morti delle altre dipendenze.

3

Le attività sportive

ginnastica e ginnastica artistica

Introduzione

L'obiettivo della ginnastica è l'uso completo del corpo e lo sviluppo di tutte le sue potenzialità di flessibilità e forza attraverso esercizi globali che sfruttano le leggi della dinamica e della statica. Grazie a tecniche basate su un vero e proprio studio delle possibilità anatomiche nel movimento e all'impiego di attrezzi, i ginnasti sono in grado di fare evoluzioni che sembrano straordinarie, ma che non sono altro che il frutto di un allenamento specifico e dell'esatta esecuzione di semplici movimenti collegati tra loro.
La Federazione di ginnastica si compone di varie sezioni che rendono questa disciplina ricca e articolata: ginnastica artistica femminile, ginnastica artistica maschile, ginnastica ritmica, ginnastica generale, trampolino, aerobica. In questo capitolo parleremo approfonditamente delle prime tre sezioni mentre, per le altre specialità, ci limiteremo a dare solo alcuni cenni e tutti gli indirizzi necessari per un approfondimento personale.

Origini

In quanto disciplina in grado, non solo di allenare il corpo, ma di formare anche lo spirito, la ginnastica è stata, nel corso dei secoli, oggetto di studio da parte di filosofi, governanti e pensatori di tutto il mondo. Una delle più antiche testimonianze della pratica della ginnastica risale al 269 a.C., ed è un trattato scritto dall'imperatore cinese Huang-Ti, in cui vengono illustrati esercizi, tecniche di preparazione e una dieta. Nell'antica Grecia, la ginnastica riveste un'importanza del tutto particolare, tanto che lo stesso nome – e una parte dell'ordinamento scolastico superiore – deriva dai Ginnasi, luoghi in cui si istruiva-

no i giovani e si riunivano i filosofi. Gli antichi Romani consideravano l'attività fisica determinante per le nuove generazioni, non solo in vista del futuro impegno militare, ma proprio ai fini di una crescita mentale e spirituale della persona. Tutti conosciamo, infatti, il detto «mente sana in corpo sano» arrivato fino ai nostri giorni proprio dall'antica Roma.

La ginnastica, così come la intendiamo oggi, si è sviluppata soprattutto nell'Ottocento grazie al contributo di studiosi svedesi, tedeschi e francesi che, in quegli anni, idearono nuovi attrezzi e nuovi esercizi. Fu lo svizzero Rodolfo Obermann a introdurla in Italia su invito della Reale Casa dei Savoia e, nel 1844, venne inaugurata a Torino la prima scuola del settore, la Società ginnastica, ancora attiva ai giorni nostri. È proprio da questa scuola, inizialmente riservata solo ai militari, poi aperta a tutti i cittadini, che discendono gli attuali Istituti superiori di educazione fisica (ISEF). Nel 1869 nacque la Federazione ginnastica italiana (FGI), la prima organizzazione sportiva a livello nazionale. Cinque anni dopo, a Bologna, un gruppo di società si dissociarono formando la Federazione delle società ginnastiche italiane (FdSGI). Nel 1887 le due organizzazioni si riunirono nella Federazione ginnastica nazionale italiana (FGNI). Dopo vari cambiamenti di sigla e di sede, la denominazione che l'organizzazione delle attività ginniche assunse nel secondo dopoguerra, e che è tuttora valida, è quella di Federazione ginnastica d'Italia (FGdI). Entrando nello specifico settore dell'artistica, possiamo definire la ginnastica una disciplina di grande tradizione acrobatica – tradizione che si è sviluppata dal secondo dopoguerra fino ai giorni nostri – di grande diffusione a livello mondiale e di grande presenza nelle competizioni internazionali e olimpiche. Nei Paesi asiatici questo sport è tra i più praticati, mentre è ancora poco diffuso in aree economicamente arretrate, come quelle del continente africano, a causa dei gravi problemi alimentari e socio-sanitari a cui queste popolazioni devono far fronte e della conseguente mancanza di strutture.

UN PO' DI INGLESE

apparatus	=	attrezzo ginnico
down	=	giù
exercise	=	esercizio
fitness	=	buona forma fisica (idoneità)
gym	=	palestra
gymnastics	=	ginnastica
machine	=	macchina
physical	=	fisico
rhythmical	=	ritmico
rings	=	anelli
step	=	passo
treadmill	=	tappeto mobile
up	=	su
vaulting	=	volteggio

♥♥♥♥ G
♦♦♦ A

INFORMAZIONI SANITARIE

Idoneità sportiva agonistica:
- età inizio attività 8 anni (M/F);
- visita medica tipo B.

Infortuni più frequenti:
- distorsioni;
- infortuni muscolari;
- tendinopatia achillea.

PRATICA DELLO SPORT

FGDI, Federazione Ginnastica d'Italia (1869) – Viale Tiziano 70 – 00196 Roma
tel. 06.36851 (36858177) – fax 06.36858113
www.federginnastica.it
info@federginnastica.it

Campo di gara e attrezzi

Il campo di gara deve essere sufficientemente ampio da contenere tutti gli attrezzi necessari allo svolgimento delle varie specialità maschili e femminili nel rispetto delle fondamentali norme di sicurezza. Tali norme prevedono una distanza fra un attrezzo e l'altro tale da permettere all'atleta di eseguire la sua serie di esercizi in assoluta tranquillità e contemplano per il solo allenatore la possibilità di entrare, per eventuali assistenze, in quello che potremmo definire lo "spazio di sicurezza" dell'attrezzo.
Le discipline maschili e femminili si differenziano per il tipo di attrezzi usati e hanno in comune la sola pedana del corpo libero.

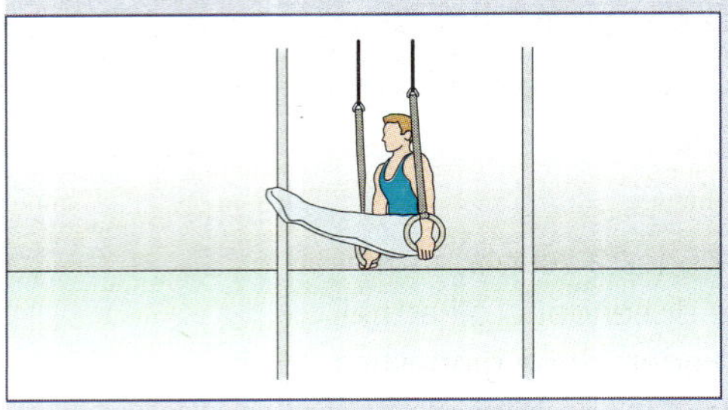

Attrezzi maschili

Gli attrezzi maschili sviluppano la coordinazione, la flessibilità, la capacità di capovolgimento, l'equilibrio e, in modo particolare, la forza attraverso figure in tenuta ed esercizi con leve sfavorevoli. Le specialità sono sei: corpo libero, parallele, sbarra, anelli, cavallo con maniglie, cavallo per il volteggio.

- parallele
- sbarra
- anelli
- cavallo con maniglie
- cavallo per il volteggio

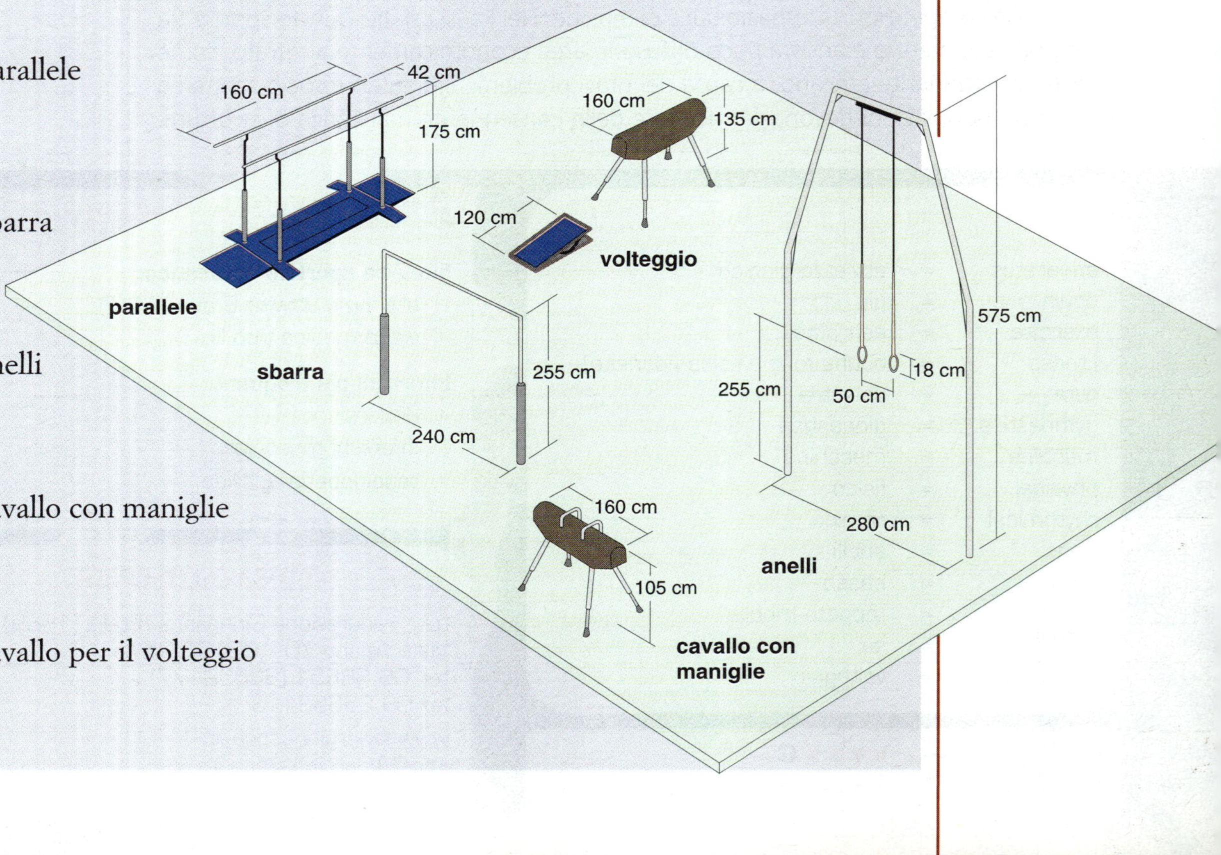

Attrezzi femminili

Gli attrezzi femminili sviluppano la coordinazione, la flessibilità, la capacità di capovolgimento, la forza, l'equilibrio e, in modo particolare, la destrezza, poiché, rispetto agli esercizi maschili, quelli femminili si compongono di sequenze più varie in cui è importante una continua tenuta di corpo. Le specialità sono quattro: corpo libero, parallele asimmetriche, trave, cavallo per il volteggio.

- parallele asimmetriche
- trave
- cavallo per il volteggio
- pedana per il corpo libero (▶ pag. 12)

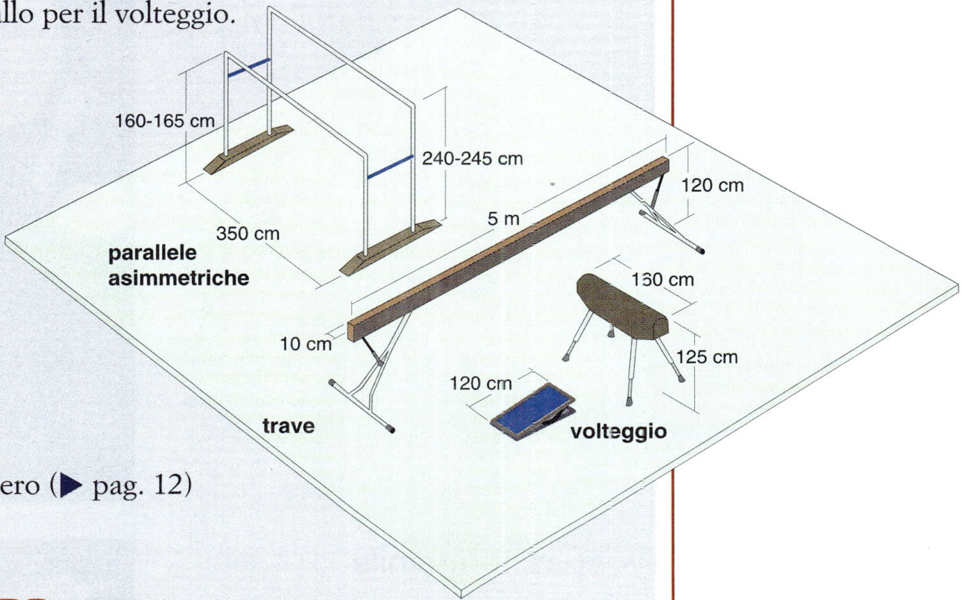

Regole di base

Pur variando notevolmente da sezione a sezione nell'ambito della Federazione, le regole di base della ginnastica hanno come unico obiettivo quello di definire gli aspetti fondamentali su cui viene valutata l'esecuzione di un esercizio e, cioè, ritmo e armonia nel movimento, padronanza e controllo del corpo, difficoltà tecniche dell'esercizio stesso.
Cercheremo di descrivere le norme e le regole comuni per poi approfondire solo in parte le singole differenze, non avendo qui spazio per una spiegazione esaustiva del regolamento. Eventuali curiosità da parte dello studente potranno essere soddisfatte dal sito Internet della Federazione sotto il link "Programma Regolamento", dove è possibile consultare anche la *Griglia dei movimenti*.
L'età minima per il tesseramento, cioè per l'inizio dell'attività come atleti nelle sezioni ginnastica generale, Artistica femminile e Artistica maschile, è di 5 anni, di 8 per l'agonismo, come illustrato in tabella.

Categorie	Artistica femminile	Artistica maschile	Ginnastica generale
Esordienti	da 5 a 7 anni	da 5 a 7 anni	da 5 a 7 anni
Allievi	fino ai 12 anni	da 8 a 14 anni	
Giovanissimi			da 8 a 10 anni
Ragazzi			da 11 a 13 anni
Juniores	da 13 a 15 anni	da 15 a 18 anni	
Giovani			da 14 a 18 anni
Seniores	oltre i 16 anni	oltre i 19 anni	
Senior 1°			da 19 a 30 anni
Senior 2°			da 31 a 40 anni
Senior 3°			da 41 a 50 anni
Senior 4°			oltre i 51 anni

Ginnastica generale

È una sezione in cui si svolgono attività sia individuali, sia di squadra, che possono essere istituzionali o di libera ideazione. Le attività istituzionali si dividono in provinciali, regionali e nazionali e comprendono vari tornei suddivisi in base all'età degli allievi.

Ginnastica artistica femminile

In questa sezione si svolgono attività sia individuali, sia di squadra, suddivise per età e capacità. Le varie gare sono caratterizzate dalle cosiddette "esigenze specifiche" sulle quali viene valutata l'esecuzione della ginnasta. Tali "esigenze" rendono possibili tre tipi di concorso: Concorso 1, Concorso modificato A e Concorso modificato B. Tutte le attività di campionato si dividono, inoltre, in provinciali, regionali e nazionali e comprendono vari tornei.

Esigenze specifiche					
Trave	Concorso 1		Concorso modificato "A"		Concorso modificato "B"
1	Collegamento acrobatico di 2 elementi con fase di volo di cui almeno 1 deve essere un salto o rov. lib. sulla trave	1	Collegamento acrobatico di 2 elementi con fase di volo di cui almeno 1 deve essere un salto o rov. lib. sulla trave	1	Collegamento acrobatico di 2 elementi con fase di volo di cui almeno 1 deve essere un salto o rov. lib. sulla trave
2	Una serie artistica o mista diretta, minimo con due elementi	2	Una serie artistica o mista diretta, minimo con due elementi	2	Una serie artistica o mista diretta, minimo con due elementi
3	Un giro di 360° su di un piede o ginocchio	3	Un giro di 360° su di un piede o ginocchio	3	Un giro di 360° su di un piede o ginocchio
4	Un salto artistico con divaricata gambe di 180°	4	Un salto artistico con divaricata gambe di 180°	4	
5	Uscita di valore minimo "C"	5	Uscita di valore minimo "B"	5	Uscita di valore minimo "B"

Ginnastica artistica maschile

Anche nella sezione maschile le attività possono essere sia individuali, sia di squadra. Le competizioni sono suddivise per età e capacità. Il programma tecnico delle varie categorie viene redatto sulla base delle specifiche espresse dagli *Esercizi obbligatori da 7-8-9 punti*, dalla *Griglia dei movimenti* o dall'*Indicazione per gli esercizi facilitati*. Le competizioni si dividono in provinciali, regionali e nazionali e comprendono vari tornei.

Arbitri e penalizzazioni

Gli ufficiali di gara si dividono in Giudici regionali, nazionali e internazionali. Hanno il compito di valutare l'esecuzione degli esercizi e devono, quindi, essere aggiornati tecnicamente e osservare i regolamenti. Ogni giuria di gara si compone di due diverse sezioni: **giuria A** (due giudici in tutto) e **giuria B**. Quest'ultima è costituita da due giudici per attrezzo nelle gare regionali, quattro nelle gare nazionali e sei nelle gare internazionali. Il punteggio espresso dalla giuria B corrisponde alla media dei voti di tutti i giudici che la compongono, ottenuta scartando il voto più alto e quello più basso. La giuria A stabilisce il valore dell'esercizio in base:

1. alla presenza o all'assenza (intesa come penalità) di tutti gli elementi che soddisfano le esigenze specifiche;
2. agli *abbuoni*, cioè alla presenza di difficoltà aggiuntive;
3. ai *collegamenti* usati tra i vari elementi.

Esempio di punteggio

– A Punteggio	p 8.80	
– Difficoltà richieste mancanti	0.00 -	
– Esigenze specifiche mancanti	0.20 -	
– Abbuoni per collegamenti e D supp.	0.60 +	
	9.20	**Punteggio giuria A** Nota di partenza
– B Penalità		
– composizione ed esecuzione	0.45 -	
– Valore artistico (trave e corpo libero)	0.20 -	
	0.65	**Punteggio giuria B**

Il punteggio della giuria B è calcolato sulla media dei quattro (4) o sei (6) punteggi (penalità)

p 8.55 Punteggio finale

Esempio di calcolo del punteggio finale.

Il voto massimo per ogni esercizio è di 10 punti divisi in centesimi.
La giuria B valuta, invece, l'*esecuzione tecnica* dell'esercizio, registrandone gli eventuali errori, la *tenuta di corpo* durante l'esercizio e i *falli di composizione*.
Il **punteggio finale** è dato dal punteggio della giuria A meno il punteggio di penalità della giuria B.

Giuria A	NP = p 9.30						
Giuria B	penalità						
	Giudici	B1	B2	B3	B4	B5	B6
Esecuzione		0.70	0.70	0.60	0.65	0.60	0.55
Artisticità		0.30	0.30	0.30	0.20	0.20	0.15
Totale penalità		**1.00**	**1.00**	**0.90**	**0.85**	**0.80**	**0.70**
			x	x	x	x	
Punteggio		8.30	8.30	8.40	8.45	8.50	8.60
			x	x	x	x	

Punteggio finale = 33.65 : 4 = **p 8.4125**

Esempio di calcolo del punteggio dato dalla giuria B.

Per valutare l'esercizio, i giudici della giuria A si avvalgono di tabelle, quali la Griglia dei movimenti, in cui a ogni singolo movimento è assegnato un valore in centesimi. Alla somma di questi valori che determina la Nota di partenza (NP), i giudici della giuria B sottraggono, invece, le penalizzazioni calcolate attraverso tre distinte tabelle:

1. **tabella dei falli generali**, che valuta i movimenti non completati, la tenuta di corpo, la flessibilità, le esitazioni d'esecuzione, l'esecuzione dell'uscita, l'eventuale utilizzo di un'assistenza;
2. **tabella per falli di composizione specifica per ogni attrezzo**, con penalità concernenti l'uso dello spazio a disposizione (più o meno completo), la distribuzione nella composizione dell'esercizio (più o meno creativa e variata), la progressione della difficoltà e il valore dell'uscita;
3. **tabella per i falli specifici di esecuzione per ogni attrezzo**, che valuta l'esecuzione dinamica dell'esercizio, la leggerezza nei movimenti, il ritmo, il tempo e, per alcuni attrezzi, l'interpretazione artistica e l'espressività.

Queste penalità oscillano, nella ginnastica maschile, da 0,10 a 0,50 (errore piccolo 0,10; medio 0,20; grande 0,30; caduta 0,50); nella ginnastica femminile da 0,05 a 1,00 (errore piccolissimo 0,05; piccolo 0,10; medio 0,20; grande 0,30; molto grande da 0,50 a 1,00).

Il Presidente di giuria dell'attrezzo, dopo essersi consultato con il Presidente di giuria della gara, può dare, inoltre, una penalizzazione sulla base della **tabella di penalizzazione per infrazioni di comportamento** sul campo di gara. Infrazioni di comportamento potrebbero essere, ad esempio, non salutare la giuria all'inizio e alla fine dell'esercizio (0,20) o salire sull'attrezzo senza autorizzazione (0,20).

Alle Olimpiadi e nelle competizioni mondiali, i concorsi sono disputati a squadre. Ogni nazione può presentare una squadra composta da 4 o 6 atleti che devono gareggiare su tutti gli attrezzi. Vince la squadra che totalizza più punti. Al concorso a squadra si abbina il concorso generale, al quale partecipano i 36 migliori ginnasti del primo concorso che, anche in questo caso, devono gareggiare su tutti gli attrezzi. Infine, c'è il concorso di specialità in cui i 36 ginnasti che hanno ottenuto il miglior punteggio al singolo attrezzo conquistano il titolo di specialità. Nel concorso a squadre gli atleti presentano esercizi obbligatori, stabiliti dalla Federazione, ed esercizi liberi, ideati dal singolo o dalla singola atleta sulla base degli standard di difficoltà richiesti dal regolamento. Questo è uno dei momenti più spettacolari di tutta la gara.

Specialità femminili e maschili

Gli esercizi delle specialità femminili e maschili contengono vari elementi: slanci, posizioni statiche di forza, posizioni statiche d'equilibrio, esercizi di forza, collegamenti, volteggi, piroette, salti. Eccone una breve descrizione.

Esempio di posizione statica di forza agli anelli.

Slanci

Si eseguono con un'accelerazione dei movimenti e servono per la preparazione dei volteggi.

Posizioni statiche di forza

Posizioni mantenute attraverso contrazioni di tipo isometrico, cioè, con aumento del tono muscolare ma senza modificazioni della lunghezza del muscolo.

Posizioni statiche d'equilibrio

Posizioni mantenute su un poligono d'appoggio minimo o non naturale, ad esempio, su un solo piede, sulla punta del piede o, nel caso della verticale, sulle mani.

Esercizi di forza

Esercizi eseguiti molto lentamente in modo da non sfruttare né l'elasticità del muscolo, né l'inerzia dei movimenti precedenti. Si utilizza esclusivamente la forza dei muscoli coinvolti. L'obiettivo è il raggiungimento di posizioni statiche.

Collegamenti

Movimenti inseriti tra i diversi elementi acrobatici per dare all'esercizio continuità e ritmo.

Volteggi

Elementi in cui, tramite abbandono della presa, avviene il distacco dall'attrezzo seguito da una fase di volo e, infine, da una nuova presa di contatto.

Piroette e avvitamenti

Elementi in cui avviene la rotazione del corpo intorno al proprio asse longitudinale. Le piroette vengono eseguite in appoggio su un piede, su un ginocchio o sul bacino. Gli avvitamenti vengono eseguiti in fase di volo, cioè nei volteggi o in uscita da un attrezzo.

Salti

Movimenti di preparazione o collegamento tra elementi acrobatici, eseguiti sulla trave o nel corpo libero. Si tratta di slanci semplici, o uniti ad altri elementi (ad esempio, la spaccata), in cui l'atleta stacca da terra o dall'attrezzo entrambi i piedi.

Specialità femminili

Volteggio

Il cavallo usato nell'artistica femminile ha un'altezza di 1,25 m ed è disposto trasversalmente alla rincorsa. In gara, la ginnasta ha l'obbligo di annunciare il numero del volteggio che ha intenzione di eseguire. Nella valutazione dell'esercizio vengono prese in considerazione tutte le fasi a esclusione della rincorsa. Ogni errore di esecuzione, o la non corrispondenza del volteggio con il numero annunciato, determina una perdita in centesimi rispetto ai 10 punti di massima valutazione.

Fasi del volteggio
1. Rincorsa.
2. Arrivo in pedana.
3. Prima fase di volo.
4. Ribaltata avanti.
5. Giro intero intorno all'asse longitudinale durante la seconda fase di volo.
6. Arrivo a terra.

Tecnica Il volteggio è un'evoluzione in cui l'atleta supera il cavallo con un salto. L'inserimento di elementi acrobatici in entrata e in uscita lo rendono una specialità veramente complessa e molto spettacolare. Per facilitarne, dunque, la comprensione possiamo individuare sei fasi: rincorsa, arrivo in pedana, primo volo, fase d'appoggio, secondo volo, arrivo.

Trave

La trave è un attrezzo che esalta le doti di equilibrio. La durata dell'esercizio è di un minuto e mezzo, e, in caso di caduta, l'esecuzione deve essere ripresa entro 10 secondi. Perché sia regolamentare un esercizio alla trave deve contenere:

- **elementi ginnici**, cioè, passi di marcia, passi di corsa, saltelli, salti e piroette;
- **elementi d'equilibrio**, in posizione seduta ed eretta, in posizione distesa, prona e supina;
- **elementi acrobatici**, nelle direzioni avanti, indietro e laterale, senza o con fasi di volo, di forza;
- **elementi coreografici**, onde del corpo.

Tecnica Tre sono le caratteristiche fondamentali di un buon esercizio alla trave: continuità, armonia e difficoltà tecnica. In esso troveremo, dunque, elementi acrobatici e coreografici più o meno complicati ed estrosi conformemente al bagaglio tecnico, al temperamento e alla capacità espressiva della ginnasta. In un esercizio alla trave possiamo individuare tre fasi: entrata sull'attrezzo, evoluzioni, uscita dall'attrezzo.

Parallele asimmetriche

Questo attrezzo esalta le doti di destrezza, forza e tempismo attraverso evoluzioni in cui si eseguono giri dello staggio in presa singola o doppia, passaggi da una staggio all'altro e fasi di volo con abbandono e ripresa dello staggio. In base al regolamento, è possibile eseguire sullo stesso staggio non più di quattro elementi consecutivi; dal quarto elemento in poi, la ginnasta deve uscire o toccare l'altro staggio. Sempre da regolamento, sono richiesti gli elementi sotto elencati:

- **elementi di slancio alla verticale**, slanci in avanti o indietro con arrivo in verticale sullo staggio;
- **elementi di rotazione attorno all'asse trasversale**, salti giro di passaggio da uno staggio all'altro o con ritorno sullo stesso staggio;
- **elementi di rotazione attorno all'asse longitudinale**, piroette di passaggio da uno staggio all'altro o con ritorno sullo stesso staggio;
- **elementi d'appoggio**, appoggi ventrali e sedute (a gambe tese, divaricate e unite);
- **elementi di planche**, elementi eseguiti con il corpo in distensione;
- **contro movimenti**, cambi di impugnatura e di rotazione con elementi in volo;
- **kippe**, slanci del corpo flesso o articolazioni chiuse con improvvise distensioni e aperture, in doppio appoggio.

Tecnica Come per tutte le altre specialità della ginnastica artistica, anche per le parallele asimmetriche parliamo di *ritmo esecutivo* sottolineandone l'importanza fondamentale. Una qualsiasi perdita in termini di ritmo di esecuzione metterebbe in forse la continuazione stessa dell'esercizio, dato che molti elementi sono realizzabili solo grazie alla spinta e all'energia inerziale acquisita nei passaggi precedenti. Obiettivo dell'allenamento è, dunque, arrivare a un'esecuzione leggera e naturale in cui si fondano armoniosamente elementi acrobatici e coreografici.

L'esercizio alle parallele è suddivisibile in tre fasi: entrata sull'attrezzo, evoluzioni, uscita dall'attrezzo.

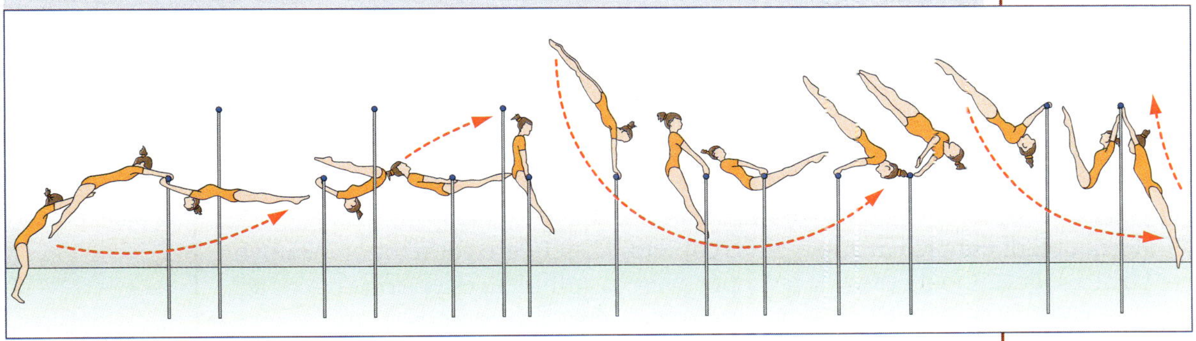

Corpo libero

Gli esercizi del corpo libero vengono eseguiti su una pedana di 12 × 12 m, hanno una durata massima di 90 secondi e sono accompagnati da un brano musicale senza cantato. Il cronometro parte nell'istante in cui inizia la musica e viene bloccato quando l'accompagnamento musicale si interrompe; a questo punto, l'atleta saluta la giuria in stazione eretta, a gambe unite e braccia aperte. Gli esercizi del corpo libero devono contenere:

- **elementi acrobatici**, cioè, verticali, capovolte avanti e indietro, elementi con appoggio delle mani con o senza fasi di volo, serie acrobatiche con almeno due salti, movimenti avanti, indietro e laterali;
- **elementi di danza**, cioè saltelli, salti, balzi su una sola gamba e piroette.

Gli elementi acrobatici del corpo libero, adattabili ai vari attrezzi e identici a quelli della ginnastica maschile, sono: capovolta avanti e indietro, ponte, verticale, ruota, rondata, ribaltata, flic-flac. Tale successione corrisponde anche alla progressione didattica necessaria per il loro apprendimento.

Capovolta avanti

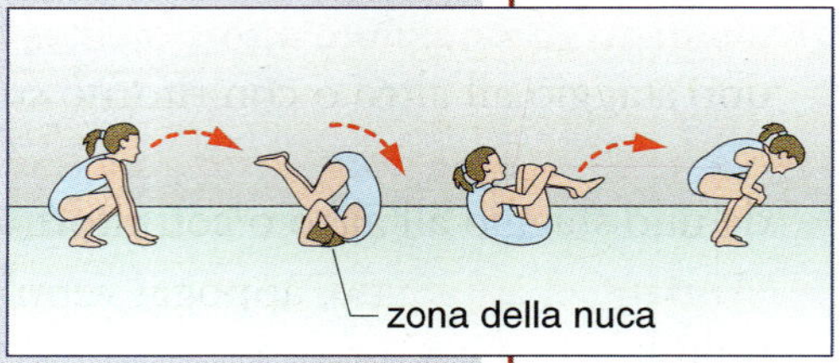

Questo elemento e il successivo determinano un giro completo del corpo attorno al suo asse trasversale, con contrazione dei muscoli flessori del busto e distensione dei muscoli estensori. La partenza più facile per la capovolta è dalla stazione eretta a piedi paralleli; da questa posizione si passa alla massima raccolta degli arti inferiori con le braccia distese e le mani in appoggio a lato dei piedi. Sbilanciare poi il peso in avanti, iniziare a piegare le braccia, flettere il capo e distendere le gambe avanzando e innalzando il bacino. Il superamento del punto d'appoggio delle mani da parte del baricentro determinerà il *rotolamento sul dorso*. Il contatto con il suolo inizia nella zona della nuca.

Capovolta indietro

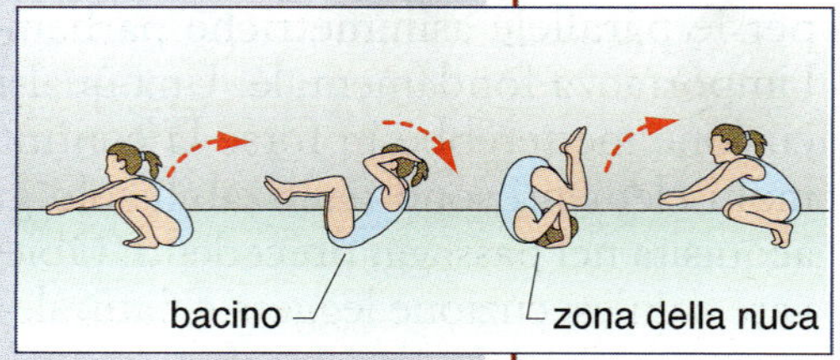

Come per l'elemento precedente, si parte dalla stazione eretta a piedi paralleli per passare alla massima raccolta degli arti inferiori. Il peso viene sbilanciato all'indietro mantenendo costante il piegamento delle gambe. Il superamento del punto d'appoggio da parte dei talloni determina il rotolamento sul dorso. Il contatto con il suolo inizia dal bacino. Durante il rotolamento, gli arti superiori sono piegati, e le mani in appoggio al lato del capo e sopra le spalle con i pollici all'interno.

Ponte o arco dorsale

Questo elemento, che determina la contrazione dei muscoli estensori del busto e la distensione dei muscoli flessori, fa parte delle spinte. Si tratta di una *spinta doppia degli arti superiori e inferiori*. Si parte dalla posizione supina, arti superiori e inferiori piegati, mani in appoggio al lato del capo e sopra le spalle, pollici all'interno, piedi paralleli in appoggio completo. Distendere contemporaneamente gli arti sollevando il busto da terra per avere la completa estensione del dorso.

Verticale

Elemento che fa parte delle *spinte degli arti superiori* e in cui si ha un completo rovesciamento del corpo. Dalla stazione eretta, piedi paralleli, flettere in avanti il busto portando le braccia in alto. Nel momento di contatto mani-suolo (mani parallele e tenute a larghezza spalle), slanciare una gamba all'indietro e in alto; quando il piede si allinea alla mano corrispondente e le articolazioni intermedie sono distese, slanciare anche l'altra gamba e spostare il bacino sopra le spalle. La verticale è raggiunta quando i piedi sono in linea con le mani, le gambe sono parallele, e gli arti superiori in spinta forniscono il sostegno necessario per mantenere la posizione.

Ruota

In questo elemento, che fa parte delle *spinte*, avviene il giro completo del corpo attorno al proprio asse sagittale con appoggio successivo di piedi e mani. Dalla stazione eretta, slanciare simultaneamente una gamba e le braccia in alto e seguire con lo sbilanciamento laterale del busto nella direzione della gamba di slancio. Una volta appoggiata a terra la prima mano, distendere la seconda gamba, ancora in appoggio, e staccare il piede spingendo il busto in verticale in modo da appoggiare anche la seconda mano. Continuare la rotazione finché piedi e mani non sono tornati nella posizione di partenza. Terminare in stazione eretta.

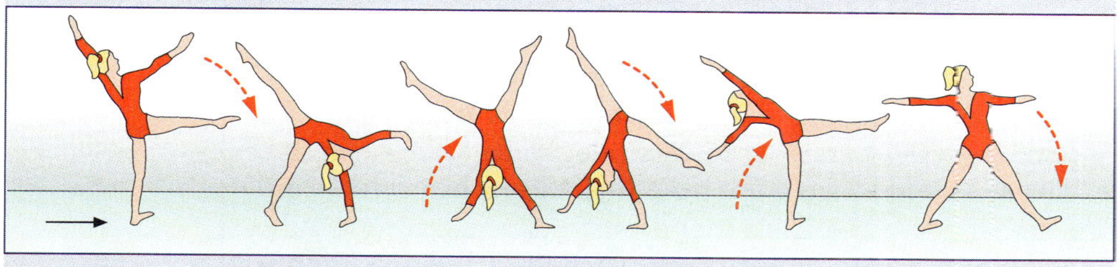

Rondata

Variante della ruota, si differenzia da quest'ultima perché attua due diverse rotazioni, una intorno all'asse sagittale e un quarto di rotazione intorno all'asse longitudinale. La fase iniziale di questo elemento, che fa sempre parte delle spinte, è identica a quella della ruota; cambia, invece, l'appoggio della seconda mano, che viene ruotata all'interno tra i 45 e i 60 gradi. Questo fa sì che il corpo subisca, nel momento di riunione delle gambe, una rotazione di un quarto di giro intorno all'asse longitudinale e, in fase di arrivo, un'inversione di 45 gradi rispetto alla direzione iniziale di rotazione.

Ribaltata

Elemento acrobatico di base, è formato dall'unione di verticale e ponte. Si tratta, in pratica, di un *ponte svolto in velocità* passando per la verticale, da non confondere con l'elemento verticale-ponte che viene, invece, eseguito lentamente e senza rincorsa. Dalla stazione eretta, dopo una breve rincorsa, eseguire un pre-salto in avanti spezzando il corpo all'altezza del bacino e mantenendo busto e braccia, distese in alto, perfettamente allineati. Appoggiare le mani a terra e spingere con le braccia per determinare l'effetto rimbalzo con cui iniziare il ribaltamento. Passando per la verticale, continuare il ribaltamento in arco dorsale per arrivare, a piedi uniti, di nuovo in stazione eretta.

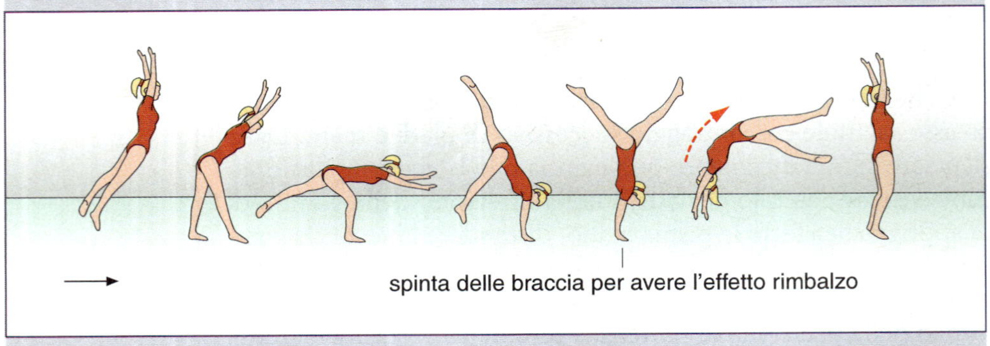

Flic-flac

Elemento acrobatico di base che presenta una certa difficoltà perché viene eseguito all'indietro. Potremmo definirlo una ribaltata al contrario, dato che prima si esegue il ponte e poi si passa per la verticale. Dalla stazione eretta, piegare le gambe, distendere le braccia in alto e inclinare il busto in avanti mantenendo le braccia allineate. Slanciare poi il busto all'indietro, a gambe piegate, mantenendo l'allineamento delle braccia. Quando il busto è in linea con le cosce ed è completamente sbilanciato, distendere velocemente gli arti inferiori e proiettare il corpo in fase di volo in arco dorsale, mantenendo lo sguardo rivolto alle mani e il capo flesso all'indietro. Toccato il suolo, spingere a braccia tese e allineare progressivamente busto e gambe passando per la verticale. Grazie alla spinta delle braccia, le mani si staccano dal suolo, e inizia, quindi, una nuova fase di volo, in cui il corpo si spezza al livello del bacino orientando verso terra la traiettoria dei piedi. In fase di atterraggio, piegare gli arti inferiori per ammortizzare l'impatto e rallentare la velocità di arrivo. Distendere le gambe e tornare in stazione eretta.

Specialità maschili

Volteggio

Il cavallo usato nella ginnastica artistica maschile è alto 1,35 m ed è disposto in lungo rispetto alla rincorsa. In gara, il ginnasta ha l'obbligo di annunciare il numero del volteggio che ha intenzione di eseguire. Nella valutazione dell'esercizio vengono prese in considerazione tutte le fasi a eccezione della rincorsa. Ogni errore di esecuzione, o la non corrispondenza del volteggio con il numero annunciato, determina una perdita in centesimi rispetto ai 10 punti di massima valutazione.

1. Stacco dalla pedana con un ribaltamento avanti del corpo;
2. con forte spinta delle mani, abbandonare il cavallo con corpo teso e quindi passare a corpo carpiato;
3. ritornare a corpo teso eseguendo, simultaneamente, 1/2 giro intorno all'asse longitudinale del corpo;
4. arrivo a terra.

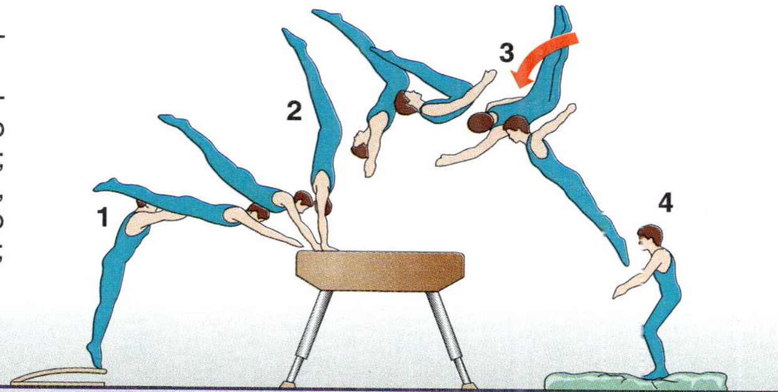

Tecnica Il volteggio maschile ha una tecnica pressoché identica a quella del volteggio femminile; l'unica differenza consiste nella maggior durata del primo o del secondo volo, dato che il cavallo è disposto in lungo e viene, quindi, saltato secondo il suo asse longitudinale.

Anelli

Gli anelli sono un attrezzo molto impegnativo nel quale, a notevoli doti di forza negli arti superiori, è necessario abbinare una corretta tecnica di esecuzione. Sono posti a 2,55 m da terra e a una distanza di 50 cm l'uno dall'altro. In questo attrezzo le posizioni di forza devono essere mantenute per almeno 2 secondi, quando possibile, a braccia tese; non si possono incrociare le funi, e, nella valutazione degli esercizi, gli elementi ripetuti non vengono presi in considerazione dalla giuria A. Ogni passaggio da una posizione statica di forza (2 secondi) a un'altra posizione statica di forza (2 secondi), di difficoltà minima D, determina l'attribuzione di un abbuono.

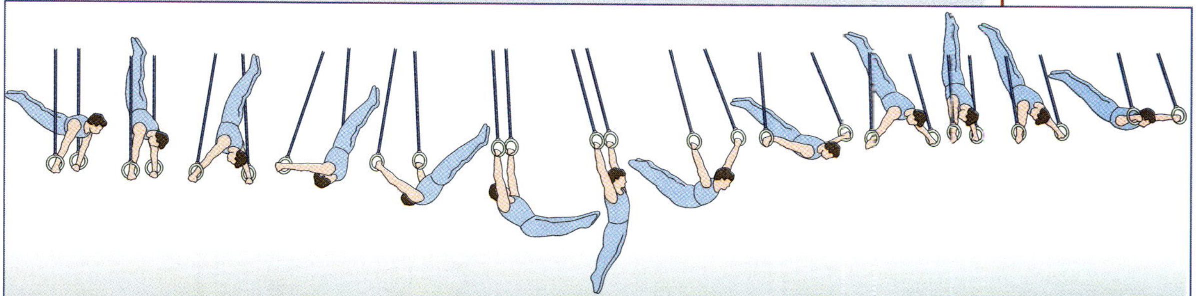

Tecnica Gli esercizi agli anelli, che hanno nel cingolo scapolo-omerale il centro motore di tutte le azioni, vengono realizzati grazie alle capacità di forza, di equilibrio e alla tempistica degli slanci del ginnasta. Le strutture dinamiche fondamentali in cui si può suddividere un esercizio sono: oscillazioni; tenute e momenti di forza; rotazioni; momenti d'equilibrio.

Cavallo con maniglie

Tipicamente d'appoggio e molto impegnativo, quest'attrezzo, alto 1,05 m, richiede una grande capacità di forza negli arti superiori e una scioltezza altrettanto grande a livello di articolazione coxo-femorale. Gli esercizi al cavallo con maniglie devono mostrare continuità di esecuzione ed essere composti solo da elementi di slancio collegati tra loro senza pause. Movimenti pendolari e forbici devono essere eseguiti mantenendo una divaricazione continua e marcata delle gambe, mentre tutti gli elementi passanti per la verticale saranno effettuati a braccia tese e senza pause percepibili. Si possono ottenere degli abbuoni se si utilizza una sola maniglia nell'esecuzione dei vari elementi.

Tecnica Due sono i tipi di movimenti fondamentali da cui derivano tutti gli altri movimenti: i movimenti pendolari e i movimenti circolari. La dinamica degli esercizi è dovuta all'azione degli arti superiori che spingono sulle maniglie del cavallo, assecondando i movimenti degli arti inferiori, e alla posizione del baricentro del ginnasta che, idealmente, deve trovarsi sempre al centro tra le due maniglie.

Parallele

Le parallele della ginnastica artistica maschile sono alte di 1,75 m. L'entrata può essere, quindi, effettuata con rincorsa e con l'utilizzo di una pedana ma

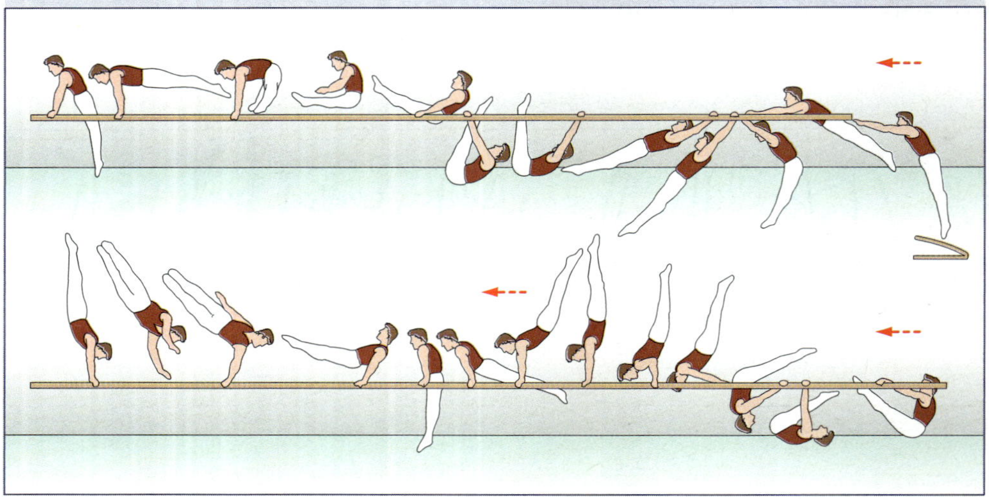

deve, comunque, partire dalla stazione eretta con stacco simultaneo dei piedi da terra. L'esercizio, che ha inizio nel momento di stacco dei piedi, deve includere almeno un elemento di difficoltà minima B per ogni gruppo di elementi e un'uscita di difficoltà minima C; può avere tre pause di massimo 1 secondo, e le posizioni statiche devono essere tenute almeno per 2 secondi.

Tecnica Le parallele permettono una grande varietà nella composizione degli esercizi; è, infatti, possibile eseguire elementi di forza, slanci, sospensioni, cambi, rotazioni e sospensioni appoggio. A livello didattico si parte dalle oscillazioni, che possono essere in appoggio brachiale o in appoggio a braccia ritte.

Sbarra

Attrezzo, posto a 2,55 m da terra, in cui si ha il massimo sviluppo delle capacità di slancio del ginnasta. Si parte dalla stazione eretta, andando in sospensione con un salto o con l'aiuto di un assistente. L'esercizio, che ha inizio nel momento di stacco dei piedi, deve essere composto da slanci continui, cioè senza pause o interruzioni; gli elementi con slancio in posizione distesa devono sempre terminare in verticale sulla sbarra, e gli elementi con fase di volo devono elevarsi, in modo netto, al di sopra di essa; deve essere incluso almeno un elemento di difficoltà minima B per ogni gruppo di elementi, e l'uscita deve essere di difficoltà minima C.

Tecnica Gli esercizi alla sbarra sono governati dalla stessa legge fisica che regola il moto dei corpi rotanti vincolati a un fulcro. In base a questa legge, più il braccio della leva è lungo – in altre parole, più ci si allontana dal fulcro – più si acquista velocità. Modificando le posizioni del corpo, il ginnasta modifica, dunque, la lunghezza del "braccio della leva" e, di conseguenza, la velocità di rotazione. I tre elementi fondamentali della tecnica alla sbarra sono l'*oscillazione*, la *rotazione* e il *cambio di fronte*.

Corpo libero

Come per la sezione femminile, gli esercizi a corpo libero vengono eseguiti su una pedana di 12 × 12 m. Il tempo massimo di esecuzione è di 70 secondi, scanditi da un cronometro che parte nell'istante in cui il ginnasta muove il primo piede. Si inizia e si termina in stazione eretta: finita la sua esecuzione, il ginnasta saluta la giuria dell'attrezzo. Nella composizione degli esercizi si devono seguire i criteri stabiliti dal regolamento: sono richiesti, infatti, elementi di forza, di equilibrio, combinazioni coreografiche, movimenti in souplesse e verticali.

Tecnica Per la descrizione della tecnica rimandiamo al corrispondente paragrafo delle specialità femminili (▶ pag. 280); ci limiteremo a mostrare, con alcune illustrazioni, alcune composizioni degli elementi del corpo libero maschile che, a causa dell'alto grado di difficoltà, risultano difficilmente riproducibili in ambito scolastico.

Ribaltata e salto avanti flesso

Rondata e flic-flac

Giochi per iniziare

Se i percorsi proposti risultassero, nel complesso, troppo impegnativi si può iniziare utilizzandone solo una parte o allenando i singoli elementi descritti.

Percorso ginnico con attrezzi maschili e femminili

Dal punto di partenza, rincorsa, battere sulla pedana ed eseguire un volteggio con il cavallo di traverso conformemente alle proprie capacità. Arrivo dal volteggio, capovolta avanti, verticale e capovolta; salire sulla trave, quattro passi, figura d'equilibrio su un piede, quattro passi e scendere; ruota e, infine, capovolta avanti agli anelli bassi. Dividere i ragazzi in due squadre e calcolare il tempo di esecuzione del percorso per ciascuna squadra. Vince la più veloce; penalità di 2 secondi per mancata esecuzione o esecuzione scadente dei vari elementi.

Percorso ginnico a corpo libero

Partenza, slalom tra quattro clavette disposte in linea a 1 metro di distanza l'una dall'altra, capovolta avanti; alzarsi in piedi e rimanere in equilibrio su un piede per 3 secondi; ruota a destra, ruota a sinistra e verticale-ponte (o capovolta); sdraiarsi in posizione supina e rotolare 5 volte sul lato destro; rialzarsi, breve rincorsa, rondata e flic-flac (o salto indietro e capovolta indietro); giro su un piede, rincorsa e ribaltata (o capovolta tuffata, o 3 capovolte avanti di seguito); arrivo al punto di partenza. Compiere al massimo 3 giri di seguito o gareggiare a tempo in singolo; abbuono di 10 secondi per la verticale-ponte, di 35 secondi per il flic-flac, di 30 secondi per la ribaltata.

Percorso ginnico con attrezzi maschili

Salto, impugnare la sbarra, oscillare e andare in appoggio ritto; uscire e, dopo l'arrivo, verticale e capovolta; salto, entrare alle parallele e sedersi a gambe divaricate; capovolta avanti, 4 oscillazioni in appoggio brachiale, sedersi a gambe divaricate, 4 oscillazioni in appoggio a braccia ritte e uscita laterale; arrivo, ruota a destra, salto, rincorsa e volteggio conformemente alle proprie capacità; arrivo, mezzo giro, capovolta indietro, mezzo giro, ruota a sinistra; salire al cavallo con maniglie in appoggio frontale, 4 oscillazioni, uscita.

Percorso ginnico con attrezzi femminili

Dal punto di partenza, fare una capovolta in avanti, alzarsi e salire sulla trave, girare su se stessi e fare sei passi indietro ed eseguire figura d'equilibrio, poi quattro passi in avanti (chi riesce quattro saltelli) e scendere. Rincorsa, battere ed eseguire un volteggio con il cavallo traverso con la pedana elastica, secondo le proprie capacità. Arrivo dal volteggio, verticale e capovolta, ruota, spostarsi alle parallele asimmetriche, mettersi in sospensione allo staggio alto con un piede in appoggio allo staggio basso, in spinta arrivare in appoggio allo staggio alto, scendere e dopo una piccola rincorsa, fare rondata e flic-flac (o salto indietro e capovolta indietro).

ginnastica ritmica

Origini

La ginnastica ritmica moderna nacque all'inizio dell'Ottocento a opera di Jacques Dalcroze che, partendo dalla danza, ideò una nuova disciplina costituita da esercizi con attrezzi o a corpo libero, eseguiti su base musicale. Fu lo stesso Dalcroze a definire "ritmica" questa danza sportiva che suscitò immediatamente un grande interesse a livello mondiale. In Italia, la sua diffusione si è avuta grazie all'insistente opera di promozione portata avanti dagli insegnanti di Educazione fisica e dall'Istituto di educazione fisica di Roma che, nel 1955, riuscì a farla inserire nei programmi scolastici. Nel 1970 si disputarono i primi campionati nazionali e, nel 1984, a Los Angeles, la ginnastica ritmica divenne disciplina olimpica.

Campo di gara e attrezzi

Il campo di gara è costituito da una pedana in moquette di 13 × 13 m: al suo interno le ginnaste (poiché si tratta di uno sport solo femminile) eseguono esercizi a corpo libero o con attrezzi quali fune, palla, clavetta, nastro e cerchio.

Pedana
Il soffitto deve essere alto almeno 8 m, in modo che gli attrezzi possano essere lanciati il più in alto possibile.

Fune In materiale plastico (ad esempio, Perlon intrecciato) o in canapa, ha una lunghezza proporzionale all'altezza della ginnasta e può essere di un qualsiasi colore o variopinta.

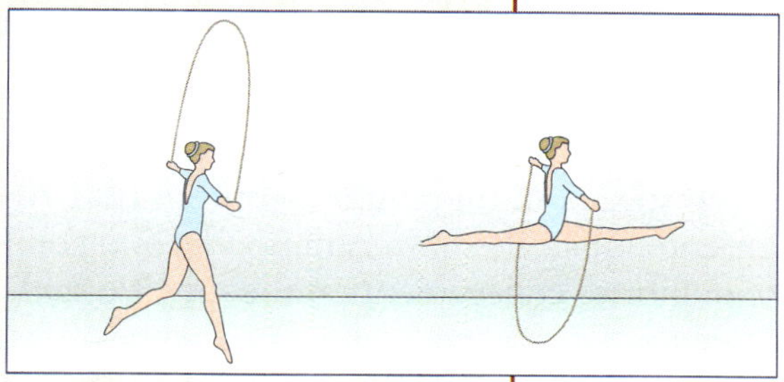

Palla In materiale plastico, spesso antistatico, pesa 400 grammi, ha un diametro di 18-20 cm, può essere di qualsiasi colore e, di solito, è in tinta unita.

Clavette Di materiale plastico, sono lunghe 40-50 cm, pesano 150 grammi e possono essere di un qualsiasi colore o variopinte. Non fanno parte del programma olimpico.

Nastro Largo 4-6 cm e lungo 6 m, è attaccato a un manico attraverso uno snodo che permette la massima mobilità, può essere di qualsiasi colore e, di solito, è in tinta unita. Il manico, lungo 50-60 cm, con diametro massimo di 1 cm, è in fibra di vetro.

Cerchio Di materiale plastico o in legno, ha un diametro di 80-90 cm, pesa 300 grammi e può essere di un qualsiasi colore o variopinto. Tutti gli esercizi con attrezzi o a corpo libero vengono eseguiti su base musicale.

Regole di base

Come nell'artistica, anche nella ritmica l'età minima prevista per il tesseramento è di 5 anni, 8 per l'agonismo. Le categorie sono dunque le stesse dell'artistica femminile:

Esordienti	da 5 a 7 anni	Juniores	da 13 a 15 anni
Allievi	da 8 a 12 anni	Seniores	oltre i 16 anni

Le attività svolte, suddivise per età e capacità, possono essere individuali, a coppie e di squadra (da 3 a 6 atlete per squadra). Nei vari campionati le gare hanno degli "elementi imposti", determinati dai Programmi tecnici, sulla base dei quali viene valutata l'esecuzione della ginnasta. Le attività di campionato si dividono in provinciali, regionali e nazionali e comprendono vari tornei.

Elementi degli esercizi a corpo libero e con gli attrezzi

Gli esercizi vengono svolti all'interno della pedana, di cui si deve occupare l'intero spazio, in un tempo compreso tra i 70 e i 90 secondi e con accompagnamento musicale senza cantato; devono comprendere elementi di flessibilità, di equilibrio, collegamenti, onde, pivot e salti e devono essere eseguiti con competenza tecnica, controllo, armonia nei movimenti ed espressività, caratteristica quest'ultima di fondamentale importanza ai fini di una valutazione positiva.

- **Elementi di flessibilità**, elementi in cui si ricerca il limite articolare, come spaccate sagittali e frontali e flesso-estensioni complete del rachide.
- **Elementi di equilibrio**, elementi in cui, su un poligono d'appoggio minimo o non naturale, si mantengono posizioni statiche per qualche secondo.
- **Collegamenti**, movimenti inseriti tra i vari elementi per dare all'esercizio continuità, carattere e ritmo esecutivo e, alla ginnasta, la possibilità di dimostrare la propria espressività.
- **Onde**, elementi in cui si passa rapidamente da una flessione a un'estensione in uno scambio continuo e coordinato che dà vita a un movimento finale ondulatorio di tutto il corpo.
- **Pivot**, (il significato del termine francese è "perno") elementi in cui avviene la rotazione del corpo intorno al proprio asse longitudinale. In appoggio su un piede, su un ginocchio o sul bacino, per quanto riguarda le piroette, in volo o in un salto per quanto concerne gli avvitamenti.
- **Salti**, elementi di preparazione o collegamento tra altri elementi. Si tratta di slanci semplici o uniti ad altri elementi, ad esempio la spaccata, caratterizzati da una fase di volo in cui la ginnasta stacca entrambi i piedi da terra.

Esempi di flessibilità (a sinistra) ed equilibrio (in basso).

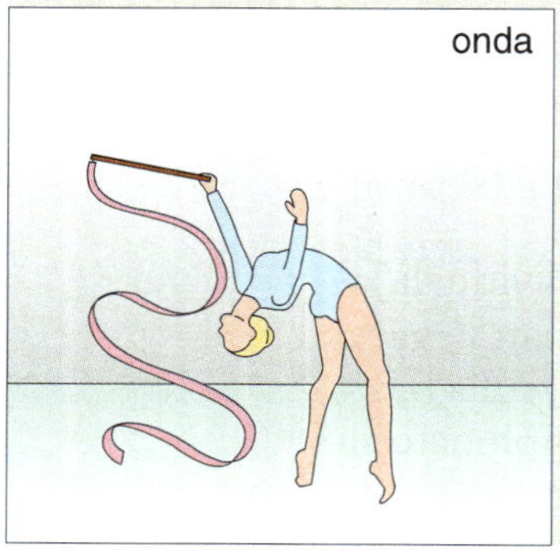

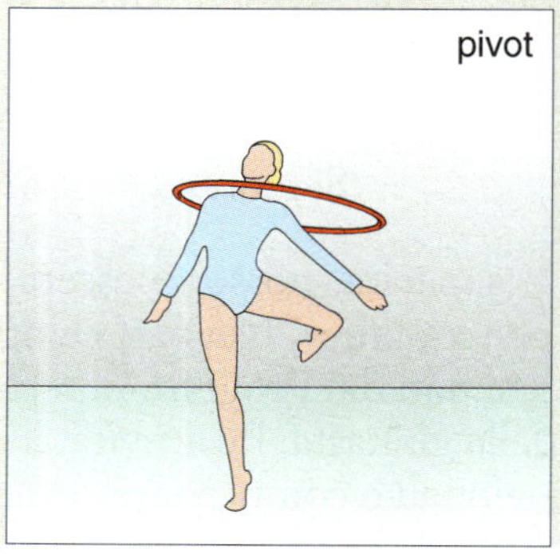

Giochi per iniziare

Giochi con la fune

1. Camminare, dapprima piano, poi più velocemente e, infine, correre facendo roteare la fune come nell'esercizio del saltare la corda sul posto.
2. Sdraiate, in posizione supina, far passare la fune sotto i talloni e farla risalire lungo le gambe e la schiena fin oltre la testa. Con un movimento ampio, proiettarla davanti a sé in modo che si disponga ad arco in fondo ai piedi e ricominciare. Eseguire il passaggio prima lentamente, poi sempre più velocemente.

Giochi con la palla

1. Prendere la palla in mano e allungare il braccio ad arco di lato. Lasciare la palla e, con un colpetto di dita, farla rotolare all'interno del braccio fin sotto il mento, dove verrà presa con l'altra mano. Eseguire il movimento dall'altra parte.
2. Piedi uniti e paralleli, gambe leggermente piegate, busto flesso in avanti e schiena arrotondata; mettere la palla con entrambe le mani nella curva cervicale e tenerla sui lati. Distendere contemporaneamente gambe, schiena e braccia e lasciar rotolare la palla lungo la linea della colonna. Raccoglierla dopo la curva lombare. Provare più volte di seguito.

Giochi con la clavetta

1. Fare ruotare una clavetta, in modo costante e continuo, e andare in appoggio prima con un ginocchio (posizione del cavaliere), poi con l'altro. Alzare il primo ginocchio, poi il secondo, e tornare in posizione eretta. Ripetere più volte anche con l'altra mano.
2. Fare ruotare una clavetta, in modo costante e continuo ma non troppo velocemente. Lanciare la clavetta in aria, riprenderla con l'altra mano e farla ruotare in senso inverso.

Giochi con il nastro

1. Fare delle spirali, in un senso e in un altro, con entrambe le mani. Lanciare il nastro in alto e, dopo un giro su se stesse, riprenderlo con l'altra mano. Ripetere più volte.
2. Fare delle onde prima ampie, poi piccole e frequenti, e, allo stesso modo, delle spirali prima grandi e lente, poi piccole e veloci. Utilizzare, su una base musicale, questi quattro modi di muovere il nastro e, se possibile, improvvisarne degli altri lasciandosi ispirare dalla musica.

Giochi con il cerchio

1. Afferrare il cerchio nella parte superiore e tenerlo in verticale davanti a sé. Con un passo, entrare nel cerchio tenendolo obliquo, farlo ruotare e salire fin oltre la vita. Infilare le braccia dentro e farlo uscire da sopra la testa con un movimento ampio e rotondo che lo riporti davanti. Ricominciare provando a sveltire il passo iniziale.
2. Fare l'hula-hoop.

verifiche

Scegli la risposta corretta.

1. Che cosa accadde a Torino nel 1844?

A venne introdotta la ginnastica nelle attività addestrative della nobiltà Piemontese

B venne fondata la Società Ginnastica

C venne fondata l'Associazione Ginnastica

D venne fatta la prima gara di canottaggio sul Po

2. Chi era Rodolfo Obermann?

A uno studioso inglese che venne in Italia e fondò la Juventus e la Società Ginnastica

B un ginnasta che partecipò alle Olimpiadi di Berlino

C l'inventore del cavallo a maniglie

D uno studioso svizzero che, su invito della Reale casa dei Savoia, introdusse la ginnastica medica

3. Che cosa significa la sigla RGI?

A Ragazzi Ginnici Italiani

B Ritmica Ginnastica Italiana

C Reale Ginnastica Italiana

D Repubblicana Ginnastica Italiana

4. Chi era Jacques Dalcroze?

A uno studioso francese che ideò la danza sportiva, definendola "ritmica"

B un grande ginnasta francese che vinse la prima medaglia d'oro olimpica nel 1896

C un campione degli anelli

D un medico dello sport

5. Che cosa sono le parallele asimmetriche?

A due righe che delimitano la corsia per la rincorsa del volteggio

B un attrezzo della sezione femminile della ginnastica artistica

C un attrezzo della sezione maschile della ginnastica artistica

D un attrezzo della sezione ritmica della ginnastica artistica

6. Quanti centimetri è larga la trave?

A 5 cm B 5,5 cm C 6 cm D 10 cm

7. Quali sono gli attrezzi della ginnastica ritmica, oltre la pedana?

A cerchio, fune, sbarra, clavette, nastro

B cerchio, fune, bacchetta, clavette, nastro

C cerchio, fune, trave, clavette, nastro

D cerchio, fune, palla, clavette, nastro

8. A quale categoria appartengono i ginnasti tra i 5 e i 7 anni?

A allievi

B esordienti

C non si può fare attività a quest'età

D juniores

9. Che cosa valuta la giuria A?

A determina il valore dell'esercizio

B valuta l'abbigliamento

C verifica le generalità del ginnasta prima della gara

D non esiste una giuria A

10. Che cosa valuta la giuria B?

A non esiste una giuria B

B determina le penalità d'esecuzione, calcolate in base a varie tabelle, da sottrarre al valore dell'esercizio

C valuta il comportamento del ginnasta prima e dopo l'esecuzione dell'esercizio

D valuta il comportamento dell'allenatore

11. Quali sono le 6 fasi in cui si può suddividere il volteggio?

A rincorsa, arrivo in pedana, primo volo, rallentamento, secondo volo, arrivo

B sono solo 4: rincorsa, primo volo, fase d'appoggio, arrivo

C sono solo 4: rincorsa, arrivo in pedana, fase d'appoggio, arrivo

D rincorsa, arrivo in pedana, primo volo, fase d'appoggio, secondo volo, arrivo

12. Nella trave l'esercizio dura 1'30": entro quanti secondi la ginnasta deve riprenderlo se cade?

A 15 secondi

B 20 secondi

C 5 secondi

D 10 secondi

13. Quanto misura la pedana del corpo libero nella sezione dell'artistica?

A 11 × 12 m B 13 × 13 m
C 12 × 12 m D 11 × 11 m

14. Quanto misura la pedana del corpo libero nella sezione della ritmica?

A 11 × 12 m B 13 × 13 m
C 12 × 12 m D 11 × 11 m

15. Quanti elementi consecutivi si possono eseguire su uno stesso staggio delle parallele asimmetriche?

A 4 B 3 C 2 D non c'è limite

16. Quale o quali attrezzi della ginnastica ritmica non fanno parte del programma olimpico?

A fune
B cerchio e palla
C nastro
D clavette

17. Quanti secondi può durare al massimo un esercizio del corpo libero nelle sezioni maschile e femminile?

A femminile 90 secondi; maschile 90 secondi
B femminile 70 secondi; maschile 90 secondi
C femminile 90 secondi; maschile 70 secondi
D femminile 70 secondi; maschile 70 secondi

18. Si può definire la ribaltata come un ponte eseguito in velocità passando per la verticale?

A no
B no, perché è eseguito lentamente
C sì
D no, perché non si passa per la verticale

19. Qual è il punteggio massimo raggiungibile nel volteggio?

A 10,00 B 10,50 C 09,50 D 12,00

20. Per un minimo di quanti secondi devono essere mantenute le posizioni di forza agli anelli?

A 12 secondi B 2 secondi
C 1 secondi D 3 secondi

21. A che altezza è posta la sbarra?

A 2,50 m
B 2,55 m sia nella sezione maschile, sia in quella femminile
C 2,45 m
D 2,55 m

22. Che cosa accadde nel 1984 alle Olimpiadi di Los Angeles?

A venne ammessa la ginnastica artistica femminile
B venne ammessa la ginnastica ritmica
C la ginnastica ritmica partecipò solo come sport dimostrativo
D nulla: la ginnastica ritmica faceva già parte del programma olimpico

23. Quanto deve essere lunga la fune?

A in modo proporzionale all'altezza della ginnasta
B 1,7 m
C 2 m
D 3 m

24. Quanto è lungo il nastro?

A 8 m B 4 m C 5,5 m D 6 m

25. Che cosa accade nel 1955 per quanto riguarda la ginnastica ritmica?

A entrò nei programmi scolastici
B si scelsero gli attrezzi della ginnastica ritmica
C entrò nel programma olimpico delle Olimpiadi di Melbourne
D niente

Rispondi alle seguenti domande.

1. Quali sono gli attrezzi della ginnastica ritmica che fanno parte del programma olimpico?
2. Fino a quanti anni non è possibile diventare agonisti nelle sezioni maschile, femminile e ritmica?
3. Che cosa valuta la giura B in particolare?
4. Che cos'è la tabella per falli di composizione specifica per ogni attrezzo?
5. Che cos'è che determina il rotolamento nella capovolta in avanti?
6. Quali doti esalta l'esercizio alle parallele asimmetriche?
7. Di quanto deve essere ruotata all'interno la seconda mano nella rondata?

atletica

Introduzione

L'atletica leggera, insieme con la ginnastica, è la disciplina sportiva che sviluppa maggiormente l'uso completo del corpo, potenziandone tutte le caratteristiche di flessibilità e forza. A differenza della ginnastica però, che affronta il movimento da un punto di vista globale, l'atletica sviluppa le capacità motorie fondamentali del salto, della corsa e del lancio in modo analitico, attraverso gesti tecnici ed esercizi specifici, che così definiscono le diverse specialità e che l'atleta sviluppa ed esegue al limite fisiologico.

Origini

Parlare delle origini dell'atletica significa tracciare la storia del movimento, poiché essa rappresenta il naturale sviluppo di alcune tra le attività più spontanee dell'uomo, come correre, saltare e lanciare, attività che anticamente erano necessarie per la sopravvivenza, ad esempio per cacciare o sfuggire ai pericoli. La ripetizione sistematica di certi esercizi portò l'uomo a scoprire di poter diventare più forte e abile, imparando così le basi metodologiche dell'allenamento. Con le prime civiltà iniziarono a svolgersi anche competizioni finalizzate ad affermare la prestanza fisica dei singoli atleti. Gare che oggi definiremmo di atletica si svolsero nell'antico Egitto, nell'isola di Creta, nelle città greche. Fin dall'inizio dei Giochi olimpici (776 a.C.), competizioni di corsa e di lancio di attrezzi (disco, giavellotto) costituirono una parte importante del programma sportivo: la prima gara olimpica di atletica fu la corsa dello "stadio", che consisteva nel percorrere a piedi nudi l'asse maggiore del campo sportivo (pari a 192,27 m). Lo sviluppo delle attività atletiche in senso moderno avvenne presso i college inglesi nell'Ottocento e divenne ufficiale con l'inizio delle

Olimpiadi moderne (1896, Atene), dove la disciplina dell'atletica ebbe un ruolo di assoluto rilievo.

In Italia, la prima associazione legata all'organizzazione del podismo, che si era notevolmente diffuso alla fine dell'Ottocento, fu l'Unione podistica torinese, fondata a Torino nel 1897. Due anni più tardi essa si trasformò in Unione podistica italiana e, nel 1906, per iniziativa della «Gazzetta dello Sport», divenne la Federazione podistica italiana (FPI), che organizzò i primi campionati nazionali estesi anche alle altre discipline che erano state fino a quel momento gestite dalla Federazione ginnastica italiana. Nell'ottobre del 1909 la federazione variò la denominazione in Federazione italiana sport atletici (FISA), che rese nota le tabella dei primati italiani. Alcuni anni dopo, nel 1924, società piemontesi e liguri si distaccarono, creando l'Unione italiana sports atletici. La scissione venne poi riassorbita e il 12 dicembre del 1926 assunse il definitivo e attuale nome di Federazione italiana di atletica leggera (FIDAL). In quegli stessi anni all'estero, nel 1912, era stata fondata la Federazione internazionale di atletica leggera (IAAF) che tra i suoi diversi compiti organizzativi deve decidere quali nuove discipline ammettere, registrare i record, organizzare campionati continentali, mondiali e le Olimpiadi.

Dorando Petri all'arrivo della maratona alle Olimpiadi di Londra del 1908.

♥♥♥♥♥ **G** (mezzofondo, fondo) ♥♥♥ **P** (velocità, salti, lanci)
♦♦♦ **A** (salti, lanci) **I** (fondo) ♦ **A** (velocità)

INFORMAZIONI SANITARIE

Velocità, lanci, salti

Idoneità sportiva agonistica:
- età inizio attività 15 anni (M/F);
- visita medica tipo B.

Infortuni più frequenti:
- lesioni muscolari agli arti inferiori;
- tendinopatie agli arti inferiori;
- distacchi ossei (inserzioni muscolari sul bacino);
- ginocchio del saltatore;
- spalla del lanciatore;
- patologie della schiena (lanciatori).

Mezzofondo, fondo, campestre, marcia

Idoneità sportiva agonistica:
- età inizio attività 15 anni (M/F);
- visita medica tipo B.

Infortuni più frequenti:
- tendinopatia achillea;
- fratture da fatica alle ossa dei piedi;
- distorsioni delle caviglie;
- collasso (fatica, calore, sole).

UN PO' DI INGLESE

photo finish = arrivo testa a testa, giudicato con foto
track and field = atletica leggera (lett. pista e campo)
jogging = corsa spontanea a ritmo lento, su strada
pole jump = salto con l'asta
relay race = corsa a staffetta
sprint = corsa veloce
cross race = corsa campestre
record = miglior risultato
running = corsa prolungata
high jump = salto in alto
long jump = salto in lungo
hurdles = ostacoli
javelin = giavellotto
lane = corsia
start = partenza
throwing = lanci
triple jump = salto triplo
distance = distanza
endurance = resistenza
marathon = maratona
meeting = raduno
performance = prestazione
race walking = marcia
training = allenamento

PRATICA DELLO SPORT

L'attività non agonistica è gestita dal CONI attraverso i CAS (Centri Avviamento allo Sport) o i Centri Olimpia, insieme agli Enti di Promozione Sportiva (UISP, ENDAS ecc.). L'attività agonistica è invece totalmente gestita dalla FIDAL (Federazione Italiana Atletica Leggera), affiliata al CONI.

FIDAL Federazione Italiana Atletica Leggera (1906) – Via Flaminia Nuova 830 – 00191 Roma
tel. 06.36851 (36856178) – 06.3333858
fax. 06.36856316
www.fidal.it

Campo di gara e attrezzi

Il campo di gara può essere di due tipi, il campo per le attività all'aperto e quello per le attività indoor. Il campo per le attività all'aperto è composto da un anello di 8 corsie concentriche, larghe 1,22 m e lunghe 400 m su cui si svolgono tutte le gare di corsa, almeno per quanto concerne l'arrivo. Le corsie sono delimitate da righe bianche larghe 5 cm, sul lato interno dell'anello si trova un bordo arrotondato e rialzato, che sporge dal terreno per 5 cm ed è largo altrettanto.
La lunghezza della pista è utilizzata come unità di misura per tutte le gare di corsa: per esempio i 200 m sono mezzo giro di pista, i 400 m un giro completo, gli 800 m due, i 10000 m venticinque giri e così via. Sulla pista si trovano i segni che indicano le varie partenze per le diverse distanze, più le zone di cambio per le staffette. Alcuni di questi segni sono posti a scalare, per compensare l'effetto distorcente delle curve, che renderebbe le distanze più lunghe man mano che ci si sposta nelle corsie esterne. Sulla pista si corre in senso antiorario e, per permettere lo svolgimento delle corse dei 100 m e dei 100 m e 110 m a ostacoli, si è reso necessario prolungare un rettilineo nella sua parte iniziale, dove si trovano le linee di partenza di queste gare. In questo modo l'arrivo corrisponde a una linea che taglia perpendicolarmente la pista, l'*arrivo generale*, usato anche per tutte le altre competizioni.
All'interno dell'anello, il terreno è tenuto a prato, tranne in alcune zone: le corsie di rincorsa per il lancio del giavellotto, il salto in lungo e triplo e per il salto con l'asta, mentre una zona più ampia è riservata al salto in alto, generalmente all'interno di una delle due curve. Esistono inoltre altre zone in cui il terreno non è tenuto a prato: le piattaforme per il lancio del disco, del martello e del peso. Sul prato invece, sono tracciate delle righe che formano delle zone a settore circolare, a partire dalle rispettive piattaforme e che rappresentano le zone di arrivo dei lanci (disco, martello, peso, giavellotto). Infine, all'interno di una delle due curve, si trova la fossa per la gara dei 3000 m siepi.

Corsa a ostacoli.

Campo di gara all'aperto.

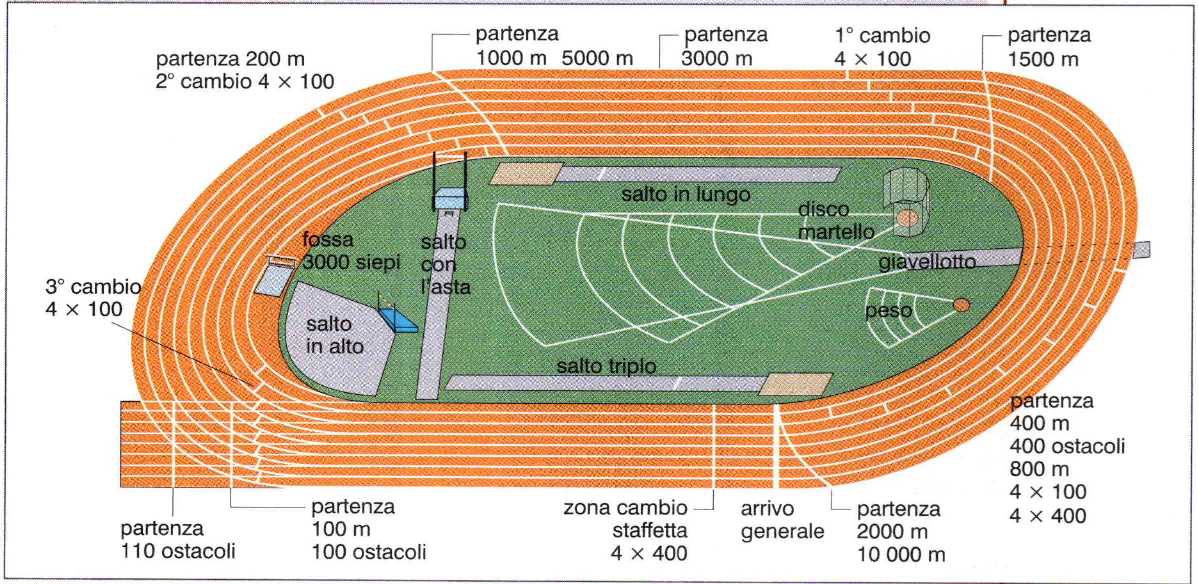

Il campo per le attività indoor, cioè al coperto, è composto da una pista ad anello a 4 corsie con al suo interno un'altra pista rettilinea a 6 corsie, che va da una curva all'altra, le corsie per il salto con l'asta, in lungo e triplo e le zone per il lancio del peso e il salto in alto.

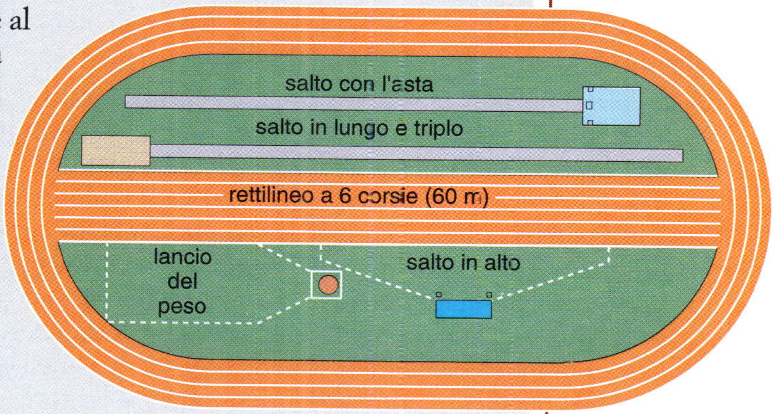

Campo di gara per attività indoor.

Regole di base

L'atletica leggera è regolamentata in gare, in cui i contendenti si sfidano a realizzare la migliore prestazione. Le gare sono organizzate in quattro distinti gruppi di specialità: la corsa, i salti, i lanci e il cammino. Questi gruppi a loro volta comprendono numerose specialità che sono state approvate e regolamentate dalla IAAF. In base alle caratteristiche tecniche e al tipo di sforzo muscolare prevalente, le specialità si possono raggruppare nel seguente modo:

La **corsa**, che comprende:
- le corse di *velocità,* sulle distanze di 100 m, 200 m, 400 m;
- le corse di velocità a *staffetta,* sulle distanze di 4 × 100 m e 4 × 400 m;
- le corse a *ostacoli*, sulle distanze 100 m, 110 m e 400 m;
- le corse di *mezzofondo*, sulle distanze di 800 m, 1500 m, 3000 m siepi;
- le corse di *fondo* o *resistenza*, sulle distanze di 5000 m, 10000 m e maratona (42,195 km).

Salto in alto.

I **salti** si dividono in gare diverse, in funzione della direzione e della modalità d'esecuzione:
- salto in alto;
- salto con l'asta;
- salto in lungo;
- salto triplo.

I **lanci**, in cui le gare sono definite dal tipo di attrezzo lanciato, si dividono in:
- lancio del peso;
- lancio del disco;
- lancio del martello;
- lancio del giavellotto.

Lancio del disco.

Il **cammino** è rappresentato dalle gare di *marcia*, che si svolgono sulle distanze di 10 km, 20 km, 50 km.

Esiste infine un quinto gruppo di gare rappresentato dalle *prove multiple*, in cui lo stesso atleta effettua un insieme definito di gare di corsa, lancio e salto. Si tratta del *decathlon*, (dal greco *deca* = dieci e *athlos* = lotta, gara) disciplina maschile che contempla dieci prove e il corrispettivo femminile, l'*eptathlon*, che ne prevede sette. Questa organizzazione in gare è regolata da Norme generali, valide per tutte le specialità. Vediamole sinteticamente.
I concorrenti gareggiano nell'ordine designato da un sorteggio. Nel caso il numero degli atleti concorrenti sia molto elevato, l'organizzazione delle gare potrà avvenire in diverse batterie.
Il concorrente che salta un turno nella gara sul campo, non può recuperarla, a meno che non stesse effettuando in quel momento una prova in pista.
Il concorrente che ritarda la prova in modo eccessivo può essere penalizzato con l'annullamento del risultato. Dopo due ritardi può essere annullata la prova e sono convalidati solo i risultati ottenuti fino a quel momento.
Se un concorrente è stato ostacolato in modo significativo, il giudice può permettere l'esecuzione di una prova sostitutiva.
Le calzature non sono obbligatorie e si può gareggiare calzando anche solo una scarpa, fanno eccezione la maratona, la marcia e tutte le gare svolte su strade asfaltate. Le scarpe possono avere un massimo di 11 chiodi, che non sporgano per più di 9 mm.
Nei salti e nei lanci dopo tre prove nulle si è eliminati dalla gara. I concorrenti devono poter essere identificati da un numero, che sia portato sul dorso e frontalmente, mentre i saltatori con l'asta e in alto, possono anche avere solo un numero. Nelle gare di velocità, dove si usa il fotofinish, è richiesto anche un numero laterale sui calzoncini o sul body.

Marcia.

Salto con l'asta.

Specialità

La corsa

Nella corsa si ha una successione di passi con delle fasi di volo, definite *falcate*. Il buon rendimento di una corsa è dato dall'equilibrio di due elementi, l'ampiezza e la frequenza delle falcate. L'ampiezza è lo spazio che intercorre tra un contatto e l'altro dei piedi con il terreno, mentre la frequenza è il nu-

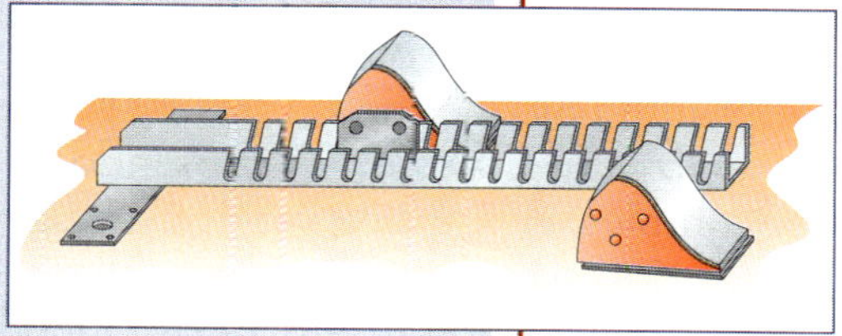

mero di passi che si effettuano nell'unità di tempo. Una frequenza troppo elevata determina delle ampiezze troppo corte, al contrario delle falcate troppo lunghe fanno diminuire la loro frequenza.
Nelle gare di corsa un momento molto importante è la partenza, che può avvenire dai blocchi, per tutte le gare fino ai 400 m (compresa la prima frazione delle staffette 4 × 100 m e 4 × 400 m) oppure in piedi per le altre distanze. Nelle distanze brevi, la partenza dai blocchi diventa fondamentale per accelerare e raggiungere rapidamente la miglior posizione di corsa. In questa fase entrano in gioco i fattori fisici individuali legati alla reattività muscolare e nervosa.

La partenza dai blocchi

Questo tipo di partenza fu ideato da Sherill nel 1888 negli Stati Uniti; qualche anno dopo, nel 1896, gli atleti perfezionarono questa partenza scavando delle piccole buche nel terreno per alloggiarvi i piedi. Intorno al 1940 apparvero i blocchi di partenza, così come li conosciamo oggi. I blocchi sono formati da una struttura metallica che si fissa a terra, su cui possono scorrere avanti e indietro due piani di appoggio, regolabili anche nell'inclinazione, su cui si posizionano i piedi. Potendo scorrere lungo la struttura, i due piani possono essere così allontanati o avvicinati fra loro, in funzione delle caratteristiche tecniche e fisiche individuali dell'atleta e della disciplina.
La partenza dai blocchi inizia quando il giudice di gara dà il primo comando regolamentare, «Ai vostri posti». Gli atleti si dispongono, ognuno nella propria corsia, sui blocchi cercando con gli avampiedi la massima aderenza sui piani inclinati, mentre il ginocchio del piede avanzato si appoggia a terra e le mani si posizionano aderenti al bordo esterno della linea di partenza, in appoggio sui polpastrelli. A questo punto segue il secondo ordine regolamentare, «Pronti». Gli atleti sollevano il bacino, alzando il ginocchio da terra e spostando il peso sulle mani, per quanto questo debba essere sempre ben distribuito sui quattro punti, gli appoggi dei piedi e le mani. Le spalle si spostano oltre la linea di partenza.

Al terzo ordine regolamentare, un colpo di pistola, l'atleta deve spingere con entrambi i piedi e con la massima forza sui blocchi, staccando le mani da terra e alzando il busto, equilibrando lo spostamento con l'uso delle braccia. Si compie così il primo passo di corsa.
Tipica infrazione regolamentare di questa fase è la *falsa partenza*: l'atleta parte prima del colpo di pistola. In questo caso, per segnalare la falsa partenza, un altro colpo di pistola viene immediatamente sparato. Si possono fare due false partenze; non si tratta però di una penalità personale ma piuttosto di una penalità di gara: infatti, dopo la prima falsa partenza di un atleta, tutti i partecipanti alla gara sono richiamati, qualsiasi atleta faccia un'ulteriore falsa partenza viene automaticamente squalificato.
Il regolamento prevede che in tutte le corse tre cronometri registrino il tempo del vincitore. Le misurazioni sono eseguite in centesimi di secondo fino ai 1000 m, nelle gare con distanze più lunghe il tempo è invece rilevato in decimi di secondi o in secondi. All'arrivo, oltre al meccanismo del *fotofinish*, una telecamera, sincronizzata con un cronometro al centesimo di secondo, riprende i concorrenti.

Regole Vediamo ora alcune regole generali, specifiche però delle gare di corsa. La prima norma riguarda l'interruzione della gara: il corridore che abbandona la pista in modo volontario non può più continuare la prova.

- L'atleta che, tagliando la strada, sgomitando o ostacolando in altro modo un concorrente, viene squalificato.
- Nelle gare in cui, per tutto il percorso o per parte di esso, gli atleti sono tenuti a correre ognuno in una corsia, se invadono la corsia di altri concorrenti, sono squalificati.
- Il cordolo che divide la pista dal campo è considerato non facente parte della corsia, mentre la riga a destra è compresa nella sua larghezza, questo significa che gli atleti non possono calpestare la linea alla loro sinistra, perché in questo caso commettono invasione.
- Gli atleti non possono avere nessun tipo di sostegno esterno, dal campo e nessuna indicazione cronometrica se non dal cronometrista ufficiale; si possono invece ricevere suggerimenti dalle aree riservate agli spettatori.
- I concorrenti possono mettere dei segni sulla pista solo per le gare di staffetta.
- Nelle corse che prevedono più di un giro di pista, l'ultimo giro è segnalato dai giudici con il rintocco di una campanella.

Le corse veloci

In questo gruppo sono comprese le distanze dai 100 m fino ai 400 m; si tratta di competizioni che si svolgono interamente nelle corsie e partono dai blocchi. Per le due gare veloci, 100 m e 200 m, lungo il rettilineo è presente un anemometro che misura il vento a favore e verifica che questo non sia superiore ai 2 metri al secondo, se così fosse gli eventuali primati non potrebbero essere omologati.

I 100 metri

Rappresenta l'espressione massima della velocità nell'uomo senza aiuti meccanici. Non si attuano tattiche particolari, occorre gareggiare senza nessun tipo di flessione del ritmo. Si tratta di un lavoro di sola accelerazione, uno sprint puro, in cui si ha il 98% di lavoro muscolare anaerobico alattacido e solo il 2 % di lavoro anaerobico lattacido.

I 200 metri

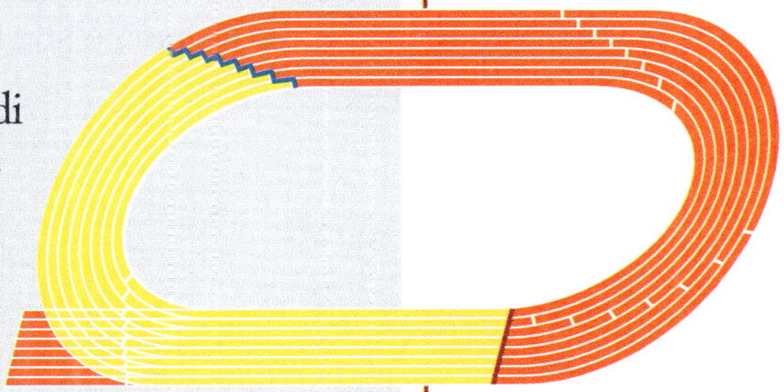

La partenza è in curva, i blocchi di partenza sono quindi disposti in modo sfalsato per garantire che la distanza sia uguale per tutti i corridori. Si percorrono circa 80-90 m in curva, per cui la seconda parte della gara è più veloce, sia perché è in rettilineo, sia perché si sfrutta la spinta inerziale della curva. Su questa distanza, alla velocità pura occorre unire una capacità di resistenza nel mantenere il ritmo della corsa, in modo da sostenere uno sprint prolungato. Il lavoro muscolare è così composto: 95% di lavoro muscolare anaerobico alattacido e 5% di lavoro anaerobico lattacido.

I 400 metri

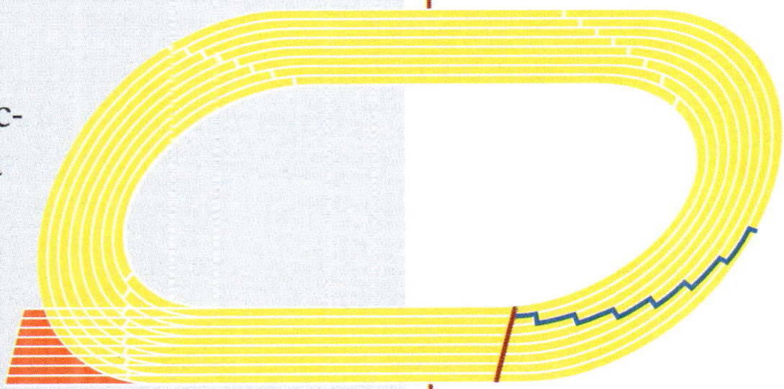

Anche su questa distanza la partenza è in curva, con i blocchi disposti in modo più sfalsato, dovendo compensare la distorsione generata da due curve, sempre per garantire che la distanza da percorrere sia uguale per tutti gli atleti. Si tratta di una gara dove è fondamentale dosare le forze e saper correre a velocità diverse. Generalmente, i primi 200 m si percorrono velocemente, mentre la seconda parte della distanza deve essere corsa più lentamente. Tuttavia, saper concludere la gara al meglio risulta spesso determinante per la vittoria. Su questa distanza la capacità di velocità pura è meno importante; è invece fondamentale la capacità di resistenza al ritmo, pertanto il lavoro muscolare si modifica ed è composto da circa l'80% di lavoro muscolare anaerobico alattacido, il 15% di lavoro anaerobico lattacido e il 5% di lavoro muscolare aerobico.

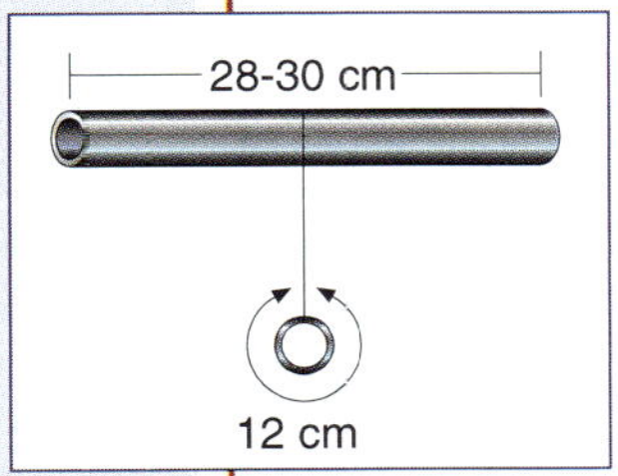

Le corse a staffetta

Si tratta di una gara in cui la distanza finale complessiva è raggiunta da quattro atleti che corrono in successione quattro distanze identiche, scambiandosi un testimone, un tubo cavo liscio con una circonferenza di 12 cm e lungo 30 cm. Esistono due tipi di staffetta, la 4 × 100 m e la 4 × 400 m. Le due gare hanno in comune la tecnica del cambio – fondamentale per lo sfruttamento di tutte le potenzialità del quartetto – e la partenza con i blocchi del primo frazionista. Rilevante infine è il fatto che la staffetta rappresenti l'unica vera competizione di squadra dell'atletica leggera.

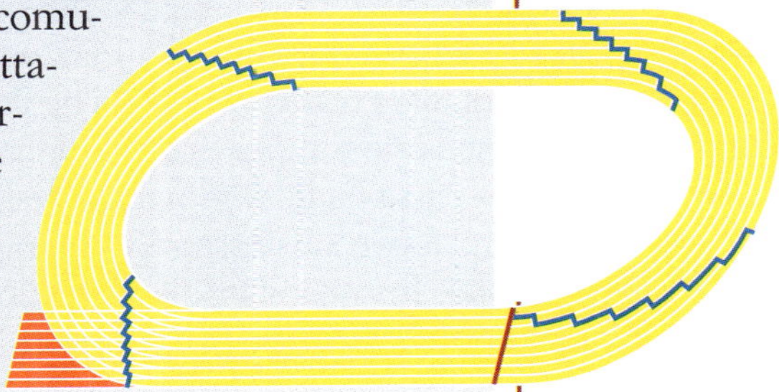

Il cambio

È un momento cruciale e può fare la differenza. Il cambio avviene in zone lunghe 30 m poste prima della linea di partenza del frazionista e sono tre. Il primo frazionista infatti parte con il testimone già in mano. Se, durante la prova, il testimone è perso dall'atleta, si invade la corsia vicina o si effettua il cambio fuori dalle zone stabilite, la squadra è squalificata. La zona di cambio è suddivisa in due parti, la zona di precambio di 10 m, in cui non ci si può scambiare il testimone e serve al frazionista che sta partendo a lanciare la sua corsa; la zona di cambio di 20 m, in cui avviene il cambio vero e proprio. Questo può avvenire usando due tecniche: all'italiana e alla russa.

La **tecnica all'italiana** prevede che la ricezione del testimone avvenga sempre con la stessa mano. Il corridore riceve il testimone nella mano destra poi, correndo, se lo passa nella mano sinistra, in modo da poterlo dare nella mano destra del compagno successivo. Mano che si sporge all'indietro senza guardare, a un segnale vocale dell'accorrente compagno.

Esempio di cambio della staffetta.

La **tecnica alla russa** alterna invece le mani di scambio. Il primo frazionista parte con il testimone nella mano destra e con questa lo passa al secondo, che lo riceve con la mano sinistra e con la stessa lo dà al terzo, che lo riceve con la mano destra e con la stessa lo consegna al quarto.

Esiste anche una terza tecnica, detta del **cambio a vista**, usata soprattutto nella staffetta 4 x 400 m, in cui il ricevente si gira per prendere il testimone, in modo da vedere che sia un suo compagno a passarglielo. In questa distanza infatti, dopo la prima frazione, il cambio non avviene più con le corsie definite, ma in gruppo, spesso confuso e ristretto, dove possono avvenire scambi tra avversari.

Il primo metodo ha alcuni svantaggi: la possibilità di perdere il testimone mentre lo si cambia di mano, l'ostacolo alla corsa che questa operazione comporta, la tendenza ad allargare la traiettoria di chi ha il testimone, in prossimità del cambio. Il vantaggio sta nella possibilità di scambiare liberamente di posizione i frazionisti. Il metodo alla russa ha lo svantaggio che i frazionisti si addestrano a prendere il testimone sempre con la stessa mano e quindi possono essere scambiati con maggiore difficoltà. In compenso, la corsa non è ostacolata dallo spostamento di mano del testimone e il frazionista portatore non deve allargare la traiettoria.

Le gare

Il dispendio fisiologico e il lavoro muscolare per i frazionisti è identico al dispendio delle omonime gare singole. Nella 4 × 100 m il primo e il terzo frazionista corrono in curva, dove si richiedono significative doti di agilità ed equilibrio; gli atleti più potenti invece potranno esprimersi al meglio nei rettilinei della seconda e della quarta frazione. Il cambio è molto importante, poiché avviene a notevole velocità, con alto rischio di sbagliare e quindi di compromettere la gara. Nella 4 × 400 m il cambio è meno fondamentale, anche se deve essere comunque fatto con la massima rapidità e precisione, tuttavia la lunghezza delle frazioni permette di recuperare qualche indecisione.

La corsa a ostacoli

Questo gruppo comprende le altre corse in linea presenti nell'atletica: si tratta dei 100 m femminili e dei 110 m maschili, esistono inoltre i 400 m maschili e femminili. Si tratta di gare veloci in cui, contrariamente a quanto si potrebbe pensare, non si devono saltare gli ostacoli, perdendo tempo e ritmo nella corsa, ma si deve eseguire una particolare tecnica di superamento che consiste in un passaggio radente sull'ostacolo. Il dispendio fisiologico e il lavoro muscolare per gli ostacolisti è simile al dispendio delle gare in linea, con un significativo aumento dell'impiego della forza esplosiva necessaria per il superamento dell'ostacolo. Gli ostacoli hanno altezze diverse per ogni gara: per i 100 m femminili sono alti 84 cm e posti a 8,50 m di distanza l'uno dall'altro, nei 110 m maschili sono alti 106 cm e posizionati a una distanza di 9,14 m l'uno dall'altro. Nei 400 m il primo ostacolo è a 45 m dalla partenza e poi ogni 35 m, mentre l'ultimo dista 40 m dall'arrivo; nella competizione femminile gli ostacoli sono alti 76 cm, in quella maschile sono alti 91 cm. L'abbattimento dell'ostacolo non comporta penalità, sono invece puniti con la squalifica il salto degli ostacoli fuori dalla propria corsia e il superamento laterale.

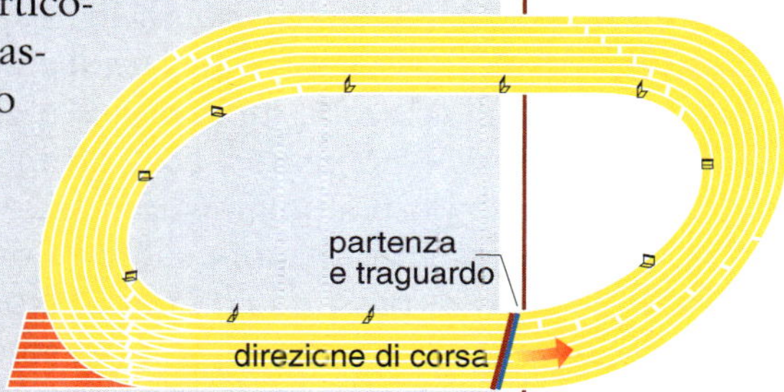

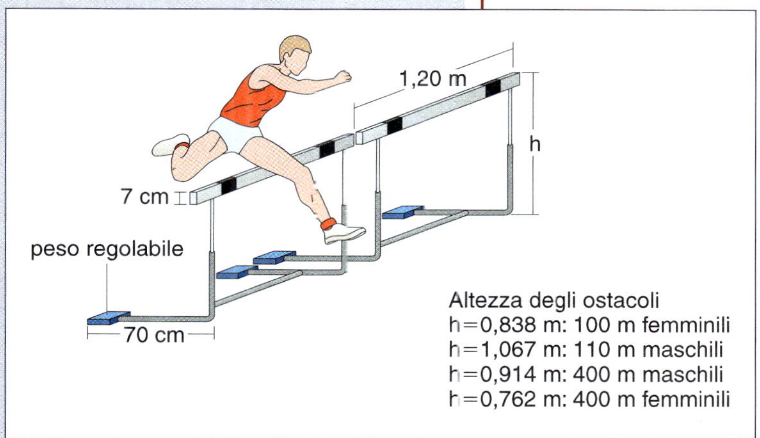

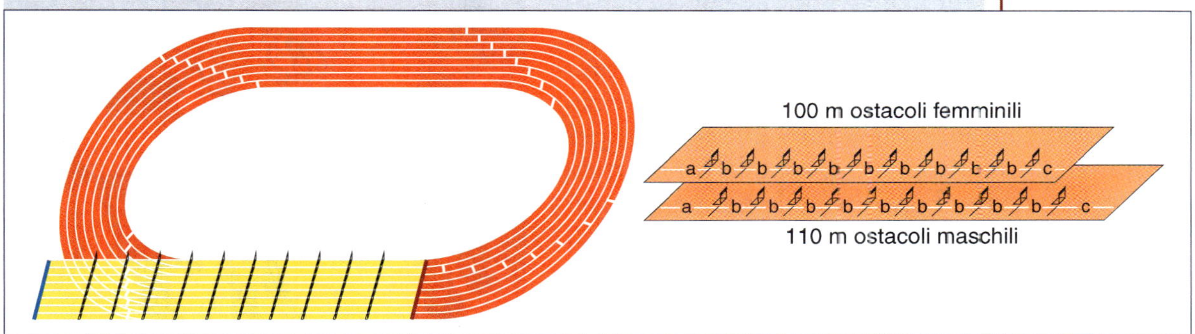

Il passaggio dell'ostacolo

Si tratta di una tecnica che prevede due parti distinte, perché i movimenti che si eseguono con le due gambe, pur coordinati tra loro, sono tecnicamente molto differenti. La prima gamba (di "attacco"), che può essere la destra o la sinistra, in funzione della predisposizione dell'atleta, esegue l'azione d'attacco affrontando l'ostacolo centralmente. Il movimento inizia con la flessione del ginocchio nella fase finale della falcata, per mantenere la sospensione dell'arto. Quindi segue uno slancio del piede che distende la gamba e che supera l'ostacolo passandoci sopra. A questo punto, la traiettoria del piede viene drasticamente inclinata verso il basso portando a conclusione la fase di volo e traendo il bacino oltre l'ostacolo. Contemporaneamente, la seconda gamba (detta anche "di richiamo"), dopo aver completato la spinta in estensione per superare la barriera, nella fase di volo si flette, mentre la coscia si apre lateralmente cercando di rimanere orizzontale sull'ostacolo, superandolo, per poi riprendere gradualmente una postura normale nel momento il cui la prima gamba tocca il terreno.

Gli ostacoli sono posti a una misura fissa e questo determina che la massima velocità possa essere raggiunta soltanto ottimizzando lo sforzo e regolarizzando il numero di passi da compiere. Non esistono norme che definiscano un numero preciso, ma tutti gli atleti si sono stabilizzati su cadenze fisse, determinate dalla lunghezza della falcata e dalla tecnica di salto. Attualmente nei 100 e 110 m tra un ostacolo e l'altro si fanno 3 passi, e questo permette di attaccare l'ostacolo sempre con la stessa gamba; nei 400 m esistono più varianti, alcuni fanno 14 passi, alternando così la gamba d'attacco, altri fanno la gara con 13, 15 o 17 passi, altri ancora percorrono la prima parte della gara con 13 passi, superano due ostacoli con 14 passi, cambiando gamba, e giungono sull'ultimo con 15 passi.

Le corse di mezzo fondo

Questo gruppo comprende le distanze degli 800 m, 1500 m e dei 3000 m siepi. In queste competizioni non si parte più dai blocchi. La maggiore durata della gara determina un diverso modo di correre rispetto alle corse veloci. La spinta sarà minore, con un maggior molleggio dell'arto portante nella fase di appoggio. Il piede, avanzando nella fase di volo, sarà più radente, in pratica tutta l'azione è più diluita e attenuata. Il ciclo totale della falcata ha una durata maggiore, per avere la massima spinta orizzontale concentrata sull'avanzamento. Fondamentale è anche la strategia di corsa: saper dosare le forze permette di arrivare "freschi" nell'ultimo rettilineo, dove potersi produrre in un *rush* finale, che risulta spesso fondamentale ai fini della vittoria. Anche la strategia opposta, cioè mantenere sempre elevato il ritmo di gara, ha una sua validità, poiché permette di stancare gli avversari e giungere sul finale in solitudine. La scelta di una tattica o di un'altra oppure l'impiego di entrambe dipende da molti fattori, dalla condizione fisica dell'atleta, dal tipo e dalle scelte tattiche degli avversari, dalla situazione climatica.

Gli 800 metri

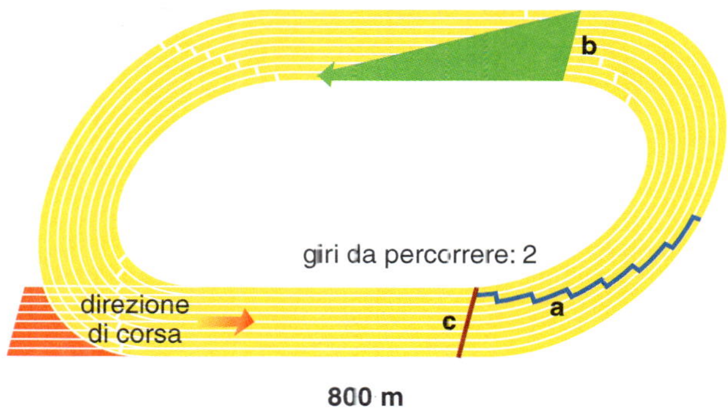

a blocchi di partenza **b** fine della corsa in corsie (dopo il primo giro) **c** arrivo (secondo giro)

La partenza avviene in curva e senza blocchi nelle corsie, sulla linea di partenza dei 400 m, in modo da garantire un'uguale distanza per tutti i corridori. Alla fine della prima curva, appena superata la linea curva che individua la partenza dei 1500 m, i corridori possono uscire dalle corsie disponendosi tutti nella corsia più stretta, salvo poi utilizzare le altre corsie per un allungo o per superare un avversario. La distanza impone, prima di tutto, di trovare il giusto ritmo per arrivare al termine della gara ancora in forze. È importante inoltre scegliere la tattica migliore. Tra le gare di resistenza è la distanza che ha i ritmi più elevati ma, nonostante ciò, il dispendio energetico inizia a essere decisamente aerobico lattacido. La velocità pura ha un'importanza secondaria, mentre diventa sempre più determinante la capacità di resistenza al ritmo; il lavoro muscolare si modifica rispetto ai 400 m ed è composto da circa il 30% di lavoro muscolare anaerobico alattacido, il 65% di lavoro anaerobico lattacido e un residuo 5% di lavoro muscolare aerobico.

I 1500 metri

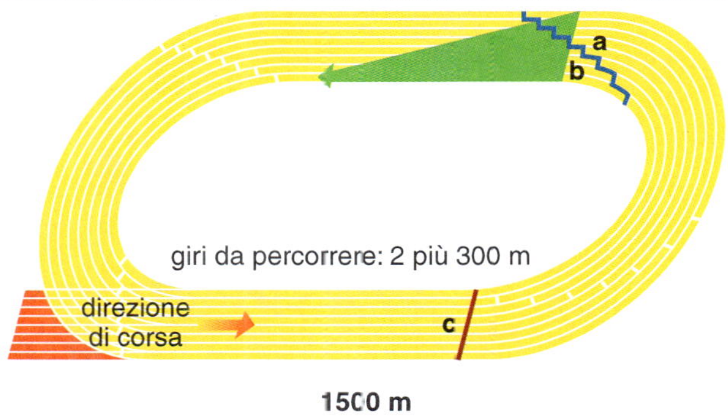

a blocchi di partenza **b** fine della corsa in corsie (dopo il primo giro) **c** arrivo (secondo giro)

La partenza avviene prima del secondo rettilineo su una linea curva e senza blocchi. I corridori si dispongano su questa linea e subito dopo la partenza si spostano sull'anello più interno. Questo tipo di partenza è comune anche a tutte le distanze superiori. I ritmi in questa gara si abbassano rispetto agli 800 m, il dispendio energetico si modifica ancora di più verso lo sforzo aerobico. La velocità pura continua a diminuire per importanza, così come la capacità di resistenza al ritmo con lo sforzo anaerobico lattacido, mentre aumenta il lavoro aerobico che diventa determinante. La distribuzione percentuale è ora così composta: il 20% di lavoro muscolare anaerobico alattacido, il 55% di lavoro aerobico lattacido e il 25% di lavoro muscolare aerobico.

I 3000 metri siepi

Le modalità di partenza sono simili a quelle previste nei 1500 m. La caratteristica peculiare di questa gara è la presenza di ostacoli mobili, generalmente in legno, alti 91,4 cm, larghi 3,96 m, profondi 12,7 cm e pesanti 80/100 kg. Gli ostacoli vengono disposti perpendicolarmente alle prime tre corsie. Inoltre, subito dopo un ostacolo fisso che ha le stesse caratteristiche di quelli mobili, si trova una fossa quadrata piena d'acqua subito dopo l'ostacolo, che misura 3,66 × 3,66 m, profonda 70 cm e con il fondo degradante.

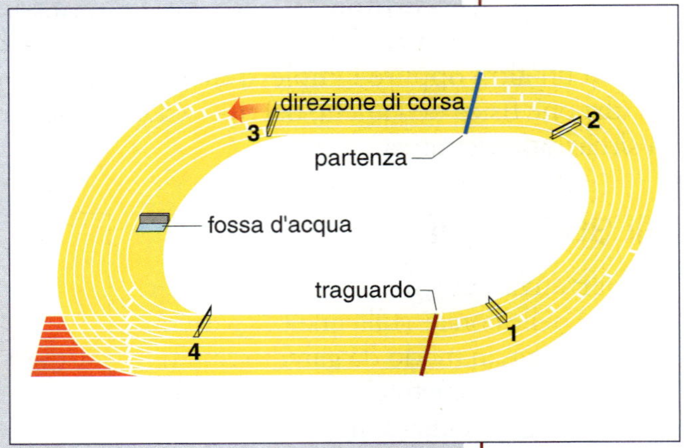

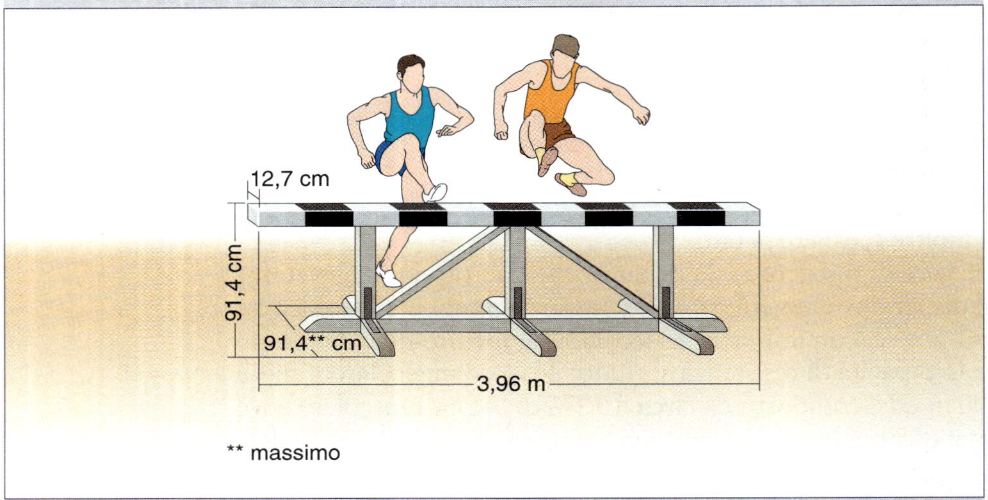

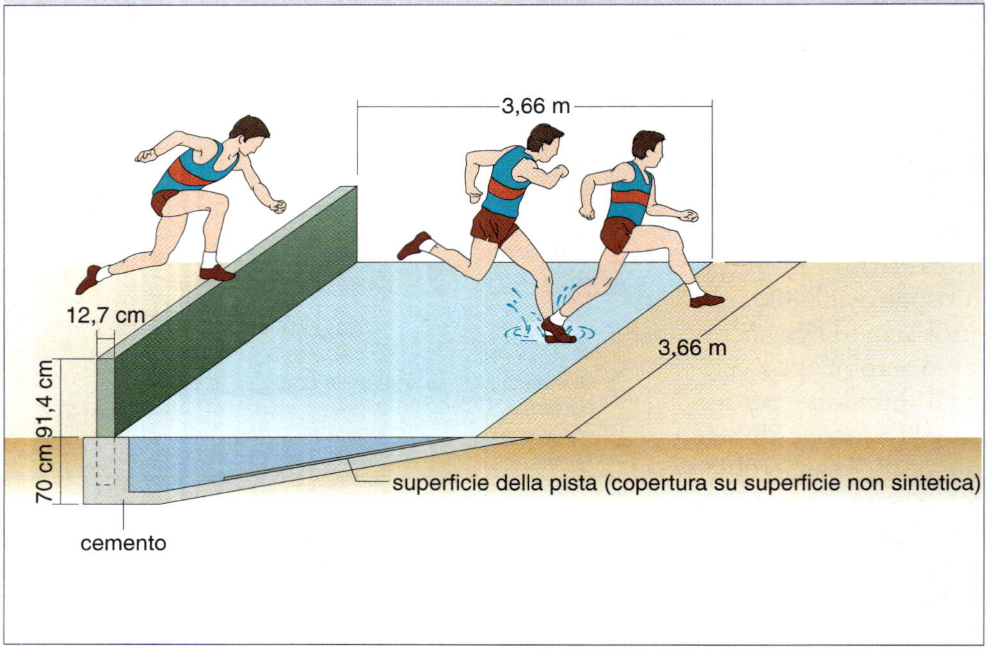

Dopo la partenza, nel primo giro, i corridori affrontano all'interno della loro prima curva, la fossa con l'ostacolo fisso, il primo ostacolo mobile che incontrano è posto all'inizio della loro seconda curva, il secondo ostacolo mobile è alla fine di questa stessa curva. Dal secondo giro e in quelli successivi, alla fine del rettilineo dopo la partenza si trova il terzo ostacolo mobile, poi c'è la fossa e alla fine di questa curva il quarto ostacolo mobile. Complessivamente, gli atleti percorrono sette giri di pista superando 28 ostacoli e sette volte la fossa. I ritmi in questa gara si abbassano rispetto alle precedenti, anche per lo sforzo dovuto al superamento degli ostacoli. Il dispendio energetico si modifica: la velocità pura continua a diminuire, mentre la capacità di resistenza (sforzo anaerobico lattacido) si livella al lavoro aerobico; la distribuzione percentuale è ora modificata con il 20% di lavoro muscolare anaerobico alattacido, il 40% di lavoro anaerobico lattacido e il 40% di lavoro muscolare aerobico.

Le corse di fondo o resistenza

Questo gruppo comprende le distanze più lunghe, i 5000 m, i 10000 m e la maratona (42,195 km). Le variazioni della tecnica di corsa, già descritte nel mezzofondo, sono qui mantenute o aumentate. Il molleggio dell'arto portante nella fase di appoggio rimane più evidente che nella corsa veloce. Il piede nel suo movimento di avanzamento sarà più radente, il ciclo della falcata più lento, sempre alla ricerca della massima spinta orizzontale, in avanzamento. Anche in queste gare, la strategia di corsa è molto importante. Alla resistenza fisica si deve aggiungere anche una significativa resistenza psicologica alla fatica e alle situazioni di gara apparentemente sfavorevoli. Saper dosare le forze per arrivare con delle riserve d'energia all'arrivo è importante, soprattutto nei 5000 m, dove è possibile che si verifichino degli arrivi spalla a spalla, con veri e propri *sprint*. Nei 10000 m e nella maratona, invece, la fatica e lo stress normalmente favoriscono la selezione dei concorrenti e determinano l'arrivo di un vincitore solitario.

I 5000 metri

Come già accennato in precedenza, le regole di partenza sono le stesse per tutte le gare a partire dai 1500 m. La gara dura 12 giri di pista più 200 m, e impone agli atleti un grande sforzo, sia fisico sia psicologico. La strategia è una parte essenziale dell'allenamento, perché aiuta ad amministrare le energie durante tutta la gara. Il dispendio energetico si modifica ancora di più a favore del lavoro aerobico. L'energia della velocità pura continua a diminuire e diminuisce anche lo forzo anaerobico lattacido. La distribuzione percentuale è ora così modificata: 10% di lavoro muscolare anaerobico alattacido, 20% di lavoro anaerobico lattacido e 70% di lavoro muscolare aerobico.

Il mezzofondista italiano Salvatore Antibo.

I 10 000 metri

Questa gara è la più lunga di quelle che avvengono interamente su pista. La prova si sviluppa attraverso 25 giri e i rilevamenti cronometrici sul giro definiscono l'andamento medio di questa gara. Il tempo medio sul giro, per gran parte della corsa, varia tra i 63 e i 68 secondi, per poi scendere nell'ultimo giro sotto i 60 secondi. Si tratta pertanto di un ultimo giro "lanciato" e tutta la strategia di corsa è costruita per riuscire a essere nelle posizioni di testa prima dell'ultimo giro, in modo da giocarsi la vittoria nell'allungo finale. Il dispendio energetico è ormai fortemente sbilanciato a favore del lavoro muscolare aerobico con un 80%, mentre le residue percentuali si dividono in un 5% di lavoro muscolare anaerobico alattacido e un 15% di lavoro anaerobico lattacido.

La maratona

Per quanto si tratti di una competizione generalmente integrata in una manifestazione di atletica leggera con più discipline, la maratona avviene in gran parte al di fuori dello stadio in cui si svolgono le competizioni. Può tuttavia disputarsi interamente su strada, nel caso si tratti di una gara a se stante. Nel primo caso, la partenza avviene in pista e, dopo un giro dell'anello, i concorrenti escono dallo stadio, iniziando il percorso stradale, per poi ritornare in pista, percorrere ancora un giro completo e giungere sull'arrivo generale.

Si tratta della gara di corsa in assoluto più lunga, con una distanza di 42,195 km. Lungo il percorso ci sono regolari indicazioni, allo scopo di informare i concorrenti sulla distanza percorsa, un elemento questo molto importante per l'atleta, necessario per applicare la strategia o modificarla in base alla situazione della corsa. Ci sono sette *spugnaggi*, punti cioè dove l'atleta può prendere una spugna piena d'acqua per idratare il fisico, il primo di questi si trova dopo 11 km dalla partenza mentre gli altri seguono ogni 5 km. Esistono inoltre otto punti di rifornimento con la possibilità di alimentarsi e, se il clima è particolarmente sfavorevole, possono essere previsti punti di spugnaggio aggiuntivi.

I concorrenti devono abbandonare la gara se un componente dello staff medico della competizione ne richiede il ritiro. Nella maratona la componente psicologica ha una grande rilevanza; per tutta la durata della competizione bisogna mantenere la massima concentrazione, sapendo distribuire bene lo sforzo e, se possibile, attaccare nei momenti di crisi degli avversari.

Il dispendio energetico è totalmente a favore del lavoro aerobico, che ha un peso pari al 95% con una residua parte pari al 5% di lavoro anaerobico lattacido, assente invece il lavoro muscolare anaerobico alattacido.

Il cammino

Si tratta di gare in cui la corsa è proibita: è infatti vietato staccare contemporaneamente i piedi dal suolo, effettuare cioè una fase di volo, tipica della corsa. Le gare di marcia si svolgono sulle distanze di 10 km, 20 km e 50 km, quest'ultima riservata agli uomini. Il percorso inizia con 2 o 3 giri della pista per poi raggiungere un circuito stradale, lungo 1,5 km per le distanze di 10 e 20 km e 2,5 km per la gare di 50 km; la fine della gara avviene nello stadio, dopo un giro di pista, all'arrivo generale.
Nel circuito stradale è presente un punto di rifornimento ufficiale a 10 km dalla partenza, poi nel proseguimento della gara ogni 5 km, mentre possono essere aggiunti nel percorso punti di distribuzione d'acqua e per lo spugnaggio. Su tutto il percorso ci sono da 6 a 9 giudici, che controllano l'esecuzione tecnica degli atleti, un giudice capo presiede allo svolgimento della gara e al comportamento dei giudici. Il marciatore può essere ammonito perché ha entrambi i piedi staccati dal suolo o perché la gamba in contatto non è mantenuta tesa durante tutto l'appoggio. In caso di ammonimento, il giudice alza una bandierina bianca, il sommarsi di tre ammonizioni oppure di due, una delle quali sia del giudice capo, determina la squalifica, segnalata con una bandierina rossa.

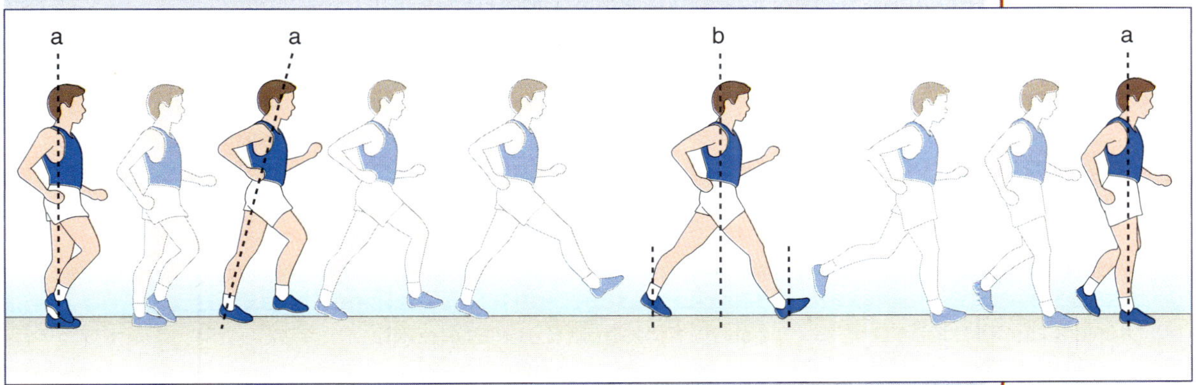

La gamba del marciatore deve essere momentaneamente tesa nel momento in cui il piede è a contatto con il terreno (a). Il piede posteriore non deve staccarsi dal suolo prima che quello anteriore prenda contatto (b).

La tecnica della marcia passa per le seguenti **fasi**; avanzamento dell'arto teso e presa di contatto del terreno con il tallone, rullaggio del piede che passa dal tallone alla punta in modo continuo e con l'arto sempre teso; contemporaneamente, il piede arretrato completa la sua spinta e stacca la punta dal suolo. Il bacino, con un caratteristico basculamento, asseconda l'avanzamento e l'appoggio del peso sulla gamba tesa. Il busto, con delle ampie rotazioni a braccia flesse a 90°, verso l'arto avanzato, mantiene l'equilibrio.

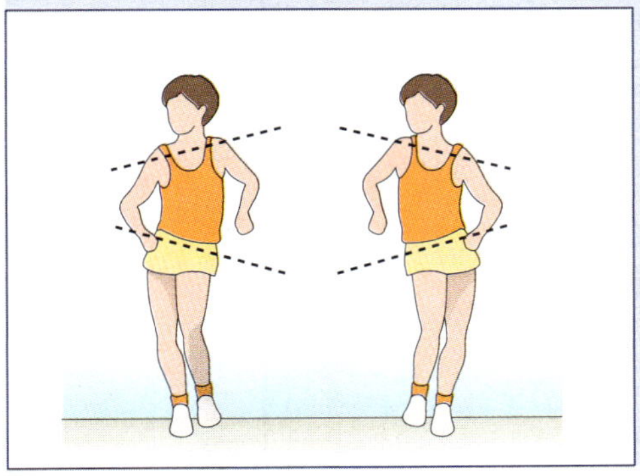

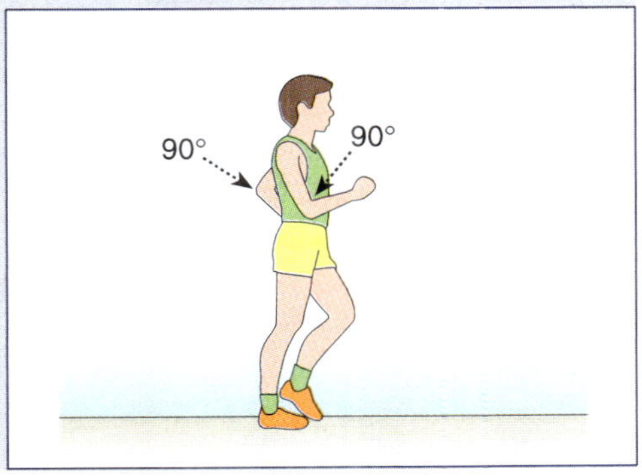

Movimenti delle anche e delle spalle.

I salti

Tutti i salti consistono in balzi spiccati con un solo piede, dopo una rincorsa. Si possono suddividere in:

– salti in estensione: salto in lungo e salto triplo;

– salti in elevazione: salto in alto e salto con l'asta.

Tutti comprendono quattro distinte fasi: la rincorsa, la stacco, il volo, l'atterraggio (o arrivo).
Generalmente, le gare comprendono una fase di qualificazione, in cui è necessario raggiungere una misura minima, e una finale tra i qualificati.

Salto in lungo

Si esegue su una piattaforma composta da una corsia lunga 45 m e larga 1,22 m, seguita da una fossa lunga 9 m e larga come minimo 2,75 m, ripiena di sabbia, inumidita e livellata. Sulla corsia, alla distanza di 1 m dalla fossa, è incassato nel terreno un *asse di stacco*, il cui lato verso la fossa delimita la *linea di stacco*. Subito dopo l'asse e la linea di stacco si trova una striscia di plastilina che, grazie all'impronta del piede lasciata dal concorrente, prova l'infrazione commessa, poiché staccare sulla o dopo la linea di stacco rende il salto nullo. Se non si è commessa l'infrazione, la misurazione viene effettuata in modo perpendicolare a partire dal segno più vicino, lasciato con qualsiasi parte del corpo dell'atleta sulla sabbia, alla linea di stacco. La misurazione è approssimata al cm per difetto.
Il salto è controllato da quattro giudici: il primo, all'inizio della corsia, chiama gli atleti, altri due sono in prossimità della linea di stacco, uno ha il compito di controllare i salti nulli, e per questo fa uso di due bandierine, una rossa e una bianca (rosso/nullo, bianco/valido); l'altro, assieme a un quarto giudice posizionato vicino alla fossa, effettua le misurazioni. Se i partecipanti alla gara sono meno di 8, ogni atleta ha 6 tentativi a disposizione. Se sono più di 8, tutti gli atleti possono fare 3 prove in un primo turno, i migliori 8 superano il turno e hanno ancora tre prove a disposizione per tentare di migliorare la misura ottenuta.

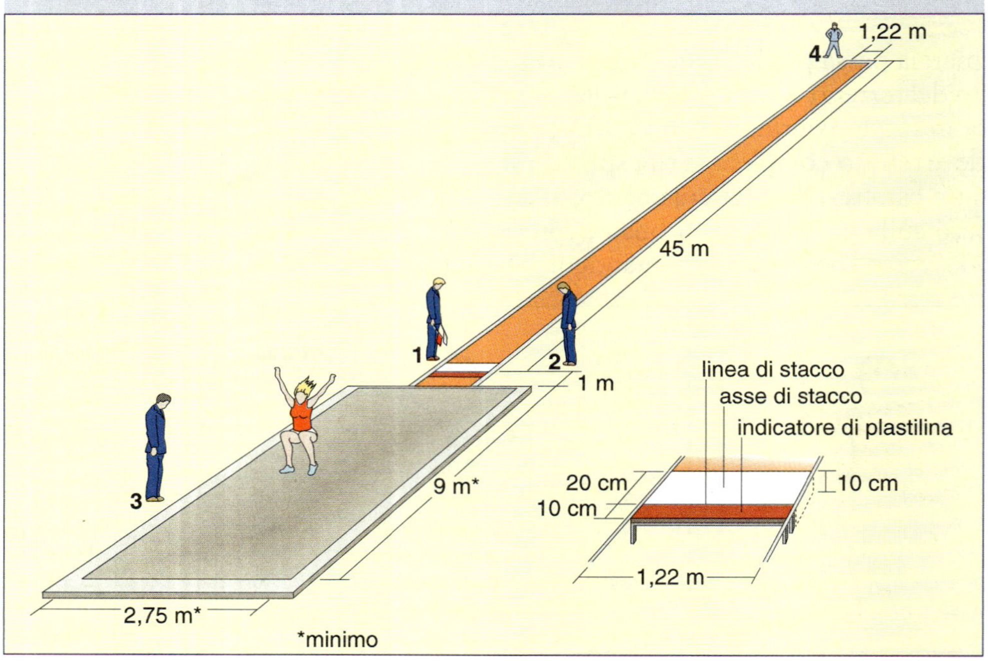

La rincorsa per il salto in lungo si esegue in progressione, per raggiungere la corretta velocità e varia generalmente (in funzione delle caratteristiche degli atleti) dai 14 ai 18 passi. Gli ultimi due passi della rincorsa servono per preparare lo stacco e hanno caratteristiche diverse. Nel terz'ultimo appoggio la falcata si allunga con una decisa azione di spinta in avanti, che si trasforma nel penultimo appoggio, con un abbassamento del bacino, che permette una sorta di "caricamento". Da questo scaturisce l'ultimo passo, più corto ma anche il più veloce dei tre, radente al suolo, con l'arto che avanza disteso.
Queste modificazioni dell'assetto di corsa consentono di trasformare l'inerzia orizzontale della corsa in uno slancio verticale, con un effetto "a molla" che permette lo "stacco", determinato dal contatto del piede con tutta la pianta nell'ultimo appoggio. L'energia della corsa così trasformata determina la fase di volo, in cui il corpo è completamente staccato dal suolo.

Le 3 fasi del salto in lungo: rincorsa, stacco, atterraggio.

La fase di volo può essere di due tipi: il **veleggiamento**, in cui il concorrente si chiude portando le gambe in avanti o la **tecnica dei passi**, che possono essere un passo e mezzo o due e mezzo, dove si eseguono dei passi, quasi a simulare

una camminata in aria. Al volo segue l'atterraggio, in cui si ritrova il contatto con il terreno e che avviene con i talloni, il corpo proiettato in avanti, per evitare qualsiasi tipo di segno precedente a quello dei piedi sulla sabbia.

Salto triplo

Si esegue su una piattaforma composta da una corsia lunga 58 m e larga 1,22 m, composta da due settori successivi, il primo lungo 45 m, il secondo 13 m; tra di essi si trovano l'asse di stacco e la striscia di plastilina, segue infine una fossa lunga 8 m e larga come minimo 2,75 m, ripiena di sabbia, inumidita e livellata. La caratteristica di questa specialità è che, dopo lo stacco, ci sono ancora due appoggi prima dell'atterraggio sulla sabbia. Si hanno così i tre balzi caratteristici della specialità, che hanno precise differenze tra loro e che la descrizione in inglese rende molto bene, quasi in modo sonoro: **hop - step - jump**. *Hop*, che significa "balzo", è un vero e proprio balzo, che si esegue dopo lo stacco, nel

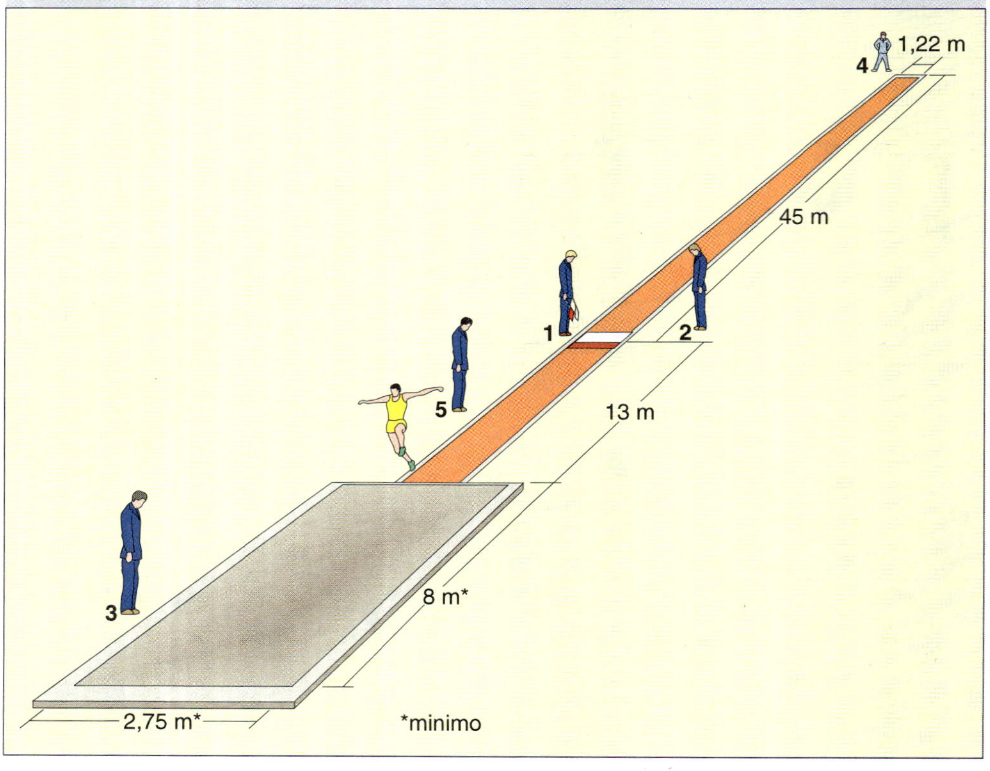

quale il piede che lascia il terreno è lo stesso che ritrova il contatto. *Step*, che significa "passo", è appunto un passo lunghissimo dove si ha il contatto con il terreno con il piede opposto. *Jump*, che significa "salto", ha caratteristiche simili a quello che si esegue nel salto in lungo e porta all'atterraggio nella fossa.
Ai quattro giudici disposti come nel salto in lungo, se ne aggiunge un quinto, che controlla la corretta esecuzione dei balzi nel secondo settore della corsia, quello lungo 13 m.

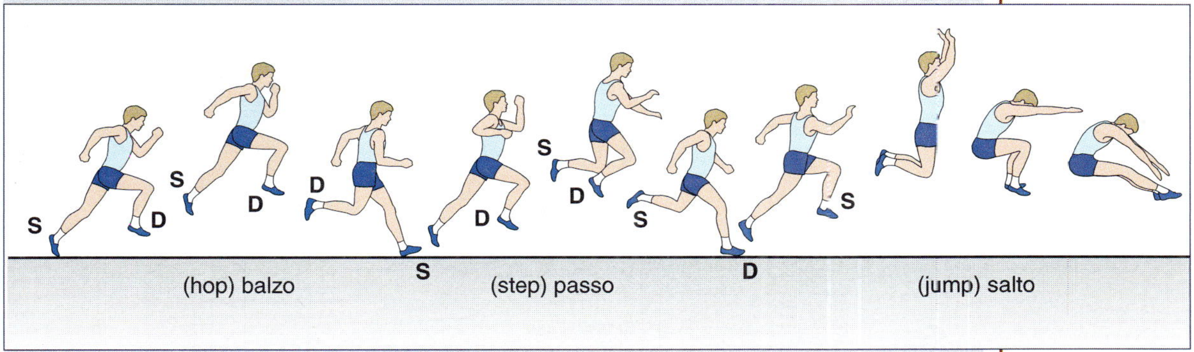

Salto in alto

Si svolge su una piattaforma che si apre a settore circolare con un raggio di 15-25 m; nella parte più stretta si trovano i ritti, posti a 4,02 m di distanza tra loro e che sostengono l'asticella alle varie altezze. Dietro i ritti vi è uno spesso tappetone che serve ad assorbire l'impatto della caduta, largo 5 m e lungo 3 m. L'atleta deve scavalcare l'asticella orizzontale, che viene alzata ad ogni turno, seguendo una progressione stabilita dai giudici. La giuria è composta da 3 giudici che controllano che il tappetone e l'attrezzatura siano regolari e i salti corretti. I salti sono considerati nulli se si stacca con due piedi, se l'atleta tocca qualcosa oltre l'asticella prima d'averla superata, se l'asticella cade. Dopo tre salti nulli, il concorrente è eliminato dalla gara.

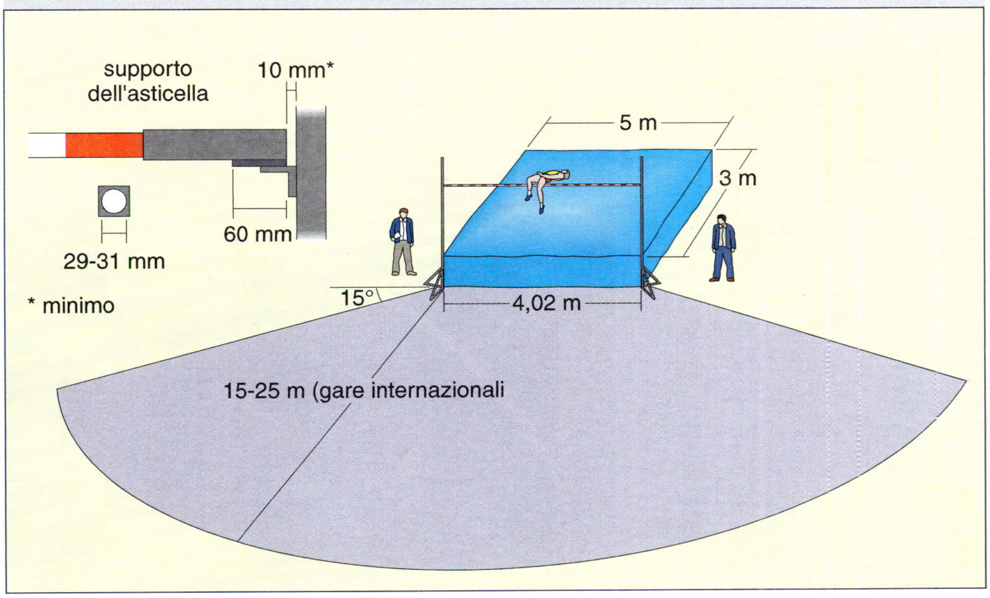

Nella storia di questa specialità, si sono succedute varie tecniche di valicamento dell'asticella: la tecnica frontale, *horaine*, ventrale, tutte ormai in disuso, surclassate dall'efficienza dello **stile Fosbury**. La rincorsa segue una traiettoria curvilinea, che deve essere lunga come minimo 15 m, ma non ha un limite massimo. Deve essere cadenzata più che veloce, con una progressione che raggiunga la massima velocità al momento dello stacco. Gli ultimi tre passi sono fondamentali, il movimento dei piedi passa da circolare, tipico della corsa, a pendolare, per cercare di portare i piedi in anticipo rispetto al busto. Questo permette di aumentare il caricamento e determina la caratteristica inclinazione a 45° dell'atleta, verso l'interno della traiettoria della curva. Lo stacco avviene immediatamente dopo l'ultimo appoggio, effettuato con il massimo caricamento e il ginocchio esteso. L'atleta cerca inoltre di incrementare la spinta verticale con l'arto inferiore non in appoggio, slanciandolo in alto, flesso. Assieme alla gamba, si slancia in alto anche il braccio. Questo determina un asse verticale che dal braccio arriva fino alla gamba estesa (in appoggio), attorno al quale, durante la fase di volo, si svilupperà la rotazione esterna del corpo, che farà affrontare l'asticella di schiena e, con un completo inarcamento del busto, permetterà di superarla. Le spalle, il bacino, le ginocchia, superano l'asticella in successione. È importante non tralasciare la parte finale del valicamento, distendendo le ginocchia per evitare che i piedi tocchino l'asticella. Segue infine la caduta con il dorso sullo spesso materasso in gomma. Il capo deve essere flesso in avanti, per evitare possibili traumi al collo, oltre a favorire il richiamo delle gambe e il controllo visivo dell'asticella.

Le fasi di valicamento dell'asticella con lo stile Fosbury, oggi utilizzato.

Salto con l'asta

Si svolge su una piattaforma formata da una corsia usata per la rincorsa, lunga come minimo 40 m e larga 1,22 m, che finisce con una buca profonda 22,4 cm e lunga 1 m, che serve per "imbucare" l'asta e fare così leva. Subito dietro ci sono i ritti, posti a 4,3 m di distanza fra loro, che sostengono l'asticella, posta a varie altezze durante la gara.

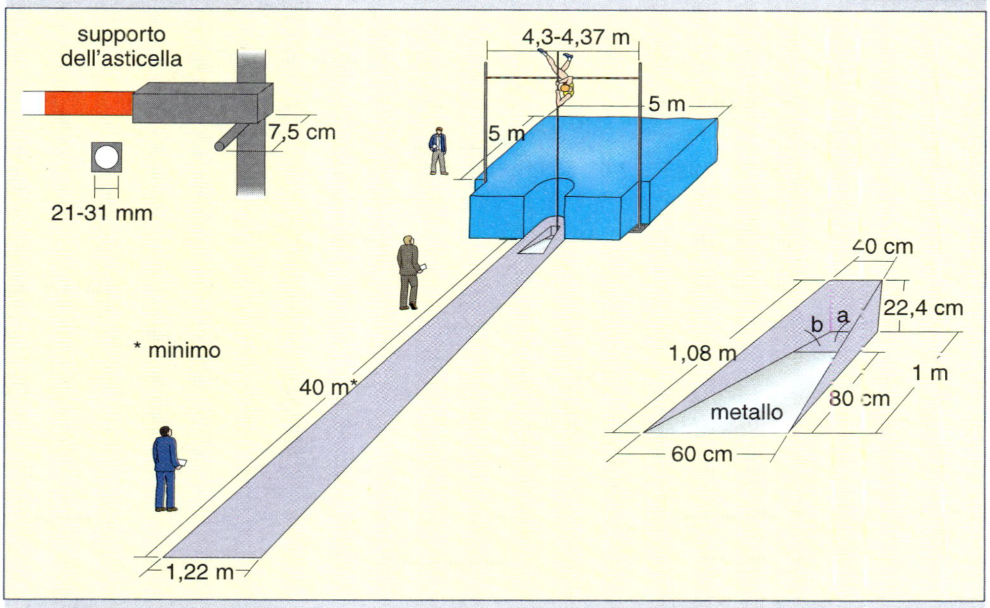

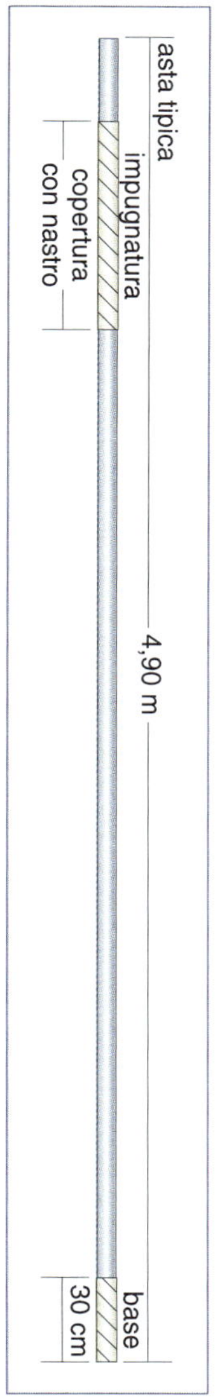

Ad attutire la caduta è presente anche qui un tappetone, delle dimensioni pari a 5 m × 5 m ma più spesso di quello del salto in alto.

Nel salto con l'asta, l'atleta scarica l'energia di una veloce rincorsa su un'asta robusta e flessibile, infilandola in un'apposita buca. Il ritorno elastico dell'attrezzo, causato dalla violenta flessione, proietta verso l'alto l'atleta, in una postura a "L" che varia in una posizione a "I" che gli permette di superare l'asticella orizzontale posta ad altezza nota, senza farla cadere. La giuria è composta da 3 giudici, due dei quali controllano che l'attrezzatura sia regolare e la correttezza dei salti. Il terzo giudice controlla la rincorsa e chiama i concorrenti alla prova. I salti sono considerati nulli se l'atleta tocca qualcosa, con il corpo o l'asta, che si trova oltre un piano ideale corrispondente alla verticale dell'asticella, prima d'averla superata, se stacca con due piedi, se sposta l'impugnatura sull'asta in modo da sfruttarne la lunghezza e se l'asticella cade. Dopo tre salti nulli, il concorrente è eliminato dalla gara.

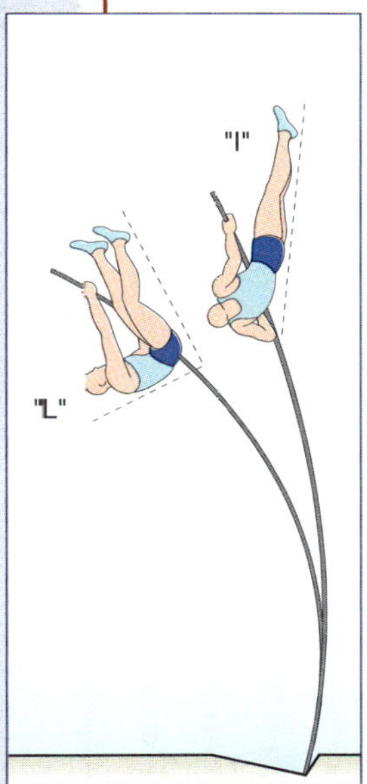

I lanci

Nei lanci, l'atleta cerca di gettare l'attrezzo alla massima distanza possibile, sfruttando tecniche eseguite con il corpo, per esempio rotazioni o rincorse, alle quali si associa la forza dell'arto superiore che effettua il lancio vero e proprio. Esistono quattro specialità: lancio del peso, lancio del disco, lancio del giavellotto, lancio del martello.

Lancio del peso

Il lancio del peso si esegue su una piattaforma circolare di 2,135 m di diametro, divisa in due da una linea, dalla metà anteriore parte un settore circolare, con un angolo di 40° gradi, che si estende sul prato per una lunghezza che è a discrezione degli organizzatori, ma può raggiungere i 30 m. Sul bordo, tra la pedana circolare e il settore sul prato, è costruito un bordo in legno sopraelevato al piano della pedana, lungo 1,21 m, alto 10 cm e spesso 11 cm. Il peso utilizzato per eseguire i lanci è una boccia di ferro o di ottone, oppure di qualsiasi altro metallo che non sia più tenero dell'ottone. Per le competizioni maschili il peso dell'attrezzo è pari a 7,25 kg, con un diametro tra i 110 e i 130 mm; per le competizioni femminili invece a 4,003 kg, con un diametro tra i 95 e i 110 mm. Il lancio è controllato da almeno due giudici, tuttavia nelle competizioni più importanti possono arrivare a quattro: un giudice ha funzioni di collegamento con gli atleti, altri due sono presso il settore circolare e segnano il punto in cui è caduto il peso, uno è vicino alla pedana circolare e controlla i lanci nulli, ha due bandierine, una rossa per segnalare i nulli e una bianca per segnalare i lanci validi. Inoltre, assieme ai giudici nel settore circolare rileva la misura del lancio. La misurazione avviene tra il bordo interno della pedana e il segno più vicino lasciato dal peso, ed è approssimata al cm per difetto. Se la gara ha più di 8 atleti iscritti, tutti possono effettuare un primo turno di tre lanci, ma soltanto i migliori 8 passano il turno e hanno altre tre prove a disposizione.

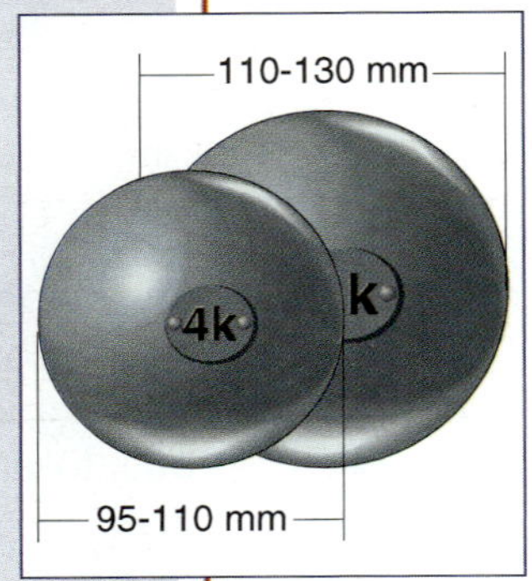

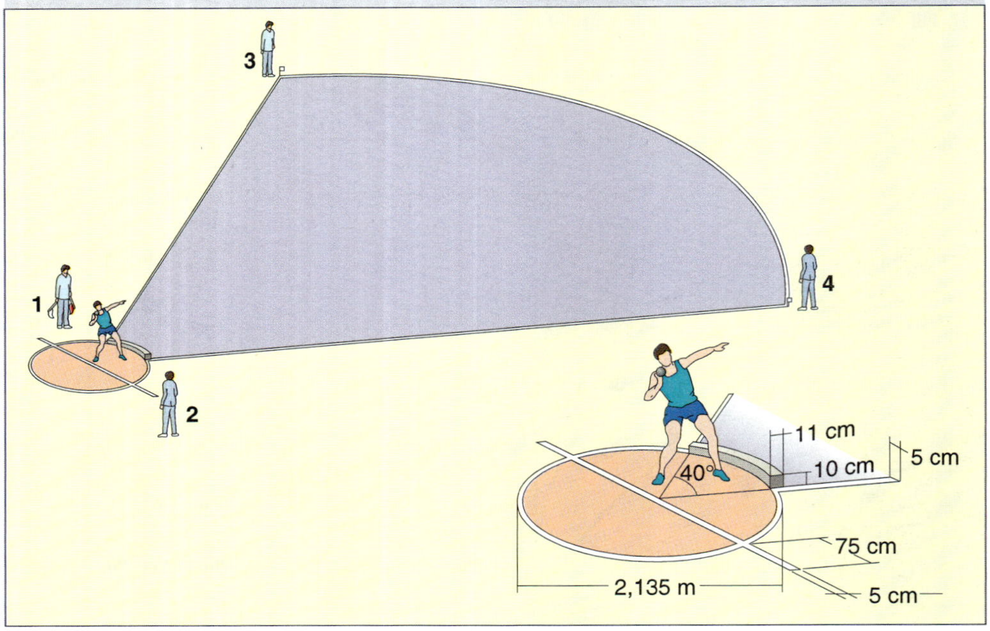

Esistono due tecniche di lancio: la tecnica classica di O'Brien, che qui illustreremo, e la tecnica di Baryshnikov, introdotta nel 1972 da un atleta russo e che integra la rotazione del lancio del disco nel lancio del peso. Si ottiene così più energia e potenza da scaricare nel lancio: a livello internazionale questa è ormai la tecnica maggiormente utilizzata.

Le fasi del lancio secondo la tecnica di O'Brien.

La **tecnica classica** rappresenta comunque la base per il lancio del peso anche quando si utilizzi la tecnica di origine russa. L'atleta si posiziona di spalle rispetto al settore circolare, impugna il peso con l'indice e il pollice e lo avvolge con le altre dita. Lo appoggia sulla spalla a contatto con il collo, mantenendo il gomito infuori. Mette il piede contro il limite della pedana e vi pone tutto il suo peso, alzando il braccio libero. In questo momento inizia la *traslocazione*: il busto si flette in avanti mentre il piede più arretrato si alza in alto e l'arto in appoggio si piega. Questo movimento continua fino a quando il busto non è quasi a contatto della coscia dell'arto inferiore in appoggio o comunque è in posizione quasi orizzontale. Abbiamo così il massimo caricamento, da cui può partire la *rotazione*. Si richiama la gamba libera sotto l'addome, flettendola per poi slanciarla indietro e in successione distendere la gamba di appoggio, alzare e ruotare il busto verso il settore circolare. In questo modo si fa il primo quarto di giro, nel frattempo la gamba libera tocca terra con l'avampiede, prendendo su di sé il peso del corpo in movimento, diventando il perno della rimanente rotazione. Il busto si distende sempre di più, continuando nella rotazione, venendosi a trovare nella direttrice di lancio. L'atleta distende il braccio e lancia il peso, sfruttando così tutta l'inerzia acquisita con il mezzo giro.

Lancio del disco

In questa specialità i lanci si eseguono da una piattaforma circolare di 2,50 m di diametro, circondata da una gabbia di protezione formata da una rete metallica; il cerchio è diviso da una linea che forma così due metà. Da una di esse parte un settore circolare, con un angolo di 40°, che si estende sul prato per una lunghezza che è a discrezione degli organizzatori e che può variare tra gli 80 m e i 100 m. Il disco è formato da una parte in legno con un bordo circolare di metallo e un peso metallico fissato nel centro. Per le competizioni maschili l'attrezzo pesa 2 kg, con un diametro tra i 219 e i 221 mm e uno spessore di 44-46 mm; per le competizioni femminili invece pesa 1 kg, ha un diametro tra i 180 e i 182 mm e uno spessore di 37-39 mm.

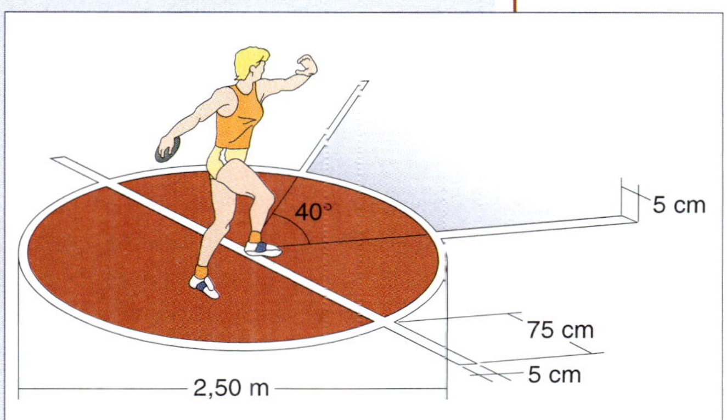

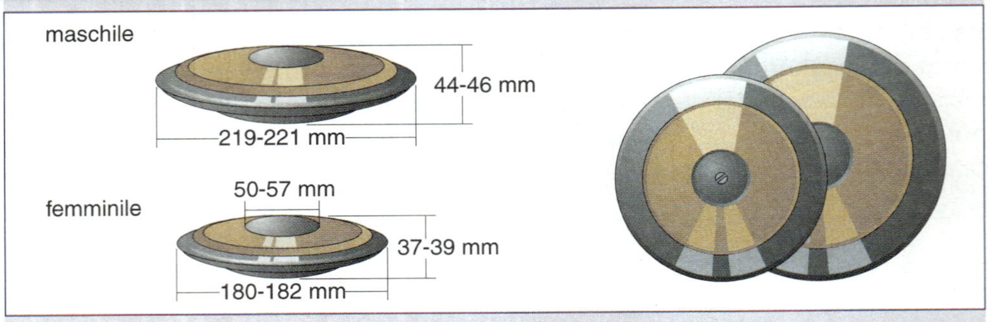

Il lancio è controllato da cinque giudici, tre sono presso il settore circolare e segnano il punto in cui è caduto il disco, due sono vicini alla pedana circolare e controllano che in pedana non vengano commesse infrazioni. Come avviene nelle altre discipline di lancio, un giudice ha due bandierine: rossa per segnalare i lanci nulli, bianca per i lanci validi. Un lancio è considerato nullo se l'atleta, durante il lancio e la fase di volo dell'attrezzo, con qualsiasi parte del suo corpo tocca l'anello della pedana o il terreno circostante, oppure se il disco atterrando supera il bordo interno della linea che delimita il settore circolare. È obbligatorio inoltre che l'atleta abbandoni la pedana dopo il lancio passando della parte posteriore della piattaforma. La misurazione avviene tra il bordo

interno della pedana e il segno più vicino lasciato dal disco, ed è approssimata ai 2 cm per difetto. Il disco è impugnato con il polso e il palmo a contatto, le cinque dita aperte, alcune di esse, dall'indice al mignolo, artigliano con i polpastrelli il bordo del disco. La tecnica si avvale di una rotazione completa per dare la massima potenza al lancio. Come per il peso, l'atleta si mette spalle al campo, inizia un movimento pendolare con il braccio per caricare di energia la rotazione, dopodiché effettua la **traslocazione** eseguendo un giro e mezzo, spostando il peso velocemente da un piede all'altro, sul secondo appoggio si esegue la rotazione che fa ritrovare l'atleta al limite della pedana in completa estensione. A questo punto, il braccio esteso avanza velocemente ed esegue il lancio del disco. Le gare si svolgono come per il peso, al meglio dei sei lanci in un unico turno con meno di otto concorrenti e in due *tranches* di tre tiri, se ci sono più di otto concorrenti.

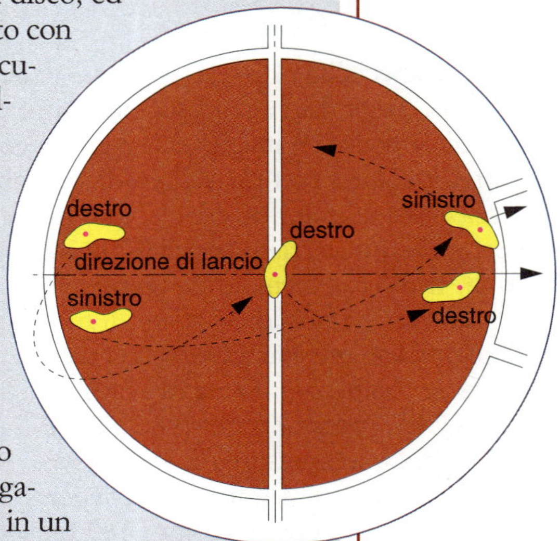

Lancio del martello

La specialità del martello usa la stessa pedana del lancio del disco, in modo da utilizzare la gabbia di protezione. È diversa solo la misura della piattaforma circolare, che ha un diametro di 2,135 m. Il **martello** è formato da una maniglia triangolare di metallo collegata con un filo d'acciaio di 3 mm di diametro a una sfera di ottone, o di qualsiasi altro metallo che non sia più tenero dell'ottone, tramite un anello. L'insieme dell'attrezzo ha un peso di 7,260 kg. La mano che impugna direttamente la maniglia deve indossare un guanto di protezione. Tutte le disposizioni precedentemente illustrate per il lancio del disco (giudici, misurazioni, nullità dei lanci), sono valide anche per il martello.

La tecnica si avvale di una presa a due mani dell'attrezzo. Il lancio inizia con una fase preliminare in cui l'atleta, rimanendo rilassato, esegue alcuni giri ampi e

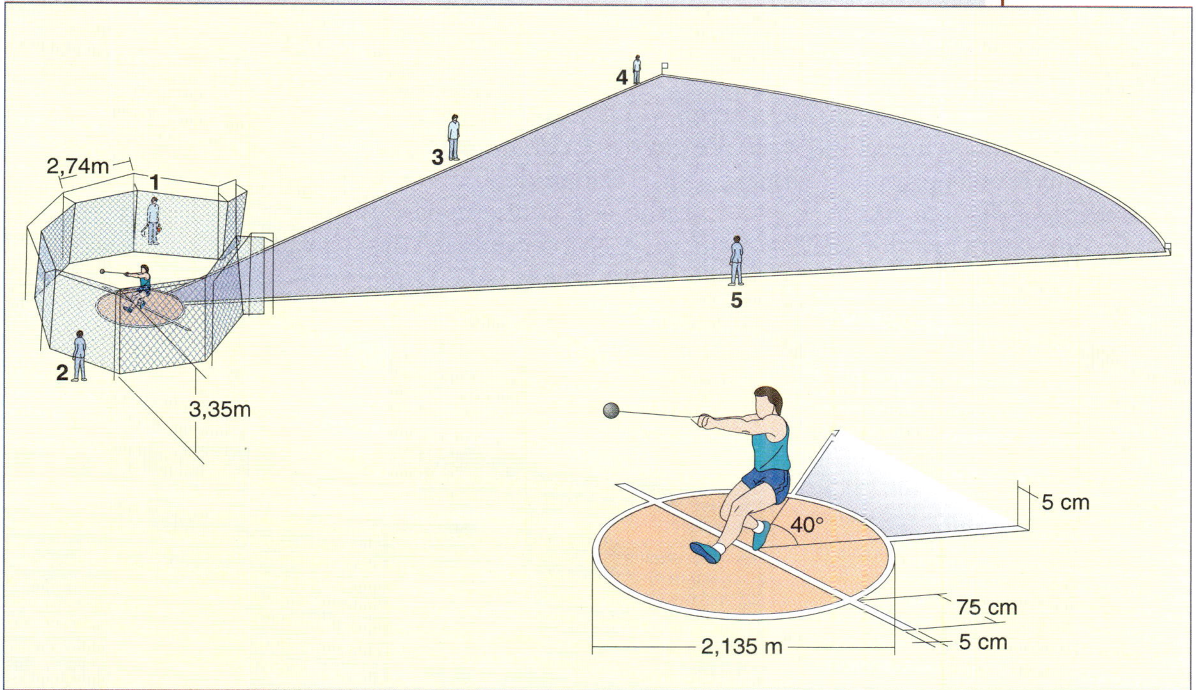

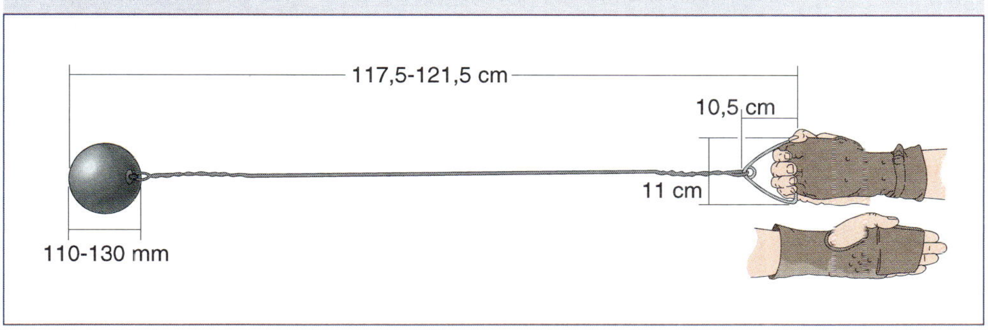

circolari del martello. Inizierà poi la rotazione, con rapidi spostamenti dei piedi ed estensioni e flessioni del busto, che imprimeranno all'attrezzo una rapidissima rotazione, che oscillerà dell'alto e in basso. La velocità di rotazione aumenterà per effetto della forza centrifuga: alla fine del terzo giro, distendendo il più possibile le braccia, l'atleta, rivolto verso il campo, lascerà la presa. Il martello è in questo momento nel punto più alto raggiunto nelle rotazioni e ha appena passato il punto più basso. La vera difficoltà del gesto tecnico consiste nel controllo dell'attrezzo, per cercare di annullare l'effetto della forza centrifuga impressa.

Lancio del giavellotto

La **piattaforma** per il lancio del giavellotto è formata da una corsia lunga 36,50 m, seguita da un campo a settore circolare con un angolo di 29°, che si estende sul prato per una lunghezza a discrezione degli organizzatori e che solitamente è di circa 100 m. L'**attrezzo**, che non contiene parti mobili, consiste in una punta metallica di 25-33 cm, un corpo centrale in cui si trova l'impugnatura di corda (15-16 cm nei maschi, 14-15 cm nelle femmine) e nella punta posteriore, di legno o metallica. La lunghezza totale dell'attrezzo maschile è di 260-270 cm, quello femminile 220-230 cm. Il lancio deve essere effettuato con una sola mano, tenendo l'attrezzo dall'impugnatura, sopra la spalla, dopo una rincorsa di 10-14 passi. I giudici sono quattro, due si trovano presso il settore circolare e segnano il punto in cui è caduto il giavellotto.

Non è necessario che l'attrezzo di conficchi nel terreno, ma è obbligatorio che la punta metallica anteriore tocchi il terreno prima delle altre parti. Un altro giudice è vicino all'arco di lancio e controlla i lanci nulli, con il consueto sistema delle due bandierine, una rossa (per i lanci nulli) e una bianca (per i lanci validi). Questo giudice inoltre, rileva

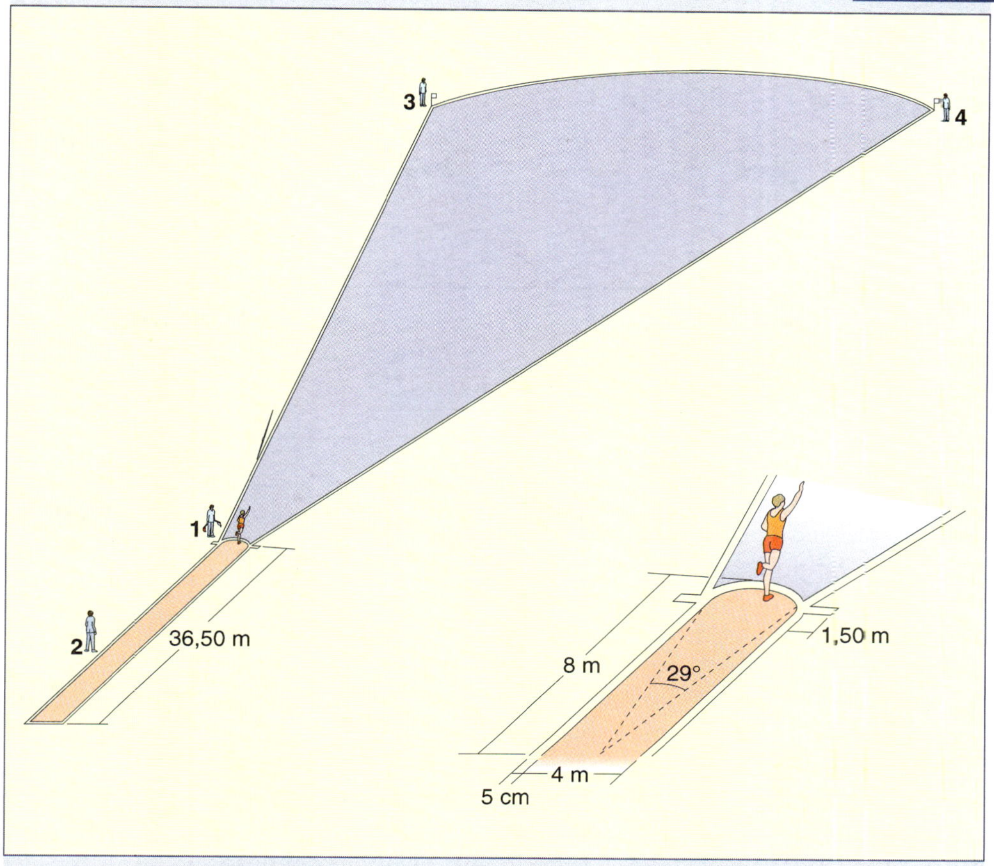

la misura del lancio assieme ai giudici nel settore circolare. La misurazione avviene dal segno più vicino lasciato dal giavellotto, con la sua punta metallica, al bordo interno del settore (detto anche arco) di lancio. Le gare si svolgono secondo le modalità già descritte per le altre discipline dei lanci. La tecnica di lancio consiste in una rincorsa in cui, via a via che ci si avvicina all'arco di lancio, il busto si inarca e ruota all'indietro, dal lato che impugna il giavellotto; contemporaneamente il braccio viene proteso anch'esso all'indietro, in caricamento. L'atleta, avanzando in questo modo nella corsia, si blocca al limite dell'arco di lancio, scaricando tutta l'inerzia della rincorsa nel lancio dell'attrezzo.

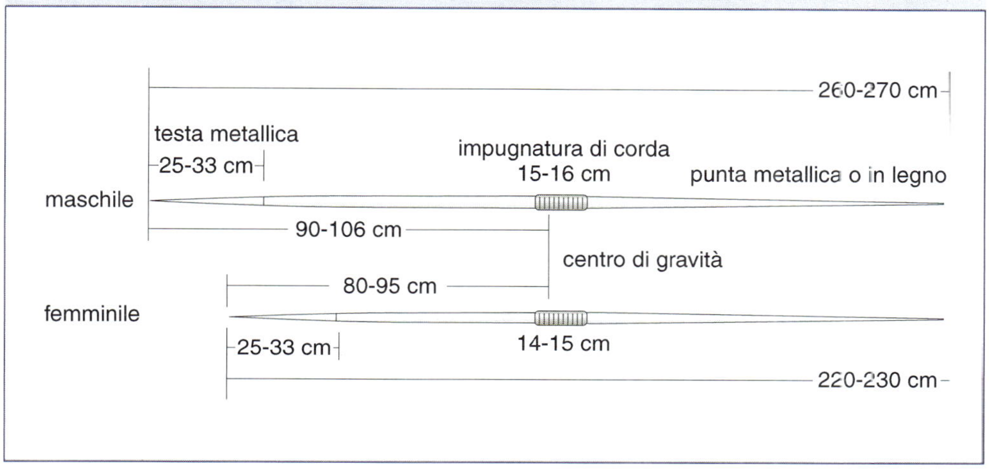

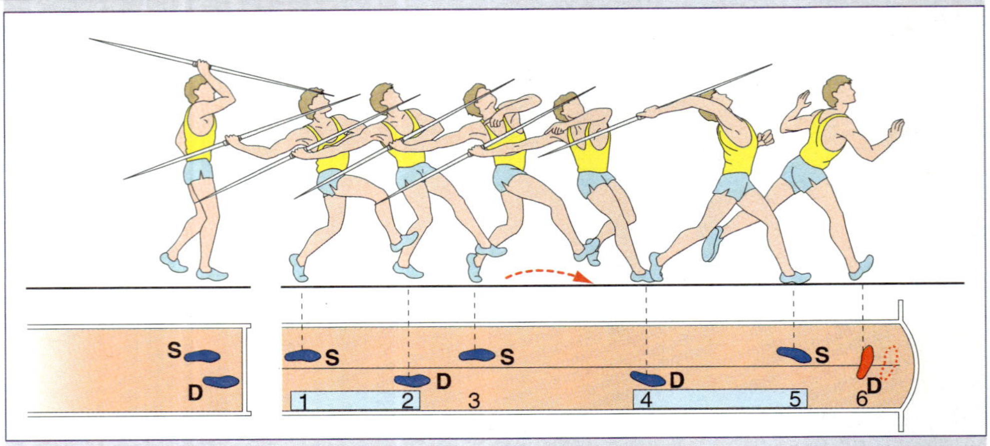

I cinque tempi "speciali" e il lancio
1-2. Rotazione del busto e giavellotto in posizione di lancio.
3. Anticipo degli arti inferiori.
4-5. Doppio appoggio o posizione di lancio.
6. Scarico sul piede destro della residua forza inerziale dopo il lancio.

Le prove multiple

In questa specialità, lo stesso atleta effettua gare di corsa, lancio e salto. Nella versione maschile, il **decathlon**, l'atleta deve superare 10 prove mentre la versione femminile prevede lo svolgimento di 7 prove, da qui il nome di **eptathlon**. Nelle prove multiple valgono le stesse regole delle singole discipline, con piccole variazioni per i salti e i lanci dove gli atleti hanno a disposizione solo tre prove; nelle corse invece possono fare tre false partenze. Sono gare che si svolgono nell'arco di due giornate. Nel *decathlon,* il primo giorno si disputano i 100 m, il salto in lungo, in alto, il lancio del peso e i 400 m; nel secondo giorno si svolgono le gare dei 110 m ostacoli, il lancio del disco, il salto con l'asta, il lancio del giavellotto e i 1500 m. Nell'*eptathlon* invece, il primo giorno si disputano i 100 m a ostacoli, il salto in alto, il lancio del peso e i 200 m, nel secondo giorno si svolgono le gare del salto in lungo, il lancio del giavellotto e gli 800 m.
Per ogni risultato ottenuto nelle diverse specialità si guadagnano dei punti, calcolati in base a una tabella redatta dalla IAAF. La somma totale dei punti ottenuti in tutte le gare determina una graduatoria finale. L'ordine in cui vengono disputate le gare è stato disposto nel 1912, cercando di alternare le prove, in modo da far riposare i vari distretti muscolari degli atleti.
Poiché le abilità tecniche da acquisire per le diverse specialità sono molto diverse fra loro, nelle prove multiple gli atleti non raggiungono risultati che

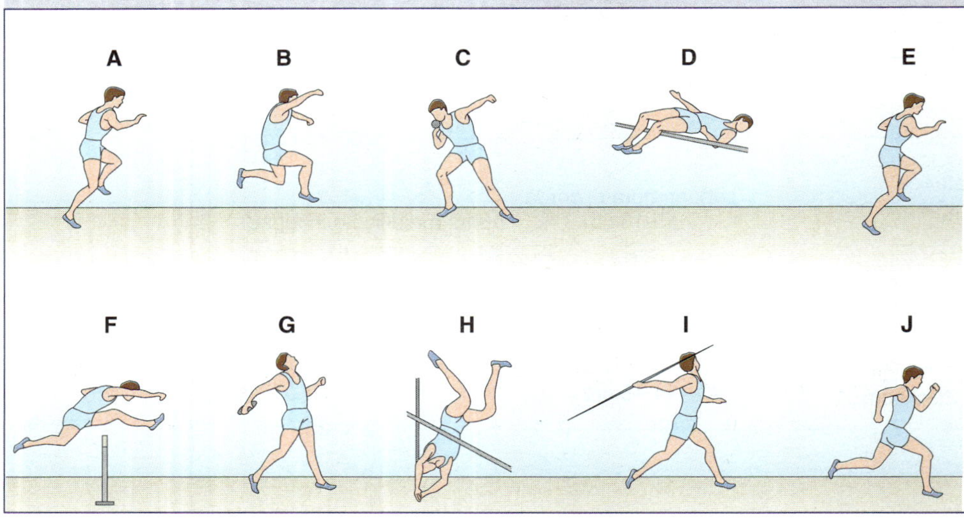

Decathlon
Primo giorno
A 100 m
B Salto in lungo
C Lancio del peso
D Salto in alto
E 400 m

Secondo giorno
F 110 m ostacoli
G Disco
H Salto con l'asta
I Giavellotto
J 1500 m

possano insidiare i primati assoluti. L'abilità di questi atleti risiede quindi nella versatilità e nella capacità di dare il meglio di sé prova dopo prova, pur cambiando completamente il gesto tecnico e il relativo tipo di sforzo.

Le discipline dell'atletica leggera

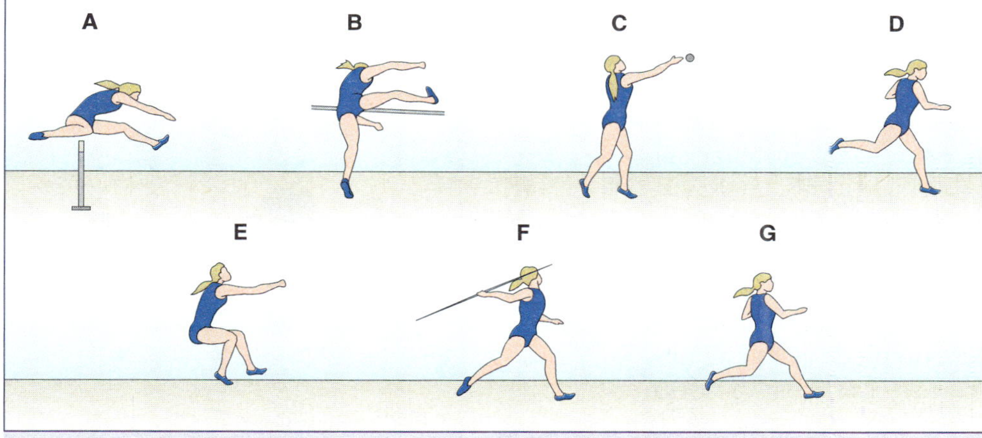

Eptathlon

Primo giorno

A 100 m ostacoli
B Salto in alto
C Lancio del peso
D 200 m

Secondo giorno

E Salto in lungo
F Giavellotto
G 800 m

	Corse di velocità						Staffette	
Distanza	**100 m**	**200 m**	**100 hs**	**110 hs**	**400 m**	**400 hs**	**4 × 100**	**4 × 400**
Prove	M/F	M/F	F	M	M/F	M/F	M/F	M/F

	Corse di mezzofondo		
Distanza	**800 m**	**1500 m**	**3000 m siepi**
Prove	M/F	M/F	M

	Corse di fondo o resistenza		
Distanza	**5000 m**	**10 000 m**	**maratona 42,195 km**
Prove	M/F	M/F	M/F

	Marcia		
Distanza	**10 km**	**20 km**	**50 km**
Prove	M/F	M/F	M

	Lanci			
	peso	**disco**	**giavellotto**	**martello**
Prove	M/F	M/F	M/F	M/F

Prove multilpe	
Prove	**Distanze e specialità**
Decathlon M	100 - 400 - 1500 - 110 hs - lungo - alto - asta - peso - giavellotto - disco
Eptathlon M	200 - 100 hs - 800 - alto - lungo - peso - giavellotto

	Salti			
	alto	**lungo**	**triplo**	**con l'asta**
Prove	M/F	M/F	M/F	M/F

Allenare le specialità

Vediamo rapidamente alcuni esercizi per allenare le singole specialità. È importante ricordare che tali esercizi vanno integrati in una seduta di allenamento complessiva. Formata cioè da un adeguato riscaldamento iniziale, da esercizi di allungamento passivi e attivi, da esercizi potenzianti la capacità o l'abilita oggetto di allenamento, da giochi ed esercizi defaticanti per concludersi con esercizi di allungamento passivo.

La partenza dai blocchi

1. Mettersi in ginocchio, e successivamente sui blocchi, e fare delle partenze sullo stimolo di diversi tipi di segnali: visivi (braccio che si alza o abbassa), sonori (fischietto, una battuta di mani, la voce), tattili (pacca sulla spalla).
2. In stazione eretta, lasciarsi cadere in avanti e mettere un piede avanti all'ultimo momento, partendo così di corsa.

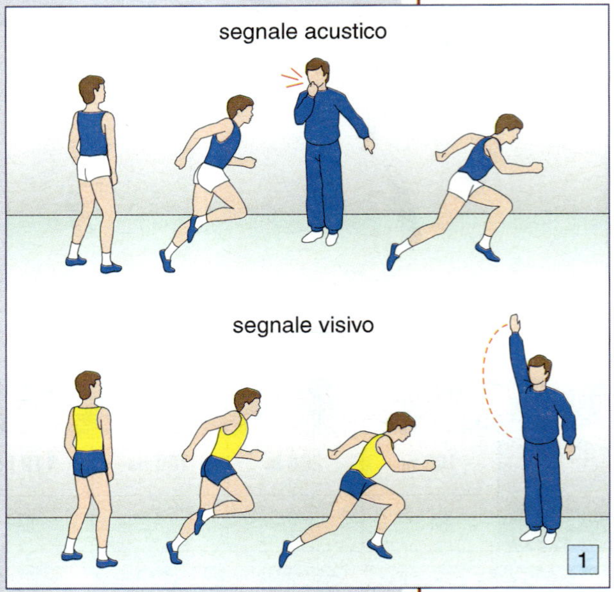

1

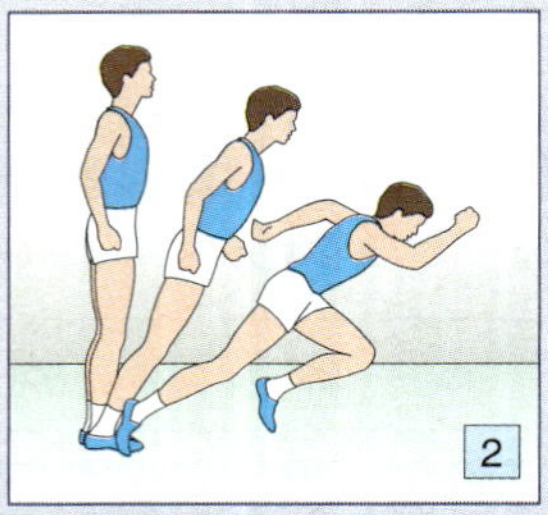
2

I 100 metri

1. Fare *skip* sul posto, una corsa a ginocchia alte, cercando il massimo ritmo esecutivo. Passare poi a fare *skip* sul posto da lenti a veloci, per poi partire di corsa, cercando di mantenere il più possibile la frequenza dei passi.

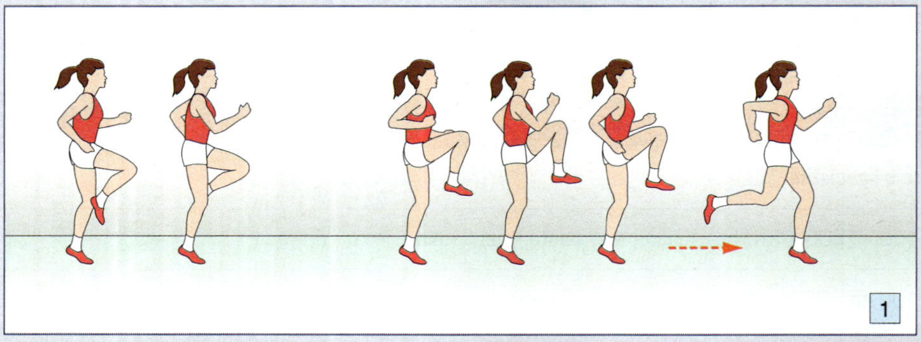
1

2. Fare degli scatti, allungando progressivamente la distanze: 15 m, 20 m, 30 m, e così via, fino ad arrivare ai 100 m, dopo un paio di settimane di allenamento. Cercare di mantenere lo stesso ritmo delle falcate man mano che le distanze si allungano.

I 200 metri

1. Fare uno scatto sui 100 m con cavigliere da 1 kg, poi uno scatto di 200 m con cavigliere da 500 g e infine scatto sui 200 m a carico naturale.

1

2. Corsa in cerchio con un diametro di 6,37 m (che corrisponde a una circonferenza pari a 20 m) in senso antiorario per 4 giri e scatto finale sulla tangente di 120 m: la distanza finale percorsa è di 200 m. Nel caso non si abbiano a disposizione questi spazi, fare comunque la corsa in cerchio con scatto finale rettilineo, in modo da allenare la corsa in curva.

I 400 metri

1. Corsa in salita per 50 m e ritorno alla massima frequenza in discesa. Ripetere di seguito per 8 volte.
2. Eseguire il seguente circuito: corsa in un cerchio con un diametro di 6,37 m, fare 4 giri in senso antiorario, e poi una corsa veloce sulla tangente di 120 m, raggiungere un altro cerchio identico al precedente e fare 4 giri in senso antiorario, sulla tangente fare uno scatto finale di 120 m. Distanza totale percorsa: 400 m.

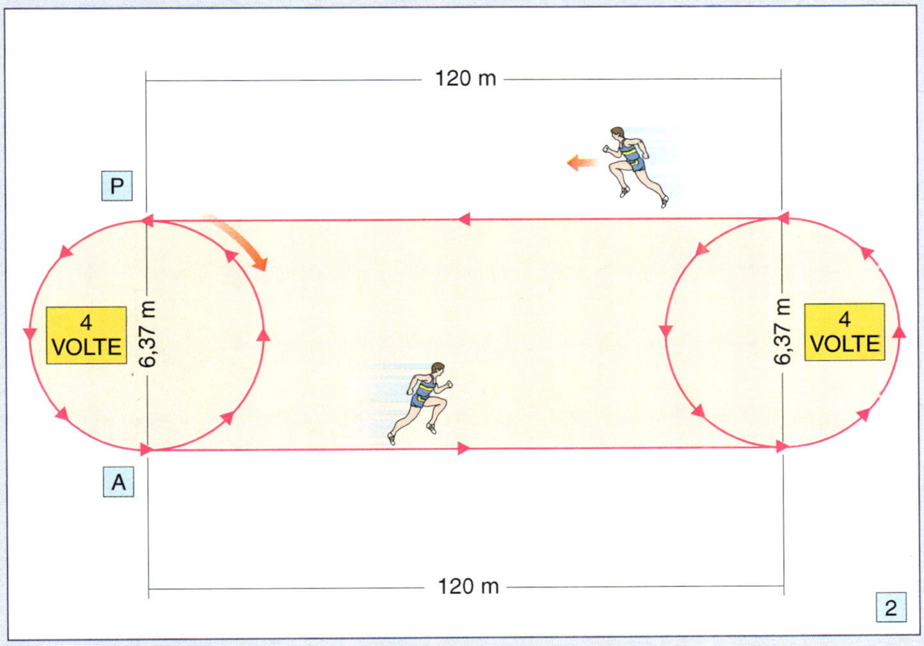

2

Il cambio

1. Tre ragazzi corrono lentamente in cerchio. Un quarto si accoda con il testimone e, con un segnale vocale («op») avverte l'ultimo passandogli il testimone, per poi andare a mettersi di fronte alla fila, passando all'interno. Chi ha ricevuto il testimone, passando all'esterno, supera il gruppo effettuando uno scatto, fa il giro del cerchio velocemente. Accodandosi, passa il testimone all'ultimo e così via.
2. Provare a fare il cambio con le mani insaponate, per stimolarne la sensibilità.

1

Staffetta 4 × 100

1. Fare degli scatti di 100 m su rettilineo e in curva tenendo un peso da 200 g. Eseguire anche una vera staffetta 4 × 100 con questo peso.

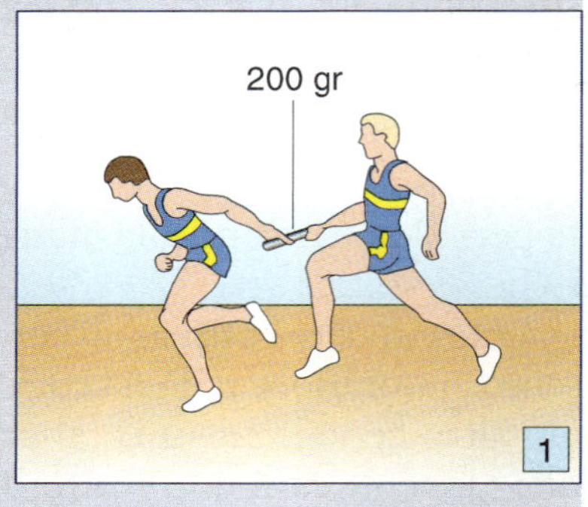

1

Staffetta 4 × 400

1. Fare anche qui 400 m con un peso da 200 g ed eseguire poi una vera staffetta 4 × 400 con lo stesso peso.

Il passaggio dell'ostacolo

1. Con le mani in appoggio su un muro o un altro sostegno, mettersi di fianco all'ostacolo, provare il passaggio avanti e indietro della seconda gamba, flettendo il ginocchio e cercando di orizzontalizzare al massimo la coscia.
2. Slanciare il ginocchio della prima gamba in alto, distendere la gamba, quindi portare l'arto teso verso il basso e prendere contatto con tutta la pianta del piede, contemporaneamente abdurre la seconda gamba flessa al ginocchio. Ora distendere la seconda gamba in basso e procedere con un nuovo slancio del ginocchio della prima gamba, come descritto in precedenza. Continuare così per 10 cicli.

2

I 100 m e 110 m ostacoli

1. Fare 3 passi di *skip* sul posto ad alta frequenza. A seguire fare un salto in alto, sempre sul posto, con una gamba tesa, che riprenderà il contatto con il terreno per prima. Eseguire tutto questo per dieci volte, dopo l'ultimo salto partire con uno scatto di 30 m.

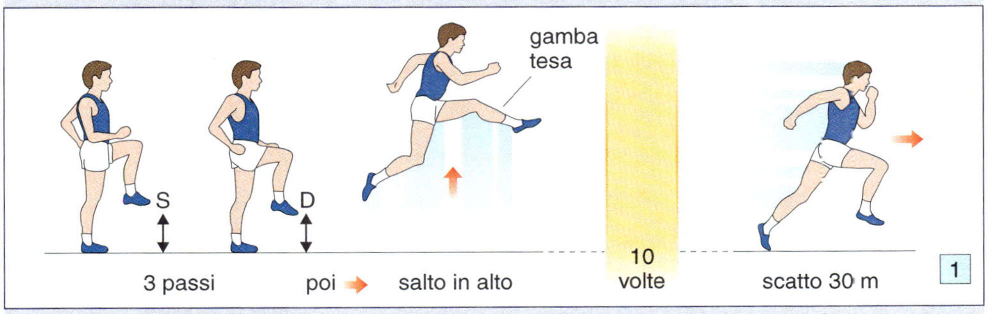

2. Fare i 100 m o i 110 m a ostacoli con cavigliere da 100 g.

I 400 m ostacoli

1. Fare *skip* (13 passi) più salto sul posto.

I 400 m

1. Corsa all'aperto tipo *Fartlek* (con piani, salite e discese in successione).

Gli 800 m

1. Corsa in pista per allenamento invernale. La prima settimana 20 minuti, aumentare poi il tempo ogni settimana secondo questo schema: seconda settimana 40 minuti, terza settimana 45 minuti, quarta settimana 50 minuti, quinta settimana 60 minuti. Mantenere un ritmo al giro (400 m) di 2 minuti e 10 secondi.

I 1500 m

1. Distanze ripetute ad intervalli (*interval-training*). Eseguire degli scatti sui 200 m, dove i battiti salgono a 180 al minuto, far seguire intervalli di defaticamento, in cui i battiti cardiaci devono scendere sotto i 120 al minuto. Se questo avviene in un tempo che supera un minuto e 30 secondi, significa che lo scatto è stato troppo veloce. In base a tabelle già calcolate, se

l'atleta ha un tempo sui 1500 m di 4 minuti, sulle distanze inferiori avrà questi tempi: 800 m, 2'08"; 600 m, 1'36"; 400 m, 64"; 300 m, 48"; 200 m, 32"; 100 m, 16". L'allenamento sarà basato sul doppio della distanza, quindi 3000 m, si avranno così 15 scatti sui 200 m, con un tempo di 32", con intervalli per riportare i battiti a 120. Il tempo aumenta di 4". sui 200 m, ogni 30" in più sul tempo dei 1500 m. (es. 1500 m, 4'30"; 200 m, 36").

I 3000 m siepi

1. Distanze ripetute ad intervalli (*Interval-Training*), eseguire degli scatti sui 400 m. Tempi delle varie distanze per un 3000 m siepi percorso in 9 minuti: 2000 m, 6'; 1500 m, 4'30"; 800 m, 2'24"; 600 m, 1'48"; 400 m, 72"; 300 m, 54"; 200 m, 36"; 100 m, 18". L'allenamento sarà sul doppio della distanza, quindi sui 6000 m, si avranno 15 scatti sui 400 m con un tempo di 72" a cui aggiungono 4", per considerare la somma dell'affaticamento fisiologico con gli intervalli per riportare i battiti a 120. Il tempo aumenta di 8" sui 400 m, ogni 60" in più sul tempo dei 3000 m.

I 5000 e 10 000 m

1. Allenamento per i 5000 m: in un circuito all'aperto di 1500 m, in cui si può mantenere una andatura continua, mantenere un ritmo 4'30"-5'30" al giro. Fare sei giri (9000 m).
2. Per i 10 000 m, stesso tipo di allenamento, su un circuito di 3000 m, mantenendo un ritmo di 10'-13' al giro. Fare sei giri (18 000 m).

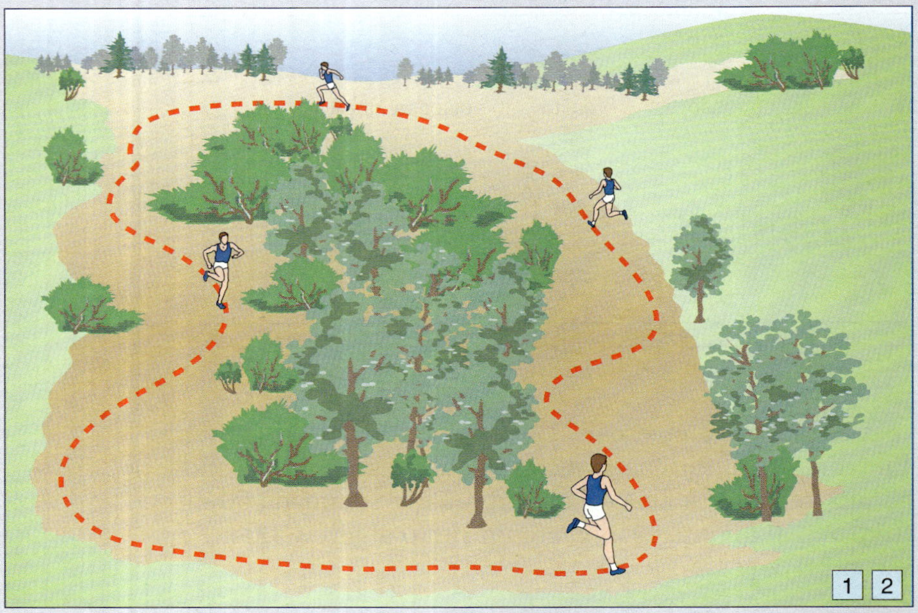

La maratona

1. Corsa all'aperto con andatura continua, iniziando con 10 km. Aumentare di 2 km a settimana, per arrivare, in dieci settimane, a 30 km, questo a un mese dal giorno in cui si deve disputare la gara. Poi invertire, togliendo 2 km ogni allenamento.

I 10 e 20 km di marcia

1

1. Marciare tenendo un bastone sulle spalle, per imparare a tenere il busto eretto durante la marcia.
2. Iniziare con percorsi di 3 km, incrementando il ritmo fino a raggiungere i 7' al km. Mantenendo questo ritmo, aumentare le distanze percorse di 1 km per volta.

I 50 km di marcia

1. Marciare in salita, per imparare e tenere le ginocchia bloccate per 100-150 m, ripetere 10 volte. Ritorno in discesa camminando normalmente.
2. Marciare circa per 25 km, in cui alternare 4-5 km di marcia veloce e 10 km di marcia lenta, indossando cavigliere e polsiere da 200 g (carico totale 800 g).

Il salto in lungo

1. Fare vari tipi di salti superando un ostacolo basso a circa 2 m dalla battuta.
2. Disegnare dei segni per terra a distanza definita, correre con falcate regolari cercando di toccare i segni.

2

1

Il salto triplo

1. Balzo a piedi pari e poi balzo con un piede, arrivo, balzo a due piedi e poi balzo a un piede, opposto a quello precedente. Fare alcuni passi camminando poi ripetere.

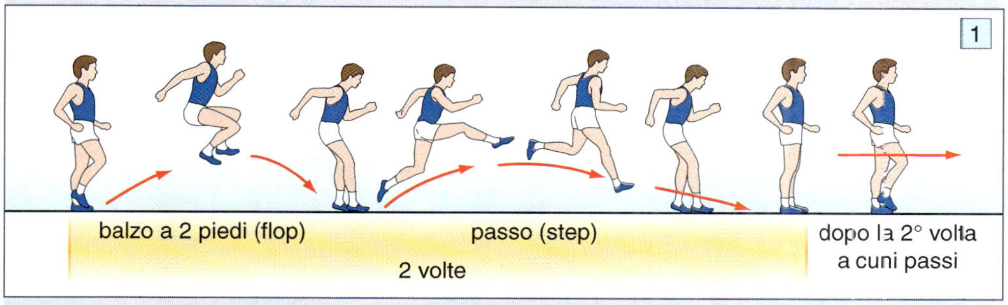

1

2. Balzo su uno stesso piede e poi stacco con arrivo in buca.

2

Il salto in alto

1. Ponte a terra e ponte mettendo i piedi al terzo o quarto piolo della spalliera.

1

2. Rincorsa e arrivo in seduta sul cavallo, per imparare lo stacco e la rotazione della schiena in volo. Ripetere il movimento appreso, tuffandosi di schiena su un tappetone.

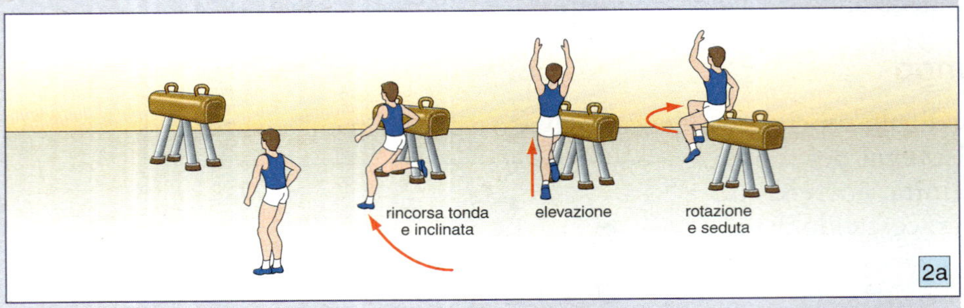

2a

2b

Il salto con l'asta

1. Piegamenti sulle braccia, con le mani posizionate su piani diversi.

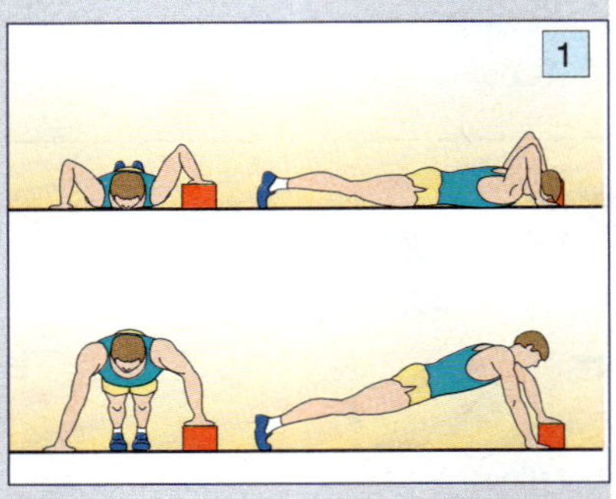

1

2. Arrampicarsi su una fune con i piedi all'insù.

2

Lancio del peso

1. Mettersi di spalle a 2 m da un muro. Piegare le gambe, fare un salto e in volo ruotare, toccare con le due mani una riga segnata sul muro a 1,8 m d'altezza. Quando questo riesce bene, fare il balzo mettendo il peso del corpo su un piede solo, ruotare dal lato opposto a questo piede e toccare il muro, con una mano sola, da questo lato.
2. Lancio del peso da fermo.

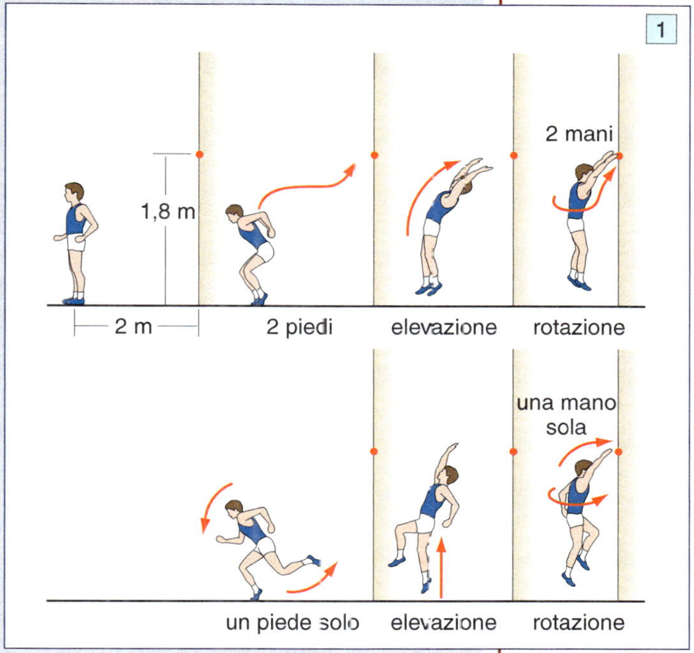

Lancio del disco

1. Camminare tenendo un disco, oscillare avanti e indietro il braccio e poi passare l'attrezzo davanti a sé all'altro braccio e rifare le oscillazioni. Continuare così per 100-200 m.
2. Con una palla medica da 2-3 kg, tenendola con la mano aperta e il polso leggermente flesso, fare una o due oscillazioni non molto ampie e poi lanciarla con il braccio disteso e una torsione del busto.

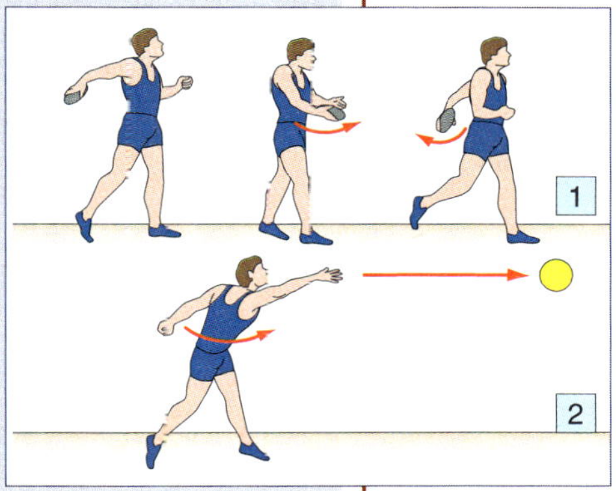

Lancio del martello

1. Esercizi da fare in coppia: tenendosi a braccia tese ruotare sul posto, allenandosi a ruotare. Cambiare esercizio: prendere il compagno sotto le ascelle con le braccia tese e la schiena eretta, iniziare a fare delle rotazioni.

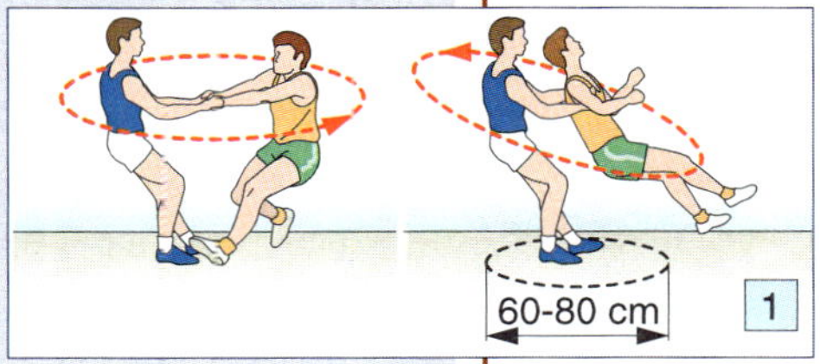

Lancio del giavellotto

1. Gambe divaricate e distese, fare una flessione in avanti del busto e portare un peso in mezzo in piedi. Eseguire poi una rapida estensione, fino ad inarcare il busto indietro e porre il braccio con il peso indietro e in alto.

Le prove multiple

1. Eseguire in successione una corsa veloce di 100 m, un salto in alto e infine un lancio del peso, percorrere due giri di pista a piedi e ripetere. A seguire, defaticamento.

LA PAGINA DEGLI ERRORI

Alcuni esempi di errori tecnici che si osservano di frequente nei principianti.

Partenza

- Portare le dita oltre la linea.
- Portare il bacino troppo in alto.
- Sbilanciarsi troppo in avanti.
- Staccare i talloni dai blocchi.
- All'atto dello scatto, raddrizzarsi in anticipo.
- Non completare la spinta della gamba posteriore.
- Non coordinare l'azione delle braccia.

Corsa

- Portare il busto in avanti.
- Portare le ginocchia troppo in alto.
- Portare i talloni troppo in alto (corsa calciata).
- Non completare le spinte.

Cambio

- Al momento del cambio, essere troppo vicini o troppo lontani. Non girare bene la mano o collocare male il testimone.

Ostacoli

- Staccare troppo lontano.
- Saltare sull'ostacolo.
- Staccare troppo vicino.
- Scendere troppo lontano.

Salto in lungo

- Toccare l'asse su battuta.
- Andare troppo in alto.
- Atterrare con le mani all'indietro.

Salto in alto

- Staccare troppo vicino all'asticella.
- Non inarcare durante il valicamento.
- Non richiamare le gambe.

Lancio del peso

- Saltare sulla pedana nella traslocazione.
- Piegare il polso nel lancio.
- Arrivare prima con le spalle rispetto al bacino.

Lancio del disco

- Arrivare con busto allineato con il bacino.
- Portare il braccio troppo in alto.
- Arrivare con le spalle avanti e il bacino dietro.

verifiche

Scegli la risposta corretta.

1. Che cosa accadde a Torino nel 1897?
A venne introdotta l'atletica nella scuola elementare
B venne fondata l'Unione Podistica Torinese
C venne fondata l'Unione Podistica Italiana
D venne disputata la prima maratona in Italia

2. In quale anno furono disputati i primi giochi olimpici in Grecia?
A 677 a.C. B 767 a.C. C 766 a.C. D 776 a.C.

3. Che cosa significa la sigla FIDAL?
A Federazione Italiana di Atletismo Leggero
B Federazione Italiana degli Atleti Leggeri
C Federazione Italiana di Atletica Leggera
D Federazione Italiana delle Atlete Leggere

4. Di quale colore sono le righe e i segni in un campo di atletica?
A bianche B azzurre C gialle D rosse

5. Che cosa sono le corsie?
A percorsi obbligati per entrare in pista
B dei corridoi delimitati da muretti, in cui è suddivisa la pista
C dei corridoi delimitati dalle righe, in cui è suddivisa la pista
D non esistono corsie in atletica

6. Quali sono gli attrezzi che si usano nei lanci?
A giavellotto, disco, martello, ostacolo
B giavellotto, disco, testimone, peso
C asta, disco, martello, peso
D giavellotto, disco, martello, peso

7. I 400 m e gli 800 m fanno parte di due gruppi di corse, quali?
A corse a ostacoli e mezzofondo
B corse di velocità e mezzofondo
C corse di mezzofondo e fondo
D corse di velocità e staffetta

8. Quanti chiodi si possono mettere al massimo nelle calzature?
A 11 B 12 C 13 D 10

9. Le scarpe sono obbligatorie?
A sì
B no, solo nelle gare su strada
C sì, in pista
D nei salti

10. Fino a che distanza i tempi sono misurati al centesimo di secondo?
A 800 m
B 1000 m
C 1500 m
D 3000 m

11. Fino a che distanza si usano i blocchi di partenza?
A 1500 m B 800 m C 200 m D 400 m

12. Quanto sono larghe le corsie?
A 1,22 m B 1,20 m C 2,12 m D 1,21 m

13. Nella partenza a carponi, quando il giudice dice: «Pronti», che cosa si deve fare?
A in piedi dietro i blocchi ci si dispone sui blocchi
B si spinge sui blocchi con tutta la forza si alza il busto e si staccano le mani
C non esiste quest'ordine
D si eleva il bacino, si alza il ginocchio e si sposta il peso sulle mani

14. Come viene segnalata una falsa partenza?
A con un richiamo verbale del giudice
B con un secondo colpo di pistola immediatamente dopo il colpo di partenza
C con un fischietto
D tramite l'altoparlante dello stadio

15. Che cosa successe nel 1888?
A apparvero i primi blocchi come li conosciamo oggi
B Sherill ideò la partenza a carponi
C ci fu l'Olimpiade di Atene
D nulla di rilevante per l'atletica

16. Fino a quale misura arrivano le corse veloci?
A 400 m
B solo 100 m
C 200 m
D non c'è limite

17. Quale percentuale raggiunge il lavoro muscolare anaerobico alattacido nelle corse veloci?
A meno del 40%
B più del 40%, ma meno del 60%
C meno dell'80%
D più del 90%

18. Nei 200 m, quanti metri si percorrono in curva?
A 40-50 m B 80-90 m C 70-80 m D 60-70 m

19. Se un concorrente abbandona la pista di sua volontà, che cosa accade?

- [A] ripete la gara da solo
- [B] si aspetta che ritorni
- [C] non può più continuare la gara
- [D] si interrompe la gara per tutti i concorrenti

20. La zona di cambio è divisa in un settore di 10 m più un settore di 20 m: a che cosa serve il primo settore?

- [A] serve al frazionista per lanciare la sua corsa
- [B] serve per ricevere il testimone
- [C] non serve a nulla, perché non c'è la divisione in 10 e 20 m della zona di cambio
- [D] in questa zona i frazionisti che devono ricevere il testimone si possono ostacolare

21. Nei 110 m a ostacoli, quanto sono alti gli ostacoli e quanto distano tra loro?

- [A] 106 cm e distano tra loro 9,14 m
- [B] 84 cm e distano tra loro 8 m
- [C] 91 cm e distano tra loro 35 m
- [D] 109 cm e distano tra loro 9 m

22. La corsa 3000 siepi è una corsa di fondo, mezzofondo o veloce?

- [A] fondo
- [B] mezzofondo
- [C] veloce
- [D] non è una corsa, è una marcia

23. Che cosa si intende per appoggio brachiale nelle parallele?

- [A] un appoggio sugli staggi a braccia flesse con i gomiti che sporgono e le mani che impugnano gli staggi dietro al ginnasta
- [B] un appoggio sugli staggi a braccia tese con le mani che impugnano gli staggi davanti al ginnasta
- [C] un appoggio sugli staggi a braccia flesse con i gomiti che sporgono e le mani che impugnano gli staggi davanti al ginnasta
- [D] una sospensione sugli staggi a braccia flesse con i gomiti che sporgono e le mani che impugnano gli staggi davanti al ginnasta

24. Nei 1500 m, che percentuale ha il lavoro aerobico?

[A] 10% [B] 80% [C] 45% [D] 25%

25. Quanto deve essere lunga la fossa con l'acqua nei 3000 siepi?

[A] 3,66 m [B] 2,66 m [C] 6,33 m [D] 5,60 m

26. Che cosa ha introdotto la tecnica Baryshnikov nel lancio del peso?

- [A] l'urlo al momento del lancio
- [B] il lancio a due mani
- [C] nulla, è un ballerino
- [D] la rotazione come la si fa nel lancio del disco

27. Che cosa deve succedere nel contatto del giavellotto con il terreno affinché il lancio non sia considerato nullo?

- [A] nella sua parabola deve alzarsi almeno di 30 m
- [B] si deve conficcare nel terreno
- [C] deve toccare il terreno prima la punta anteriore metallica delle altre parti
- [D] non si deve spezzare

28. Le pedane di lancio hanno una gabbia di protezione?

- [A] sì, tutte
- [B] no, non esistono gabbie di protezione nell'atletica
- [C] sì, ma solo la pedana del disco e del martello
- [D] sì, ma solo la pedana del peso

29. Che postura tiene l'atleta nel salto con l'asta, all'inizio della salita?

- [A] una postura a Y
- [B] una postura a L
- [C] una postura a W
- [D] una postura a T

Rispondi alle seguenti domande.

1. Come si supera l'asticella in un salto Fosbury?
2. Quali sono le definizioni inglesi dei balzi nel salto triplo?
3. Che cosa successe nel 1972 nella disciplina del lancio del peso?
4. Il martello è formato da tre parti, quali?
5. Di quale materiale è fatta l'impugnatura del giavellotto?
6. Quali discipline comprende l'eptathlon?
7. Quale distanza copre la maratona?
8. Se una gara su pista si svolge su 25 giri, di quale gara si tratta?
9. Nel decathlon è previsto il lancio del martello?
10. Di quale disciplina dei lanci si tratta se si utilizza una pedana circolare con un diametro di 2,50 m?

pallavolo

Introduzione

Nella pallavolo lo scopo del gioco è far passare la palla al di sopra della rete e farla cadere a terra nel campo avversario. A tal fine ogni giocatore agisce sia in fase difensiva sia offensiva in base allo posizione della palla, dei compagni di squadra e dei giocatori avversari. L'assenza di qualsiasi contatto fisico con gli avversari è probabilmente la caratteristica più peculiare di questo sport, nell'ambito dei giochi di squadra con la palla. La coordinazione del gruppo è essenziale per la buona riuscita del gioco, che d'altro canto richiede a livello agonistico doti fisiche notevoli, in particolare per quanto riguarda la statura, la capacità nel salto, la coordinazione.

La prima manifestazione ufficiale, che si tenne a Firenze nel 1946.

Origini

La pallavolo è nata nel 1895, presso un collegio della YMCA (Young Men's Christian Association) nel Massachusetts, uno dei 13 Stati fondatori degli USA. Il professor William Morgan, desideroso che la preparazione dei giocatori di football e baseball potesse svolgersi senza interruzione anche nel periodo invernale, si ispirò al tennis e alla pallamano e organizzò le prime regole di questo nuovo gioco da praticarsi al coperto, che venne inizialmente chiamato *minonette*. Nel 1896, queste iniziali regole furono pubblicate sulla rivista *Physical Education*, ma la diffusione fu faticosa e limitata, non travolgente come quella della quasi coetanea pallacanestro. Solo successivamente, un altro insegnante di Educazione Fisica riuscì a lanciare la pallavolo a livello mondiale, modificandone anche il nome in *volley-ball*. Pare che anche l'idea per questo nuovo nome sia venuta dal tennis, in cui si chiama *volley* il colpo al volo: sicuramente un termine e un significato ben più entusiasmanti del precedente nome. La diffusione della pallavolo avvenne dall'America del nord verso sud, raggiungendo l'isola di Cuba, il Brasile e poi tutto il Sudamerica; il gioco approdò in Europa durante la prima guerra mondiale (1915-18), con l'arrivo delle truppe americane. La pallavolo non vide subito l'istituzione di campionati e tornei internazionali, per cui nelle varie parti del mondo si diversificarono vari regolamenti locali; solo nel 1947 fu istituita dalle principali federazioni nazionali la *Federazione Internazionale di Volleyball* (FIVB), a cui partecipò anche la *Federazione Italiana* che era nata solo un anno prima a Bologna. Infatti, nonostante fin dal primo conflitto mondiale il gioco della pallavolo fosse praticato nel nostro paese, tale attività era ancora di tipo ricreativo; nel 1943, vi furono i primi tentativi di organizzare campionati, ma l'epoca bellica non permise lo sviluppo di queste iniziative. Solo nel secondo dopoguerra l'attività agonistica della pallavolo si poté sviluppare e diffondere come negli altri paesi europei.

curiosità

La pallavolo è stata ufficialmente introdotta nei Giochi Olimpici solo nel 1964, a Tokyo, anche se era già stata presentata fin dal 1924. Appare evidente l'influenza avuta dalla Federazione Internazionale, fondata nel 1947, per portare questo sport al riconoscimento mondiale alla pari di altrettanto diffusi sport di squadra.

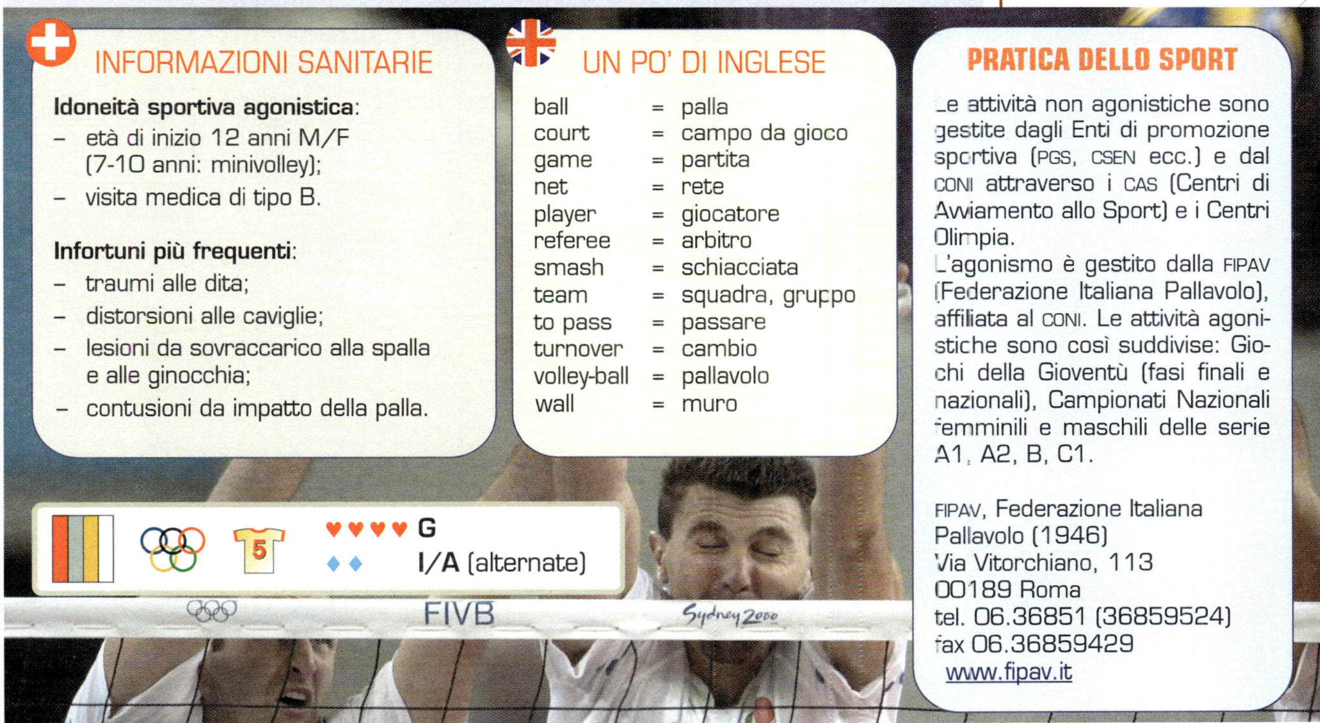

INFORMAZIONI SANITARIE

Idoneità sportiva agonistica:
- età di inizio 12 anni M/F (7-10 anni: minivolley);
- visita medica di tipo B.

Infortuni più frequenti:
- traumi alle dita;
- distorsioni alle caviglie;
- lesioni da sovraccarico alla spalla e alle ginocchia;
- contusioni da impatto della palla.

UN PO' DI INGLESE

ball = palla
court = campo da gioco
game = partita
net = rete
player = giocatore
referee = arbitro
smash = schiacciata
team = squadra, gruppo
to pass = passare
turnover = cambio
volley-ball = pallavolo
wall = muro

PRATICA DELLO SPORT

Le attività non agonistiche sono gestite dagli Enti di promozione sportiva (PGS, CSEN ecc.) e dal CONI attraverso i CAS (Centri di Avviamento allo Sport) e i Centri Olimpia.
L'agonismo è gestito dalla FIPAV (Federazione Italiana Pallavolo), affiliata al CONI. Le attività agonistiche sono così suddivise: Giochi della Gioventù (fasi finali e nazionali), Campionati Nazionali femminili e maschili delle serie A1, A2, B, C1.

FIPAV, Federazione Italiana Pallavolo (1946)
Via Vitorchiano, 113
00189 Roma
tel. 06.36851 (36859524)
fax 06.36859429
www.fipav.it

♥♥♥♥ G
♦♦ I/A (alternate)

Palla e campo

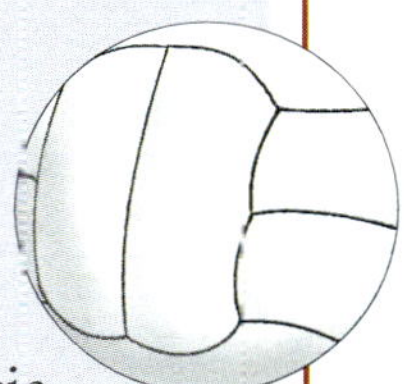

La **palla** sferica, di colore chiaro e uniforme, è costituita da una camera d'aria di gomma ricoperta di cuoio. La sua circonferenza varia dai 65 ai 67 cm, mentre il peso è compreso tra i 260 e i 280 g.
Il **campo** è formato da un'area rettangolare, delimitata da una fascia perimetrale, e divisa in due metà da una rete tesa trasversalmente. Per tornei e campionati ufficiali il rettangolo di gioco deve a sua volta essere circondato da una zona larga almeno 3 m, detta *zona libera*, che nei campi più spaziosi

può arrivare anche a 8 m. Le palestre scolastiche normalmente non sono così grandi da poter accogliere un campo omologabile per partite ufficiali; è però essenziale l'assenza di ostacoli quali spigoli sporgenti, porte che si aprono all'interno delle palestra, caloriferi o altre strutture fisse ingombranti che potrebbero risultare pericolose per i giocatori. I lati più corti del campo sono denominati *linee di fondo*; quelli più lunghi sono le *linee laterali*. La divisione centrale, parallela alle linee di fondo e posta esattamente sotto la rete, viene chiamata *linea centrale*. Questa linea divide il rettangolo di gioco in due aree di forma quadrata, con i lati di 9 m; questi sono a loro volta suddivisi in due settori da un'altra linea parallela alle precedenti, la *linea d'attacco*, distante 3 m dalla linea centrale. Nei campi ufficiali, le linee d'attacco sono prolungate nella zona libera per 1,75 m con tratteggi. La linea d'attacco separa, quindi, due settori di dimensioni diverse, uno più vicino alla rete di 3 m x 9 m, detto *zona d'attacco*, e uno più distante dalla rete di 6 m x 9 m, detto *zona di difesa*. Nella zona libera ci sono settori destinati a specifiche attività: il prolungamento delle linee d'attacco delimita, verso il tavolo segna punti, la *zona di sostituzione dei giocatori*, mentre due linee tratteggiate di 15 cm sul prolungamento delle linee laterali dopo la linea di fondo, delimitano la *zona di servizio*. La rete, tesa sopra la linea centrale, è sorretta da due pali posti nella zona libera, oltre le linee laterali; ha una lunghezza di 9,5 m ed è alta 1 m. Il suo bordo superiore per le gare maschili è posto a 2,43 m da terra, mentre per le gare femminili l'altezza dal suolo è di 2,24 m.

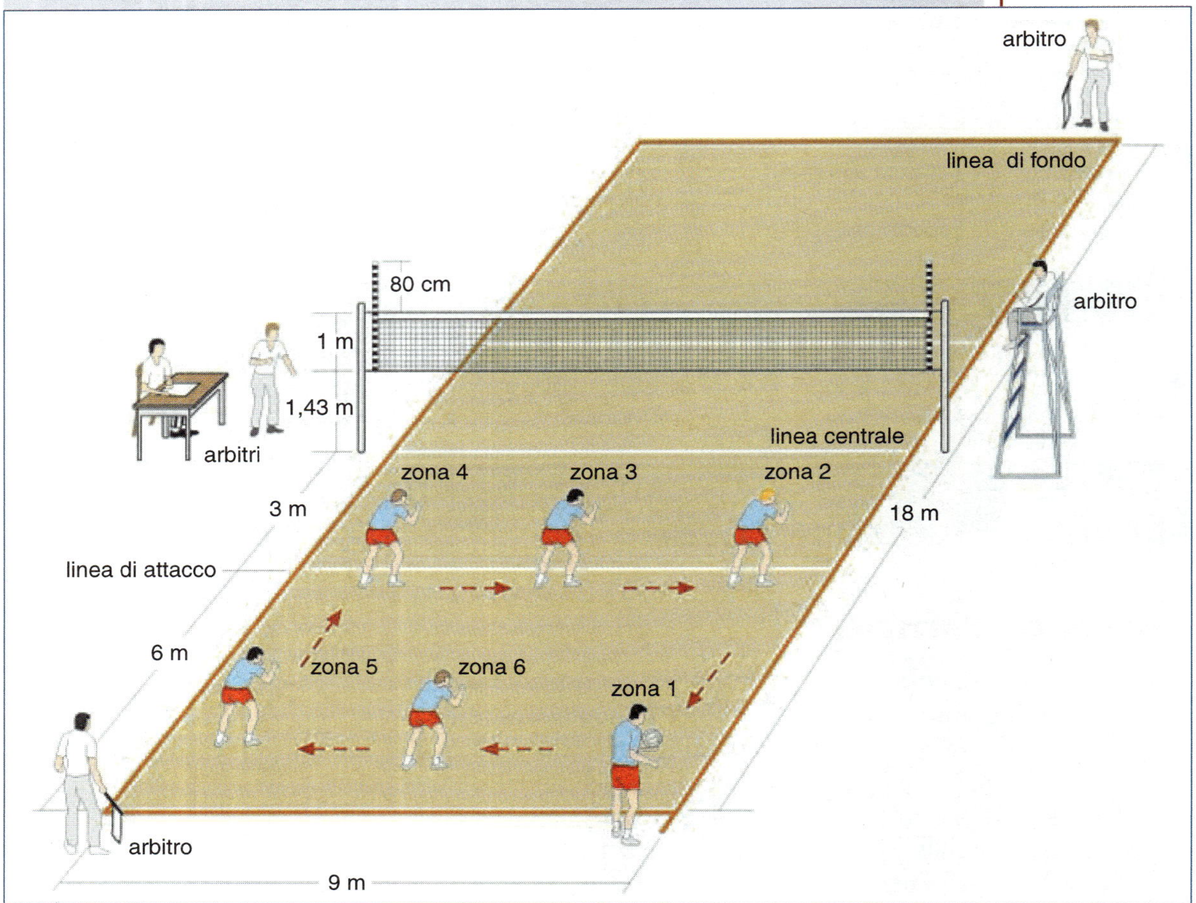

La rete presenta due *bande bianche* verticali che la delimitano: queste bande devono essere esattamente allineate con le linee laterali. Al di sopra della rete, in continuazione del bordo esterno di ciascuna banda è fissata una bacchetta, detta *antenna*, fatta di materiale flessibile (di solito fibra di vetro). Le due antenne servono per delimitare lo spazio al di sopra della rete in cui si può far passare la palla verso il campo avversario.

Regole di base

Scopo del gioco è far cadere la palla a terra in un punto qualsiasi del campo avversario, facendola passare sopra la rete: è consentito che la palla tocchi la rete anche nel servizio se ricade nel campo avversario. I giocatori non possono toccare la rete né entrare nel campo avversario: se ciò accade commettono **fallo di invasione**. Ogni giocatore può toccare la palla una sola volta, a meno che abbia effettuato il tocco nell'azione, detta *muro*: in questo caso può effettuare un secondo palleggio. Sono ammessi tocchi con ogni parte del corpo, dai piedi alla testa, anche se ovviamente conviene colpire con le mani per indirizzare la palla con maggior precisione. Il tocco di mano non regolamentare può costituire **infrazione** di *trattenuta*, *accompagnata* o *doppio palleggio*.

Il gioco inizia con la *battuta* o *servizio*: la squadra che riceve può toccare la palla solo 3 volte compresa la *ricezione*, cioè la prima ribattuta della palla, e lo stesso vale per la squadra che ha battuto, se la palla torna nel suo campo. La squadra che commette un fallo, che lascia cadere la palla a terra nel proprio campo o che in attacco getta la palla fuori dal campo opposto, fa conquistare un *punto* alla squadra avversaria.

Secondo il sistema attualmente in vigore (*rally point system* o *tie-break*), a ogni azione di gioco vinta si acquisisce 1 punto e il diritto alla battuta: quando una delle due squadre raggiunge i 25 punti, si aggiudica un *set*. In caso di parità si prosegue sino a che una delle due squadre non riesce ad avere un vantaggio di 2 punti sugli avversari (*vantaggi*). La *partita* si svolge su 5 set: vince pertanto la squadra che si aggiudica 3 set. L'eventuale 5° set, che si svolge solo se il punteggio dei set è di 2 a 2, termina a 15 punti: se il punteggio è di 14 pari si prosegue finché una squadra raggiunge almeno 2 punti di vantaggio.
I giocatori sono 6 in campo più 6 in panchina. Uno dei 12 è il *libero*: è un ruolo introdotto nel 1998, che consente a un giocatore, identificabile dalla maglia di colore diverso da quella dei compagni di squadra, di svolgere azioni diverse dagli altri. Il libero agisce solo da difensore, ma può completare un attacco, da qualsiasi zona del campo, se tocca la palla a un'altezza superiore a quella della rete. Non può "fare il muro" né alzare la palla in palleggio per lo schiacciatore, se si trova nella zona d'attacco. Non può effettuare il servizio; è invece autorizzato a sostituire qualsiasi giocatore difensore, tra un'azione di gioco e l'altra. Le riserve possono invece entrare, a gioco fermo, solo una volta per set. L'allenatore può chiedere 2 tempi di sospensione di 1 min ciascuno per ogni set.
Nelle gare giovanili ci sono alcune varianti: fino ai 14 anni si giocano 3 set e il punteggio per la classifica di Girone o Campionato corrisponde ai set vinti anziché alle partite; in queste categorie è inoltre obbligatoria la battuta dal basso. Altra differenza nelle categorie giovanili è la minore altezza della rete (fino a 12 anni: 2,00 m; fino a 16 anni: 2,24 m).

numero giocatori per squadra	numero giocatori in campo	cambi o sostituzioni	numero riprese (set)	durata di ogni ripresa (min)	durata intervallo (min)
12	6	6 per set; il libero può sostituire senza nessun limite, un giocatore uscito può tornare in gioco subentrando a chi lo ha sostituito	minimo 3 massimo 5	senza limite di tempo	2 (5 prima dell'ultimo set)

Ruoli e posizioni

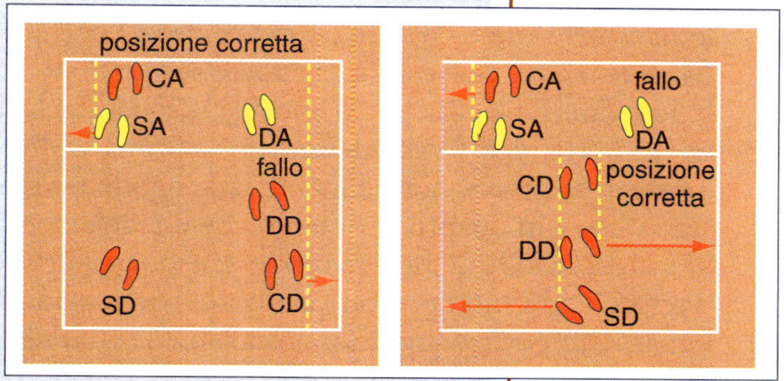

Il campo è suddiviso in *6 zone numerate* in senso antiorario: la *zona 1* è quella del giocatore che deve battere. A ogni cambio di servizio i giocatori della squadra alla battuta devono fare il *giro*, cioè ruotare di una posizione in senso orario (1 → 6; 6 → 5; 5 → 4 ecc.); un eventuale errore di posizione determina la perdita dei punti conquistati dalla squadra dal momento dell'infrazione, oltre alla correzione della posizione dei giocatori. In pratica ciò che definisce la posizione, più che la zona numerata del campo, sono i rapporti spaziali tra i giocatori. Tutti i giocatori di prima linea devono comunque essere davanti, anche solo con un piede, a quelli di seconda linea. Un giocatore in posizione laterale deve comunque essere in posizione più esterna rispetto a uno centrale, e così via.

Zone numerate e posizioni giocatori

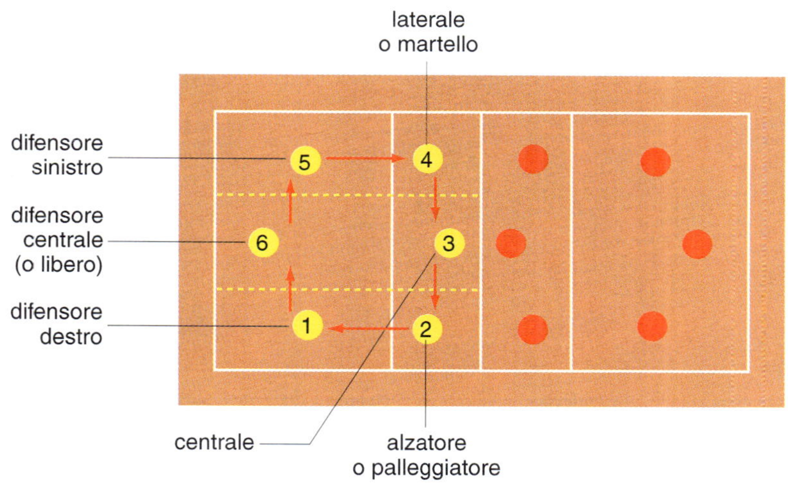

La posizione e il ruolo definiscono i giocatori. Rispetto alla posizione, ci sono **giocatori** di prima linea o *avanti* (zona d'attacco, vicina alla rete) e di seconda linea o *difensori* (zona di difesa, vicina alla linea di fondo). In base alla posizione occupata in campo, i giocatori possono essere indicati con il numero a esso corrispondente. Dopo la battuta i giocatori si possono spostare nel campo, per sfruttare al meglio le caratteristiche del singolo, con un solo limite: i tre difensori, se si trovano vicini alla rete, non possono partecipare all'azione d'attacco. In relazione al ruolo specifico, alcuni giocatori possono essere definiti in modo più caratteristico: il *centrale*, che gioca sempre in zona 3 o 6, l'*alzatore* o *palleggiatore* che gioca in zona 2, il *laterale* o *martello* che gioca nelle zone 4 e 5. Un ruolo particolare è, come già detto, quello del *libero*, giocatore importante in fase difensiva, non necessariamente alto come molti dei compagni, ma molto dotato in ricezione e palleggio. Il libero permette anche di far riposare gli avanti quando ruotano in seconda linea, posizione in cui sono meno efficaci. Uno dei giocatori viene nominato *capitano*: come negli sport con la palla, il suo compito è quel-

Medaglie Olimpiche

anno	M	F
1964	URS	JPN
1968	URS	URS
1972	JPN	URS
1976	POL	JPN
1980	URS	CHN
1984	USA	URS
1988	USA	URS
1992	BRA	CUB
1996	NED	CUB
2000	CUB	URS

lo di rappresentare la squadra nei confronti dell'arbitro. Il *cambio di posizione* può essere effettuato subito dopo la battuta per la squadra che ha il servizio, mentre la squadra che è in ricezione deve attendere la fine della propria prima azione d'attacco. I *cambi di posizione*, normalmente, avvengono tra giocatori della stessa linea, in quanto per i limiti che il regolamento impone ai giocatori in difesa, non avrebbe senso spostarli in una zona d'attacco dove non possono attaccare partecipando alle azioni. Un aspetto particolare delle posizioni è l'*inserimento*, un cambio di posizione che si usa nelle squadre d'alto livello. Queste squadre sono di solito sbilanciate in attacco, in quanto giocano con un solo palleggiatore, che gioca sempre in zona 1 o 2. Se l'alzatore si trova in prima linea fa un semplice cambio di posizione per raggiungere la zona 2; se invece si trova in seconda linea, per raggiungere la zona 2 deve fare appunto l'inserimento (subito dopo deve però tornare in difesa perché non potrebbe partecipare a un muro su un successivo attacco della squadra avversaria, essendo un difensore).

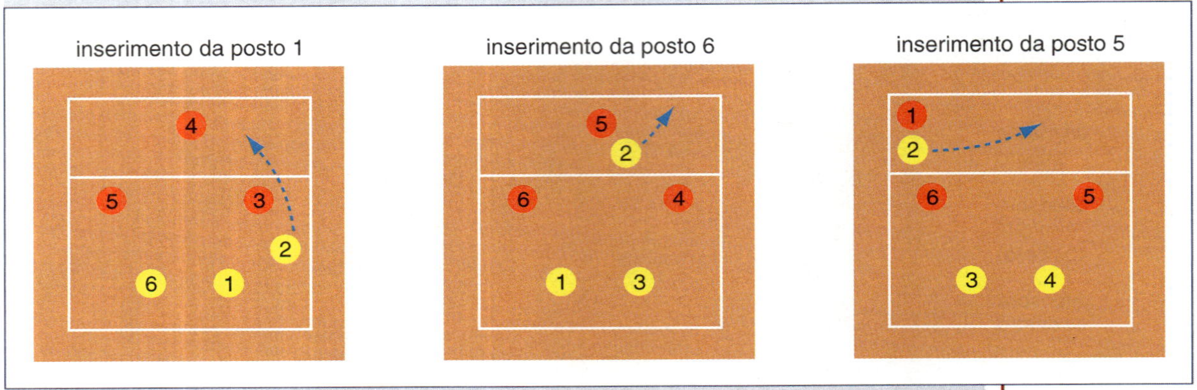

È inteso come inserimento l'entrata dell'alzatore in posto 2 da qualsiasi posizione della seconda linea.

Arbitri e falli

Come in tutti i giochi di squadra c'è un servizio arbitrale per controllare la regolarità del gioco, sanzionare i falli, assegnare i punti. Nella pallavolo, il *primo arbitro* dirige il gioco da una seggiola sopraelevata vicina alla rete: è lui che dà il fischio d'inizio, dopo aver controllato le posizioni delle squadre e il diritto al servizio. Il primo arbitro è aiutato da un *secondo arbitro*, posizionato all'altro capo della rete, da 4 segnalinee che controllano se la palla cade dentro o fuori dal campo (le linee fanno parte del campo), nonché da un addetto al tavolo segnapunti.

I **falli individuali** si dividono in falli di comportamento e falli tecnici. In ordine di gravità crescente, i *falli di comportamento* sono:

1. la *condotta maleducata*, cioè non rispettosa, sanzionata con l'annullamento dell'azione; se protratta, può comportare l'espulsione del giocatore colpevole;
2. la *condotta offensiva*, ovvero parole o gesti diffamatori e offensivi, che determina alla prima sanzione l'espulsione, alla seconda la squalifica del giocatore;
3. l'*aggressione*, intesa come attacco fisico o anche solo come tentativo di violenza, sanzionata con la squalifica.

I **falli tecnici** riguardano infrazioni al regolamento per quanto attiene l'esecuzione dei gesti tecnici (saranno descritti nel paragrafo dei fondamentali). Solo il capitano può parlare direttamente al direttore di gara per avere chiarimenti sull'applicazione delle regole, ed è sempre il capitano che può chiedere tempi di riposo e sostituzioni; a fine partita può presentare reclamo.

Fondamentali individuali

I *fondamentali individuali*, cioè, le qualità tecniche che ogni giocatore deve possedere e affinare con l'allenamento sono: il *servizio*, il *palleggio*, il *bagher*, la *schiacciata*, il *muro*.

Il servizio

Dopo il fischio d'inizio, il giocatore in posizione 1 esegue il servizio o battuta, con cui si mette in gioco la palla da dietro la linea di fondo. Il battitore può colpire la palla con qualsiasi parte dell'arto superiore e con la mano (aperta o chiusa). La palla deve essere indirizzata verso il campo avversario, passando fra le antenne che delimitano la larghezza della rete: la palla che tocca la rete (*net*) e va nel campo avversario è valida. Ogni volta che si fa 1 punto si conquista il servizio; se si era già al servizio, lo stesso giocatore fa una nuova battuta. Il giocatore ha 8 sec di tempo dal fischio arbitrale per battere e non può toccare con i piedi il campo di gioco se non dopo aver eseguito il colpo. Nell'arco degli 8 sec, il giocatore può fare tutti tentativi di servizio che vuole, ma non può più far rimbalzare la palla; è, invece, invalidata la battuta effettuata prima del fischio arbitrale.
Si distinguono quattro tipi di servizio:

- **da sotto**, o **di sicurezza** (obbligatorio per gli under 14);
- **da sopra**, o **tipo tennis** (con il braccio teso in alto);
- **a bilanciere** (con il braccio teso di lato);
- **in salto**.

Analizziamo in dettaglio i due tipi di servizio più diffusi a livello giovanile.

Il servizio da sotto

Tecnica Una buona esecuzione del servizio dal basso inizia con il piede opposto al braccio con cui si batte davanti all'altro e il peso ben distribuito sui due piedi. Un braccio disteso sostiene la palla dinanzi al busto, leggermente inclinato in avanti, un po' spostata sul lato della battuta. Si lascia cadere la palla in basso e si porta velocemente in avanti l'altro braccio, teso all'indietro all'inizio dell'azione, con un movimento pendolare fino a colpire la palla con il palmo della mano, vicino al polso. Dopo un po' di pratica si può lanciare la palla leggermente in alto, per colpire poi allo stesso modo accompagnando il movimento con una spinta verso l'alto di tutto il corpo. È la battuta più facile da fare, ma anche la più semplice da ricevere per l'avversario.

LA PAGINA DEGLI ERRORI

Alcuni esempi di errori tecnici che si osservano di frequente nei principianti.

Servizio

- Colpire il pallone lateralmente.
- Tenere il pallone troppo distante dal corpo.
- Piegare il braccio all'impatto.
- Non distendersi completamente al momento di colpire la palla.

Palleggio

- Tenere le dita troppo larghe.
- Colpire la palla prima con una mano poi con l'altra.
- Tenere il corpo rigido.
- Non sincronizzare il movimento delle braccia con quello delle gambe e del tronco.
- Toccare la palla con le palme.

Bagher

- Stare troppo rigidi sulle gambe.
- Non assecondare la spinta verso l'alto.
- Non far cadere la palla sui polsi.

Schiacciata

- Iniziare la rincorsa mentre la palla sta salendo, quando non si conosce la traiettoria.
- Non coordinare il movimento del braccio che schiaccia con l'elevazione.
- Pretendere un passaggio perfetto e quindi non adattare la rincorsa e i movimenti al tipo di passaggio.
- Colpire la palla nella parte inferiore o laterale.
- Trovarsi di fianco alla rete.
- Non controllare il corpo in ogni fase, commettendo infrazioni.

Muro

- Saltare fuori tempo rispetto alla schiacciata.
- Saltare con il corpo non parallelo alla rete.
- Per muri a più giocatori: intralciarsi reciprocamente.
- Non tenere dita e braccia rigide.

Il servizio da sopra

Tecnica Il servizio da sopra si esegue partendo con il corpo nella stessa posizione della battuta precedente. Con il braccio opposto a quello di battuta si lancia la palla al di sopra della testa, si inarca all'indietro il busto e si porta indietro il braccio di battuta, piegandolo al gomito (fase di caricamento). Quando la palla inizia a ricadere, si slancia velocemente in avanti il braccio di battuta con un movimento a frustata, accompagnato dalla spinta in avanti di tutto il corpo. La palla va colpita a mano aperta vicino al polso e al termine dell'azione tutto il peso del corpo deve trovarsi sull'arto inferiore più avanti.

I giocatori di maggior livello eseguono la battuta in salto per attaccare e mettere in difficoltà gli avversari fin dall'inizio del gioco. Per eseguire questo colpo sono richieste grandi doti di potenza e ottime qualità tecniche. Questo è, insieme con la schiacciata, uno dei gesti più spettacolari della moderna pallavolo.

Il palleggio

Questo fondamentale è l'essenza stessa del gioco, perché permette il controllo preciso della palla con le mani e favorisce il gioco di squadra con i compagni. Attraverso il palleggio si possono eseguire tre azioni, il *passaggio*, che permette il trasferimento della palla da un giocatore a un altro, la *respinta*, consiste nel rilanciare la palla nel campo avversario, e l'*alzata* che prepara un attacco di un compagno. Il palleggio deve essere eseguito come un tocco unico e netto di tutte le dita di entrambe le mani. La preparazione al palleggio consiste nel posizionarsi esattamente sotto la palla, con le ginocchia e i gomiti flessi e le mani davanti alla fronte, stando in equilibrio su entrambi i piedi.
Un errato impatto sulla palla realizza i **falli di *accompagnata***, o ***doppio tocco***; in nessun caso la palla può essere fermata, pena la sanzione del fallo di ***trattenuta***.

Tecnica Il palleggio si esegue con un tocco unico e netto dei polpastrelli di tutte e dieci le dita delle mani, disposte vicine con i palmi verso l'alto e verso l'interno per formare un'ideale semisfera che riceverà la palla. I pollici e gli indici delle due mani devono essere vicini ma senza toccarsi. La preparazione al palleggio consiste nel posizionarsi esattamente sotto la palla, con le ginocchia e i gomiti flessi e le mani davanti alla fronte, stando in equilibrio su entrambi i piedi e con le gambe leggermente divaricate. Per conseguire tale posizione si deve essere sempre pronti a effettuare dei rapidi spostamenti in avanti, indietro o lateralmente per adattarsi alla parabola discendente della palla. Nel colpire la palla si accompagna l'azione con un movimento di distensione verso l'alto di tutto il corpo. I giocatori più bravi sanno palleggiare anche in salto.

Il bagher

Questo fondamentale consiste nel colpire la palla con l'estremità distale degli avambracci affiancati; è il più usato per la ricezione, in quanto adatto per respingere palle basse, veloci e con traiettorie molto inclinate, tipiche della schiacciata e del servizio. Può servire anche per il salvataggio di palle lente, ma troppo basse per poterle giocare in palleggio. Lo svantaggio rispetto al palleggio è la minor precisione nell'indirizzare la palla. Nel cercare la miglior posizione per intercettare la palla, bisogna inoltre fare attenzione a non spostarsi troppo, per non uscire dalla propria zona incorrendo nel **fallo di *posizione***. Se ciò accade significa che abbiamo ricevuto una palla di competenza di un nostro compagno.

Tecnica Le gambe vanno tenute più divaricate che nel palleggio, così da avere un maggior poligono d'appoggio, e le ginocchia devono essere piegate per poter assorbire meglio l'impatto delle palle veloci; un piede va tenuto leggermente più avanzato dell'altro. Il busto deve essere leggermente inclinato in avanti, quanto basta per poter tenere gli avambracci nella posizione più corretta. Gli arti superiori vanno tenuti distesi in avanti con gli avambracci in posizione supina, in modo da presentare alla palla il loro lato interno: lo scopo è di formare una superficie il più possibile priva di irregolarità, che dovrebbe generare un rimbalzo controllabile. Bisogna osservare bene la palla in arrivo per posizionarsi il più possibile in linea con essa: al momento dell'impatto si distendono le gambe, mantenendo più o meno la stessa inclinazione del busto. Se la palla è veloce, occorre mantenere piegate le gambe così da assorbire l'energia del pallone e rallentarlo, mentre la palla lenta va respinta appunto con un accompagnamento delle gambe per renderla più giocabile da un compagno. Nel bagher le braccia non hanno nessuna funzione di spinta, ma servono a creare una superficie di rimbalzo: è sbagliato pertanto muoverle per imprimere velocità alla palla, che rischia di assumere traiettorie irregolari.

La schiacciata

È il fondamentale d'attacco, naturale prosecuzione dell'alzata del palleggiatore, e consiste nel colpire violentemente la palla al di sopra della rete, indirizzandola verso il campo avversario. Per eseguire la schiacciata occorrono vari movimenti in sequenza, che servono l'uno a preparare l'esecuzione dell'altro: la ***rincorsa***, lo **stacco** e il ***colpo sulla palla***. Il *fallo* in cui si può incorrere è quello **di *invasione***, se si tocca la rete o si ricade con il piede al di là della linea centrale. Un altro *fallo*, commesso soprattutto dai giocatori principianti, è quello **di *accompagnata***: lo si rischia muovendo il braccio lentamente o in ritardo.

Tecnica La rincorsa è fatta da pochi passi, due o tre, che servono a dare velocità al giocatore e preparare nel miglior modo il salto. La sequenza di passi inizia con quello del lato di battuta e lo stacco avviene a piedi uniti per avere la massima spinta possibile. Nel gioco di alto livello, lo stacco a volte è su un piede solo per sfruttare l'avvitamento del corpo in aria ed effettuare una schiacciata con una direzione più imprevedibile. Durante la rincorsa si portano indietro entrambe le braccia, che allo stacco vengono slanciate verso l'alto: il braccio opposto alla battuta si ferma in orizzontale, mentre l'altro si flette dietro la testa. Il colpo sulla palla è preparato dal veloce movimento a frusta del braccio di battuta e l'impatto avviene con la parte prossimale del palmo della mano.

Il muro

Il muro è l'azione di difesa contro la schiacciata: consiste nel saltare portando le braccia tese al di sopra della rete, cercando d'intercettare la palla e di respingerla nel campo avversario. Se condotta in modo efficace, diventa un micidiale attacco, in quanto la palla rimbalza velocemente e con traiettoria poco prevedibile nel campo dello schiacciatore. Non a caso, nel gioco evoluto il muro è ritenuto altrettanto importante della schiacciata. Può essere fatto da uno, due o tre giocatori di prima linea. La scelta del tipo di muro dipende dagli schemi e dalla situazione di gioco: il muro singolo può anche essere una iniziativa personale, mentre il muro a due o tre è un preciso schema di difesa da provare in allenamento. Se un giocatore di seconda linea partecipa a un muro, commette **fallo di *posizione***. Il fallo personale che può commettere il giocatore di prima linea, toccando la rete o ricadendo con la punta del piede al di là della linea centrale, è **fallo di *invasione***.

Tecnica Si tratta di un salto in elevazione con le braccia tese sopra la rete, con tecnica simile alla schiacciata, ma con meno possibilità di rincorsa in quanto si deve reagire velocemente a un'azione decisa degli avversari. Dopo uno o due passi di rincorsa, di solito non perpendicolari alla rete, si fa uno *stacco a piedi uniti* mentre le braccia, come nella schiacciata, compiono un movimento pendolare, portandosi indentro nella rincorsa e distendendosi in alto durante il salto. Se si riesce a superare con sicurezza l'altezza della rete, si possono piegare le mani in avanti, invadendo lo spazio aereo del campo avversario: ciò riduce il campo libero per lo schiacciatore e, in caso di intercetto, rende praticamente indifendibile la ribattuta. A questa fase segue la *ricaduta*, momento in cui bisogna fare molta attenzione a non toccare la rete e a non fare invasione.

Allenare i fondamentali individuali

Gli allenamenti dei fondamentali individuali iniziano con l'apprendimento del *gesto tecnico*, a cui segue il miglioramento della potenza e della precisione. Il giocatore principiante non deve cercare subito di imprimere forza, perché probabilmente questa non avrebbe altro effetto che amplificare le imperfezioni di esecuzione.

Allenare il servizio

1. Eseguire il servizio con palle più leggere e di diversa dimensione rispetto alla palla regolamentare, badando solo a colpire la palla senza dare importanza a forza e direzione.
2. Eseguire esercizi di handball[1], in cui ci si abitua a giocare con la palla in volo.
3. Eseguire la battuta con una palla da pallavolo, senza curarsi della direzione.
4. Eseguire la battuta con una palla da pallavolo, cercando di indirizzare il tiro verso una zona prestabilita.
5. Eseguire la battuta contro un muro, a distanze crescenti.
6. Eseguire la battuta contro bersagli disegnati sul muro.

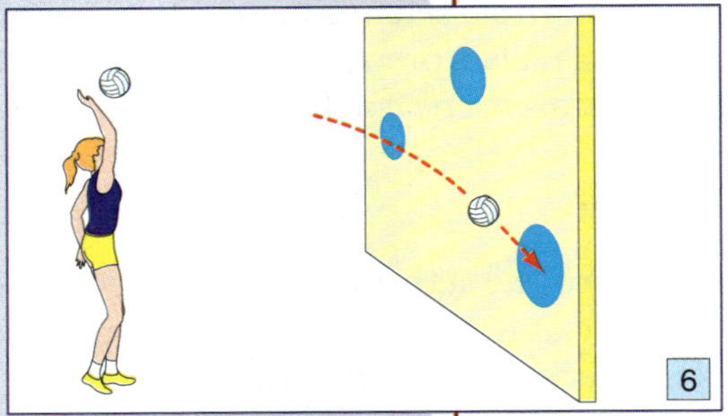

6

7. Fare il servizio da fondo campo, cercando di colpire la zona 6 del campo avversario.
8. Fare il servizio da fondo campo, cercando di colpire bersagli sul pavimento.
9. Fare il servizio facendo passare la palla tra la rete e una fune posta a 1 m sopra di essa.
10. Fare la battuta indossando una polsiera del peso di 200-500 g per potenziare la muscolatura interessata; ripetere l'esercizio anche con il braccio opposto per non creare squilibri.

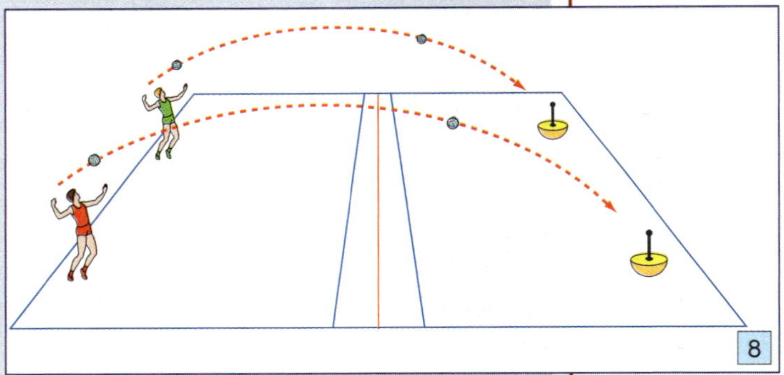

8

Allenare il palleggio

1. Eseguire esercizi di handball.
2. Lanciarsi la palla tra compagni e trattenerla: si imita così il gesto del palleggio e ci si abitua ad adattarsi alla traiettoria della palla.
3. Camminando o "corricchiando" (cioè correndo a piccoli passi), fermarsi e assumere la posizione corretta del palleggio a un segnale dell'insegnante.

2

4. Alzare la palla, palleggiarla contro il muro una volta e afferrarla. Ripetere più volte, poi passare a due, tre e più palleggi. Infine, palleggiare contro il muro senza trattenere la palla finché non si sbaglia.
5. Eseguire l'esercizio precedente a coppie e in gruppo.
6. Alzare la palla sopra la testa e palleggiarla finché non si sbaglia
7. Alzare la palla sopra la testa e palleggiarla assumendo posture diverse (per esempio sedersi, inginocchiarsi rialzarsi), finché non si sbaglia.
8. Disporre sugli spigoli di un quadrato 4 giocatori, che devono palleggiare con una palla passandosela l'un l'altro lungo i lati del quadrato.

7

8

9. Palleggiare la palla con un compagno posto al di là della rete
10. Tendere una fune e palleggiare da solo la palla passando al di qua e al di là della fune, finché non si sbaglia.

Allenare il bagher

1. Lanciarsi la palla tra coppie di giocatori: il ricevente deve prenderla con le braccia tese verso il basso.
2. Lanciare la palla contro un muro e riceverla in bagher.
3. Camminando o corricchiando, fermarsi e assumere la posizione corretta del bagher a un segnale dell'insegnante.

1

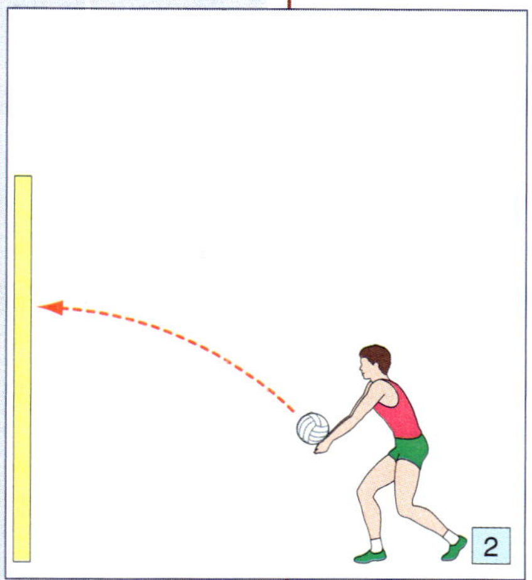

2

4. Un compagno lancia la palla con violenza sul terreno, un altro riceve il rimbalzo in bagher e ripassa la palla al lanciatore, che l'afferra con le mani e ripete l'azione.
5. Un compagno lancia la palla a due mani ai compagni, che ricevono in bagher.
6. Due compagni si scambiano la palla ricevendola in bagher e facendo un palleggio prima di passarla.
7. Due giocatori si mettono di schiena: uno lancia la palla in alto e indietro, l'altro riceve in bagher, ferma con le mani e a sua volta lancia la palla indietro.
8. A coppie, il primo giocatore palleggia la palla alta in verticale, in corrispondenza di un segno per terra, quindi si sposta. Il secondo, posto a 2 o 3 metri dal segno, deve raggiungerlo ed eseguire un bagher in alto, per poi spostarsi a sua volta. A questo punto torna il primo compagno e si ricomincia fino a che non si sbaglia.

4

9. Come l'esercizio precedente, ma il compagno che deve ricevere in bagher parte da seduto per terra.
10. A turno tutti i giocatori fanno la battuta e un solo giocatore riceve in bagher.

Allenare la schiacciata

1. Camminando o corricchiando, al segnale dell'insegnante saltare, con il braccio che eseguirà il colpo disteso di lato. In un secondo tempo, al segnale staccare e mimare il movimento della schiacciata come se arrivasse effettivamente la palla.
2. Tracciare su un muro segni ad altezze diverse, vicine al bordo superiore della rete: fare poi degli stacchi con rincorsa cercando di toccare i segni, ricadendo parallelamente al muro senza toccarlo.

2

3. Camminando o corricchiando con una palla, a intervalli lanciarla in alto e riprenderla a due mani il più in alto possibile.
4. Un giocatore da fermo lancia una palla in alto, esegue un salto e cerca di colpirla con due mani il più in alto possibile, schiacciandola a terra.
5. Mettere un ostacolo basso, o disegnare una linea per terra: eseguire poi delle rincorse e superarlo con una stacco mimando la schiacciata.

6. Eseguire schiacciate contro un muro.
7. Eseguire una schiacciata su un passaggio senza rete, poi con la rete posta più bassa del normale.
8. Con 10 o 12 palle a disposizione, due giocatori in coppia eseguono consecutivamente delle schiacciate fino a esaurimento dei palloni. Ripetere l'esercizio invertendo i ruoli tra alzatore e schiacciatore.
9. Un giocatore si pone spalle alla rete: a un segnale dell'insegnante, un compagno effettua un'alzata, lui si gira ed esegue una schiacciata.
10. Eseguire schiacciate indossando cavigliere e polsiere del peso di 200-500 g.

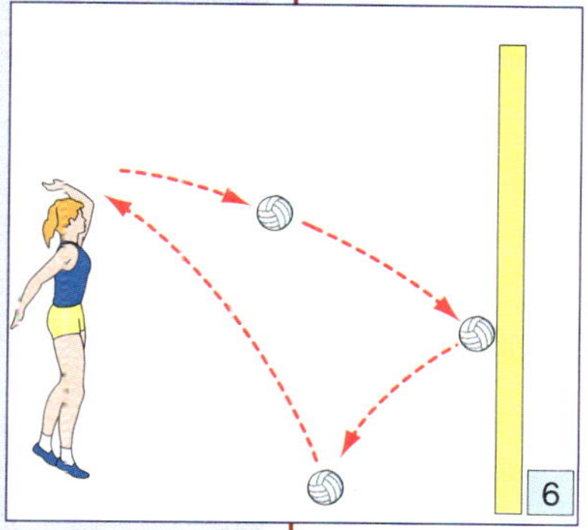
6

7

Allenare il muro

1. Camminando o corricchiando, a un segnale dell'insegnante eseguire uno stacco con le braccia alzate.
2. Tracciare su un muro dei segni ad altezze diverse, vicini all'altezza reale della rete. Eseguire poi delle rincorse non perpendicolari al muro, fare lo stacco con le braccia alzate e ricadere parallelamente al muro senza toccarlo. In un secondo tempo, verificare se si supera sempre in altezza il segno sul muro con almeno metà dell'avambraccio.
3. Eseguire un muro vicino alla rete, poi fare rapidamente tre passi laterali e fare un altro muro. Compiere tutto il tratto da una linea laterale all'altra, poi passare nel campo opposto e rifare l'esercizio.
4. Eseguire dei muri partendo con la spalla destra posta verso la rete; spostarsi poi a semicerchio in senso orario ed eseguire altri muri partendo da angolazioni diverse fino a ritrovarsi con la spalla sinistra verso la rete.
5. Eseguire il muro a rete in 2 giocatori, curando la simultaneità dello stacco e la posizione di braccia e mani, che devono essere vicine e orientate verso il centro del campo avversario.
6. Due giocatori si dispongono a rete, uno per campo, su una linea laterale. Si passano la palla con due mani, eseguendo lo stacco contemporaneamente e man mano si spostano lateralmente, percorrendo tutta la linea centrale.

5

7. Un giocatore lancia da diverse distanze a due mani la palla e un altro deve murare.
8. Eseguire muri a uno su schiacciata.
9. Eseguire muri a due su schiacciata.
10. Eseguire muri indossando cavigliere e polsiere del peso di 200-500 g.

6

Fondamentali di squadra

I **fondamentali di squadra** sono gli **schemi di gioco**, divisi in *schemi di ricezione*, *difesa* e *attacco*. Come negli altri sport di squadra con la palla, gli schemi sono posizioni e movimenti prestabiliti dei giocatori, ideati per favorire la maggiore collaborazione tra compagni di squadra e per fronteggiare prevedibili situazioni di gioco.

Schemi di ricezione

Allo scopo di rigiocare la palla sul servizio avversario, la squadra si dispone in campo in modo da poter ricevere in bagher e proseguire preparando una propria azione offensiva. Una buona ricezione dipende ovviamente dall'abilità dei giocatori in questo fondamentale, ma anche dalla disposizione in campo: gli spazi in cui arrivano la maggioranza dei servizi saranno i più presidiati dalla squadra e i giocatori si organizzeranno per non ostacolarsi tra loro. Un'accortezza, per rendere la ricezione più efficace per il proseguimento del gioco della squadra, è quella di evitare che chi riceve sia lo stesso giocatore che dovrebbe poi, secondo lo schema di gioco, fare l'alzata. Esistono varie tattiche di ricezione e qui ne illustreremo alcune.

Ricezione a W con l'alzatore laterale

5 giocatori si dispongono a W nella zona di difesa. La maggior parte dei giocatori occupa così le zone del campo dove è più probabile che cada la palla, avendo una buona visuale del battitore. L'alzatore rimane in posizione laterale, pronto a spostarsi per l'alzata.

A = alzatore
S = schiacciatore
U = universale
R = ricevitore

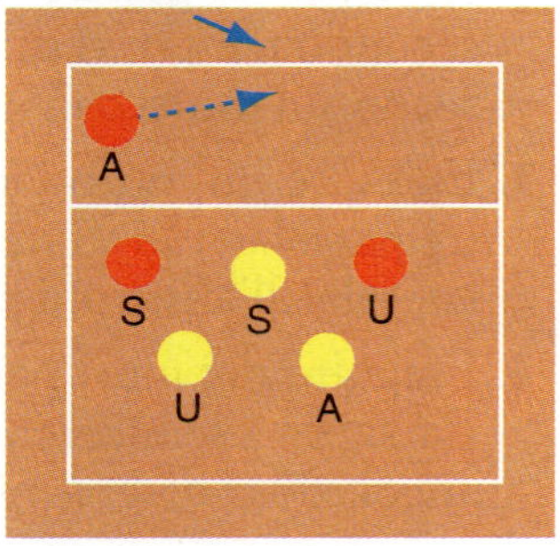

Ricezione a W con l'alzatore centrale

Rispetto alla tattica precedente l'alzatore è nel mezzo, sotto rete in zona 3, ad aspettare il passaggio. Tutte e due le tattiche a W possono avere i giocatori in zona di difesa ravvicinati o distanziati: nel primo caso avremo una W compatta, nel secondo una W allungata.

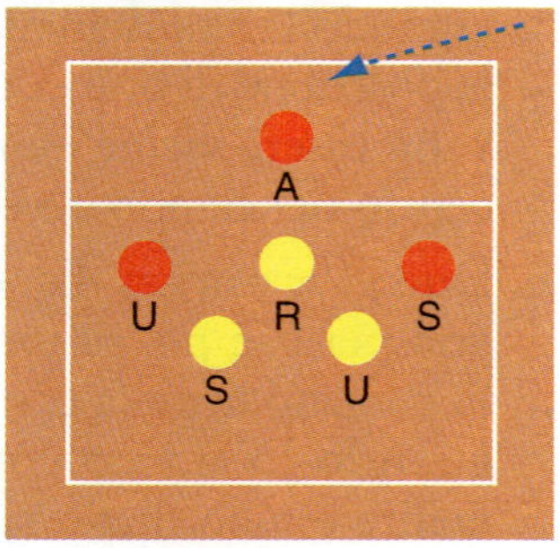

Ricezione con l'alzatore in seconda linea

Questa tattica prevede che il palleggiatore esegua un inserimento dalla seconda alla prima linea solo per il palleggio, per tornare poi immediatamente in seconda linea. Infatti non potrebbe attaccare né fare dei muri a causa dei vincoli che impone il regolamento.

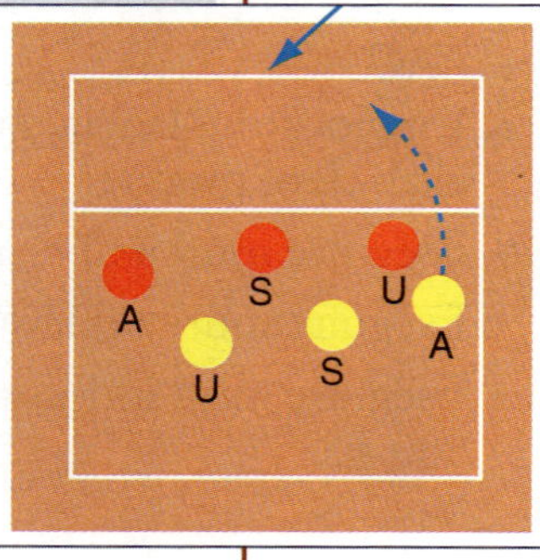

Ricezione a trapezio e a semicerchio Questi due tipi di ricezione prevedono in zona di difesa solo 4 giocatori e differiscono tra loro solo nella disposizione degli stessi. Il vantaggio di queste tattiche è che i giocatori che ricevono hanno più spazio per agire senza ostacolarsi.

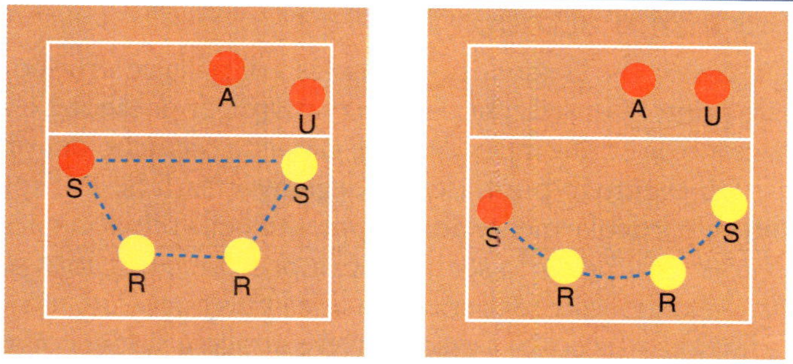

RICEZIONE A TRAPEZIO RICEZIONE A SEMICERCHIO

Schemi di difesa

L'azione di difesa si verifica quando la squadra non è in possesso della palla e rappresenta la capacità di opporsi agli attacchi dell'avversario: si basa sul muro, sul bagher e in alcune situazioni sul palleggio. I compiti difensivi dei giocatori di prima e seconda linea sono diversi. I giocatori sotto rete devono opporsi direttamente a una possibile schiacciata avversaria con il muro, mentre i difensori di seconda linea devono coprire le zone del campo non difese dal muro, con la cosiddetta **copertura del muro**. La difesa può essere organizzata diversamente per opporsi a determinati tipi di attacchi: l'abilità nella difesa sta proprio nel prevedere l'attacco più probabile, vista la disposizione in campo e le caratteristiche degli avversari.

Difesa delle zone periferiche e copertura Ci si difende soprattutto dalla schiacciata, ma non sono escluse delle varianti, perché si sa di non essere molto forti a muro o perché la squadra che attacca è abile nel simulare un attacco in schiacciata e poi fare pallonetti, cioè indirizzare palle lente con traiettoria curva che scavalcano i giocatori a muro ricadendo alle loro spalle.

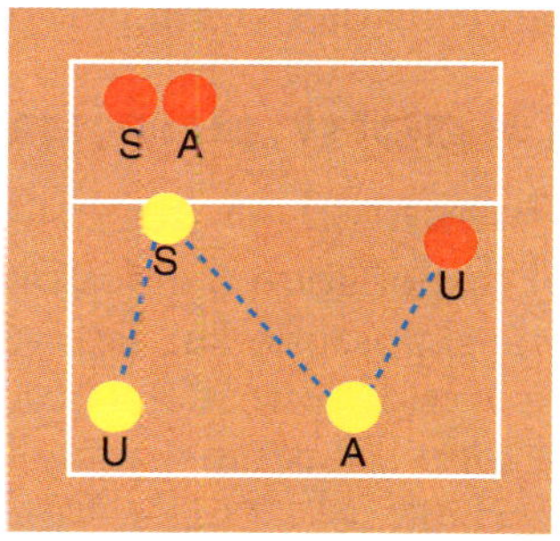

Difesa di tutto il campo e copertura Si attua questo schema quando gli attacchi avversari non sono particolarmente veloci, per la mancanza di forti schiacciatori. Ciò significa che sarà più probabile un attacco con palla piazzata o pallonetto piuttosto che con una schiacciata. Questa è la disposizione generalmente usata a livello scolastico e giovanile.

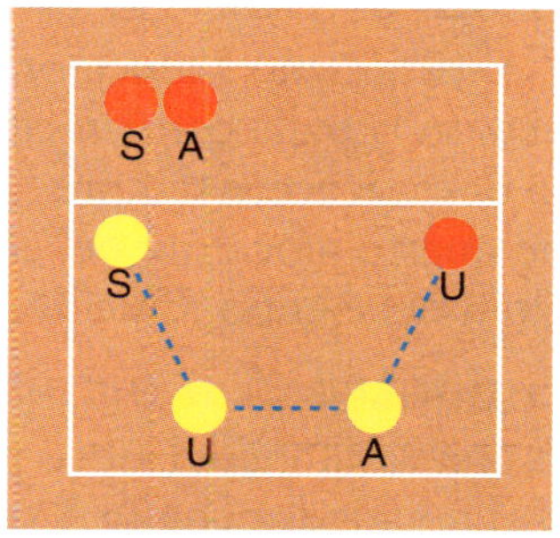

Difesa senza copertura Si attua quando l'altra squadra possiede forti schiacciatori e quindi è poco probabile che ricorra al pallonetto. La disposizione del muro dipende da dove è posizionato il più forte schiacciatore avversario, o dalla preferenza ad attaccare centralmente piuttosto che sui lati.

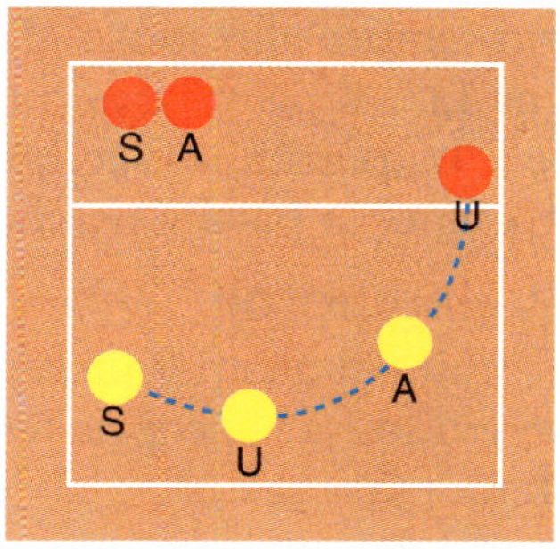

Schemi d'attacco

È l'azione che la squadra in possesso di palla costruisce per cercare di fare punto. Gli attacchi possono variare per posizione e velocità di esecuzione: la scelta dipende dalle capacità tecniche dei propri giocatori e dagli eventuali punti deboli degli avversari. Se si dispone di un giocatore particolarmente abile e potente nella schiacciata, si cercherà ovviamente di portarlo sempre nella posizione migliore per schiacciare. Anche un giocatore di seconda linea può attaccare, ma senza superare la linea d'attacco. Si possono avere attacchi veloci con un'alzata veloce, attacchi lenti con alzate lente, attacchi distanti con schiacciate dalla zona di difesa. Le combinazioni d'attacco sono essenzialmente due.

Attacco con alzatore al centro Si può preparare un attacco da entrambi i lati e ovviamente anche fingere un gioco, per poi eseguire l'azione dal lato opposto. Gli attacchi sono fatti generalmente con traiettoria diagonale. Nelle squadra più abili si può anche preparare un attacco lontano dalla rete, dalla zona di difesa.

Attacco con alzatore laterale Permette sia un attacco veloce centrale, sia un'alzata più alta per lo schiacciatore del lato opposto. Può consentire più tempo agli avversari per predisporre bene il muro, se non si fanno finte. Può essere efficace anche preparare un attacco da dietro, sul lato opposto del palleggiatore.

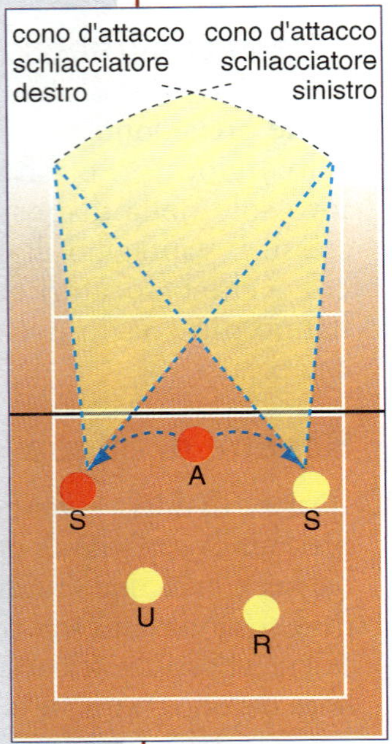

Giochi per iniziare

Passaggi in cerchio

Si dispongono 6 giocatori in cerchio e si fanno palleggi con 4 palle, che si possono lanciare verso qualsiasi giocatore, anche se ne sta già ricevendo altre. Chi fa cadere la palla è eliminato. Quando i giocatori sono rimasti in 4 si toglie 1 palla, quando sono rimasti in 3 o in 2 si lasciano solo 2 palle. Vince chi non ha mai fatto cadere la palla.

5 contro 5

Si posizionano 5 giocatori per campo e si gioca normalmente palleggiando la palla con 3 tocchi, ma con la regola che l'ultimo passaggio lo deve ricevere sempre lo stesso giocatore. Per effetto della rotazione questo giocatore nel corso della partita si troverà in diverse posizioni nel campo. Quando si fa punto si conquista il servizio.

5 contro 5 a eliminazione

È una variante del gioco precedente, da cui differisce per due aspetti. La squadra che fa 3 punti consecutivi deve infatti rinunciare al giocatore in zona 1. Rimane la regola di fare 3 passaggi, di cui l'ultimo sempre allo stesso giocatore, ma se esce il giocatore a cui bisogna fare il passaggio, chi arbitra designerà un nuovo "risponditore". La partita finisce quando una squadra perde tutti i giocatori, ma vince la partita perché ha raggiunto il punteggio più alto.

Palleggio più

Si tratta di una partita regolare, ma ogni giocatore deve fare un palleggio sopra la propria testa ogni volta che fa una ricezione, o prima di un passaggio.

beach volley

Origini

La **pallavolo da spiaggia** è uno sport nato negli anni Quaranta sulle spiagge della California, favorito dal bel tempo e dalla presenza di estese spiagge sabbiose. Un po' alla volta, con la partecipazione di noti giocatori di pallavolo, si sono organizzati i primi tornei dimostrativi a due, tre, quattro giocatori, finché il gioco si è diffuso sempre più e ha trovato una sua regolamentazione. Nel 1983, è stata fondata la prima associazione professionale, formata inizialmente solo da campioni di pallavolo. Oggi si disputano tornei a livello nazionale e internazionale e nel 1996, ad Atlanta, il *beach volley* è stato introdotto alle Olimpiadi.

Il gioco

Il beach volley si gioca su un campo sabbioso livellato, profondo almeno 40 cm, dalle dimensioni di 16 × 8 m e circondato da una zona libera di 3 m; la rete è di 8,5 × 1 m (FIPAV, regole beach volley 2002-2004). Le regole sono simili a quelle della pallavolo, eccetto che:

- non esistono falli di posizione per cui i giocatori possono muoversi liberamente per tutto il campo;
- non è consentito il pallonetto, per cui l'azione deve essere conclusa o con un palleggio, o con una schiacciata, o comunque, con un colpo secco;
- l'invasione al di sotto della rete è considerata fallo solo se disturba realmente un avversario;

– il muro è considerato tocco a tutti gli effetti, restano quindi due tocchi e il primo può essere effettuato dal giocatore che ha portato il muro;

– si può giocare un solo set a 15 punti, si vince con un vantaggio minimo di 2 punti e si può arrivare a un punteggio massimo di (17-16). Oppure, si può giocare su tre set, dei quali i primi due si vincono con 12 punti, con il vantaggio di un punto. Il terzo set si gioca con il tie-break e vince chi raggiunge i 12 punti con un vantaggio di 2 punti. Al contrario, si prosegue senza punteggio limite fino alla realizzazione del vantaggio dei 2 punti.

– si cambia campo, per evitare influenze troppo maracate del vento o del sole, ogni cinque punti nei set a 15 punti, ogni 4 punti nei set a 12 punti;

– nei cambi campo si ha diritto a 30 secondi d'intervallo. Ogni squadra, poi, può richiedere fino a 3 tempi di riposo di 30 secondi per ogni set.

Il gioco più diffuso è il due contro due, giocato anche alle Olimpiadi; si può giocare anche tre contro tre e quattro contro quattro.

Per giocare a beach volley

La sabbia rende più faticoso correre e saltare, attutisce le cadute, agevola i colpi e i salvataggi in tuffo, che sono una delle componenti più spettacolari di questo sport. I tuffi, però, non sono semplice esibizione, ma la necessaria conseguenza del dover tenere sotto controllo un campo di gara piuttosto ampio in pochi giocatori.

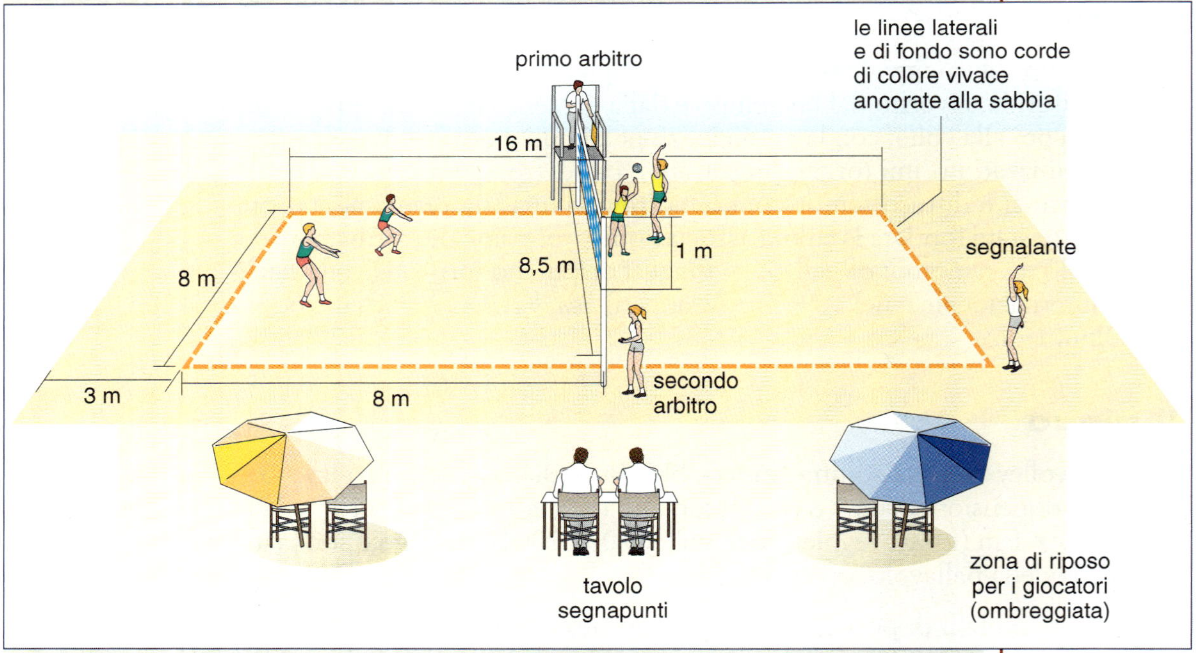

I requisiti fondamentali per giocare a beach volley sono *destrezza* e *abilità*: il controllo della palla richiede tuffi e altre acrobazie, che devono essere sostenute da una notevole *forza negli arti inferiori*, da una buona *resistenza alla fatica* e da un'ottima capacità di tollerare le tipiche condizioni atmosferiche di tale sport (sole, luce, calore).

verifiche

Scegli la risposta corretta.

1. Come si chiamava in origine la pallavolo e come è stata poi ribattezzata?

A si chiamava *minonette* e diventò *volley-ball*
B si chiamava *minonette* e diventò *volleiball*
C si chiamava *minorette* e diventò *vollyball*
D si chiamava *minonette* e diventò *beach volley*

2. Che cosa accadde nel 1943 per quanto riguarda la pallavolo?

A si decise il colore della maglia della nazionale
B si tentò di organizzare i primi campionati
C si giocò la prima partita della nazionale
D si smise di chiamare la pallavolo *minonette*

3. Qual è la zona libera?

A la zona d'attacco senza giocatori
B la zona dietro la linea di fondo
C una zona che circonda il perimetro del campo
D la zona d'attacco e di difesa senza giocatori

4. Che cosa misura 9 × 9 m?

A l'intero campo
B la zona di difesa più la zona di servizio
C la zona d'attacco più la zona di difesa
D solo la zona di difesa

5. Quali sono le misure corrette di una rete e a quale altezza è posta?

A 9 × 1,5 m; altezza massima 2,34 (M) e 2,23 (F)
B 9 × 1 m; altezza massima 2,34 (M) e 2,32 (F)
C 9 × 1,5 m; altezza massima 2,43 (M) e 2,24 (F)
D 10 × 1 m; altezza massima 2,43 (M) e 2,24 (F)

6. Quali sono i falli che si possono fare nel palleggio?

A sequestrata, doppio tocco, accompagnata
B trattenuta, triplo tocco, accompagnata
C trattenuta, doppio tocco, spinta
D trattenuta, doppio tocco, accompagnata

7. Se un giocatore tocca la rete o entra nel campo avversario che fallo si compie?

A fallo di invasione
B fallo di posizione
C nessun fallo: è l'inserimento
D fallo di aggressione

8. Quanti tocchi si possono fare dopo il muro?

A nessuno
B solo due
C solo uno
D di nuovo tre tocchi

9. Ogni metà campo è divisa da due linee immaginarie in sei zone: come sono numerate?

A numeri dispari nella zona d'attacco e numeri pari nella zona di difesa
B prima i tre numeri dispari di seguito, poi i tre numeri pari
C in senso antiorario
D a zig zag

10. I giocatori a seconda che giochino in zona d'attacco o di difesa prendono una certe denominazione: qual è?

A attaccanti e liberi
B giocatori di prima e seconda linea
C schiacciatori e palleggiatori
D pari e dispari

11. A che cosa serve il cambio di posizione?

A a far sì che i giocatori ruotino in tutti i ruoli
B per sfruttare meglio le caratteristiche di alcuni giocatori
C è una regola dopo il cambio palla
D a evitare di fare invasione

12. Qual è la funzione del libero?

A può diventare il settimo giocatore
B può fare solo il difensore
C può fare solo l'attaccante
D come "libero" può violare qualsiasi regola

13. Quanti arbitri ci sono?

A sei
B due
C tre
D sette

14. Chi fa il reclamo dopo la partita sulle decisioni arbitrali?

A nessuno, non si può far reclamo
B il capitano
C il capitano assieme all'allenatore
D il capitano o il libero o l'allenatore

15. Quanti tipi di falli può fare un giocatore?

A tre: i falli tecnici, i falli di campo, i falli a rete
B due: i falli di comportamento e i falli tecnici
C nessuno: gli errori non sono sanzionati
D uno: solo i falli tecnici

16. Quando si esegue il servizio?

A quando lo decide l'arbitro
B ogni volta che un giocatore è in zona 1 con un numero di maglia dispari
C alla fine di ogni set
D per iniziare la partita e ogni volta che si fa punto

17. Quanti tipi di servizio esistono?

A due: servizio da sopra e da sotto
B uno solo, il servizio da sotto (il servizio da sopra è la schiacciata)
C quattro: servizio da sotto o di sicurezza, da sopra o tipo tennis, a bilanciere, in salto
D tre: servizio da sotto o di sicurezza, da sopra o tipo tennis, in salto

18. Quali azioni si possono eseguire con il palleggio?

A il passaggio, la respinta e l'alzata
B il passaggio e l'alzata
C la respinta e l'alzata
D solo l'alzata

19. Come devono essere poste le dita durante il palleggio?

A larghe, semiflesse in tensione ma non rigide
B larghe, semiflesse in tensione e rigide
C larghe, distese in tensione ma non rigide
D strette, semiflesse in tensione ma non rigide

20. Perché nel bagher le gambe devono essere piegate?

A per riposarsi in attesa della battuta
B per portare più peso sui talloni
C per assorbire l'impatto della palla, soprattutto nelle palle veloci
D per eseguire meglio lo stacco dopo l'impatto con la palla

21. Quanti e quali sono i momenti che formano la schiacciata?

A tre: rincorsa, stacco, colpo sulla palla
B tre: rincorsa, rimbalzo, colpo sulla palla
C tre: rincorsa, stacco, palleggio
D due: salto, colpo sulla palla

22. Un giocatore di seconda linea può partecipare al muro?

A sì, se è il libero; no, se è un altro difensore
B sì, sempre: come difensore deve partecipare a un'azione difensiva
C no, mai
D no, se ha un numero di maglia pari

23. A che cosa bisogna fare attenzione nella ricaduta dopo il muro?

A a non toccare la rete e a non pestare la caviglia al compagno/a di squadra nel muro a due
B si può toccare la rete, ma non si deve mettere il piede oltre la linea centrale
C a non farsi male cadendo, perché comporta la perdita del punto
D controllare il corpo per non mettere il piede oltre la linea centrale; non toccare la rete

24. A che cosa serve la ricezione?

A a predisporre la squadra a una sostituzione
B ad accogliere gli avvertimenti dell'arbitro
C a evitare che il servizio diventi un punto per gli avversari
D a ricevere un passaggio da un compagno

25. Quali sono i compiti dei giocatori di prima e seconda linea nella difesa?

A difendono solo i giocatori di prima linea, tramite il muro
B i giocatori di prima linea si oppongono con il muro alla schiacciata; i giocatori di seconda linea coprono il campo
C i giocatori di prima linea si oppongono con il muro alla battuta; i giocatori di seconda linea coprono le zone libere e fanno la copertura del muro
D difendono solo i giocatori di seconda linea, perché sono i difensori

26. Quando non si usa la copertura del muro?

- [A] quando si hanno di fronte forti schiacciatori e sono poco probabili pallonetti; quando si possiede un muro forte
- [B] quando si hanno di fronte forti schiacciatori e sono poco probabili pallonetti; c'è in campo il libero
- [C] quando si hanno di fronte forti schiacciatori che sono bravi nel fare pallonetti; c'è in campo il libero
- [D] quando il libero è nella linea d'attacco

27. Un giocatore di seconda linea può attaccare?

- [A] sì, se la palla è a un'altezza maggiore del bordo superiore della rete
- [B] sì, se la palla è a un'altezza inferiore al bordo superiore della rete
- [C] no, perché è un difensore
- [D] no, se è in una zona dispari

28. Se l'alzata è veloce, come sarà l'attacco?

- [A] l'attacco sarà impreciso
- [B] l'attacco sarà dall'altro lato
- [C] l'attacco sarà veloce
- [D] non ci sarà attacco, perché l'attaccante andrà fuori tempo con lo stacco

29. In che cosa differisce il campo di beach volley da quello della pallavolo?

- [A] è leggermente più piccolo
- [B] la rete è un po' più bassa
- [C] le linee perimetrali non fanno parte del campo
- [D] manca la zona libera

30. Quale di queste azioni di gioco è vietata nel beach volley?

- [A] il servizio in salto
- [B] la schiacciata da parte del difensore
- [C] il pallonetto
- [D] alzare la palla contro il sole

Rispondi alle seguenti domande.

1. In quante zone non numerate si divide la metà campo?
2. In quante zone numerate si divide la metà campo?
3. Come si tocca la palla in un palleggio corretto?
4. Quali sono gli errori tipici nell'esecuzione del bagher?
5. Che cosa è tecnicamente una schiacciata?
6. Quanti punti bisogna aggiudicarsi per vincere un set?
7. Quanti set bisogna aggiudicarsi per vincere una partita?
8. Quanti schemi di ricezione conosci?
9. A quali sport si ispirò in origine la pallavolo?
10. Quali caratteristiche del beach volley rappresentano difficoltà in più rispetto alla pallavolo?

pallacanestro

Introduzione

Il fine del gioco è riuscire a infilare la palla nel canestro della squadra avversaria. Come tutti i giochi di squadra anche la pallacanestro è un gioco di situazione, nel quale ogni azione del giocatore viene eseguita in relazione al suo ruolo, a dove si trova la palla, alle azioni dei compagni e degli avversari. I giocatori delle due squadre possono spostarsi liberamente per tutto il campo senza barriere ritrovandosi a tu per tu con l'avversario. La carica agonistica è più immediata rispetto a sport quali la pallavolo o il baseball, in cui il contatto diretto con l'avversario non c'è o è mediato da zone precise di gioco. Nonostante ciò, caratteristica di questo gioco è il non contatto con l'avversario.

La prima squadra di basket si esibì nel 1892 a Springfield. In seconda fila, in borghese, J. A. Naismith, "inventore del gioco".

Origini

Nel 1891 Luther Halsey Gulik (segretario del National YMCA Physical Education Department e Head of Physical Education, presso la International YMCA Training School, Massachusetts, USA) decise di realizzare un'attività da svolgere la sera e nei mesi invernali, con un'attrezzatura minima e in un locale ristretto. Diede quindi l'incarico al professore di Educazione fisica James A. Naismith di ideare qualcosa con queste caratteristiche. Nel 1892, sul giornale interno del college, «The Triangle», furono pubblicate le tredici regole fondamentali che diedero inizio alla nuova attività, il *basketball*. Fin da subito si effettuarono modifiche al regolamento iniziale, per esempio il numero dei giocatori passò da 9 a 7 e

poi a 5, ma lo spirito fondamentale del gioco è rimasto invariato fino ai giorni nostri. Il basketball è dal punto di vista atletico e agonistico uno degli sport più completi e privo di violenza intenzionale, essendo vietati i contatti tra i giocatori.
Dalla prima partita giocata il 20 gennaio 1892, la sua diffusione fu sorprendente. Nel 1900 lo si praticava già in Europa e nelle Filippine. Nel 1936 alle Olimpiadi di Berlino, davanti all'ormai anziano James A. Naismith, seduto in tribuna, avvenne il debutto ufficiale come gioco olimpico. Nel 1939 il suo fondatore morì. In Italia nel 1907 una professoressa di Siena, Ida Nomi Pesciolini, presentò il gioco a Venezia, ma solo nel 1919 si svolsero a Monza le prime partite regolari con il patrocinio della Federazione italiana di ginnastica. La *Federazione italiana di basketball* fu fondata a Milano due anni più tardi, il 2 novembre 1921; l'italianizzazione di tutti i nomi imposta dal regime fascista la fece poi rinominare *Federazione palla cesto*, e nel 1931 si giunse all'odierna denominazione di *Federazione di pallacanestro*. Nel secondo dopoguerra la pallacanestro incontrò sempre più il favore del pubblico, ma furono le Olimpiadi di Roma del 1960 a sancire la definitiva affermazione di questo sport, con la conquista del quarto posto ottenuta dalla Nazionale. Negli anni Sessanta i club italiani si imposero con sempre maggior frequenza anche a livello internazionale, per arrivare ai mondiali del 1970, anno in cui l'Italia batté per la prima volta gli Stati Uniti. Nelle Olimpiadi di Mosca del 1980 l'Italia si aggiudicò la medaglia d'argento e nei campionati europei del 1983 la medaglia d'oro.

PRATICA DELLO SPORT

L'attività non agonistica è gestita dal CONI, attraverso i CAS (Centri Avviamento allo Sport), o i Centri Olimpia, assieme agli Enti di promozione sportiva (UISP, ENDAS ecc.) e viene definita **minibasket**.
L'attività agonistica è totalmente gestita dalla FIP (Federazione Italiana Pallacanestro), affiliata al CONI.
L'agonistica si divide nei seguenti campionati:
Campionati maschili: A, B, C1, C2, D, promozione, prima divisione, juniores, cadetti, 8 squadre finaliste nazionali del campionato allievi, trofeo ragazzi, trofeo propaganda, trofeo 3 contro 3.
Campionati femminili: serie A1, A2, B, C, promozione, prima divisione, juniores, cadetti, 8 squadre finaliste campionato allieve, trofeo propaganda, trofeo 3 contro 3, amatoriale.

FIP, Federazione Italiana Pallacanestro (1921)
Via Vitorchiano, 113 – 00189 Roma
tel. 06.36851 (36856514)
fax 06.36856552
www.fip.it

INFORMAZIONI SANITARIE

Idoneità sportiva agonistica:
- età di inizio 14 anni M/F (6-8 anni; minibasket);
- visita medica di tipo B.

Infortuni più frequenti:
- distorsioni alle caviglie;
- distorsioni alle ginocchia;
- lesioni muscolotendinee agli arti inferiori;
- traumi alle dita della mano.

UN PO' DI INGLESE

ball	=	palla
basket-ball	=	pallacanestro
block	=	stoppata
coach	=	allenatore
forward	=	ala
game	=	partita
jump-shot	=	tiro in sospensione
overtime	=	tempo supplementare
parquet (fr.)	=	pavimento in legno
pivot	=	centrale
play maker	=	regista
point	=	punto
rebound	=	rimbalzo
referee	=	arbitro
slam	=	schiacciata
sponsor	=	finanziatore a scopo pubblicitario
supporter	=	tifoso
team	=	squadra
time out	=	temporanea sospensione del gioco

5 ♥♥♥♥ G
♦♦ I/A (alternate)

Palla e campo

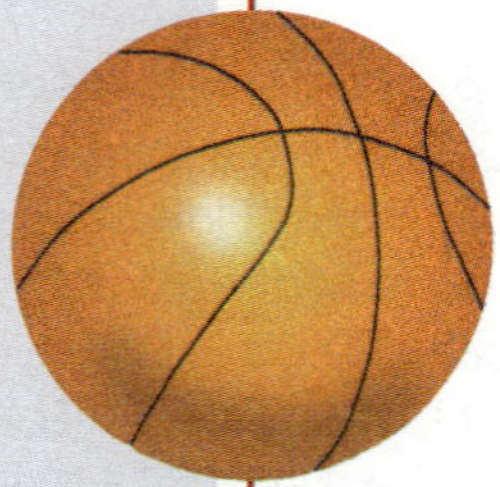

La **palla** è sferica, ricoperta di gomma, di materiale sintetico o di cuoio, con una camera d'aria di gomma. La sua circonferenza è di 75-78 cm e il peso è di 600-650 g. Il **campo** è formato da un'area rettangolare di 28 m di lunghezza per 15 m di larghezza. È diviso da una linea centrale che forma due settori di 14 m × 15 m; questi settori sono a loro volta suddivisi in altri settori. La prima suddivisione è data da una linea curva che, partendo dalla linea di fondo campo da un lato del canestro a 1,25 m dalla linea laterale del campo, raggiunge la stessa linea di fondo campo dall'altro lato, sempre a 1,25 m dalla linea laterale del campo. Questa linea è detta *linea del tiro da tre punti*, ed è posta a una distanza angolare con un raggio di 6,25 m dal canestro. All'interno di questo settore, sotto il canestro, è posta un'area di forma trapezoidale detta *area dei tre secondi*, la sua base è lunga 6 m e combacia con la linea di fondo campo. L'area si estende per 5,80 m nel campo e termina con una linea più corta di 3,60 m, parallela alla linea di fondo campo, detta *linea del tiro libero*. Sulle linee oblique che chiudono il perimetro di questa zona trapezoidale sono riportati dei segni che servono per attribuire i posti ai giocatori durante l'esecuzione del ti-

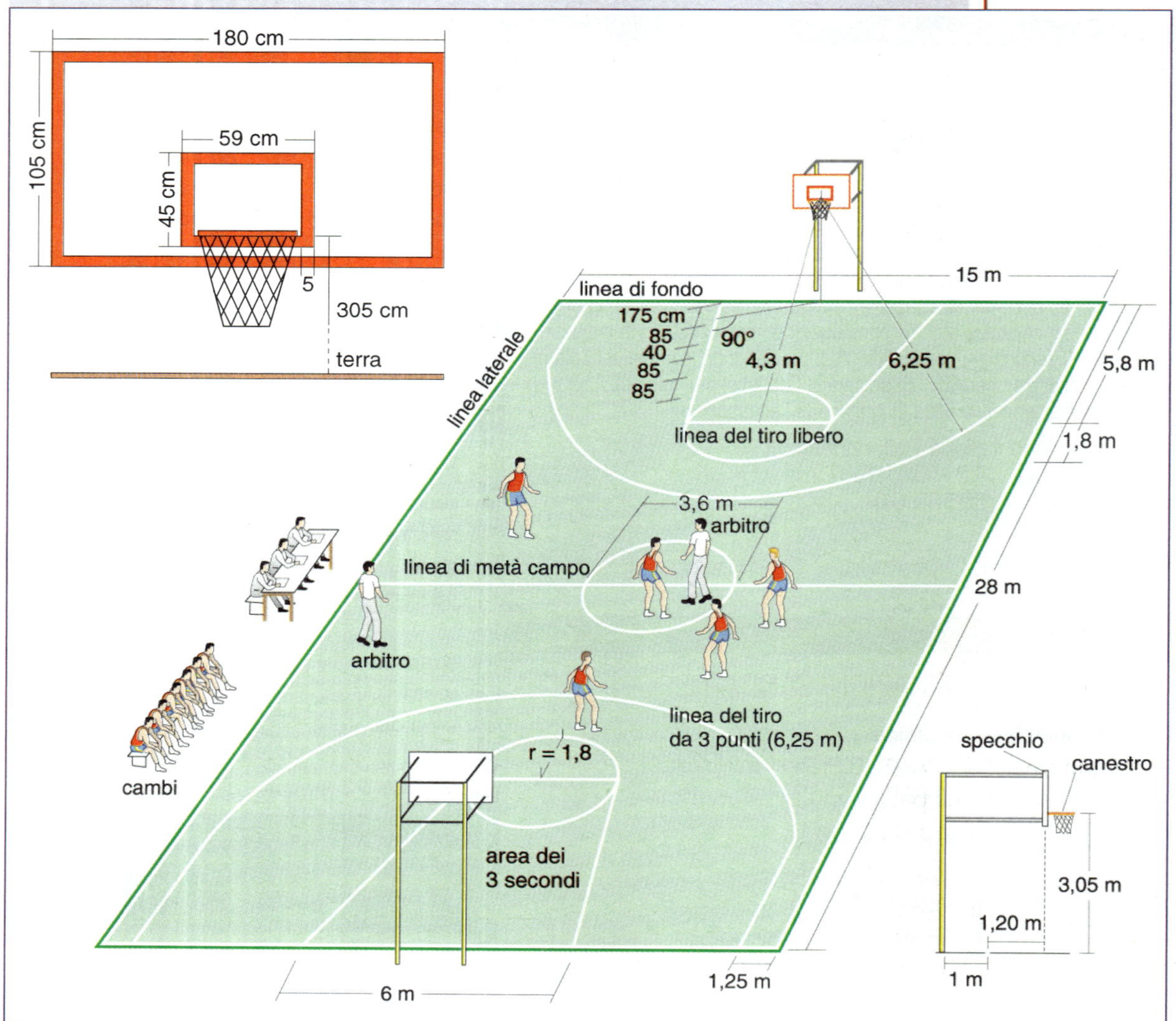

ro libero. Infine al centro del campo e all'estremità delle due zone dei tre secondi sono tracciati tre *cerchi* del diametro di 3,6 m, quelli laterali sono detti anche lunette. A metà e ad almeno 1 metro all'esterno delle linee di fondo campo sono infisse sul terreno le strutture che servono a sostenere i **tabelloni** all'interno del campo. Questi *tabelloni*, chiamati anche *specchi*, sono fissati in modo da essere all'interno del campo, paralleli fra loro e a una distanza di 1,20 m dalla linea di fondo campo e servono per sostenere il canestro. Possono essere di legno o di materiali plastici, anche trasparenti, la loro dimensione è di 180 cm di lunghezza per 105 cm, con un bordo scuro di 5 cm; al loro interno è presente un riquadro rettangolare di 59 cm per 45 cm segnato anch'esso con un bordo di 5 cm. Alla base di questo riquadro è fissato il **canestro**, formato da un anello di metallo di 45 cm di diametro al quale è fissata una *rete a tubo* della lunghezza di 40 cm. Il canestro deve essere fissato a un'altezza di 3,05 m da terra. Per tornei e campionati ufficiali il rettangolo di gioco deve a sua volta essere circondato da una zona larga 2 metri. Le palestre scolastiche di solito non sono così grandi da poter accogliere un campo omologabile per partite ufficiali; tuttavia, per l'attività scolastica, la cosa essenziale da verificare è l'assenza di ostacoli, quali spigoli o altre sporgenze potenzialmente pericolose per chi gioca.

Regole di base

La squadra è composta da 10 giocatori, 5 in campo e 5 in panchina, intercambiabili senza limiti a gioco fermo. Scopo del gioco è fare entrare la palla dentro il canestro della squadra avversaria.
La partita si svolge in 2 tempi di 20 min o 4 tempi di 12 min effettivi ciascuno (il cronometro viene fermato a ogni interruzione di gioco), con intervalli di 2 min tra il primo e il secondo tempo e tra il terzo e il quarto tempo. L'intervallo centrale in entrambi i modi, 2 tempi o 4 tempi, è di 10 o 15 min e la sua durata deve essere comunicata a tutti almeno un giorno prima della partita. Nelle gare ufficiali dei Giochi della Gioventù si disputano 4 tempi di 10 min ciascuno.
La squadra in possesso della palla deve andare al tiro entro 30 secondi (o 24 secondi negli Stati Uniti). Il calcolo dei 30 secondi avviene con un apparecchio che si attiva appena un giocatore prende la palla e inizia un'azione. Nel caso di un tiro errato, la palla diventa una cosiddetta *palla vagante* e quando torna in possesso della medesima squadra il calcolo dei 30 secondi ricomincia da zero, mentre se esce dal campo il conteggio dei 30 secondi si ferma.
La squadra in possesso della palla deve superare la propria metà campo in 10 secondi (o 8 secondi) e non vi può tornare finché ha la palla. Il giocatore non può trattenere (cioè tenere con le mani) la palla per più di 5 secondi e non può sostare per più di 3 secondi nell'area avversaria.
La partita non termina mai in parità; se ciò si verifica, vengono disputati tempi supplementari di 5 min fino a che non si superi la condizione di parità. Non si può tirare la palla con i piedi deliberatamente, e per spostarsi sul terreno di gioco con la palla bisogna palleggiare con una mano sola; soltanto durante

numero giocatori per squadra	numero giocatori in campo	cambi o sostituzioni	numero riprese	durata di ogni ripresa (min)	durata intervallo (min)
10	5	senza limiti	4	10 effettivi cronometrati	5

il *terzo tempo* (due passi seguiti da un passaggio o da un tiro a canestro) si può correre con la palla in mano, ed è vietato anche colpire la palla con un pugno. Ogni canestro vale 2 punti se realizzato in gioco, 1 se realizzato su tiro libero (l'equivalente del rigore nel calcio) e 3 punti se il tiro viene effettuato da oltre la linea dei 6,25 m.
Ci sono regole precise che riguardano il cosiddetto *status della palla*:

- si dice che la *palla è in gioco* quando l'arbitro entra con la palla in mano nel cerchio centrale, quando entra nell'area di tiro libero con o senza palla per infliggere un tiro libero o se un giocatore è in possesso della palla per fare un rimessa da fuori;
- si dice che la *palla è viva* quando l'arbitro mette a disposizione la palla a un giocatore per eseguire un tiro libero, quando un giocatore all'interno del campo tocca la palla dopo un rimessa da fuori, quando in una *rimessa a due*, cioè due giocatori avversari fisicamente simili si pongono uno di fronte all'altro con un piede vicino al centro della linea che li separa e l'arbitro lancia la palla in alto verticalmente su di loro: essi devono, con un salto, toccare la palla nella fase di caduta per conquistarla;
- si dice che la *palla è morta* quando si realizza un canestro valido, quando l'arbitro fischia mentre la palla è in gioco o viva, quando il tiro libero è evidentemente sbagliato, se termina un periodo o tempo di gioco o se suona l'apparecchio dei 30 secondi mentre la palla è viva;
- si dice che la *palla è fuori campo* quando la palla tocca un giocatore fuori campo o qualsiasi altra cosa o persona posta sopra o fuori le linee di demarcazione del campo, la parte posteriore degli specchi o i loro supporti, in questo caso la squadra che ne era in possesso perde la palla;
- si dice che la *palla è trattenuta* quando due giocatori tengono contemporaneamente la palla e diviene impossibile averne il possesso senza applicare una forza eccessiva. Se si dichiara la palla trattenuta si riprende il gioco con una *rimessa a due* nel cerchio più vicino all'inizio del primo e del terzo quarto di gioco, nei casi successivi si segue la *regola del possesso alternato*. Questa regola stabilisce che la squadra che non prende il possesso della palla darà inizio all'alternanza. La squadra in diritto di possesso alternato è indicata con una freccia posta sul tavolo degli ufficiali di campo e viene invertita immediatamente dopo che la rimessa per possesso alternato è terminata. Si esegue la rimessa a due anche quando la palla va fuori campo e non è chiaro quale squadra l'abbia toccata per ultima, quando la palla si incastra tra i sostegni del canestro o quando entra nel canestro da sotto.

Ruoli e posizioni

Il gioco della pallacanestro non presenta zone in cui determinati giocatori non possano entrare; i giocatori che sono senza palla possono muoversi liberamente su tutto il campo. Questo fa sì che i ruoli siano determinati dalle circostanze di gioco: se la squadra è in attacco tutti i giocatori sono in attacco se è in difesa tutti i giocatori sono in difesa. Sono quindi gli schemi che determinano i ruoli e la predisposizione fisica o tecnica del giocatore a eseguire una determinata parte dello schema.
Un ruolo preminente nel gioco della pallacanestro è il **playmaker**. La sua è una funzione *creatrice* e di *regia* per tutta la squadra. Deve avere una grande capacità tecnica nel controllo della palla, per poter portare la palla avanti, scegliere gli schemi e dare i ritmi all'azione, deve individuare il giocatore posizionato meglio a cui passare la palla per far sviluppare l'attacco. Nella dife-

sa deve essere pronto a intercettare i tiri e prendere i rimbalzi; la sua è una difesa aggressiva, per rubare la palla e impostare una nuova azione d'attacco. Essendo l'agilità la dote saliente di questo giocatore, egli è generalmente il più "piccolo", con un'altezza media di 1,85 m.
La **guardia** è il giocatore *finale di un'azione offensiva*, con grandi capacità di realizzazione del punto. La sua caratteristica deve essere la velocità nel chiudere un attacco, a cui può indifferentemente associare la potenza o l'agilità; deve anche avere un buon istinto per la posizione e sapersi ben smarcare per potersi "lanciare" a canestro. Come per il playmaker, la guardia non deve essere eccessivamente pesante, tuttavia gli sono sicuramente utili leve lunghe, per cui questi giocatori hanno mediamente un'altezza di 2 metri.
L'**ala piccola**, fondamentale assieme al playmaker negli *attacchi*, si occupa di portare la palla nei contropiedi dal lato opposto a quello della guardia e di solito è uno specialista nei tiri da fuori (tiri da tre punti). Anche in difesa deve avere buone capacità per affrontare qualsiasi tipo di avversario. Chi gioca in questo ruolo ha un'altezza compresa tra i 2,00 e i 2,05 m.
Il **pivot** è lo *specialista della difesa*: il suo compito è chiudere i passaggi che i giocatori avversari potrebbero sfruttare per andare a canestro. Giocando sotto il proprio canestro è anche l'artefice delle azioni di contropiede, intercettando i rimbalzi, riconquista la palla che, passata ai compagni, permetterà un nuovo attacco. È l'ultimo baluardo e il primo attaccante che si butta nell'azione e nella mischia senza troppe meditazioni. Non possiede generalmente una grande tecnica e agilità, la sua caratteristica principale è la prestanza fisica, unita a una buona mobilità di gambe che gli permette di seguire bene i giocatori avversari nell'area dei tre secondi, assieme all'ala piccola è uno specialista nei tiri da fuori. Questi giocatori sono tra i più alti, intorno ai 2,12 m di altezza.
L'**ala-pivot** ha un ruolo ibrido, diventando con il pivot il principale artefice della *difesa*, tuttavia anche in attacco ha un suo ruolo nell'eseguire *blocchi* che permettono ai compagni di provare l'esecuzione di un tiro, può anche tentare di andare direttamente a canestro, con un'azione personale o con un rimbalzo recuperato. I giocatori di questo ruolo hanno generalmente un'altezza compresa tra i 2,05 e i 2,10 m.

Medaglie Olimpiche

anno	M	F
1964	USA	–
1968	USA	–
1972	URS	–
1976	USA	URS
1980	YUG	URS
1984	USA	USA
1988	URS	USA
1992	USA	USA
1996	USA	USA
2000	USA	USA

Arbitri e falli

Anche nella pallacanestro è presente un servizio arbitrale per guidare lo svolgimento della partita, assegnare i falli, convalidare i punti e giudicare le situazioni di gioco confuse. Già alle origini della pallacanestro gli arbitri erano due: il primo arbitro rilevava i falli e giudicava i giocatori, il secondo arbitro, invece, teneva il punteggio, controllava il tempo e decideva a chi assegnare la palla. Oggi i due arbitri sono assistiti da un *addetto all'apparecchio dei 30 secondi*, un *cronometrista*, un *segnapunti*, un *assistente al segnapunti*, che permettono ai due arbitri di concentrarsi esclusivamente sulla condotta di gioco dei giocatori.
La pallacanestro, tuttavia, è sempre in evoluzione: per esempio nei campionati delle federazioni statunitensi si è inserito un terzo arbitro per controllare meglio il gioco, sempre più atletico e veloce, con contatti sempre più energici.
Il *primo arbitro* ha qualche compito in più rispetto al secondo arbitro: egli deve controllare tutte le apparecchiature che si useranno durante l'incontro, identificare gli assistenti e scegliere il cronometro ufficiale. Nelle questioni

controverse egli ha l'ultima parola, dopo un consulto con gli assistenti, quindi ha il compito di convalidare la regolarità dei canestri dubbi, inoltre può decidere di fermare l'incontro in tutte le situazioni che lo richiedono.
Il *secondo arbitro* ha una funzione di assistenza e di controllo dei giocatori e delle situazioni di gioco che a causa della posizione non possono essere correttamente viste dal primo arbitro.
Nel regolamento della pallacanestro sono contemplati due tipi di scorrettezze: le violazioni e i falli personali.

Le *violazioni* riguardano le irregolarità tecniche e di gioco.

Violazioni	
fuori campo	valuta la posizione del giocatore e della palla rispetto alle linee del campo e ai contatti. Infatti è *possibile* recuperare una palla anche abbondantemente *oltre le linee in fase aerea* a patto di non avere *alcun contatto* con qualsiasi cosa o persona posta fuori dal campo.
palleggio	quando si controlla la palla nell'emisfero inferiore o si palleggia con le due mani.
passi	quando si *avanza* con uno o più passi *tenendo la palla* (▶pag. 376, arresto e ricezione).
tre secondi	quando in fase di *attacco* un giocatore rimane per più di tre secondi sotto canestro senza il possesso della palla. Tuttavia non c'è violazione se la squadra non ha il controllo della palla, cioè si trova in difesa.
dieci secondi	tempo limite che il giocatore in *possesso* di palla ha per oltrepassare la linea di divisione centrale del campo in fase d'attacco.
interferenza	quando un giocatore – sia difensore, sia attaccante – tocca la palla durante la fase discendente della parabola di un tiro verso il canestro.

I *falli personali* disciplinano i contatti con gli avversari e i comportamenti antisportivi. Esistono tre livelli di gravità: *normale*, al fine di conquistare e impedire agli avversari la conquista della palla; *antisportivo*, cioè commesso volontariamente, senza l'intenzione di giocare la palla; *squalificante*, ripetizione di fallo antisportivo.

Falli personali	
bloccaggio	quando si *impedisce* l'avanzamento dell'avversario.
sfondamento	contatto eseguito con forza con o senza palla, *sul tronco* di un avversario.
marcamento da diestro	contatto da *dietro* di un avversario da parte di un difensore.
controllo con la mano (hand-checking)	un difensore *impedisce* il movimento all'avversario con una mano.
trattenere	azione coercitiva svolta con *qualsiasi parte del corpo* che limita la libertà di movimento dell'avversario.
uso illegale delle mani	le mani di un giocatore toccano una *qualsiasi parte del corpo* di chi possiede la palla al fine di entrarne in possesso. Se il contatto però è sulla mano che tiene la palla, viene considerato *involontario*, perché la mano che tiene la palla è *ritenuta parte di essa*.
spinta	contatto eseguito con forza con o senza palla su un avversario, su una qualsiasi parte del corpo.
bloccaggio illegale	impedire lo spostamento di un avversario che non è in possesso della palla.
doppio fallo	quando due giocatori si fanno reciprocamente fallo.
fallo tecnico	commesso da qualsiasi appartenente alla squadra, giocatore o non giocatore; di solito è comminato in seguito a proteste.

Gli arbitri a seconda della gravità e dell'irregolarità commessa possono infliggere da uno a tre *tiri liberi* con o senza perdita di possesso della palla. Esistono inoltre un *bonus individuale* che permette a ogni giocatore di commettere al massimo 5 falli (dopo la notifica il giocatore deve abbandonare immediatamente il campo ed essere sostituito in 30 s), e un *bonus di squadra*, che permette alla squadra di fare 4 falli tra tecnici e sportivi (ogni fallo successivo è sanzionato con 2 tiri liberi eseguiti direttamente a canestro dall'apposita linea; ogni canestro concluso dà diritto a 1 punto).

Fondamentali individuali

I **fondamentali individuali**, cioè le qualità tecniche che ogni giocatore deve possedere e affinare con l'allenamento, sono: il *palleggio*, l'*arresto*, il *passaggio*, il *tiro*, il *rimbalzo*.

Il palleggio

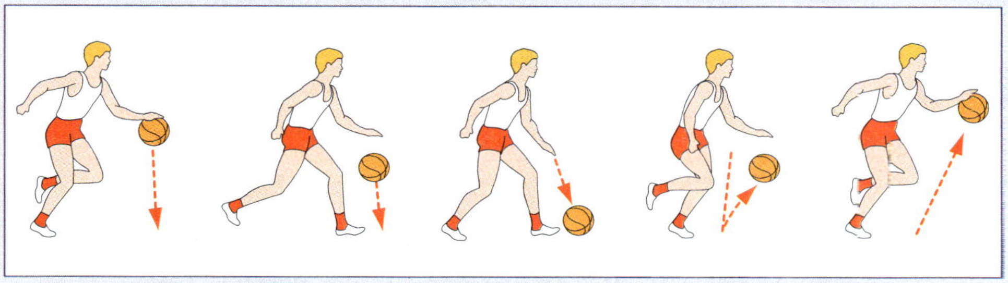

Qualsiasi spostamento con la palla nel campo di gioco è consentito soltanto con il palleggio, questo fondamentale quindi è un gesto tecnico centrale del gioco. Il palleggio può essere eseguito in tre modi diversi. Si può avere un palleggio *basso* che non supera per altezza il ginocchio: lo si esegue quando si devono superare degli ostacoli, per proteggere la palla e averne un maggior controllo. C'è il palleggio *protetto*, eseguito da fermo, in cui si protegge il pallone con il corpo e il braccio: si esegue quando con il palleggio basso non si è riusciti a superare l'ostacolo, o quando si è subìto un attacco non riuscito da un avversario. Il terzo tipo di palleggio è il palleggio *alto*, nel quale il rimbalzo raggiunge la vita, lo si effettua in assenza di pressing degli avversari e durante la corsa negli spostamenti veloci. Un buon giocatore di pallacanestro deve essere capace di alternare questi tre tipi di palleggio senza difficoltà. Questo gli consente di avere un controllo preciso della palla e di adattarsi con facilità alle diverse situazioni di gioco.

Tecnica Prima regola del palleggio è che deve essere effettuato con una mano sola. La mano può avere contatti con la palla solo nell'emisfero superiore, deve essere ben aperta, con le dita distese. In una prima fase, detta di *spinta,* l'arto superiore passa da un atteggiamento semibreve a un atteggiamento lungo, imprimendo così un'accelerazione verso il basso alla palla, che si staccherà dalla mano andando verso il terreno. Nella seconda fase avviene il rimbalzo della palla, dovuto all'impatto con il terreno. La palla sarà quindi accolta dalla mano aperta e il contatto avverrà attraverso un'azione di *ammortizzamento* svolta dai polpastrelli e dalle dita. Gli atteggiamenti dell'arto superiore saranno opposti a quelli precedentemente descritti, da uno lungo si passerà a uno semibreve; l'alternarsi delle due situazioni determina la ripetizione dei rimbalzi della palla, cioè il palleggio.

L'arresto e la ricezione

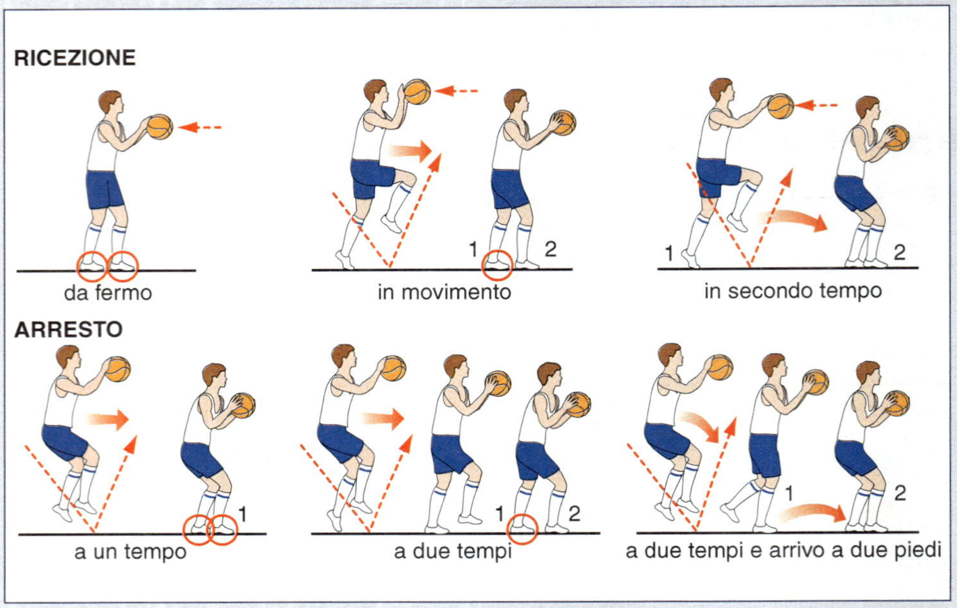

Assieme al palleggio, l'arresto è un gesto tecnico molto importante, perché completa le abilità necessarie al giocatore per il controllo e il possesso della palla. Lo si esegue *interrompendo il palleggio* per evitare un marcamento stretto, ma anche per fare un tiro da tre punti. Si distinguono: un arresto a un tempo, uno in due tempi e uno in due tempi con arrivo a due piedi.
La ricezione segue le stesse regole dell'arresto con la differenza che viene eseguita da un giocatore che *non è in possesso della palla.*
Anche nella ricezione si distinguono tre forme diverse: una da fermo, una in movimento e una detta *a secondo tempo*. Anche le azioni di arresto e ricezione sono vincolate dalla regola dei passi, che vieta al giocatore di muoversi *con i due piedi con la palla nelle mani*, è invece consentito muovere ripetutamente *un solo piede*, ruotando con il corpo a destra e a sinistra, azione da cui scaturisce il movimento di *perno*. Questa azione permette di variare direzione o di difendere la palla da un attacco dando le spalle all'avversario. Il regolamento *obbliga* a fare perno con il piede che tocca per *primo* il terreno, mentre lo *vieta* se si tocca il terreno con i piedi *contemporaneamente* (2° tempo).

Tecnica L'*arresto a un tempo* si verifica quando, arrivando palleggiando, dopo l'ultimo appoggio del piede nel movimento della corsa si interrompe il palleggio, prendendo contatto con il terreno con i due piedi contemporaneamente facendo un piccolo balzo.
La *ricezione da fermo* avviene con il giocatore che ha i due piedi a contatto con il terreno in assenza di movimento. In entrambi i casi si potrà scegliere quale piede farà da perno.
Nell'*arresto a due tempi* dopo l'ultimo appoggio della corsa si ricade prima su

un piede poi sull'altro, nella *ricezione in movimento* quando si riceve la palla un piede è già a terra mentre il secondo appoggia dopo. In tutte e due i casi, solo il primo piede che ha toccato il suolo può fare perno.
Nell'*arresto a due tempi con due piedi* il giocatore tocca il suolo prima con un piede, poi con un secondo balzo lo tocca con due piedi.
La *ricezione a secondo tempo* avviene quando con un balzo si avanza ricadendo sui due piedi contemporaneamente. Anche qui è vietato fare perno con entrambi i piedi.

arresto a un tempo ricezione da fermo	arresto a due tempi ricezione in movimento	arresto a due tempi con due piedi ricezione in un secondo tempo
si può fare perno con il piede che si vuole	si può fare perno solo con il piede che ha toccato per primo il terreno	non si può fare perno con nessun piede

Il passaggio

Questo gesto tecnico *permette il gioco di squadra* e completa l'azione del giocatore. Infatti con il palleggio, l'arresto e la ricezione si mantiene o acquista il possesso della palla; con il passaggio, il possesso della palla è *mantenuto* dalla squadra. Si distinguono quattro tipi di passaggio:

- il *passaggio a due mani dal petto diretto*, passaggio molto veloce che si esegue tra due compagni non molto lontani senza interposizione di avversari;
- il *passaggio a due mani dal petto con rimbalzo a terra*, si esegue tra compagni a una distanza media in situazioni di disturbo degli avversari;
- il *passaggio a due mani sulla testa*, passaggio con una parabola molto alta che si realizza per superare più giocatori;
- il *passaggio tipo baseball,* si effettua tra compagni distanti, spesso all'inizio di un contropiede per portare la palla rapidamente sotto il canestro avversario.

Sono tecniche di passaggio che permettono di passare la palla al compagno in modo preciso e rapido. Devono però essere usate secondo le situazioni di gioco e alternate per non dare all'avversario il vantaggio di sapere come sarà passata la palla, quindi un buon giocatore deve saper eseguire bene tutti e quattro i passaggi.

Tecnica La prima tecnica di passaggio, il *passaggio a due mani dal petto diretto*, si esegue portando la palla al petto con le due mani, tenendo gli arti superiori in un atteggiamento breve con i gomiti mantenuti larghi. Da questa posizione si effettua un piccolo caricamento delle gambe per poi fare simultaneamente un passo in avanti e un'estensione di braccia, polsi e dita, imprimendo così un'improvvisa e violenta spinta alla palla.
Il *passaggio a due mani dal petto con rimbalzo a terra* ha una preparazione e un'esecuzione identica a quella del gesto tecnico precedente, si differenzia nella direzione della spinta della palla, che è verso il terreno. In questo modo la palla rimbalza sul terreno con traiettorie molto angolate eludendo le mani del giocatore avversario.
Nel *passaggio a due mani sulla testa* la palla entrata in possesso del giocatore viene portata sopra il capo con due mani. Ef-

fettuando un inarcamento del dorso si carica il tiro, poi in successione, la rapida estensione di schiena, spalla, gomiti, polsi (in estrarotazione, cioè portando i palmi delle mani in fuori) e dita, imprimerà la spinta alla palla. La traiettoria sarà a parabola, ma non troppo alta, perché ciò permetterebbe ai difensori di piazzarsi e anticipare i compagni del giocatore.
Il *passaggio a baseball* si esegue con una mano, inarcando la schiena. Il braccio esteso è portato indietro, tenendo la palla in posizione alta e posteriore al capo. Sfruttando la mobilità del polso è possibile variare l'angolazione del tiro che risulta essere sempre lungo e abbastanza teso e di difficile intercettazione.

Il tiro

Il tiro a canestro, uno dei momenti più spettacolari della pallacanestro, è la realizzazione finale di tutto lo schema d'attacco e può essere eseguito in svariati modi, tra cui: tiro a una mano da fermo o in corsa, a due mani del petto, a gancio, con passo giro, di sottomano, in sospensione, in *tap-in* (cioè con un colpetto di correzione su un pallone che rimbalza sull'anello o sul tabellone). Di tutti questi tipi di tiri saranno spiegati solo quelli di base, i più usati.
La prima differenza da analizzare è tra il tiro da fermo, che si esegue dopo un arresto, fondamentale già spiegato precedentemente, e il tiro in corsa che si effettua con il *terzo tempo*.

Tecnica Dopo aver eseguito un *arresto* secondo il regolamento, senza fare infrazione di passi, si può eseguire un tiro *con una mano sopra il capo*. Si porta il pallone sopra il capo dal lato del braccio che imprimerà la spinta, con entrambi gli arti superiori in atteggiamento breve. La mano che deve spingere la palla sarà posta su di essa in modo inferiore e posteriore, in modo da sostenerla per poi spingerla. L'altra mano si posizionerà, invece, in avanti e lateralmente, collaborando al sostegno della palla nella fase iniziale del gesto. Il giocatore piegherà le caviglie e le ginocchia (caricamento) per poi estenderle, in rapida successione, poi seguirà l'estensione del braccio che deve eseguire il tiro e la veloce flessione del polso, anche detta frustata, e la distensione della dita. L'altra mano sarà allontanata dalla palla per non interferire sulla traiettoria. In *corsa* questo tiro si esegue in *terzo tempo*, cioè dopo l'ultimo palleggio il giocatore prende la palla con le due mani e compie due passi aumentando un po' il piegamento delle ginocchia, il terzo passo lo si effettua veloce e accentuando il piegamento (caricamento) per poi eseguire uno stacco in alto verso il canestro. Alla fine del terzo passo e durante lo stacco gli arti superiori portano velocemente la palla sopra il capo come descritto nel tiro precedente, per poi estendersi e tirarla nel canestro o contro il tabellone.

LA PAGINA DEGLI ERRORI

Alcuni esempi di errori tecnici che si osservano di frequente nei principianti.

- Battere a terra la palla o palleggiare con due mani.
- Spingere la palla troppo debolmente.
- Spingere la palla troppo lontano.

- Spingere la palla troppo vicino ai piedi.
- Non coordinare il movimento delle braccia con quello dei piedi (*palla dietro*).
- Guardare la palla.

- Essere troppo rigidi nei movimenti.
- Effettuare un saltello prima dell'arresto. Tenere la palla troppo lontana.
- Non coordinare bene il tempo delle gambe con quello delle braccia, perdendo la palla.

Tiro da fermo

- Avere le gambe non allineate.
- Non effettuare il piegamento.
- Portare la palla lateralmente e non sul capo.
- Spingere la palla con tutte e due le mani.
- Non terminare la frustata.

Tiro in corsa

- Saltare in avanti piuttosto che in alto.
- Arrivare troppo sotto il canestro.
- Non coordinare il movimento delle gambe con quello delle braccia.
- Lanciare il pallone verso il canestro anziché appoggiarlo.
- Tirare o appoggiare fuori tempo.

- Non coordinare il movimento delle gambe con quello delle braccia e delle mani: quindi spingere solo con le braccia, senza fare il passo avanti.
- Non distendere completamente le braccia o non spingere con le mani.

Il rimbalzo

È un gesto tecnico estremo, nel senso che può essere l'ultima azione difensiva sotto canestro, dove gli avversari sono ormai penetrati eludendo le difese, oppure può essere l'ultimo tentativo di fare canestro dopo un tiro sbagliato nel corso di un attacco. I rimbalzi quindi possono essere *offensivi* o *difensivi*, ma in entrambi i casi il fine ultimo è quello di prendere possesso della palla.

Tecnica Nel *rimbalzo offensivo*, il primo obiettivo è quello di prendere in controtempo il difensore con cambi di direzione e finte, così da avere uno spazio libero in cui entrare, per poi spingere con tutta la forza possibile lo stacco per inserirsi nella traiettoria di rimbalzo della palla. Se ci si inserisce, si hanno tre possibilità: toccare la palla facendola deviare verso un compagno fuori dall'area dei tre secondi, fare un *tap-in*, soprattutto se il rimbalzo è molto vicino al canestro, prendere la palla con le due mani e fare un arresto per poi riprovare un nuovo tiro.
Nel *rimbalzo difensivo* si ha un doppio obiettivo: seguire la traiettoria della palla e l'avversario diretto per impedirgli di fargli prendere il rimbalzo. Prendendo la palla si può fare un arresto per poi eseguire un tiro al regista, oppure si può deviare con un tocco la direzione della palla verso un compagno; in entrambi i casi il fine è quello di far uscire la palla dall'area dei tre secondi per impostare un contropiede con il canestro avversario non difeso, essendo la squadra avversaria sbilanciata in attacco.

Allenare i fondamentali individuali

L'allenamento dei fondamentali è essenziale per riuscire bene in qualsiasi gioco sportivo, ma in particolare nella pallacanestro, dove il gesto tecnico è soggetto a numerose regole. È bene quindi, fin dall'inizio, conoscere e abituarsi ad applicare alcune norme, in modo da assimilarle per non incorrere in frequenti sanzioni arbitrali e poter poi, su queste basi, costruire il gesto tecnico nel modo più efficace. L'apprendimento del gesto tecnico deve seguire una precisa successione, prima la coordinazione nelle sue varie parti, poi il miglioramento di potenza e precisione.

Allenare il palleggio

1. Iniziare a familiarizzare con la palla da seduti, palleggiando con due mani contro un muro e sul terreno tra i piedi tenuti larghi dalle gambe divaricate e flesse.
2. Eseguire da seduti palleggi con una mano contro il muro e sul terreno, alternando sia la direzione del palleggio (muro/terreno), sia la mano.
3. Palleggiare con una mano in stazione eretta con rimbalzi sul terreno, eseguire con la mano destra e con la sinistra.

4. Palleggiare camminando piano. Prima in una sola direzione poi cambiando direzione o seguendo un percorso a slalom, ad esempio tra i birilli. Eseguire con la mano destra e con la sinistra. Ripetere correndo.
5. Camminare piano palleggiando da una mano all'altra con il rimbalzo fra i propri piedi. Eseguire con la destra e con la sinistra.
6. Eseguire l'esercizio precedente muovendosi sempre più velocemente, sia con la mano destra sia con la sinistra.
7. Eseguire esercizi di *handball*, con le due mani. Iniziare dai primi esercizi svolti da fermo, da eseguire senza guardare la palla, per poi passare a esercizi in movimento.
8. Muoversi in varie direzioni palleggiando con due palloni contemporaneamente.
9. Eseguire l'esercizio precedente senza guardare costantemente i palloni.

Handball sono esercizi tecnici di destrezza che servono per familiarizzare con la palla anche senza un controllo visivo continuo. Questi esercizi sono comuni ai giochi di palla in cui si usano le mani: pallavolo, pallacanestro, pallamano.

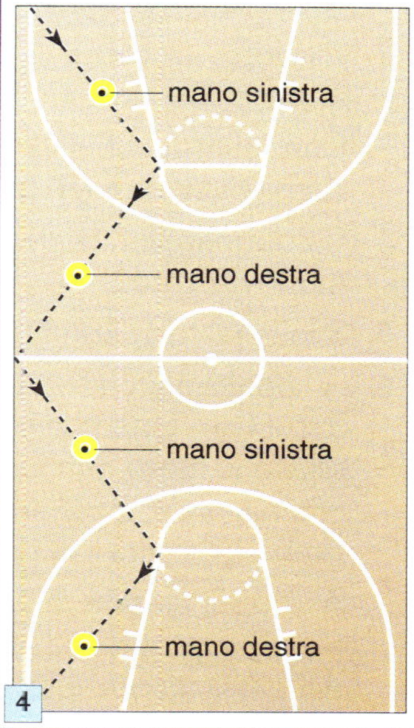

4

Allenare l'arresto e la ricezione

1. Camminare e fermarsi con un arresto a un tempo (due piedi contemporaneamente), a due tempi (un piede e poi l'altro) e poi a due tempi con due piedi (un piede e poi con due piedi contemporaneamente).
2. Correre verso un ostacolo e provare tutti e tre i modi di arresto.
3. Dividersi a coppie, poi, partendo da una certa distanza, correre uno incontro all'altro e fermarsi secondo un tipo d'arresto prestabilito.
4. Palleggiando eseguire l'esercizio 1.
5. Fare una gara in gruppo palleggiando liberamente in varie direzioni, a un segnale fermarsi in uno dei tre modi. Chi si arresta in un equilibrio precario, chi perde la palla o si ferma per ultimo viene eliminato, l'ultimo che rimane vince.
6. Palleggiando verso un ostacolo, provare tutti e tre i modi di arresto.
7. Correre palleggiando da un lato lungo della palestra all'altro in un percorso a zig-zag stretto. Nei pressi del muro fare un palleggio, riprendere il rimbalzo facendo una ricezione in due tempi. Riprendere il palleggio, dirigersi verso il muro opposto e ripetere.

4

5

8. A coppie, si parte insieme, uno palleggiando, l'altro correndo di fianco a 2-3 metri. Chi palleggia esegue uno dei tre arresti, lanciando la palla al compagno, questi opera una delle tre ricezioni e inizia a palleggiare; si continua così a passarsi la palla.
9. Svolgere l'esercizio precedente in quattro giocatori. Una coppia si passa la palla, l'altra deve sottrargliela.
10. Svolgere l'esercizio precedente. L'insegnante, da fuori, annuncia il tipo di arresto/ricezione da eseguire, cambiando in modo del tutto imprevedibile e repentino.

Allenare il passaggio

1. Effettuare dei passaggi a varie distanze contro un muro.
2. Eseguire un tiro a terra con intensità in modo che il rimbalzo colpisca il muro, generando un nuovo rimbalzo verso il giocatore (passaggio).
3. Con intensità effettuare un passaggio verso il muro in modo che ci sia un rimbalzo verso il terreno, che genera un secondo rimbalzo verso il giocatore.
4. Camminare e fare dei passaggi al muro prendendo il rimbalzo di ritorno in movimento.
5. Svolgere correndo l'esercizio precedente.
6. A coppie mettersi ognuno davanti a uno dei due muri della palestra (lato lungo), dandosi le spalle. Chi ha la palla fa un passaggio al muro, prende il rimbalzo, si gira e fa un passaggio al compagno, il quale si gira fa un passaggio al muro, prende il rimbalzo, si gira e fa un passaggio al compagno e così via.
7. A coppie assumere varie posizioni, seduti a terra, in piedi, proni, supini, su un fianco ecc., scambiandosi la palla con dei passaggi senza farla cadere a terra.
8. Il primo di cinque giocatori disposti in cerchio passa la palla al secondo giocatore alla sua destra. Si realizzerà un percorso a stella. Ripetere passando sempre a sinistra.

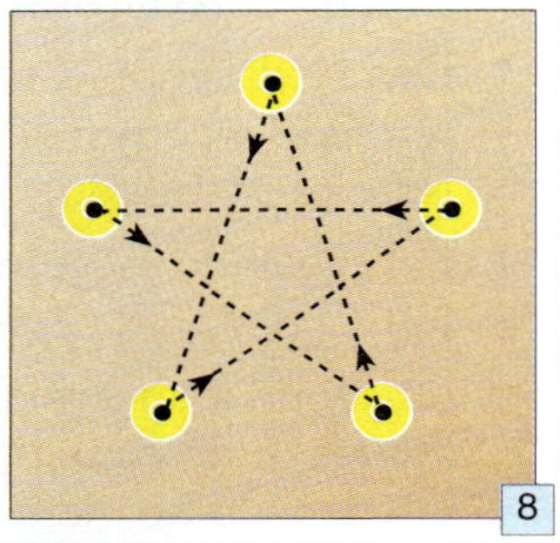
8

9. Ripetere l'esercizio precedente con due palloni.
10. Quattro giocatori si passano la palla senza un sequenza prefissata, un quinto giocatore al centro deve intercettare la palla.

Allenare il tiro

1. Seduti di fronte al canestro (a distanza ravvicinata) provare l'esecuzione del tiro verificando le varie posizioni che gli arti superiori assumono durante il tiro.
2. Eseguire l'esercizio precedente alla stessa distanza, ma in piedi.
3. Aumentare la distanza ed eseguire dei tiri a canestro.
4. Eseguire dei tiri a canestro a occhi chiusi.
5. Eseguire dei tiri dalla linea dei tiri liberi.
6. A coppie passarsi la palla, il giocatore che si trova in possesso della palla sotto canestro effettua un tiro (terzo tempo).
7. Un giocatore si dispone con le spalle al canestro, un compagno gli passa la palla, il giocatore si deve girare e fare immediatamente un tiro a canestro.

8. Eseguire dei tiri a canestro dalla linea dei tre punti, partendo da un lato arrivare a quello opposto.
9. Eseguire l'esercizio precedente, ma a occhi chiusi.
10. Correre velocemente da un canestro all'altro (da 10 a 15 volte) ed effettuare dei tiri (terzo tempo).

Allenare il rimbalzo

1. Tracciare un segno dell'altezza del giocatore a braccia alzate su un muro, allenarsi a saltare oltre il segno.
2. Come l'esercizio precedente con dei sovraccarichi (cavigliere, polsiere).
3. Lanciare la palla in alto, saltare e riprenderla.
4. Come l'esercizio precedente con dei sovraccarichi.
5. Lanciare la palla contro il muro e con un salto intercettare il rimbalzo.
6. Come l'esercizio precedente con dei sovraccarichi.
7. Formare un piccolo gruppo di giocatori (3, 4). Uno alza la palla, gli altri cercano di prenderla.
8. A coppie, un giocatore lancia la palla contro il tabellone ed entrambi cercano di prendere il rimbalzo.
9. Come l'esercizio precedente con la variante che si lancia contro il ferro del canestro.
10. Eseguire gli esercizi 8 e 9 con dei sovraccarichi.

5

7

9

Fondamentali di squadra

La tattiche di attacco e difesa sono i **fondamentali di squadra**: schemi secondo i quali posizioni e movimenti dei giocatori sono prestabiliti. Questi schemi sono stati ideati per favorire la maggiore collaborazione tra compagni di squadra negli attacchi e per fronteggiare gli attacchi avversari.

Schemi d'attacco

Gli *schemi d'attacco* consistono in movimenti simultanei di due o più giocatori atti a superare le difese o ad aprire un "corridoio" nello schieramento avversario che permetta di andare direttamente a canestro.

Dai e vai in cui un giocatore passa la palla a un altro per riprenderla con un passaggio di ritorno, superando così un avversario.

Dai e segui dopo un passaggio a un compagno il giocatore lo segue interponendosi con un velo o blocco tra il compagno e un avversario.

Dai e blocca un giocatore passa la palla a un compagno e fa poi subito blocco a un avversario nei pressi, evitando che lo insegua.

Dai e cambia dopo un passaggio a un compagno, ci si allontana per non ostacolarlo nella manovra.

Contropiede azione d'attacco che scaturisce sempre dal recupero di un rimbalzo difensivo. L'azione si dispiega con il rapido trasferimento nell'area dei tre secondi avversaria di uno o due giocatori per fare un canestro facile con la squadra avversaria sbilanciata in attacco.

Schemi di difesa

Gli *schemi di difesa* si realizzano quando la squadra non è in possesso della palla e consentono di opporsi agli attacchi dell'avversario. La difesa può essere organizzata in diversi modi, la forza della difesa sta proprio nel prevedere l'attacco più probabile, in base alle caratteristiche degli avversari e al momento di gioco.

Buttafuori consiste nell'azione di un giocatore che si interpone tra l'avversario in palleggio verso il canestro e il canestro stesso. Senza aver contatto con lui, lo costringe verso le linee laterali interrompendo così l'azione d'attacco avversaria.

Tagliafuori un giocatore con braccia e gambe divaricate si inserisce tra il canestro e un avversario, costringendo quest'ultimo a un percorso più lungo ed evitando che vada a rimbalzo.

Cambio consiste in un cambio di difensore, cioè un giocatore che va in difesa su un avversario che un compagno non è stato in grado di fermare.

Raddoppio si tratta di un'azione di difesa svolta in coppia per rendere impraticabile la prosecuzione dell'attacco in quella zona del campo.

Pressing è un'azione combinata di due o tre giocatori su un giocatore in possesso della palla eseguita con il fine di ostacolarlo o di sottrargli la palla.

Difesa a zona

È un tipo difesa che non ha come riferimento principale il giocatore avversario, ma un *settore del campo*. Ogni giocatore ha una zona da difendere intorno all'area del canestro. Le zone sono disposte su più linee e i difensori, muovendosi in modo coordinato, impediscono agli avversari di avvicinarsi al canestro o di tirare con facilità. Queste difese si identificano con dei codici che esemplificano la disposizione in campo dei giocatori. Si hanno cinque schemi fondamentali: 2-3, 3-2, 2-1-2, 1-3-1, 1-2-2.

Schema 2-3 In questo schema due giocatori (di solito i più "piccoli" e veloci) sono sistemati all'altezza della linea dei tiri liberi, mentre gli altri tre giocatori si dispongono sotto il canestro. È uno schema efficace per recuperare i rimbalzi, difendere il fondo campo e gli angoli. Si usa quando si ritiene che la squadra avversaria non disponga di bravi tiratori; si espone però facilmente a conclusioni esterne.

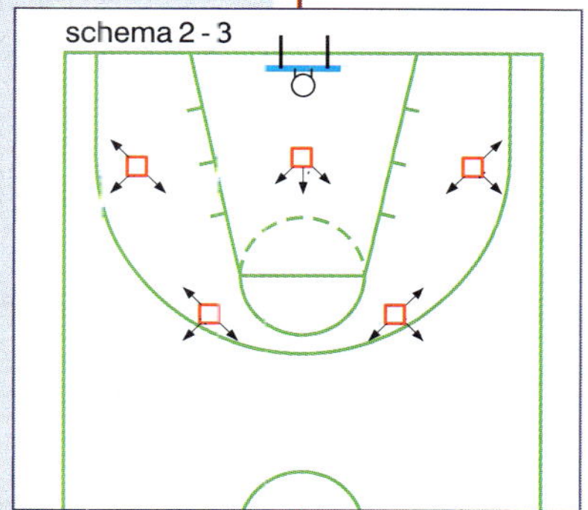

Schema 3-2 In questo schema si ha una situazione ribaltata rispetto al precedente. Due giocatori sono allineati sotto il canestro, mentre gli altri tre giocatori sono piazzati all'altezza della linea dei tiri liberi. Questo schema è efficace, essendo sbilanciato in avanti, per impostare il contropiede e opporsi ai lanci lunghi, ma è debole nella difesa degli angoli.

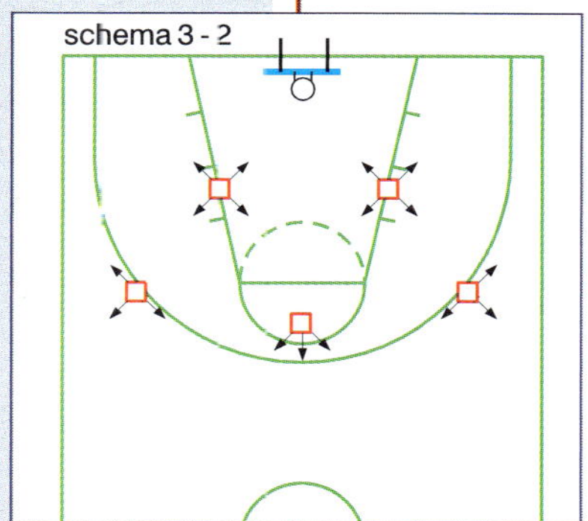

Schema 1-2-2 L'ultimo schema detto *box and one*, cioè "scatola e uno", è uno schema misto. Quattro giocatori sono disposti a quadrato, due sulla linea dei tiri liberi e due sotto canestro, e difendono a zona. Il quinto è posizionato davanti alla lunetta e difende a uomo sul possessore della palla. Questo tipo di difesa è pensato per opporsi a una squadra che disponga di un giocatore particolarmente abile. Il suo fine è quindi quello di chiudere la fonte del gioco avversario. Esiste una variante di questo schema detta *diamond and one*, in cui i giocatori che difendono a zona sono disposti a rombo.

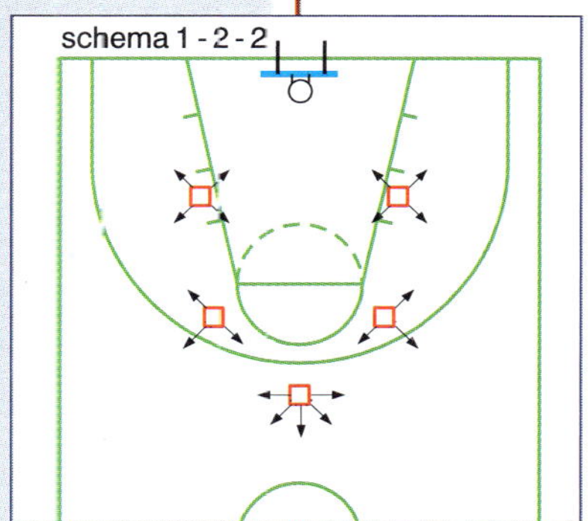

Schema 1-3-1 Una delle difese più difficili da superare, in quanto ha un buon controllo della zona centrale dell'area e blocca gli avversari distanti dal canestro. Se però la palla riesce a raggiungere gli angoli, con dei bravi tiratori si può fare canestro. Questo schema è efficace nel recupero dei rimbalzi e di conseguenza nella tattica del contropiede.

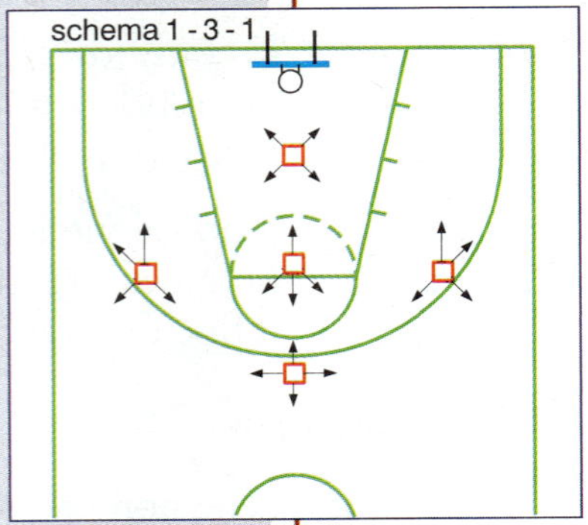

Schema 2-1-2 Nel terzo schema si hanno due giocatori "lunghi" disposti sotto canestro, un giocatore al centro dell'area dei tre secondi con funzioni di collegamento, i rimanenti due giocatori rapidi e di solito più piccoli sono disposti davanti a disturbare le incursioni degli avversari. Serve a difendere molto bene l'area dei tre secondi, però si espone ai tiri esterni dai lati. Se la squadra è molto affiatata ha il vantaggio di potersi rapidamente trasformare in un 2-3 o 3-2 in base all'attacco degli avversari.

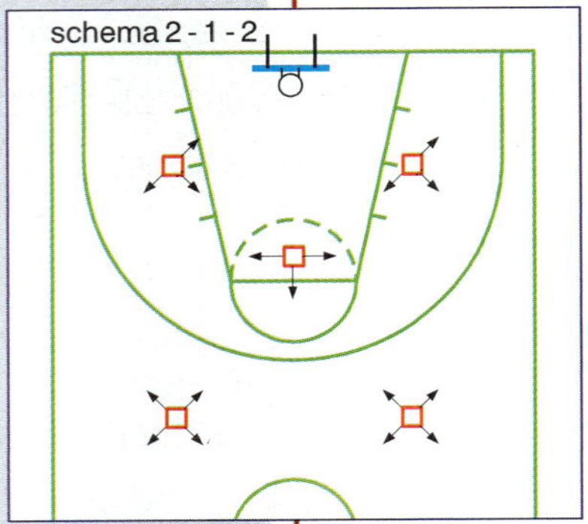

Giochi per iniziare

Meta

Bisogna portare la palla dietro la linea di fondo. Quando si è nella propria metà campo, in difesa, ci si può spostare solo senza palla, mentre per uscire in attacco o per difendere il possesso della palla si possono effettuare solo passaggi con i propri compagni. Nella metà campo avversaria, invece, quando si è in attacco, bisogna palleggiare per spostarsi ed effettuare passaggi con i compagni. Vince chi totalizza il maggior numero di punti nel tempo stabilito.

3 contro 3

Partita regolare giocata solo su metà campo con un solo canestro. Quando si fa un punto la squadra che ha subìto un canestro la rimette in gioco dal cerchio centrale. Vince chi totalizza il maggior numero di punti nel tempo stabilito.

7 contro 7 a eliminazione

È una partita regolare con la variante che la squadra che ha 2 punti di vantaggio deve rinunciare a un giocatore; viene eliminato il giocatore che in quel momento nella squadra ha la percentuale di canestri maggiore oppure un altro a scelta dell'arbitro. La partita finisce quando una squadra perde tutti i giocatori, ma vince la partita perché ha il punteggio più alto.

Partita a tre punti

Partita regolare, ma i giocatori possono effettuare i tiri a canestro solo dalla linea dei tre punti.

verifiche

Scegli la risposta corretta.

1. Perché è nata la pallacanestro?
   - A perché una fabbrica di canestri voleva aumentare le vendite
   - B perché gli studenti del college erano stufi di giocare a baseball
   - C perché si voleva praticare un'attività con un'attrezzatura minima in un locale ristretto
   - D perché mancava uno sport di squadra estivo

2. Che cosa accadde il 20 gennaio 1892 per quanto riguarda la pallacanestro?
   - A si decisero le dimensioni del campo
   - B si organizzarono i primi campionati
   - C si giocò la prima partita
   - D arrivò la pallacanestro in Italia

3. Qual è l'area dei tre secondi?
   - A l'area sotto il canestro
   - B la zona dietro la linea di fondo dove si fanno i cambi
   - C una zona che circonda il perimetro del campo
   - D la zona di difesa senza i giocatori

4. Che cosa misura 0,85 m?
   - A il diametro della palla
   - B il lato lungo del riquadro all'interno del tabellone
   - C la distanza a cui deve stare l'arbitro dai giocatori
   - D uno degli spazi dove si dispongono i giocatori durante i tiri liberi

5. Qual è il diametro dei tre cerchi segnati nel campo?
   - A 2,59 m
   - B 3 m
   - C 3,6 m
   - D 259 cm

6. Come si chiama il fallo che si commette quando si tocca la palla nella fase discendente?
   - A inferenza
   - B interferenza
   - C transizione
   - D trattenuta

7. Quale fallo si commette se un giocatore entra nell'area dei tre secondi senza palla?
   - A fallo di sfondamento
   - B nessuno
   - C fallo d'inserimento
   - D fallo di fuori gioco

8. Quale fallo commette un giocatore senza palla che rimane più di tre secondi nell'area dei tre secondi?
   - A nessuno
   - B violazione dei tre secondi
   - C violazione dei cinque secondi
   - D passi

9. Ogni metà campo è segnata da un'ampia linea curva; a che cosa serve?
   - A indica la distanza da cui è vietato tirare a canestro
   - B divide la zona d'attacco dalla zona di difesa
   - C indica la distanza da cui i canestri valgono tre punti
   - D indica la zona da pulire in ogni intervallo di gioco

10. Che cos'è il pivot?
    - A un ruolo dei giocatori di pallacanestro
    - B un ordine dato dall'arbitro
    - C un ordine dato dall'allenatore
    - D un tipo particolare di scarpe da gioco

11. A che cosa serve il cambio?
    - A è una pausa in cui i giocatori si cambiano la maglia sudata
    - B a far sì che i giocatori ruotino in tutti i ruoli
    - C a non lasciare l'avversario solo, è un cambio di difesa tra due giocatori
    - D a invertire il campo di gioco

12. Qual è la funzione del playmaker?
    - A solo di difesa
    - B di regista e creatore della manovra
    - C fa solo l'attaccante
    - D non esiste un ruolo con questo nome

13. Quanti arbitri ci sono nelle partite organizzate dalla Federazione italiana?
    - A sei
    - B due
    - C tre
    - D sette

14. Ci si può spostare tenendo la palla con due mani?

A no, in nessun modo
B sì, solo in difesa
C sì, quando la squadra è in vantaggio
D no, quando la squadra è in svantaggio

15. In quanti modi può infrangere le regole un giocatore?

A tre: con le violazioni, i falli sportivi e i falli personali
B due: con le violazioni e i falli personali
C nessuno: gli errori non sono sanzionati
D uno: solo i falli tecnici

16. Quando si esegue la rimessa a due?

A quando si dice che la palla è trattenuta, se il pallone si incastra tra i sostegni del canestro, quando la palla esce dal campo e non è chiaro di chi è l'ultimo tocco, se entra nel canestro da sopra e se si è all'inizio di ogni quarto di gioco
B quando si dice che la palla è sgonfia, se il pallone si incastra tra i sostegni del canestro, quando la palla esce dal campo e non è chiaro di chi è l'ultimo tocco e se entra nel canestro da sotto
C alla fine di ogni tempo
D quando si dice che la palla è trattenuta, se il pallone si incastra tra i sostegni del canestro, quando la palla esce dal campo e non è chiaro di chi è l'ultimo tocco, se entra nel canestro da sotto e si è all'inizio del primo e del terzo quarto di gioco

17. Quanti tipi di palleggi esistono?

A solo due: alto, obliquo
B uno solo: protetto
C quattro: alto, obliquo, basso e protetto
D tre: alto, basso e protetto

18. Quali sono gli schemi di difesa?

A buttafuori, cambio, raddoppio, pressing e la difesa a zona
B tagliafuori, buttafuori, cambio, raddoppio, pressing e la difesa a zona
C tagliadentro, buttavia, cambio, raddoppio, pressing e la difesa a zona
D tagliafuori, buttafuori, cambio, raddoppio, pressing e la difesa a incastro

19. Come devono essere poste le dita durante il palleggio?

A larghe e rigide
B larghe, semiflesse in tensione e rigide
C larghe e distese
D strette, flesse in tensione ma non rigide

20. Qual è la funzione del passaggio?

A per riposarsi in attesa dell'attacco
B per esercitare la forza della braccia
C far mantenere il possesso della palla alla propria squadra
D passare la palla all'arbitro alla fine del tempo

21. Quante e quali sono le azioni che formano il terzo tempo?

A tre: rincorsa, salto, terzo passo e stacco con il tiro a canestro
B tre: palleggio, rimbalzo, tiro
C tre: in arrivo dal palleggio primo passo, secondo passo, terzo passo e stacco con il tiro a canestro
D due: in arrivo dal palleggio primo salto, secondo salto, terzo passo e stacco con il tiro a canestro

22. Un giocatore in difesa può stare più di tre secondi sotto il canestro?

A no, è un difensore
B sì, sta eseguendo un'azione difensiva
C no, mai
D no, se ha un numero di maglia pari

23. Che cos'è il dai e cambia?

A quello che si fa quando si è sostituiti da un compagno, mentre si ha la palla in mano
B nella pallacanestro niente, perché non esiste
C uno schema d'attacco
D uno schema d'adesione

24. A che cosa serve il passaggio con rimbalzo a terra?

A per riposarsi
B per accogliere gli avvertimenti dell'arbitro
C per passare la palla all'allenatore
D per passare la palla a un compagno, evitando il disturbo di un avversario

25. Che cos'è il perno?

A un oggetto che tiene il canestro attaccato al tabellone
B il giocatore a cui va sempre la palla prima di un attacco
C un movimento in cui un piede deve rimanere a terra e l'altro può muoversi liberamente
D un movimento in cui un piede deve rimanere a terra e l'altro può solo strisciare

26. Quanti tipi di rimbalzo ci sono?

A due: difensivo e offensivo

B due: alto e basso

C tre: normale, difensivo e offensivo

D due: veloce e lento

27. Esiste il passaggio a baseball?

A sì, è un passaggio a due mani

B sì, è un passaggio a una mano per tiri lunghi

C no, è di un altro sport, il baseball

D sì, è in un passaggio per tiri corti

28. Quant'è lunga la linea del tiro libero?

A 6,3 m C 3,6 m

B 3,9 m D 370 cm

29. Quali sono i fondamentali individuali, nella pallacanestro?

A corsa e salto

B tiri, palleggio con i piedi, passaggio, rimbalzi

C palleggio, arresto e ricezione, passaggio, tiro, rimbalzi

D palleggio, arresto e ricezione, passaggi, tiro, rimbalzi

30. Che cos'è un contropiede?

A come devono mettere i piedi i due giocatori che partecipano alla rimessa a due

B un fallo personale in cui il difensore pesta il piede all'attaccante impedendogli i movimenti

C uno schema d'attacco in cui si ha un repentino cambio di fronte

D un incidente in cui si incorre quando nel terzo tempo si inciampa

Rispondi alle seguenti domande.

1. Quante zone di tre secondi ci sono nel campo di pallacanestro?
2. Quante difese a zona conosci?
3. Come si tocca la palla in un palleggio corretto?
4. Quali sono gli errori tipici nell'esecuzione dell'arresto?
5. Che cosa è tecnicamente un perno?
6. Che cosa sono i ventiquattro secondi?
7. Quali sono le dimensioni del campo?
8. Quanti schemi di ricezione conosci?
9. Quanti falli deve commettere un giocatore per essere espulso?
10. Quanto vale un canestro?

pallamano

Introduzione

L'obiettivo del gioco della pallamano è quello di tirare la palla nella rete della squadra avversaria. È un gioco molto veloce, in cui gli spostamenti tra i due fronti d'attacco si susseguono in continuazione, e i giocatori devono essere sempre pronti a reagire, in relazione alla posizione della palla, alle azioni dei compagni e degli avversari e al proprio ruolo. È un gioco di contatto in cui ci si può spostare liberamente per tutto il campo eccetto l'area di porta. L'alto livello agonistico necessita e sviluppa doti fisiche notevoli soprattutto di tipo aerobico, è inoltre necessaria anche un'elevata coordinazione del gruppo affinché il gioco della squadra sia efficace.

Origini

Le origini della pallamano risalgono alla fine del XIX secolo, quando l'istruttore di ginnastica tedesco Konrad Koch ideò questo sport per squadre di 7 giocatori. Tuttavia più o meno negli stessi anni ancora un tedesco, Max Heiser, utilizzando le regole fondamentali del calcio e della pallacanestro, stabilì le regole di un gioco analogo con 11 giocatori. Anche questa versione si diffuse con molto successo in tutto il Nord Europa, e in particolare nei collegi tedeschi.

La presentazione ufficiale della pallamano alle Olimpiadi avvenne a Stoccolma nel 1912. Nel 1928 ad Amsterdam nacque la *Fédération internationale de handball amateurs*. La formulazione del regolamento ancor oggi vigente, che rese la pallamano un gioco più veloce e spettacolare, si deve a un altro tedesco, Karl Diem. Essendo costui anche uno degli organizzatori delle Olimpiadi di Berlino del 1936, la incluse tra gli sport olimpici come sport dimostrativo a 11 giocatori.

Nel 1938 si organizzò il primo campionato mondiale per squadre sia a 11, sia a 7 giocatori. La pratica del gioco a 11 rimase in vigore fino agli anni Sessanta quando si disputò l'ultimo campionato del mondo a 11 giocatori (1966) quindi l'interesse per quel tipo di gioco andò diminuendo in favore dell'attuale gioco a 7. Gli eventi della Seconda guerra mondiale interruppero l'attività sportiva in genere; l'attenzione nei confronti della pallamano si ridusse ed essa non comparve più come sport olimpico fino alle Olimpiadi di Monaco del 1972, quando fu reintegrata come sport maschile e alle Olimpiadi di Montreal del 1976, quando fu ufficializzata la presenza di squadre femminili. In Italia nel 1940 furono giocate le prime partite di pallamano e nel 1942 si svolsero i primi tornei ufficiali, organizzati da un gruppo di studenti universitari di Pavia. Nel 1946 una *Federazione pallamano*, non ancora affiliata al CONI, prese parte al primo congresso elettivo del CONI con diritto di voto consultivo.
Solo nel 1965 si può parlare di affermazione della pallamano in Italia, con un decisivo rilancio nel 1966 attraverso la costituzione del *Comitato promotore per la diffusione della pallamano*. Nel 1969 si costituì la *Federazione italiana giuoco handball* (FIGH) e nello stesso anno si disputò la prima partita ufficiale della nazionale italiana contro l'Inghilterra, vinta da quest'ultima.
Nel 1971 la pallamano ebbe la qualifica di "sport riconosciuto" dal CONI, il 19 dicembre del 1974 divenne sport "aderente" e il 22 febbraio 1979 tale qualifica fu resa effettiva.

INFORMAZIONI SANITARIE

Idoneità sportiva agonistica:
- età inizio attività 9 anni M/F;
- visita medica tipo B.

Infortuni più frequenti:
- traumi alle mani;
- distorsioni alle caviglie;
- infortuni muscolari agli arti inferiori;
- contusioni per contatto fisico.

UN PO' DI INGLESE

goalkeeper	=	portiere
handball	=	pallamano
jump	=	salto
score	=	punteggio
shot	=	tiro
time	=	tempo
to lose	=	perdere
to play	=	giocare
to win	=	vincere

PRATICA DELLO SPORT

L'attività non agonistica è gestita dal CONI con i Centri Olimpia e i CAS (Centri Avviamento allo Sport), anche con l'intervento degli Enti di promozione sportiva ENDAS, LIBERTAS ecc.).
L'attività agonistica è completamente gestita dalla FIGH (Federazione Italiana Gioco Handball), affiliata al CONI.
Le attività agonistiche comprendono Campionati di serie, Campionati Juniores, Campionati Allievi, fase nazionale del Trofeo delle Regioni.

FIGH, Federazione Italiana Gioco Handball (1969) – Viale Tiziano 74 – 00196 Roma
tel. 06.36851 (36858250)
fax 06.36858332
www.fight.it

5 ♥♥♥♥ G
♦♦ I/A (alternate)

Palla e campo

La **palla** è di cuoio o materiale sintetico ed è colorata. Le squadre maschili utilizzano una palla con un peso compreso tra 425 e 475 g e una circonferenza di 58-60 cm, mentre quella usata dalle squadre femminili ha un peso tra i 325 e i 400 g e una circonferenza di 54-56 cm.

Il **campo** è formato da un'area rettangolare divisa in due settori di competenza delle rispettive squadre; la linea che divide i due settori si chiama *linea intermedia* o *mediana*. I lati più corti del campo sono denominati *linee di fondo* e hanno una lunghezza di 20 m, quelli più lunghi sono definiti *linee laterali* e sono lunghi 40 m. I due settori sono a loro volta divisi da due linee ad arco, poste di fronte alla porta, una è la *linea del tiro di punizione* ed è distante 9 m dal palo della porta, l'altra è la *linea dell'area di porta* posta a una distanza di 6 m dal palo della porta. La prima linea rappresenta il punto di riferimento all'interno del quale non è possibile tirare le punizioni: se un fallo avviene all'interno di questa linea, il giocatore incaricato del tiro dovrà collocarsi nel più vicino punto esterno a tale linea (▶pag. 395, arbitri e falli). La seconda linea delimita una zona del campo che si chiama *area di porta*, in cui può stare solo il portiere.

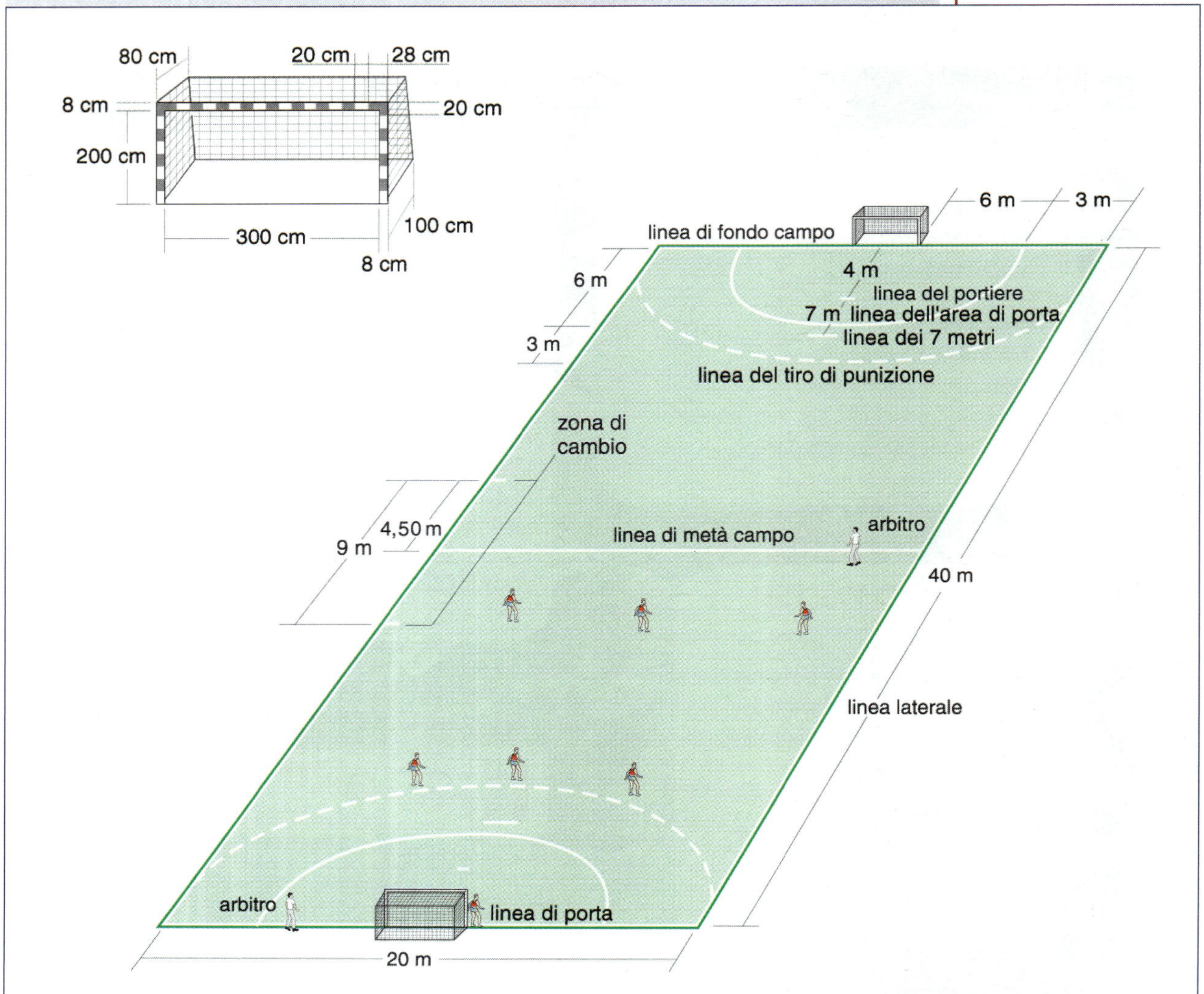

La **porta** ha una larghezza di 3 m e un'altezza di 2 e si trova sulla linea di fondocampo, posteriormente è chiusa da una rete, che ha una profondità di 1 m alla base e di 0,8 m nel suo punto più alto. Le strutture che formano la porta sono colorate con dei *tratti*, bianchi e rossi o bianchi e neri.
A 7 m dalla linea di fondocampo, di fronte alla porta, c'è un segmento definito *linea di rigore*, che indica dove deve posizionarsi il giocatore che lo tirerà. Più vicino alla porta, sempre di fronte a essa, a 4 m dalla linea di fondocampo, c'è un altro segmento, che si chiama *linea limite del portiere* e indica il limite oltre al quale il portiere non può andare a posizionarsi quando subisce un tiro di rigore. Su una delle due linee laterali c'è la *zona di cambio*, lo spazio in cui si svolge il cambio dei giocatori. Essa è delimitata da una linea lunga 9 m, divisa a metà dalla linea di metà campo.
Nei campi che ospitano tornei ufficiali nazionali e internazionali, intorno al perimetro di gioco ci deve essere uno spazio di 1,5 m. Le palestre scolastiche spesso non hanno la possibilità di ottemperare a queste esigenze di spazio per cui sono rari i campi scolastici omologati per partite ufficiali. Nonostante ciò la pallamano è uno sport molto praticato nella scuola, in quanto non necessita di particolari attrezzature.

Regole di base

Le partite iniziano con un tiro da centrocampo, fatto da una delle due squadre, sorteggiata con una monetina. Il giocatore che esegue il tiro d'inizio deve avere il piede a contatto con la linea intermedia e le squadre non si devono muovere fin quando il primo passaggio non sia ultimato. Chi subisce un goal rimette in gioco la palla con un tiro da centrocampo. La palla si gioca con le mani e si possono effettuare tiri da qualsiasi parte del campo al di fuori dell'area di porta. Gli incontri nelle gare ufficiali durano 2 tempi di 30 minuti ciascuno con una pausa intermedia di 10 min; nei tornei giovanili sotto i sedici anni, le squadre maschili giocano 2 tempi di 25 min e quelle femminili di 20 min, con un intervallo di 10 min; sotto i 12 anni i tempi sono sempre da 20 min.
La squadra è composta da 12 atleti (10 giocatori e 2 portieri) di cui 7 in campo e gli altri in panchina. Il giocatore non può toccare la palla con alcuna parte del corpo al di sotto del ginocchio; egli può colpire e lanciare la palla con il pugno o con le mani, con le quali può aiutarsi per afferrarla o arrestarla; in queste azioni può aiutarsi anche con il tronco, le cosce, le ginocchia, le braccia e la testa. Nell'area di porta non è consentito toccare il pallone che si trova a terra, fermo o in movimento o in possesso del portiere. È inoltre proibito trattenere la palla con una o due mani per più di 3 secondi o fare più di 3 passi tenendo la palla senza palleggiare, passare o tirare (tuttavia è concesso eseguire 3 passi, fare 1 palleggio e poi ancora 3 passi).

Il giocatore in possesso della palla per potersi spostare, deve palleggiare e lo può fare senza limiti di spazio e di tempo.
Solo il portiere può stare nell'area di porta, mentre se un giocatore – sia difensore, sia attaccante – entra nell'area in un modo

considerato involontario determina l'esecuzione di un tiro di punizione da 9 m a favore della squadra avversaria, se invece è considerato intenzionale si esegue un tiro di rigore. Se si tratta di un difensore, durante un'azione di difesa, si tira sempre un rigore, mentre un attaccante può entrare o cadere dentro l'area di porta solo dopo aver eseguito un tiro in porta, cioè gli è consentito toccare il terreno dell'area di porta senza la palla.

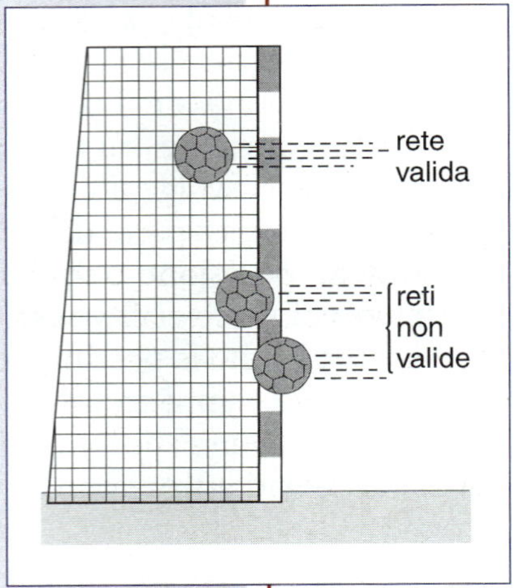

È proibito "cinturare" (afferrare alla vita), strattonare, strappare la palla di mano, sgambettare, sbarrare la strada con le braccia o le mani, oppure lanciare intenzionalmente la palla addosso a un avversario; però si può sbarrare la strada a un attaccante usando il busto.
Quando la palla esce lateralmente il gioco viene ripreso con una rimessa laterale, eseguita da un giocatore della squadra avversaria. Tale giocatore deve avere un piede sulla linea laterale e può orientare il tiro anche direttamente in porta, gli altri giocatori devono posizionarsi ad almeno 3 m di distanza dal punto di rimessa. Il tiro in porta è ritenuto valido solo se la palla ha superato completamente la linea della porta. La palla si può sottrarre all'avversario solo con la mano aperta.

Numero giocatori per squadra	Numero giocatori in campo	Cambi o sostituzioni	Numero riprese	Durata di ogni ripresa (min)	Durata intervallo (min)
12	7	volanti, senza limiti	2	30	10

Ruoli e posizioni

In questo gioco di squadra, a eccezione dell'area di porta, i giocatori senza palla possono muoversi liberamente su tutto il campo e, purché palleggino, lo possono fare anche con la palla.
Un ruolo essenziale nel gioco della pallamano è il **centrale** o **centravanti**. Ha una funzione di *regia* è il *creatore* del gioco per la squadra. Deve essere molto preciso nel tiro e avere una grande capacità tecnica nel controllo della palla. Altra caratteristica necessaria è la *visione del gioco* che consente al centravanti di scegliere gli schemi di gioco. In difesa il centrale deve organizzare le tattiche per opporsi al gioco avversario e per impadronirsi della palla e impostare una nuova azione d'attacco. Di elevata statura deve possedere una grande resistenza e forza, sia negli arti superiori, sia negli arti inferiori.
Il **pivot** è il giocatore con grandi capacità di realizzazione, deve essere molto abile nel tiro. La sua caratteristica è quella di fare da "torre" – di essere cioè il punto di riferimento intorno al quale ruota il gioco nelle azioni d'attacco – e di sapersi smarcare per potersi lanciare a rete. Nella difesa gioca vicino al centrale con il quale imposta il contropiede. Grande lottatore associa doti di potenza e agilità, molto resistente, per avere una buona elevazione deve avere una notevole potenza negli arti inferiori.
Il **difensore** o **terzino** destro e sinistro deve chiudere i passaggi che gli avversari potrebbero sfruttare per andare a rete, gioca davanti alla propria rete, copre il pivot e si oppone direttamente ai difensori avversari. In attacco si mantiene lontano dalla rete avversaria ed è uno specialista nei tiri da fuori per realizzare i quali deve possedere una grande potenza sia negli arti inferiori, sia in quelli superiori.

Le **ali** destra e sinistra sono attive lungo le fasce laterali. In attacco, con notevoli abilità nel cambio di velocità e nel tiro, devono far scoprire la difesa avversaria e aprire dei varchi per gli attaccanti. In difesa si oppongono alle ali avversarie o ad avversari di qualsiasi tipo, coadiuvando i terzini. Le ali sono giocatori molto potenti, non devono però essere troppo pesanti per poter scattare velocemente.

Il **portiere** è l'unico giocatore che può stare nell'area di porta e che può, in quella zona, toccare la palla con i piedi. È l'ultima *difesa* della squadra e può opporsi ai tiri in porta con qualsiasi parte del corpo. Deve avere un buon senso della posizione per chiudere il più possibile lo specchio della porta all'avversario. Tra le doti che deve possedere un portiere sicuramente c'è il coraggio, infatti non deve avere paura della palla, deve essere reattivo e veloce nei movimenti. La sua struttura fisica presenta una notevole altezza, spesso è il più alto della squadra. Può andare in attacco con gli altri giocatori, ma come loro non può entrare nell'area di porta avversaria.

Arbitri e falli

Come in tutti i giochi di squadra sono gli arbitri a controllare la regolarità del gioco, l'assegnazione dei punti e la presenza di falli. Nella pallamano, il servizio arbitrale è svolto da **due arbitri**, uno posto dietro la squadra in attacco (*arbitro di campo*) e un altro dietro o a lato della porta della squadra in difesa (*arbitro di linea di porta*). Quando si capovolge il fronte d'attacco, i due arbitri si scambiano i ruoli.

Le sanzioni di solito vengono comminate dopo degli *avvertimenti verbali*, tuttavia, se l'infrazione è molto grave, l'arbitro può decretare la massima penalità (l'espulsione) anche in prima istanza. Le **sanzioni** possono essere di quattro tipi: ammonizione, sospensione, squalifica, espulsione.

- L'**ammonizione**, per infrazioni di tipo comportamentale o di tipo tecnico. Quando l'arbitro registra una condotta non regolare sul campo estrae il *cartellino giallo* indicando il giocatore. Inoltre, assegna un *tiro di punizione*, detto anche *tiro franco*, a favore della squadra avversaria nel punto in cui è avvenuta l'infrazione. Se ci si trova nei pressi dell'area di porta, sarà effettuato dalla linea dei 9 metri.

- La **sospensione** si mette in atto quando un giocatore subisce una *seconda* ammonizione, oppure se compie un fallo molto grave. In questi casi il giocatore deve uscire dal campo per 2 minuti.

- La **squalifica** scatta quando un giocatore ha subìto una *somma di sospensioni* o nel caso di *comportamenti antisportivi* come entrare in campo senza autorizzazione o per falli particolarmente gravi. In caso di squalifica di un giocatore la squadra rimane in inferiorità numerica per 2 minuti, dopodiché può sostituire il giocatore con una riserva.

Medaglie Olimpiche

anno	M	F
1936	GER	–
1972	YUG	–
1976	URS	URS
1980	DDR	URS
1984	YUG	YUG
1988	URS	KOR
1992	CSI	KOR
1996	CRO	DEN
2000	RUS	DEN

- L'**espulsione** è la massima sanzione che l'arbitro può infliggere e penalizza sia il singolo giocatore, sia la squadra. Un giocatore viene espulso quando ha subìto più squalifiche, per comportamenti antisportivi, violenti o recidivi o gravi falli sull'avversario. Il giocatore esce dal rettangolo di gioco e non può essere sostituito.

Nel caso della squalifica e dell'espulsione, l'arbitro alza gli avambracci incrociati sopra la testa e poi mostra il *cartellino rosso*, indicando il giocatore che deve abbandonare la partita. L'arbitro infligge un **tiro di rigore**, cioè un tiro eseguito direttamente in porta da un giocatore posto sulla linea dei 7 metri, in caso di fallo grave, ad esempio impedire a un giocatore di tirare a rete o di eseguire un passaggio che potrebbe creare un tiro a rete, oppure se un difensore si trova dentro l'area di porta in modo attivo, o ancora se si esegue un passaggio al portiere quando si trova nell'area di porta.

I falli tecnici

Si tratta di infrazioni nell'esecuzione dei gesti tecnici, rispetto a quanto contempla il regolamento. Le infrazioni più frequenti riguardano la gestione della palla.

Falli tecnici	
infrazione dei tre secondi	quando il giocatore trattiene la palla per più di 3 secondi.
infrazione di passi	quando il giocatore fa più di tre passi con la palla senza palleggiare.
strappo della palla dalle mani	quando si cerca di sottrarre la palla all'avversario afferrandola. Si verifica spesso negli scontri uno a uno, quando non si è eseguita una corretta ricezione e la palla è in possesso precario di uno dei due giocatori.

I falli personali o comportamentali

Sono infrazioni che riguardano il rapporto del giocatore con gli avversari e gli arbitri. Il comportamento maleducato, irrispettoso, la condotta offensiva, ovvero l'uso di parole o gesti diffamatori, l'aggressione, intesa come attacco fisico o anche solo come tentativo di violenza, sono sanzionati con l'ammonizione e, se ripetuti, con i vari gradi di penalità. Quando questi comportamenti influiscono direttamente sul gioco si parla di *comportamenti antisportivi*, sanzionati dall'arbitro a seconda della violenza messa in atto e delle conseguenze per il giocatore che subisce il fallo; i principali sono:

Falli personali	
blocco del braccio	del possessore della palla effettuato in vari modi.
sbarrare la strada o strattonare	un giocatore lanciato in attacco.
cinturare	quando si afferra alla vita un avversario.
entrare nell'area di porta in difesa	atto difensivo scorretto che si verifica negli scontri sulla linea dei 6 metri.

Fondamentali individuali

I **fondamentali individuali** sono le capacità tecniche che ogni giocatore possiede e allena per migliorarle e renderle sempre più efficaci. Nella pallamano i principali sono: il *palleggio*, il *passaggio*, la *ricezione*, il *tiro*, la *parata* (per il portiere).

Il palleggio

Il palleggio permette al giocatore qualsiasi spostamento nel campo di gioco mantenendo il possesso della palla. Nell'economia del gioco, però è poco usato, in quanto ne rallenta la velocità permettendo alla squadra avversaria di schierarsi e chiudersi in difesa. Viene quindi usato dai giocatori non per lo sviluppo della manovra, ma per mantenere il possesso della palla, evitando così gli attacchi dei giocatori avversari e per spostarsi in posizioni più adatte all'esecuzione di un *passaggio*, fondamentale più veloce e adatto alla realizzazione di un'azione d'attacco. Per rendere il palleggio imprevedibile e di difficile intercettazione, bisogna saper *variare il ritmo e la mano* che lo esegue. Il giocatore deve possedere una grande coordinazione tra la vista e la mano. Atleti con queste doti sono una grande risorsa per una squadra, inoltre un bravo palleggiatore nei pressi della porta avversaria aumenta notevolmente l'efficacia dell'azione d'attacco. Tra le varianti più usate ci sono il palleggio tra le gambe da fermo o in corsa.

Tecnica Prima regola del palleggio è che deve essere effettuato con una mano sola. La mano può avere contatti con la palla solo nell'emisfero superiore, deve essere ben aperta, con le dita distese, il dito medio imprime la direzione alla palla. In una prima fase detta di *spinta,* l'arto superiore passa da un atteggiamento semibreve a un atteggiamento lungo, imprimendo così un'accelerazione verso il basso alla palla, che si staccherà dalla mano andando verso il terreno. Nella seconda fase avviene il rimbalzo della palla, dovuto all'impatto con il terreno. La palla sarà quindi accolta dalla mano aperta e il contatto avverrà attraverso un'azione di *ammortizzamento* svolta dai polpastrelli e dalle dita. Gli atteggiamenti dell'arto superiore saranno opposti a quelli precedentemente descritti, da uno lungo si passerà a uno semibreve; l'alternarsi delle due situazioni determina la ripetizione dei rimbalzi della palla, cioè il palleggio. Ci sono delle varianti nella postura del corpo a seconda che il palleggio sia eseguito sul posto o in movimento. Nel **palleggio sul posto**, il corpo è eretto, il palleggio è effettuato di lato vicino al giocatore.

Nel **palleggio in movimento**, il busto è inclinato in avanti per mantenere l'equilibrio nella corsa, la palla si fa rimbalzare in avanti e palleggiando si compiono vari passi.

Palleggio sul posto.

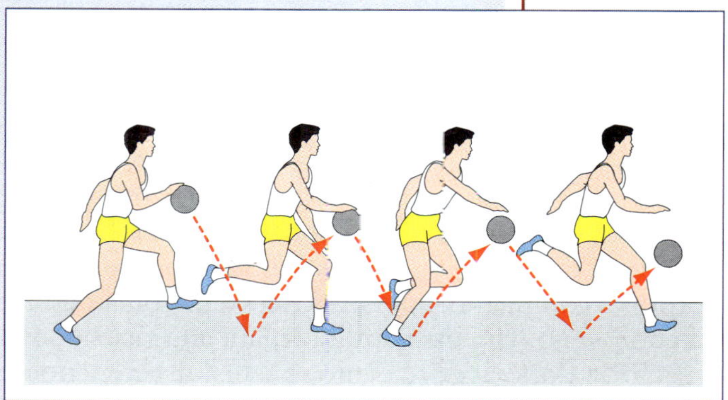

Palleggio in movimento.

Il passaggio

È l'essenza stessa del gioco, infatti il numero elevato di giocatori presenti sul campo rende stretti gli spazi di manovra, se ne fa quindi un uso costante. L'azione di gioco si sviluppa facendo avanzare la palla verso la porta avversaria e il passaggio è l'unico modo per farla giungere a un compagno superando o evitando un giocatore avversario. Deve essere eseguito in modo rapido e preciso, il tiro deve essere rettilineo ma non troppo violento, affinché sia controllabile da chi lo riceve. Di solito il passaggio è effettuato in velocità, ma nel caso in cui il giocatore sia costretto a fermarsi per una particolare situazione di gioco, deve fare attenzione a non incorrere nell'infrazione dei 3 secondi, quindi, se impossibilitato a continuare l'azione d'attacco, deve subito effettuare un passaggio a un compagno.
Come per il palleggio, per la riuscita dell'azione d'attacco è determinante rendere il passaggio imprendibile da parte degli avversari. I giocatori di un certo livello quindi usano alcune varianti al passaggio classico, in modo da avere sempre una risorsa per passare la palla al compagno, ad esempio il passaggio *da sotto*, *da dietro*, *tipo rugby*, all'*altezza del ginocchio*.

Tecnica Il passaggio, se eseguito da un giocatore con la mano destra dominante, si sviluppa mettendo il piede sinistro avanti, mentre l'arto superiore destro, con la mano che impugna strettamente la palla, si innalza portando la mano in alto e indietro, mantenendola però, *più alta* del capo. Si avrà così l'arto superiore in un atteggiamento breve con il gomito che risulta in *linea con l'orecchio*. Questo movimento determina anche un inarcamento e una torsione a destra del busto, che realizza un momento di caricamento, che si risolverà riportando il busto frontale al momento del passaggio. Nell'esecuzione del passaggio il gomito viene rapidamente disteso in avanti con una flessione finale del polso, detta **colpo di frusta**, che imprime la traiettoria rettilinea; per i mancini l'esecuzione sarà completamente ribaltata.

La ricezione

Questo fondamentale completa l'azione di quello precedente, infatti in una squadra in cui ci siano giocatori abili nel passaggio, ma che abbiano problemi nella ricezione, è pregiudicata l'efficacia di tutta l'azione d'attacco.
La ricezione deve essere sicura e veloce per anticipare l'intervento dell'avversario. Prevenire la ricezione altrui è il modo migliore per conquistare la palla e ridurre al minimo il rischio di effettuare dei falli. È anche importante saper ricevere in varie posizioni, perché non sempre nelle diverse situazioni di gioco si può essere nella posizione perfetta per ricevere dal proprio compagno, spesso si riceve in corsa con il busto in torsione verso il compagno. Un'altra abilità legata alla ricezione è quella di saper ripartire subito dopo aver ricevuto la palla, mantenendo così la velocità e la fluidità dell'attacco.

Tecnica La tecnica della ricezione è abbastanza semplice ed è suddivisibile in tre fasi. La prima fase, in cui le braccia si devono protendere in avanti, estese con le mani aperte, si può definire **fase di preparazione**. Nella seconda fase, la palla deve essere presa con tutte e due le mani, e appena la palla entra in contatto bisogna serrare le dita per trattenerla, questa è la **fase di possesso**. Nel momento in cui si entra in possesso della palla, la si deve portare rapidamente al petto. Terza e ultima fase, detta **fase di ammortizzamento**. Questa è una tecnica di base, i giocatori d'alto livello eseguono anche ricezioni a una mano in corsa.

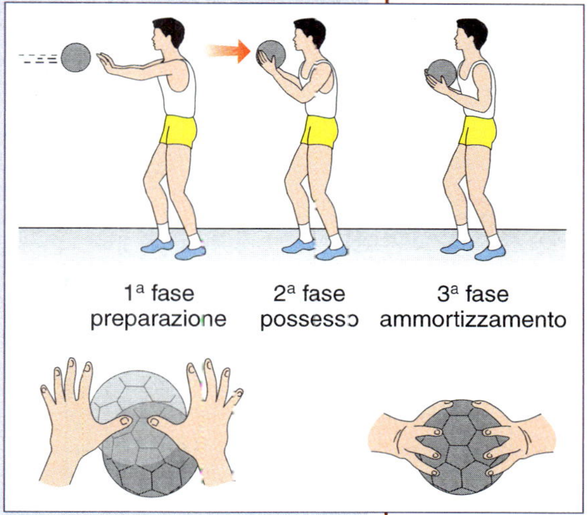

Le 3 fasi della ricezione.

Il tiro

È il fondamentale d'attacco che prosegue la sequenza dei vari passaggi svolti dalla squadra, finalizzandola alla conquista del punto. La posizione che assume il corpo è essenzialmente come quella del passaggio, se ne differenzia per l'intensità e le angolazioni che possono assumere i lanci.
Si distinguono due tipi principali di tiro: il tiro in appoggio e il tiro in sospensione. Il **tiro in appoggio**, detto anche in *doppio appoggio*, è usato quando l'avversario non fa una difesa oppressiva, in quanto la relativa staticità del giocatore che lo esegue facilita l'azione difensiva dell'avversario. È un tiro che deve essere eseguito con rapidità, per prevenire la difesa e risulta molto preciso. Il *tiro in sospensione* è invece più usato quando l'azione d'attacco non riesce a filtrare la difesa avversaria o perché il portiere riesce facilmente a opporsi ai tiri in doppio appoggio, più prevedibili. In questi casi, riuscire a tirare dall'alto, superando così i giocatori in difesa, è essenziale per avere efficacia nei tiri in porta. Una versione più spettacolare del tiro in sospensione è il *tuffo orizzontale*, nel quale all'apice della sospensione il giocatore si ritrova quasi *orizzontale parallelo al terreno*; lo eseguono atleti già evoluti, soprattutto dalle fasce laterali, il vantaggio di questo tiro è quello di aumentare l'angolazione del tiro e di riuscire ad avvicinarsi al centro dell'area di porta.
Altri tiri particolari che usano i giocatori più bravi sono il tiro in *rovesciata*, il tiro *basso*, l'*eret* e il *mezzo eret* (questi ultimi sono tiri molto particolari in tuffo in cui, prima di tirare, si nasconde la palla dietro al corpo per non farla vedere al portiere).

Tecnica Nella *prima* fase del tiro in *doppio appoggio*, si fa un passo con il piede opposto alla mano che impugnerà la palla durante il tiro, nel nostro caso, con il piede sinistro. Contemporaneamente avviene la ricezione della palla e si inizia il movimento di elevazione del braccio destro con la palla. Nella *seconda* fase, continua l'elevazione del

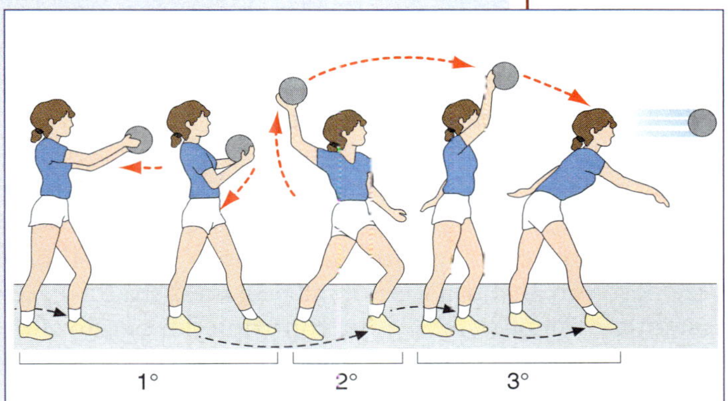

braccio portando la palla in alto e indietro rispetto al capo del giocatore. Viene così concluso il caricamento del braccio, nel medesimo momento il piede destro avanza. La *terza* fase è un po' più complessa, il piede sinistro fa a sua volta un passo, alla fine del quale il braccio destro con uno rapido slancio in avanti inizia il movimento di ritorno. Alla fine del movimento del braccio, il piede destro avanza di un passo assorbendo lo sbilanciamento in avanti di tutto il corpo.

Il tiro *in sospensione* differisce dal tiro in doppio appoggio nel momento in cui il braccio destro esegue il tiro, cioè il momento in cui il piede sinistro esegue il secondo passo. In questa frazione di tempo, anziché un passo si esegue un salto, all'apice del quale si tira. La gamba durante il salto si piega con il ginocchio in fuori sia per evitare di colpire con esso l'avversario che si oppone direttamente, sia per equilibrare il salto.

Tiro in sospensione.

Il *tuffo in orizzontale* differisce ancora in questa frazione: invece di un salto nel momento in cui si dovrebbe eseguire il secondo passo sinistro, si esegue un tuffo, in cui il giocatore all'apice della sospensione si trova in orizzontale parallelo al terreno, quindi esegue il tiro.

Sia il tiro in sospensione sia il tuffo in orizzontale si eseguono al limite dei 6 metri, il tiro deve quindi essere svolto prima che il giocatore ricada al suolo, per non commettere l'infrazione di invasione dell'area di porta.

Tuffo in orizzontale.

La parata

Si tratta dell'estrema difesa della squadra contro un attacco degli avversari, consiste nel chiudere lo specchio della porta alla traiettoria del tiro, intercettando la palla con le mani o respingendola con qualsiasi parte del corpo. Bisogna immaginare che il corpo e gli arti del portiere proiettino sulla porta un cono d'ombra; lo specchio della porta è coperto se la porta risulta all'interno di questo cono d'ombra. L'altezza e la posizione degli arti quindi possono allargare o restringere la copertura del cono d'ombra.

Nella pallamano il portiere opponendosi ai tiri non si tuffa, poiché tale gesto può rivelarsi svantaggioso: tuffandosi il portiere lascia scoperta la porta e potrebbe non trovarsi pronto a una nuova parata. Il portiere, inoltre, può partecipare con gli altri giocatori alle azioni d'attacco e, se conquista la palla, può istantaneamente iniziare un contropiede; perciò difficilmente il portiere si sposta in attacco se non alla fine dei tempi di gioco.

Tecnica I movimenti del portiere davanti alla porta sono essenzialmente a semicerchio alla distanza di circa un metro da essa. Le braccia sono estese in alto per allargare il cono d'ombra, in un atteggiamento detto **a candelabro**. I piedi saranno divaricati e le gambe semiflesse, questo sempre per allargare il cono d'ombra, per avere più stabilità ed essere pronti a scatti o estensioni istantanee degli arti.
La porta è suddivisa in 6 zone e per ogni zona esiste una tecnica di parata. Le parate nelle zone 1 e 4 (a), che corrispondono agli angoli alti dello specchio della porta, si eseguono con l'estensione del braccio verso l'angolo e un balzo sempre in quella direzione. Le parate nelle zone 2 e 5 (b), che corrispondono ai pali della porta, si eseguono inclinando il busto verso il palo con il braccio esteso, insieme a un balzo di avvicinamento. Le parate nelle zone 3 e 6 (c) corrispondono agli angoli bassi, il giocatore esegue un passo e un affondo con il busto e il braccio proteso verso l'angolo. I tiri scagliati lateralmente nello specchio della porta da un'ala o una mezzala, sono contrastati dal portiere che si colloca vicino al palo in modo da coprirlo interamente effettuando movimenti degli arti inferiori e superiori opposti per allargare il cono d'ombra (d, e). I tiri ravvicinati, che avvengono dalla linea dei 6 metri, sono parati da un gesto tecnico con un nome curioso, **pelle d'orso**, che però rende efficacemente la posizione che il portiere assume in sospensione. Infatti egli esegue un salto divaricando le gambe ed estendendo al massimo le braccia.

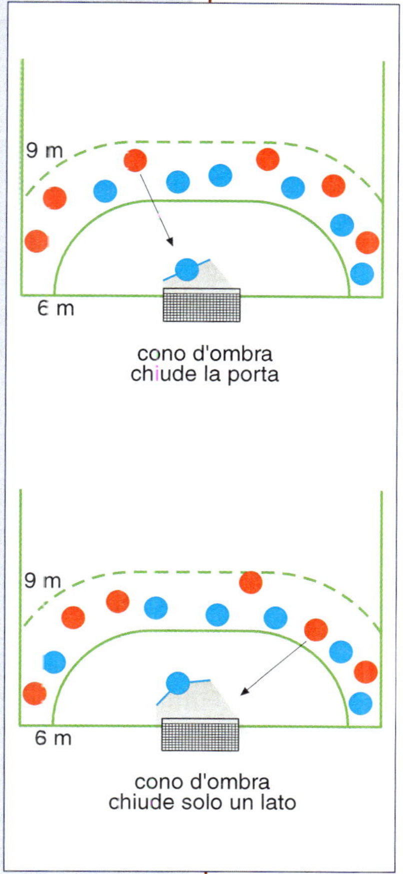

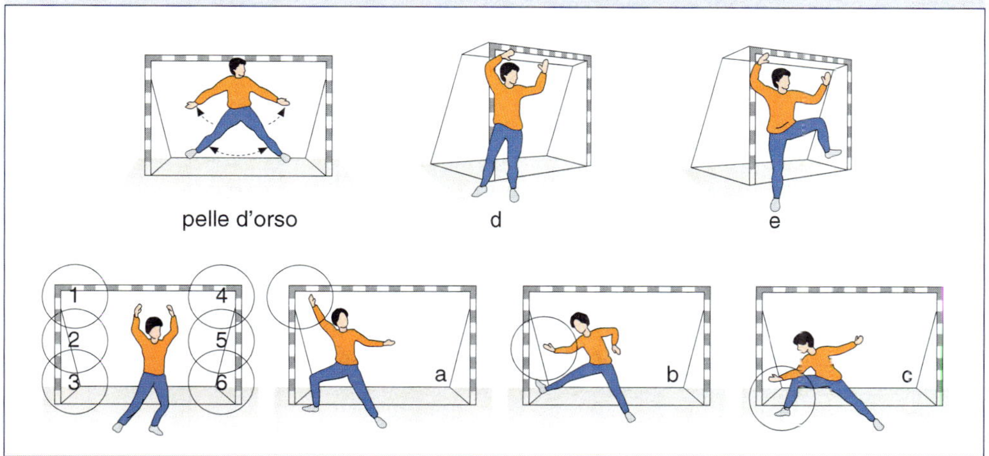

Tipi di parata e zone della porta.

Giochi per iniziare

Passaggi a tempo

Si dispongono due squadre di sette giocatori in cerchio. Il giocatore con la palla fa quattro palleggi, poi fa un passaggio e si siede a terra, alla fine rimarrà un solo giocatore alzato. La partita si svolge in tre manche, vince la manche la squadra che più rapidamente compie tutti passaggi rimanendo con un solo giocatore in piedi. Al termine di ogni manche il giocatore che rimane alzato deve essere diverso e non può, in quella successiva, essere il primo a effettuare il passaggio. Se in una delle tre manche la squadra finisce con uno stesso giocatore, la si dà vinta all'altra squadra. Vince la partita la squadra che vince più manche.

3 contro 3

Si posizionano tre giocatori al di fuori di un'area delimitata, quadrata o circolare. Al centro dell'area si colloca un cerchio, una scatola o qualsiasi oggetto che possa rappresentare un bersaglio. Gli altri tre giocatori si trovano rispettivamente uno dentro l'area a proteggere direttamente il bersaglio e due fuori a ostacolare gli avversari. Si gioca su due tempi lunghi al massimo 3 min in ognuno dei quali le squadre sono a turno in attacco. Vince la squadra che nel proprio tempo di attacco, avrà colpito più volte il bersaglio.

1 contro tutti, tutti contro 1

Tutti i giocatori hanno una palla e palleggiano liberamente per la palestra, tranne un giocatore che deve cercare di sottrarre la palla agli altri. Quando un giocatore perde la palla inizia anch'egli a rubarla agli altri. Si arriverà ad avere un solo giocatore che palleggia per la palestra e tutti contro di lui per rubargli la palla. Si continua fin quando il giocatore continua a palleggiare riuscendo a non farsi sottrarre la palla.

Tiri a bersaglio

Sulla linea di porta si pongono quattro clavette. Due vicino ai pali e due al centro, mentre in alto si appendono tre cerchi alla traversa della porta. Il gioco consiste nel colpire le clavette o nel far passare la palla nei cerchi. I tiri in porta tra le clavette o che non passano nei cerchi valgono 1 punto, colpire una clavetta vale 2 punti, fare passare la palla nei cerchi 3 punti. Ogni giocatore ha una palla e deve tentare diverse tecniche di tiro. Vince chi ha il punteggio più alto dopo 5 minuti di gioco.

verifiche

Scegli la risposta corretta.

1. Dov'è situato l'arbitro di campo?

A dietro la porta
B nell'area di porta
C dietro la squadra in attacco
D dietro la squadra in difesa

2. Che cosa accadde nel 1936 per quanto riguarda la pallamano?

A si passò da squadre di 11 a squadre di 7 giocatori
B fu inclusa come sport dimostrativo alle Olimpiadi di Berlino
C si giocò la prima partita della nazionale italiana
D si decise il colore della maglia della nazionale italiana

3. Qual è l'area di porta?

A la zona dietro la linea dei 6 m
B la zona dietro la linea dei 9 m
C la zona davanti alla linea dei 6 m
D la zona dove i giocatori fanno il cambio

4. Che cosa misura 3 x 2 m?

A l'area di porta
B la zona di cambio
C la panchina dove siedono le riserve
D la porta

5. Quali sono le misure corrette della linea di cambio e dov'è situata?

A 9 m dei quali 1,5 m in una metà campo e 7,5 m nell'altra
B 9 m tutti in una metà campo
C 9 m dei quali 4,5 m in una metà campo e 4,5 m nell'altra
D 10 m dei quali 5 m in una metà campo e 5 m nell'altra

6. Che cosa è vietato dal regolamento ai giocatori, sia in attacco sia in difesa?

A fare meno di tre passi in possesso della palla senza palleggiare
B disturbare e togliere la palla al portiere quand'è fuori dall'area di porta
C togliere la palla trattenuta tra le mani di un giocatore avversario
D prendere la palla quando è nell'area di porta

7. Quale penalità viene comminata a un giocatore che entra in campo senza il permesso dell'arbitro?

A fallo di invasione
B squalifica
C nessun fallo: è l'inserimento
D ammonizione

8. Quanti passi si possono fare dopo un palleggio?

A nessuno
B due
C uno
D tre

9. Quante linee curve ci sono in tutto il campo?

A quattro
B tre
C due
D non ci sono linee curve

10. Come può essere effettuato un tiro?

A con i piedi da fermi a due mani in sospensione e in azioni acrobatiche
B a due mani in sospensione, a una da fermi e con i piedi nelle azioni acrobatiche
C con una mano sola, in movimento, in sospensione e con azioni acrobatiche come il tuffo orizzontale, l'*eret* ecc.
D solo di testa

11. A che cosa servono i quattro giocatori avanti nell'attacco 4-2?

A difendono i due giocatori dietro
B disturbano i difensori per aprire dei varchi per i compagni dietro
C per impedire il contropiede avversario
D a evitare che i giocatori dietro entrino nell'area di porta e facciano fallo

12. Qual è la funzione del centrale?

A aiuta il portiere a parare
B sta fermo al centro del proprio campo e fa da collegamento per gli attacchi e le difese
C è il regista della squadra, dirige gli attacchi e coordina la difesa
D sta al centro dell'area di porta

13. Quanti arbitri ci sono?

A quattro, uno dietro ogni porta e uno per ogni squadra

B due, uno dietro la squadra in attacco e uno dietro la squadra in difesa

C tre, uno in centrocampo e uno dietro a ogni porta

D sette, uno per ogni linea del campo, laterali, di fondo e mediana e uno per ogni squadra

14. Quando è ritenuto valido il punto?

A basta che la palla tocchi il palo

B quando la palla ha superato completamente la linea di porta

C basta che maggior parte della superficie della palla sia dentro la porta

D anche se la palla è parata fuori dalla porta, basta che il portiere abbia i piedi dietro la linea di porta

15. Il giocatore può palleggiare solo tre secondi?

A sì quando è in difesa

B no, non ha limiti di tempo

C sì quando è in attacco

D sì quando è nell'area di porta

16. Quando si esegue il tiro dai 9 metri?

A quando lo decide l'arbitro posto dietro la squadra in difesa

B quando il fallo sanzionato con il tiro franco è avvenuto dentro all'area di porta

C all'inizio del gioco e lo esegue la squadra scelta con una monetina

D quando il fallo sanzionato con il tiro franco è avvenuto nei pressi dell'area di porta

17. Quante fasi formano il gesto tecnico della ricezione?

A due: preparazione e possesso

B una sola, il possesso

C quattro: preparazione, impugnazione, possesso e ammortizzamento

D tre: preparazione, possesso e ammortizzamento

18. Come si può sottrarre la palla all'avversario?

A con la mano aperta

B con un pugno alla palla

C con due mani strattonando

D bloccando il braccio all'avversario

19. Si può toccare la palla con parti del corpo poste sotto il ginocchio?

A no

B sì, in difesa

C sì, in attacco

D può farlo solo il portiere

20. Perché nel tiro in elevazione si tiene il ginocchio aperto?

A per prepararsi all'impatto con il terreno

B per portare più peso sull'avversario

C per farsi spazio lateralmente

D per non colpire l'avversario e per equilibrare il salto

21. Che cos'è successo a Montreal nel 1976?

A iniziarono a partecipare alle Olimpiadi le squadre femminili di pallamano

B iniziarono a partecipare alle Olimpiadi le squadre maschili di pallamano

C si iniziò a giocare con 7 giocatori, prima si giocava solo con 11

D la palla venne rimpicciolita, prima si giocava con una palla identica a quella usata in pallavolo

22. Di quanti giocatori è composta ogni squadra?

A 12 compreso il portiere

B 10 compresi i 2 portieri

C 12 compresi i 2 portieri

D 12 senza contare i 2 portieri

23. A che cosa bisogna fare attenzione nella penetrazione nell'area di porta?

A a eseguire il tiro appena si prende contatto con il terreno

B a non toccare con i gomiti gli avversari

C a nulla, non si può fare la penetrazione nell'area di porta

D a eseguire il tiro prima di prendere contatto con il terreno

24. A che cosa serve il tuffo orizzontale?

A per liberare la visuale del portiere in un tiro da lontano

B per fare dei tiri da molto lontano, bassi

C per fare attacchi dalle fasce laterali, dagli angoli dell'area di porta

D a ricevere un passaggio basso da un compagno

25. Quali sono i gesti che l'arbitro compie per segnalare espulsione o squalifica?

A distende il braccio e con il dito indica di uscire dal campo al giocatore a cui ha fatto vedere il cartellino blu

B distende il braccio e con il dito indica di uscire dal campo al giocatore a cui ha fatto vedere il cartellino rosso

C alza gli avambracci incrociati e poi mostra il cartellino rosso

D alza gli avambracci incrociati e poi mostra il cartellino giallo

26. Quando la FIGH (Federazione italiana giuoco handball) diventa aderente effettiva del CONI?

A il 22 febbraio 1979

B il 22 gennaio 1979

C il 22 febbraio 1997

D il 27 febbraio 1979

27. Quanti cambi si possono fare in una partita?

A quattro e per coppie di giocatori fisse

B uno tecnico e cinque per infortunio

C nei tempi di gioco non si può cambiare, solo nell'intervallo tra i due tempi

D volanti, senza limiti

28. In quante zone è suddivisa la porta?

A 6 zone: 1 e 4 per le palle alte, 2 e 5 per le palle ad altezza media, 3 e 6 per le palle basse

B 5 zone: 1 e 4 per le palle alte, 2 e 4 per le palle basse, 5 per le palle centrali

C 3 zone: 1 per le palle a sinistra, 2 per le palle al centro, 3 per le palle a destra

D 6 zone: 1 e 2 per le palle alte, 5 e 6 per le palle ad altezza media, 3 e 4 per le palle basse

29. A che distanza sta il portiere davanti alla porta?

A sta dentro la porta

B 6 m

C 4 m

D 1 m

30. Quale di queste azioni di gioco non è vietata nella pallamano?

A tirare intenzionalmente la palla contro l'avversario

B sbarrare la strada con il busto

C cinturare l'avversario in attacco

D cinturare l'avversario in difesa

Rispondi alle seguenti domande.

1. Quante zone di porta ci sono nel campo di pallamano?
2. Che cosa fanno gli arbitri quando cambia il fronte d'attacco?
3. Come può toccare la palla il portiere nella propria area di porta?
4. Come sono i movimenti del portiere davanti alla porta?
5. Che cos'è un passaggio?
6. Quali sono le dimensioni del campo in cui si gioca?
7. Come para il portiere i tiri negli angoli bassi?
8. Può essere sostituito un giocatore quando è stato espulso?
9. A quali sport si ispirò in origine la pallamano?
10. Quali sono le caratteristiche salienti della pallamano?

calcio

Introduzione

Nel gioco del calcio l'obiettivo finale è quello di tirare il pallone nella rete della squadra avversaria, difesa da un portiere. Secondo le caratteristiche delle squadre, il gioco può avere ritmi più o meno veloci. Gli spostamenti tra i due fronti d'attacco sono frequenti, i giocatori devono quindi essere sempre pronti a reagire ai cambiamenti della situazione di gioco. Trattandosi di un gioco di contatto, di grande agonismo, permette di sviluppare doti fisiche notevoli, soprattutto di tipo aerobico, ma anche di potenza e agilità. Nella squadra è fondamentale l'affiatamento tra i giocatori, anche se spesso spiccano figure di calciatori con particolari qualità.

Origini

È uno tra gli sport più antichi; in varie parti del mondo sono state ritrovate testimonianze di giochi più o meno simili nei quali si spingeva o si spostava la palla con i piedi: dal popolo nomade dei Berberi in Nordafrica, ai Greci, che 800 anni prima di Cristo praticavano un gioco con la palla chiamato "Episciro", ai Romani. Presso gli Aztechi era diffuso il gioco della pelota, che aveva anche un valore rituale. A Firenze, durante il Rinascimento, si praticava un gioco che divenne famoso come il calcio fiorentino. Le partite si giocavano nelle grandi piazze della città, la più prestigiosa delle quali, piazza Santa Croce, ospita ancora oggi, una volta all'anno, un torneo di calcio. Nel vocabolario della Crusca (il primo vocabolario della lingua italiana, del 1600 circa) si trova una definizione di gioco del calcio: «È calcio anche un nome di giuoco, proprio e antico della città di Firenze, a guisa di battaglia ordinata con una palla a vento gonfiata

A Venezia, nel Settecento, si praticava un gioco del calcio con porte sopraelevate, a cui si accedeva mediante due alti gradini.

ad aria, somigliante alla sferomachia, passata dai Greci ai Latini e dai Latini a noi». Alla fine del Settecento, in Inghilterra, si praticava questo gioco, con regole diverse nelle varie regioni. Nel 1848 al Trinity College di Cambridge fu stilato un primo regolamento del gioco ma solo nel 1863 vennero stabilite alcune regole precise: è la comparsa del calcio moderno. Il 26 ottobre di quell'anno alla Free Mason's Tavern a Londra venne costituita dai rappresentanti di 11 club la prima federazione di calcio nazionale, la English Football Association (FA). Con la diffusione sempre più capillare del calcio emerse l'esigenza di regolamentare questo sport. Nel 1876 venne istituito a Londra un comitato, l'International Football Association Board che introdusse la figura dell'arbitro e dei due guardalinee e, nel 1904, nacque la Federation International de Football Association (FIFA), struttura che ancora oggi coordina l'attività calcistica mondiale. Da allora è iniziata la diffusione del gioco del calcio in tutto il mondo, soprattutto in Europa e in America latina. Nei giochi olimpici il calcio apparve come sport dimostrativo nel 1900 a Parigi e nel 1904 a Saint Louis; divenne sport ufficiale alle Olimpiadi di Londra nel 1908. A partire dal secondo dopoguerra sono entrati a far parte dei campionati mondiali di calcio sempre nuovi paesi e oggi gli associati alla FIFA sono 203.
In Italia, le prime società nacquero a Genova a opera di un gruppo di inglesi e il 15 marzo del 1898 quattro club fondarono a Torino la Federazione Italiana Football (FIF). Nello stesso anno si giocò il primo campionato italiano, vinto dal Genoa Cricket and Football Club. La FIF venne riconosciuta dalla FIFA nel 1905; quattro anni più tardi la sigla cambiò nell'attuale FIGC (Federazione italiana gioco calcio). Un anno dopo, la Nazionale disputò la prima partita contro la Francia battendola per 6 a 2: era il 15 maggio 1910. Nel 1921 si verificò una scissione nella federazione, con la creazione della Confederazione Calcistica Italiana (CCI), che riuscì a organizzare un proprio campionato, ma l'anno seguente, il 26 maggio, la CCI si riunì con la FIGC. Nel 1926 furono emanate le *Carte di Viareggio*, che distinsero per la prima volta gli atleti in giocatori dilettanti e giocatori professionisti. Dopo la guerra, nel 1948, si istituì il Consiglio nazionale delle leghe e undici anni dopo la Lega nazionale professionisti; si distinsero le società di serie A dalle società di serie B, con rispettive leghe. Attualmente esiste anche la Lega nazionale dilettanti.

Palla e campo

Il **pallone**, che può essere di cuoio o di un altro materiale approvato dal regolamento, ha una circonferenza di 68-71 cm. Prima che inizi la partita bisogna verificare che sia gonfiato a una pressione di 0,6-0,7 atm e che pesi tra 410 e 450 g. Non può essere sostituito durante una partita senza l'autorizzazione dell'arbitro.

Il **campo** è uno spazio rettangolare, completamente ricoperto da un manto erboso, diviso da una linea centrale, chiamata *linea mediana* o linea di metà campo, in due settori che diventano zone da attaccare o difendere. I lati più lunghi del campo, le *linee laterali*, hanno una lunghezza minima di 90 m e massima di 120, quelli più corti, le *linee di fondo*, hanno una misura minima di 45 m e massima di 90. I due settori determinati dalla linea mediana contengono a loro volta due aree rettangolari, poste di fronte alla porta, una delle quali è contenuta nell'altra. La prima zona è l'*area di rigore*, davanti alla porta. I suoi lati più corti partono perpendicolarmente dalla linea di fondo a una distanza di 16,5 m dal palo della porta e sono lunghi 16,5 m; essi sono a loro volta collegati da un segmento lungo 40,32 m che chiude il rettangolo. All'interno di questo rettangolo si trova il *dischetto del calcio di rigore*, che in-

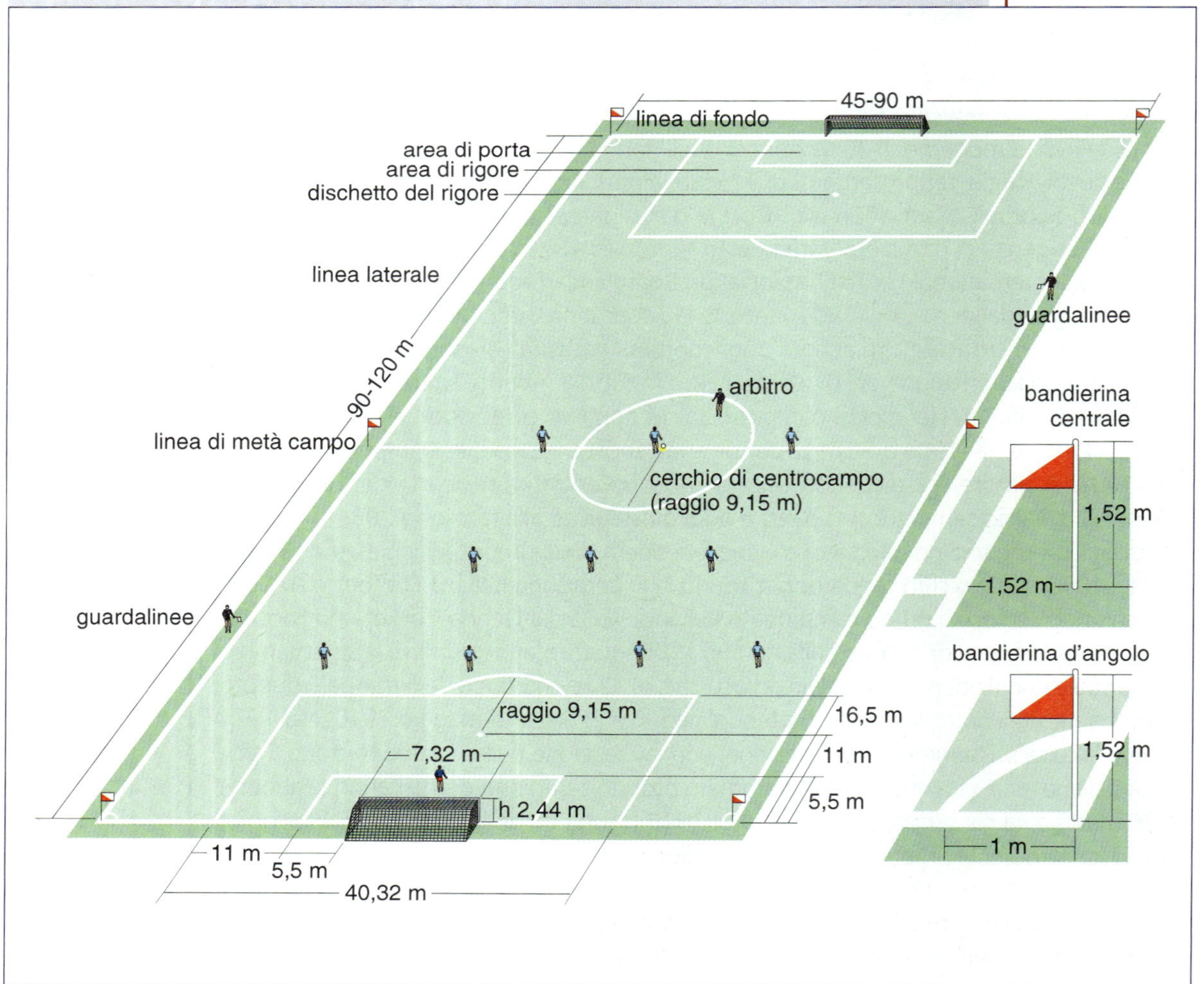

dica il punto in cui deve essere posizionato il pallone per eseguire il tiro, a 11 m dalla linea di porta e a 20,16 m dai lati corti dell'area di rigore. Sul lato lungo dell'area di rigore è disegnata una lunetta, all'esterno della quale, quando si esegue il rigore, devono stare gli altri giocatori, a eccezione di chi lo batte.
La seconda area è un rettangolo più piccolo, davanti alla porta: l'*area di porta*. I lati corti partono anch'essi perpendicolarmente alla linea di fondo, a una distanza di 5,5 m dal palo della porta e sono lunghi 5,5 m, mentre il segmento che chiude il rettangolo è lungo 18,32 m.
Sulla linea mediana è disegnato un cerchio il cui raggio misura 9,15 m, il cui centro corrisponde al centro geometrico del rettangolo di gioco. Sugli angoli del campo sono poste delle bandierine, dette *bandierine d'angolo*, alte 1,52 m mentre sul terreno sono disegnate delle lunette che partendo dall'angolo arrivano sulla linea di fondo a 0,91 m e sulla linea laterale a 1,52 m.
La **porta** ha una altezza di 2,44 m e una larghezza di 7,32 m ed è situata in corrispondenza della linea di fondocampo; la parte posteriore, esterna al campo, è chiusa da una rete. I pali e la traversa che formano la porta sono colorati di bianco.
Il calcio è un gioco sportivo, che si pratica all'aperto, in ampi spazi; questo ne limita la pratica ufficiale nelle scuole, che non possiedono impianti sportivi di queste dimensioni. La sua pratica negli spazi ridotti di alcune palestre scolastiche ne ha fatto derivare il **calcetto**. Come per la pallamano, il gioco del calcio non necessita di attrezzature particolari, quali la rete nella pallavolo o il canestro nella pallacanestro, e ciò fa sì che si possa praticarlo anche semplicemente in un cortile, o comunque in uno spazio abbastanza ampio e senza ostacoli.

Regole di base

Le partite iniziano con un sorteggio, fatto con una monetina, per assegnare il tiro d'inizio che sarà eseguito da un giocatore della squadra sorteggiata verso la metà campo avversaria, dal cerchio che indica il centrocampo. In quest'area circolare i giocatori avversari non potranno entrare fino all'esecuzione del calcio d'avvio.
La partita, che ha una durata totale di 90 min, è suddivisa in **due tempi regolamentari** di 45 min l'uno e prevede un intervallo che al massimo può durare 15 min. Per recuperare il tempo perso a causa di sostituzioni o infortuni, si possono aggiungere a questi tempi regolamentari dei **tempi di recupero**, stabiliti da un arbitro esterno al campo, detto quarto uomo. Nei tornei, nelle fasi di qualificazione, o nelle finali in cui non sia possibile terminare con un risultato di parità, è possibile aggiungere due tempi di 15 min, detti **tempi supplementari**, ai 90 min regolamentari. In alcuni tornei, durante tali tempi supplementari, si applica la regola del cosiddetto *golden gol*, che assegna la vittoria alla prima squadra che effettua un gol. Nel caso in cui, dopo i tempi supplementari, si sia ancora in una situazione di parità, si passa ai *tiri di rigore*, cioè cinque tiri effettuati a turno dalle due squadre: vince chi ne segna per primo tre, se ciò non dovesse accadere si continua a oltranza fino al verificarsi di un vantaggio. Una nuova regola, diventata operativa con le finali di Coppa Uefa e Champions League del 2003 è quella del *silver gol*: in questo caso se una squadra segna durante i tempi supplementari, la partita continua fino allo scadere del tempo supplementare in corso. A quel punto la squadra in vantaggio vince.

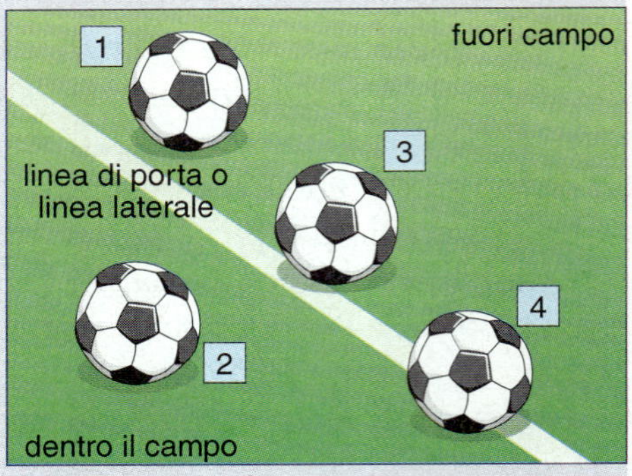

LINEA LATERALE
Il pallone 1 non è in gioco.
I palloni 2, 3, 4 sono in gioco.

LINEA DI PORTA
Il pallone 1 è un gol.
I palloni 2, 3, 4 non sono gol, sono in gioco.

La palla è ritenuta in gioco fin quando non supera completamente le linee esterne che delimitano il campo; questo limite si estende anche in aria. Lo stesso principio è applicato alla porta: si considera gol solo quando la palla oltrepassa completamente la linea di porta, i pali o la traversa. La squadra che subisce un gol riprende il gioco con un tiro dal centrocampo, se invece un tiro in porta va fuori o un avversario tira la palla dietro la linea di fondo, senza che alcun giocatore – compreso il portiere – la tocchi, la squadra in difesa esegue un *calcio di rinvio*. Nel caso invece che la palla sia fatta uscire dalla linea di fondocampo da un difensore o dal portiere, la squadra in attacco tira un *calcio d'angolo* o *corner*. La palla si sposta e si tira con i piedi; nelle ricezioni dei passaggi ci si può aiutare con altre parti del corpo, ma è proibito usare le braccia e le mani. Non ci sono parti del campo in cui non si possa effettuare un tiro, purché la palla sia completamente dentro il campo. Solo il portiere, nell'area di rigore, può toccare la palla con le mani.
È proibito bloccare l'avversario con placcaggi, "cinturandolo" (afferrandolo alla vita), strattonarlo per la maglia, fare lo sgambetto, sottrargli la palla colpendo direttamente il piede o la gamba dell'avversario; se ciò avviene si dichiara **fallo** e chi lo ha compiuto subisce una penalità.
Quando la palla esce lateralmente il gioco viene ripreso con una *rimessa laterale*, eseguita da un giocatore della squadra avversaria; i piedi devono essere dietro la linea e il tiro si esegue con il pallone dietro la testa; nel caso il tiro non sia eseguito in modo corretto l'arbitro può decidere di concedere la rimessa laterale alla squadra avversaria.

Numero giocatori per squadra	Numero giocatori in campo	Cambi o sostituzioni	Numero riprese	Durata di ogni ripresa (min)	Durata intervallo (min)
18	11	3	2	45	15

Ruoli e posizioni

I giocatori, come si è detto precedentemente, possono muoversi liberamente su tutto il campo. Tuttavia, viste le dimensioni del campo, anche in base a predisposizioni tecniche e/o fisiche, essi giocano la maggior parte del tempo in alcune zone, determinando particolari schemi e ruoli. Negli ultimi anni, il ruolo dei giocatori ha avuto un'importanza sempre minore, poiché si è imposto il cosiddetto *gioco totale*. Ne risulta che un giocatore, senza più essere vincolato a un solo ruolo, può giocare, a seconda di dove si trova in campo, come mezzala, come terzino o come libero. L'allenatore, con la sua impostazione tattica, adotta in modo più o meno completo il calcio totale affidando più o meno importanza ai ruoli. Le caratteristiche personali sono comunque determinanti, per cui si trovano giocatori con attitudini difensive e giocatori con attitudini offensive. L'allenatore adotta vari schemi di gioco, tuttavia i ruoli possono essere ricondotti a tre fondamentali: **difensore**, **centrocampista**, **attaccante**.

I difensori

Sono tutti quei giocatori che, in modo più o meno totale, si occupano della *difesa* della porta. Si dividono in: portiere, terzino, libero e stopper.
Il **portiere** cerca di impedire che i tiri avversari entrino in rete e per fare questo può usare qualsiasi parte del corpo, ma fuori dall'area di rigore agisce come un giocatore qualunque, cioè non può usare le mani e le braccia, e può anche segnare gol. Una caratteristica fondamentale è la statura sempre superiore ai 180 cm, in modo da permettere al portiere di coprire le ragguardevoli dimensioni della porta. A questa caratteristica si aggiunge una reattività innata, per poter reagire tempestivamente alle varie situazioni, soprattutto quando più calciatori si radunano nell'area di rigore o di porta e una certa capacità acrobatica. Il portiere, con l'imporsi della tattica di difesa, ha assunto una posizione più avanzata nell'area di rigore.
Il **terzino** è un giocatore che ha il compito di presidiare la *zona laterale* del campo, per impedire che gli avversari tirino in porta, interrompendo la loro azione di attacco o intercettando i loro tiri. Questo lo può fare con una marcatura a uomo, cioè opponendosi sempre a uno stesso giocatore della squadra avversaria, o con una *marcatura a zona*, cioè contrastando l'azione di qualsiasi giocatore avversario entri nella sua zona di competenza, d'altra parte il terzino può anche effettuare azioni di appoggio alle manovre d'attacco.
Il **libero**, ultimo baluardo prima del portiere, *gioca a zona*, si oppone cioè a qualsiasi giocatore avversario si avvicini all'area di rigore. Oltre al suo ruolo tradizionale, nel gioco a zona di tutta la squadra egli ha il compito di coordinare il reparto difensivo per farlo uscire in linea e bloccare le punte avversarie. Può anche proporsi in attacco lanciando un contropiede, azione offensiva improvvisa volta a sfruttare lo sbilanciamento in avanti presso la propria porta della squadra avversaria. Di struttura fisica massiccia per potersi opporre con efficacia agli attaccanti e ai centrocampisti lanciati in velocità, deve avere uno spiccato senso della posizione e giocare d'anticipo per riuscire a interrompere il gioco avversario. Egli inoltre non deve essere carente nel gioco di testa e nel recupero difensivo in scivolata sulla palla, deve inoltre essere dotato di una lunga battuta per poter passare la palla ai compagni in qualsiasi posizione nel campo.
Lo **stopper** gioca in *copertura* sul centravanti avversario, marcandolo in modo particolare mentre si avvicina all'area di rigore, ma controlla anche altri attaccanti. Altro compito importante è andare in *raddoppio difensivo* ai terzini, quando cercano di bloccare gli attaccanti che scendono dalle fasce. Giocatore rapido e potente, lo stopper deve avere anche buone capacità di salto per poter sfruttare la sua altezza nei calci d'angolo.

I centrocampisti

Sono giocatori che si muovono nella zona da cui partono tutti gli attacchi e in cui inizia l'azione difensiva. Un centrocampo forte in difesa obbliga ad attaccare solo sulle fasce, mentre un centrocampo forte in attacco è come un ariete che penetra nelle difese avversarie. I centrocampisti si dividono in mediano e mezzala.
Il **mediano** collabora alla difesa della propria metà campo e si propone anche in azioni offensive. In difesa si dedica al controllo di avversari particolarmen-

te pericolosi con il *pressing*, disattivando o rallentando l'attacco avversario sul nascere. Collabora inoltre con lo stopper e il libero, facendo con loro il raddoppio difensivo. In attacco va in sostegno del portatore di palla, collaborando a *triangolazioni* per aggirare gli avversari. Inizia azioni di contropiede che raramente finalizza entrando nell'area di rigore; di solito passa la palla a giocatori del reparto d'attacco, tuttavia spesso può segnare con tiri da fuori area. Prima caratteristica è la grande capacità aerobica, che gli permette di compiere un ottimo lavoro di collegamento tra i reparti, unita alla possibilità di fare frequenti cambiamenti di ritmo; specialista nei tiri da fuori, deve avere un buon tiro.

La **mezzala**, regista della squadra, fonte del gioco offensivo, deve avere doti di fantasia e notevoli capacità tecniche e tattiche. In attacco è un portatore di palla e, con una funzione da *playmaker*, attira su di sé, grazie alla grande capacità di palleggio, numerosi difensori avversari; è forte anche nei dribbling, passa poi la palla agli attaccanti liberi in buona posizione di tiro, ma non disdegna di fare delle incursioni in area per realizzare dei gol, così come eseguire dei tiri da fuori area. Nella difesa fa il raddoppio difensivo al mediano o disturba l'avversario in attacco. È uno dei ruoli che partecipa al pressing cercando di ostacolare la riorganizzazione del contrattacco avversario. Le sue caratteristiche sono simili a quelle del mediano. Possiede una grande capacità aerobica per eseguire i compiti difensivi e offensivi, a cui si unisce la capacità di effettuare frequenti cambiamenti di ritmo. Deve avere un buon tiro da fuori area, per poter approfittare dei buchi della difesa. Ma la vera differenza rispetto al mediano è la superiore capacità di palleggio della mezzala che gli permette di muoversi negli spazi stretti che i difensori avversari gli riservano.

Gli attaccanti

Sono giocatori che si muovono in una zona "calda" del campo, l'area di rigore e gli spazi di fondocampo. Gli attaccanti finalizzano il lavoro dei centrocampisti della propria squadra, evitando i difensori, andando a rete. Essi comprendono i ruoli di centravanti e ala.

Il **centravanti** gioca nella zona più avanzata, a *ridosso e dentro* l'area avversaria; definito anche **punta**, egli ha il compito di fare i gol. Può entrare direttamente nella difesa avversaria con dribbling rapidi e penetranti oppure può, con opportunismo, mettere il pallone in rete con un tocco, appostandosi a pochi passi dalla linea o, ancora, tirare dal limite dell'area di rigore un tiro di potenza, come superarlo con un pallonetto. In questo ruolo la personalità del giocatore, insieme alle caratteristiche tecniche, ha un suo peso: i giocatori più prestanti atleticamente tenderanno a usare prevalentemente azioni di potenza, mentre i più bravi nel controllo della palla, a scartare le difese e portare la palla in rete.

Un capitolo a parte sono i **fuoriclasse**, bravissimi nella tecnica, potenti fisicamente, opportunisti e pronti a cogliere la minima occasione. Le caratteristiche fisiche di cui una punta tradizionalmente deve essere dotata sono la velocità, l'elevazione e la forza nel tiro. Le nuove esigenze del gioco totale richiedono inoltre capacità aerobiche e cambio di ritmo. Infatti ora i centravanti devono collaborare al pressing e ripiegare anche in difesa se ciò fosse necessario.

L'**ala** gioca sulle fasce laterali del campo, proponendo azioni di attacco, ma deve partecipare anche alla difesa se gli avversari attaccano con i difensori.

Come esiste il raddoppio difensivo, l'ala esegue un *raddoppio offensivo* andando in appoggio alla punta; in questo modo disorienta la difesa. Se la difesa è efficace, con terzini e un libero invalicabile, un portatore di palla sulla fascia, un terzino che si è distaccato o un centrocampista, l'ala può finalizzare un'azione d'attacco dai settori laterali di fondocampo. Nel gioco moderno è contemplato il suo apporto difensivo, nel pressing, sui giocatori che scendono dalle fasce, ma anche in appoggio ai centrocampisti. La capacità aerobica è una caratteristica dell'ala che la differenzia dalla punta, tradizionalmente più statica. Le doti di elevazione e la velocità, come la forza nel tiro, sono comunque caratteristiche fisiche che un'ala deve possedere, come la punta.

Olimpiadi Medaglie d'oro

anno	M	F
1936	Italia	–
1948	Svezia	–
1952	Ungheria	–
1956	URS	–
1960	YUG	–
1964	Ungheria	–
1968	Ungheria	–
1972	Polonia	–
1976	Germania	–
1980	Cecoslovacchia	–
1984	Francia	–
1988	URS	–
1992	Spagna	–
1996	Nigeria	USA
2000	Camerun	Norvegia

Campionati mondiali

1930	Uruguay
1934	Italia
1938	Italia
1950	Uruguay
1954	Repubblica Federale Tedesca
1958	Brasile
1962	Brasile
1966	Inghilterra
1970	Brasile
1974	Repubblica Federale Tedesca
1978	Argentina
1982	Italia
1986	Argentina
1990	Repubblica Federale Tedesca
1994	Brasile
1998	Francia
2002	Brasile

Arbitri e falli

La partita, perché sia regolare, deve essere diretta da un **arbitro** che decide le penalità per i falli e convalida la regolarità delle reti. Egli è coadiuvato dai **guardalinee**, che alzano la bandierina quando riscontrano che il pallone non è più in gioco, per assegnare il calcio d'angolo e avvertire l'arbitro che una squadra deve fare una sostituzione, ma anche per il compito più delicato di segnalare il fuorigioco.

Il **fuorigioco** si verifica quando un giocatore passa la palla a un attaccante della propria squadra che si trovi, nella metà campo avversaria, dietro a tutti i difensori avversari (secondo il regolamento, devono esserci infatti almeno due giocatori tra l'attaccante e la linea di fondocampo, cioè un difensore e il portiere). Questa posizione è poi stata ulteriormente valutata e ora le nuove regole distinguono tra fuorigioco attivo e fuorigioco passivo a seconda che il giocatore stia o meno compiendo un'azione di disturbo.

In questi ultimi anni, un altro assistente si è aggiunto nelle partite ufficiali: è il cosiddetto **quarto uomo**, che ha il compito di dirigere le sostituzioni e valutare i tempi di recupero.
Esistono vari livelli di sanzioni: attraverso gli **avvertimenti verbali** l'arbitro avvisa la squadra o un giocatore che il comportamento scorretto tenuto in gara, se mantenuto, sarà successivamente sanzionato. L'**ammonizione**, per un comportamento falloso che l'arbitro rileva emettendo un fischio e mostrando il cartellino giallo, comporta il tiro di un calcio di punizione a favore della squadra che ha subìto il fallo. Se il fallo è avvenuto nell'area di rigore la squadra in attacco potrà tirare un calcio di rigore. Due ammonizioni determinano l'**espulsione** del giocatore dal campo, segnalata mediante l'esibizione del cartellino rosso; questa può anche avvenire direttamente se il fallo o il comportamento del giocatore è particolarmente grave. Il regolamento, secondo i tipi di falli, codifica i livelli di penalizzazione da infliggere.
Il *cartellino giallo* viene estratto:
quando, in disaccordo con le decisioni dell'arbitro, un giocatore lo manifesta in modo plateale con gesti e parole; in tutti i comportamenti scorretti; se esce dal campo o vi entra senza autorizzazione.
Il *cartellino rosso* viene mostrato nei seguenti casi:
quando il giocatore subisce una seconda ammonizione; se pronuncia frasi ingiuriose e volgari; se il suo comportamento in campo è violento.
Il *tiro di punizione* può essere diretto o indiretto e viene effettuato dal giocatore della squadra avversaria nel punto in cui è avvenuta l'infrazione.
Il *tiro di punizione indiretto* viene inflitto:
quando si esegue volontariamente un'ostruzione; se si gioca in modo pericoloso; quando viene ritardata la ripresa del gioco con l'intenzione di perdere tempo; se ci si scontra intenzionalmente con il portiere; se vengono simulate le conseguenze di un fallo.
Il *tiro di punizione diretto* è comminato:
se si sferra un calcio al giocatore avversario, anche se con l'intenzione di colpire la palla; quando l'avversario viene trattenuto; se si fa uno sgambetto all'avversario; quando si prende o si tocca la palla con le mani e le braccia (questo fallo riguarda anche il portiere se a passargli la palla è un compagno di squadra); se si colpisce il giocatore avversario o lo si carica in modo violento.
Le cause che determinano il *calcio di rigore* sono identiche a quelle del calcio di punizione diretto, solo che il fallo, in questo caso, si verifica all'interno dell'area di rigore.

I falli tecnici

Si tratta di scorrettezze e deviazioni dal regolamento nell'esecuzione dei gesti tecnici, cioè nel controllo della palla. Le più frequenti infrazioni che si verificano sono:

fallo di mano: avviene spesso in difesa o nel controllo di una palla "sporca", cioè di una palla con un rimbalzo anomalo;

gioco pericoloso: si tratta del controllo del pallone con la gamba tesa, rivolgendo i tacchetti verso l'avversario; è un gesto molto pericoloso, anche se spesso risulta essere involontario, un estremo tentativo di controllare una palla lontana, senza nessuna intenzione violenta nei confronti dell'avversario.

I falli personali

Questi falli si differenziano da quelli precedenti in quanto riguardano i rapporti del giocatore con gli avversari. Una parte di queste infrazioni riguarda il comportamento maleducato, la condotta offensiva o l'aggressione, da intendere come tentativo di violenza o vero e proprio attacco fisico. I falli più frequentemente commessi sull'avversario per conquistare il pallone o mantenerne il possesso sono:

la spinta: si verifica tra due giocatori a contatto, spesso in corsa, nel momento in cui un giocatore non si interessa più del pallone ma dell'avversario. È un fallo di non facile rilevazione essendo il calcio uno sport di contatto;

la trattenuta: si verifica quando il difensore cerca di impedire all'attaccante di arrivare al pallone o alla porta trattenendolo *per la maglia* o *per il braccio*;

lo sgambetto: l'intenzionalità di questo gesto lo fa considerare come uno dei più gravi; lo sgambetto fatto da dietro determina l'immediata ammonizione di chi ha compiuto il fallo;

carica dell'avversario: quando un giocatore, da fermo, si muove per ostacolare chi è in possesso della palla o il portiere durante lo stacco eseguito per parare; è un atto difensivo scorretto che si differenzia dalla spinta che invece si verifica tra due giocatori in corsa per la conquista della palla;

disturbo nello stacco aereo: essendo il calcio un gioco di contatto, l'agonismo che si crea tra due giocatori che saltano simultaneamente per conquistare il pallone in fase aerea è corretto. Il fallo si verifica nel momento in cui i giocatori nell'eseguire lo stacco si ostacolano in altro modo, con le braccia, appoggiandosi alla schiena dell'avversario o anche dando gomitate.

Fondamentali individuali

I fondamentali individuali sono l'insieme delle abilità che ogni giocatore deve possedere per poter controllare il pallone in ogni situazione e allenare continuamente per renderle sempre più efficaci. Sono: il *calcio della palla* o *tiro*, la *ricezione*, il *controllo*, il *gioco di testa*, il *contrasto*, *la rimessa laterale* e, per il portiere, la *parata.*

Il calcio della palla

Si tratta di tutto quello che riguarda il lancio del pallone con i piedi, dal *passaggio* a un compagno, al *tiro* in porta. L'esecuzione di questo gesto tecnico può avvenire in sette modi principali: con l'interno del piede, con l'interno del collo del piede, con l'esterno del piede, con il collo del piede, con il tacco, con la punta, con la rovesciata.

Con l'**interno del piede**: è una tecnica che sfrutta la parte interna del piede nel punto in cui si ha l'*articolazione dell'alluce con il metatarso*. Detto anche *tiro di piatto*, è un tiro molto preciso ma poco potente e quindi usato nei passaggi corti e in tutte le situazioni in cui è necessaria la precisione. È usato nei calci di rigore se si vuole superare il portiere con un tiro tecnico.

Con l'**interno del collo del piede**: tiro considerato una variazione del tiro con l'interno del piede, rispetto al quale l'impatto del pallone avviene più in alto, in una zona del tarso posta poco sotto il *malleolo interno*. Con questo tiro si ottengono potenza e precisione. Il pallone inoltre acquista un particolare effetto: colpito di lato, effettua una rotazione, assumendo una traiettoria curva che consente di raggiungere un compagno evitando un avversario e di ingannare quindi il portiere nei tiri in porta.

Con l'**esterno del piede**: è una tecnica che sfrutta il piede nella sua parte esterna, precisamente nel punto in cui *il mignolo si articola con il metatarso*. La realizzazione di questo tiro avviene tenendo la punta del piede rivolta verso l'interno nel momento in cui si calcia il pallone. È un tiro potente, che imprime alla palla una traiettoria curvilinea, si usa nei passaggi e nei tiri in porta da una distanza media; se il tiro in porta è eseguito da certe posizioni dell'area di rigore, la traiettoria curvilinea può essere molto insidiosa per i portieri.

Con il **collo del piede**: detta anche di *collo pieno*; in questa tecnica l'impatto del pallone avviene sul collo del piede, nel passaggio tra la *caviglia e il tarso.* Tiro molto potente, è usato in tutte le situazioni in cui è necessario un lancio lungo, come nei rinvii, effettuati dai difensori, del pallone lontano dalle zone di tiro vicine alla propria porta.

Con il **tacco**: si tratta di un tiro sofisticato, non molto usato, che però in alcuni frangenti di gioco può risolvere situazioni complicate o portare al gol. L'impatto del piede con il pallone avviene con il *tallone* al centro se eseguito su un tiro semplice a raso terra, con l'esterno se si colpisce una pallone in fase aerea e con l'interno del tallone, per un tiro sempre da raso terra, ma con una traiettoria più angolata.

Con la **punta**: tiro sempre osteggiato perché poco preciso. Se eseguito come un piccolo tocco può essere risolutivo, soprattutto sotto rete per conquistare un gol. Molto utile per il controllo delle palla, questa abilità può essere impiegata anche come tiro d'emergenza, pur di non lasciare il pallone all'avversario. Bisogna tuttavia evitare la potenza; infatti il più piccolo tocco produce subito uno spostamento sensibile.

Calcio di punta.

La **rovesciata**: è un tiro dall'area di rigore; si tratta di una sforbiciata eseguita con la schiena alla porta, in cui il giocatore prima slancia una gamba per poi colpire con l'altra, di collo pieno, il pallone. Tutto questo avviene mentre il giocatore si proietta schiena a terra, come se dovesse fare una capovolta indietro, con le braccia allargate per attutire l'impatto con il terreno. Ci vogliono tempismo, per cogliere il momento giusto per eseguirla, coraggio e doti acrobatiche, ma è uno dei gesti più spettacolari dell'attaccante.

Tutti questi modi di calciare possono essere realizzati con diversa intensità eseguendo così otto tipi di tiri: *raso terra* corti e di media lunghezza, a *mezza altezza* corti, medi e lunghi, oppure *alti* corti (a campanile), medi e lunghi.

Esempio di rovesciata.

Tecnica Il giocatore per riuscire a eseguire questa varietà di tiri deve aver un perfetto controllo del corpo. Infatti nel momento in cui calcia il pallone si trova in equilibrio su un piede solo, spesso in corsa. Deve quindi tenere una postura corretta e funzionale a questo compito. Per prima cosa la distanza tra i due piedi non deve mai essere molto grande. Oltre i 30-50 cm non si possono più gestire i movimenti per un buon lancio e il giocatore diventa statico. Il busto deve essere eretto, se si corre, moderatamente inclinato in avanti, mantenendo così l'equilibrio. Forti inclinazioni del busto sbilanciano tutta l'azione e possono verificarsi solo in determinate circostanze, come durante un tiro molto lungo in cui bisogna caricare la posizione o nel caso di un'improvvisa deviazione per evitare un avversario. Il calcio al pallone avviene in tre fasi: l'**avvicinamento**, fase in cui si devono valutare le condizioni di gioco e decidere che tipo di impatto avere con la palla che sta arrivando, il **caricamento**, il **calcio**.

La ricezione

Si intende per ricezione o stop tutto quello che riguarda il contatto con la palla da parte di un giocatore quando riceve un passaggio. Questo contatto può avvenire in sei modi principali: di petto, sotto il piede, con il ginocchio, d'interno, aggancio con il collo del piede, d'esterno a seguire.

Lo **stop di petto** è un gesto tecnico risolutore, fondamentale per la conquista della palla. La sua insidia maggiore sta nel fatto che, con una cattiva esecuzione, si rischia il fallo di mani. Il pallone deve essere preso al centro del petto e nel momento in cui avviene il contatto con la palla le braccia devono essere piegate, con i gomiti indietro. Può essere eseguito in elevazione o da terra, posizionandosi sulla traiettoria del pallone. Si usa specialmente con i tiri potenti che arrivano dall'alto.

Lo **stop sotto il piede** è il modo più usato per fermare la palla. Questo tipo di arresto, che avviene in due fasi, la preparazione e il contatto, viene eseguito da fermi: ciò vuol dire che se si è in corsa ci si deve, almeno per un attimo, fermare. Per effettuare lo stop sotto il piede bisogna avere il senso della posizione per calcolare il punto d'arrivo del pallone se si tratta di un passaggio basso ma non raso terra.

Stop con il piede.

Lo **stop con il ginocchio** è un tipo d'arresto che si usa quando non è consentito lo stop di petto, perché il pallone arriva con una certa potenza a un'altezza media. La funzione di cercare l'impatto con la parte superiore del ginocchio è quella di smorzare la potenza del pallone, per poi giocarlo con un tiro al volo o bloccarlo a terra nell'attesa che la situazione di gioco si chiarisca e un compagno libero si avvicini per fare un passaggio.

Lo **stop d'interno** è un tipo d'intervento che si usa moltissimo per la sua versatilità; può essere infatti impiegato sia nei tiri ad altezza media, sia in quelli raso terra. Più dinamico rispetto allo stop sotto il piede, lo si esegue sia in movimento, inserendolo nella corsa, sia in una situazione più statica per fermare la palla quando arriva ad altezza media.

Stop d'interno.

L'**aggancio con il collo del piede** è usato soprattutto nella ricezione di palloni che arrivano verticalmente. Il punto d'impatto del pallone, intercettato nella sua traiettoria, è con il collo del piede, leggermente all'interno.

Lo **stop d'esterno a seguire** è il più dinamico degli stop e si può quasi dire che non sia un vero e proprio stop. Si tratta più di un *controllo veloce* per continuare un'azione svolta in velocità. Lo si esegue spesso nel contropiede, quando due o tre giocatori raggiungono velocemente l'area di rigore avversaria, passandosi la palla. Rispetto al tiro d'esterno l'impatto avviene sul lato esterno del piede, ma un po' più in alto, più vicino alla caviglia. Con questa parte si pressa leggermente il pallone smorzandone il moto, per poi calciarlo o passarlo a un compagno.

Il controllo

Se con lo stop si riceve la palla, con il controllo se ne mantiene il possesso e la si conduce per il campo. Bisogna distinguere tra il controllo della palla da fermo e il controllo in movimento. Il **controllo da fermo** comprende il palleggio, le finte di corpo, la copertura della palla.
Il **controllo in movimento** può essere effettuato in vari modi: il controllo d'interno, d'esterno, con il collo del piede e il dribbling.
Il **palleggio**, fondamentale non molto funzionale al gioco moderno, rapido e muscolare, è comunque essenziale affinché il giocatore abbia il controllo del pallone. Se è sempre più raro vedere dei palleggi durante le partite, essi sono insostituibili durante l'allenamento. Il palleggio comunque può essere un modo per *liberarsi* in tutte le situazioni in cui il giocatore è relegato in *spazi stretti*, nell'angolo o nel raddoppio difensivo degli avversari. Il palleggio più semplice è tra *piede destro e piede sinistro*; richiedono una maggiore abilità il palleggio con *lo stesso piede*, *ginocchio e piede alternati*, con *la testa e un piede alternati*, con *lo stesso piede di punta e di tacco*. Con un palleggio ben eseguito la palla non tocca più il terreno, ma rimane sospesa in aria tra un tocco e l'altro.
Le **finte di corpo**: si tratta di movenze eseguite per ingannare il diretto avversario, facendolo spostare dalla parte opposta a quella in cui si vuole effettivamente andare. La finta di corpo deve essere fatta in modo istintivo, rapido e improvviso, per sorprendere l'avversario. Si possono fare delle finte di corpo solo se si possiede una buona tecnica nel controllo della palla. Bisogna poi allenarsi per automatizzare il movimento, cosicché divenga istintivo eseguirlo quando è necessario.
La **copertura della palla**: si tratta di proteggere la palla con il corpo, muovendolo in un modo che ostacoli l'avvicinamento al pallone dell'avversario. La copertura del pallone non è una posizione statica, ma un insieme di piccoli spostamenti che spesso si associano alle finte di corpo.
Questi tre fondamentali permettono di mantenere il controllo del pallone quando si è fermi in un zona del campo, costringendo l'avversario al fallo per non far proseguire l'azione. Illustriamo ora il controllo in movimento.
Controllo d'interno, d'esterno e con il collo del piede, spostandosi per il campo a varie velocità: il giocatore deve spostare la palla, mantenendola però a una distanza tale da poterla gestire in ogni momento. I tocchi dovranno quindi essere commisurati, per intensità, alla velocità con cui ci si sposta; corricchiando bastano piccoli tocchi, nella corsa bisogna invece imprimere un maggior spostamento alla palla affinché rimanga davanti al giocatore. Nel contropiede poi, per esprimere tutte le potenzialità di corsa veloce che il giocatore possiede e non essere interrotto in continui spostamenti del pallone che lo rallenterebbero, si eseguono degli *allunghi della palla*, cioè dei tiri che allontanano la palla di più del solito dal giocatore. Questo si può fare quando tutti i difensori e gli avversari sono troppo distanti per poter intervenire. A seconda dell'impatto che il piede ha con la palla, con una parte del piede rispetto a un'altra, si avranno tipi diversi di controllo. Le parti del piede usate nel controllo della palla sono le stesse utilizzate per i tiri.
Il **dribbling** serve a condurre la palla, mantenendone il possesso, in zone del campo in cui ci sono molti avversari e quindi gli spazi sono stretti, per esempio nelle incursioni isolate di una punta nell'area di rigore. Si tratta di tocchi della palla di media intensità, per non farla mai allontanare troppo dal giocatore. Può essere fatto in modo misurato, oppure può essere fatto più comunemente in velocità. I colpi alla palla si alternano tra colpi d'interno e colpi d'esterno, senza una vera regolarità, per non farsi rubare la palla dal difensore.

Palleggio con il tacco e con il ginocchio.

Il gioco di testa

Palleggio di testa.

Colpo di testa frontale.

Questo fondamentale, usato sia in difesa sia in attacco, è un tipico gesto del gioco aereo, anche se può essere eseguito da terra. Si possono distinguere il colpo di testa da terra, il colpo di testa in elevazione, in smorzata e in tuffo.

Il **colpo di testa da terra**: si tratta in pratica di uno stop eseguito con la testa, spesso è la correzione di uno stop con il petto nel quale non si era calcolata bene la traiettoria del pallone.

Il **colpo di testa in elevazione**: come in tutte le tecniche in elevazione, anche di altri sport, il colpo di testa si effettua con una breve rincorsa a cui segue uno stacco. Effettuato principalmente nell'area di rigore, sia dai difensori sia dagli attaccanti, è un gesto tecnico universale nei calci d'angolo. Infatti l'assembramento di attaccanti e difensori nell'area di porta rende necessario l'impiego di questa tecnica per eseguire tiri in porta.

Il **colpo di testa in smorzata**: è eseguito soprattutto in centrocampo sul tiro di rinvio, e in difesa per passare la palla a un compagno ben posizionato senza commettere fallo sull'avversario diretto.

Il **colpo di testa in tuffo**: si esegue sui palloni bassi, per realizzare un colpo a sorpresa in modo da precedere le reazioni degli avversari. Come in tutti i tuffi e le acrobazie è molto importante la tenuta di corpo, che permette di mantenere la traiettoria data con l'impulso iniziale. Si colpisce la palla con la fronte o con la sommità del capo.

Il contrasto

È un fondamentale difensivo che per essere ben eseguito richiede buona tecnica, decisione e tempismo. Di origine inglese, il contrasto, definito anche *tackle*, nei paesi latini è poco usato; si predilige infatti la giocata di fino, piuttosto che le espressioni di potenza pura. Tuttavia, negli ultimi anni, essendo aumentata la velocità di tutto il gioco, questo fondamentale è diventato indispensabile per fermare un attaccante lanciato in velocità sulla fascia. Si tratta in pratica di un colpo sul pallone eseguito dal difensore, con la gamba tesa e la caviglia in flessione, in modo da colpire la palla con i tacchetti. Spesso viene eseguito in scivolata: il difensore che vede due avversari in raddoppio offensivo scendere sulla fascia, può decidere di fare un contrasto sul portatore di palla per non essere superato con una triangolazione. Il contrasto deve essere eseguito in modo che la punta del piede del difensore sia rivolta in avanti verso la palla e il suo tallone verso l'avversario. Il busto sarà in torsione verso il piede che eseguirà il contrasto, le braccia aperte. Con questo fondamentale è facile incorrere nel fallo perdendo «il tempo» e trovando la gamba del giocatore, invece della palla, nel punto in cui si era previsto l'impatto.

La parata

È l'estrema difesa della porta dall'attacco degli avversari: il portiere chiude lo specchio della porta alle traiettorie dei tiri, respingendoli e intercettandoli con qualsiasi parte del corpo e con le mani. Sotto questo fondamentale abbiamo considerato tutte le competenze che insieme fanno dell'ultimo uomo una difesa difficilmente superabile: il senso della posizione, la presa della palla, l'uscita, il tuffo, la disposizione della barriera, il rilancio.
Il **senso della posizione** è il primo dovere del portiere. Egli deve sempre essere rivolto verso la zona da dove può venire un attacco del campo, cioè dove si trova la palla.
Bisogna immaginare che il corpo e gli arti del portiere proiettino sulla porta un cono d'ombra; lo specchio della porta è coperto se la porta risulta all'interno di questo cono d'ombra. L'altezza, la posizione degli arti e la distanza dalla porta del portiere possono quindi allargare o restringere la copertura del cono d'ombra.
La **presa della palla**: questo fondamentale permette al portiere di far cessare l'attacco avversario immediatamente. Ciò non avviene con la respinta che, invece, soprattutto nelle mischie, lo espone a nuovi tiri o rimpalli molto pericolosi.
Esistono due tecniche differenti di presa. Quella con le *sole mani* che stringono il pallone contemporaneamente si esegue a braccia distese. La seconda tecnica è la presa con l'*aiuto del corpo*, le braccia raccolte e le mani distese sulla palla. Questa tecnica è utilizzata soprattutto quando il portiere è già posizionato sulla traiettoria del pallone.
L'**uscita**: in questo fondamentale dobbiamo comprendere due tecniche, l'uscita in presa e l'uscita di pugno. L'uscita è un rischio per il portiere ma, se ben eseguita quando è necessaria, risolve la situazione prima che diventi ancora più pericolosa. Intuito e tempismo sono essenziali in questa tecnica, per non lasciare inutilmente la porta senza difesa. Se il portiere effettua un'*uscita in presa* significa che ha valutato la situazione come non rischiosa. L'*uscita in pugno* è invece un'azione più d'emergenza, per allontanare in qualunque modo il pallone dall'area di porta.
Il **tuffo**: è una delle tecniche più spettacolari del calcio, e serve al portiere per arrivare a parare nei punti più difficili, nell'angolino in alto o sul palo opposto. Il portiere, per poter utilizzare la tecnica del tuffo quando necessita, deve essere in buona forma fisica, un buon allenamento della potenza è essenziale per poter istantaneamente scattare verso il pallone. Inoltre deve stare sull'avampiede, questo gli permette una leggerezza dei movimenti che è essenziale, oltre a poter caricare in qualsiasi momento il piede dal lato in cui si deve tuffare; i piedi non devono essere molto lontani, perché così il portiere può muoversi rapidamente verso ogni direzione. Il tuffo, per quanto bello e spettacolare, è da ritenere un'azione di emergenza in quanto, se è vero che questa tecnica permette di salvarsi dai gol più pericolosi, è anche vero che, se si è reso necessario un tuffo, significa che qualcosa in difesa non ha funzionato.

Portiere in tuffo.

La **disposizione della barriera**: quando è stato comminato un calcio di punizione, la sistemazione della barriera è un compito del portiere. Di solito il difensore di maggior esperienza è l'interlocutore privilegiato: il portiere gli spie-

ga dove mettersi e gli altri si allineano a lui. Una barriera opportunamente collocata deve rendere irraggiungibile uno dei due angoli, mentre l'altro deve essere coperto dall'azione del portiere.
Il **rilancio**: questa tecnica viene eseguita quando l'attacco avversario si è esaurito e non è andato a segno. Il portiere deve rimettere in gioco il pallone e può farlo in tre modi diversi: con le mani, con i piedi al volo e con i piedi di controbalzo.
Il *rilancio con le mani* si esegue quando la propria squadra è corta, cioè la maggior parte dei compagni di gioco è nella sua metà campo. È quindi inutile mandare la palla molto distante, con il rischio di perderne il possesso. Il *rilancio con i piedi al volo* è il più comune, genera una parabola alta e abbastanza lunga, proporzionale alla potenza del calcio. Il *rilancio di controbalzo* dà invece una parabola più lunga e meno incurvata del precedente a parità di potenza, va quindi più distante ed è più veloce. Anche il tipo di rilancio fa parte dello schema offensivo; se ben eseguito può portare la squadra in una posizione di vantaggio per mettere in pratica uno schema offensivo già collaudato.

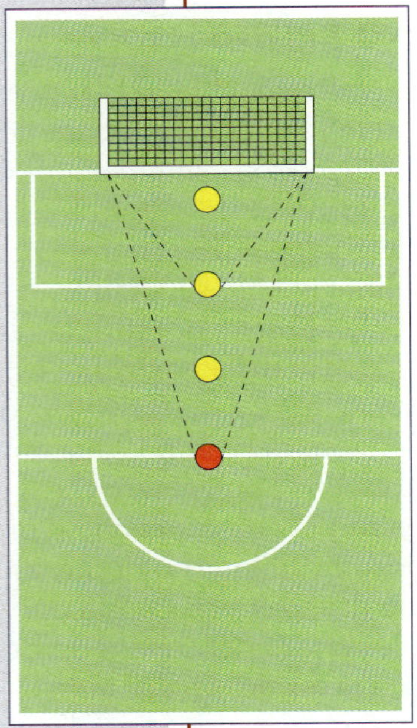

Tecnica Il portiere, davanti alla porta, si sposta seguendo dei percorsi a semicerchio dentro l'area di porta, anche se spesso avanza anche al limite dell'area di rigore per opporsi all'attaccante che vi entra, con un'uscita che si potrebbe definire "preventiva". I tiri possono arrivare a varie altezze: palloni alti, a mezza altezza e raso terra. Ogni tiro prevede un tipo di parata, i tiri alti vengono intercettati con prese di mano o con respinte di pugno. I tiri ad altezza media possono essere parati con una presa con l'aiuto del corpo, mentre i tiri raso terra, se il portiere è ben posizionato e il tiro non è forte, possono essere presi anche solo con le mani, a ginocchia distese; se il tiro è forte invece sarà più indicata un'uscita a terra sul pallone e una presa con l'aiuto del corpo o respingendo con i piedi.

La rimessa laterale

Quando il pallone esce dalle linee laterali, la squadra che non era in possesso del pallone deve eseguire la rimessa laterale. Se la rimessa è a favore della squadra in attacco e il punto in cui è uscita la palla si trova nei pressi dell'area di rigore, questo fondamentale diventa un vero e proprio *gesto offensivo*, perché può essere eseguito quasi come un calcio d'angolo, un *cross*, cioè un tiro alto che arriva nell'area di rigore dalle zone laterali del campo. La rimessa laterale può essere anche un *espediente difensivo*: per fermare un giocatore lanciato in attacco sulle fasce laterali, prima che inizi un dialogo con altri compagni penetrando troppo nella propria metà campo. Può anche essere un modo per perdere tempo, quando si è alla fine del tempo di gara e si è in vantaggio, ma in quel momento in difficoltà.

posizione scorretta

posizione corretta

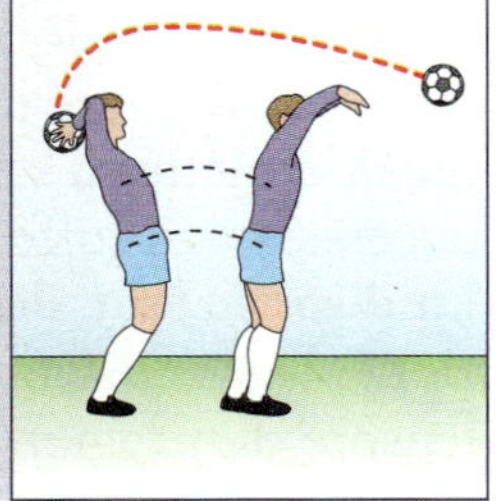

Tecnica La rimessa laterale deve essere eseguita con precisione, per non incorrere nelle sanzione dell'arbitro e perdere il diritto di eseguirla a favore della squadra avversaria. Un giocatore qualsiasi della squadra che la esegue deve recarsi dove indicato dall'arbitro, cioè nel punto in cui, secondo lui, è uscito il pallone. La palla deve essere tenuta con le mani, viene portata dietro la testa del giocatore, quindi, dopo il caricamento, con un rapido slancio in avanti si lancia la palla. Se si vuole eseguire una rimessa più lunga si possono fare due o tre passi di rincorsa.

LE PAGINE DEGLI ERRORI

Alcuni esempi di errori che si riscontrano di frequente nei principianti.

Calcio

- Tenere il corpo sbilanciato all'indietro o avere la palla troppo avanti, il tiro risulterebbe troppo alto.
- Tenere la palla troppo indietro o il corpo troppo sbilanciato in avanti, si avrà difficoltà a indirizzare la palla nella direzione voluta.
- Guardare la palla perdendo così il controllo degli avversari.
- Colpire la palla con la punta per fare un tiro lungo.

Controllo

- Tenere la palla troppo lontana dal piede o spingerla troppo in avanti.
- Essere con il corpo troppo indietro rispetto alla palla o spingerla con la punta del piede.
- Essere troppo rigidi con la gamba in appoggio distesa mentre si palleggia.
- Non coordinare la spinta della palla, cioè il ritmo del palleggio, con il movimento della palla.

Ricezione

- Colpire la palla con punti periferici del piede o essere rigidi al momento dell'impatto.
- Fare lo stop di petto con le braccia non raccolte rischiando di fare fallo di mani.
- Sbagliare nella valutazione della posizione nel campo in cui fermarsi, fermandosi o troppo presto o troppo tardi, non riuscendo ad agganciare il pallone.
- Fermare il pallone con il piede orientato male, producendo un rimbalzo che allontana troppo il pallone del giocatore, permettendo così all'avversario di rubare la palla.

Gioco di testa

- Posizione troppo statica del busto che rende il colpo di testa poco dinamico, producendo un rimbalzo poco potente.
- Saltare in contro tempo mancando la traiettorie del pallone.
- Saltare per un colpo di testa troppo vicino all'avversario facendo fallo appoggiandosi o ricadendo su di lui.
- Colpire la palla troppo sotto producendo un rimbalzo verso l'alto che rende non giocabile la palla.

Parata

- Uscita prematura verso il portatore di palla in attacco che espone a pallonetti o all'esecuzione di schemi che ribaltano il lato dell'attacco.
- Distrazione che determina una posizione non corretta, che rende problematica la parata esponendo il portiere a tiri non controllabili.
- Posizione troppo distante dalla porta che risulta essere o scoperta o parzialmente coperta esponendo la squadra a tiri da lontano o molto angolati e a pallonetti.
- Uscita scomposta per paura della palla, si verifica nei portieri principianti.

Rimessa laterale

- Tiro impreciso e debole.
- Pallone lanciato non da dietro il capo.
- Oltrepassare la linea laterale con il piede prima d'aver lanciato il pallone.
- Aspettare troppo a fare la rimessa laterale, permettendo così agli avversari di disporsi per rubare palla.

Allenare i fondamentali individuali

L'allenamento è essenziale per apprendere ed eseguire in maniera corretta i gesti tecnici. La metodica ripetizione degli esercizi e degli schemi di gioco affina le abilità e le automatizza, permettendo di eseguirle spontaneamente durante la partita.

Allenare il calcio

1. Eseguire il palleggio, servendosi di un pallone sospeso, con le diverse parti del piede.
2. Calciare il pallone contro il muro a una distanza media, prima d'interno poi d'esterno, così via con le altre parti del piede.
3. Ripetere l'esercizio precedente aumentando la distanza dal muro.
4. Calciare con le varie parti del piede, prima in un modo poi in un altro, spostandosi lungo il muro.
5. A coppie, passarsi la palla prima d'interno poi d'esterno, e così via con le altre parti del piede.
6. A coppie, ripetere l'esercizio precedente, ma muovendosi lentamente.

1

7. Calciare con le varie parti del piede, correndo a coppie, prima in una sola direzione poi cambiando direzione.

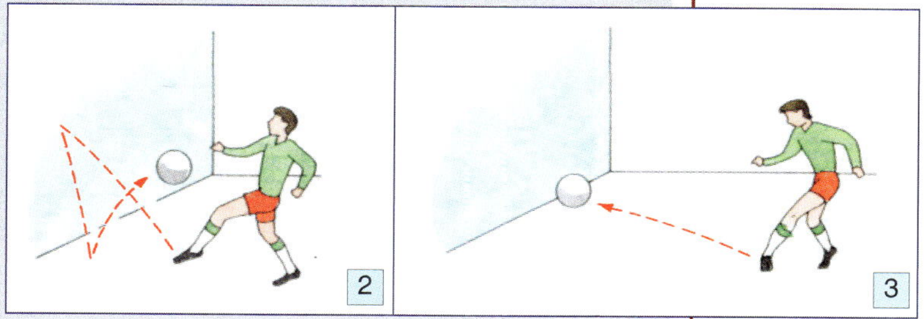
2 3

8. Calciare contro il muro due palle contemporaneamente. Secondo il tipo di rimbalzo dei palloni usare una parte del piede piuttosto che un'altra.
9. Collocare un ostacolo basso, 60-70 cm, nella zona di difesa del campo di pallavolo 9 x 6 m, dividendola in due metà di 4,5 x 6 m. Quattro giocatori contro quattro fanno una partita a calcio-tennis, con la possibilità di un solo rimbalzo a terra e l'obbligo di tre passaggi, prima di rinviare la palla agli avversari.
10. Collocare a terra un cerchio per fare una partita tre contro tre. Bisogna colpire l'interno del cerchio, senza entrare in una zona di rispetto larga 3 m. Al di fuori di quest'area si può tentare di colpire il cerchio da ogni punto. Tutti i giocatori, sia chi attacca sia chi difende, stanno fuori dall'aerea; chi difende deve intercettare i tiri con i piedi.

7

Allenare il controllo

1. Palleggiare il pallone contro un muro da diverse distanze, riprendendo il rimbalzo, sempre con lo stesso piede.
2. Palleggiare con il piede destro e sinistro alternati.
3. Palleggiare sempre con lo stesso piede, senza l'aiuto di un muro.
4. Palleggiare con un ginocchio e un piede oppure tacco e punta.

4

5. A coppie, senza palla, i giocatori si mettono uno di fronte all'altro con il piede destro più avanzato. Con i movimenti del busto bisogna indurre a credere al compagno che ci si sposta da un lato per poi andare dall'altro. Uno fa l'attaccante, uno il difensore e si oppone allo spostamento, poi ci si scambia i ruoli.
6. A coppie, ripetere l'esercizio precedente ma con la palla. Prima spostando la palla con un piede, poi con l'altro piede. Dopo otto tentativi, quattro per piede, ci si scambia i ruoli.
7. Disegnare per terra un quadrato il cui lato misuri 1,5 m. Un giocatore si pone al centro con la palla e la difende, un compagno da fuori deve prendergliela, ma può entrare nel quadrato solo con un piede. Dopo tre tentativi i giocatori si scambiano i ruoli ogni minuto.
8. Disporre un percorso largo 2 m; nella prima parte ci sono degli ostacoli bassi (10 cm) che un giocatore deve superare con il palleggio. Superato questo settore, si arriva a una linea dietro alla quale c'è un compagno che impedisce il passaggio. Il giocatore con una finta di corpo deve superare il compagno. Si raggiunge poi un quadrato, in cui il giocatore entra con la palla, mentre quello che prima si opponeva ora deve cercare di sottrargliela.
9. Disporre sei quadrati in linea a una distanza di 3 m uno dall'altro. Uno dei giocatori in coppia ha il possesso della palla e deve passare da un quadrato all'altro: può farlo palleggiando e facendo finte, non in velocità. Il secondo giocatore deve ostacolare lo spostamento del primo, e quando questi sarà dentro un quadrato potrà tentare di rubargli la palla con un solo piede dentro il quadrato. Si scambiano poi i ruoli.

9

10. Un giocatore deve fare dieci palleggi, poi dirigersi verso dieci giocatori posti in fila a due metri l'uno dall'altro su una linea (ci sono quindi 10 linee) e cercare di superarli uno dopo l'altro con delle finte di corpo (non deve quindi superarli in velocità). Superati tutti e dieci lancia la palla nella zona in cui ha eseguito i palleggi. Ora i giocatori scalano tutti di un posto, e il primo dei dieci va a eseguire i palleggi. Si può compiere il percorso anche a tempo.

10

Allenare il gioco di testa

1. Dare dei colpi di testa servendosi di una palla sospesa, per verificare l'impatto del pallone. Fare l'esercizio con la palla ferma.
2. Eseguire l'esercizio precedente con la palla oscillante, per trovare la sincronia tra stacco e impatto con la testa.
3. Effettuare dei colpi di testa con rimbalzi contro il muro, da fermo.
4. Effettuare dei colpi di testa con rimbalzi contro il muro, cercando di muoversi lateralmente a ogni rimbalzo.
5. Fare delle sequenze di 5, 6 palleggi consecutivi da soli, senza rimbalzi d'aiuto sul muro.
6. Fare dei palleggi consecutivi da soli continuando fino a quando non si sbaglia (risultato minimo 12 palleggi).
7. Dare, in coppia, dei colpi di testa, rimanendo fermi.
8. In coppia passarsi la palla con dei colpi di testa spostandosi lateralmente.
9. Tre giocatori si mettono alla bandierina d'angolo, nel punto d'origine sulla linea di fondocampo della linea laterale dell'area di rigore e nell'angolo dell'area di rigore tra il suo lato lungo e corto, con una palla. Tutti gli altri giocatori sono in fila, nell'altro lato del campo. Uno per volta partono, ed entrando nell'area di rigore di corsa dicono ad alta voce il numero di chi deve tirargli la palla. Effettuano un colpo di testa sul tiro e poi vanno a sostituire il compagno che ha tirato, mentre questi si sposta nella fila.

8

10. Si dispongono cinque giocatori, nello spazio tra il lato corto dell'area di porta e il palo della porta. Un giocatore si pone dietro, a due o tre metri di distanza da loro. Deve effettuare un colpo di testa su un calcio d'angolo, senza vedere bene la traiettoria della palla, perché coperto dai compagni. Poi tutti scalano di un posto. Chi ha tirato il calcio d'angolo va nella barriera, un giocatore della barriera va a effettuare il colpo di testa e chi ha fatto il colpo di testa va alla bandierina.

Allenare il contrasto

1. Correre, a un fischio dell'allenatore buttarsi a terra con le gambe protese in avanti, come si riesce.
2. Correre a una certa distanza da una linea del campo, buttarsi lateralmente e fare una scivolata, con una gamba tesa e una piegata. Ci si deve fermare alla linea.
3. Disporre una serie di coni a distanze regolari su una linea. Ripetere l'esercizio precedente, ma colpire un cono.
4. Disporre una serie di coni e palloni accoppiati a distanze regolari su una linea. Ripetere l'esercizio precedente, colpendo solo il pallone senza toccare il cono.

3

4

5. Due giocatori procedono appaiati, a una distanza di 2-3 m uno dall'altro. Uno cammina conducendo il pallone davanti a sé. Dopo un segnale allunga un po' di più la palla, e il compagno in scivolata deve subito toglierla.
6. Ripetere l'esercizio precedente ma di corsa.
7. Due giocatori uno di fronte all'altro, a 20 m di distanza. Uno con la palla attacca, l'altro difende. Quando si incrociano, chi difende contrasta in scivolata.
8. Come l'esercizio precedente. Gli attaccanti sono due e avanzano passandosi il pallone, il difensore è uno. Quando si incrociano, in scivolata, il difensore toglie la palla a chi ne è in possesso.
9. Il difensore si mette sulla linea dell'area di rigore dentro la lunetta; di spalle al campo, dalla linea di metà campo avanzano cinque attaccanti che si passano il pallone; quando superano la distanza di 20 m dalla linea dell'area di rigore, l'allenatore fischia e il difensore si gira e va a contrastare chi è in possesso della palla.
10. Un giocatore lancia in successione dei palloni, il difensore deve colpirli quando toccano il terreno eseguendo un contrasto in scivolata.

Allenare la parata

1. I giocatori formano una fila, ognuno con un pallone, mentre il portiere si mette sulla linea di porta di fronte alla fila. In successione i giocatori che sono in fila tirano il pallone dalla linea dell'area di rigore, di fronte alla porta e, dopo averlo recuperato, si mettono in fondo alla fila. Il portiere deve cercare di respingerlo con ogni parte del corpo o di intercettarlo con le mani e prenderlo.
2. Tracciare una linea su un muro all'altezza di 2,5 m. Il portiere, rivolto verso il muro, con le braccia tese, deve fare tre saltelli procedendo verso destra e uno verso sinistra. Saltando deve cercare di toccare sempre la linea.
3. Nella porta, al centro, effettuare un salto per toccare la traversa, poi tuffarsi lateralmente a destra lungo la linea di porta cercando di toccare la base del palo, dopodiché fare un altro salto per toccare il palo opposto, poi saltare per toccare la traversa. Toccare per tre volte traversa e pali e poi fare una pausa; ripetere per dieci cicli.
4. Il portiere tiene la mani dietro il busto. Un giocatore effettua dei tiri bassi, e il portiere deve intercettarli con gli arti inferiori; ginocchio, piede, gamba, coscia.
5. Un giocatore esegue dei tiri che il portiere deve parare, secondo una sequenza prestabilita, ad esempio, nella zona della porta in alto a destra, a destra, basso a destra, alto a sinistra ecc.
6. Ripetere l'esercizio precedente, con la variante che la sequenza dei tiri non è prestabilita.
7. Il portiere deve parare dei tiri in porta, effettuati da un giocatore posto sulla linea laterale dell'area di rigore.

6

8. Il portiere deve parare dei tiri effettuati dal dischetto del calcio di rigore.
9. I giocatori ognuno con un pallone, posti a varie distanze e vari punti del campo, effettuano dei tiri in successione nelle zone in cui è divisa la porta.
10. Ripetere l'esercizio precedente, ma il portiere indossa cavigliere e polsiere del peso di 200-500 g.

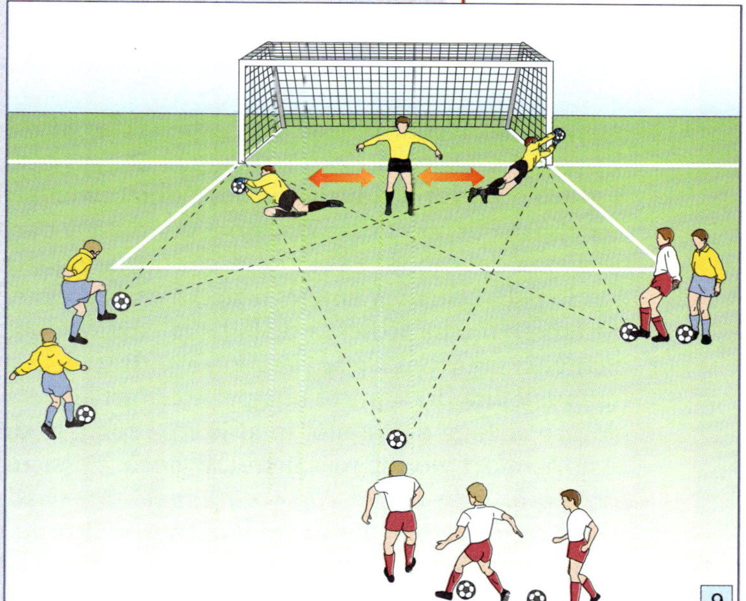
9

Allenare la rimessa laterale

1. Eseguire la rimessa curando solo il movimento senza pensare a dove va la palla.
2. Eseguire la rimessa, sopra un rialzo, senza perdere l'equilibrio in avanti.
3. Eseguire la rimessa, sopra un rialzo senza perdere l'equilibrio e cercando di colpire un bersaglio posto sempre più distante.
4. Fare una rincorsa fermandosi al limite della linea laterale. Ripetere cinque volte e alla sesta lanciare la palla.
5. Eseguire la rimessa con tre giocatori posti davanti. Fissare il giocatore centrale e passare la palla a uno dei due laterali o rivolgersi a uno dei giocatori laterali e tirare a uno degli altri due giocatori.
6. Eseguire la rimessa con una palla medica del peso di 2 o 3 kg.
7. Eseguire la rimessa con la palla bagnata, per allenarsi a tirarla quando piove.
8. Un giocatore esegue la rimessa laterale a un compagno che con un colpo di testa passa la palla al giocatore che intanto è entrato in campo.
9. Eseguire la rimessa dalla linea laterale, con e senza rincorsa, cercando di raggiungere l'area di rigore.
10. Eseguire la rimessa con la rincorsa, polsiere da 200 g e palla medica da 1 kg, cercando di raggiungere l'area di rigore.

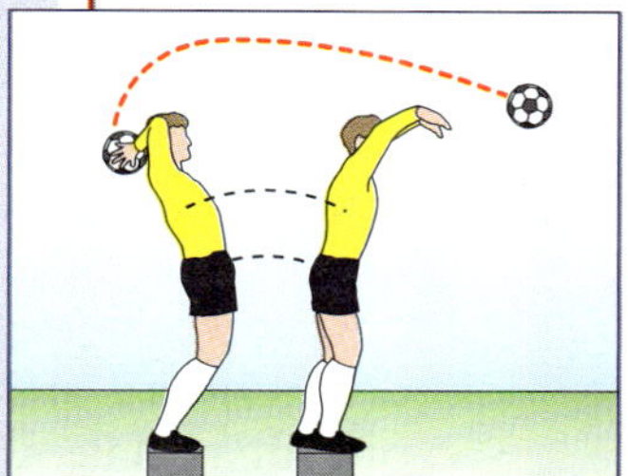
2

Fondamentali di squadra

L'organizzazione degli spostamenti dei giocatori sul campo è dovuta ai fondamentali di squadra. Essi hanno lo scopo di fronteggiare al meglio le imprevedibili situazioni che si possono verificare durante la partita. Il cosiddetto *modulo di gioco* della squadra viene scelto dall'allenatore in base a vari criteri. I moduli possono contemplare la presenza di più giocatori con lo stesso ruolo o l'assenza di alcuni di essi. I moduli, oltre a stabilire la disposizione dei giocatori sul campo, definiscono anche se giocare a zona o a uomo.
Il **gioco** o **tattica a uomo** si sviluppa attraverso la scelta, per ogni giocatore, di un avversario diretto che durante tutto il tempo della partita sarà contrastato da lui. In questo schema può esserci tuttavia un giocatore che non si occupa di un altro in particolare, lasciando così senza marcatura un avversario, di solito

il centrocampista. Il giocatore senza avversario diretto viene definito *libero* o *catenaccio*; questo schema è particolarmente orientato alla difesa, in quanto permette di fare il raddoppio difensivo. In attacco la squadra che marca a uomo predilige il contropiede, cioè aspetta che gli avversari si sbilancino in avanti per avere una superiorità numerica che neutralizzi il raddoppio difensivo.
Il **gioco** o **tattica a zona** ha un altro obiettivo: invece di vincolare il giocatore a occuparsi di uno stesso giocatore per tutta la partita, egli si deve occupare di una zona del campo in cui deve contrastare qualunque avversario vi transiti con la palla. Una variante è la zona con il pressing, in cui più giocatori contrastano chi è in possesso della palla con lo scopo di organizzare repentinamente un contropiede se riescono a sottrargliela.
La possibilità di disporre una parte o tutti i giocatori in base al loro modo di giocare, a zona o a uomo, in attacco a zona, in difesa a uomo eccetera, crea sempre nuovi moduli (o schemi) di gioco. Possiamo dividere questi moduli in *schemi con difesa forte*, *con centrocampo forte* e *con attacco forte*. Come in altri sport, un codice numerico li definisce: il primo numero indica i giocatori in difesa, il secondo i giocatori di centrocampo, il terzo numero i giocatori in attacco. Ecco tre esempi di schemi base:

Schema 5-3-2, *con difesa forte*: il primo numero indica la presenza di cinque difensori, cioè terzini e stopper a cui si aggiunge il libero. L'ultimo numero indica la presenza di sole due punte confermando che tutta l'organizzazione è predisposta più a difendere che ad attaccare. Questo schema è più funzionale al gioco a uomo che a quello a zona.

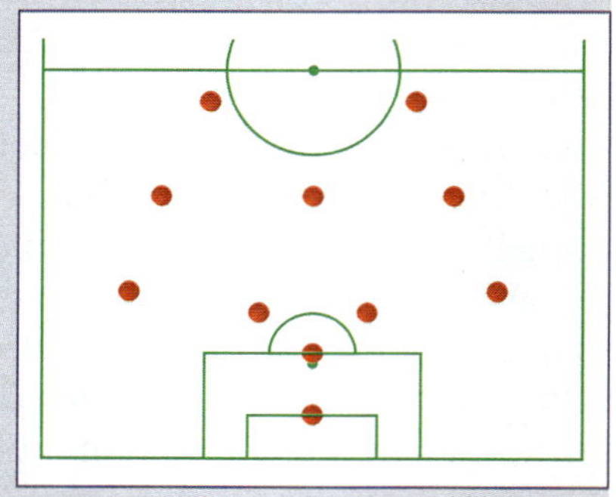

Schema 4-4-2, *con centrocampo forte*: anche qui la difesa è forte, ma in questo caso è il centrocampo il protagonista, con due giocatori centrali, dei quali uno con mansioni più difensive e due giocatori di fascia con competenze offensive. Con questo schema è applicabile sia il gioco a zona sia il gioco a uomo.

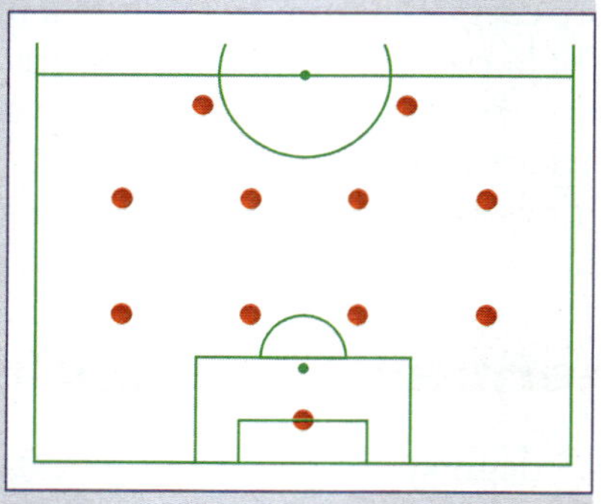

Schema 4-3-3, *con attacco forte*: qui la presenza di tre attaccanti evidenzia subito il carattere offensivo di questo schema. Spesso una di queste punte gravita nelle zone laterali dell'area di rigore, diventando un punto di riferimento per le punte con le quali può incrociarsi e per i centrocampisti, che gli passano la palla per eseguire cross o incursioni direttamente nell'area di rigore. Questo schema non è predisposto per il gioco a uomo, va bene invece per il gioco a zona, in particolare a zona con il pressing.

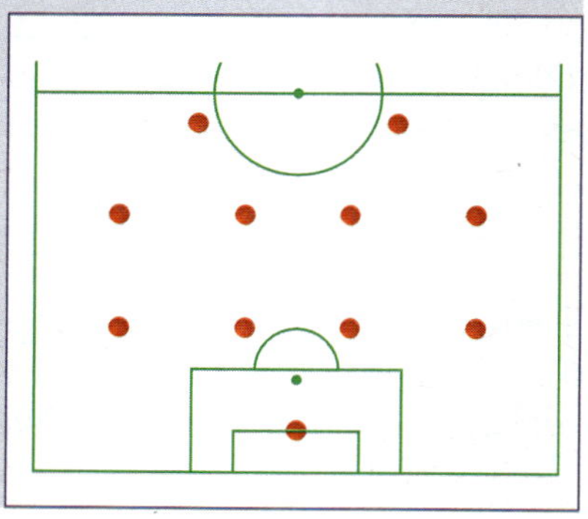

Giochi per iniziare

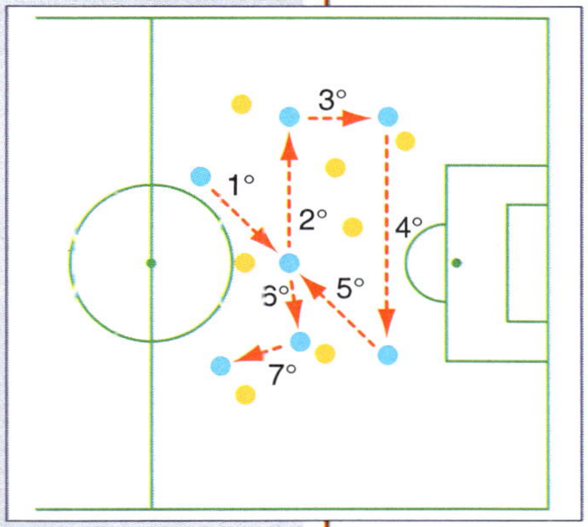

Passaggi consecutivi

Si dispongono due squadre di sette giocatori in una metà campo. La squadra che riesce a passare la palla consecutivamente ad almeno cinque propri giocatori diversi guadagna un punto, e due punti in più se riesce a passare la palla a sette giocatori consecutivamente. In totale tre punti, un punto per i cinque passaggi e due punti per i due successivi.

Calcio testa

In un campo ridotto, due squadre di cinque giocatori svolgono una partita regolare. L'unico vincolo è che si può tirare in rete solo di testa.

Due contro due

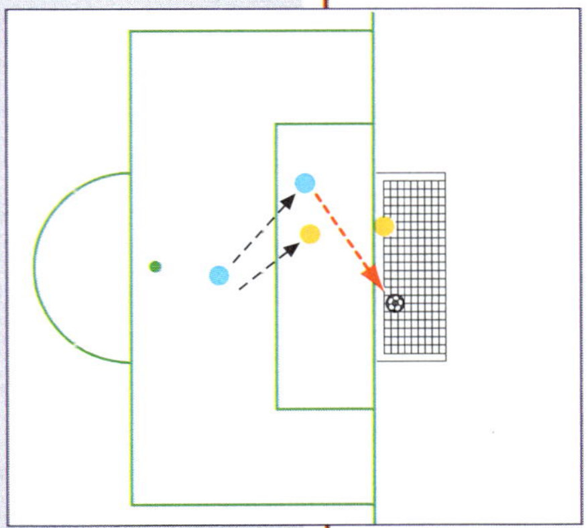

Due giocatori contro due giocatori e una sola porta. Una squadra sta in attacco, l'altra in difesa con un giocatore in porta e un difensore. Si gioca solo nell'area di rigore e si può tirare in porta solo dall'area di porta. Quando il difensore riesce a prendere possesso della palla, se raggiunge la lunetta, porta la squadra in attacco, le squadre quindi si scambiano. La squadra in attacco dopo ogni tiro in porta, sia che segni oppure no, inizia le azioni dalla lunetta. Si giocano quattro tempi di 5 min per squadra. All'inizio di ogni tempo le squadre si scambiano i ruoli.

Quattro contro cinque

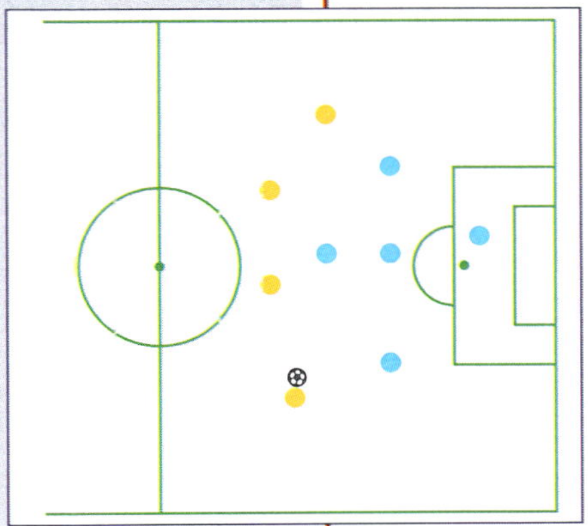

Si giocano due tempi di 10 minuti in metà campo, con due squadre, una di cinque giocatori in difesa, dei quali uno non può uscire dall'area di rigore, e una di quattro giocatori in attacco. Gli attacchi iniziano dal cerchio del centrocampo.

calcio a cinque

Origini

Il calcio a cinque nacque in Brasile negli anni Venti come intrattenimento da spiaggia. I brasiliani, virtuosi del palleggio, dovettero usare tutta la loro abilità per giocare sulla sabbia: è impossibile infatti fare tiri a raso terra efficaci in quanto la sabbia frena la palla e le impedisce di rotolare. Le partite si svolgevano con cinque giocatori contro cinque. Questo sport assunse il nome di *Futebol de salao*. Contemporaneamente si diffuse anche nel Nord Europa, dove i campionati subivano delle lunghe soste invernali, a causa delle gelide temperature che non permettevano di giocare all'aperto. I paesi in cui avvenne la più grande espansione del calcio a cinque, in questa fase, furono il Belgio e l'Olanda. Nelle stagioni invernali si giocava il calcio indoor, con undici giocatori o il calcio a cinque, chiamato *Five a Side*. Nel 1982 venne riconosciuto dal massimo organo europeo per il calcio, la UEFA.

Nei circoli sportivi romani del lungotevere, tra gli anni Cinquanta e Sessanta, iniziò a diffondersi la pratica del calcio svolto in spazi ristretti e con pochi giocatori: il **calcetto**. Giocato sui campi da tennis in terra rossa, solo nel 1961, sotto la direzione di Gustavo Valiani, si disputò la prima edizione della Coppa dei canottieri di calcio a cinque, uno dei circoli più prestigiosi di Roma. Il gioco riscuoteva intanto sempre maggior interesse e nove anni dopo, nel 1970, si formò la Federazione calcetto, che poco tempo dopo si trasformò in Federazione italiana calcetto (FIC), da cui derivò la Lega italiana calcetto (LIC). Dal 1978 al 1983 si giocarono due campionati, fino al dicembre del 1983, quando la FIGC integrò questo sport nella sua struttura. Nella stagione successiva 1983-84 si svolse il primo campionato di calcio a cinque organizzato dalla FIGC, nel 1985 fu istituito il Comitato nazionale calcetto e il 5 novembre 1989 si svolse la prima assemblea nazionale delle società di calcio a cinque, in cui si delegò la gestione dell'attività alla Lega nazionale dilettanti; successivamente fu creata una Divisione calcio a cinque, a cui è affidata la competenza dei campionati nazionali, mentre le competizioni regionali sono organizzate dai Comitati regionali. L'attività agonistica è attualmente suddivisa in campionati di serie A e B, campionati inferiori, regionali e provinciali.

Il gioco e il campo

Il calcio a cinque o calcetto deriva gran parte delle regole e della tecnica dal calcio. Il terreno di gioco può essere in materiale sintetico (che riproduce l'erba) o in terra battuta. Di forma rettangolare, le misure variano da 25 a 42 m per la lunghezza, e da 15 a 25 m per la larghezza, mentre la porta misura 3 m di lunghezza per 2 m di altezza. Le righe sul terreno differiscono da quelle del campo di calcio, l'area di rigore è delimitata da una linea curva, sulla quale, di fronte alla porta, si trova il dischetto del rigore, a 6 m dal centro della linea di porta. Sempre in linea con questo punto, ma a 10 metri di distanza c'è il punto del tiro libero, il centrocampo è invece segnalato da un cerchio centrale con un raggio di 3 m. Il lato lungo del rettangolo è delimitato da una linea laterale, il lato corto da una linea di fondocampo, mentre all'altezza della linea mediana, in una delle due linee laterali è segnato uno spazio di 6 m delimitato da due segni, posti ognuno in una metà campo, a 3 m dalla linea mediana: questi segni indicano l'area delle sostituzioni. La palla è di cuoio o di materiale sintetico con un peso che va da un minimo di 390 gr a un massimo di 430 gr, la circonferenza minima è di 62 cm, la massima di 64 cm.

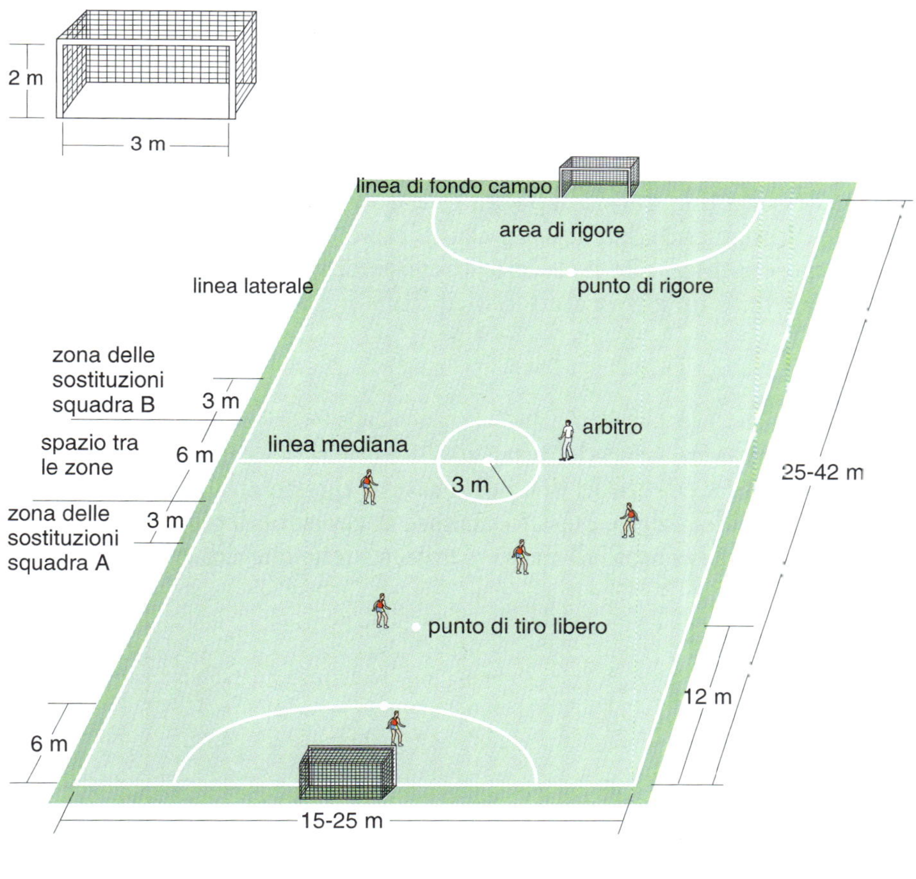

Regole di base

Rispetto al calcio, il regolamento è meno tollerante per quanto riguarda i contatti fisici, sempre considerati fallo. Altre regole sono: tutte le punizioni vengono calciate direttamente in porta; non si può entrare in scivolata (*tackle*); le infrazioni commesse nell'area di rigore sono punite con un calcio di rigore a 6 m dalla porta, eseguito dal dischetto del rigore; dopo ogni intervento dell'arbitro il gioco deve essere ripreso in 4 secondi; un giocatore espulso può essere sostituito; non è prevista la regola del fuorigioco.
La ripresa del gioco differisce in due punti dal calcio, sia per il rinvio, sia per la rimessa laterale: nel rinvio il portiere non deve superare la linea mediana mantenendo la palla fuori dall'area di rigore, nella propria metà campo; le rimesse laterali vengono eseguite con i piedi.
Per quanto riguarda la squadra e i tempi di gioco: le squadre sono formate da cinque giocatori, compreso il portiere, e i giocatori possono essere sostituiti per un numero massimo di sette, la sostituzione avviene nella zona cambio. Durante la partita, giocata in due tempi di 30 min con un intervallo che può durare al massimo 10 min, le squadre possono chiedere per ogni tempo di gara un minuto di *time out*.

Numero giocatori per squadra	Numero giocatori in campo	Cambi o sostituzioni	Numero riprese	Durata di ogni ripresa (min)	Durata intervallo (min)
10	5	illimitato e senza interruzioni	2	30 effettivi	5

Fondamentali individuali

La tecnica è identica a quella del calcio. Sono impiegati soprattutto gli stop, i passaggi, il palleggio e il dribbling e tutto quello che permette un controllo della palla negli spazi ridotti, meno impiegata la tecnica dei tiri lunghi. Da un punto di vista fisico è necessaria una buona capacità di base e preparazione nella velocità per passare rapidamente dall'attacco alla difesa e viceversa. La resistenza ai cambi di ritmo continui, che il calcetto prevede durante il normale svolgimento delle partite, è un'altra caratteristica fisica indispensabile per il giocatore.

Giochi per iniziare

I giochi e gli allenamenti del calcetto sono del tutto simili a quelli del calcio, per cui si rimanda alle pagine precedenti. In linea di massima queste attività nel calcio a cinque, a differenza del calcio, devono esaltare la capacità di giocare negli spazi stretti, lo scatto e il cambio di ritmo, caratteristiche che differenziano il calcetto dal calcio.

INFORMAZIONI SANITARIE

Idoneità sportiva agonistica:
- età inizio attività 12 anni M/F;
- visita medica tipo B.

Infortuni più frequenti:
- distorsioni alle ginocchia;
- distorsioni alle caviglie;
- traumi da contatto;
- lesioni muscolari e tendinee agli arti inferiori;
- pubalgia.

UN PO' DI INGLESE

football (uk)	=	calcio (lo sport o il pallone)
soccer (usa)	=	calcio (lo sport)
field	=	campo
stadium	=	stadio
goal	=	palla in rete
to kick	=	calciare
dribbling	=	scarto
shoot	=	tiro
tackle	=	contrasto
goalkeeper	=	portiere
midfield	=	centrocampista
forward	=	attaccante
coach	=	allenatore
corner	=	angolo
off side	=	fuori gioco
penalty	=	rigore
golden goal	=	rete d'oro (vale la vittoria per chi segna per primo)

PRATICA DELLO SPORT

Le attività non agonistiche sono promosse dal CONI, attraverso i Centri Olimpia o i CAS (Centri di Avviamento allo Sport) e gli Enti di promozione sportiva (MSP, UISP ecc.). La Federazione Italiana Gioco Calcio gestisce tutto il movimento sportivo; bisogna sottolineare che se l'atleta ha superato il 12° anno di età è considerato agonista a qualunque categoria appartenga. L'attività è suddivisa in tornei e campionati organizzati dal Settore Giovanile o dalla Lega di competenza. Gli *arbitri* sono considerati agonisti in tutte le categorie e sono organizzati in un'Associazione Italiana Arbitri (AIA).

FIGC, Federazione Italiana Gioco Calcio (1898) –
Via G. Allegri 14, 00198 – Roma
tel. 06.84911
fax 06.84912525
www.lega-calcio.it
www.figc.it.

♥♥♥♥ G
♦♦ I/A (alternate)

verifiche

Scegli la risposta corretta.

1. Che cos'è il Golden gol?

A il gol che fa vincere lo scudetto

B il nome di un torneo americano in cui c'è in palio un premio in oro

C un regola che si applica in caso di parità in alcuni tornei

D un premio che si dà al miglior giocatore dell'anno

2. Che cosa accadde nel 1904 per quanto riguarda il calcio?

A partecipò alle Olimpiadi di Londra, come sport dimostrativo

B partecipò alle Olimpiadi di Saint Louis e venne fondata la FIFA

C partecipò alle Olimpiadi di Saint Louis e venne fondata la FIGC

D partecipò alle Olimpiadi di Parigi, come sport dimostrativo

3. Qual è l'area di porta?

A la zona dentro la porta

B la zona davanti alla porta in cui non c'è il dischetto del calcio di rigore

C la zona davanti alla porta in cui c'è il dischetto del calcio di rigore

D delle due zone davanti alla porta, è quella più grande

4. Che cosa misura 9,15 m?

A è il raggio del cerchio di centro campo

B è la distanza del dischetto del calcio di rigore dalla linea di porta

C è la lunghezza di uno dei lati dell'area di rigore

D è la larghezza della porta

5. Quali sono le misure corrette del campo di calcetto?

A 19-42 x 42-55 m

B 18-28 x 28-42 m

C 19-25 x 22-43 m

D 15-25 x 25-42 m

6. Chi è il quarto uomo?

A il giocatore che si aggiunge nelle difese a quattro

B il quarto giocatore che appare nell'elenco ufficiale dei giocatori che entrano in campo

C un assistente dell'arbitro, che dirige le sostituzioni e valuta i tempi di recupero

D un ispettore della Federazione che giudica l'arbitro ed è in tribuna

7. Se un giocatore entra in campo senza il permesso dell'arbitro che penalità gli viene inflitta?

A ammonizione e cartellino rosso

B nessuna, ma il giocatore non potrà giocare la partita del turno successivo

C nessun fallo: è l'inserimento

D ammonizione e cartellino giallo

8. Quali sono i ruoli assegnati ai difensori?

A portiere, terzino, libero, stopper

B terzino, libero, stopper

C portiere, terziario, libero, mezzala

D punta, libero, terziario, mezzala

9. Quante aree ci sono in tutto il campo di calcio a cinque?

A due

B tre

C quattro

D non ci sono linee curve

10. Quali sono i fondamentali del portiere?

A senso della posizione, presa della palla, l'uscita, il tuffo, la disposizione della barriera, il rilancio

B senso della posizione, presa della palla, l'entrata, il tuffo, la disposizione della barriera, il rilancio

C senso della palla, presa della palla, l'uscita, il tuffo, la disposizione della barriera, il rilancio

D senso della posizione, presa dell'attaccante, l'uscita, il tuffo, il rilancio

11. A che cosa serve il dribbling?

A per mantenere il possesso della palla procedendo tra molti avversari

B per evitare l'arbitro se è al centro dell'azione

C per impedire il contropiede avversario

D per perdere tempo

12. A che cosa serve lo stop?

- [A] è il modo di ricevere la palla da un passaggio, conquistandone il controllo senza fare nessun tipo di fallo, ma si può fare solo di petto
- [B] non esiste nel calcio, è un fondamentale del rugby
- [C] lo dice l'arbitro quando estrae il cartellino rosso
- [D] è il modo di ricevere la palla da un passaggio, conquistandone il controllo senza fare nessun tipo di fallo

13. Come si esegue il tiro d'interno?

- [A] è un tiro che si fa all'interno dell'area di rigore
- [B] si calcia il pallone colpendolo con il malleolo interno
- [C] si calcia il pallone colpendolo con il punto in cui l'alluce si articola con il metatarso
- [D] si calcia il pallone colpendolo con il proprio piede, all'interno, tra i piedi dell'avversario

14. Quand'è che il punto è ritenuto valido?

- [A] basta che la palla tocchi il palo
- [B] anche se la palla è parata fuori dalla porta, basta che il portiere abbia i piedi dietro la linea di porta
- [C] basta che la maggior parte della superficie della palla sia dentro la porta
- [D] quando la palla ha superato completamente la linea di porta

15. Come si esegue il colpo di testa in tuffo?

- [A] non esiste il colpo di testa in tuffo nel calcio, è un fondamentale della pallanuoto
- [B] con un tuffo in avanti, si colpisce la palla con la fronte o la sommità del capo
- [C] è un fondamentale del portiere
- [D] con un tuffo all'indietro, si colpisce la palla con la nuca

16. Quando si esegue il tiro dagli 11 metri?

- [A] quando lo decide l'arbitro, con un calcio di rigore a favore della squadra in difesa
- [B] quando il fallo è sanzionato con il cartellino rosso
- [C] all'inizio del gioco e lo esegue la squadra sorteggiata attraverso il lancio di una monetina
- [D] quando il fallo sanzionato è avvenuto nell'area di rigore

17. Il calcio al pallone in quante e quali fasi avviene?

- [A] tre: avvicinamento, caricamento, calcio
- [B] due: avvicinamento, calcio
- [C] due: caricamento, calcio
- [D] quattro: ricezione, potenziamento, percussione, allontanamento

18. Qual è il fondamentale per sottrarre il pallone all'avversario lanciato in velocità sulla fascia?

- [A] il tocco da dietro sui talloni
- [B] un pugno alla palla
- [C] il tackle in scivolata, colpendo la palla
- [D] bloccare il piede dell'avversario, con il proprio peso

19. Si può toccare la palla con le parti del corpo poste sotto il ginocchio?

- [A] no
- [B] sì, sempre
- [C] sì, in attacco
- [D] no, solo il portiere fuori dall'area di porta

20. Che cosa accade nella difesa a zona?

- [A] i difensori si dispongono sulla linea che delimita la zona dell'area di rigore, per impedire agli avversari di entrarvi
- [B] a ogni giocatore si assegna una zona da difendere da qualunque avversario vi entri
- [C] ogni giocatore sta fermo nella zona assegnata passandosi la palla solo con tiri lunghi
- [D] appena la palla oltrepassa la linea di metà campo, cambiando zona del campo, il giocatore che deve ostacolare l'avversario, ora in possesso della palla, va a contrastarlo

21. Che cosa è successo nel 1898?

- [A] in Inghilterra nasce la Football Association
- [B] il calcio ha partecipato per la prima volta ai giochi olimpici. Precisamente alle seconde Olimpiadi, dopo quelle di Atene del 1896
- [C] è stata fondata la FIFA
- [D] è stata fondata a Torino la FIF

22. Da quanti giocatori è composta ogni squadra?

- [A] 14, i giocatori più le riserve per i tre cambi
- [B] 11, i giocatori in campo
- [C] 18, 11 giocatori più 7 riserve
- [D] 12, i giocatori più l'allenatore

23. Quando è comminato il tiro di punizione diretto?

- A se si colpisce l'avversario con un calcio
- B se si simula un fallo
- C se si ci scontra intenzionalmente con il portiere
- D se si dà un calcio all'avversario nell'area di rigore

24. La spinta è un fallo?

- A non è un fallo, è il modo in cui il quarto uomo fa entrare la riserva in campo
- B quando è eseguita sull'avversario, disinteressandosi del pallone
- C non è un fallo, è il modo in cui il portiere può spostare la palla con le mani
- D basta solo il contatto spalla contro spalla per fare fallo di spinta

25. Che cos'è il modulo?

- A il libretto dell'arbitro
- B il modo in cui le riserve devono essere sedute in panchina
- C è un foglio in cui l'allenatore deve scrivere la formazione ufficiale della squadra
- D è il modo in cui si organizza e gioca la squadra

26. Che cos'ha di particolare il libero?

- A può uscire ed entrare liberamente dal campo
- B è un giocatore in difesa senza marcatura fissa
- C può toccare la palla con le mani oltre al portiere
- D non ha il numero sulla maglia

27. Quanti cambi si possono fare in una partita?

- A tre
- B uno tecnico e cinque per infortunio
- C nei tempi di gioco non si può cambiare, solo nell'intervallo tra i due tempi
- D volanti, senza limiti

28. Quando si possono usare le braccia nel calcio?

- A nell'area di rigore per aiutare il portiere
- B può usarle il difensore quando è in minoranza e deve fermare più di un attaccante da solo
- C mai, tranne il portiere nelle parate e i giocatori nelle rimesse laterali
- D il portiere quando a passargli la palla è un compagno di squadra

29. Come si esegue la rimessa laterale?

- A il pallone basso davanti al corpo e i piedi dietro la linea laterale e nel punto indicato dall'arbitro
- B il pallone sopra la testa e i piedi dietro la linea laterale e nel punto indicato dall'arbitro
- C il pallone dietro la testa e i piedi sulla linea laterale e nel punto indicato dall'arbitro
- D il pallone dietro la testa e i piedi dietro la linea laterale e nel punto indicato dall'arbitro

30. Lo schema 5-3-2 è un attacco forte?

- A sì
- B no, un attacco forte deve avere da tre attaccanti in su
- C sì, perché il primo numero indica gli attaccanti
- D no, perché il primo numero indica i difensori, questa è una squadra con difesa forte

Rispondi alle seguenti domande.

1. Qual è il primo obiettivo di una squadra di calcio?
2. Come deve essere effettuata la rimessa laterale?
3. Come può toccare la palla il portiere nella propria area di porta?
4. Quand'è che un giocatore si trova in fuorigioco e quando viene fischiato?
5. In alcuni tornei se la partita finisce in parità che cosa può essere applicato?
6. Quali sono le dimensioni del campo in cui si gioca?
7. Che cosa significa FIFA?
8. Che cosa fa il centravanti?
9. Quanto dura una partita?
10. Quando il guardialinee alza la bandierina?

rugby

Introduzione

L'obiettivo del gioco del rugby è quello di depositare il pallone oltre la linea che delimita l'area di meta del campo avversario, detta *linea di meta*, cercando di superare la difesa avversaria attraverso l'applicazione di determinati schemi di gioco. Il contatto fisico fra i contendenti, fatto con sportività e sulla base di precise regole, è probabilmente la caratteristica che meglio identifica questo sport, nell'ambito dei giochi di squadra con la palla. La buona riuscita del gioco si basa pertanto sulla coordinazione del gruppo. Si richiedono inoltre, dato il livello agonistico, doti fisiche notevoli, in particolare per quanto riguarda la velocità, la forza e la coordinazione.

Origini

Nella cittadina inglese di Rugby, nel 1823, William Webb Ellis, uno studente del college locale, durante una partita di calcio si impossessò arbitrariamente del pallone con le mani per depositarlo in rete: era stata così realizzata la meta che segnò la nascita del rugby. L'azione del giovane studente fu apprezzata da molti e in breve tempo diverse squadre iniziarono a giocare anche con le mani. Nel 1863, nella Freemason's Tavern a Londra, si tenne una riunione dei club che giocavano a calcio; in quell'occasione si determinò la divisione tra

Una delle prime partite disputate nel collegio di Rugby.

chi giocava a calcio in modo tradizionale e chi anche con le mani. Otto anni dopo, nel 1871, venne fondata la Rugby Football Union, per regolamentare e organizzare i tornei; inoltre, per facilitare la presa della palla, si decise di renderla ovale. Si organizzarono tornei sempre più appassionanti fino ad arrivare alle storiche sfide tra Galles, Scozia, Inghilterra e Irlanda. Con l'aggiunta della Francia nacque così l'importante *Torneo delle cinque nazioni*, a cui recentemente è stata ammessa anche l'Italia. Nel 1911, a Milano, si tenne la prima partita di una squadra italiana, l'Unione sportiva milanese giocò contro i francesi del Voiron. Il 28 settembre 1928 nacque la *Federazione italiana rugby* e l'anno seguente sei squadre parteciparono al primo campionato italiano, vinto dall'Ambrosiana Milano. Nel 2000, premiando il continuo sviluppo del movimento rugbistico nazionale e i buoni risultati ottenuti in campo europeo, anche l'Italia è stata ammessa al Torneo delle cinque nazioni, che ora si chiama Torneo delle sei nazioni. Il rugby non è uno sport olimpico, ma nel 1987 è stata istituita la Coppa del mondo che si gioca ogni quattro anni. È uno sport praticato non solo in Europa, ma anche in altri paesi: il Sudafrica, i paesi dell'emisfero australe, quali l'Australia, la Nuova Zelanda, le Isole Tonga e in alcune nazioni del Sudamerica come l'Argentina.

Palla e campo

La **palla** è di forma ovale, costituita da 4 pannelli di cuoio trattato in modo da renderla resistente al fango e da facilitarne la presa. La lunghezza è di 28-30 cm, la circonferenza può variare fra 58 e 79 cm. Deve pesare 400-440 g.
Il **campo** è un rettangolo diviso in settori. I due settori posti alle estremità sui lati corti sono le *aree di meta*, che vanno dalla *linea di meta* alla *linea di palla morta*, posta a fondocampo, sui lati lunghi tali aree sono chiuse dalle *linee touche di meta*. Le dimensioni delle aree di meta sono di 69 m di larghezza

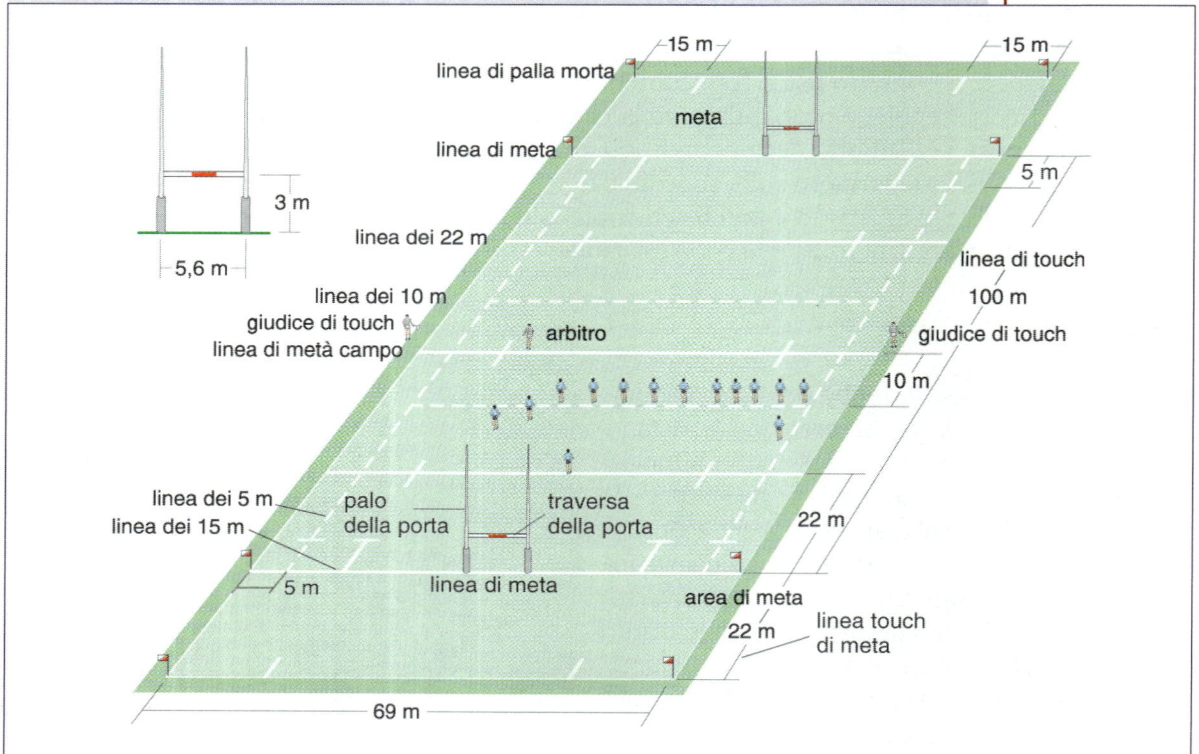

per 22 m di lunghezza. Il resto del campo, dove si gioca, è compreso tra le due linee di meta, è delimitato nei due lati dalla *linea di touche*, ed è lungo 100 m e largo 69 m. Il terreno di gioco viene inoltre diviso in due da una *linea di metà campo*, che forma i due campi di pertinenza di ogni singola squadra. A loro volta i due campi sono divisi dalla *linea dei 22 metri*, che è posta per l'appunto a 22 m dalla linea di meta. C'è poi la *linea tratteggiata* dei 10 metri che dista 10 m dalla linea di metà campo. Ci sono inoltre delle linee longitudinali, parallele alla linea laterale, che distano 5 e 15 m da essa e si chiamano, linea dei 5 m e linea dei 15 m: si utilizzano per posizionare le mischie o i calci di punizione. Sulla linea di meta c'è una **porta**, senza rete, formata da due alti pali distanti fra loro 5,6 m e uniti a 3 m d'altezza da una traversa.

Regole di base

Le squadre sono formate da 20 giocatori di cui 15 in campo; le partite si giocano in 2 riprese di 40 min ciascuna, con un intervallo di 10 min. Il gioco inizia con il sorteggio del calcio d'inizio, cioè un *calcio piazzato* dal centro del campo, che si effettua anche quando si riprende il gioco dopo una trasformazione; in questo caso il calcio è eseguito dalla squadra che ha subìto il punto. Dopo una meta non trasformata viene invece eseguito un calcio di rimbalzo (drop): in entrambi i casi, i giocatori avversari devono stare tutti dietro la linea dei 10 metri, possono scattare in avanti non appena la palla è stata calciata. A partire da questo momento, portare la palla oltre la linea di meta della squadra avversaria costituisce il motivo che genera e determina tutte le azioni della squadra. La meta tuttavia non è l'unico modo per ottenere punti. In totale, nel rugby esistono 4 modi per fare dei punti:

- **meta**, è il modo più redditizio, permette infatti di guadagnare 5 punti. Consiste nel depositare la palla nell'area di meta del campo avversario e, in questo caso, il giocatore che realizza la meta deve mantenere il contatto con la palla mentre la deposita a terra. Se gli avversari, con un fallo, impediscono la realizzazione viene comminata una meta di punizione con trasformazione automatica.
- **trasformazione**, fa seguito a una meta e si tratta di eseguire un tiro da un punto posto perpendicolarmente alla linea di fondocampo, in linea con il punto in cui è stata fatta meta. I giocatori che hanno subìto la meta devono mettersi tutti dietro la loro linea di meta, e possono muoversi soltanto quando il calciatore avversario inizia la corsa per calciare. I compagni di gioco invece, devono essere alle spalle di chi esegue la trasformazione. Il tiro può essere un calcio piazzato o di rimbalzo: si ottengono 2 punti se il pallone passa tra i pali della porta sopra la traversa.
- **drop**, quando si lascia cadere la palla dalle mani durante il gioco e con un calcio al rimbalzo viene inviata la palla tra i pali della porta; fa conquistare 3 punti.
- **punizione**, si esegue a gioco fermo, sul punto in cui è avvenuta l'irregolarità, se si riesce a far passare il pallone tra i pali si guadagnano 3 punti.

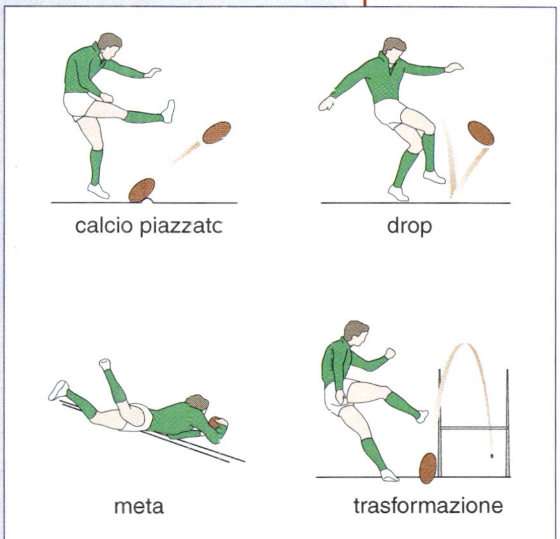

Se il pallone esce lateralmente si ha il fallo laterale, si esegue così la rimessa laterale che si chiama touche. Nell'esecuzione della touche sono coinvolte entrambe le squadre: i giocatori si dispongono su due file parallele, su una linea ideale perpendicolare alla linea laterale del campo, nel punto in cui è uscita la palla, formando un corridoio della larghezza di circa 1 m. Il giocatore che deve fare la touche rimette in gioco la palla con un lancio fra i giocatori che, saltando o facendosi sollevare dai compagni, cercano di conquistare la palla per poterla quindi giocare.
Le azioni della squadra sono tutte svolte con l'obiettivo di conquistare terreno e segnare dei punti, ma devono essere eseguite seguendo delle precise regole. La più importante è quella che vieta il passaggio in avanti del pallone. Questo ha due conseguenze, la prima è che un giocatore in possesso di palla deve sempre trovarsi davanti ai propri compagni per poter effettuare un passaggio; la seconda è che la palla rappresenta una virtuale linea orizzontale dietro la quale si realizza il gioco. Se, anche in modo non volontario, la palla viene passata in avanti, si subisce un calcio di punizione.
In realtà ci sono tre occasioni in cui la palla può essere lanciata in avanti, gesto che può essere fatto solo con i piedi:

- per passarla a un compagno in avanti, che però è partito da dietro a chi ha effettuato il lancio.
- per calciarla in mezzo ai pali sopra la traversa della porta avversaria.
- per lanciarla in fallo laterale.

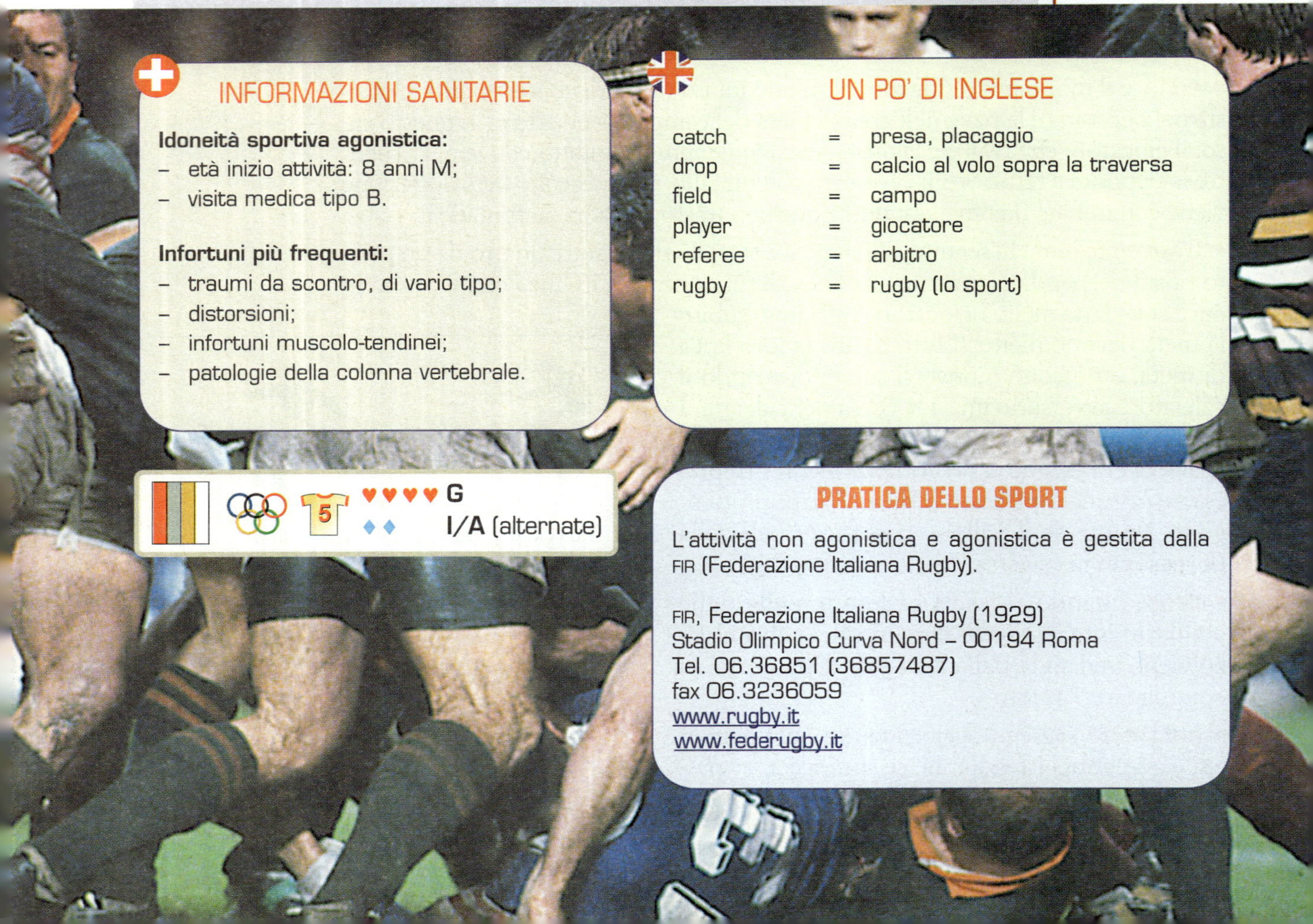

INFORMAZIONI SANITARIE

Idoneità sportiva agonistica:
- età inizio attività: 8 anni M;
- visita medica tipo B.

Infortuni più frequenti:
- traumi da scontro, di vario tipo;
- distorsioni;
- infortuni muscolo-tendinei;
- patologie della colonna vertebrale.

UN PO' DI INGLESE

catch	=	presa, placaggio
drop	=	calcio al volo sopra la traversa
field	=	campo
player	=	giocatore
referee	=	arbitro
rugby	=	rugby (lo sport)

5 ♥♥♥♥ G
♦♦ I/A (alternate)

PRATICA DELLO SPORT

L'attività non agonistica e agonistica è gestita dalla FIR (Federazione Italiana Rugby).

FIR, Federazione Italiana Rugby (1929)
Stadio Olimpico Curva Nord – 00194 Roma
Tel. 06.36851 (36857487)
fax 06.3236059
www.rugby.it
www.federugby.it

Arbitri e falli

In caso di caduta, autonoma o provocata dall'azione di un avversario, il giocatore deve immediatamente liberarsi della palla con un passaggio all'indietro, se ciò non avviene può incorrere in una punizione per palla trattenuta o per passaggio in avanti. Lo scontro fisico è la caratteristica saliente del rugby, esso avviene con un'azione detta di **placcaggio**. Il placcaggio consiste nel bloccare l'avversario e trascinarlo a terra. Lo si può eseguire da qualsiasi direzione, lateralmente, da dietro, di fronte, ma per essere considerato regolare deve essere portato solo alla vita e al tronco. Se l'azione è portata in qualsiasi altra parte del corpo, è considerato fallo.

Falli tipici del rugby sono il **fuorigioco** e la **palla trattenuta**, entrambi puniti con un calcio di punizione, mentre falli di minore entità come il passaggio involontario in avanti o la spinta, sono puniti con la mischia. Una **mischia** è formata quando otto giocatori di ciascuna squadra, che compongono il cosiddetto *pacchetto di mischia*, si legano tra loro con le braccia in tre file per ogni squadra, a contatto con gli avversari, in modo che le teste delle prime linee siano incastrate tra loro, spalla contro spalla, a testuggine.

mischia spontanea sulla palla

mischia spontanea sul portatore di palla (maul)

Un giocatore della squadra che ha diritto alla punizione (il *mediano di mischia*) introduce la palla nel passaggio (il *tunnel*) creatosi tra i due gruppi, in modo che i propri compagni possano intercettarla e spostarla con i piedi (*tallonaggio*), facendola uscire dal proprio lato della mischia, dove un compagno di squadra è pronto a prenderla per riaprire il gioco. Si possono formare anche delle mischie spontanee, su una palla ferma a terra, intorno alla quale si radunano più giocatori dei due schieramenti oppure su un giocatore in possesso di palla che non cade a un placcaggio e che viene soccorso dai compagni. Si forma così un gruppo, una mischia, formata dal portatore di palla e da diversi giocatori delle due squadre, questa mischia spontanea è detta **maul**. In entrambi i casi l'arbitro interrompe il gioco e organizza una mischia regolare.

Ogni incontro è controllato dagli ufficiali di gara: l'*arbitro* e i due *giudici di linea*. Si possono aggiungere altre figure, un arbitro e/o il giudice di linea di riserva, un addetto all'uso di apparecchiature tecnologiche per assistere l'arbitro nel prendere decisioni, un cronometrista, il medico dell'incontro, i medici delle squadre, i componenti non giocatori delle squadre e i raccattapalle.

Numero giocatori per squadra	Numero giocatori in campo	Cambi o sostituzioni	Numero riprese	Durata di ogni ripresa (min)	Durata intervallo (min)
20	15	2	2	40	10

Ruoli e posizioni

Le squadre che scendono in campo sono formate da 15 giocatori e, come in tutti i giochi di squadra, esistono ruoli definiti, in modo da suddividere le diverse mansioni da svolgere sul terreno di gioco, affinché ci sia la massima coordinazione nell'esecuzione degli schemi. I ruoli nel rugby sono gli **avanti**, che hanno una funzione di attacco e in campo sono presenti in otto, gli **arretrati** o **trequarti** che hanno funzioni di difesa, tra questi si distingue l'**estremo** che è l'ultimo giocatore schierato in difesa, dietro tutti i compagni. I **mediani**, che sono due, svolgono un compito di collegamento tra lo schieramento d'attacco degli avanti e quello in difesa degli arretrati.

Fondamentali individuali

I fondamentali individuali sono i gesti di base, essenziali per poter giocare correttamente il rugby. Si dividono in *corsa*, *placcaggio*, *passaggio*, *presa*.

La corsa

Si tratta di una corsa particolare, che deve essere veloce, ma non lanciata al massimo come per i velocisti in atletica, inoltre il giocatore deve mantenere il baricentro basso. Tale posizione permette di avere una corsa sempre variata, per direzione e intensità, in modo da evitare il più possibile gli scontri e i placcaggi, tenere ben saldo il pallone sotto l'ascella e poter fare nel contempo delle spinte di sfondamento o eseguire delle finte, inducendo così l'avversario a fare un placcaggio a vuoto, situazione che permette di superare agevolmente l'uomo.

Il placcaggio

Si esegue per fermare la corsa dell'avversario, si tratta di una presa da effettuare al tronco o al bacino dell'uomo da fermare. Deve essere svolta con correttezza, senza violenza e in modo preciso, con l'unico scopo di fermare l'avversario. Si esegue con un tuffo o con una presa completa con tutte e due le braccia, applicando la forza necessaria per far cadere il giocatore.

Il passaggio

Questo gesto tecnico del rugby ha delle caratteristiche tali da renderlo un fondamentale più complesso, rispetto alla sua esecuzione in altri sport di squadra con la palla. La prima particolarità consiste nella direzione obbligata, il passaggio infatti può essere effettuato solo all'indietro. Questo implica delle conseguenze anche nella sua esecuzione.
Il passaggio all'indietro deve essere eseguito in corsa, per realizzare la massima penetrazione nel campo avversario e avvicinarsi alla linea di meta e anche perché il portatore di palla è consapevole di poter essere placcato in qualsiasi momento, egli deve pertanto continuare il movimento per costituire un bersaglio meno facilmente raggiungibile dagli avversari.

Nel momento del placcaggio, e più precisamente quando chi detiene la palla ha un ginocchio o entrambe le ginocchia poggiate sul terreno, deve effettuare un passaggio a un compagno disponibile, in modo che la propria squadra mantenga il possesso della palla e per evitare che gli venga fischiato un fallo di palla trattenuta.
Per eseguire il passaggio in corsa, il giocatore deve prima di tutto possedere una buona visione periferica che gli permetta di controllare la posizione del compagno a cui deve passare la palla secondo lo schema scelto oppure, qualora quest'ultimo non sia riuscito, dove si trovi un compagno libero disponibile a ricevere la palla. Egli deve anche controllare gli avversari per evitare, nei limiti del possibile, placcaggi da dietro e laterali. Dopo aver controllato la situazione, il giocatore, tenendo saldamente il pallone con le due mani, effettua il passaggio eseguendo una torsione del busto accompagnata dal movimento delle braccia, dal lato opposto alla direzione di lancio; questa fase è seguita da una veloce rotazione nel senso opposto alla torsione, cioè nella direzione di lancio. Il lancio può essere a parabola, quindi piuttosto lento e per questo intercettabile, oppure teso e molto veloce, verso il compagno che continuerà a sua volta l'avvicinamento alla meta. Tutto questo avviene in corsa che, al momento del lancio, rallenterà con un allungamento e una diminuzione della frequenza delle falcate. Di regola al terzo passo allungato si esegue il passaggio; è bene non trattenere oltre il pallone, perché esiste sempre la possibilità del placcaggio da parte dell'avversario.

La presa

La presa permette che la palla rimanga in possesso della squadra e che quindi continui l'avvicinamento alla meta. A seconda che il passaggio sia teso o a parabola si eseguirà una presa in corsa o in salto.
La **presa in corsa**, eseguita dopo un passaggio teso, avviene con le braccia distese e la corsa che converge e rallenta verso la traiettoria del pallone. La palla deve essere portata subito sotto l'ascella, per permettere al giocatore di lanciarsi in una corsa veloce.
La **presa in salto** è eseguita nei passaggi a parabola: anche qui ci si protende con le braccia distese verso il pallone, convergendo verso la sua traiettoria. Nella ricaduta del salto il pallone viene posto sotto l'ascella, per permettere al giocatore di prendere contatto con il terreno incominciando subito a correre. La visione periferica è importantissima anche in questo fondamentale, affinché il giocatore mantenga il controllo della situazione intorno a sé.

Giochi per iniziare

Supera la diagonale

Si gioca con sei giocatori tra le due linee dei 22 metri che in questo caso diventano linee di meta. Quattro giocatori si dispongono in diagonale sul campo, rivolti verso un lato del campo (linea di touche). Un quinto parte dal lato del campo verso il quale sono rivolti i primi quattro giocatori. Deve passare con la palla, di corsa alla massima velocità e a una distanza di 2 m, davanti a tutti i giocatori disposti sul campo, evitando i loro placcaggi. I quattro giocatori sul campo non si possono muovere fino a quando il quinto giocatore non li ha raggiunti. Se quest'ultimo viene fermato, deve passare la palla al sesto giocatore che è partito contemporaneamente a lui, correndo in parallelo, ma dietro ai giocatori disposti sul campo. Il sesto giocatore quando è in possesso della palla diventa "placcabile", se riesce a superare il quarto giocatore e la linea dei 22 metri fa un punto. Il quinto giocatore, per fare un punto, deve prima di tutto superare i quattro giocatori avversari e quindi effettuare un passaggio al sesto giocatore che lo segue, prima della linea dei 22 metri.

Calci piazzati

Si tratta di una gara di calci piazzati da diverse posizioni, via a via sempre più difficili. Si hanno tre tentativi per posizione, poi si è eliminati. Con la realizzazione al primo tentativo si ottengono tre punti, al secondo due, al terzo uno. Tra chi non è eliminato dopo tutta la serie di tiri, si verificherà il punteggio.

Senza palla

Si gioca con squadre regolari, ma senza palla. Bisogna soltanto evitare che un avversario arrivi alla meta. Una squadra attacca e una difende, si scambiano poi i ruoli.

verifiche

Scegli la risposta corretta.

1. Chi è l'estremo?

A un giocatore che sta sempre avanti in attacco
B un arbitro particolare che è sempre sulla linea di meta
C l'ultimo difensore
D non esiste nel rugby

2. Che cosa accadde nel 1871?

A nacque la Union Rugby Football
B si tentò di organizzare il primo campionato mondiale di rugby
C si formò la prima squadra italiana
D nel rugby non successe nulla di significativo

3. Qual è la zona di meta?

A la zona dove i giocatori non possono entrare
B la zona dove si segna solo con un calcio piazzato e si conquistano 3 punti
C la zona dove si segna e si conquistano 2 punti
D la zona dove si segna e si conquistano 5 punti

Rispondi alle seguenti domande

1. Descrivi il placcaggio.
2. Che cos'è il tallonaggio?

nuoto

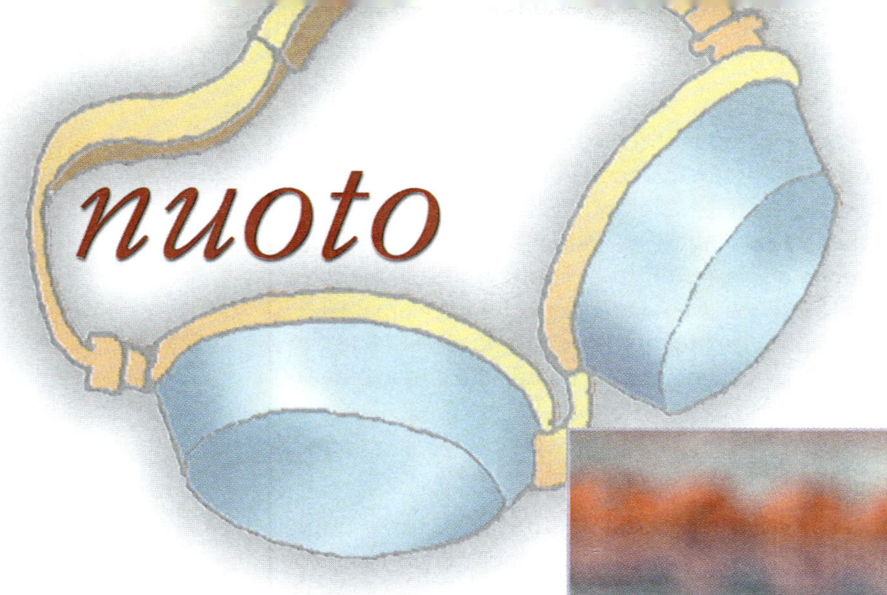

Introduzione

Il nuoto sportivo è una gara di velocità in acqua, che si svolge scivolando sulla superficie, utilizzando trazioni e spinte di gambe e braccia. Si tratta di un'attività che l'uomo che ha sempre praticato e che nel corso della storia si è strutturata in stili precisi. Si tratta di uno sport individuale, le cui gare sono suddivise per distanze e stili.

Origini

Al British Museum di Londra è conservato un bassorilievo assiro, datato circa 1000 a.C., che raffigura una scena di guerra in cui tre soldati si mettono in salvo dal nemico attraversando un fiume a nuoto. Presso i popoli antichi il nuoto era tenuto in grande considerazione, tanto che i Romani per indicare un individuo inetto e incapace dicevano: «non sa leggere e neppure nuotare». Il primo trattato sul nuoto, nel quale furono distinti vari stili, *Colymbetes sive De arte natandi* (1538) risale al Rinascimento e si deve a Nicolaus Wynmann. Benché si abbia notizia di competizioni

Mosaico delle terme di Nettuno a Ostia, che raffigura dei nuotatori.

disputate in epoca medievale e di esperimenti agonistici svoltisi sulla Senna e sul Reno nel Settecento, le prime gare di nuoto nel senso moderno del termine furono organizzate nel 1833 in Germania. Le prime piscine moderne furono costruite nel 1800 a Francoforte, in Germania e nel 1843 a Liverpool, in Inghilterra. Successivamente sorsero le prime società sportive e il nuoto divenne uno sport ufficiale diffuso in tutto il mondo. La prima società sportiva natatoria italiana nacque a Roma nel 1891 e fu chiamata Rari Nantes (Abili Nuotatori). In breve tempo si costituirono altre società e, nel 1928, fu costituita la Federazione italiana nuoto (FIN), con lo scopo di coordinare e regolamentare tutta l'attività agonistica.

Il nuoto ha fatto parte delle discipline olimpiche fin dalla prima edizione dei Giochi dell'era moderna (1896). Dal 1973 si disputa il Campionato del mondo ogni due anni negli anni dispari e, dal 1993, negli anni pari si disputano i Campionati del mondo sui 25 m.

Campo di gara

Le competizioni di nuoto dal 1924 avvengono in piscina, anziché in mare come avveniva precedentemente. Si svolgono in piscine da 50 o 25 metri, la profondità, per le competizioni olimpiche, dev'essere di 1,8 m in modo uniforme con temperatura dell'acqua costante a 24 °C. Lo specchio d'acqua è suddiviso in corsie numerate larghe 2,5 m. Sul fondo ci sono le **linee di fondo** che segnano il centro delle corsie. A livello dell'acqua le corsie sono delimitate da galleggianti che cambiano colore nei 5 m finali; per il dorso a 5 m dalla fine della piscina, appese in alto a 1,8 m sull'acqua, si trovano le bandierine per la virata, servono come riferimento per segnalare ai nuotatori la distanza dal muro. Sotto i blocchi di partenza ci sono i segnalatori elettronici di contatto che i nuotatori devono toccare per fermare il conteggio del tempo alla fine della gara. Il piano dei blocchi di partenze dove si posiziona il nuotatore è posto 75 cm sopra la superficie dell'acqua.

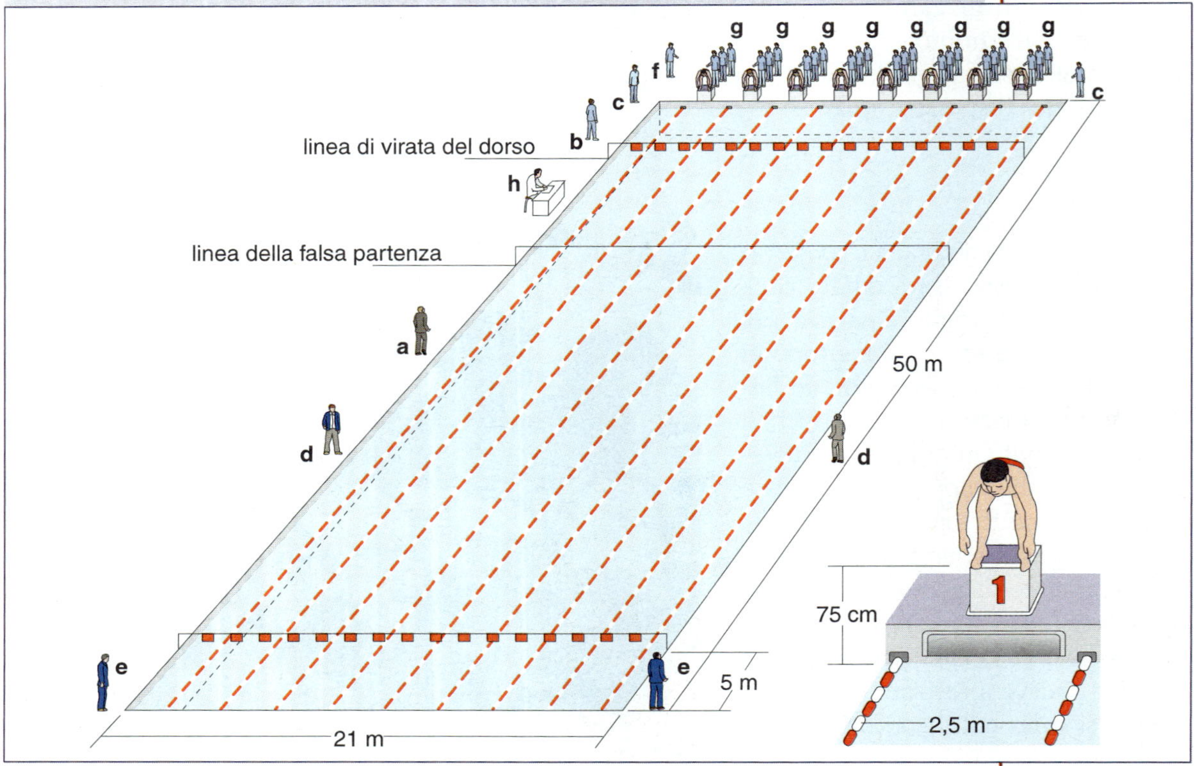

Regole di base

Posizione di partenza per gli stili in avanti.

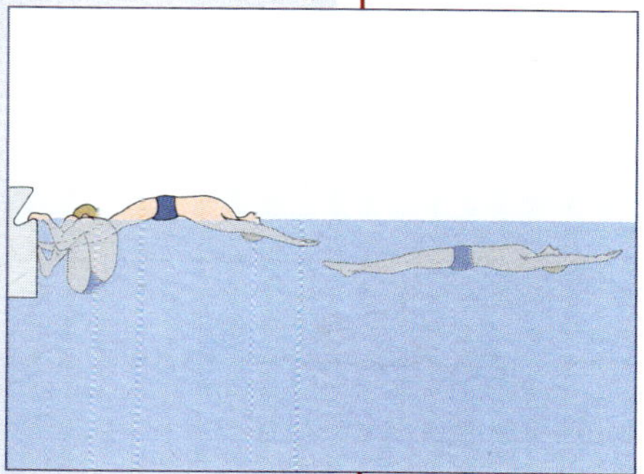

Posizione di partenza per il dorso.

Le competizioni, a seconda dei diversi stili, si dividono in gare con partenze in avanti, che iniziano con un tuffo e gare con partenze dal dorso, che iniziano con i nuotatori già in acqua. Le competizioni con la **partenza in avanti** iniziano con la chiamata dei nuotatori, che si dispongono dietro i *blocchi di partenza*, quindi, al comando dello starter «Ai vostri posti», i concorrenti si spostano nella parte frontale dei blocchi, e assumono la posizione di partenza. Ora, con un segnale sonoro, che può essere un claxon, uno sparo un fischio o l'ordine «Via!», la gara ha inizio e i nuotatori si tuffano. Nelle gare a dorso i nuotatori sono già immersi in acqua con il dorso rivolto verso la piscina. Essi si tengono al bordo della piscina o alla maniglia per la partenza, con i piedi in appoggio sul muro della piscina. Al comando «A posto» i concorrenti sollevano fuori dall'acqua la maggior parte del corpo, piegando i gomiti e portando il mento vicino al blocco di partenza, al segnale sonoro di partenza, i nuotatori si spingono via con i piedi. Le corsie sono assegnate secondo un ordine determinato dal tempo personale dei nuotatori su quella distanza. Chi ha il miglior tempo si trova al centro, le corsie a destra e a sinistra di questo nuotatore vengono assegnate in ordine decrescente agli altri nuotatori, in modo che le corsie laterali siano occupate dai due concorrenti con i due tempi più alti. Questo fa sì che, se i concorrenti rispettano le loro capacità, durante la gara si dispongano a V, rendendo possibile rilevare subito in caso di disposizioni diverse, *défaillances* dei migliori o prove eccezionali dei più lenti.

Arbitri e falli

Il regolamento permette che il nuotatore commetta due **false partenze**, ma alla terza è squalificato. La falsa partenza è segnalata con la ripetizione del segnale acustico, inoltre si lascia cadere in acqua una corda a 15 metri dal bordo, in modo che i concorrenti che non avessero percepito il secondo segnale acustico possano accorgersi dell'avvenuta falsa partenza. Altre regole che riguardano le **cause di squalifica** sono, i comportamenti atti ad ostacolare ed impedire l'avanzare in acqua di un concorrente, attuati da un altro nuotatore, anche fuori dalla corsia; adottare qualsiasi ausilio, come pinne e attrezzature simili, che possa aumentare la prestazione; presentarsi ai blocchi dopo la chiamata; camminare sul fondo della piscina; finire la gara in una corsia diversa da quella di partenza; entrare in gara quando questa è già in corso.
Gli **ufficiali di gara** che controllano il corretto svolgimento della competizione e l'esecuzione della nuotata dei concorrenti sono: 4 *giudici di stile* che controllano che la nuotata dei concorrenti sia corretta, più un quinto giudice di stile che controlla che il nuotatore riemerga con la testa dopo i primi 15 m; i *giudici di virata* che controllano la correttezza della virata dei nuotatori; i *cronometristi di corsia* che rilevano i tempi dei vari nuotatori, più un *cronometrista capo* che con-

trolla con i cronometristi di corsia i tempi rilevati elettronicamente; lo *starter* che ha la gestione dei concorrenti dal momento in cui l'arbitro dà il via fino all'inizio della gara; infine l'*arbitro* che ha la responsabilità della conduzione della gara, conferma i giudizi degli altri arbitri e negli appelli ha l'ultimo giudizio.

Stili

Già nel Rinascimento si erano distinti stili diversi di nuoto. Attualmente sono riconosciuti quattro stili, con i quali si disputano gare su diverse distanze: stilo libero o *crawl*, dorso, rana, farfalla o delfino.

Stile libero

Nelle prime competizioni i concorrenti potevano nuotare nel modo che ritenevano più congeniale per vincere. Ora, dato che il **crawl** – lo **stile libero** attuale – si è rivelato lo stile più efficiente, quello che permette la maggior velocità con il minor attrito e la minor fatica, di fatto è sempre stato lo stile scelto per questa prova.

INFORMAZIONI SANITARIE

Idoneità sportiva agonistica:
- età inizio attività 10-9 anni M/F;
- per il nuoto: visita medica tipo B;
- per l'attività subacquea: visita medica tipo B + esame ORL periodico;
- per i tuffi: visita medica tipo A + esame neurologico periodico, esame ORL periodico con audiometria + EEG alla prima visita.

Infortuni e malattie più frequenti:
- lesioni muscolo-tendinee alla spalla;
- patologie della schiena;
- otiti;
- verruche.

UN PO' DI INGLESE

back stroke	=	nuoto sul dorso
breast stroke	=	nuoto a rana
diving	=	tuffi (sport)
swim suit	=	costume da bagno
swimming	=	nuoto
swimming belt	=	cintura di salvataggio
swimming pool	=	piscina
timing	=	cronometraggio
underwater swimming	=	nuoto subacqueo
water	=	acqua

PRATICA DELLO SPORT

Le attività non agonistiche sono gestite da organismi del CONI come i CAS (Centri di Avviamento allo Sport) e i Centri Olimpia, oppure dagli Enti di promozione sportiva (USACLI, CUS ecc.). Le attività agonistiche, invece, sono gestite dalla FIN (Federazione Italiana Nuoto), affiliata al CONI.

FIN, Federazione Italiana Nuoto (1891)
Stadio Olimpico Curva Nord – 00194 Roma
tel. 06.362001
fax 3242502

♥♥♥♥♥ G (a partire dai 100 m)
♥♥♥ P (50 e 100 m)
♥♥♥ F (tuffi, attività subacquea)
♦♦♦ I (nuoto) A (attività subacquea)
♦ A (sincronizzato, tuffi)

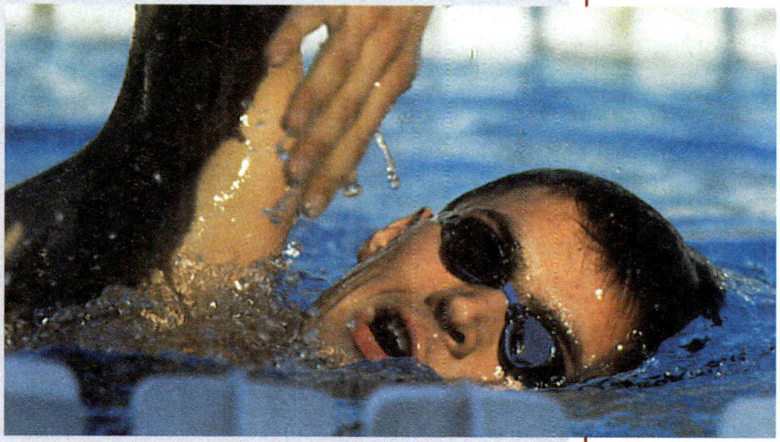

Lo stile libero si nuota in *posizione prona*, mantenendo il tronco esteso e assecondando le azioni degli arti, mentre l'azione delle braccia e delle gambe assicura una spinta propulsiva. La particolare efficienza di questo stile si deve al fatto che l'uso alternato delle braccia consente al contempo propulsione e recupero: mentre un braccio è in fase di propulsione, sott'acqua, l'altro recupera fuori dall'acqua. Se l'azione delle braccia fornisce in questo modo l'80% della spinta, il restante 20% è fornito dalle gambe. Come regola generale si può dire che, più il ritmo delle braccia cala, più quello della gambe aumenta. La massima azione delle gambe, infatti, si ha nel tuffo iniziale e dopo le virate, in cui non si hanno movimenti delle braccia. In questo stile, la respirazione, nella quale molti possono trovare difficoltà, avviene ruotando il capo di lato, di solito ogni due o tre bracciate: nel caso si preferisca respirare ogni due bracciate lo si farà sempre dallo stesso lato, mentre se la respirazione avviene ogni tre bracciate si alternerà il lato.

Propulsione, è l'azione di trazione del braccio sott'acqua.

Recupero, si tratta dell'azione di ritorno del braccio fuori dall'acqua in preparazione della bracciata successiva.

Dorso

Questo stile, asimmetrico, è eseguito in posizione supina con il movimento alternato delle braccia, come nel crawl. Le braccia entrano in acqua con un movimento che si può descrivere per alto-dietro-basso, in cui si svolgono i movimenti di propulsione e recupero come nel crawl, ma al contrario. Contemporaneamente si ha l'azione delle gambe e una rotazione del busto, che provoca un anticipo del movimento d'uscita del braccio, da parte della spalla e un simultaneo abbassamento dell'altra spalla, che avviene mentre il gomito piegato raggiunge la massima profondità.

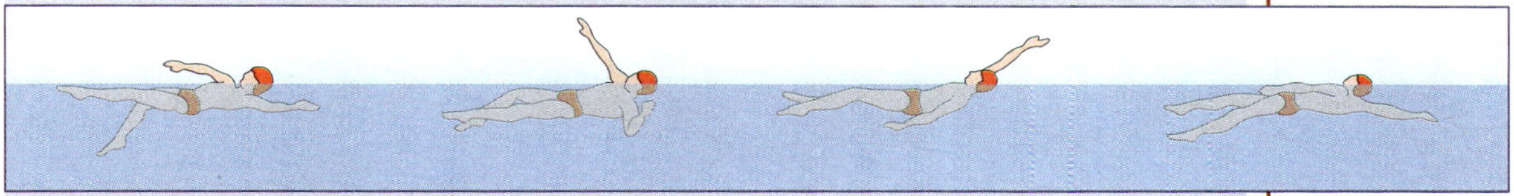

Rana

Questo è uno stile simmetrico nel movimento delle braccia e delle gambe, in cui il corpo è in posizione prona. Le braccia sono distese in avanti con i palmi rivolti all'esterno. Prima con le mani, poi con tutto il braccio disteso si inizia un movimento di apertura e di approfondimento; quindi inizia una flessione del gomito mentre la testa è immersa e il nuotatore espira. La flessione continua e aumenta, mentre gli arti superiori iniziano l'**adduzione**. Questa azione continua fino a portare gli avambracci sotto il petto. La testa emerge e

Adduzione, avvicinare un arto o una parte mobile del corpo all'asse mediano di questo o a un altro punto di riferimento.

il nuotatore inspira, le braccia sono immerse nell'acqua con i gomiti flessi e i palmi delle mani rivolti verso i piedi, inizia ora un movimento di avanzamento adducendo i gomiti e ruotando i palmi verso il petto. Da questo momento inizia un'azione di distensione degli arti superiori, mentre i palmi ora sono rivolti verso il fondo della piscina. Man mano che la distensione delle braccia aumenta, i palmi ruotano e si rivolgono verso l'esterno, incominciando così un nuovo ciclo. La gambe, a carico delle quali è la maggior parte della spinta, hanno un movimento caratteristico, in cui si susseguono movimenti di flesso-estensione delle ginocchia. Le spinte di braccia e gambe sono successive in modo tale che mentre le braccia sono in fase di trazione, le gambe recuperano e viceversa.

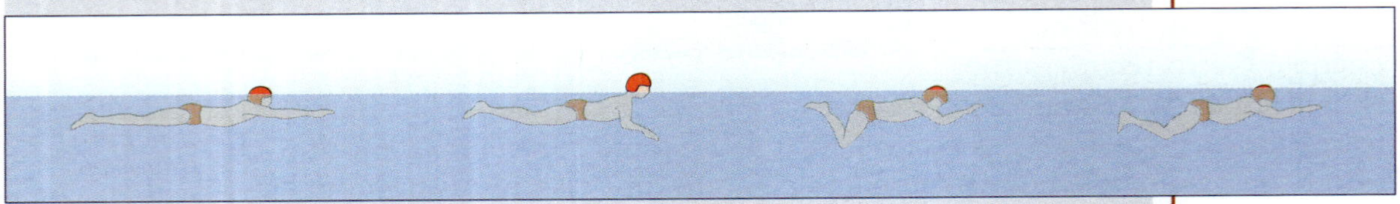

Farfalla

Come la rana è uno stile eseguito in posizione prona, con movimenti simmetrici, partendo da uno slancio avanti delle braccia fuori dall'acqua, che penetrano l'acqua con i gomiti distesi e i palmi rivolti verso il fondo della piscina di fronte al viso. Nell'acqua i gomiti si flettono e compiono un'azione simile alla parte iniziale della bracciata rana. Poi si distendono lungo i fianchi ed escono dall'acqua. Le gambe, sempre addotte, si muovono all'unisono: risalgono distese e scendono prima con le ginocchia poi con i piedi aggiungendo con la distensione delle ginocchia una doppia azione propulsiva. Nel momento d'entrata e di spinta delle braccia le gambe dovrebbero essere in fase discendente. Il nuotatore espira mentre le braccia escono dall'acqua.

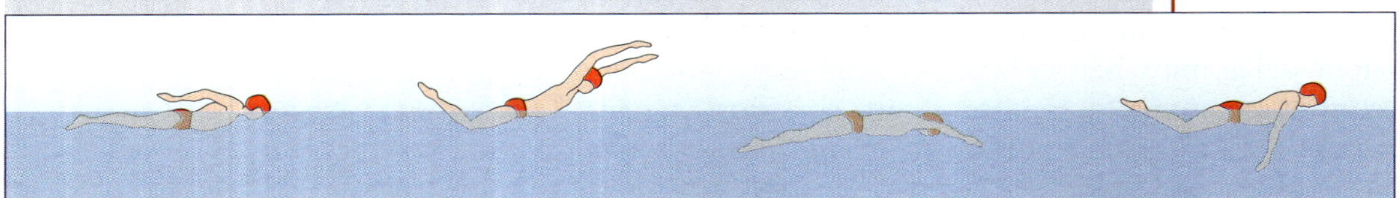

Capacità fondamentali

Insieme alla tecnica, un elemento fondamentale per praticare il nuoto è la capacità di galleggiamento, anche detta **galleggiabilità**, assicurata dalla prevalenza dei tessuti adiposi sui tessuti muscolari e ossei, che sono notevolmente più pesanti. La caratteristica di un buon nuotatore, infatti, consiste nella ricerca di un equilibrio tra la potenza muscolare necessaria a una forte propulsione e la galleggiabilità, garantita dalla prevalenza dei tessuti adiposi. Oltre alle doti naturali, nella preparazione atletica è importante seguire un programma di allenamento specifico che tenga conto anche dell'alimentazione.

Giochi per iniziare

Il vulcano sottomarino

Per familiarizzare con l'acqua della piscina, si può giocare dove l'acqua è più bassa a fare le bolle espirando dalla bocca. Ci si mette in ginocchio, si pone il viso in acqua e si soffia. Quando si ha raggiunto un maggior grado di sicurezza, ci si può anche sedere sul fondo della piscina e, soffiando, aprire gli occhi e guardare le bolle, in questo modo si abitua anche la congiuntiva al contatto con l'acqua.

Battaglia navale

Dividere gli allievi in due gruppi. In ogni squadra chi sa nuotare sott'acqua fa il sommergibile e per "colpire e affondare" gli avversari deve legare loro un cordino alla caviglia. Chi sa nuotare è una nave da guerra, chi non sa nuotare e ha bisogno di ausili galleggianti (tavoletta o salvagente), è una nave appoggio di rifornimento. Ci si deve colpire con palline di plastica che galleggino. Chi è colpito tre volte viene eliminato, i sottomarini si possono colpire quando riemergono.

Sparviero

Si tratta del classico gioco, ma organizzato in acqua. Uno deve prendere i compagni; i compagni presi si associano a lui e si continua fin quando non ne rimane solo uno da prendere.

nuoto sincronizzato

Il nuoto sincronizzato è uno sport esclusivamente femminile, in cui si ritrovano elementi del nuoto, della ginnastica e della danza. Nelle competizioni bisogna eseguire in acqua movimenti secondo un regolamento codificato in figure obbligatorie e di routine su una base musicale. Le gare sono individuali, a coppie o a squadre di 4 o 7 atlete. La piscina viene utilizzata libera, senza cordoli né corsie.

Origini

Le origini di questo sport si fanno risalire a una serie di film di verità musicale-acquatico che ebbero grande seguito negli Stati Uniti negli anni Quaranta. Nel 1934 questa disciplina prese il nome ufficiale di nuoto sincronizzato. Nel 1952 la FINA integrò questa disciplina nel suo programma di attività ufficiali. Nello stesso anno alle Olimpiadi di Helsinki il nuoto sincronizzato partecipò come sport dimostrativo e nel 1984 alle Olimpiadi di Los Angeles divenne un sport ufficiale del programma olimpico. Nel 1996 ai Giochi olimpici di Atlanta si disputarono solo le competizioni a squadre, ma a Sydney nel 2000 fu reintegrato il programma completo con gare individuali, a coppie e di squadra.

Campo di gara

La piscina per eseguire gli esercizi di questo sport deve avere una area di 12 m^2, per l'esecuzione delle figure obbligatorie deve essere profonda 3 m, mentre per lo svolgimento delle routine è sufficiente una profondità di 1,7 m. La temperatura dell'acqua deve essere sui 24 °C. Dev'esserci inoltre un impianto di riproduzione della musica che permetta alle nuotatrici di eseguire gli esercizi a tempo, deve quindi possedere anche altoparlanti subacquei a norma di sicurezza.

a-arbitro
b-arbitro assistente per gruppo di giudici nella gara di figure
c-5/7 giudici per gruppo
d-3 segnapunti e addetto al campo
e-7 giudici intorno alla piscina
f-3 segnapunti, 3 cronometristi 1 addetto al campo
g-addetto alla musica

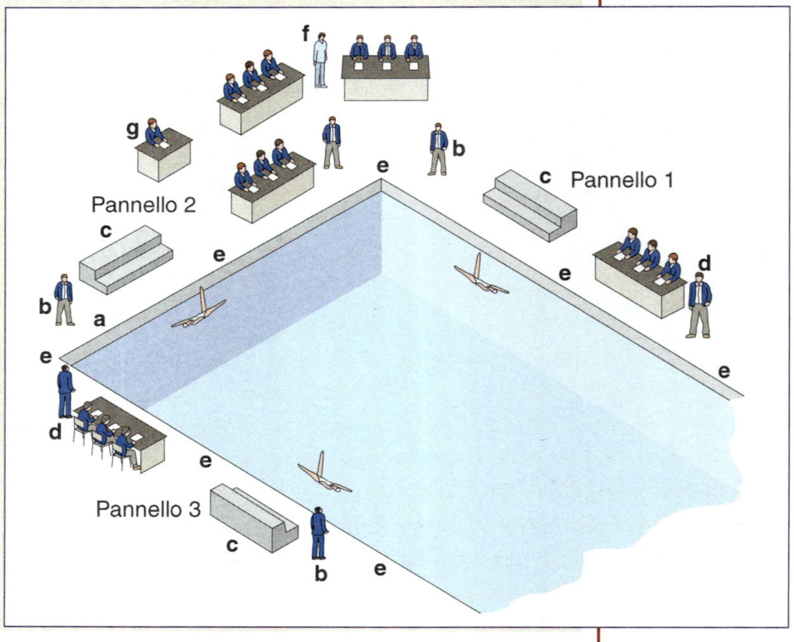

Regole di base

Le competizioni si svolgono in due momenti: figure obbligatorie e routine. Le **figure obbligatorie** sono galleggiamenti in posizioni prestabilite che devono essere assunte in successione. Ogni figura riceve un voto da 0 a 10. Il punteggio delle figure obbligatorie è dato dalla media dei voti, eliminati gli estremi, meno le penalità.

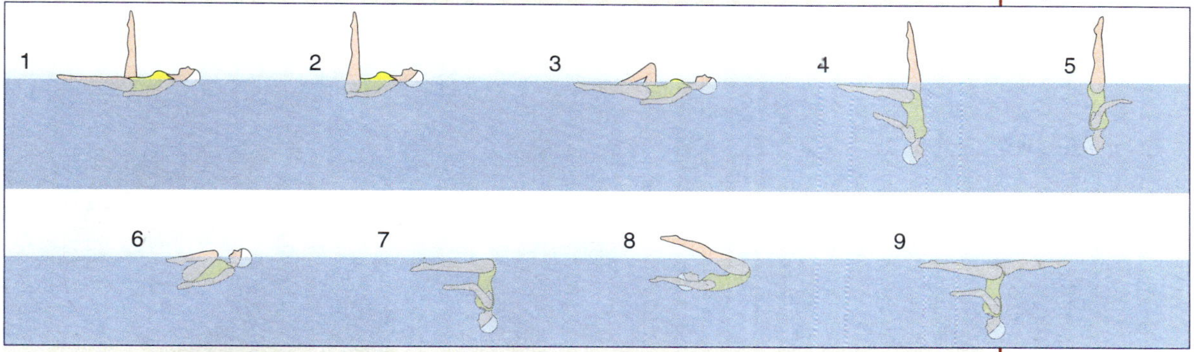

Posizione di base
1-gamba tesa
2-gambe tese
3-ginocchio flesso
4-cavaliere o castello
5-verticale
6-posizione carpiata
7-squadra in avanti
8-squadra in dietro
9-spaccata

Esistono poi le **routine**, che possono essere eseguite in singolo a coppie o in squadra; questo comporta l'ulteriore difficoltà della sincronia dei movimenti fra tutte le nuotatrici. Si tratta di sequenze di movimenti e di posizioni obbligatorie eseguite su accompagnamento musicale. Il punteggio delle figure obbligatorie è dato dalla media dei voti, eliminati gli estremi, meno le penalità. Nella routine si danno due valutazioni, di impressione artistica e merito tecnico, partendo dal valore dell'esercizio. Il voto finale è la somma dei due.

verifiche

Scegli la risposta corretta.

1. Perché lo stile libero si chiama così?

- A perché in gara gli atleti possono scegliere lo stile che preferiscono
- B è la traduzione del termine inglese *crawl*
- C perché gli atleti sono liberi di vestirsi come vogliono
- D perché le gambe e le braccia si muovono alternate

2. Che cosa accadde nel 1928?

- A si disputò un campionato sulla distanza di 440 iarde (400 m) a Sydney
- B fu ammesso alle Olimpiadi il nuoto sincronizzato
- C fu fondata la società sportiva Rari Nantes
- D fu fondata la FIN

3. Nello stile a rana la flessione e distensione delle gambe e delle braccia deve essere contemporanea e simmetrica?

- A no, ma il movimento è simmetrico
- B sì, ma il movimento è simmetrico
- C è indifferente
- D sì e il movimento è simmetrico

4. Quali tipi di figure devono essere inserite in una gara di nuoto sincronizzato?

- A solo tutte figure obbligatorie
- B figure obbligatorie e routine
- C figure obbligatorie in singolo e in coppia
- D galleggiamenti in successione e figure di routine

Rispondi alle seguenti domande.

1. Descrivi il campo di gara del nuoto.
2. Quali sono gli stili ufficiali del nuoto?
3. In quale corsia è posto il nuotatore che detiene il tempo migliore?
4. Qual è la temperatura dell'acqua nelle piscine?

sci

Introduzione

Questo è lo sport della neve, e dovunque ci si trovi a praticarlo, su ripide piste o in sinuosi pianori, la principale abilità da sviluppare è la capacità di scivolamento. Come molti altri sport, anche lo sci deriva dalla rielaborazione di attività e gesti della vita quotidiana; in questo caso, si tratta dell'evoluzione degli attrezzi che i montanari delle Alpi e i popoli del Nord Europa utilizzavano per spostarsi nei lunghi e nevosi inverni. Sport prettamente individuale, si divide in **sci alpino**, caratterizzato da quattro tipi di gare di velocità, e in **sci nordico**, che comprende gare di resistenza e di abilità.

Origini

Testi e tavole dimostrano come nella penisola scandinava, in Siberia e nell'Asia Centrale, l'uso dello sci come mezzo di trasporto risalga a molti millenni fa. Nella Norvegia settentrionale sono stati ritrovati graffiti di 4500 anni fa che rappresentano cacciatori sugli sci; in Svezia è esposto a Stoccolma uno sci largo e corto, ritrovato in un giacimento fossile presso Hòting. Nel XVI e nel XVII secolo, in Russia e in Scandinavia abbiamo testimonianze che confermano come lo sci fosse usato comunemente per attività militari e dai cacciatori. Per quanto riguarda gli eventi sportivi, le prime manifestazioni e gare di sci

Foto Bonomo

nordico furono organizzate nel XIX secolo in Norvegia, dove fu codificato anche un regolamento, grazie al quale lo sci divenne un vero e proprio sport. Tali manifestazioni, insieme a imprese eroiche, come l'attraversamento sugli sci della punta meridionale della Groenlandia, contribuirono a diffondere questo sport in molte nazioni del continente. La natura dei versanti alpini, ben più aspra dei dolci declivi scandinavi, rese necessario un adattamento della tecnica sino a quel momento utilizzata: nacque così lo sci alpino e, nel 1911, vennero organizzate le prime gare di slalom e discesa. Nel 1924 fu fondata la Fédération Internationale de Ski (FIS); nel 1931 la FIS organizzò il primo campionato mondiale; nel 1936 si svolse la prima Olimpiade con discesa libera e slalom. Si dovrà, però, attendere fino al 1966-67 per vedere la nascita della Coppa del mondo – manifestazione riservata solo alle discipline della discesa – che, assieme ai campionati mondiali e alle Olimpiadi invernali, costituisce oggi la triade delle gare internazionali. La FISI, Federazione italiana sport invernali, è nata nel 1920. Slalom e discesa libera divennero discipline olimpiche nel 1936; lo slalom gigante nel 1952.

INFORMAZIONI SANITARIE

Sci alpino

Idoneità sportiva agonistica:
- età inizio attività 10 anni M/F (salto M);
- visita tipo B + esame neurologico periodico;
- visita di tipo B + esame neurologico periodico e eeg alla prima visita (discesa libera e salto).

Infortuni più frequenti:
- distorsioni alle ginocchia;
- lesioni muscolari agli arti inferiori;
- traumi cranici;
- fratture degli arti inferiori.

Sci nordico

Idoneità sportiva agonistica:
- età inizio attività 10 anni M/F;
- visita medica tipo B.

Infortuni più frequenti:
- distorsioni alle caviglie;
- lesioni muscolo-tendinee agli arti inferiori e alle spalle;
- contusioni varie da caduta.

UN PO' DI INGLESE

cross-country skiing	= sci di fondo
finishing line	= arrivo
freestyle	= sci acrobatico
gloves	= guanti
ski	= lo sci (attrezzo)
ski-boots	= scarponi da sci
ski-pole	= bastoncino da sci
skiing	= lo sci (sport)
skilift	= sciovia
snow	= neve
snowboard	= tavola da neve
sunglasses	= occhiali da sole
track	= pista
trail	= traccia, scia
winter	= inverno

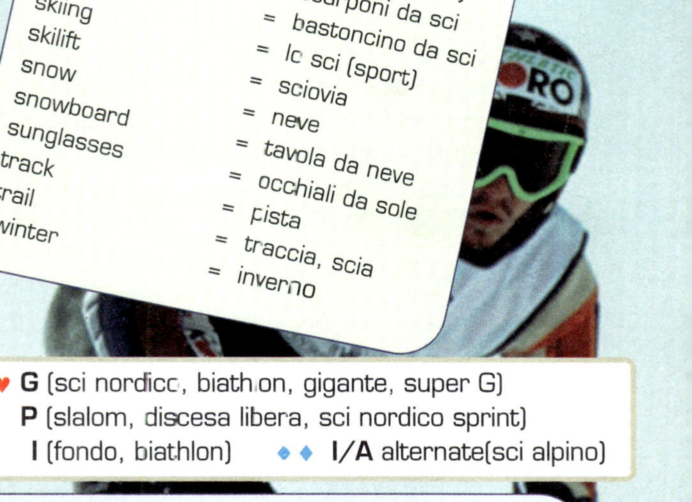

♥♥♥♥♥ **G** (sci nordico, biathlon, gigante, super G)
♥♥♥ **P** (slalom, discesa libera, sci nordico sprint)
♦♦♦ **I** (fondo, biathlon) ♦♦ **I/A** alternate(sci alpino)

PRATICA DELLO SPORT

La didattica e le classificazioni delle varie tecniche sciistiche mutano da paese a paese. Sono comunque attive iniziative che hanno l'intento di realizzare un'unificazione internazionale della tecnica, come i *congressi Interski*, e lo *Ski interm* che si svolgono con cadenza quadriennale. Tale opera di unificazione è resa più difficile dalla continua evoluzione della tecnica, che si adatta alle caratteristiche dei nuovi prodotti elaborati dalle industrie specializzate.

L'attività non agonistica è gestita dal CONI, attraverso i CAS, Centri Avviamento allo Sport e i Centri Olimpia, assieme agli Enti di promozione sportiva (AICS, CNS ecc.). Sono considerate agonistiche tutte le competizioni inserite nei calendari nazionali e zonali, e le manifestazioni a carattere promozionale inserite nei calendari nazionali.

FISI, Federazione Italiana Sport Invernali (1920) – Via Piranesi 44/b – 20137 Milano – tel. 02.75731 – fax 06.7573368 – www.fisi.org

Sci alpino

Attrezzatura

L'attrezzatura tecnica dello sci alpino è formata da quattro elementi fondamentali, oltre naturalmente a un abbigliamento adeguato: scarponi, sci, attacchi e bastoncini. Lo snowboard necessita, invece, di un'attrezzatura con caratteristiche proprie.

Scarponi

Devono essere comodi, calzare alla perfezione, rigidi ed elastici al tempo stesso e mantenere un buon isolamento termico. Senza tali requisiti renderebbero scomoda e difficile la pratica di questo sport. Sia che si tratti di scarponi per principianti, da turismo o per agonismo, la struttura di base rimane sempre la stessa: una **scarpetta** removibile all'interno, uno **scafo** in materiale plastico all'esterno e **ganci di chiusura** regolabili che permettono la perfetta aderenza della calzatura al piede.

Sci

Devono essere scelti in base alle capacità dello sciatore. In continua evoluzione per quanto riguarda i materiali, variano per caratteristiche quali rigidità, lunghezza e sciancratura (sagomatura particolare dell'attrezzo che rende il centro più stretto rispetto alla punta e alla coda). Scegliere lo sci adatto alle proprie esigenze significa prendere in considerazione soprattutto la rigidità e la lunghezza: più lo sci sarà lungo e rigido più sarà veloce, e più evoluto dovrà essere il livello tecnico di utilizzo. Anche la sciancratura costituisce una caratteristica molto importante ai fini della maneggevolezza dell'attrezzo: gli sci di vecchia generazione avevano un profilo molto più dritto dei nuovi che, stretti al centro e larghi in punta e in coda, facilitano l'esecuzione della curva e, di conseguenza, l'apprendimento della tecnica. In commercio esistono, oggi, diversi modelli di questi sci di nuova generazione, o **sci da carving**: ciò che distingue l'uno dall'altro è la maggiore o minore sciancratura e, naturalmente, la maggiore o minore lunghezza e rigidità. In base a tali caratteristiche tecniche, varia anche il tipo di utilizzo e di utente a cui ciascuno di essi è destinato. I modelli, attualmente in commercio, sono: **easy carve**, molto elastici e poco sciancrati (per principianti); **all-round carve**, più rigidi e con maggior sciancratura (per sciatori più esperti); **race carve**, meno rigidi e poco sciancrati (per esperti "tranquilli"); **sci da gigante**, con la spatola un po' più larga e forniti di una piastra, su cui vengono montati gli attacchi, che assorbe le vibrazioni e facilita il cambio di direzione (per agonisti); **slalom carve**, corti e con forti schiacciature, entrano facilmente in curva e ne mantengono la traiettoria in conduzio-

easy carve | race carve | slalom carve | cross o freeride | short carve ne/superconduzione (per agonisti); **sci da cross**, più larghi per galleggiare con maggior facilità in neve fresca; **short carve**, molto corti per acrobazie; **fun carve**, più lunghi degli short, permettono di sciare senza bastoncini con uno stile molto simile a quello dello snowboard (per esperti).

Attacchi

Formati da un puntale e da una talloniera, costituiscono l'elemento di connessione tra sci e scarponi. Sono di fondamentale importanza ai fini della sicurezza in quanto svolgono due funzioni opposte: tenere unito lo scarpone allo sci e liberarlo immediatamente in caso di caduta. La facilità di apertura dell'attacco viene regolata in base al peso e all'abilità dello sciatore: a parità di peso, un principiante dovrà avere un attacco molto più "dolce" di uno sciatore provetto che raggiunge alte velocità durante la discesa e sottopone, quindi, i suoi sci a sollecitazioni maggiori.

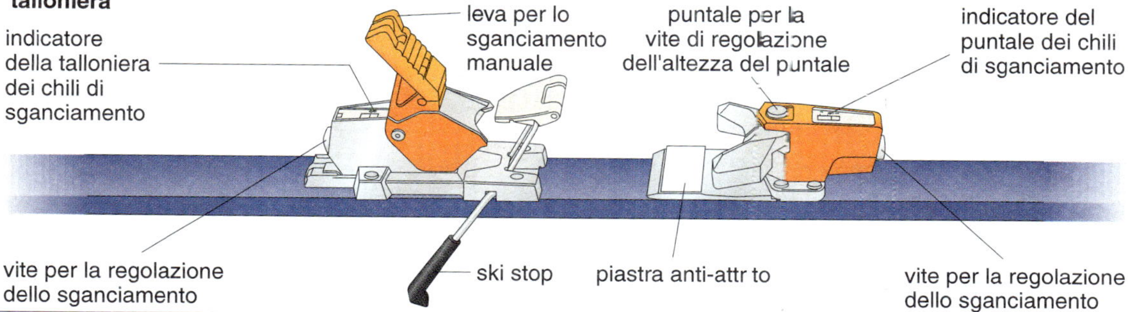

Bastoncini

Spesso sottovalutati e ritenuti l'elemento meno "importante" dell'attrezzatura, hanno invece una grande rilevanza a livello tecnico. Se non sono della giusta altezza, risulterà difficile piantarli correttamente, e questo determinerà posizioni scorrette del corpo e una sciata imprecisa.

La scelta del bastoncino gusto
Se il bastoncino è troppo lungo o troppo corto vi risulterà estremamente difficile piantarlo nella maniera corretta, con conseguenti effetti negativi sulla posizione del corpo.

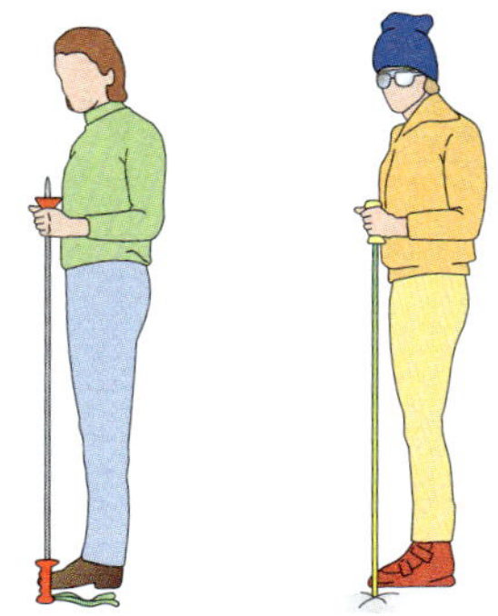

In negozio impugnate il bastoncino al contrario: l'avambraccio deve essere parallelo rispetto al terreno.

Sulla neve piantate il bastoncino nella neve: l'avambraccio deve essere parallelo rispetto al terreno.

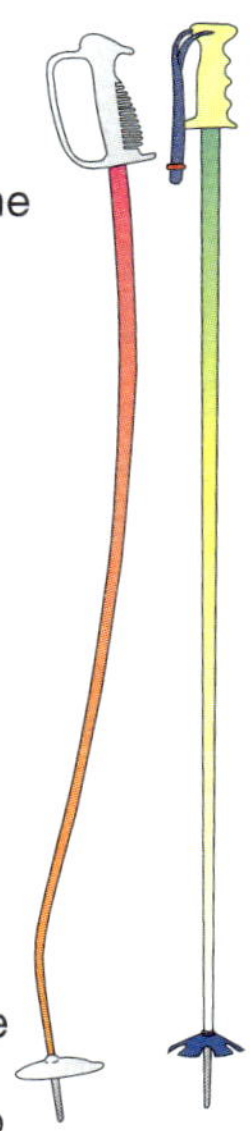

Impugnature
Ne esistono due tipi: l'impugnatura a "elsa" senza cinghiette e l'impugnatura tradizionale con cinghietta regolabile al polso per evitare di perdere il bastoncino in caso di caduta. Per provarle, indossate i guanti.

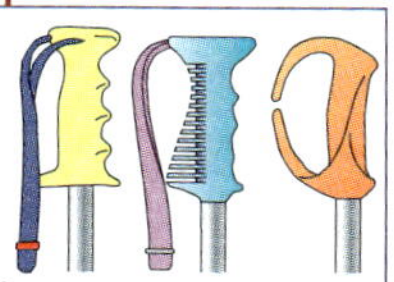

Bastoncini diritti
Questo è il tipo standard, usato da ogni sciatore, dal principiante al più esperto.

Bastoncini piegati
Usati dai discesisti, devono aderire al corpo per ridurre la resistenza del vento.

Rotelle
Generalmente fabbricate in plastica, gomma o metallo, impediscono al bastoncino di penetrare troppo nella neve quando viene piantato.

Punte
Di forme diverse, sono quasi tutte caratterizzate da quattro piccole estremità appuntite o da un dischetto onde far presa sulla neve o sul ghiaccio.

Regole di base dello sci alpino

Lo sci alpino comprende quattro specialità: **discesa libera**, **slalom speciale**, **slalom gigante** e **supergigante**, definito anche **super-G**. Il conteggio cronometrico del tempo inizia nel momento in cui l'atleta parte dal cancelletto posto all'inizio della pista di gara. I **guardiaporte**, posizionati lungo tutto il tracciato, hanno la funzione di controllare che l'atleta giri intorno al paletto interno della porta con entrambi i piedi; è ammesso toccare o abbattere i paletti; scatta, invece, la squalifica se si inforca (cioè non si passa intorno al paletto interno con entrambi i piedi), se si salta una porta o se non si finisce il percorso.

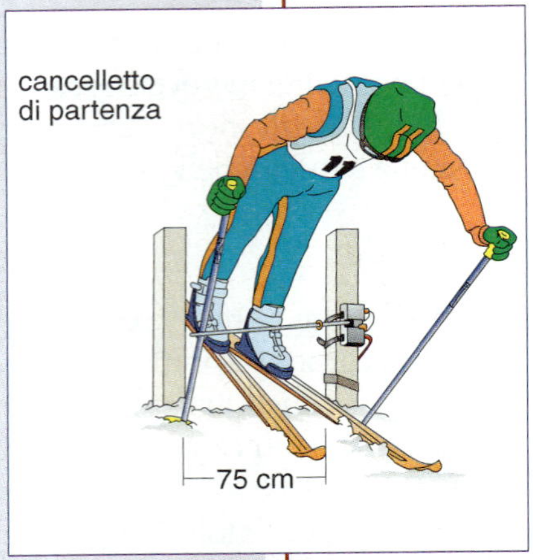

Discesa libera

La discesa libera è, per le alte velocità raggiunte (anche oltre i 120 km/h), la più spettacolare tra le discipline dello sci alpino. Il tracciato, diverso per la discesa maschile e femminile, non ha pali, come nello slalom, ed è delimitato, lungo i lati, da bandierine che indicano il percorso e da porte di controllo che servono per limitare la velocità. Fondamentali per l'incolumità degli atleti in gara sono le reti di protezione, eventualmente supportate da balle di paglia, da posizionare ai lati della pista, lungo tutto il percorso, per evitare, in caso di caduta, uscite potenzialmente disastrose date le alte velocità raggiunte. I percorsi in zone boschive devono avere una larghezza minima di 30 metri.

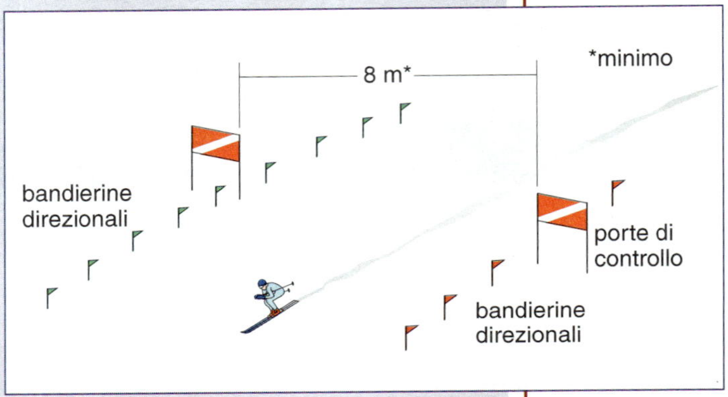

Requisiti tecnici per una gara internazionale di discesa libera	Maschile	Femminile
dislivello	800-1000 m	400-700 m
tempi di percorrenza (non inferiori a)	2 min	1 min 40 s

Slalom speciale

Lo slalom speciale è sicuramente la specialità più tecnica tra le discipline dello sci alpino: il tracciato è, infatti, costituito da paletti molto ravvicinati che seguono la linea di massima pendenza della pista. I paletti sono flessibili, alti 1,80 m e hanno una bandierina triangolare di colore rosso o blu fissata sulla sommità. Ogni coppia di paletti con bandierina dello stesso colore costituisce una **porta**: quando i paletti sono posizionati perpendicolarmente al senso della discesa, la porta viene detta "aperta"; quando sono posizionati parallelamente al senso della discesa viene, invece, detta "chiusa"; più porte chiuse sono dette a pettine o cieche. Nelle competizioni internazionali si corrono due *manche*, e la somma dei tempi determina la classifica finale; nella prima *manche*, l'ordine di partenza è dato dal numero del pettorale mentre, nella seconda, l'ordine di partenza è invertito per i primi 15 classificati. La discesa del primo concorrente è preceduta dalla discesa di tre apripista che preparano una linea di sciata.

Slalom speciale.

Requisiti tecnici per una gara internazionale di slalom speciale	Maschile	Femminile
dislivello	120-220 m	120-200 m
distanza paletti	3,20-4 min	4-5 m
numero di porte	da 55 a 75 min	da 40 a 60

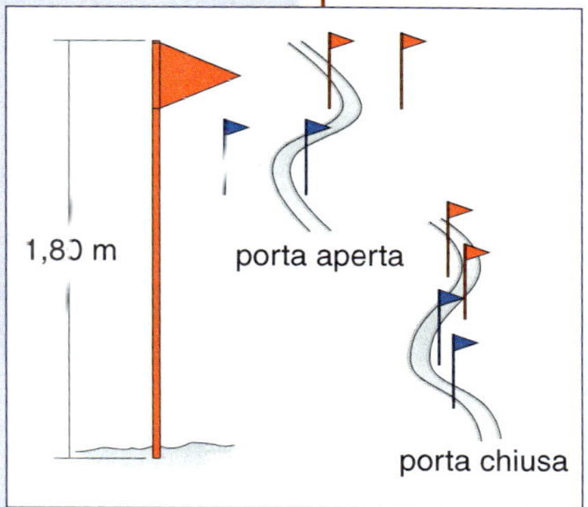

Slalom gigante

Per la larghezza delle porte e l'ampiezza della linea del tracciato, lo slalom gigante è la disciplina che più permette all'atleta di dimostrare l'armonia della sua sciata. Le regole sono sostanzialmente le stesse dello slalom speciale; ciò che differisce è, invece, la costruzione del tracciato che è più lungo e ha un maggiore dislivello. La porta da gigante è formata da due paletti, alti 1,50 m, posti a una distanza di 75 cm l'uno dall'altro e uniti da una bandiera alta 50 cm; come nello speciale, anche nel gigante ci sono porte aperte, chiuse e cieche.

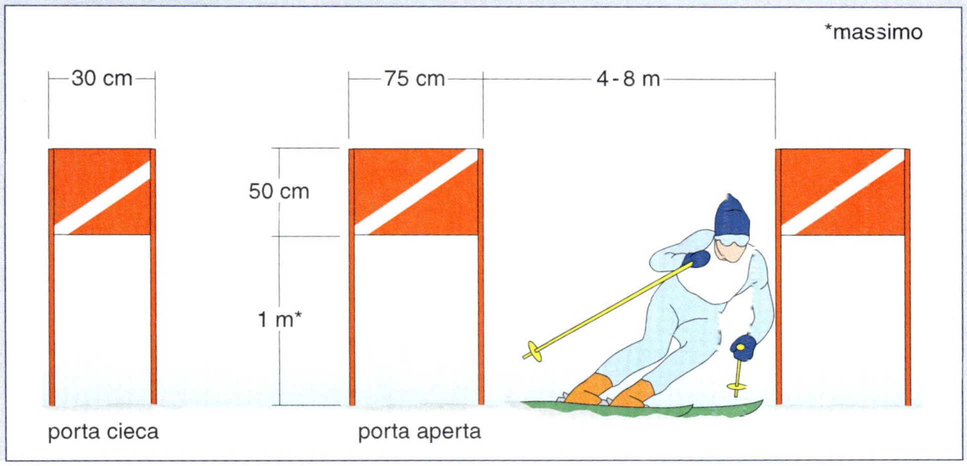

Requisiti tecnici per una gara internazionale di slalom gigante	Maschile	Femminile
dislivello	250-400 m	200-300 m
larghezza porte	da 4 a 8 m	da 5 a 9 m
distanza porte	30 m	35 m
numero di porte	tra il 12% e il 15% del dislivello	

Super-G

Il super-G (slalom supergigante) si svolge in una sola *manche*. Rispetto al gigante, il tracciato è caratterizzato da un dislivello maggiore; le porte sono identiche, per forma e regole d'uso, ma più distanziate l'una dall'altra. Ciò permette agli atleti di raggiungere velocità più alte. La sciata sarà sempre armoniosa ma caratterizzata da una maggiore superconduzione (esecuzione dell'intera traiettoria di curva in appoggio sulla lamina dello sci) per aumentare al massimo lo scorrimento dell'attrezzo sulla neve.

Requisiti tecnici per una gara internazionale di supergigante	Maschile	Femminile
dislivello	500-650 m	400-500 m
numero di porte	massimo il 10% del dislivello	

Freestyle

Il freestyle, specialità acrobatica e altamente spettacolare dello sci, nasce negli anni Settanta in America con il nome di *hot dog* – termine derivante dal surf da onda – e diventa sport a livello mondiale grazie al contributo teorico e tecnico di specialisti non solo americani ma anche europei. È, infatti, di un autore europeo, e risale al lontano 1929, la prima pubblicazione che potremmo definire del settore, intitolata *New Possibilities in Skiing*, in cui si tenta di innovare lo sci trasferendo in esso le tecniche del pattinaggio artistico. Tornando ad anni più recenti, le prime gare di freestyle furono organizzate nel 1971 in Vermont, e nel 1973 nacque l'International Freestyle Skiing Association, IFSA.

Il freestyle comprende tre specialità: **salti**, **gobbe** e **balletto**. Solo le prime due sono discipline olimpiche.

Salti

Si svolgono su strutture appositamente realizzate. Tali strutture sono costituite da una rincorsa (cioè, una discesa di 55-65 m per acquisire velocità), una rampa di accesso alla piattaforma sulla quale avverrà lo stacco (queste rampe hanno pendenze diverse nei salti singoli, ma sempre la stessa pendenza nel salto doppio), un atterraggio (cioè, una seconda discesa di 30-45 m su cui si arriva) e una salita per fermarsi. La larghezza minima della pista è di 22 m. La gara è composta da due prove con elementi acrobatici diversi, quali avvitamenti, salti mortali e ribaltamenti; quando lo starter conferma che la pista è libera, il concorrente ha 15 secondi di tempo per partire; il punteggio complessivo è formato al 20% dall'altezza raggiunta e dalla qualità dello stacco, al 50% dagli elementi acrobatici e al 30% dall'atterraggio.

Gobbe

Estremamente spettacolare per il dinamismo e la velocità dei movimenti, questa specialità consiste nello scendere, eseguendo almeno 2 salti e dei giri, sulla linea di massima pendenza di una pista disseminata di gobbe. Ai lati della pista, lunga 200 m e larga 30, sono posizionate, a intervalli regolari, 4 porte di controllo larghe 8-10 m. Un sistema elettronico verifica il tempo di percorrenza. Il punteggio complessivo è costituito al 25% dalla velocità di discesa, al 25% dal tipo di salti eseguiti, al 50% dalla tecnica e dalla qualità dei giri. La gara può essere individuale o in parallelo.

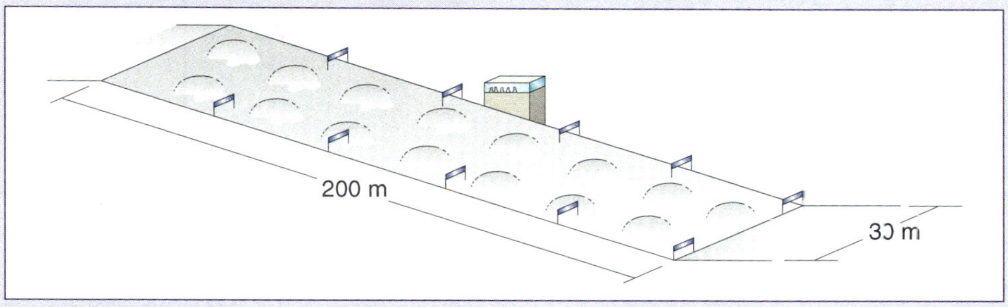

Balletto

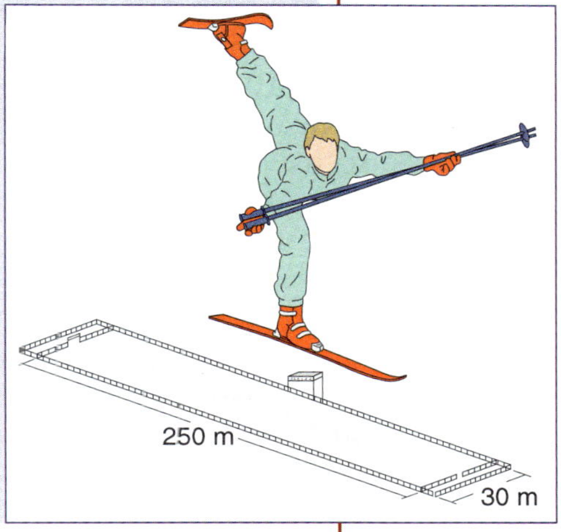

Questa specialità consiste nell'eseguire, su base musicale, una coreografia con passi, salti, giri e movimenti acrobatici. Il campo di gara, lungo 250 m e largo 30, deve essere il più uniforme possibile, perfettamente livellato e avere pendenza costante. Il concorrente ha la possibilità di scegliere il punto di partenza e il punto di arrivo; deve, comunque, coprire l'intera pista con l'esecuzione del suo esercizio e ha a disposizione 2 minuti di tempo per farlo. Il punteggio finale è formato al 50% da stile e composizione e al 50% dalle difficoltà tecniche.

Snowboard

Lo snowboard nasce negli Stati Uniti come derivazione del surf da onda e dello skateboard e appare, per la prima volta, sulle piste europee all'inizio degli anni Ottanta conquistando subito giovani e adolescenti per il dinamismo e il senso di libertà che lo caratterizzano. La rapidissima diffusione a livello mondiale, e soprattutto tra i giovani, si spiega con il fatto che, come avviene anche nello skateboard e nel surf da onda, non è solo uno sport ma un vero e proprio stile di vita.

Nello snowboard esistono due diverse attrezzature, che si differenziano tra loro per tipo di tavole, attacchi e scarponi utilizzati: l'attrezzatura *soft* e quella *hard*. Ecco una breve descrizione delle principali caratteristiche tecniche.

Attrezzatura soft

È caratterizzata da tavole più larghe, rispetto a quelle utilizzate nell'attrezzatura hard, e dotate di punta e coda quasi identiche. Le tavole soft, che permettono un **uso bidirezionale** (cioè si può scendere sia di punta che di coda) si distinguono in **tavole freestyle** (con estremità rialzate e arrotondate per favorire l'uso bidirezionale ed estremamente maneggevoli per essere utilizzate al meglio in salti e rotazioni) e **tavole freeride** (più lunghe delle tavole *freestyle*, favoriscono un buon galleggiamento in neve fresca e una buona tenuta in pista). Gli attacchi soft sono costituiti da una base in materiali metallici/plastici dotata di *hi-back* posteriore (struttura che sorregge il tallone e la prima parte del polpaccio) con strap imbottite o meccanismi automatici per la chiusura. Gli scarponi sono calzature con tomaia in pelle e/o tessuto, suola di gomma e sistema di chiusura a lacci, strap e/o ganci.

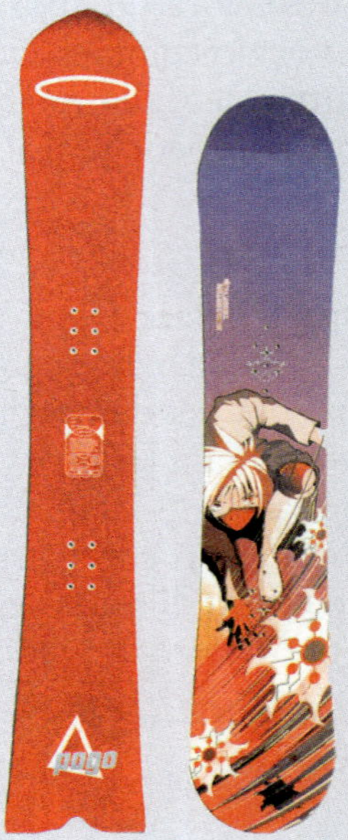

freeride *freestyle*

Attrezzatura hard

Le tavole hard, o alpine, sono più strette rispetto a quelle soft e hanno punta e coda completamente diverse (punta più o meno arrotondata e poco rialzata e coda piatta e squadrata). L'utilizzo è esclusivamente **monodirezionale**, e la caratteristica principale di queste tavole è la stabilità e la tenuta su nevi dure e compatte. Gli attacchi sono costituiti da una piastra base in materiali metallici/plastici dotata di ancoraggi per la scarpa (normalmente degli archetti in metallo che trattengono le estremità dello scarpone). Gli scarponi sono simili a quelli dello sci ma con qualche diversità nei materiali e nella struttura: hanno sempre uno scafo esterno in plastica e una scarpetta interna removibile, ma le plastiche sono più morbide, e la parte superiore è resa mobile da particolari snodi.
Un breve accenno va, infine, dedicato al **casco**, accessorio spesso sottovalutato ma consigliabile a tutti e indispensabile per i bambini. Il casco è di vitale importanza negli sport di scivolamento perché, in caso di caduta, evita conseguenze gravi quali traumi cranici e commozioni cerebrali.

Tavola hard, particolare degli attacchi.

Gare

Snowboard-cross

Specialità molto rischiosa per numero di concorrenti e tipo di pista. Si possono utilizzare indifferentemente attrezzature soft o hard. I concorrenti, da quattro a sei, scendono contemporaneamente lungo un percorso con curve paraboliche, gobbe e vari tipi di salti; vince chi realizza il tempo minore.

Curva in back side su tavola hard.

Halfpipe

Specialità del freestyle (l'attrezzatura utilizzata è, quindi, soft) svolta in un canale artificiale, appositamente realizzato, simile a una rampa da skateboard. Il canale – detto, appunto, *halfpipe* – è lungo 100-130 m, largo 15-18 m e ha pareti che raggiungono un'altezza dai 3 ai 5,5 m. In questa struttura, accuratamente levigata e battuta, gli atleti eseguono acrobazie e manovre simili a quelle descritte nel freestyle dello sci.

Big air

Altra specialità del freestyle (attrezzatura soft) che consiste in una gara di salti con modalità di esecuzione e di valutazione simili a quelle descritte nel freestyle dello sci.

Halfpipe, evoluzione con grab (presa della tavola).

Slalom parallelo e gigante parallelo

Specialità dell'alpino (attrezzatura hard) caratterizzate da porte e tracciati necessariamente diversi – data la diversità del tipo di attrezzatura – per struttura, disposizione e dislivello da quelli dello sci.

La prima Coppa del Mondo si è svolta nella stagione 1994-95 con prove di slalom, gigante, super-G, slalom parallelo e gigante parallelo. Attualmente, in Coppa del Mondo, vengono disputate solo le specialità parallele.

Sci nordico

Attrezzatura

L'attrezzatura dello sci di fondo, che, con la specialità del salto, fa parte dello sci nordico, è formata dagli stessi quattro elementi fondamentali che abbiamo visto nello sci alpino, e cioè scarpe, sci, attacchi e bastoncini, oltre, naturalmente, a un abbigliamento idoneo a mantenere il corpo caldo e asciutto.

Scarpe

Ne esistono diversi modelli conformemente al livello tecnico e alle esigenze dello sciatore. Per chi scia in pista e non ha prestazioni da agonista è sufficiente una scarpa bassa; chi si avventura fuori pista, invece, ha bisogno di una scarpa più robusta che avvolga la caviglia e protegga il piede dalla neve. Infine ci sono le scarpe per sciatori agonisti, molto tecniche nei materiali ma più leggere e basse. Indipendentemente dal modello, la struttura è sempre la stessa: una linguetta anteriore che viene inserita nel puntale dell'attacco affinché la scarpa faccia corpo unico con lo sci e solchi o buchi posteriori che corrispondono a lamine o perni fissati sullo sci e servono per non far scivolare lateralmente il tallone.

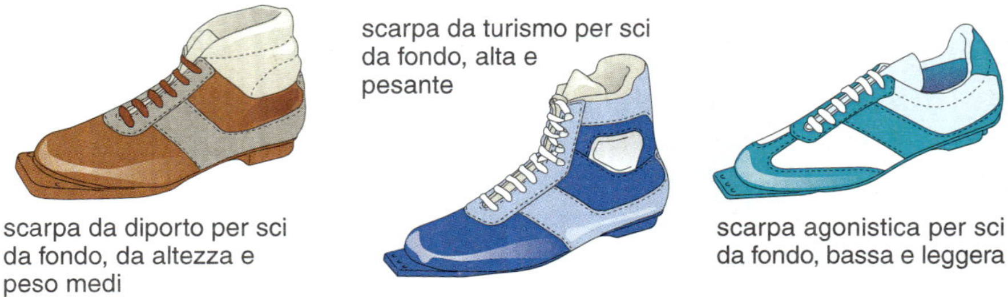

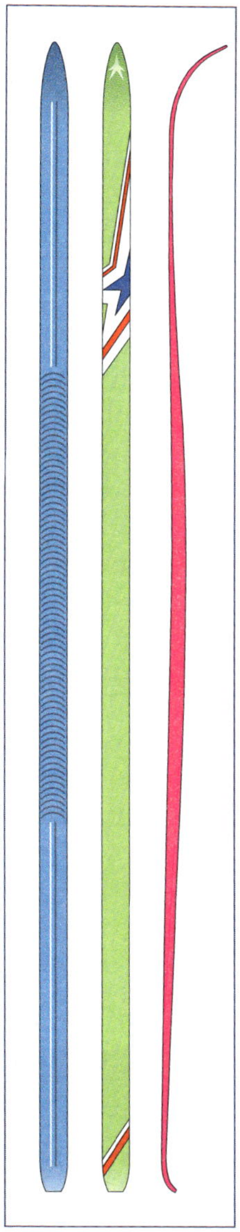

Attacco

È costituito da un puntale e da un “tieni-tacco” di varie forme.

Sci

Realizzati in materiali sintetici e plastici, sono più lunghi e stretti di quelli usati nelle specialità alpine. Anche la punta è più lunga e incurvata: ciò permette di alzare senza problemi la coda dello sci come richiesto dalle tecniche di avanzamento. Se appoggiati a terra, gli sci da fondo appaiono incurvati con il centro staccato. Questa incurvatura, detta anche “centina”, diminuisce l’attrito nell’avanzamento sulla neve: negli sci per principianti e amatori, è piuttosto morbida e poco accentuata; negli sci da agonismo è, invece, accentuata e più rigida (doppia centina). Un’altra differenza tra sci amatoriali e sci da agonismo consiste nell’accorgimento tecnico utilizzato per impedire lo scivolamento all’indietro: i primi hanno al centro vari tipi di zigrinature; nei secondi, invece, è l’applicazione di scioline particolari ad assolvere questa funzione.
Per quanto concerne le scioline, esse sono di fondamentale importanza, tanto a livello agonistico, quanto a livello amatoriale, ai fini di uno scivolamento efficiente e di una tenuta altrettanto efficace dello sci sulla neve. In commercio ne esistono svariate qualità, da stendere a caldo o da spruzzare, e, in base al colore, si può capire per quale temperatura e quale tipo di neve sono indicate.

Bastoncini

Nello sci di fondo hanno una rilevanza tecnica persino maggiore che nello sci alpino. Il loro utilizzo è costante sia nelle salite, dove creano un punto fermo su cui avanzare, sia nei pianori, dove servono per spingere (il regolamento lo permette) e aumentare la velocità. La rotella, che ne evita l’affondamento completo, ha una forma asimmetrica ed è presente solo nella parte posteriore: ciò permette di tenere il bastoncino infilato nella neve fino all’ultimo.

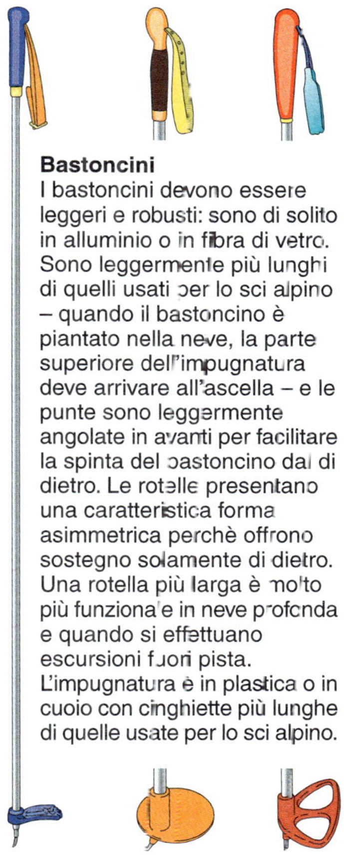

Bastoncini
I bastoncini devono essere leggeri e robusti: sono di solito in alluminio o in fibra di vetro. Sono leggermente più lunghi di quelli usati per lo sci alpino – quando il bastoncino è piantato nella neve, la parte superiore dell’impugnatura deve arrivare all’ascella – e le punte sono leggermente angolate in avanti per facilitare la spinta del bastoncino dal di dietro. Le rotelle presentano una caratteristica forma asimmetrica perchè offrono sostegno solamente di dietro. Una rotella più larga è molto più funzionale in neve profonda e quando si effettuano escursioni fuori pista. L’impugnatura è in plastica o in cuoio con cinghiette più lunghe di quelle usate per lo sci alpino.

Regole di base del fondo

Nello sci di fondo esistono gare a tecnica classica e gare a tecnica libera. Nelle gare di tecnica classica, i concorrenti mantengono gli sci paralleli senza mai abbandonare i solchi precedentemente tracciati sulla neve dal battipista; lo scivolamento è utilizzabile solo ed esclusivamente nelle discese; lo spostamento deve, invece, avvenire con movimenti simili ai passi. Ci sono due diversi tipi di passo: il **passo alternato**, simile alla camminata, e il **passo spinta**, in cui con un piede si avanza e con l'altro si spinge. Nelle gare a tecnica libera, il concorrente può, in teoria, scegliere il modo di sciare che ritiene più opportuno; in pratica, però, è la tecnica *skating* o a pattinaggio quella quasi esclusivamente utilizzata in quanto la più redditizia. Per questo motivo, la tecnica libera è ormai comunemente definita "a pattinaggio".

Conformemente alle distanze percorse, le gare possono essere **individuali** (10 km per gli uomini, 5 km per le donne), disputate con tecnica classica, o **a inseguimento** (15 km per gli uomini, 10 km per le donne), disputate con tecnica libera. Su distanze maggiori (30 e 50 km per gli uomini, 15 e 30 km per le donne), la tecnica di gara è scelta dalla FIS, in base ai precedenti Giochi Olimpici e Campionati Mondiali, ed è generalmente costituita da un'alternanza di classica e libera. Esistono poi le gare di **staffetta**: le staffette maschili (4 x 10 km) vengono disputate sia con tecnica classica, sia con tecnica libera, sia in modo misto, cioè due frazioni a tecnica classica e due a tecnica libera; le staffette femminili sui 5 km (4 x 5 km) sono a tecnica unica, mentre quelle sui 10 km (4 x 10 km) a tecnica mista. Esistono, infine, le gare **sprint**, disputate sulla distanza di 1,5 km sia per gli uomini, sia per le donne.

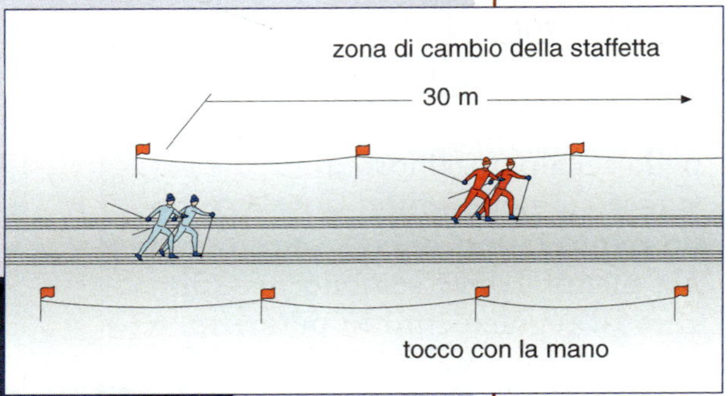

Passo spinta.

Gare internazionali di fondo	Distanze (km) e tecnica	Staffette
maschile	10 TC 15 TC 30 TC 10 TL 15 TL 30 TL 50 TC	4 × 10 TC 4 × 10 TL 4 × 10 MIX
femminile	5 TC 10 TC 15 TC 30 TL 5 TL 10 TL 15 TL 30 TC	4 × 5 TC 4 × 5 TL 4 × 10 MIX

verifiche

Scegli la risposta corretta.

1. Che cosa accadde nel 1924?

[A] venne fondata la Vasaloppet
[B] venne fondata l'Unione Sci Clubs Italiani
[C] venne fondata la FISI
[D] venne fondata la FIS

2. Che cos'è la sciancratura negli sci?

[A] non esiste negli sci
[B] la zona dove non si dà la sciolina
[C] una particolare sagomatura, che stringe gli sci al centro, determinando una particolare facilità nel curvare
[D] una particolare sagomatura, che allarga gli sci al centro, determinando una particolare facilità nel curvare

3. È pattinando che si fanno scivolare gli sci nella tecnica classica?

[A] no
[B] sì
[C] sì, ma solo nel programma olimpico
[D] sì, ma solo nel Campionato Mondiale

4. Com'è la rotella nei bastoncini da fondo?

[A] rotante
[B] simmetrica
[C] asimmetrica
[D] non c'è

5. In che anno venne fondata l'International Freestyle Skiing Association?

[A] 1973
[B] 1972
[C] 1971
[D] 1963

6. Che cos'è l'halfpipe?

[A] il soprannome dello svizzero che portò e divulgò il salto con gli sci in Italia
[B] un tipo di sci
[C] un tipo di sciolina
[D] una gara del programma olimpico di snowboard

Rispondi alle seguenti domande.

1. Descrivi lo slalom speciale.
2. Che cos'è la centina?
3. Quali tipi di gare ci sono nel freestyle e quali fanno parte del programma olimpico?
4. Parla delle tavole da snowboard.

sport disabili

Introduzione

In Gran Bretagna, nel secolo scorso, il termine *handicap* indicava il sovrappeso che veniva imposto ai favoriti nelle corse di cavalli, al fine di mettere tutti i cavalieri in condizione di parità alla partenza. Oggi il termine è invece usato per indicare lo svantaggio che le persone affette da *deficit* (perdita o riduzione di funzione di organi e apparati) e *incapacità* (minor attitudine alle comuni attività, come conseguenza dei deficit) subiscono nell'affrontare la vita quotidiana, che impedisce loro di compiere le azioni considerate "normali" dai soggetti di pari età, sesso e livello di preparazione fisica e culturale.
L'handicap può derivare da malattie o imperfezioni fisiche o psichiche e si manifesta con maggiore evidenza in presenza di ostacoli ambientali, agevolmente superabili solo da soggetti non portatori di handicap. Praticare abitualmente un'attività fisica o sportiva, adatta alle sue capacità, può migliorare le condizioni di vita di una persona svantaggiata, esaltandone le abilità possedute e costituendo uno stimolo positivo per il suo inserimento nella società. Anche per la società gli eventi che vedono i disabili protagonisti sportivi possono essere un'occasione per relazionarsi al mondo della disabilità in modo positivo e non paternalistico.

Origini

A Berlino, fin dal 1888 erano presenti club sportivi per persone con deficit uditivi. Le prime esperienze di sport per disabili a scopo riabilitativo risalgono al primo dopoguerra. Nel 1922 venne fondato il Comité International Sports des Sourds, CISS, dedicato all'organizzazione dell'attività sportiva per soggetti sordomuti o audiolesi: una struttura decisamente esclusiva, che non ha mai interagito con organizzazioni rivolte a soggetti con disabilità d'altro genere, interessandosi solamente delle proprie attività sportive, i **Giochi silenziosi**. Nel secondo dopoguerra gli sport per disabili conoscono un vero e proprio sviluppo. Il gran numero di civili e reduci che avevano subito menomazioni invalidanti a causa del conflitto mobilitò il governo inglese a trovare una soluzione. Nel 1944 venne incaricato della soluzione del problema il dott. Ludwig Guttmann, il quale aprì un centro per lesioni spinali nell'ospedale di Stoke Mandeville e affrontò il recupero delle menomazioni in modo innovativo, inserendo lo sport come momento centrale di tutta l'attività di riabilitazione. Rapidamente l'attività fisica si trasformò da sport riabilitativo in sport ricreativo. Lo sport non era più solo un ulteriore mezzo di riabilitazione, ma diventava una vera attività sportiva, adeguata per regole e mezzi alle condizioni psicofisiche di chi lo praticava. Le prime gare furono disputate il 20 luglio 1948 a Stoke Mandeville, nella giornata d'apertura delle Olimpiadi di Londra; si trattò di gare per paraplegici, cioè per individui impossibilitati a muovere gli arti inferiori. Nel 1952 venne fondato l'International Stoke Mandeville Wheelchair Sport Federation, ISMWSF, destinato a dare al movimento sportivo per paraplegici sempre più vigore. La prima Paraolimpiade per paraplegici si è svolta a Roma, nel 1960, con la partecipazione di 400 atleti di 23 nazionalità; nel 1964 fu fondata l'ISOD, International Sport Organization for the Disabled, un'organizzazione che intende offrire la possibilità di fare sport a tutti i disabili non paraplegici e, in quanto tali, esclusi dalla partecipazione agli Stoke Mandeville Games; in breve tempo l'organizzazione arrivò a comprendere 16 Paesi. Intanto, nel 1968 a Tel Aviv e nel 1972 a Heidelberg, si svolsero rispettivamente la terza e la quarta edizione delle Olimpiadi per paraplegici. Nel 1976 a Toronto si svolse la quinta Paraolimpiade e la ISOD riuscì a far includere nei Giochi anche i suoi iscritti: la partecipazione ai Giochi venne estesa anche ad altri portatori di handicap, oltre i paraplegici, quali gli amputati e i ciechi.

La prima Paraolimpiade, Roma 1960.

PRATICA DELLO SPORT

www.fisd.it - Federazione Italiana Sport Disabili
Stadio Olimpico - Curva Nord - 00194 Roma
tel. 06.36857096 segreteria generale segreteria@fisd.it
tel. 06.36857703
e-mail: segreteria@fisd.it; tesseramento@fisd.it

www.fiss.it - Federazione Italiana Sport Silenziosi
Viale Tiziano 70 - 00196 Roma
fax 06.3244355
e-mail: fiss@email.it

www.coni.it - Comitato Olimpico Nazionale Italiano
Largo Maresciallo Diaz 13 - 00196 Roma
ufficio promozione sportiva per tutti
tel. 06.36856841
06.36856841
fax 06.36856865
e-mail: promozione@coni.it

www.specialolympic.it - Special Olympic Italia Onlus
Via Decima 40 - 00144 Roma
tel. 06.52246486 - 06.52246485
06.5278742
fax 06.52246835
e-mail: soi@specialolympic.it

da ♥♥ a ♥♥♥ **I** o **A** in base alla specialità sportiva secondo la classificazione degli sport per disabili

da ♦♦ a ♦♦♦ **F** o **P**
a ♦♦♦♦ **G** in base alla specialità sportiva

UN PO' DI INGLESE

Blind	=	cieco
Committee	=	comitato
Deaf	=	sordo
Disability	=	invalidità, disabilità
Handicap	=	ostacolo, svantaggio
Kinesiology	=	chinesiologia
Mental retardation	=	ritardo mentale
Paralympic	=	paraolimpiade
Paraplegic	=	paraplegico
Physiotherapy	=	fisioterapia
Re-education	=	rieducazione
Rehabilitation	=	riabilitazione

Tra il 1978 il 1980 vengono fondate la CP-ISRA, Cerebral Plasy International Sport & Recreation Association e la IBSA, International Blind Sport Federation. Nel 1982 ISOD, CP-ISRA, IBSA e ISMGF (International Stoke Mandeville Games Federation) si riuniscono a formare un comitato internazionale di coordinamento per lo sport per disabili, l'ICC, International Coordinating Committee of World Sports Organizations for the Disabled. Nel 1986 aderiscono all'ICC anche la INAS-FID, International Sport Federation for Persons with Intellectual Disability, e il CISS.

La 7ª Paraolimpiade, del 1984, è stata l'ultima edizione con una sede autonoma per le Paraolimpiadi; a partire dal 1988 le edizioni dei Giochi olimpici per disabili si sono svolte subito dopo le Olimpiadi e nelle stesse località: un protocollo d'intesa è stato infatti stipulato tra l'ICC e l'IOC, International Olympic Committee. Un anno dopo l'ICC si trasforma nell'IPC, International Paralympic Committee. Questa nuova impostazione ha condotto all'organizzazione di Olimpiadi e Paraolimpiadi con modalità e in base a principi simili: nel 2002 a Salt Lake City (USA) è stato un unico comitato a occuparsi di Olimpiadi e Paraolimpiadi invernali. L'esempio di questa positiva esperienza organizzativa sarà seguito sia dal comitato organizzatore di Atene 2004, per le Olimpiadi estive, sia dal comitato di Torino 2006, per le Olimpiadi invernali.

Negli Stati Uniti, a partire dalla fine degli anni Sessanta, si è sviluppata un'altra tradizione sportiva per i disabili, parallelamente a quella fin qui illustrata. Nel 1963 Eunice Kennedy Shriver, in occasione della visita a un campo estivo per bambini e adulti mentalmente ritardati, rilevò come gli esperti che li seguivano escludessero che disabili di questo tipo potessero praticare sport o attività fisiche. Cinque anni dopo, nel 1968, insieme al Chicago Park District e alla Kennedy Foundation, E. Kennedy Shriver organizzò la prima edizione degli **International Special Olympic Games**, per 1000 atleti con ritardo mentale. L'attività degli Special Olympics si estese anno dopo anno e aumentò il numero dei partecipanti e degli sport praticati. Dieci anni dopo, nel 1979, alla quinta edizione degli Special Olympic Summer Games, svoltisi nello Stato di New York, partecipano 3500 atleti di 20 Stati dell'Unione. Nel 1988 l'IOC riconobbe l'attività degli Special Olympics. Nel 1990, alla terza edizione degli European Special Olympic Summer Games parteciparono 2400 atleti di 30 Paesi europei, con 9 sport ufficiali e 5 dimostrativi. Nel 1993 gli Special Olympic Winter Games si svolsero per la prima volta fuori dal Nord America, in Austria, a Salzburg Schladming, con la partecipazione di 50 Paesi, per un totale di 1600 atleti gareggianti in 5 sport. Le attività degli Special Olympics sono continuate fino ai giorni nostri, rimanendo fedeli al principio base che ne ha ispirato la creazione, quello cioè di promuovere, attraverso un allenamento allo sport e alla competizione, l'idoneità fisica dei soggetti affetti da ritardo mentale, rendendoli membri della società integrati e rispettati; il motto e giuramento del movimento recita infatti: «Che io possa vincere, ma se non riuscissi, che io possa tentare con tutte le mie forze». Dopo un anno di allenamento in uno dei 26 sport invernali ed estivi "olympic-type", gli adulti e i bambini con ritardo mentale possono partecipare agli Special Olympics. Questa organizzazione ha creato più di 200 programmi diversi di allenamento, attivati in più di 150 paesi, con circa 2 milioni di aderenti.

In Italia le prime attività per disabili furono promosse, all'inizio degli anni Sessanta, dal Centro paraplegico dell'INAIL di Ostia, presso cui si iniziarono ad applicare i principi della sport-terapia. Da queste esperienze derivò l'ANSPI, Associazione nazionale sportiva paraplegici Italia, che operò e si batté, nel corso degli anni Settanta, per il riconoscimento di queste attività sportive da parte del CONI. Contemporaneamente si cominciarono a organizzare attività sportive per soggetti con deficit visivi e uditivi; furono così fondate due associazioni: la FICS, Federazione italiana ciechi sportivi, e la FISS, Federazione italiana sport silenziosi. Nel 1980 l'ANSPI si costituì come FISHa, Federazione italiana per lo sport degli handicappati, con il fine principale di riunire in un'unica organizzazione le attività sportive per disabili. Il 17 luglio 1981 la FISHa, la FICS e la FISS, con il patrocinio del CONI, sottoscrissero un accordo di azione unitaria; ciò condusse al riconoscimento da parte del Comitato Olimpico della nuova Federazione come aderente. Nel 1990 la FISHa, divenuta una Federazione effettiva del CONI, mutò la propria denominazione in FISD, Federazione italiana sport disabili.

Gli Special Olympics, come programma di allenamento, sono stati da lungo tempo introdotti in Italia, ad opera di varie associazioni rivolte a soggetti con ritardo mentale; resisi indipendenti dalle attività della FISD, gli Special Olympics si sono costituiti in Italia come SOI, Special Olympics Italia.

Attività agonistica

Come per qualsiasi altra attività sportiva, per ogni sport organizzato per i disabili esistono vari gradi di competizione: gare locali, regionali, nazionali e internazionali. Per iniziare la pratica di uno sport, il disabile deve rivolgersi alla FISD; se la disabilità riguarda un ritardo mentale, egli può invece informarsi sulle associazioni che, nella sua zona di residenza, aderiscono al programma Special Olympics. L'evento agonistico di maggior rilievo sono naturalmente le Paraolimpiadi; come le Olimpiadi, esse sono diventate una vera festa di umanità, in cui la presenza di gravi handicap non compromette né l'agonismo né l'entusiasmo degli atleti partecipanti. Le regole di ogni sport vengono adattate al tipo di handicap dei concorrenti; nell'atletica, per esempio, i centometristi ciechi corrono al richiamo della voce del loro allenatore e gli amputati usano protesi speciali, mentre per segnalare la presenza di ostacoli, come per esempio l'asticella del salto in alto, vengono abitualmente usati strumenti sonori. Molti sport sono stati adattati

per gli atleti costretti su sedia a rotelle: discipline individuali di corsa o di scherma, ma anche giochi di squadra come calcio, basket o pallavolo. In alcuni casi, l'handicap risulta relativamente poco importante, nella pratica sportiva: un caso tipico è quello del judo per ciechi, in cui la componente tattile e l'equilibrio compensano abbondantemente la mancanza di informazioni visive. I ciechi partecipano anche a tornei di goalball: le regole sono simili a quelle del calcio, e accorgimenti di tipo sonoro consentono di individuare il pallone e la porta avversaria. Nelle Paraolimpiadi invernali si disputano gare di sci di discesa e fondo, biathlon, pattinaggio e hockey.
Nel complesso, gli sport a cui le persone con disabilità di vario tipo e gravità possono accedere sono 18: atletica leggera, ciclismo, calcio, canoa-kayak, equitazione, ginnastica, goalball, judo, nuoto, pallacanestro, scherma, sport invernali, tennis, tennis da tavolo, tiro a segno, tiro con l'arco, torball e vela.

verifiche

Scegli la risposta corretta.

1. Chi era Ludwig Guttmann?

A un medico che introdusse lo sport come attività riabilitativa, su invito del governo americano
B un medico che introdusse lo sport come attività riabilitativa, su invito del governo inglese
C un medico che introdusse lo sport come attività riabilitativa dei ciechi, su invito del governo inglese
D un medico che introdusse lo sport come attività riabilitativa dei ciechi, su invito del governo americano

2. Quale sigla contrassegnava l'organizzazione internazionale per le Paraolimpiadi prima di quella attuale IPC?

A CISS B ISOD C ICC D ICO

3. Chi ha fondato gli Special Olympics?

A Ludwig Guttmann
B Eunice Kennedy Shriver
C ICO, International Committee Olympic
D IPC, International Paralympic Committee

Rispondi alle seguenti domande.

1. Che cosa venne fondato nel 1952 a Stoke Mandeville?
2. Qual è il principio che ha ispirato la creazione degli Special Olympics?
3. Da quale organizzazione derivava la FISHA, Federazione italiana per lo sport degli handicappati, che muterà poi il proprio nome in FISD, Federazione italiana sport disabili?

arti marziali

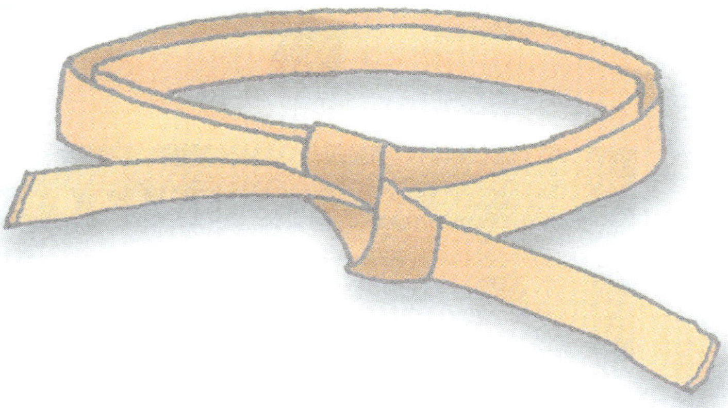

Introduzione

Tutti gli sport da combattimento, attualmente conosciuti e praticati, derivano da tecniche affinate nell'antichità tanto in Occidente quanto in Oriente: lancio del giavellotto, scherma, lotta greco-romana, pugilato e tiro con l'arco, per quanto riguarda la tradizione occidentale; le arti marziali per quanto concerne, invece, quella orientale. Nel parlare di arti marziali non possiamo fare a meno di sottolineare come esse siano strettamente legate alla cultura orientale e alla concezione unitaria della vita che la caratterizza: in queste discipline, in cui vengono accuratamente sviluppate le capacità di destrezza, il corpo è, infatti, sempre utilizzato in modo globale.

Origini

Come già detto, sebbene esistano sport da combattimento di origine prettamente occidentale, intendiamo per arti marziali le discipline di origine orientale. Nei paragrafi che seguono ci soffermeremo a descriverne solamente alcune: il judo, che fa parte degli sport olimpici, il karate e l'aikido, che, pur non essendo discipline olimpiche, presentano caratteristiche tali da renderle esemplari per completare l'orizzonte di questo mondo variegato e complesso.

Il maestro Gichin Funakoshi, fondatore del karate, nacque a Okinawa, in Giappone, nel 1868.

Judo

Nacque nel 1882, in Giappone, quando il prof. Jigoro Kano riorganizzò le varie scuole di ju-jitsu, che praticavano quest'arte marziale con regole e metodi diversi, in una nuova disciplina, basata su 300 colpi, che chiamò, appunto, judo. Inizialmente praticato in poche palestre, il judo si diffuse, poi, in tutto il paese. La sua diffusione a livello mondiale avvenne, ai primi del Novecento, grazie ai militari europei e americani di stanza in Giappone. Nel 1964 divenne disciplina olimpica e, attualmente, vengono organizzati anche i campionati mondiali e continentali.

Karate

Arte marziale molto antica, nacque intorno al VI secolo, contemporaneamente alla diffusione del buddhismo zen in Cina. I monaci dovevano, infatti, essere in grado di sopportare grandi fatiche e di difendersi durante gli spostamenti, che compivano da un villaggio all'altro, per le loro predicazioni. L'efficacia della tecnica di difesa che utilizzavano divenne ben presto nota in tutta la Cina e raggiunse anche l'isola di Okinawa in Giappone. Qui, dove un editto del principe consentiva ai soli soldati di portare armi, il karate – dal termine giapponese che significa "mano nuda" – conobbe un'enorme popolarità. Nel 1868, con la formalizzazione di regole e tecniche, cominciò a diffondersi in tutto il mondo.

Aikido

È una delle più giovani tra le arti marziali giapponesi. Nacque nel 1927 a Tokyo, a opera del maestro Morihei Ueshiba, e riscosse subito un grande successo. Il nome stesso, aikido, ne indica la novità e l'originalità; si tratta, come molte denominazioni orientali, di una parola composta: *Do* significa metodo, via; *Ai*, armonia e unione; *Ki*, energia vitale. L'aikido non è, dunque, solo un'arte per difendersi, ma anche un metodo per crescere interiormente: l'idea veramente nuova consiste nel non voler danneggiare l'avversario o imporgli la propria volontà ma nell'entrare, invece, nella dinamica del suo movimento per snaturarne la violenza e renderlo inefficace. Non si tratta, quindi, di uno scontro, ma di una fusione diretta a ricostituire l'armonia.

Judo

Attrezzatura e regole di base

Nella pratica del judo si indossa un kimono bianco (*judogi*); la giacca, le cui maniche, a braccia distese, raggiungono i polsi, deve coprire i fianchi e, nel chiudersi, sovrapporre le falde di 20 cm; è tenuta chiusa da una cintura, annodata in vita e di lunghezza tale da fare due giri intorno a essa. Il colore della cintura rappresenta il livello tecnico. I calzoni sono ampi e non più lunghi della caviglia.

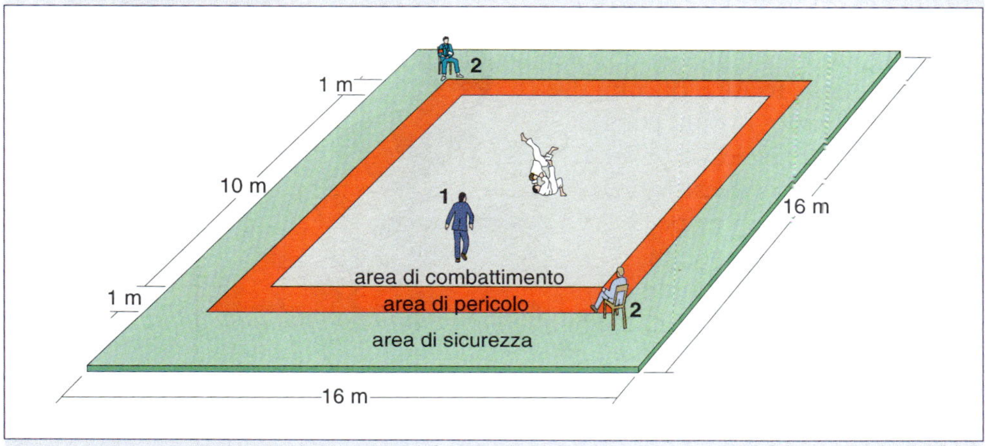

Il tappeto su cui si svolgono gare e allenamenti, denominato **tatami**, di 16×16m, è costituito da un'area riservata al combattimento (10×10 m), circondata da uno spazio, di 1 m, di colore rosso e da un'ulteriore area di sicurezza, di 2 m, di colore verde. Il judo ha, come obiettivo principale, l'immobilizzazione dell'avversario mediante prese alla persona e al *judogi*. La durata del combattimento è di 5'; vince chi ha effettuato il numero maggiore di immobilizzazioni e prese. Il sistema di punteggio è abbastanza complesso; possono essere assegnati i seguenti punti:

– *ippon*, punto intero, permette di vincere prima del limite;
– *waza-ari*, quasi un punto (conquistarne 2 equivale a 1 *ippon*);
– *yuko*, quasi un *waza-ari*;
– *koka*, quasi uno *yuko*, non si somma mai ai *waza-ari*.

L'equità dei combattimenti è garantita da una suddivisione degli atleti in livelli detti *kyu*, distinti secondo il colore della cintura: il livello più basso è rappresentato dalla cintura bianca, a cui fanno seguito, in ordine crescente, la gialla, la verde, la blu, la marrone e la nera. Quest'ultima è ulteriormente suddivisa in dieci gradi di abilità, detti *dan*. La conquista dei primi sei *dan* avviene per meriti sportivi; i rimanenti quattro si ottengono grazie a studi particolari sul judo e per meriti legati alla sua diffusione.

Karate

Attrezzatura e regole di base

Per praticare il karate si indossa un *karate-gi* bianco, simile per forma e misure a quello del judo; in gara si possono indossare anche protezioni di gomma e parastinchi, ma solo ed esclusivamente su permesso del consiglio arbitrale. Nei combattimenti, che si svolgono su un *tatami* di 8 x 8 m, vengono valutate l'abilità di esecuzione delle tecniche fondamentali e la capacità di rompere la guardia dell'avversario. I colpi non sono portati a segno ma solo impostati, cioè eseguiti in modo da evitare il contatto fisico con l'avversario. L'autocontrollo necessario si ottiene attraverso l'esecuzione dei *kata*, routine di colpi diretti a un avversario immaginario. I primi combattimenti, chiamati *kihon kumite*, sono vincolati a uno o tre colpi della stessa tecnica; esistono, poi, i combattimenti semiliberi a un colpo, i *jiu ippon kumite*, e c'è, infine, il vero combattimento libero, *jiu kumite*, nel quale ognuno può eseguire liberamente le tecniche che preferisce. Vince il karateca che per primo riesce, con rapidità e potenza, a raggiungere un punto vitale fermandosi a pochi centimetri.

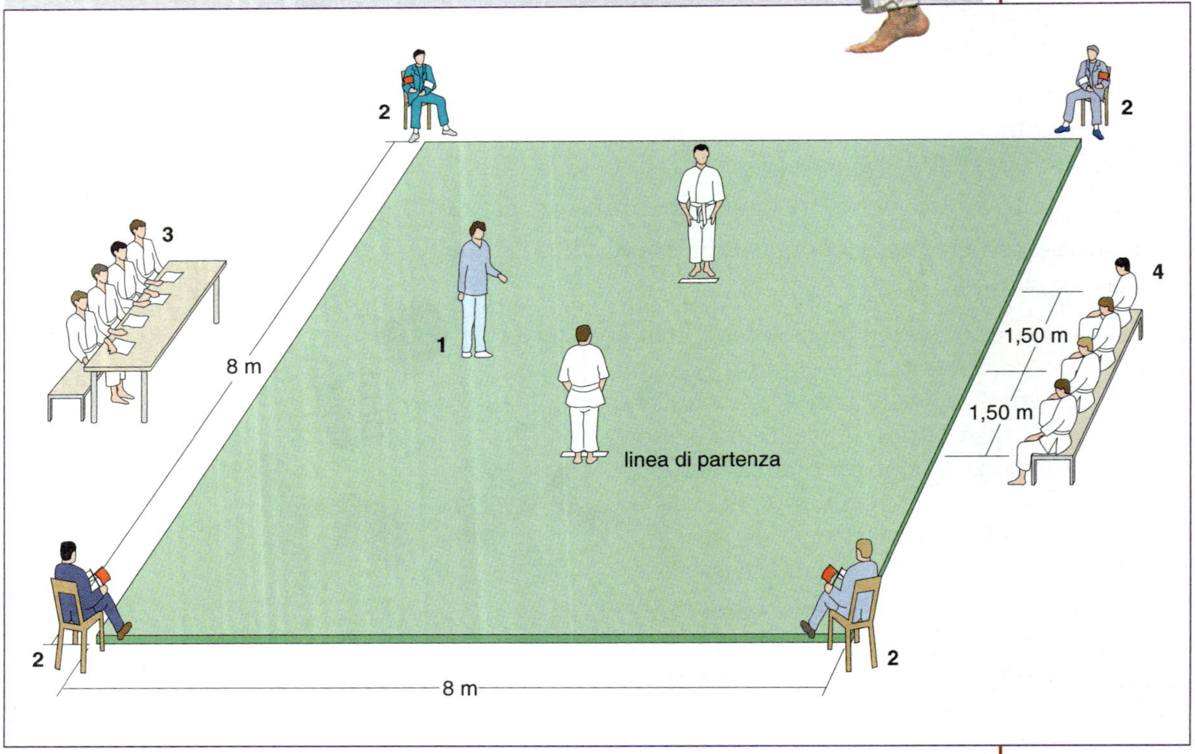

Aikido

Attrezzatura e regole di base

Nella pratica dell'aikido si indossa il *keikogi*, ossia giacca, pantaloni bianchi e una cintura il cui colore, similmente al judo e al karate, rappresenta il livello tecnico; su di esso, le cinture nere indossano un *hakama*, ampia gonna-pantalone, eredità degli antichi indumenti dei samurai, che ha lo scopo di nascondere i movimenti dei piedi all'avversario. Allenamenti e combattimenti si svolgono, anche in questa disciplina, sul *tatami*: ci sono 12 tecniche fondamentali di presa, 6 frontali e 6 dorsali, 7 immobilizzazioni e 28 proiezioni, ma, al contrario del judo e del karate, non è prevista alcuna attività di tipo agonistico-sportivo. La sua pratica è concepita esclusivamente come mezzo di crescita personale.

Alcune mosse di aikido.

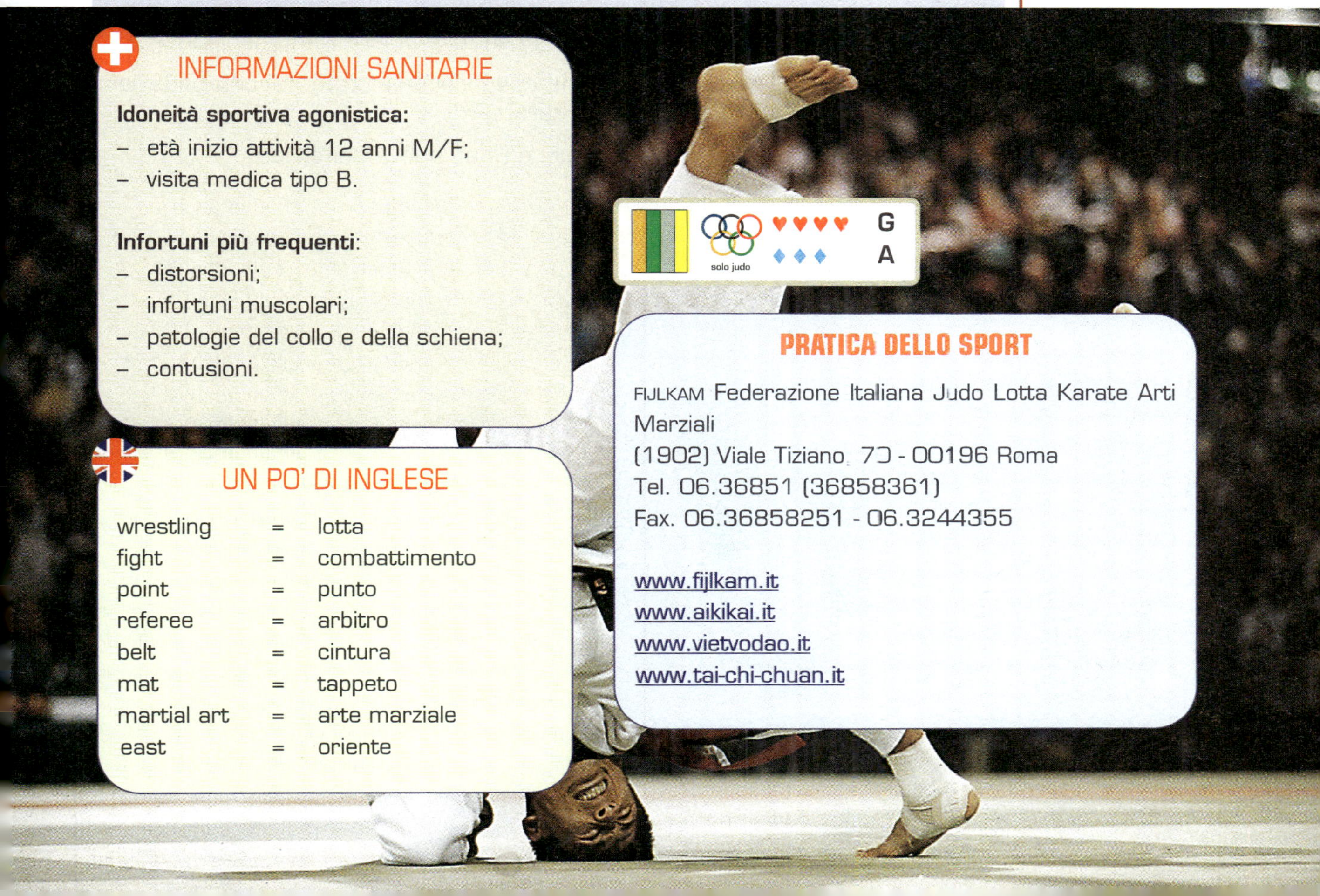

INFORMAZIONI SANITARIE

Idoneità sportiva agonistica:
- età inizio attività 12 anni M/F;
- visita medica tipo B.

Infortuni più frequenti:
- distorsioni;
- infortuni muscolari;
- patologie del collo e della schiena;
- contusioni.

UN PO' DI INGLESE

wrestling	=	lotta
fight	=	combattimento
point	=	punto
referee	=	arbitro
belt	=	cintura
mat	=	tappeto
martial art	=	arte marziale
east	=	oriente

solo judo
G
A

PRATICA DELLO SPORT

FIJLKAM Federazione Italiana Judo Lotta Karate Arti Marziali
(1902) Viale Tiziano, 70 - 00196 Roma
Tel. 06.36851 (36858361)
Fax. 06.36858251 - 06.3244355

www.fijlkam.it
www.aikikai.it
www.vietvodao.it
www.tai-chi-chuan.it

verifiche

Scegli la risposta corretta.

1. Che cos'è un *ippon* nel judo?
A un punto intero e permette di vincere prima del limite
B quasi un punto
C non esiste
D una squalifica

2. Quanto misura l'area di combattimento nel *tatami* del judo?
A 16 x 16 m
B 10 x 10 m
C 9 x 9 m
D 11 x 11 m

3. È possibile indossare delle protezioni nel karate?
A sì, ma solo su permesso del consiglio arbitrale
B no, mai
C sì, liberamente
D è obbligatorio

4. Che cosa accadde, nel 1868, nel karate?
A raggiunse l'isola di Okinawa
B ne furono formalizzate regole e tecniche
C venne pubblicato un editto che non consentiva di praticarlo
D niente di particolare

5. L'aikido è l'arte marziale più antica del Giappone?
A sì
B è più giovane del judo ma più antica del karate
C no, è la più giovane
D è più giovane del karate ma più antica del judo

6. Che cosa significa *ai*, nel nome aikido?
A metodo, via
B energia vitale
C armonia e unione
D distruzione dell'avversario

Domande a risposta aperta: scrivi sinteticamente la tua risposta negli spazi.

1. Che cosa fece Jigoro Kano nel judo?
2. Che cosa viene valutato nei combattimenti di karate?
3. Qual è l'idea nuova dell'aikido?